Magische Kindheit

Impressionen und Inspiration für eine Welt voller Spiel- und Erlebnis(t)räume

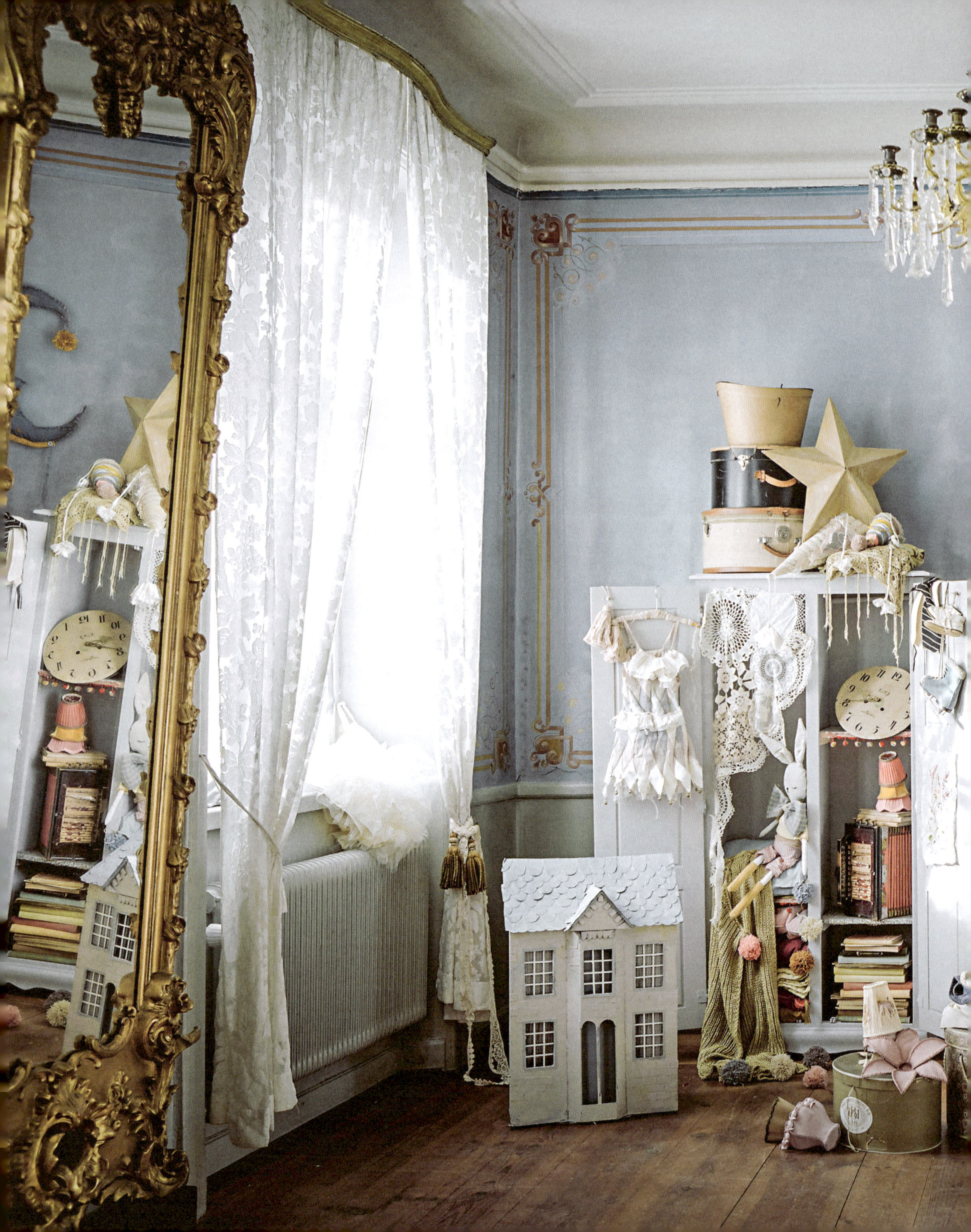

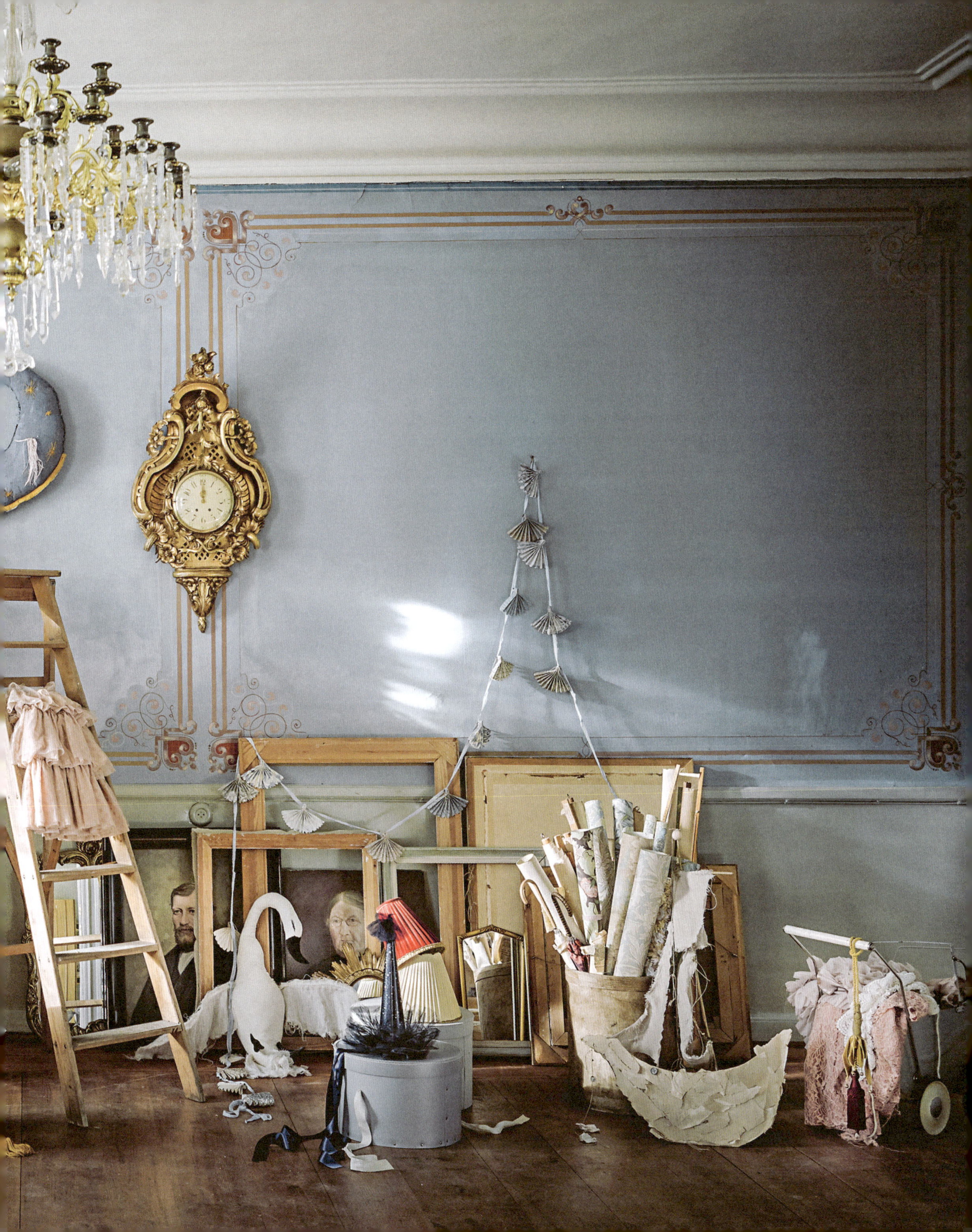

Inhalt

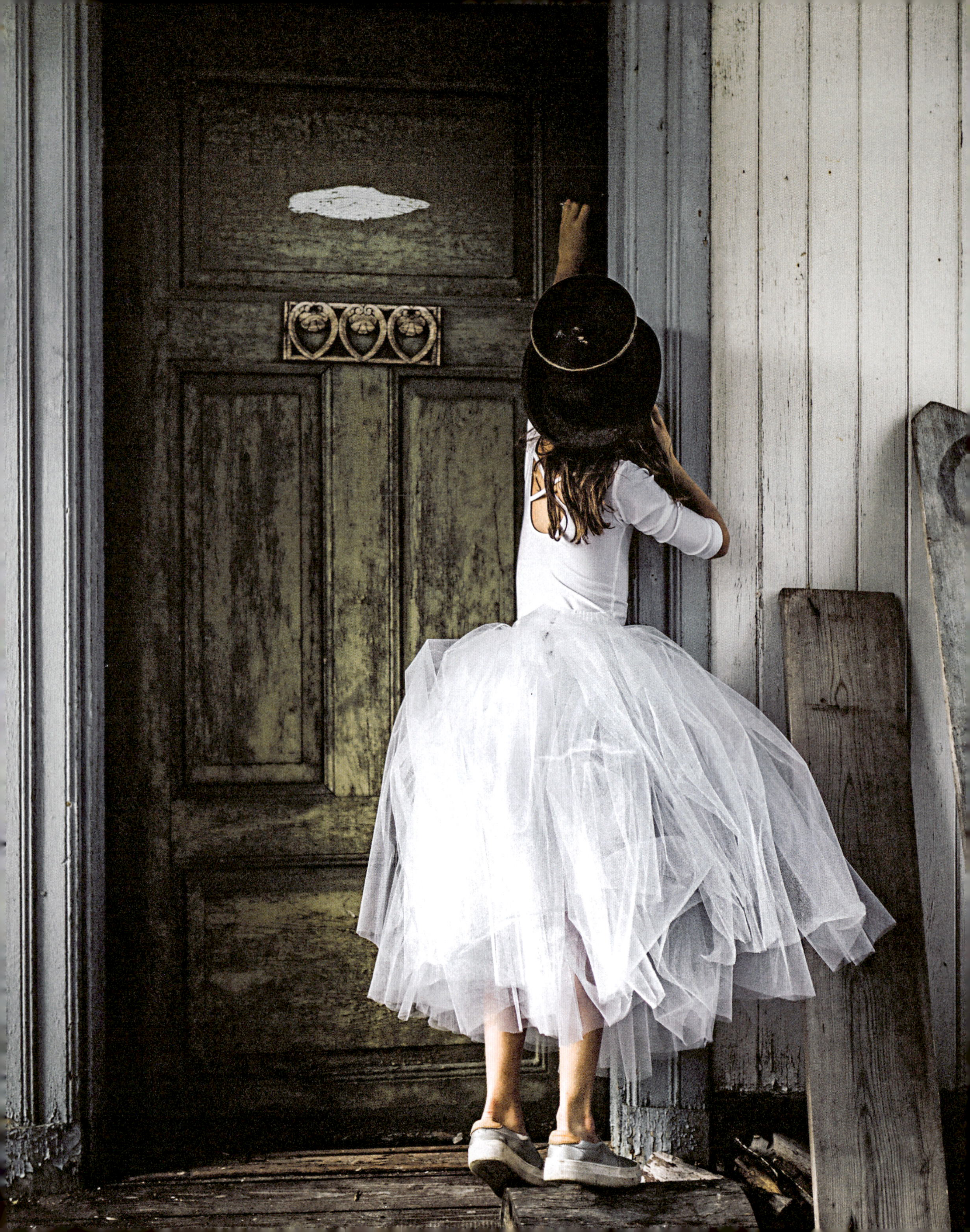

Mit der Möglichkeit, ein Buch zu schreiben, das sich der magischen Welt der Kinder annähert, hat sich ein Traum für uns erfüllt. Das Buch erstreckt sich über unsere Jahreszeiten, unsere Traditionen und unsere Herangehensweise an kreatives Schaffen. Als wir mit unserer Arbeit daran begannen, haben wir es als unsere Aufgabe gesehen, uns heimlich einen Einblick in die Welt der Kinder zu verschaffen und sie in Text und Bild festzuhalten. Dieses Buch ist eine Art Handbuch für Erwachsene, das es vermag, ihnen Zutritt zur magischen Welt der Kinder zu ermöglichen.

Im Rahmen von Workshops, die denselben Titel trugen wie das Buch, das du in den Händen hältst, haben wir erstmals zusammengearbeitet. Wenn wir alten verschlafenen Häusern Leben einhauchten und sie für eine Weile mit Leben und Kreativität füllten, erkannten wir so viel Verborgenes und Vergessenes. Als wir während eines Workshops ganze Welten aus erfundenen Geschichten erschufen, stellten wir fest, dass Fantasie rein gar nichts mit »so tun als ob« zu tun hat. Während der Arbeit an diesem Buch ist genau dieser Gedanke uns viele Male begegnet: Dass sich die Geheimnisse der ganzen Welt dort befinden, wo man sie am wenigsten erahnt. In der Welt der Kinder, in ihrem Schaffen, in ihrer Art, den Alltag zu sehen, ist die Fantasie allgegenwärtig. Besonders fantastisch ist, dass das überall auf der Welt so ist. In der Welt der Kinder wird schon einmal ein Karton zu einem Schloss oder ein Wollknäuel zu einem Hamster. Sie schwingen einmal ihren Umhang und werden jemand, den sie noch nie zuvor gesehen haben. In der Welt der Kinder kann man Regentropfen und Sonnenschein vermischen, einfach so. In ihr sind Pläne niemals übermäßig groß, aber trotzdem schlagen sie jedes Märchen um Pferdelängen. Ein wenig versteckt ist sie, wie gesagt, die Welt der Fantasie, aber doch sehr real. Es war ein Geschenk, gerade dort inspiriert werden zu dürfen.

Möchte man mit den Augen der Kinder sehen, sollte man vor allem unser erwachsenes Gewohnheitssehen über Bord werfen und lernen, sich von Traditionen bis hin zum kreativen Schaffen den Dingen auf andere Weise zu nähern. Wir wissen, dass die allermeisten von uns als Kinder einen anderen Blick auf die Dinge hatten, und dass es hauptsächlich darum geht, zu der Zeit zurückzukehren, in der das Gehirn und die Augen wirklich gesehen haben. In der wir in den meisten Fällen ausschließlich in der Gegenwart lebten und aktiv entschieden haben, was wir sehen wollten, anstatt uns von jemandem sagen zu lassen, was wir sehen sollten. Wir sind uns bewusst, dass es einfach ist, in eine Denkweise gelenkt zu werden, in der die Kreativität eine vorhersagbare Form hat. In der jemand bereits festgelegt hat, was wichtig, was richtig und was falsch ist. In der wir lernen, dass wir uns im Rahmen von Vorgaben, Normen und offensichtlicher Wahlmöglichkeiten verhalten sollen.
Wir sind überzeugt davon, dass viel mit uns passiert, wenn wir den Schritt wagen und die Augen öffnen. Und dass in uns allen so viel Fantasie, Kreativität und tatsächlich auch eine Art Abenteuer in uns schlummert. In gewisser Weise geht mit diesem Buch eine Art Verantwortung einher. Eine Verantwortung, all das, was wir von unseren Kindern bekommen haben, zu verwalten und auch mit dem Rest der Welt zu teilen.

Sofia Vusir Jansson *betreibt das Blog Mokassin und arbeitet als Fotografin, Designerin und Stylistin. Recycling und Vintage liegen ihr sehr am Herzen, was sich auch in ihrer verträumten Bildsprache widerspiegelt. Sie wohnt mit ihrem Mann und vier Kindern in Katrineholm in Schweden.*

Nathalie Myrberg *betreibt Babes in Boyland und arbeitet als Designerin und Stylistin. Mit Augenmerk auf alles Natürliche und Nachhaltige schafft sie eine magische Welt nach dem Prinzip Slow Living. Mit ihrem Mann und zwei Söhnen lebt sie im schwedischen Västerås.*

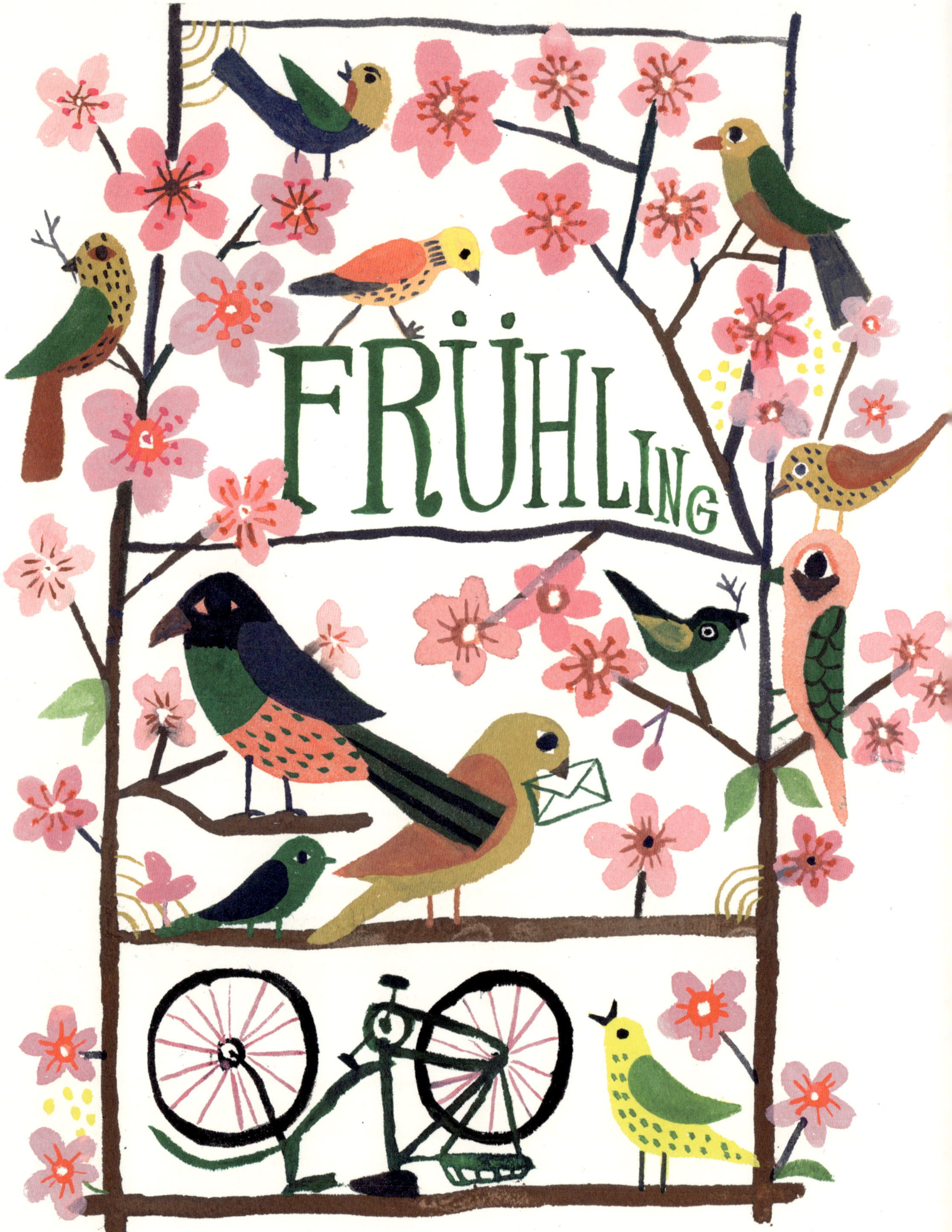
FRÜHLING

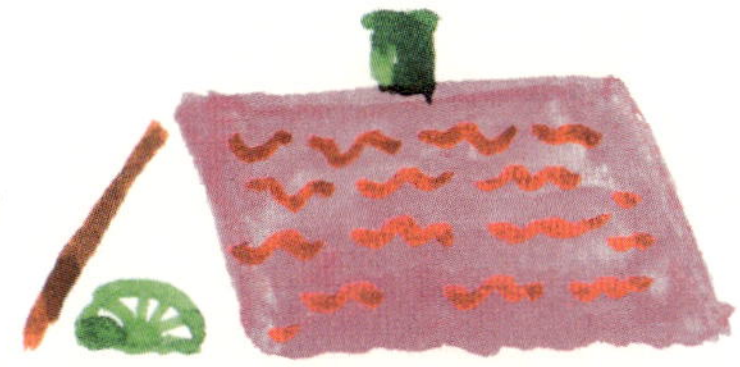

Dachhocker

Der letzte Tag im März war wohl der mit dem geringsten Frühlingsgefühl. Ein Tag, an dem alles für einen Moment angehalten wird, als ob mit einem Windstoß der Januar zurückgekehrt wäre. Das Haus wurde plötzlich eigenartig still. Als wären alle Kinder fortgeflogen, zusammen mit dem eiskalten Wind.

In unserem Haus gibt es ein Fenster, von dem aus man sich heimlich auf ein Dach herunterlassen kann. Es ist wohl etwas zu hoch, um einfach hinauszuklettern, und ich glaube, es ist das Herunterlassen, das bewirkt, dass man sich als Erwachsener nicht die Mühe macht. Ist man auf dem Dach, schließt man das Fenster von außen. Möglichst lautlos. Dann hat niemand die leiseste Ahnung, wohin man verschwunden sein könnte. Man muss weit in den Garten hineingehen, um von draußen zu sehen, dass jemand dort sitzt, und von drinnen ist es unmöglich, entdeckt zu werden.

Diese Dachhockerei ist etwas ganz Besonderes, wenn man den Kindern glauben darf. Wenn die Kirschbäume im Frühling am schönsten blühen, fühlt sich der Platz auf dem Dach wie ein Zimmer inmitten der Wolken an, die Zweige legen sich wie ein zusätzliches Dach über die Welt. Und im Sommer hat man die beste Aussicht auf den Sonnenuntergang. Von den sternklaren Sommernächten gar nicht erst zu reden. Dann liegen sie da, recken ihre Nasen in die Luft und zählen die Sterne entlang der Milchstraße. Wahrheiten schweben durch die Dunkelheit und obwohl sie glauben, dass sie flüstern, können wir sie hören, wenn wir von der Hängematte aus aufmerksam zuhören. An manchen Tagen fühlt es sich an, als wären sie für immer ausgezogen, dann essen sie dort sogar zu Abend. Sie sagen, dass die Welt sich verändert, je nachdem, wie der Himmel aussieht. Dass es ist wie eine Lotterie bei Sonnenuntergang, bei der es darum geht, welche Welt aufgehen wird.

An just diesem Tag allerdings hatte es gar keinen Hinweis darauf gegeben. Das Letzte, was ich erwartet hatte, war, die Kinder zusammen mit Freunden unter einem Berg Decken auf dem Dach vorzufinden. Aber es gibt für alles ein erstes Mal. Es war der erste Frühlingstag, wenn man ihnen glauben durfte. Ich selbst trug einen Wollpullover und zwei Paar Strümpfe. Eingekuschelt unter den Decken, hatte für sie der Frühling natürlich begonnen, immerhin lag kein Schnee mehr auf dem Dach, und all die Kissen schützten vor dem schlimmsten Wind. Sie sagten, dass die Vögel an diesem Abend mehr gezwitschert hätten, vielleicht sogar mehr als jemals zuvor. Sie wussten genau, wann das Gezwitscher wie von Zauberhand begonnen hatte. Von einer Sekunde zur nächsten. Ich überlegte, wie sie es geschafft haben mochten, alles hinauszuschleppen, ohne dass ich etwas gemerkt hatte. Einen Globus, zwei Kabeltelefone, einen Koffer, den sie als Tisch benutzten, und eine Gitarre. Nur das Allernötigste also.

Die Farbe des Himmels war ganz besonders frühlingshaft und die Wolken sahen aus, als wollten sie etwas feiern. Natürlich hatten sie Hefewecken und eine Thermoskanne mit Saft aus der Speisekammer stibitzt. Schließlich war es der erste Frühlingstag. Der muss einfach gefeiert werden!

Valentinstag

Für wertschätzende Worte und freundliche Gesten braucht es eigentlich keinen besonderen Tag. Wenn es aber schon einen geben muss, so eignet sich der Valentinstag ganz ausgezeichnet dafür. Man hört bereits am Namen »Tag aller Herzen«, wie wir Schweden ihn nennen, dass wir dann besonders viel von Herzen machen sollten.

Vielleicht geheime kleine Botschaften für unsere Familienmitglieder, ein Freundschaftsherz, das du mit der Person teilst, der du all deine Geheimnisse anvertrauen kannst, oder einen selbst gefalteten Umschlag mit allen möglichen Ideen für liebe Dinge, die du tun oder sagen möchtest.

Papierumschläge

Du brauchst:

- dickes Papier
- Schere
- Nähgarn
- Nähnadel

So geht's:

1. Quadratisches Papier verwenden oder zuschneiden.
2. Das Papier diagonal vor sich hinlegen.
3. Die Ecken links und rechts nach innen falten, sodass sie sich in der Mitte berühren.
4. Die übrigen Ecken ebenfalls nach innen falten, allerdings etwas über die Mitte hinaus, sodass sie ein wenig überlappen.
5. Zwei kleine Herzen aus Papier ausschneiden, diese oben und unten auf dem Umschlag festnähen und mit einem Faden umwickeln.

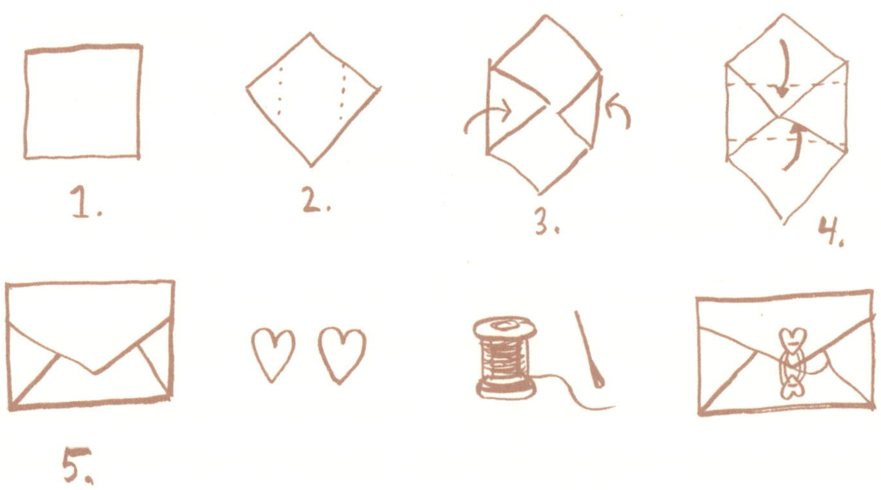

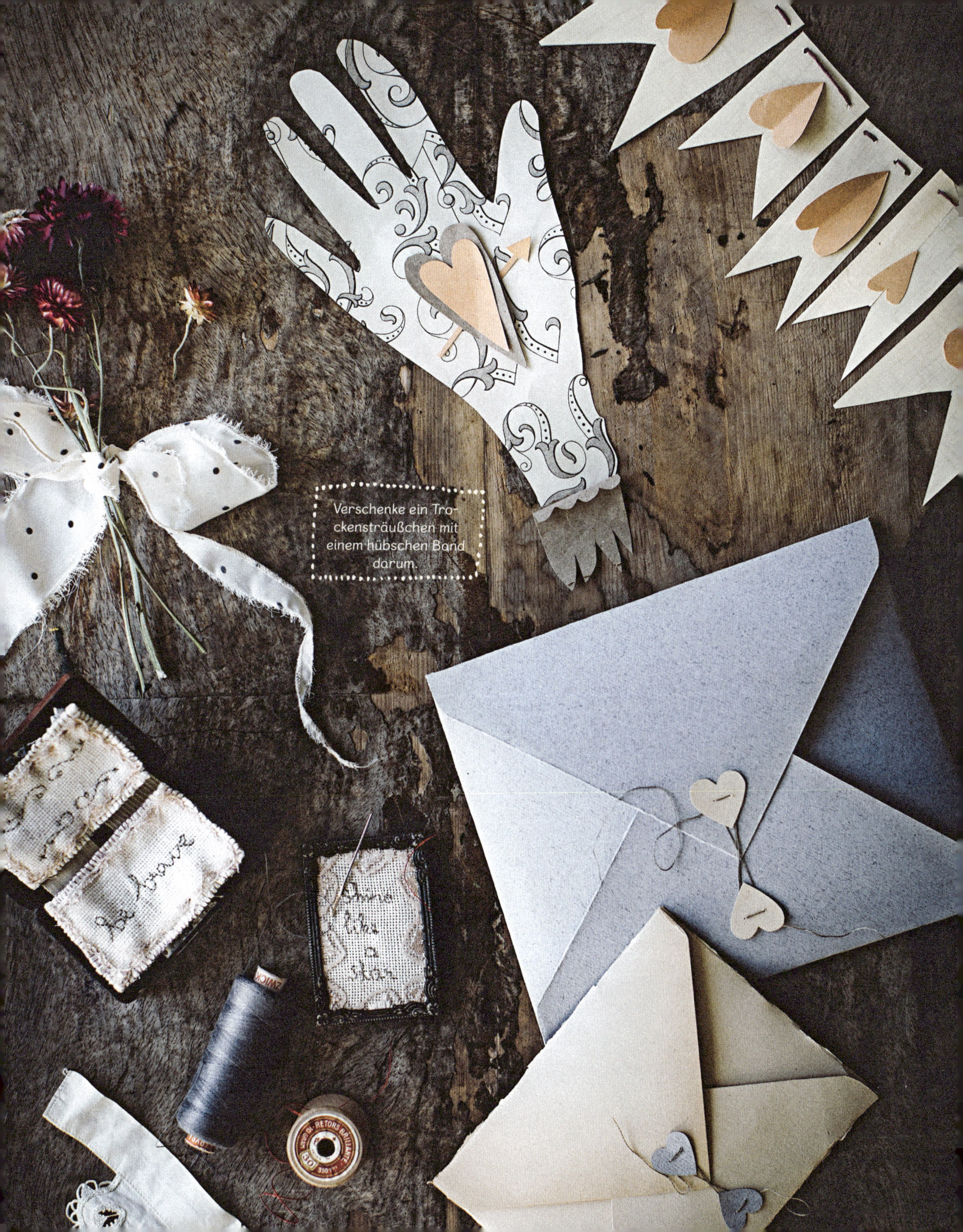

Verschenke ein Trockensträußchen mit einem hübschen Band darum.

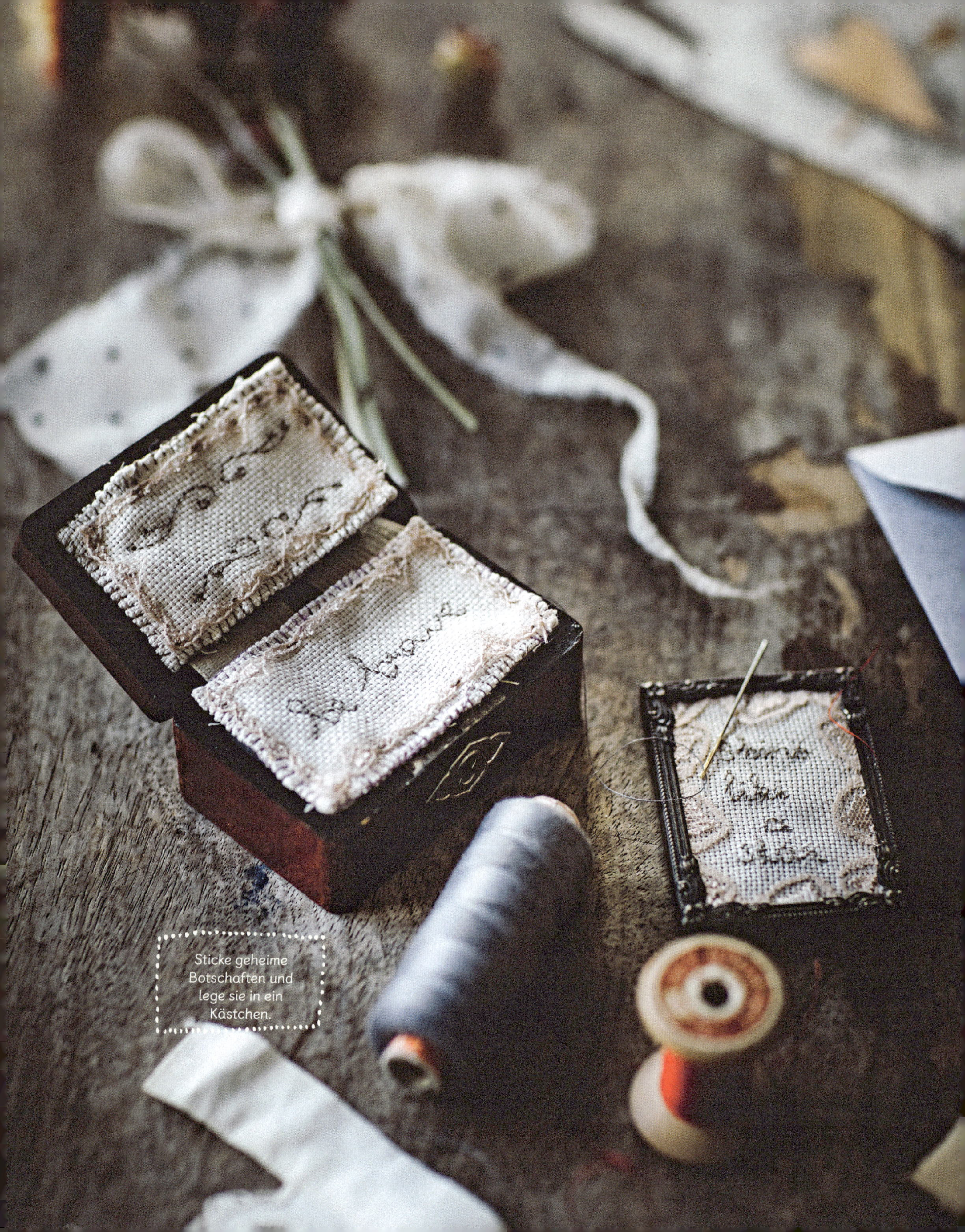

Sticke geheime Botschaften und lege sie in ein Kästchen.

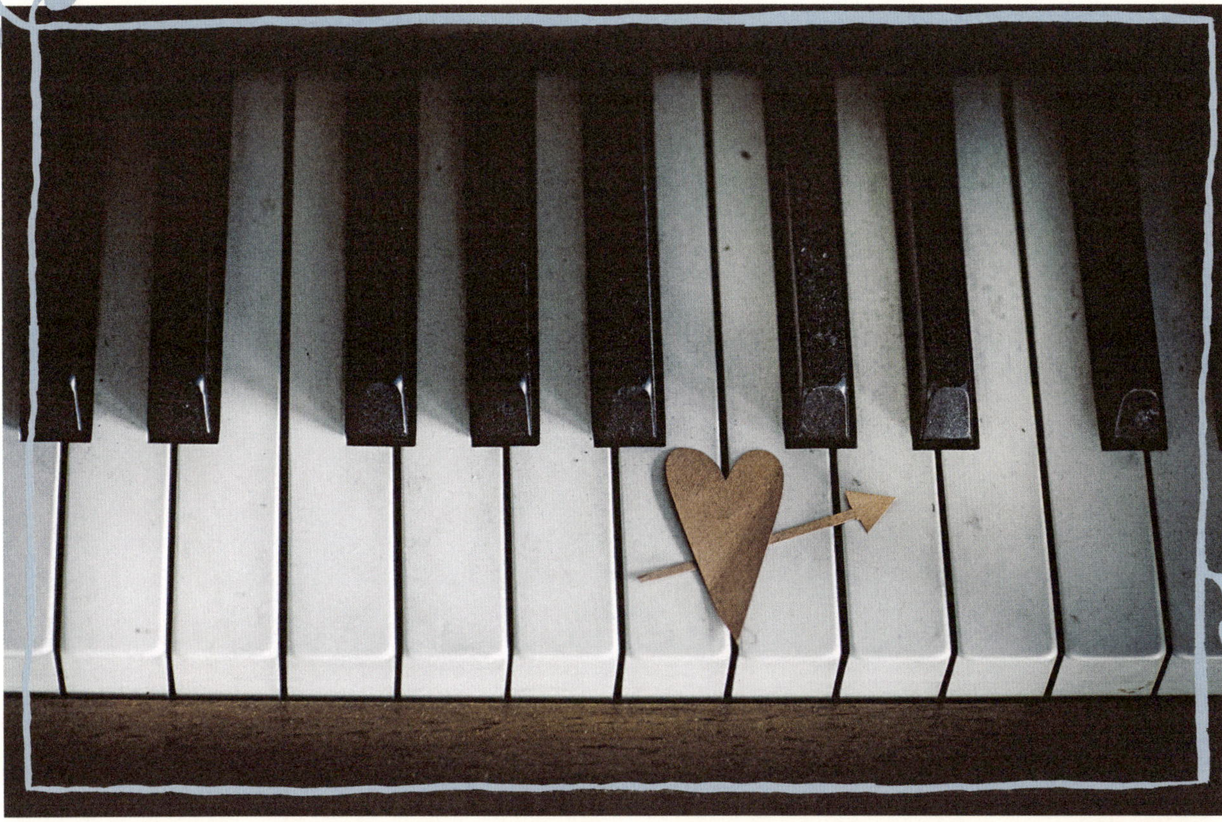

Liebesbeweise

Erstelle eine Liste mit lieben Gesten, die die ganze Familie am Valentinstag (oder an einem beliebigen anderen Tag) als Inspiration nutzen kann:

- Helfe jemandem.
- Sage etwas Nettes zu einem Freund.
- Verschenke etwas an jemanden, der es dringender braucht.
- Melde dich bei jemandem, mit dem du schon lange nicht mehr gesprochen hast.
- Schreibe einen Brief an eine Person, die du gern hast.

Dekorative Papierfiguren

Es ist einfach und schön, Figuren und Wimpel aus Papier herzustellen. Altes Papier macht sich immer am schönsten. Reiße Seiten aus alten Büchern heraus, suche nach alten Notenblättern und Papierbögen. Mische möglichst einfarbiges und gemustertes Papier.

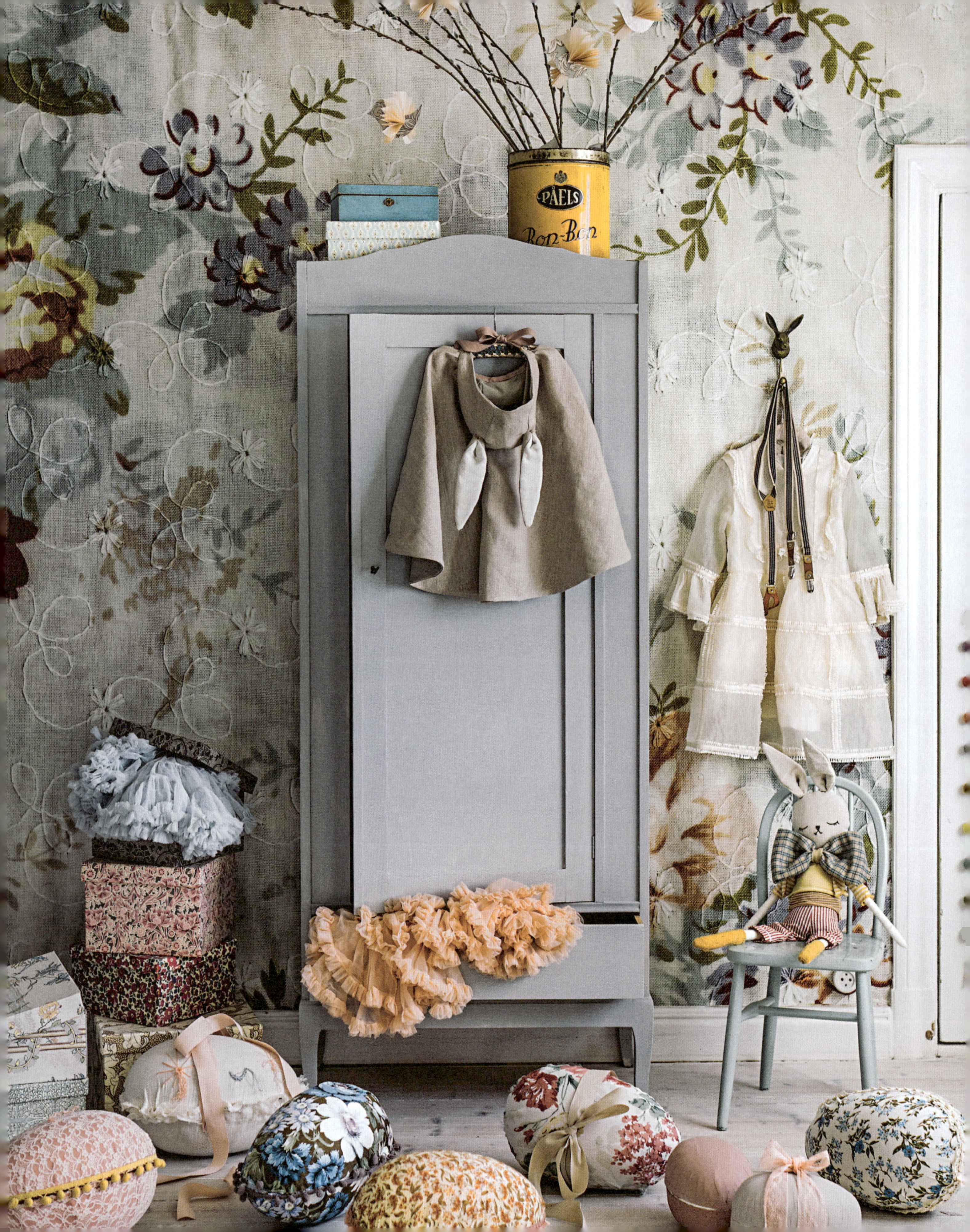
PÅELS
Bon-Bon

Ostern

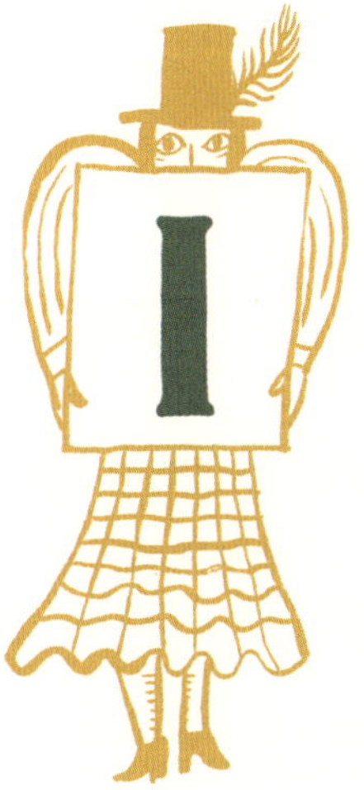

In Schweden verkleiden sich die Kinder am Gründonnerstag als lustige Osterhexen. Sie gehen mit Körbchen von Haus zu Haus und bitten um Süßigkeiten. Allein schon wegen der bunten Farbexplosion muss doch eigentlich Ostern das größte Fest für die Kinder sein? Beinahe mag man glauben, dass die Kinder es selbst erfunden haben.

*

Zu Ostern erstrahlt die Welt in hellem Grün, frisch und saftig. Voller Vorfreude begeben sich die Kinder in den Garten, um kunterbunte Eier zu suchen. Manche sind groß, manche klein, andere so empfindlich, dass sie in tausend Stücke zerbrechen, wenn man sie nur ansieht. Worauf kommt es eigentlich an? Am besten sind wohl die Eier mit etwas drin. Zum Beispiel ein plüschiges Häschen? Denn in einem gigantischen mit Stoff bezogenen Osterei (siehe Seite 24) ist viel Platz. Verstecke sie gut und lass die Kinder suchen! Gib ihnen Hinweise wie Vogel, Fisch oder dazwischen (siehe Seite 182)…

Ostern hat sich schon immer wie der Startschuss für den Frühling angefühlt, selbst wenn noch eine dünne Schneeschicht herabgerieselt ist und sich wie eine Decke über Nacht auf den Hügel gelegt hat. Jetzt ist Frühling!

Hilf dem Frühling auf die Sprünge, indem du Zweige, die in voller Blüte stehen, nach drinnen holst (siehe Seite 57). Dann kümmert einen der letzte Schnee, der sich krampfhaft hält, nicht mehr ganz so sehr. Und wir nehmen es mit Traditionen nicht ganz so genau, sondern schaffen uns unsere eigenen. Denn der Sinn von Festen besteht doch wohl letztlich darin, dass man etwas zusammen macht!

So wird Ostern noch ein bisschen verrückter

- Lass die Kinder sich in der Verkleidungskiste austoben und sich selbst oder gegenseitig die Gesichter bemalen.
- Zusammen farbenfrohe Ostereier anzumalen, macht viel Spaß. Habt ihr schon einmal Naturfarben ausprobiert? Kurkuma ergibt das allerbeste Gelb.
- Veranstaltet einen Eierrollwettbewerb! Lasst die Eier eine schiefe Ebene oder einen Hügel hinunterrollen und schaut, welches Ei als Erstes unten ankommt.
- Nicht nur der Osterstrauß drinnen wird geschmückt. Auch den Büschen und Bäumen draußen tut etwas bunte Deko gut.

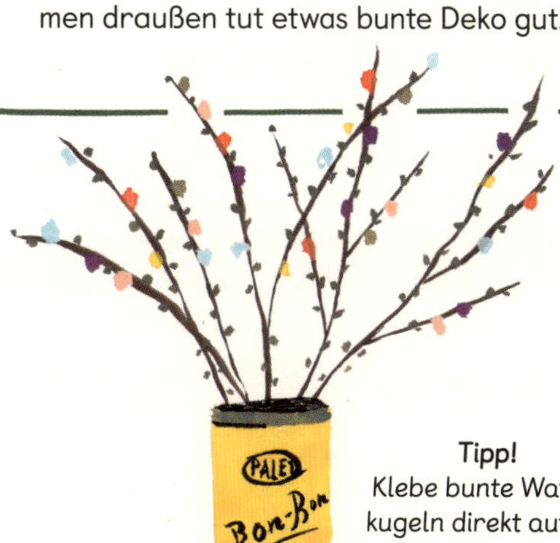

Tipp!
Klebe bunte Wattekugeln direkt auf die kahlen Zweige.

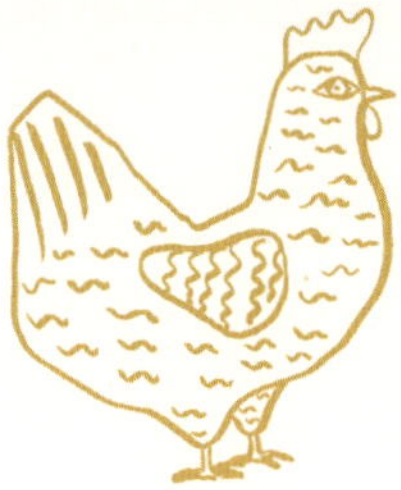

Osterbriefe falten

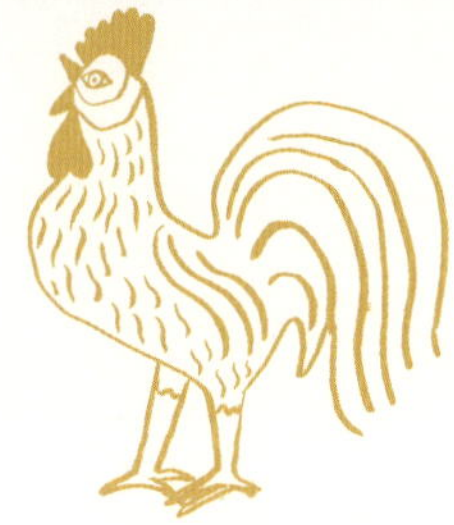

Das Zeichnen und Falten von Osterbriefen ist eine alte, aber immer noch sehr lebendige schwedische Tradition. Es gilt, dabei geschickt vorzugehen und sich unauffällig zu verhalten. Denn nach dem Brauch darf der Absender nicht erkannt werden, wenn die Osterbriefe verteilt werden. Eine kleine Osterverkleidung kann ja nie schaden – ein paar aufgemalte Sommersprossen auf den Wangen und ein Hut reichen vielleicht schon aus.

»Lauf!«, rief mein kleiner Bruder laut. Ich erinnere mich so gut daran. An die Spannung, das Adrenalin und die Freude bei diesem Spiel. Vor jedem Osterfest verbrachten wir Stunden damit, mit der Schablone gezeichnete Osterbriefe mit bunten Farben auszumalen. Dann falteten wir sie zu Dreiecken und füllten sie bis zum Rand mit Süßigkeiten, die Mama im Lebensmittelgeschäft im Ort gekauft hatte. Jetzt noch Omas alte Schürze, stark geschminkte Augenbrauen und eine Kaffeekanne, die von dem Besen baumelte, den Mama zusammengezimmert hatte. Und schon konnte es losgehen! Nicht zum Blocksberg, sondern zu den nächsten Nachbarn. Es galt schnell zu sein, denn schließlich durfte niemand die beiden Osterhexen sehen. Auf der Treppe blieb ein dreieckiger Osterbrief zurück, auf dem stand: »Frohe Ostern, Familie Ljung«.

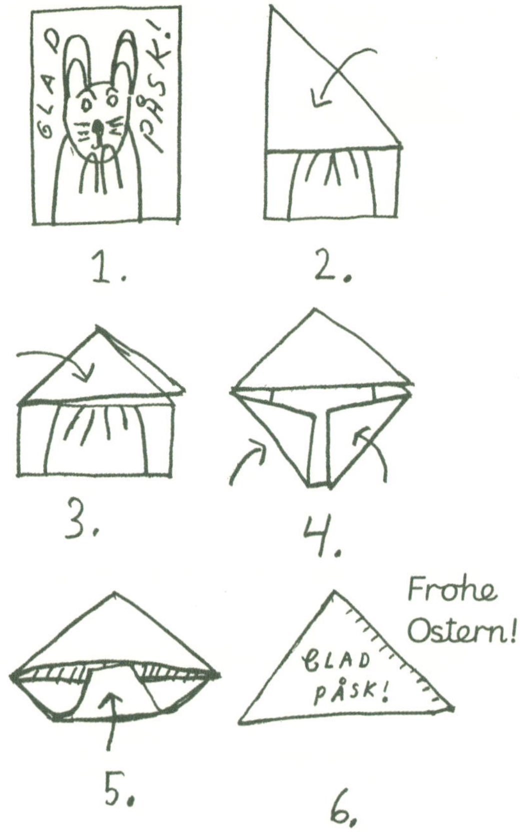

Zeichne deinen eigenen Osterbrief oder benutze unsere Vorlage.

Süßigkeiten in allen Ehren

Auch andere kleine Schätze finden Platz in einem Osterbrief. Lass die Kinder selbst bestimmen.

Bereit für das Osterbriefwerfen

Nimm ein altes Tuch oder einen hohen Hut und eine blumige Schürze vom Flohmarkt. Tupfe etwas Rouge auf die Nase oder male dir einen schneidigen Schnurrbart. Steige dann rauf auf den Besen. Fülle einen Korb mit Osterbriefen, und schon ist es Zeit für den Abflug!

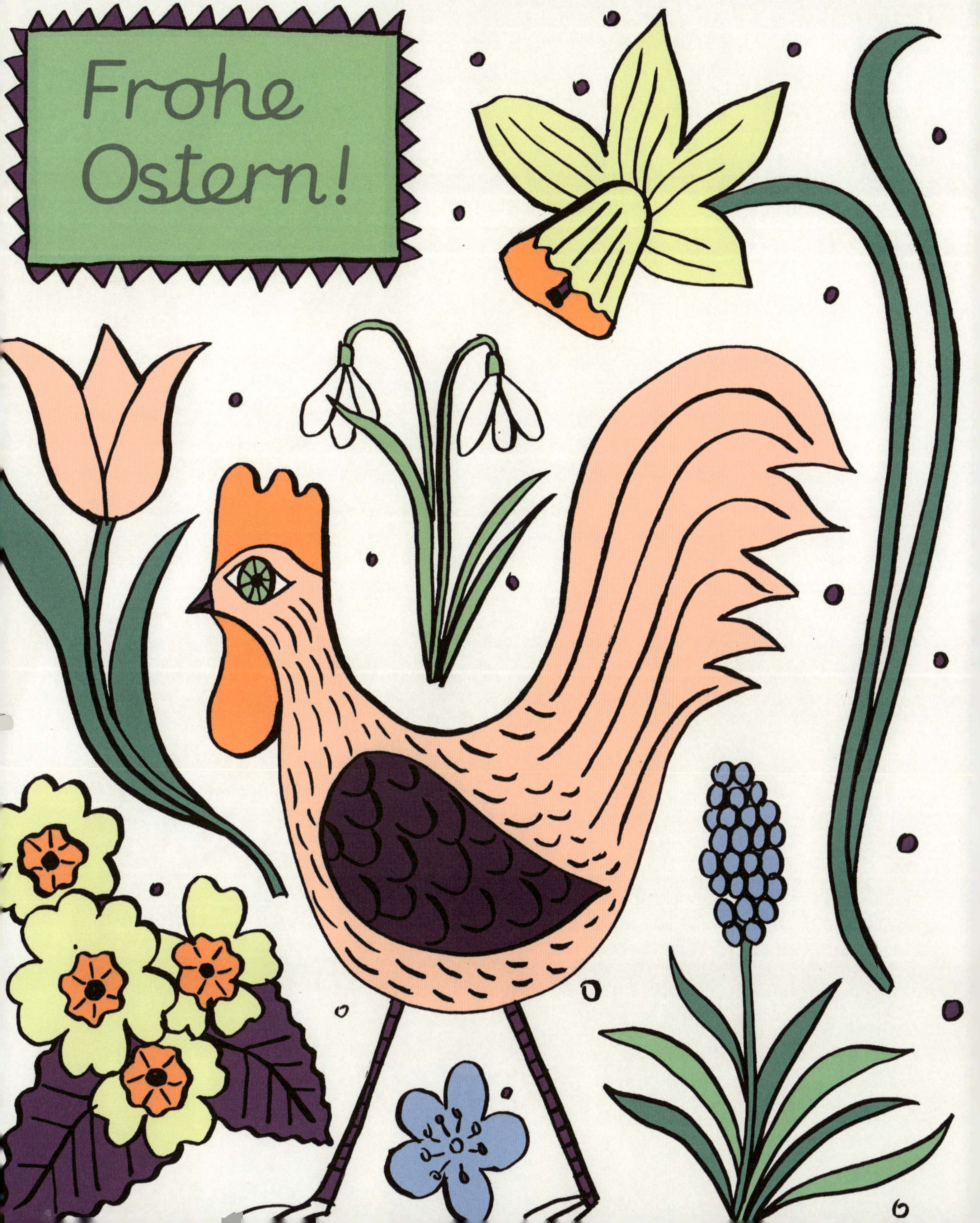
Frohe Ostern!

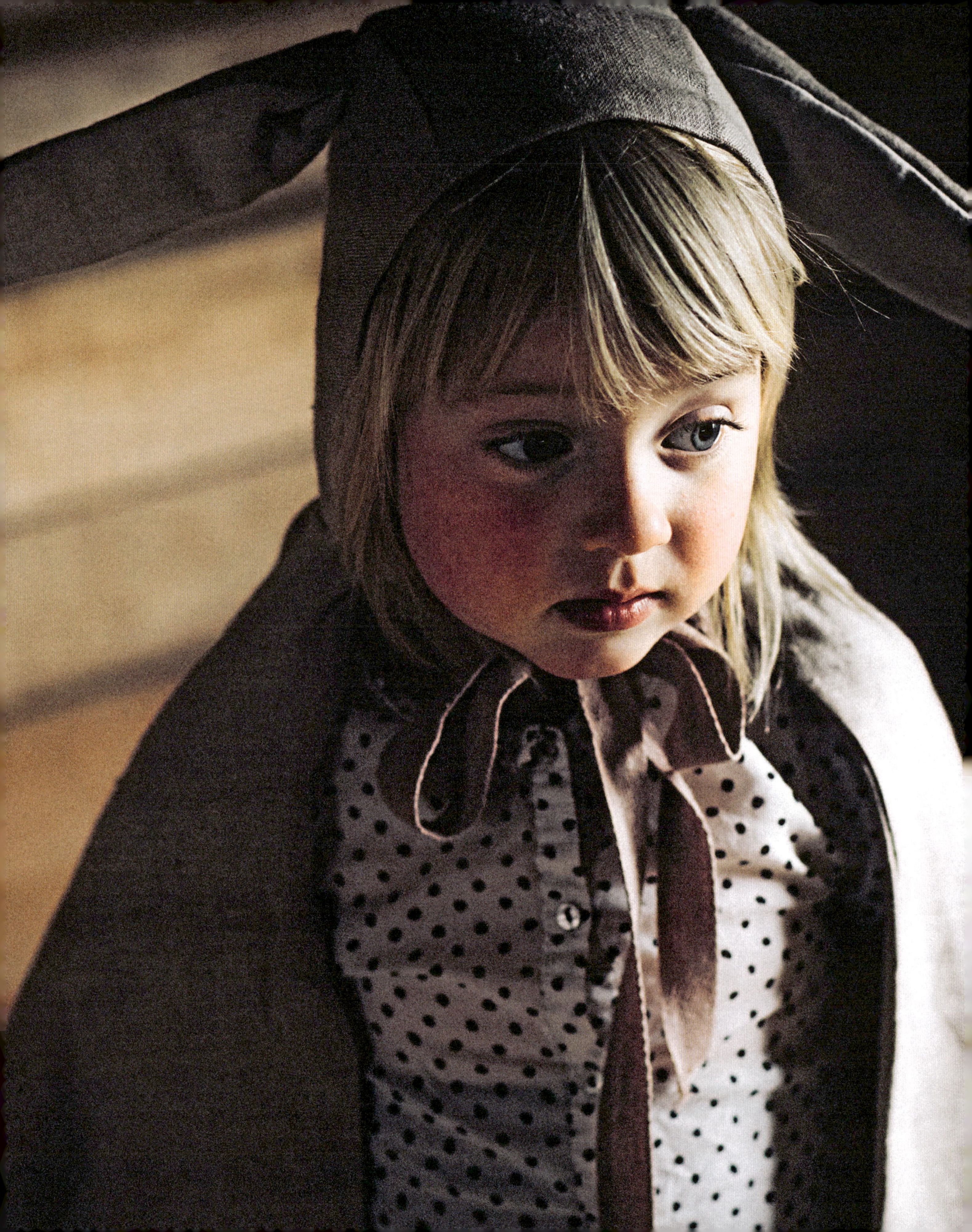

Häschenumhang

Ein Umhang eignet sich hervorragend zum Verkleiden. Er kann eine Vielzahl unterschiedlicher Formen annehmen. Drache, Zauberer, Häschen, Superheldin und mythische Märchengestalt. Weil er so einfach und schnell zu nähen ist, kannst du dich bei den Details so richtig verausgaben. Du bestimmst den Stil.

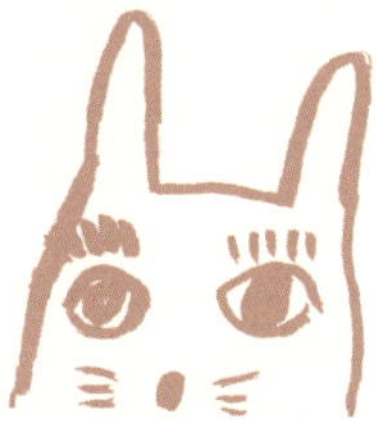

Näht man für Kinder, dann ist es nicht notwendig, schwer verständliche Schnittmuster zu deuten oder sich mit der Passform abzumühen. Hier geht es vielmehr um den Wunsch, für eine Weile in eine andere Welt einzutauchen. Und dafür braucht es gar nicht viel Tamtam. Am geschicktesten ist es, die Verkleidung recht flexibel zu belassen. Auf diese Weise können Kinder jeden Alters und aller Größen sie tragen, und sie lässt sich lange verwenden.

Du brauchst:

- ✳ Schnittmuster für Mützenteil und Ohren
- ✳ doppellagiger Stoff (1x für das Futter)
- ✳ Wattevlies
- ✳ Stift und Schnur
- ✳ Schere
- ✳ Stecknadeln
- ✳ Nähmaschine oder Nadel und Faden
- ✳ Stoffband (zum Verknoten am Hals)

Tipp!
Indem du Stoffe mit unterschiedlichen Farben oder Mustern auswählst, kannst du natürlich einen Wendeumhang daraus machen.

So geht's:

Umhang

1. Der Umhang soll um die Schultern gelegt werden. Die individuell gewünschte Länge von der Schulter aus nach unten messen.
2. Entwerfe das Schnittmuster anhand unserer Skizze. Gehe dabei von der Mitte aus und zeichne mithilfe eines Stifts und einer Schnur in der Länge des Umhangs einen Halbkreis. Halte das eine Ende der Schnur am Mittelpunkt fest und führe dann den Stift von Kante zu Kante über das Schnittmuster.
3. Das Schnittmuster für den Umhang auf den doppelt gelegten Stoff heften und zuschneiden. Anhand desselben Schnittmusters auch das Wattevlies zuschneiden, hiervon genügt eine Lage.
4. Die beiden Stoffteile zusammenfügen. Dazu diese rechts auf rechts aufeinanderlegen, die runden und die geraden Kanten zusammennähen, eine Wendeöffnung offen lassen. Bei Verwendung von Wattevlies ist es wichtig, das Vlies in den Saum einzunähen, da es sonst im Umhang verrutscht. Dann den Stoff wenden, Wendeöffnung zunähen.

Haube

1. Die Stoffteile für die Haube anhand unserer Vorlage zuschneiden. Benötigt werden zwei Seiten- und ein Mittelteil. Auch hier ist eine doppelte Ausführung der Stoffteile nötig, was drei Teile außen für die Haube und drei Teile für das Futter ergibt.
2. Die einzelnen Teile entsprechend der Vorlage zusammennähen. Zunächst die drei Stoffteile für das Futter nähen und dann die drei äußeren Teile, sodass zwei identische Hauben entstehen. Beide nun rechts auf rechts zusammennähen. Die untere Kante, die mit dem Umhang zusammengefügt werden soll, offen lassen. Dann die Haube wenden.

Nun ist es an der Zeit, Haube und Umhang zusammenzunähen. Manchmal kann es nötig sein, Abnäher am Umhang anzubringen, um die Weite des Halsausschnitts an die Haube anzupassen. Mit Stecknadeln zusammenheften und nähen.

Ohren

1. Die Ohren anhand unserer Vorlage zuschneiden. Auch hier wird für beide Ohren doppellagiger Stoff benötigt. Wattevlies ist ein Muss!
2. Die Ohren rechts auf rechts nähen, das Wattevlies jeweils im Saum einnähen. Die untere Kante offen lassen. Die Ohren dort jeweils mittig knicken und von Hand einen Abnäher anbringen.
3. Die Ohren am besten von Hand an die Haube nähen. Zuvor das Kind anprobieren lassen, um eine geeignete Position zu finden.
4. Zum Schluss den Halsausschnitt mit einem Stoffband versehen. Das geht auch mit Knöpfen, und eine große Schleife ist immer elegant! Soll die Naht verdeckt werden, das Stoffband um den ganzen Halsausschnitt laufen lassen. Alternativ kann auch eine andere Verzierung angenäht werden.

Tipp!
Wenn du den Umhang in einer kleinen Größe (ca. 1–2 Jahre) nähst, kannst du das Wattevlies im Umhang weglassen, er wird sonst leicht zu steif.

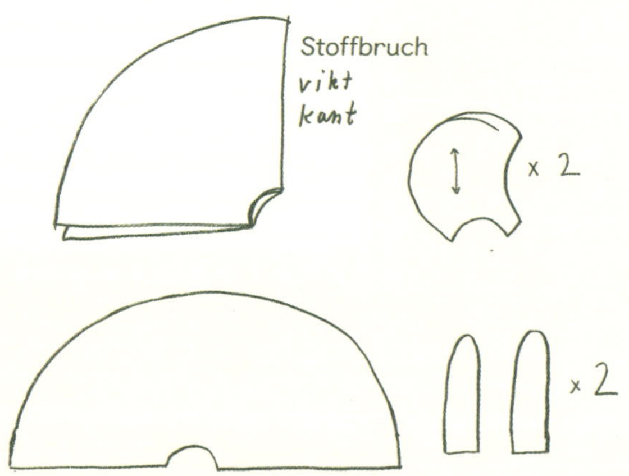

Vorlagen auf Seite 257

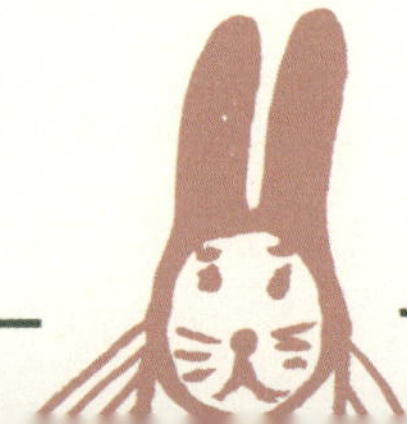

Rechts auf rechts nähen
Lege zwei Stoffteile aufeinander, jeweils mit der schönen Seite nach innen. Ist die Naht fertig, wendest du alles von innen nach außen: Die schöne Stoffseite zeigt nach außen, und die Naht wird unsichtbar.

Wattevlies
Wattevlies eignet sich gut zum Füllen und ist eine wunderbare Sache, wenn man Umhänge nähen möchte. Natürlich kann man es auch für viele andere Dinge verwenden, die ein wenig Halt und Volumen benötigen und kuschelig weich werden sollen.

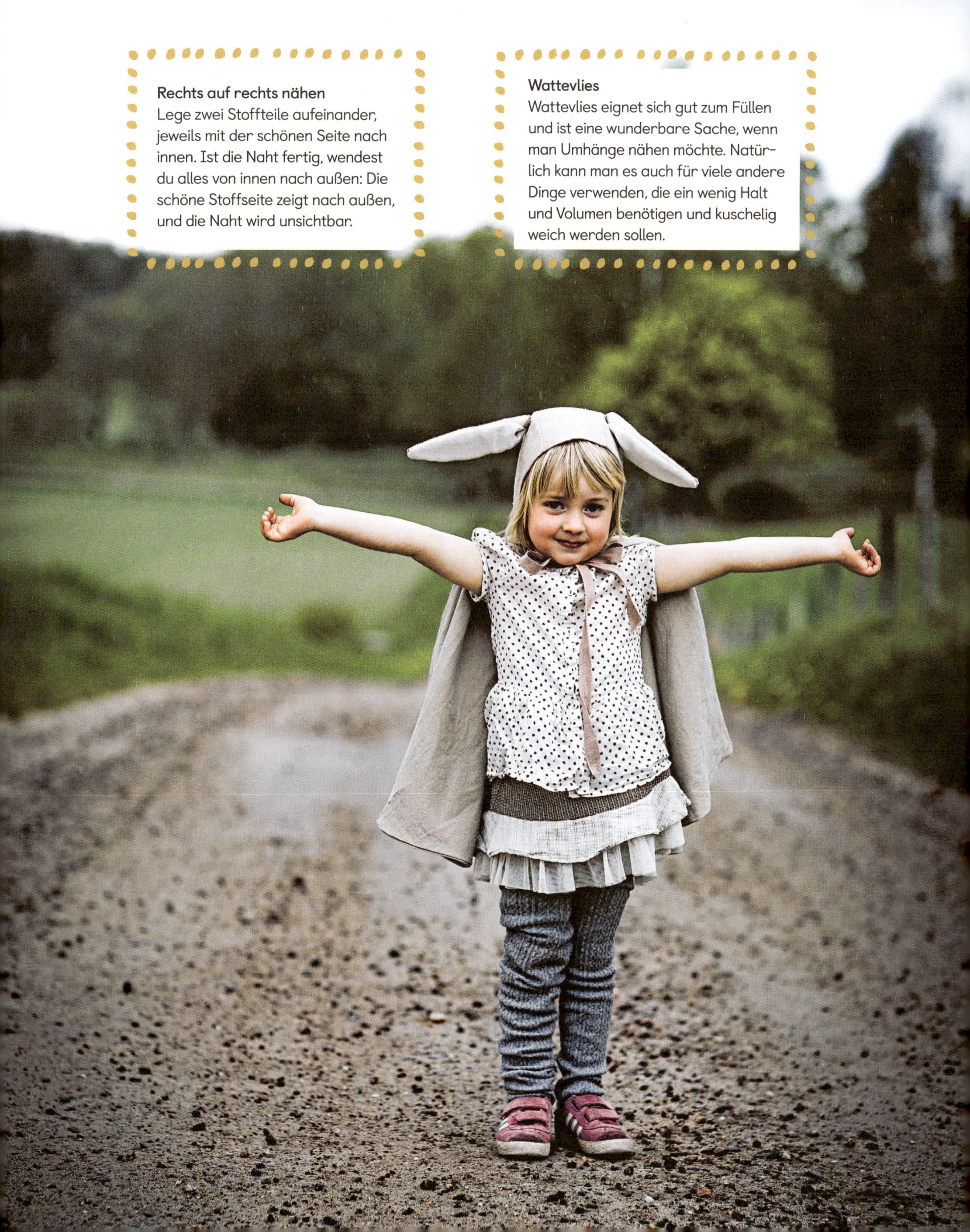

Papiervögel

Federleicht hängen die Figuren dort, schon der kleinste Luftstoß haucht ihnen Leben ein. Es ist sehr einfach, den Osterstrauß mit Papiervögeln zu schmücken – und so schön. Ein guter Tipp ist, sie in unterschiedlichen Größen zu basteln, warum nicht zum Beispiel einen ganz großen? Man kann die Vögel auch wunderbar für ein Mobile verwenden.

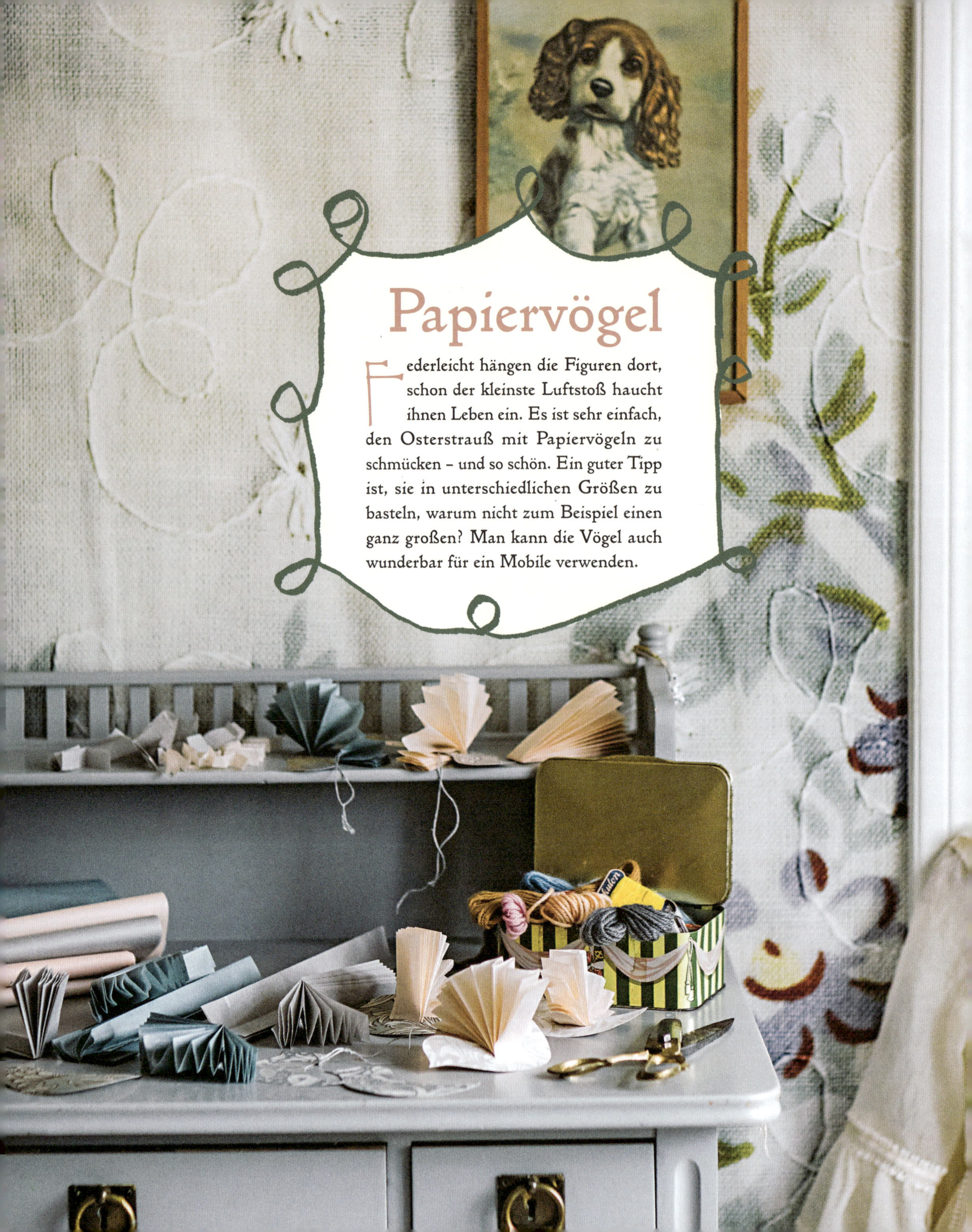

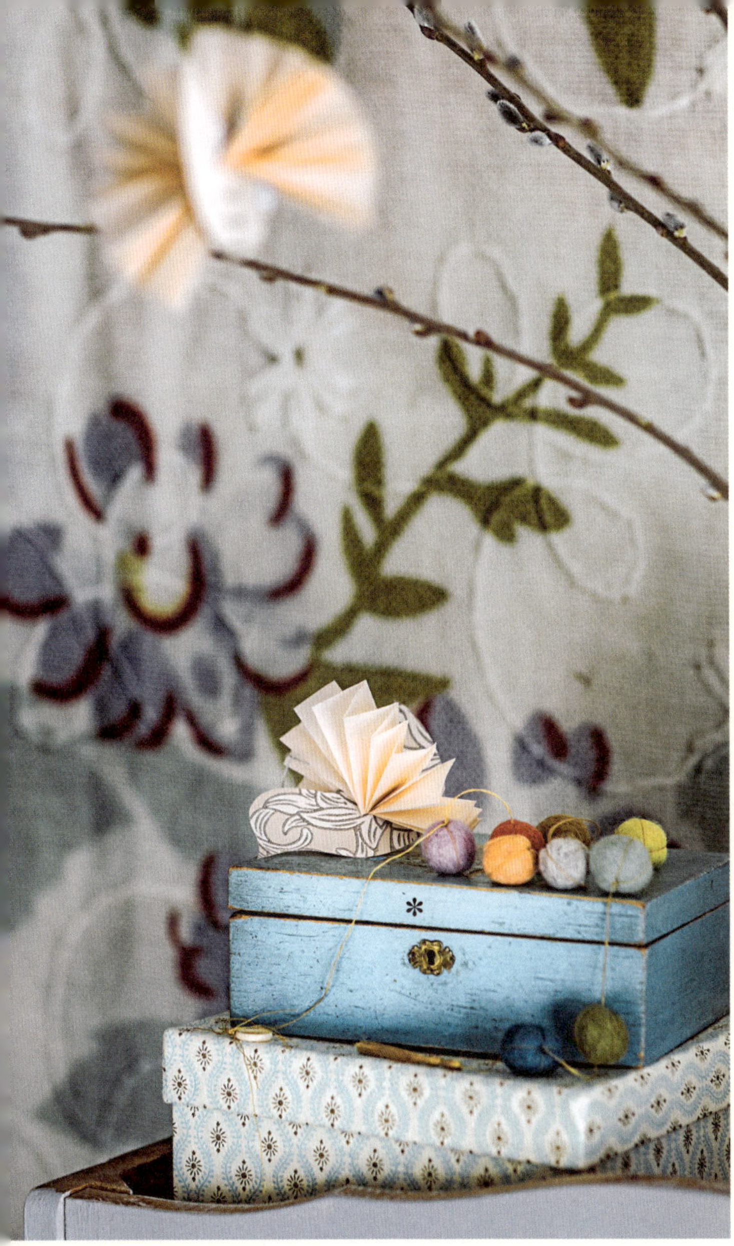

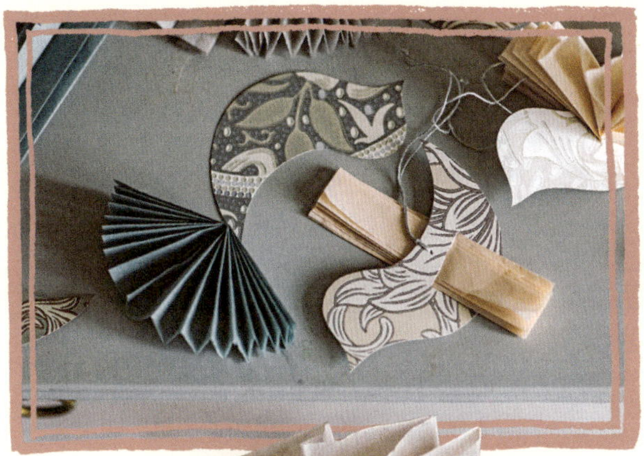

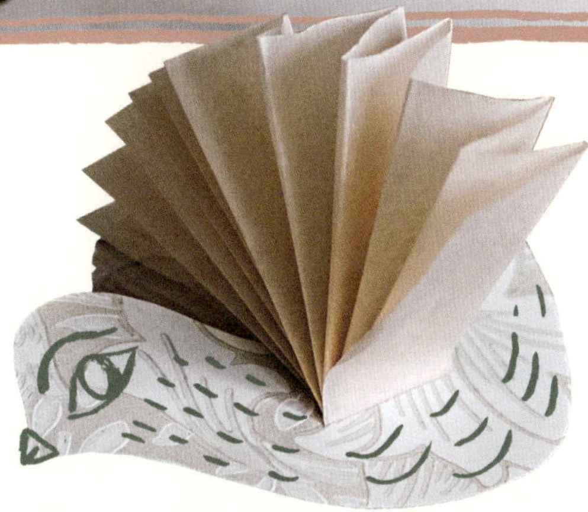

Wir entscheiden uns für einen umwelt- und tierfreundlichen Osterstrauß. Die farbenfrohen Federn, die kreuz und quer um den Erdball verschickt werden, boykottieren wir schon seit Langem. Nicht nur, dass sie mit dem Flugzeug transportiert werden, auch der Umgang mit den Vögeln, deren Federn dafür gerupft werden, ist meist verabscheuungswürdig. Außerdem finden wir es so viel schöner, es anders zu machen.

Du brauchst:

- ✻ Schablone
- ✻ Papier, dünner Karton oder Tapetenreste
- ✻ Seidenpapier
- ✻ doppelseitiges Klebeband
- ✻ Schere
- ✻ Messer
- ✻ Stickgarn
- ✻ Nadel

Vorlagen auf Seite 255

So geht das:

1. Den Vogel anhand unserer Vorlage aus Papier, dünnem Karton oder Tapetenresten ausschneiden.
2. Mit einem Messer einschneiden, wie in der Vorlage abgebildet.
3. Seidenpapier wie eine Ziehharmonika in derselben Breite wie der des Schnittes falten. Wir empfehlen, einen ganzen Bogen Seidenpapier zu verwenden und dann in mehrere Flügel aufzuteilen. Sollen die Flügel einander oben berühren, doppelseitiges Klebeband zum Zusammenkleben verwenden.
4. Buntes Stickgarn mit einer Nadel durch den Vogelkörper ziehen und so einen Aufhänger basteln.

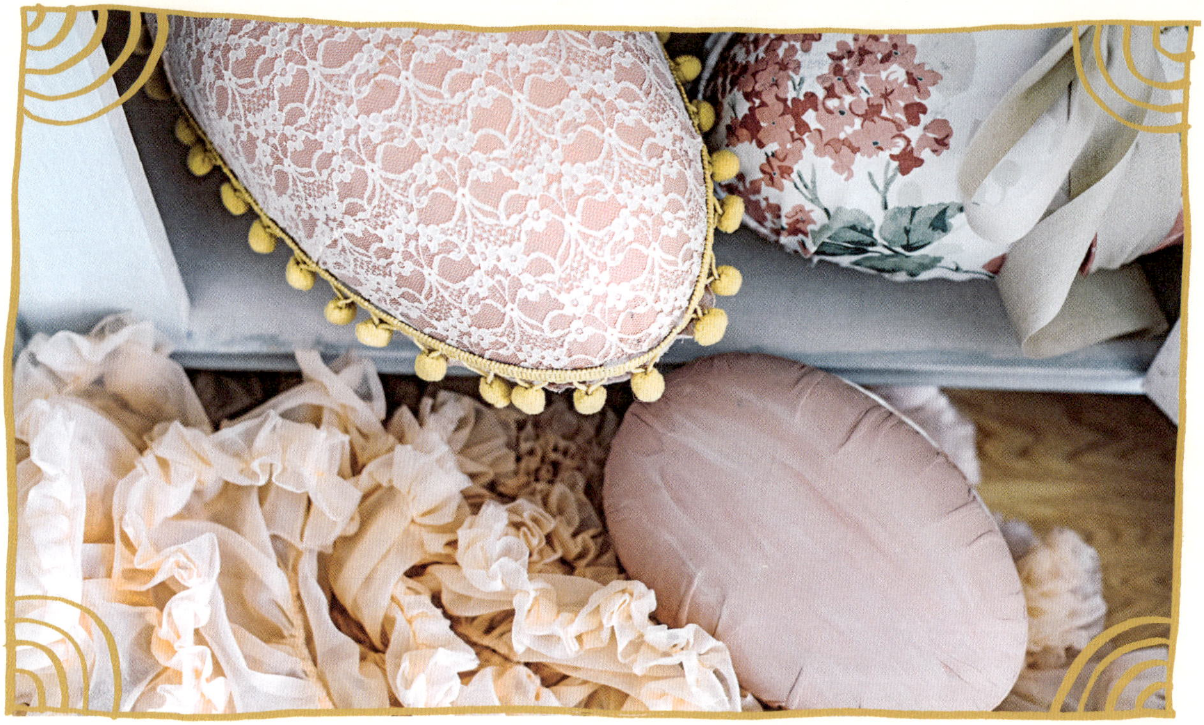

Ostereier-Remake

Es ist gar nicht schwer, seine eigenen Ostereier zu machen. Wir nehmen diesmal eine kleine Abkürzung und kaufen die Eier auf dem Flohmarkt, um dann loszulegen und sie mit allem, was wir so zu Hause haben, besonders hübsch zu machen.

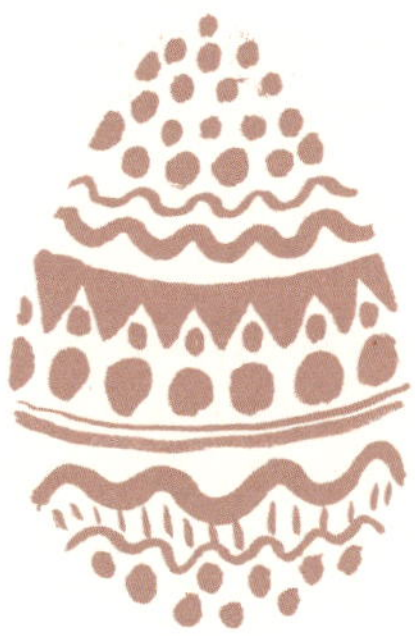

Sucht die Eier! Inmitten hellgrüner Bäume oder im asphaltierten Hinterhof. Manchmal auch drinnen, falls der Garten dem Frühling noch nicht »Hallo!« gesagt hat. Die Hinweise lauten meist Vogel, Fisch oder dazwischen (siehe Seite 87).

Einmal hatten die Kinder sich über die unsortierten Berge an Bügelperlen beklagt, die umständlich waren, wollte man Bügelperlenbilder wie am Fließband herstellen. In jenem Jahr hängten wir kleine Marmeladengläser mit nach Farben sortierten Bügelperlen in den kahlen Kirschbaum, wie Eier, die nur darauf warteten, gefunden zu werden. Natürlich reichte ein Blick nach Westen, damit sie den Baum voller bunter Gläser entdeckten. Aber wenn etwas unerwartet ist, wird es oft ganz automatisch ein bisschen magisch. Der Erfolg gab uns recht. So viele Bügelperlenbilder sind zuvor noch nie an einem Osterwochenende produziert worden. Tagein, tagaus wurde »geperlt«. Bis schließlich die Perlenquellen versiegten.

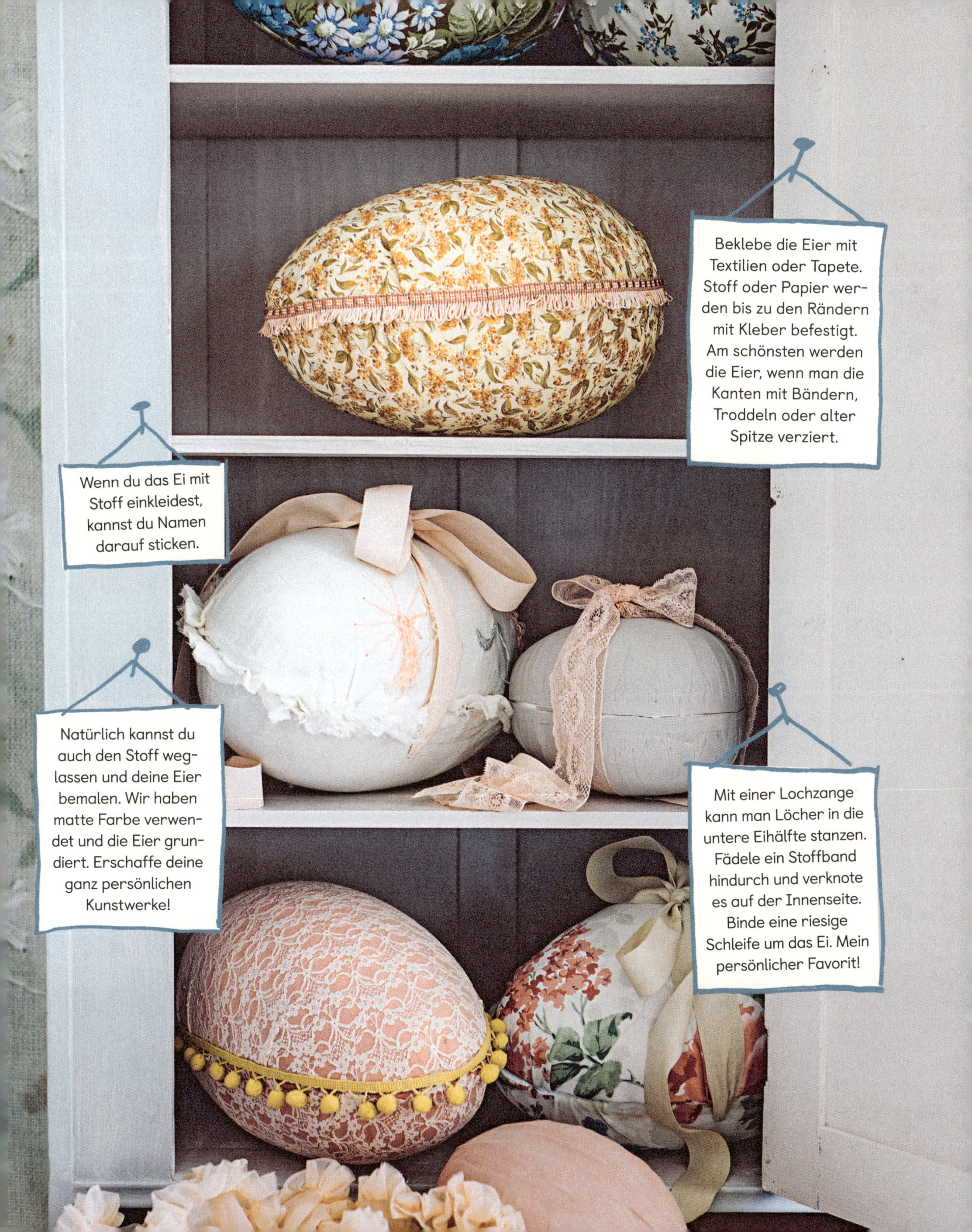

Beklebe die Eier mit Textilien oder Tapete. Stoff oder Papier werden bis zu den Rändern mit Kleber befestigt. Am schönsten werden die Eier, wenn man die Kanten mit Bändern, Troddeln oder alter Spitze verziert.

Wenn du das Ei mit Stoff einkleidest, kannst du Namen darauf sticken.

Natürlich kannst du auch den Stoff weglassen und deine Eier bemalen. Wir haben matte Farbe verwendet und die Eier grundiert. Erschaffe deine ganz persönlichen Kunstwerke!

Mit einer Lochzange kann man Löcher in die untere Eihälfte stanzen. Fädele ein Stoffband hindurch und verknote es auf der Innenseite. Binde eine riesige Schleife um das Ei. Mein persönlicher Favorit!

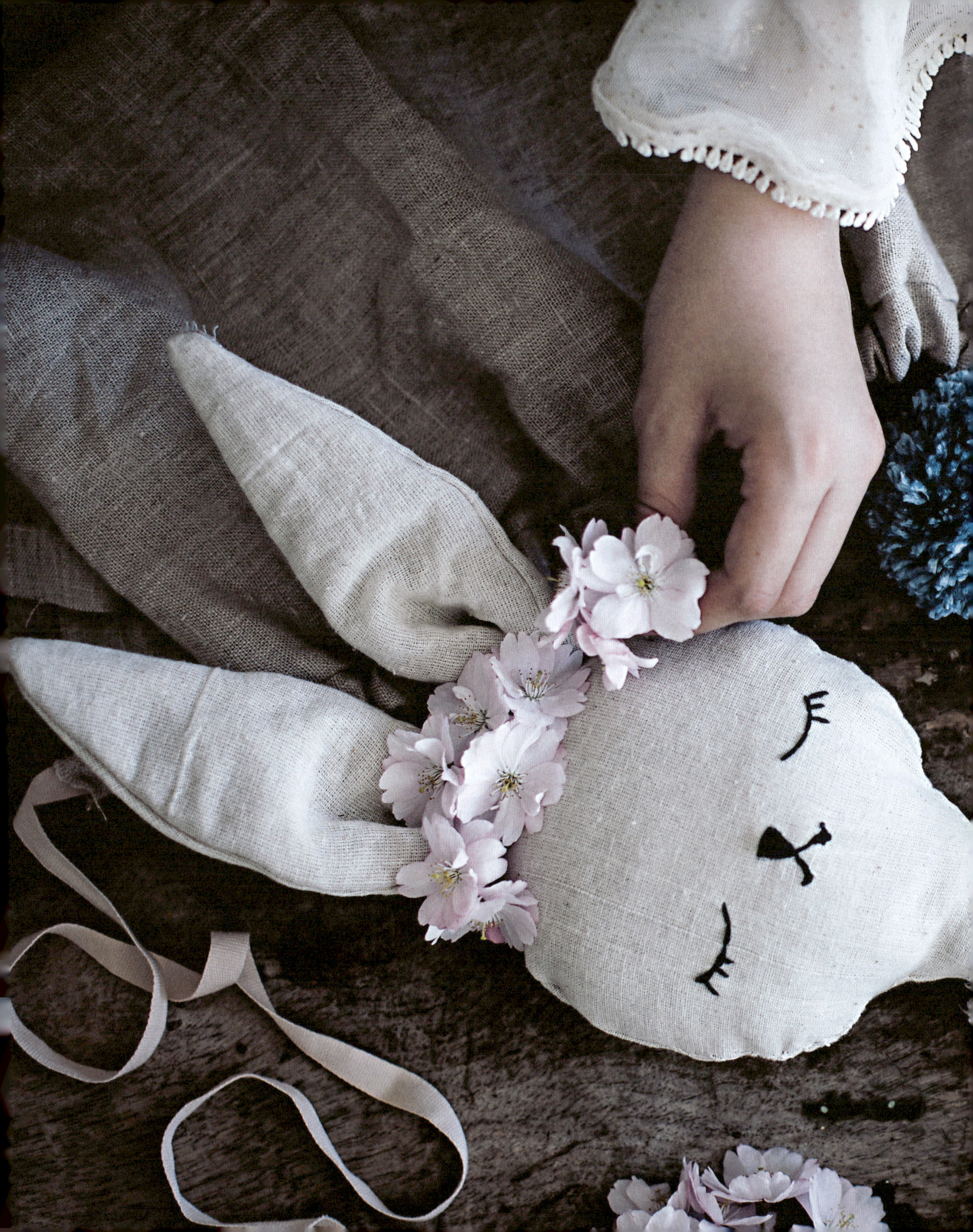

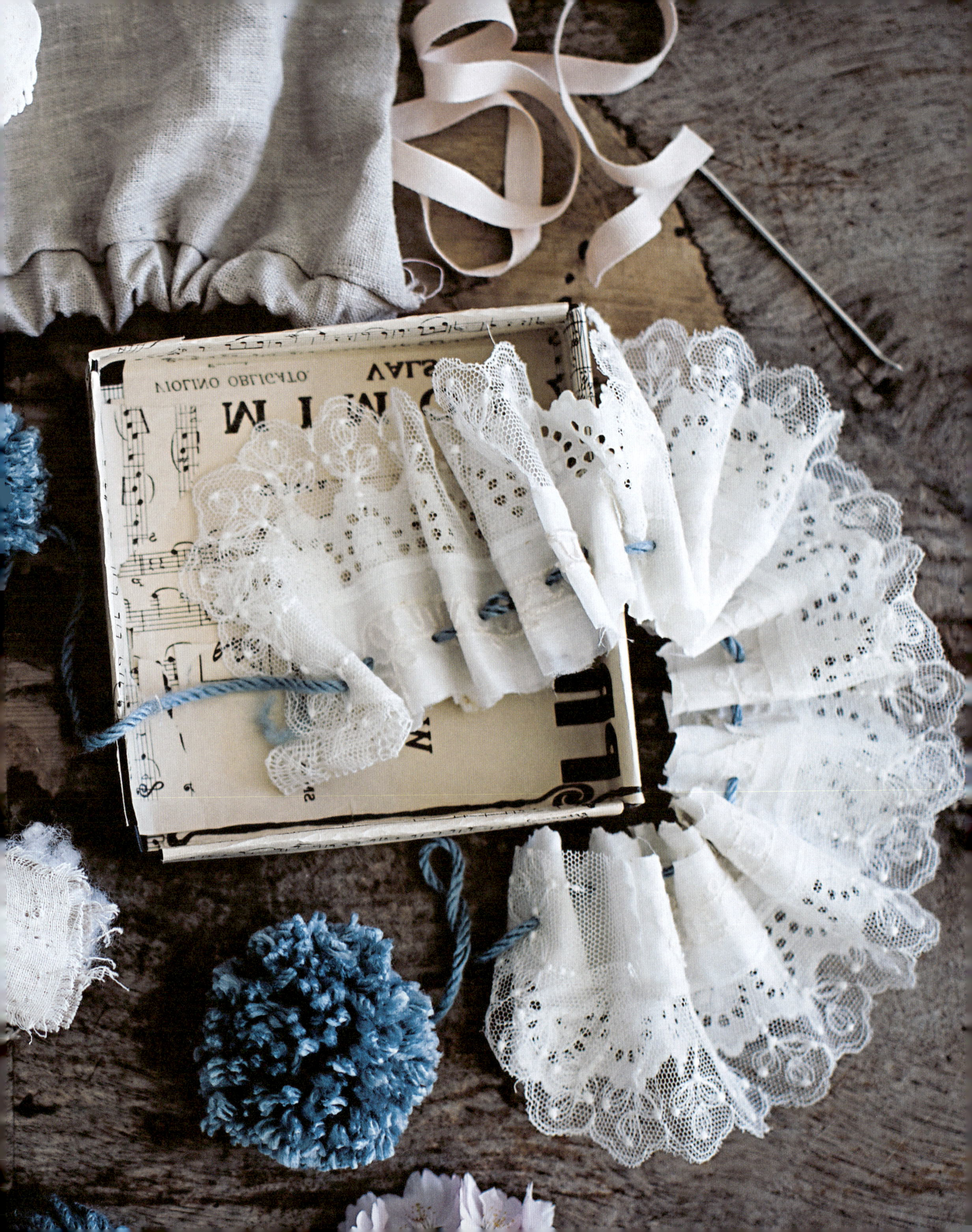
VIOLINO OBLIGATO
VALS

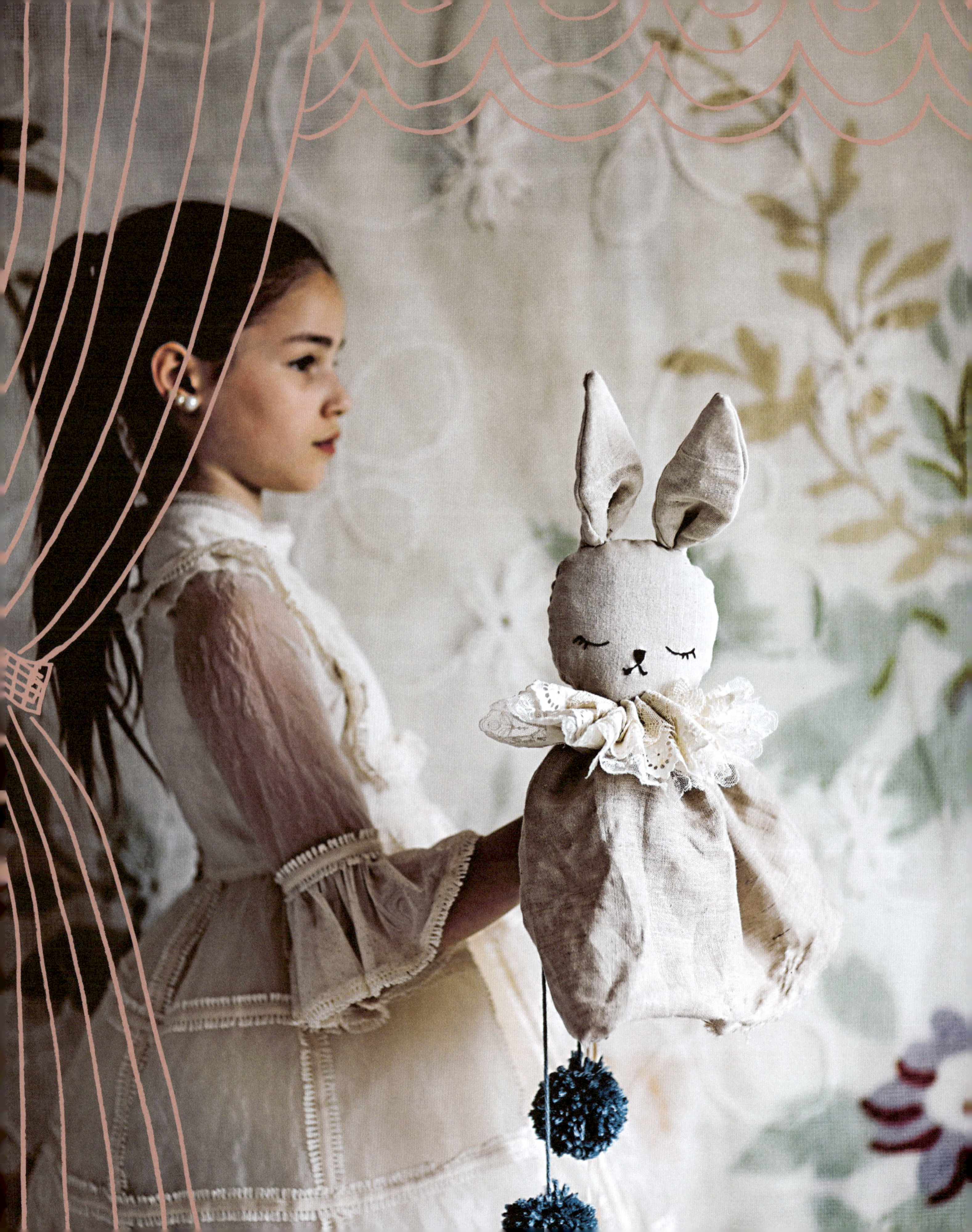

Handpuppe

Ein Puppentheater muss man nicht kaufen. Lässt man die Kinder ihre eigenen Handpuppen basteln und kleine Vorstellungen inszenieren, kann das eine wundervolle Möglichkeit für sie sein, sich mit ihren Gefühlen auseinanderzusetzen, sich selbst kennenzulernen, sich in eine Rolle hineinzuversetzen. Sie wagen es, jemand ganz anderes zu sein – oder sogar, selbst auf der Bühne zu stehen. Manchmal ist diese Bühne ein Teppich im eigenen Zimmer, und die Zuschauerränge sind mit Kuscheltieren besetzt.

*

Das Theaterspiel hat viele positive Effekte. Es ist eine Möglichkeit, seine Fantasie zu entwickeln. Oder vielleicht eher eine Gelegenheit, seine Fantasie zu bewahren, zu bejahen und die Zeit des Spielens zu verlängern. Es stärkt das Selbstbewusstsein und Selbstvertrauen von Kindern, unabhängig davon, auf welchem Niveau sie sich ihm widmen möchten. Sie machen Gebrauch von ihren Körpern und ihren Sinnen, außerdem wird die Kreativität und Spontanität geschult, und die ganze Zeit sind sie präsent.

Das Schöne an Handpuppen ist, dass die Vorstellung in weniger als einer halben Stunde beginnen kann. Mehr Zeit ist nicht nötig, um ein Kuscheltier oder eine Puppe in eine Handpuppe zu verwandeln.

Du kannst auch das Gesicht einer Figur auf Karton aufmalen und auf einem Stab befestigen. Darunter bringst du ein Stück Stoff an, unter dem deine Hand unsichtbar wird. Es ist ein magischer Moment, wenn die Puppen auf die Bühne ihres Puppentheaters treten und auf wundersame Art lebendig werden.

Ein Theater eröffnen

Ein kleines Puppentheater zu eröffnen, in dem die Puppen ihre Rollen mithilfe jemandes Hand spielen, ist ganz klar eine Möglichkeit, sich der Theaterwelt anzunähern. Und denke daran: Du bist nie zu alt, um Theater zu spielen!

Kaninchen

Du brauchst:

- Schnittmuster
- Stoff für Gesicht und Kleid
- Schere
- Wattevlies
- Stecknadel
- Nähmaschine
- Nadel und Faden
- Füllwatte
- Sticknadel und -garn
- Holzstab (z. B. Pflanzstab oder Grillspieß)
- Strick
- Stoffband

Vorlage auf Seite 255

So geht's:

Kopf

1. Zeichne die Kopfform und die Ohren des Kaninchens anhand des Schnittmusters auf den Stoff. Du benötigst zwei Exemplare jedes Teils.
2. Anhand des Schnittmusters für die Ohren zwei Stoffteile aus Wattevlies zuschneiden.
3. Die Ohrteile rechts auf rechts zusammennähen, das Wattevlies jeweils im Saum einnähen. Die unteren Kanten offen lassen. Die Ohren wenden, unten jeweils mittig knicken und von Hand einen Abnäher anbringen.
4. Die Ohren zwischen die beiden Kopfteile legen und den Kopf rechts auf rechts zusammennähen. Die Halsöffnung unten nicht zunähen, um den Kaninchenkopf wenden und mit Watte füllen zu können.
5. Jetzt ist es an der Zeit, dem Kaninchen ein Gesicht zu geben. Vorsichtig mit Bleistift anzeichnen, was bestickt werden soll. Entlang der Linien mit Rückstich sticken.
6. Den Holzstab durch die Halsöffnung bis ungefähr auf Augenhöhe in die Mitte des Kaninchenkopfes schieben. An diesem Stab wird die Puppe gehalten.
7. Den Holzstab an der Öffnung mit einem Strick befestigen. Manchmal lässt sich dort heimlich ein Kabelbinder anbringen und dann unter dem Kleid verstecken.

Kleid

Jetzt ist es an der Zeit, den Körper des Kaninchens zu nähen, der als Kleid fungiert und den Arm des Puppenspielers verbergen soll.

1. Ein rechteckiges Stück Stoff zuschneiden. Für eine geeignete Länge den Arm des Kindes vermessen.
2. Das Stoffstück zu einem Zylinder zusammennähen.
3. Den Stoff an der oberen Kante einige Zentimeter nach unten umschlagen und mit Stecknadeln feststecken. Ringsum so versäumen, dass ein Bund entsteht, der eine Öffnung für ein Stoffband lässt.
4. Ein Stoffband durch den Bund führen und das Kleid um den Hals des Kaninchens knoten.
5. Das Kaninchen nun noch mit einem Spitzenkragen verschönern (siehe nächste Seite).

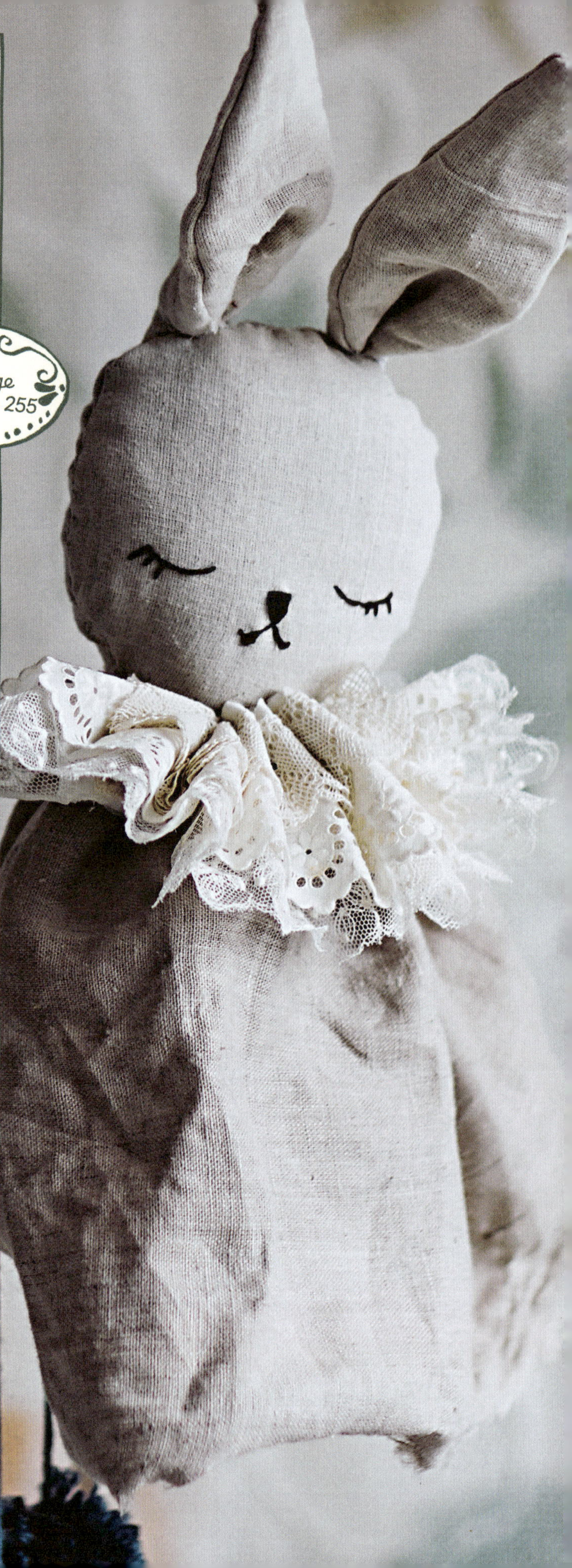

Kragen

Das Kleid einer Handpuppe bietet unendlich viele Variationsmöglichkeiten. Wir finden, dass ein Kragen ein Gefühl von Zirkus und Festlichkeit vermittelt.

Du brauchst:

- Spitze
- Stopfnadel
- Garn

So geht's:

1. Ein Stück Spitze verwenden, das etwa doppelt so lang wie das Kleid des Kaninchens breit ist. Je länger die Spitze ist, desto stärker wird der Kragen gefältelt. Hat man keine so lange Spitze an einem Stück zur Hand, lassen sich auch zwei Spitzenstoffe aneinanderlegen. Der Effekt ist derselbe.
2. Das Garn, wie im Bild dargestellt, durch die Spitze fädeln und den Kragen zu Falten zusammenziehen.
3. Mit Pompons an den Enden verzieren (siehe Seite 42).

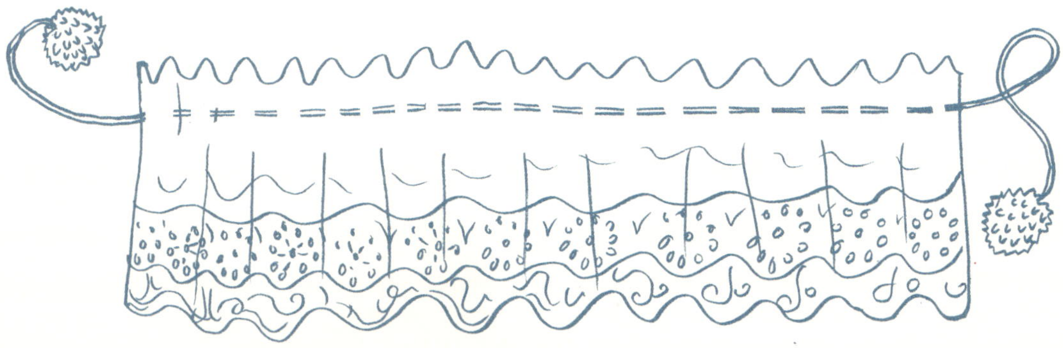

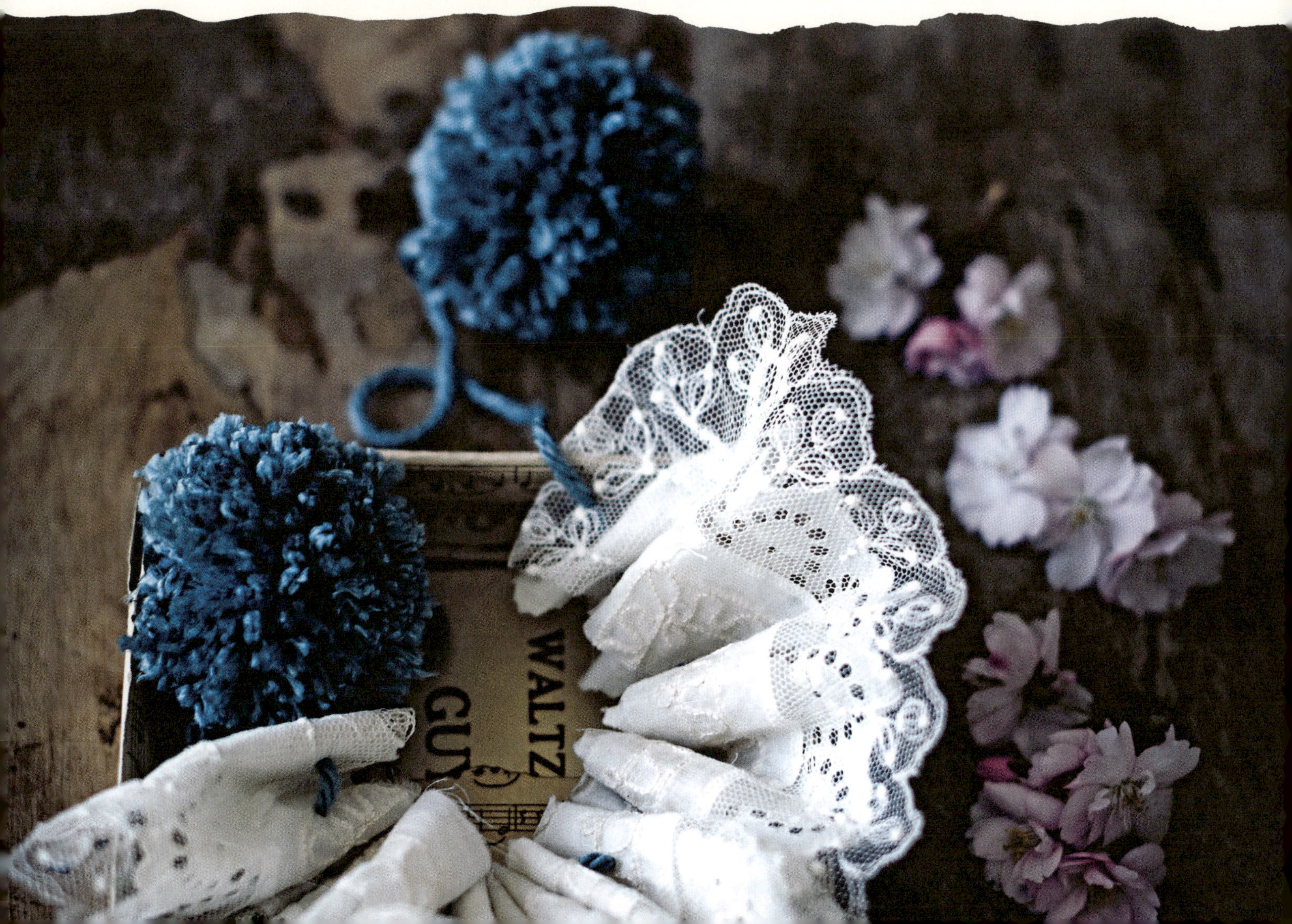

Kleine Freuden

Wo sind eigentlich die kleinen eigenhändig gepflückten Blumensträußchen geblieben? Es ist beinahe, als wären sie zwischen überdimensionierten Geschenken und dem Kopfzerbrechen darüber, wie wir Wertschätzung und Dankbarkeit zum Ausdruck bringen sollten, verloren gegangen. Dabei wurden für diese kleinen Sträußchen die schönsten Blumen auserwählt. Jemand hat die Wiese sorgfältig nach ihnen abgesucht, sich Zeit für jemand anderen genommen, um nach den wenigen Blüten zu suchen, die sich gerade erst geöffnet hatten. Oder nach den letzten, die vor dem ersten Frost noch blühen.

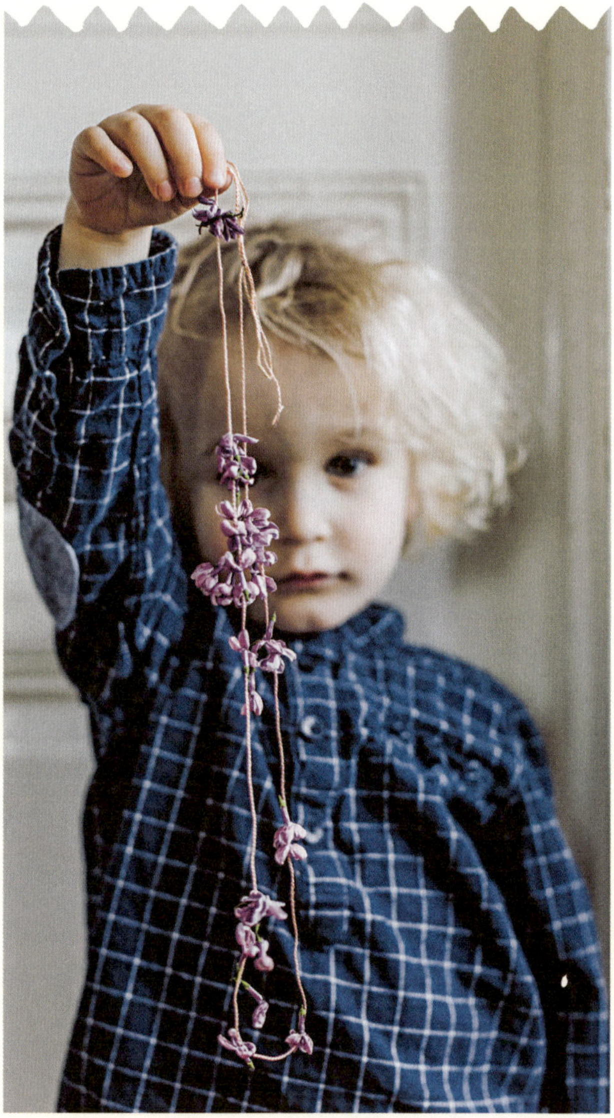

Kleine Geschenke müssen nicht größer als ein Wort auf einem Zettel sein. Auch kleine Gesten erzeugen schöne Erinnerungen. Tatsächlich ist es nicht immer das große Präsent, das in der Erinnerung der Beschenkten die größte Bedeutung hat.

Und gerade das ist das Schöne: die kleine Geste in dieser so großen Welt. Die Zeichnung, das Bügelperlenbild, das selbst gehäkelte Püppchen aus Wolle, die Halskette aus auf einen Faden aufgezogenen Fliederblüten. Und der Strauß aus Blumen vom Wegesrand, mit nassen Servietten um die Stängel. Vielleicht sollten wir den Kleinen etwas genauer zuhören. Wir versprechen, dass ihre Überlegungen zu den kleinen Freuden so viel weiter sind als unsere eigenen.

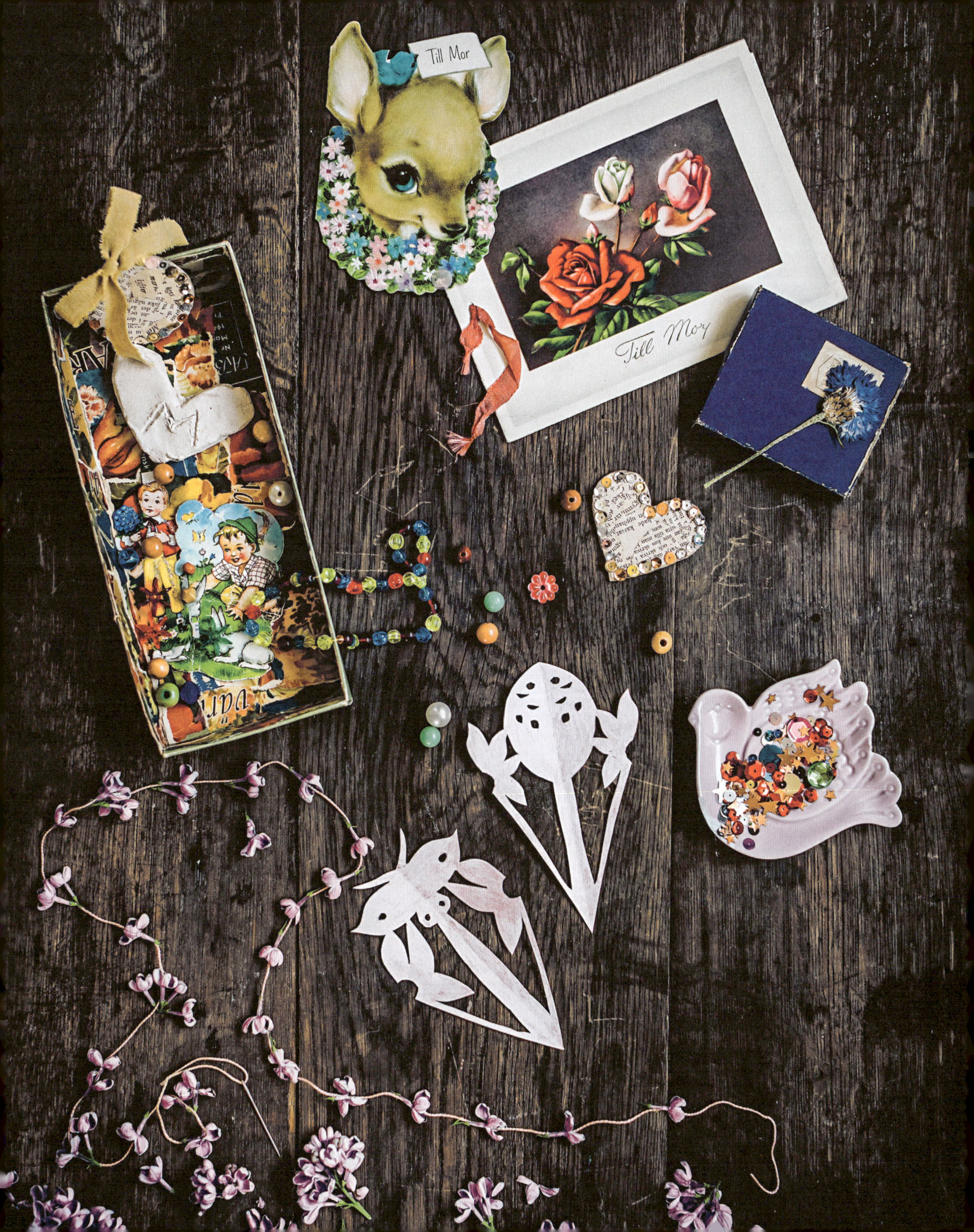
Till Mor
Till Mor

Ein Namenstag für alle

Unser Name ist mit das Erste, was wir bekommen, und er begleitet uns unser ganzes Leben. Er ist auch das erste Wort, das wir lernen zu schreiben, mit gespiegeltem S und zu vielen Strichen im großen E.

Er ist das Gefühl und das Kribbeln im Bauch, wenn man zum ersten Mal im Klassenzimmer aufgerufen wird. Er steht auf dem kratzenden Pullover-Etikett in deinem Nacken, und er ist du. Da ist es doch fantastisch, dass es Namenstage gibt. Ein Tag, an dem just dein Name geehrt und ganz besonders gefeiert wird.

Psst!

Selbstverständlich müssen alle einen Namenstag haben. Vielleicht hast du selbst oder jemand, den du kennst, einen Namen, der im Namenstagskalender nicht auftaucht? Sollte nicht bereits ein Datum dafür vorgesehen sein, dann lege selbst einen fest. Nur zur Erinnerung – schreibe ihn auf die Tafel im Kinderzimmer oder vermerke ihn im Familienkalender.

Die Bedeutung des Namens

Kinder hängen oft an ihren Namen und sind sehr interessiert daran. Finde heraus, was der Name des Kindes bedeutet und woher er kommt.

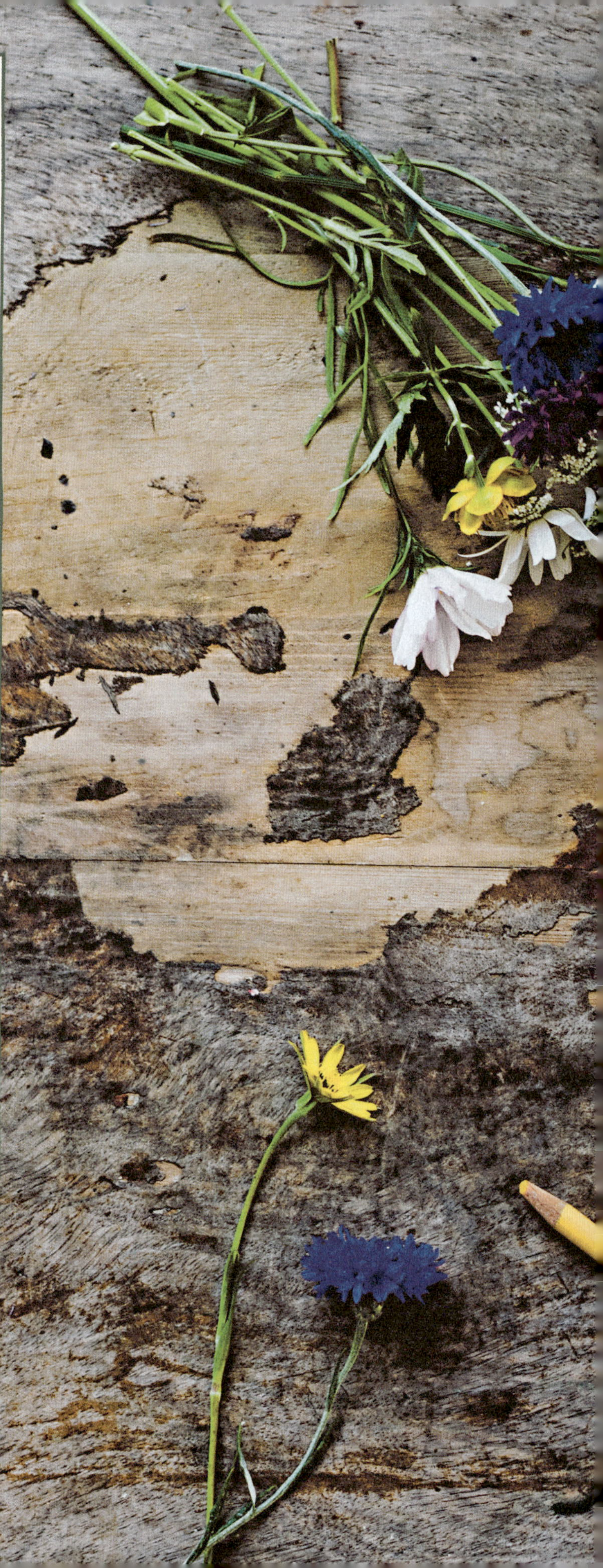

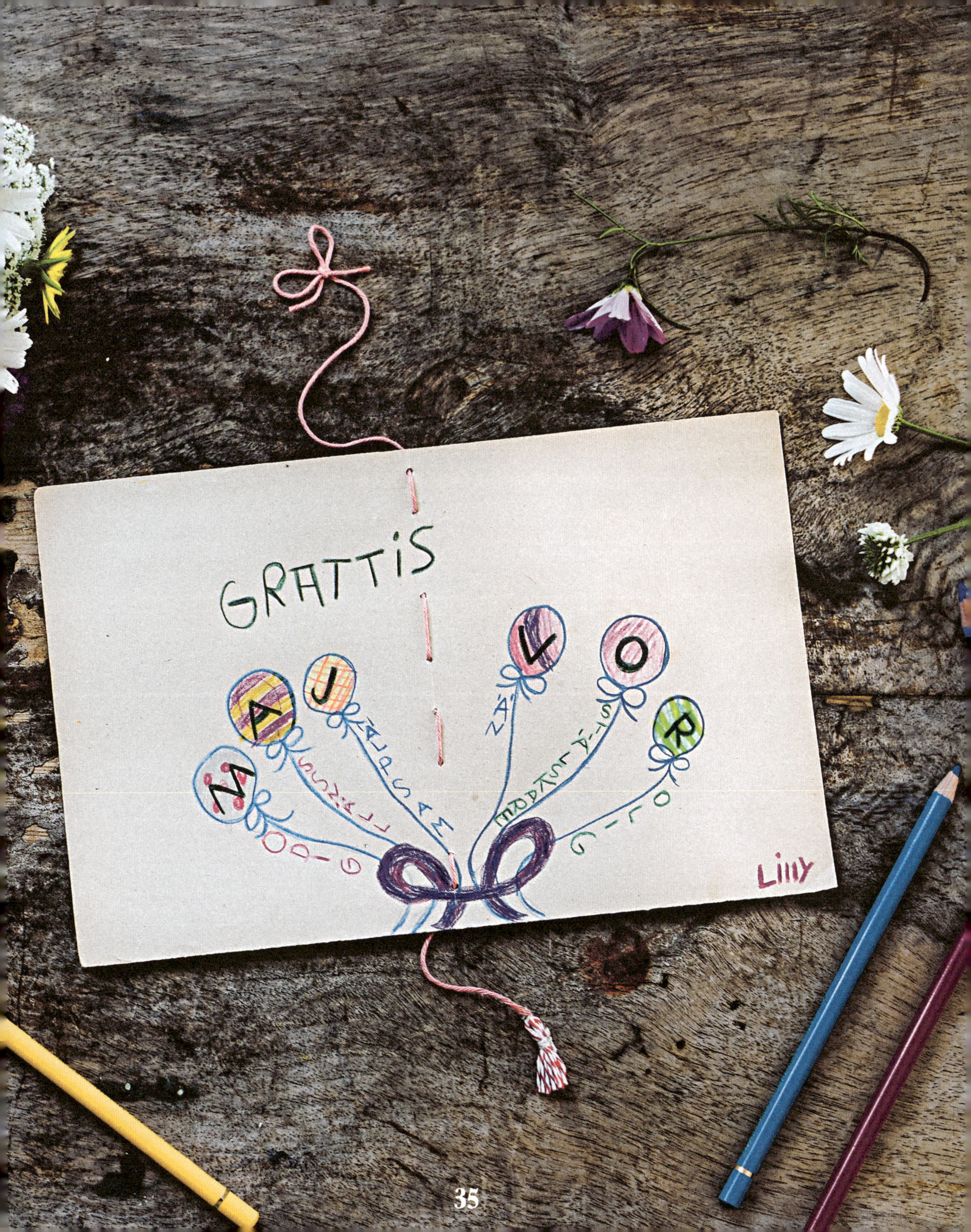
GRATTIS
M
A
J
V
O
R
Lilly

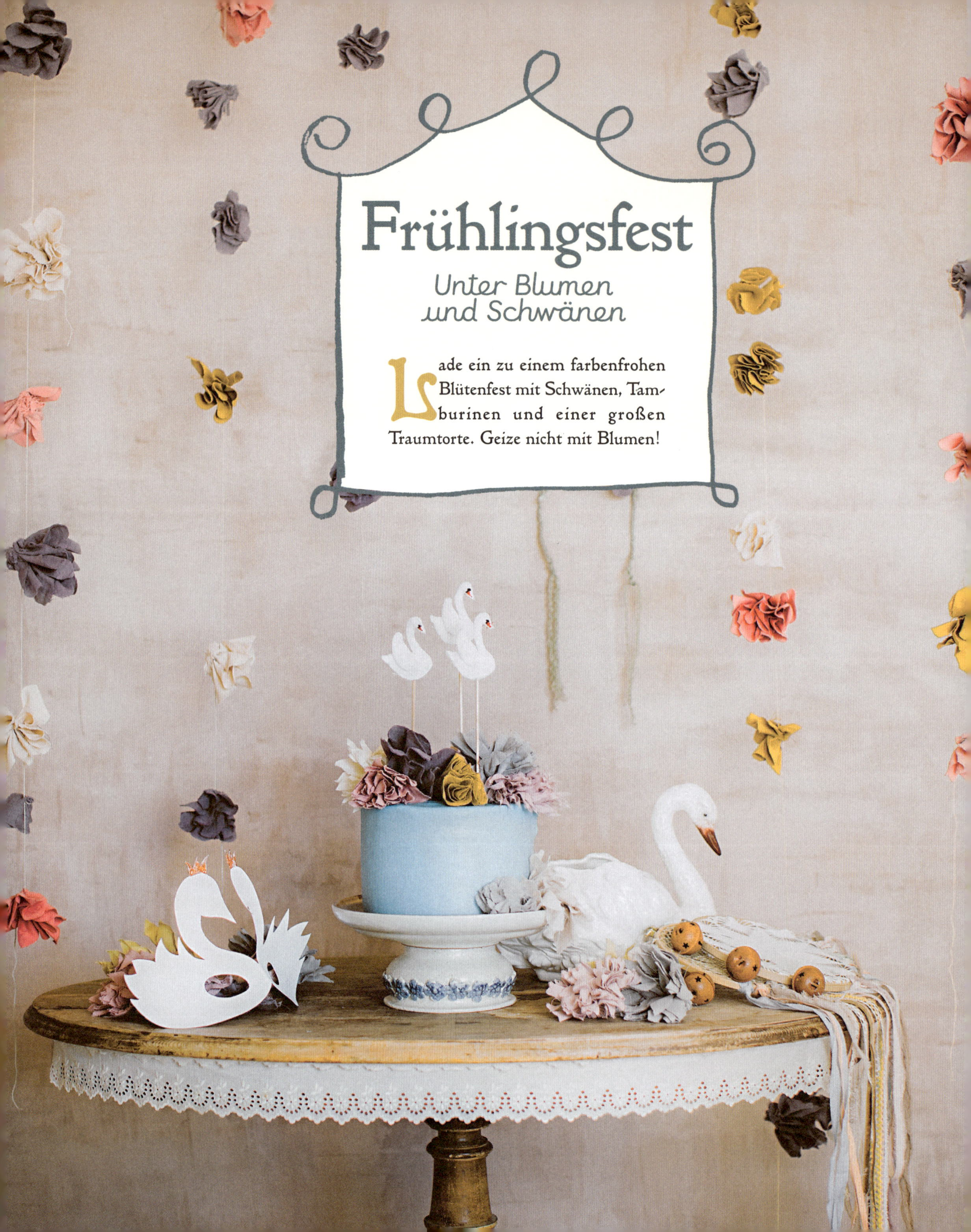

Frühlingsfest

Unter Blumen und Schwänen

Lade ein zu einem farbenfrohen Blütenfest mit Schwänen, Tamburinen und einer großen Traumtorte. Geize nicht mit Blumen!

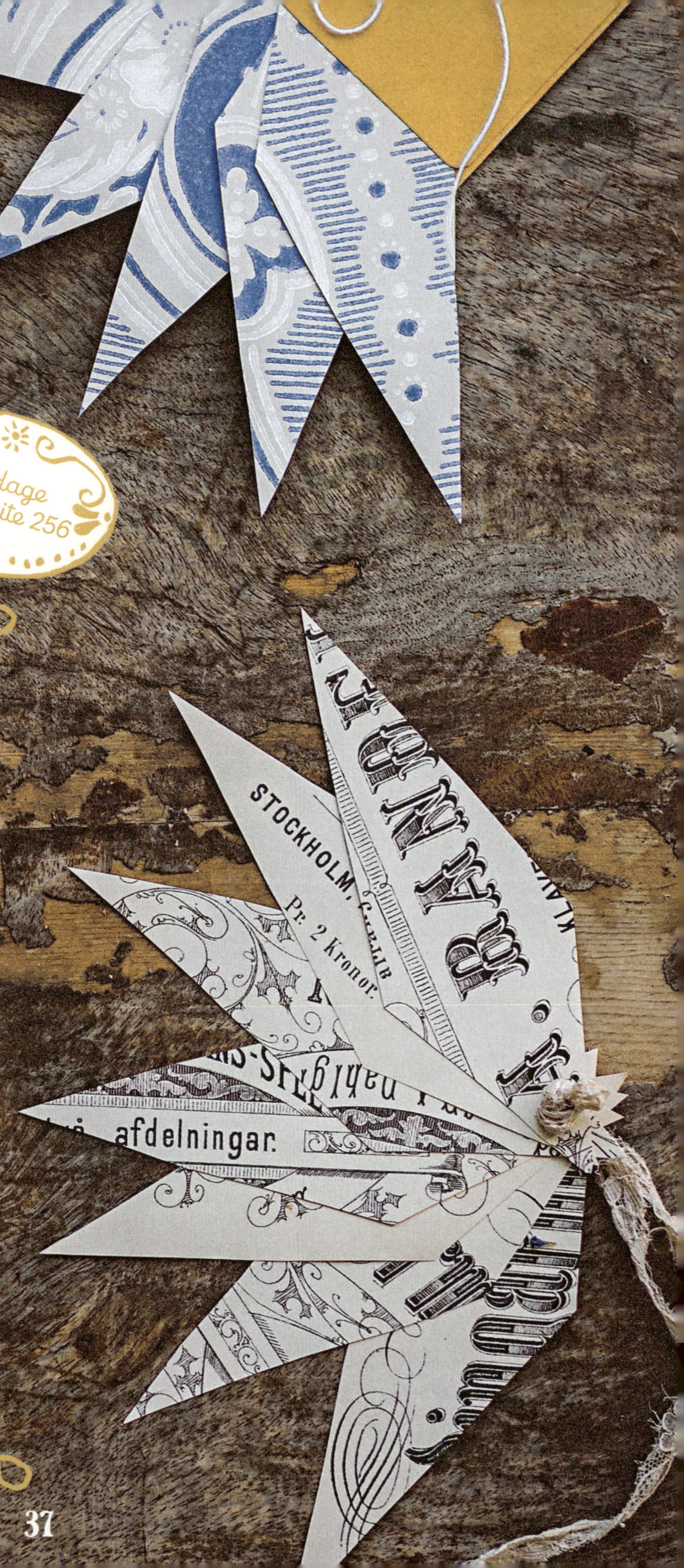

Vorlage auf Seite 256

Einladung: Fächer

Was für eine dekorative und lustige Einladungskarte! Wenn du noch ein größeres Exemplar bastelst, wird es zu einem schönen Detail im Kinderzimmer und kann an warmen Frühlings- und Sommertagen den Garten schmücken.

Du brauchst:

- Schablone
- Tonpapier, Tapete oder Notenblätter
- Schere
- Metallklammern

So geht's:

1. 5–7 Teile in Tropfen- oder Trapezform anhand unserer Vorlage aus Tonpapier ausschneiden.
2. Die Teile aufeinanderlegen und am unteren Ende mithilfe einer Metallklammer fixieren. Sie sollen zu einem Fächer entfaltet werden können.
3. Den Einladungstext auf die Rückseite schreiben.

Schwanenmaske

Kinder lieben Masken. Zum Glück ist es ganz einfach, eigene Tiermasken aus Karton zu basteln. Mit einer einfachen Schablone und etwas Glitzer ist eine schöne Schwanenmaske ruckzuck fertig.

Vorlage auf Seite 254

Du brauchst:
- Schablone
- Stift
- festes Tonpapier
- Schere
- Kleber oder Klebeband
- Holzstab (z. B. Pflanzstab oder Grillspieß)
- Glitzer

So geht's:
1. Den Schwan mithilfe unserer Vorlage auf Tonpapier aufzeichnen. Auch Markierungen für die Augen machen. Die Schnäbel separat auf farbigem Karton aufzeichnen.
2. Alle Teile ausschneiden.
3. Die Schnäbel auf die Maske kleben.
4. An einer Seite einen Holzstab mit Kleber oder Klebeband befestigen. Für eine Glitzerkrone entsprechend Kleber auf der Maske verteilen und mit Glitzer bestreuen.

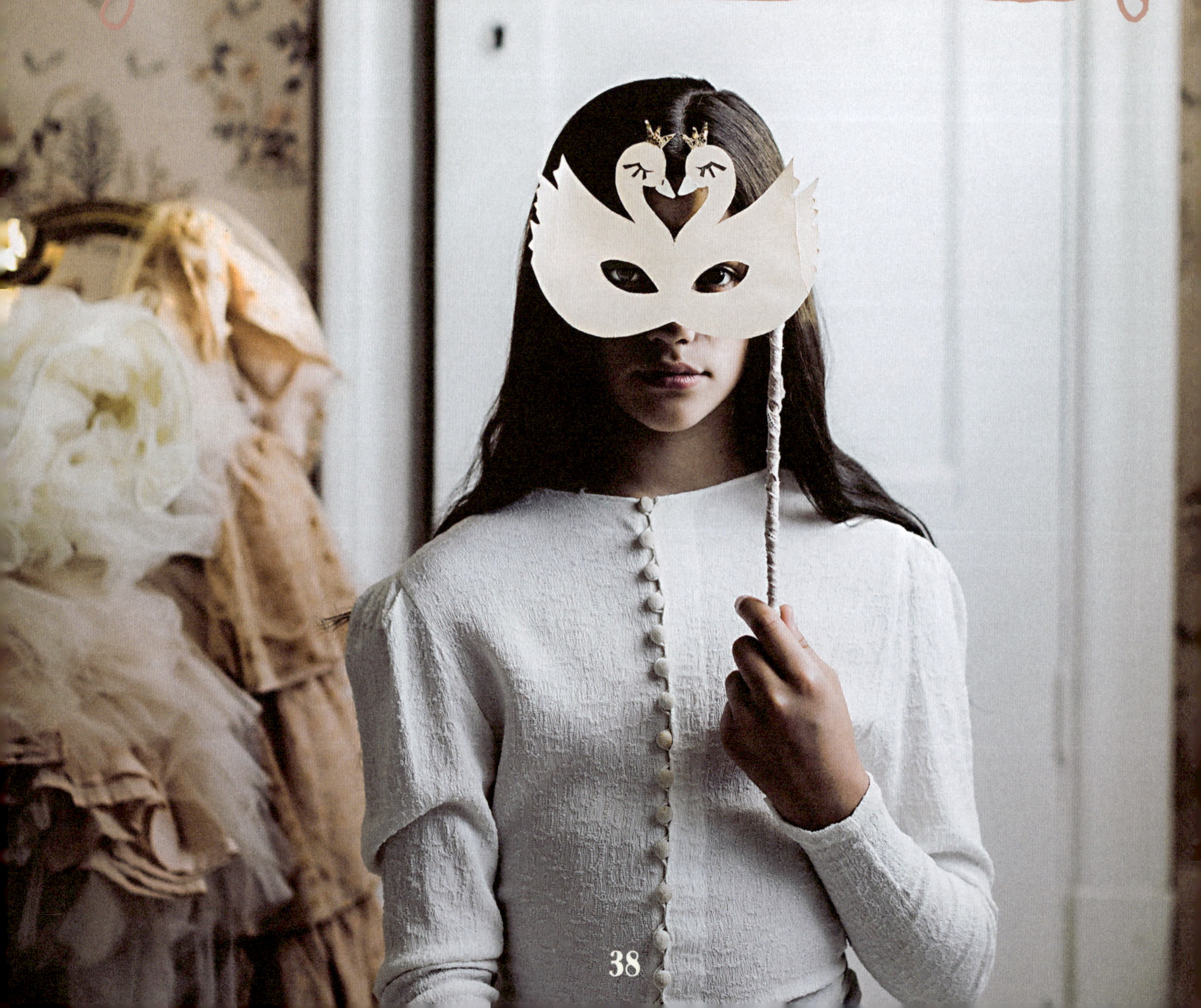

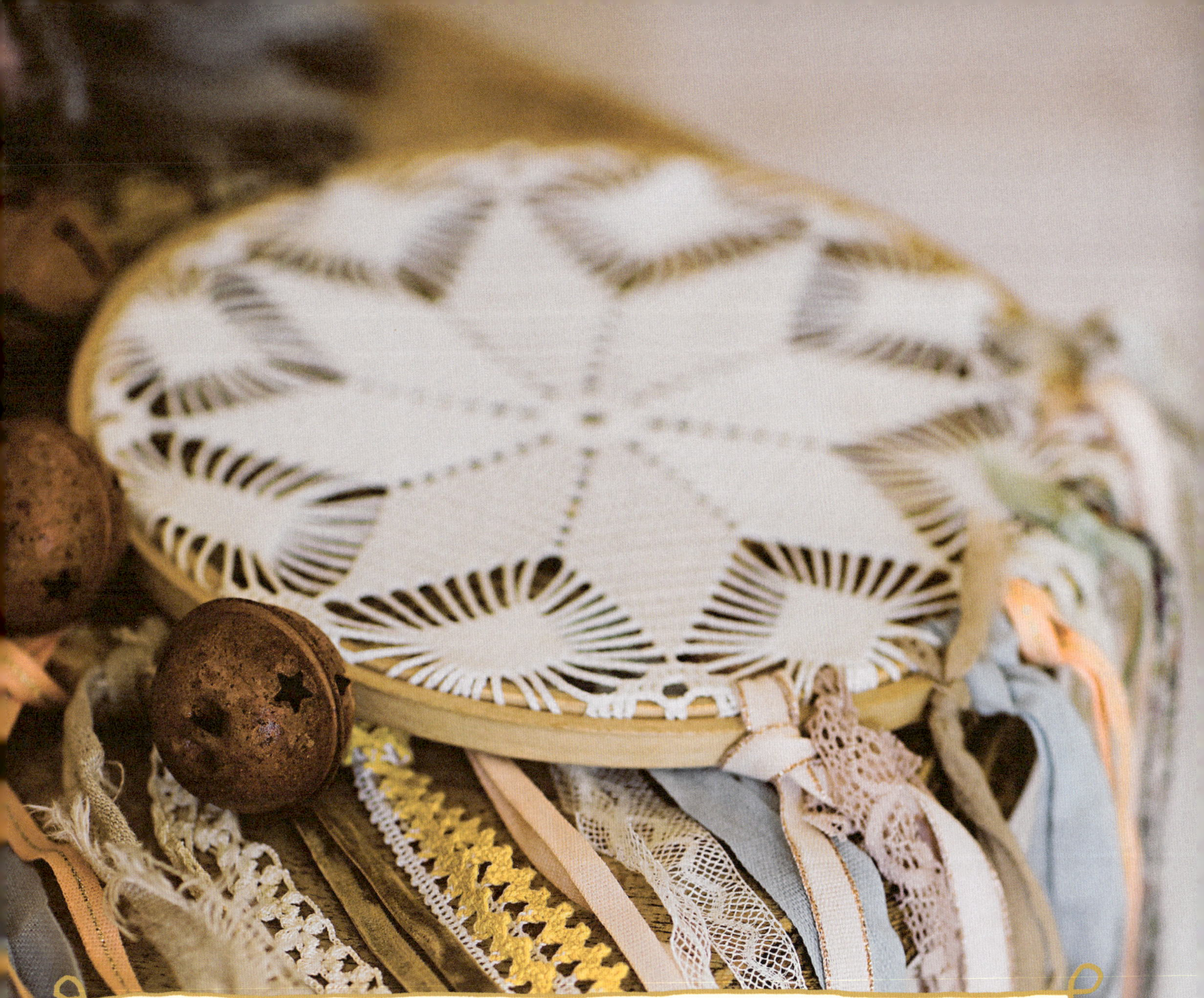

Tamburin

Vergiss die Partytröten und lass die Kinder stattdessen auf Tamburinen spielen. Sie sind schön und gleichzeitig ohrenfreundlich.

Du brauchst:

- ✻ runde Stickrahmen
- ✻ alte Spitzendeckchen
- ✻ Schere
- ✻ Stoffbänder (was du so hast)
- ✻ Schellen
- ✻ Kleber

So geht's:

1. Die Schraube des Stickrahmens ein wenig lösen, um das Spitzendeckchen mittig zwischen den inneren und den äußeren Ring einlegen zu können.
2. Das Deckchen spannen, dann die Schraube wieder festdrehen.
3. Überflüssigen Stoff mit der Schere an den Kanten abschneiden.
4. Unterschiedliche Stoffbänder an eine Hälfte des Stickrahmens knoten.
5. Schellen von beliebiger Größe mit Kleber ringsum am Rahmen befestigen.

Blumengirlande

In der Luft schwebende Girlanden verbreiten sofort Festtagsstimmung. Das Pfiffige ist, dass man selbst entscheiden kann, ob sie senkrecht oder waagrecht hängen, und ob sie spärlich oder üppig bestückt sein sollen. Du kannst Girlanden aus Papier, Stoff, alten Krawatten oder Stoffstreifen basteln – der Fantasie sind kaum Grenzen gesetzt.

Diese Girlanden mit wunderbaren Stoffblumen sind eigentlich sehr einfach herzustellen. Wenn einem dichtere Girlanden lieber sind, so sollte man etwas mehr Zeit einplanen. Es lohnt sich, schließlich halten die bunten Stoffblumen ewig und sie machen sich so gut:

- an einer Schnur
- im Haar
- auf einer Torte
- am Stiel – befestige gleich mehrere davon an einem Stück Stoff – im Nu hast du einen Wandteppich bzw. eine eigene Blumenwiese an der Wand
- als Verzierung an Verkleidungen, z. B. an einem Umhang (siehe Seite 20)

Du brauchst:

- Schablone
- Stoff
- Schere
- Nadel und Faden

So geht's:

Modell 1

1. Drei unterschiedlich große Kreise aus Stoff ausschneiden.
2. Lege die Kreise aufeinander und hefte sie in der Mitte mit Faden zusammen.

Modell 2

1. Unsere Vorlage auf den Stoff übertragen. Für eine fülligere Blüte kann man den Stoffstreifen verdoppeln bzw. verlängern. 30 cm sind eine geeignete Länge.
2. Ausschneiden.
3. Den unteren Rand des Stoffstreifens heften. Dann den Faden zusammenziehen, sodass der Stoff sich in Falten legt, und den Streifen zu einer Blüte formen.
4. Mit Nadel und Faden fixieren.

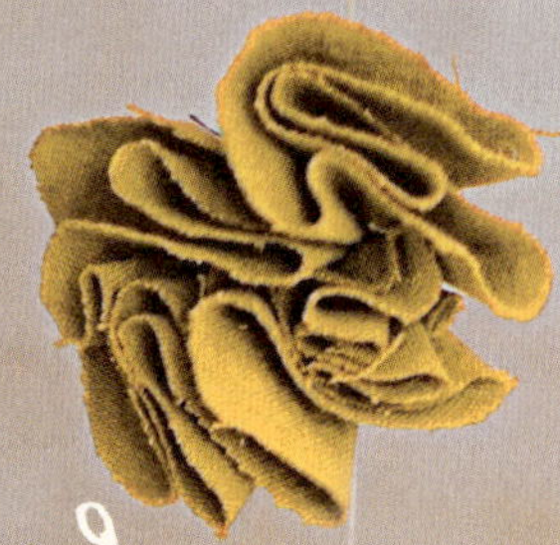

Tipp!
Am besten eignet sich dünner, aber dennoch recht fester Stoff. Dünn, weil es einfach sein soll, eine Nadel hindurchzufädeln, und fest, weil deine Blumen nicht schlaff herunterhängen sollen.

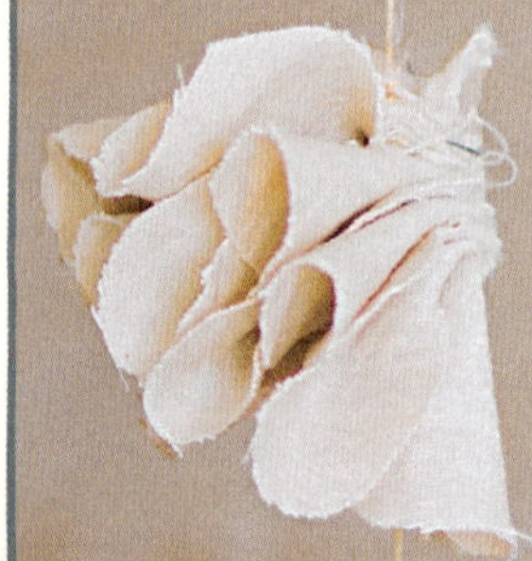

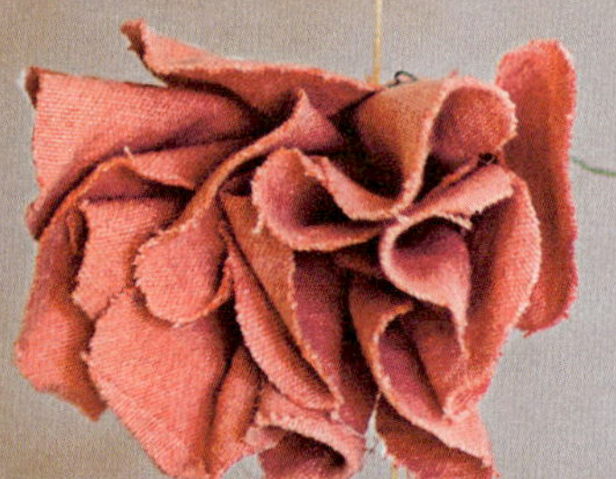

Mit einfachen Stichen nähen

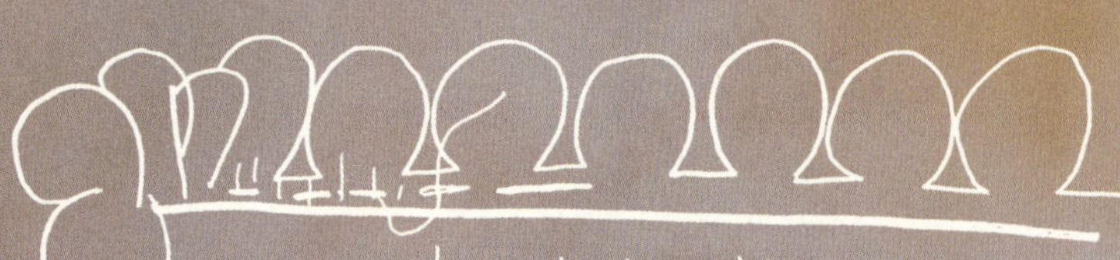

Zu einer Blume zusammenziehen

Vorlage auf Seite 254

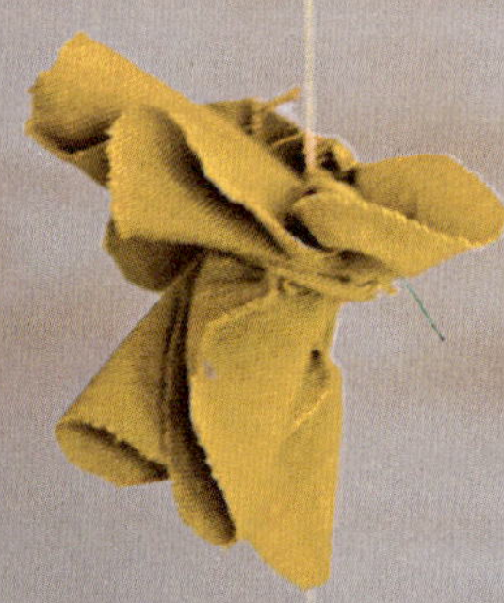

Der Knoten

Dieses Spiel eignet sich perfekt, um es bei Festen in Kleingruppen von vier Personen zu spielen. Die Gruppe bildet einen Kreis und steht nahe beisammen. Alle schließen die Augen und strecken ihre Hände in die Mitte des Kreises. Ohne zu gucken, fassen sie mit beiden Händen je eine Hand eines anderen Mitspielers. Halten alle einander an den Händen, darf man die Augen öffnen. Nun gilt es, das entstandene Wirrwarr von Händen zu entwirren, ohne einander loszulassen. Natürlich geht das auch in einer größeren Gruppe, aber kleine Gruppen sind vor allem für jüngere Kinder einfacher. Man sollte jemanden zum Leiter ernennen, der ein wenig mithilft, z. B. damit alle eine Hand finden. Wenn alles klappt, erhält man am Schluss einen Kreis, in dem alle einander an den Händen halten.

Limbo

Nimm eine lange Stange, etwa einen Besenstiel. Zwei Personen halten sie ungefähr auf Höhe der Kinder zwischen sich. Hat man etwas Zeit, kann man die Stange locker befestigen. Mach Musik an.
Alle Mitspieler bilden eine Reihe und versuchen nacheinander, nach hinten gebäugt unter der Stange hindurch zu gelangen, ohne sie zu berühren, herunterzureißen oder selbst hinzufallen (das wird umso schwerer, je tiefer die Stange gehalten wird). Waren alle Mitspieler an der Reihe, wird der Schwierigkeitsgrad erhöht, indem man die Stange ein Stück tiefer hält. Wer die Stange berührt oder herunterreißt, ist raus. Der Mitspieler, der sich unter der am tiefsten gehaltenen Stange hindurchzubewegen vermag, gewinnt das Spiel.

Kims Spiel

Ein etwas ruhigerer Klassiker, der meist draußen gespielt wird, aber natürlich auch bei Festen gespielt werden kann, die drinnen stattfinden. Trage einige Gegenstände zusammen. Alles von Porzellanfiguren bis hin zu einem Schlüssel ist erlaubt. Möglicherweise ist es lustig, das Motto des Fests mit einzubeziehen und auch ein paar verrückte oder ungewöhnliche Sachen auszuwählen. Wichtig ist, dass die Gegenstände ungefähr gleich groß sind. Lege sie so aus, dass die Kinder sie alle sehen können. Zeige auf jeden einzelnen Gegenstand und sage laut, was es ist. Dann sollen die Kinder die Augen schließen und du nimmst einen der Gegenstände weg. Wenn sie auf dein Kommando die Augen wieder öffnen, sollen sie sagen, welcher Gegenstand fehlt.

Pompons

»Kinderleicht« – diese altmodische Definition befreien wir nur zu gern vom Staub der Vergangenheit, wenn es ums Basteln geht. Bastelprojekte, die keiner Hilfestellung bedürfen, sind gut fürs Selbstbewusstsein. Für Pompons gibt es generell keine untere Altersgrenze. Sobald Kinder eine Schere halten können, schaffen sie es spielend, einen Pompon zu basteln.

Es ist nur eine Frage der Fantasie, wo sie schließlich auftauchen: auf einem Diadem, als flauschige Wolken an einem Faden oder als Blumen in einem Strauß. Manche sind so weich wie ein Hamster, und wenn du hundert herstellst, hast du einen Teppich! Mach eine Girlande und knüpfe kleine Glöckchen an die Enden. Tadaaa, was für ein wunderschönes Geschenk! Bestimmt findest du tausend weitere Verwendungsmöglichkeiten. Verziere deine Kleider, die Mütze und den Schal damit, oder bastele eine Brosche daraus.

Du brauchst:

- Karton
- Schere
- Garn in deinen Lieblingsfarben (vorzugsweise Flohmarktschnäppchen)

So geht's:

1. Schneide zwei gleich große Kreise aus Karton aus. Je größer die Kreise sind, desto größer werden die Pompons.
2. Schneide nun Löcher in die Mitte und lege die Kreise übereinander.
3. Umwickle die Kartonringe mit Garn, halte dabei die Wollenden mit einer Hand fest. Wenn eine Runde fertig ist, mache immer weiter, bis die Ringe dick mit Wolle bedeckt sind.
4. Steche mit einer Schere zwischen die beiden Kartonkreise, dies kann ein wenig knifflig sein. Schneide dann einmal rundherum. Passe auf, dass dir das Garnbündel dabei nicht aus den Händen rutscht!
5. Führe einen doppelten Garnfaden zwischen den Kartonringen um den Pompon und mache zwei oder drei feste Knoten.
6. Schneide dann einen Schlitz in die Kartonringe und entferne sie. Mit einer Schere kannst du überstehende Fäden abschneiden.

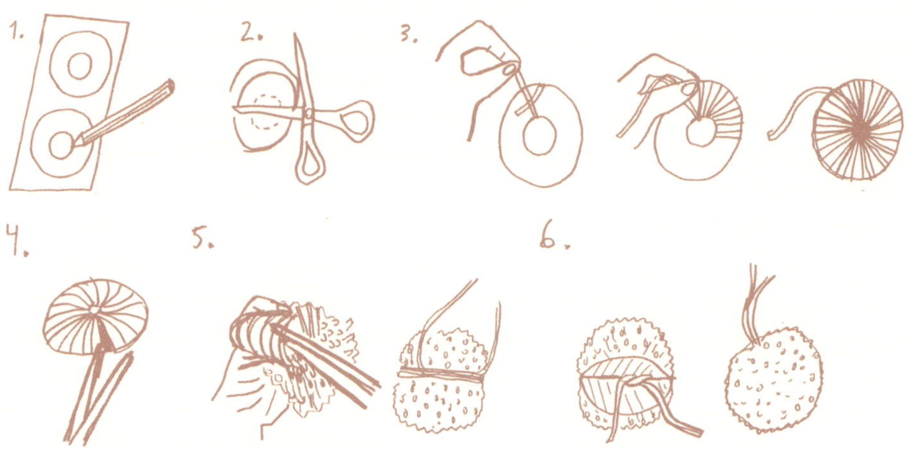

Tipp!
Mittlerweile gibt es tolle Hilfsmittel, um solche Pompons zu machen. Frag im Bastelbedarf danach, sie können unterschiedliche Namen haben, üblich ist aber der Begriff »Pompon Maker«. So sparst du Karton und Zeit, es geht schnell und einfach und wird außerdem noch schön! Wenn du große Pompons basteln möchtest, nimm das Garn doppelt.

Tipp!
Für die schönsten Pompons braucht man viel Garn und muss es fest wickeln. Wickeln, wickeln, wickeln – und schneide das Garn erst ab, wenn du zufrieden bist.

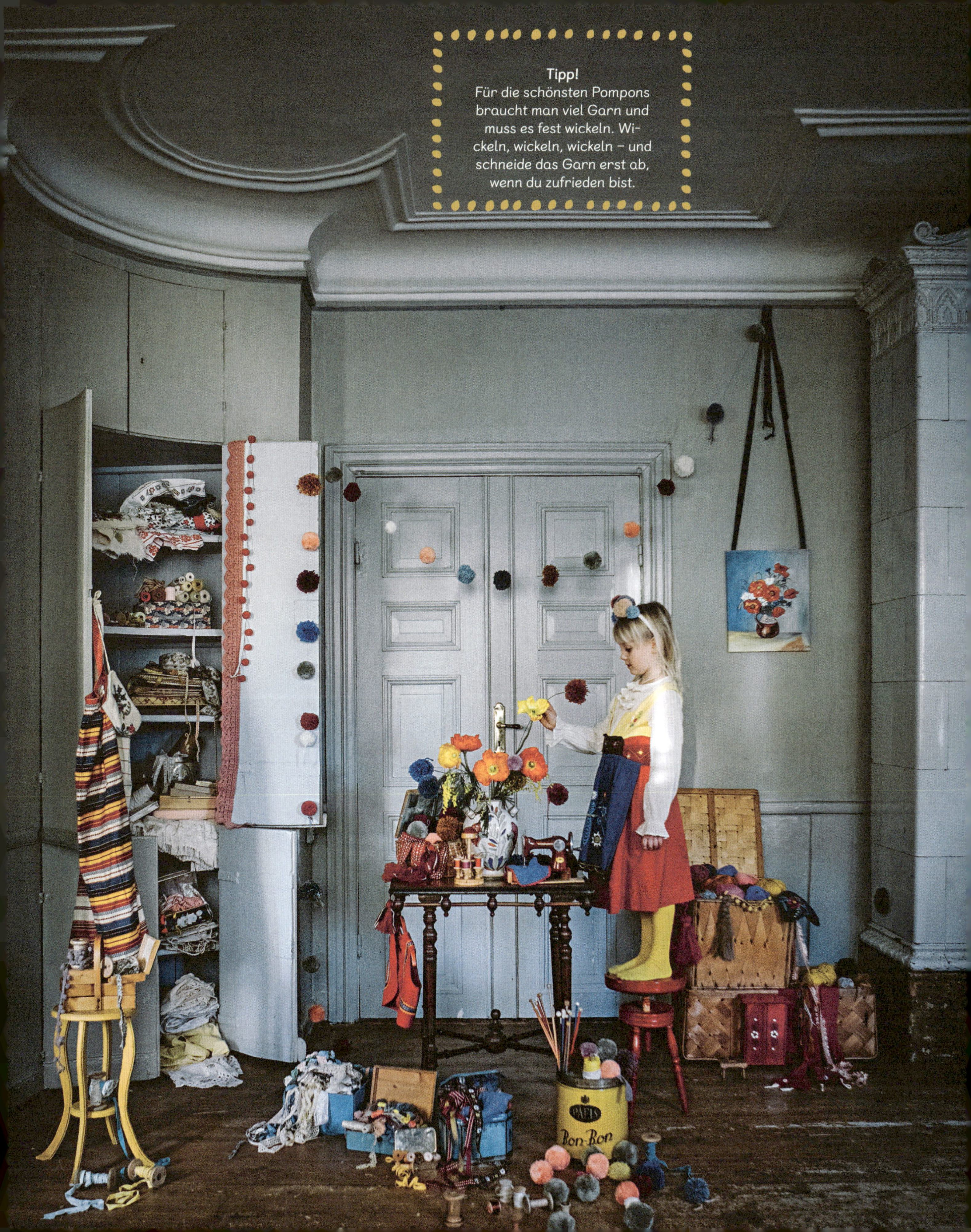

Quasten

Quasten eignen sich für vieles – sie sind unglaublich reizend. Zum Beispiel zusammen mit ein paar Stiftperlen an einer Kette oder an den Enden einer Pompongirlande. Man kann sie auch an einen Schrankschlüssel binden oder als Verzierung für ein Geschenk verwenden. Für etwas Funkelstimmung mische Glitzerwolle darunter! Möchte man kleine Quasten, sollte man Faden und nicht zu dickes Stickgarn verwenden, macht ansonsten aber alles genauso. Das gewählte Material macht den Stil aus.

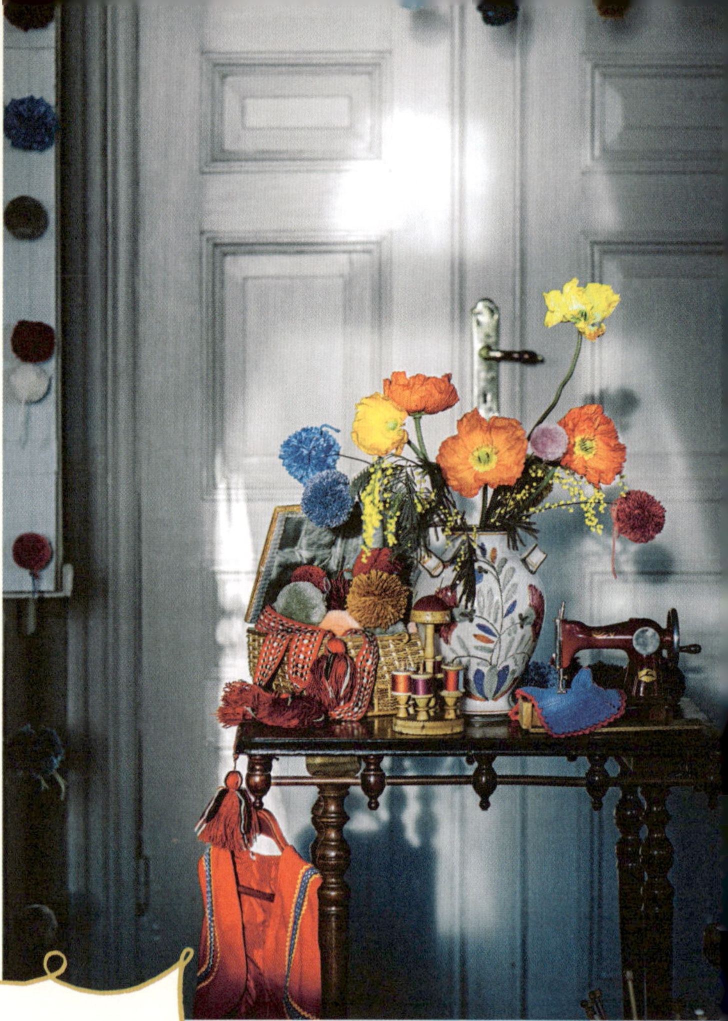

Tipp!
Neben Wolle und Garn kann man auch gut Stoffstreifen verwenden, aus denen sonst Flickenteppiche gewebt werden. Man findet sie manchmal auf dem Flohmarkt.

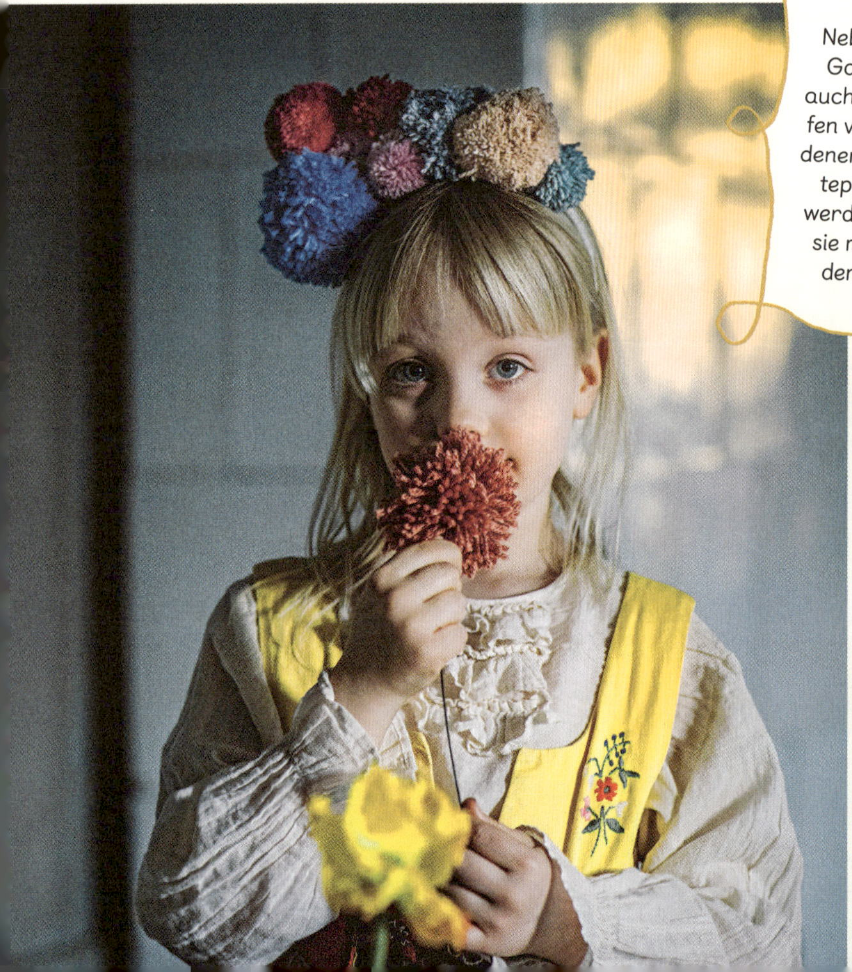

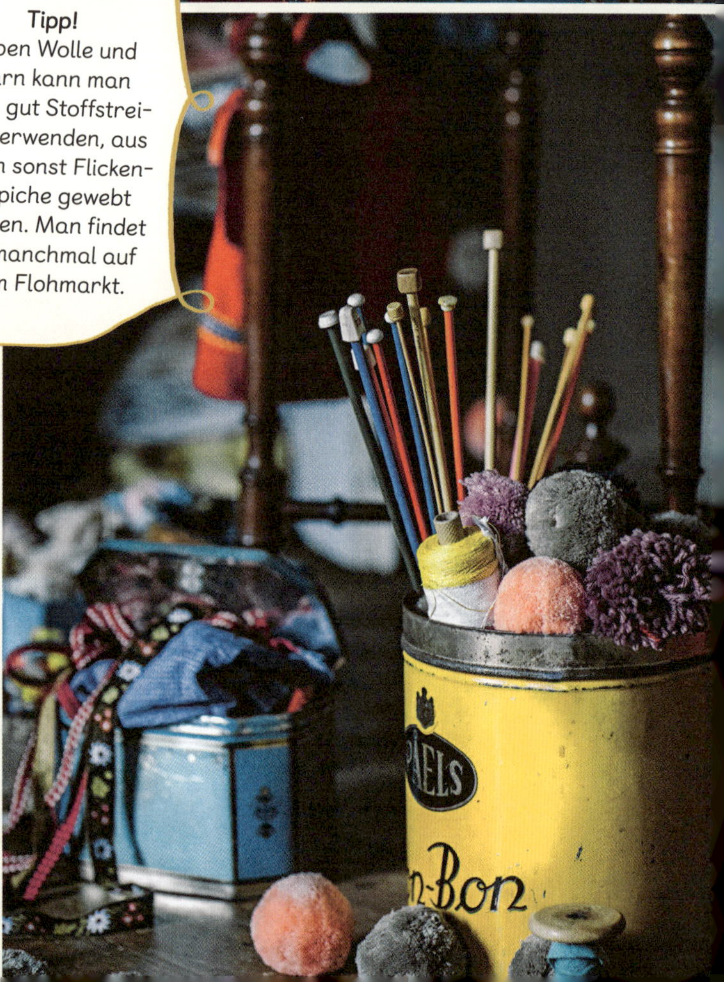

Du brauchst:

- ✻ ein Stück Karton
- ✻ Wolle oder Garn
- ✻ Schere

So geht's:

1. Wickle das Garn oder die Wolle um ein rechteckiges Stück Karton. Für eine mittelgroße Quaste reichen etwa 40 Runden.
2. Mache am oberen Ende einen Doppelknoten und schneide das Garn unten durch.
3. Die Garnstränge gespannt halten und ca. 2 cm unterhalb der Spitze mit einem Stück Garn einen Knoten machen.
4. Das Garn ein paar Mal um den Knoten wickeln, damit es sich von der Quaste absetzt.
5. Die Quaste unten schön gleichmäßig abschneiden.

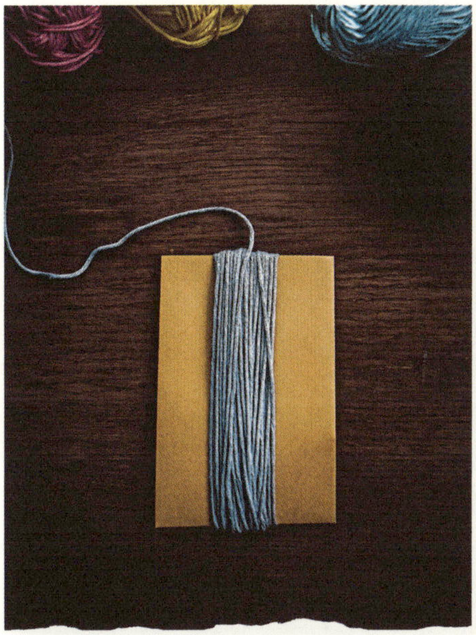

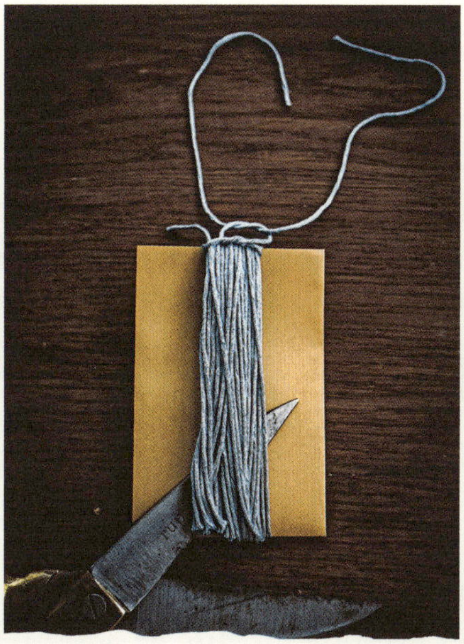

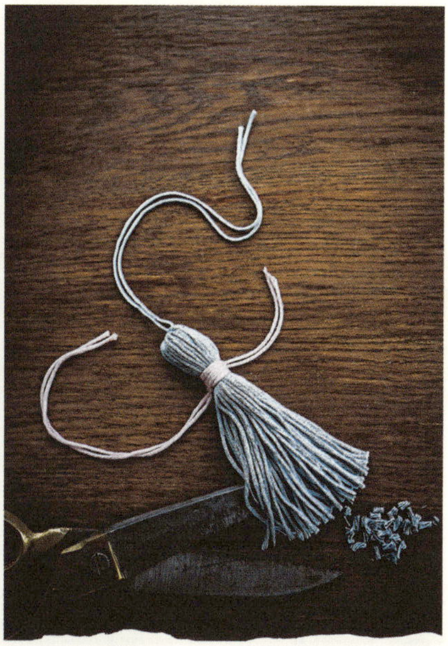

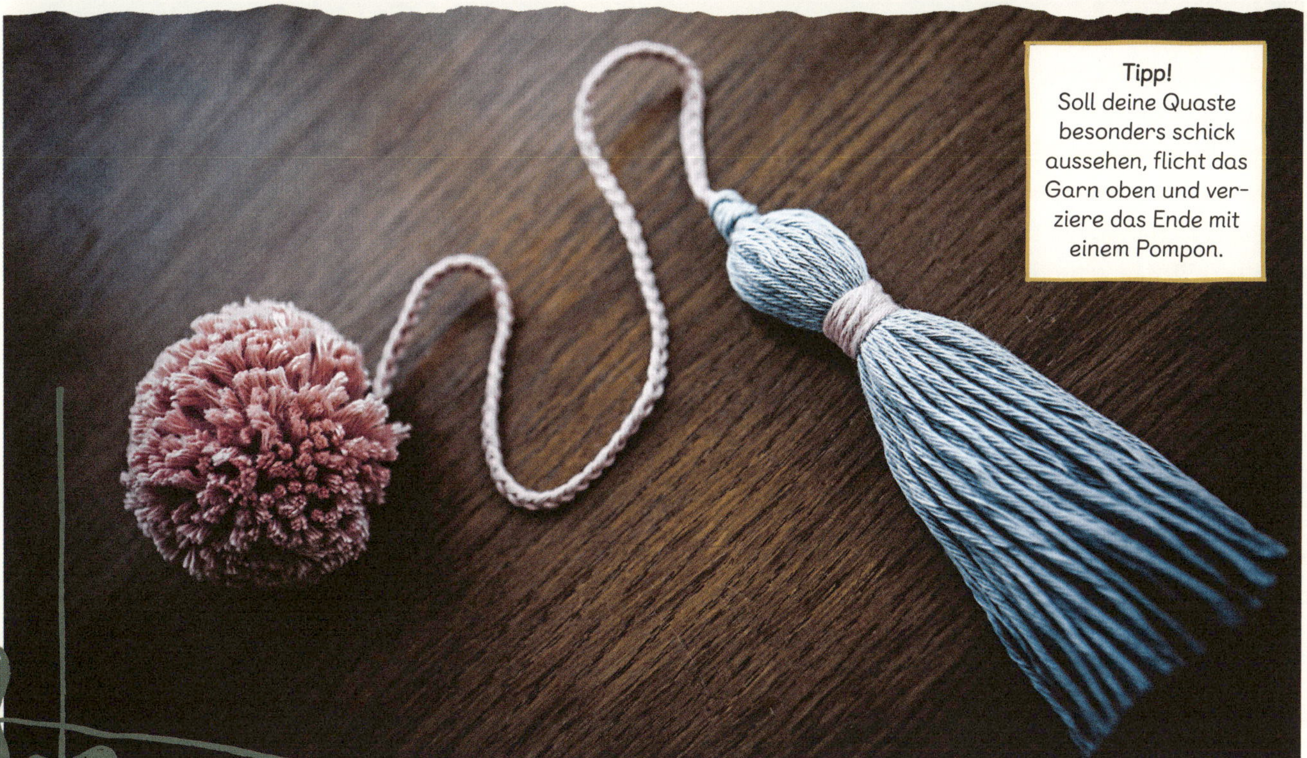

Tipp!
Soll deine Quaste besonders schick aussehen, flicht das Garn oben und verziere das Ende mit einem Pompon.

Flohmarkt und Secondhand

Von der Kunst, ein Sachensucher zu sein

Ein Flohmarktbesuch ist wie eine Zeitreise. Man darf in eine vergangene Zeit zurückblicken und sich fortträumen, kann in alten Erinnerungen stöbern und bisweilen auch lachend den Kopf schütteln: »Wer um alles in der Welt hat wohl diesen Gegenstand bei sich zu Hause gehabt?!«

*

Der Flohmarkt

Teuren und vorgefertigten Bastelmaterialien und auch neuen Sachen mangelt es nahezu immer an Charme. Unsere Begeisterung gilt dagegen der Mischung aus alten Sachen und solchen, die viele oft als Müll betrachten. Für uns sind Flohmärkte und die Möglichkeit des Upcycling eine beinahe unerschöpfliche Quelle. Fast alles, was wir hier im Buch zeigen, entspringt Ideen und Material, die wir auf Flohmärkten oder in Secondhandläden gefunden haben. Bücher, alte Gemälde und Porzellanfiguren. Wie viele Zuhause und Leben haben diese Gegenstände bereits durchlaufen? Beinahe wünscht man sich, dass sie ihre Geschichte erzählen könnten.

Flohmärkte sind Teil unserer Arbeit, aber auch großes persönliches Interesse. Wir besuchen sie auch gerne in unserer Freizeit, weil es einfach so viel Spaß macht, an den Ständen zu stöbern!

Auf Flohmärkten kann man echte Unikate finden. In den vergangenen Jahrzehnten hat die Massenproduktion dafür gesorgt, dass das Einzigartige immer seltener geworden ist. Häufig ist die Rede davon, dass die Zeit der Schnäppchen vorbei ist, aber wir sind da etwas anderer Meinung. Zwar halten immer mehr Leute Ausschau nach Designklassikern, Kunsthandwerk und schönen Armaturen, doch in unserer Welt sind ein paar schöne Spitzenbänder ein mindestens ebenso guter Fund wie prachtvolle Kerzenständer. Man findet wunderbare Dinge, sobald man seine »Sachensucherbrille« aufsetzt.

Nachhaltigkeit

Ein wichtiger Beweggrund dafür, mehr auf dem Flohmarkt einzukaufen, ist ganz klar der Umweltgedanke. Auch wenn man in Geschäften fair produzierte Bastelsachen aus Naturmaterialien findet, so mussten sie doch neu und manchmal unnötigerweise hergestellt werden. Schau dich immer erst einmal im Secondhandladen um, wenn du auf der Suche nach etwas bist. Das gilt sogar für Möbel und andere Dinge fürs Kinderzimmer. Bei Flohmarktfunden bekommt man gratis eine Patina dazu, wie sie nur alte Sachen mit Seele haben. Und vergiss nicht, dass man mit etwas Farbe und viel Liebe Möbel ganz leicht aufpeppen und auf Vordermann bringen kann. Oder auch nur mit ein paar neuen Beschlägen. Mehr darüber könnt ihr im Abschnitt »Nachhaltige Einrichtung« auf Seite 114 lesen.

Wenn es etwas gibt, das wir über die Möglichkeiten zur Verbesserung unserer Umwelt wissen, dann, dass wir weniger Neues konsumieren sollten.

Liste an Bastelmaterialien, die sich leicht auf dem Flohmarkt finden lassen

- Wolle, Stickgarne und Stoffreste
- Scheren und Nähnadeln
- Aufziehperlen
- Knöpfe
- alte Notenblätter
- Tapetenrollen
- Maßbänder
- Bücher

Kinder und Flohmarkt

Scherben oder ein halber Porzellanhahn können durchaus die Konsequenz sein, wenn man Kinder zum Flohmarkt mitnimmt – aber abgesehen von diesem geringfügigen Unfallrisiko ist es meist wunderbar! Hier leben die Kinder auf und legen richtig los. Sie drehen und wenden alles und fragen höflich, ob sie wirklich diesen gigantischen Globus mit Fuß kaufen dürfen. Denn was kann spannender sein als eine sich drehende Weltkugel, auf der man auf fremde Länder sehen und sich wünschen kann, dort zu sein?

Das den Kindern eigene Bewusstsein

Man kann die Sache auch umkehren: Man lässt die Kinder hin und wieder ihre Zimmer aussortieren und an verschiedene Wohltätigkeitsorganisationen spenden. Sachen, mit denen sie selbst nicht mehr spielen oder die ihnen zu klein geworden sind, dürfen ein neues Zuhause finden. Das kann den Kindern ein eigenes Bewusstsein für Nachhaltigkeit, Wiederverwendung, Umwelt und unnötigen Konsum vermitteln.

Upcycling

Wenn wir das Wort Upcycling benutzen, denken wir an einen meist umweltfreundlichen Prozess, mit dem man die Lebensdauer eines Produktes verlängert, indem man es restaurieren oder etwas anderes daraus fertigen lässt, anstatt es wegzuwerfen. Auf diese Weise sparen wir die Energie, die nötig gewesen wäre, um es zu zerlegen und Teile des Produkts zu recyceln.

Kinder sind wirklich gut im Upcycling! Vielleicht, weil sie sich so schwer damit tun, sich von ihren unzähligen geliebten Spielsachen zu trennen. Verschenke ja nicht die Babyrassel mit dem vielen Klebeband drum herum, das ist eine Kanonenkugel für unser Seeräuberschiff!

Stöbere auf dem Dachboden, im Keller, in Schränken, in den Sachen, die zum Wertstoffhof gebracht werden sollen. Bewahre »Müll« wie Klopapierrollen, Konservendosen, Kartons, Eisstiele und Eierkartons als Bastelmaterial auf. Sogar Porzellanscherben können zu einem hübschen Mosaik werden, und kaputte alte Rahmen können repariert und zu neuem Leben erweckt werden. Und eine alte Wanduhr kann zu einem geheimen Schrank an der Wand im Kinderzimmer umfunktioniert werden.

Collage

Eine Collage kann so viel mehr sein als auf einer Unterlage zusammengefügte Bilder. Warum soll sie nicht einmal dreidimensional sein, ein wenig wie ein Schaukasten? Versammle die Erinnerungen an einen Sommerurlaub in einem Bild. Klebe Eintrittskarten darauf, Schnecken und Steine, oder vielleicht eine Ansichtskarte von dem Ort, den du besucht hast. Unser Bild wurde zu einer Geschichte darüber, wie der Zirkus in die Stadt kam.

Die Collage ist eine Kunstform ohne Regeln. Man nimmt, was man hat und macht etwas anderes daraus. Etwas Neues. Sie kann aus Fotografien, Zeitungsausschnitten, Stoff, Karton, Papier in bunten Farben, Schnüren und Bändern, eigenen Zeichnungen, Naturmaterialien, Müll … bestehen. Ja, aus allem, was du dir vorstellen kannst. Viele Künstler verwenden schon seit Langem diese Technik, und es gibt kein Richtig oder Falsch dabei.

In unserer Collage haben wir zwei Zirkuszelte aus Drahtgeflecht und Stoff gebastelt, Spitze in ein altes Foto eingenäht, fliegende Drachen aus Stoff gefaltet und alles zusammen auf Ausschnitte aus einer alten Zeitung geklebt.

Drahtkunst
Mit etwas Kreativität kannst du aus Draht viel machen. Meist verwendet man zum Formen nur Metalldraht und eine Zange. Nähe Vorhänge darauf und verwende etwas Kleber, sollte es nötig sein.

Was ist Drahtkunst?
Ursprünglich reisten Landstreicher mit Eisendraht und einer Zange in der Hosentasche landauf, landab. Unterwegs stellten sie das eine oder andere daraus her und verkauften es als eine Art fahrende Händler.

Mehr Material
Auf dem Flohmarkt wimmelt es nur so von alten Fotos. Erwecke sie zu neuem Leben, anstatt sie einsam und allein dort verstauben zu lassen. Zeichne auf ihnen, nähe und klebe! Was für ein perfektes und lustiges Material für Collagen.

Zeitungen, alte ebenso wie neue, sind wie geschaffen für Collagen. Auf den bestehenden Farb-, Form-, Text- und Buchstabenelementen kann man herrlich weiter aufbauen. Die alten Zeitungen vom Flohmarkt sind besonders lustig, alles an ihnen mutet gleichsam neu und spannend an!

Wir fanden den Zirkus, der zu Besuch gekommen war, kamen aber nicht weiter als bis zur Wiese, auf der die stärkste Frau der Welt ein Drachenfest abhielt. Der Himmel füllte sich mit schwebenden Drachen, auf einen von ihnen war eine Katze gesprungen, ohne Fahrkarte. Es gab einen schrecklichen Tumult, als sie an der nächsten Wolke wieder absteigen musste.

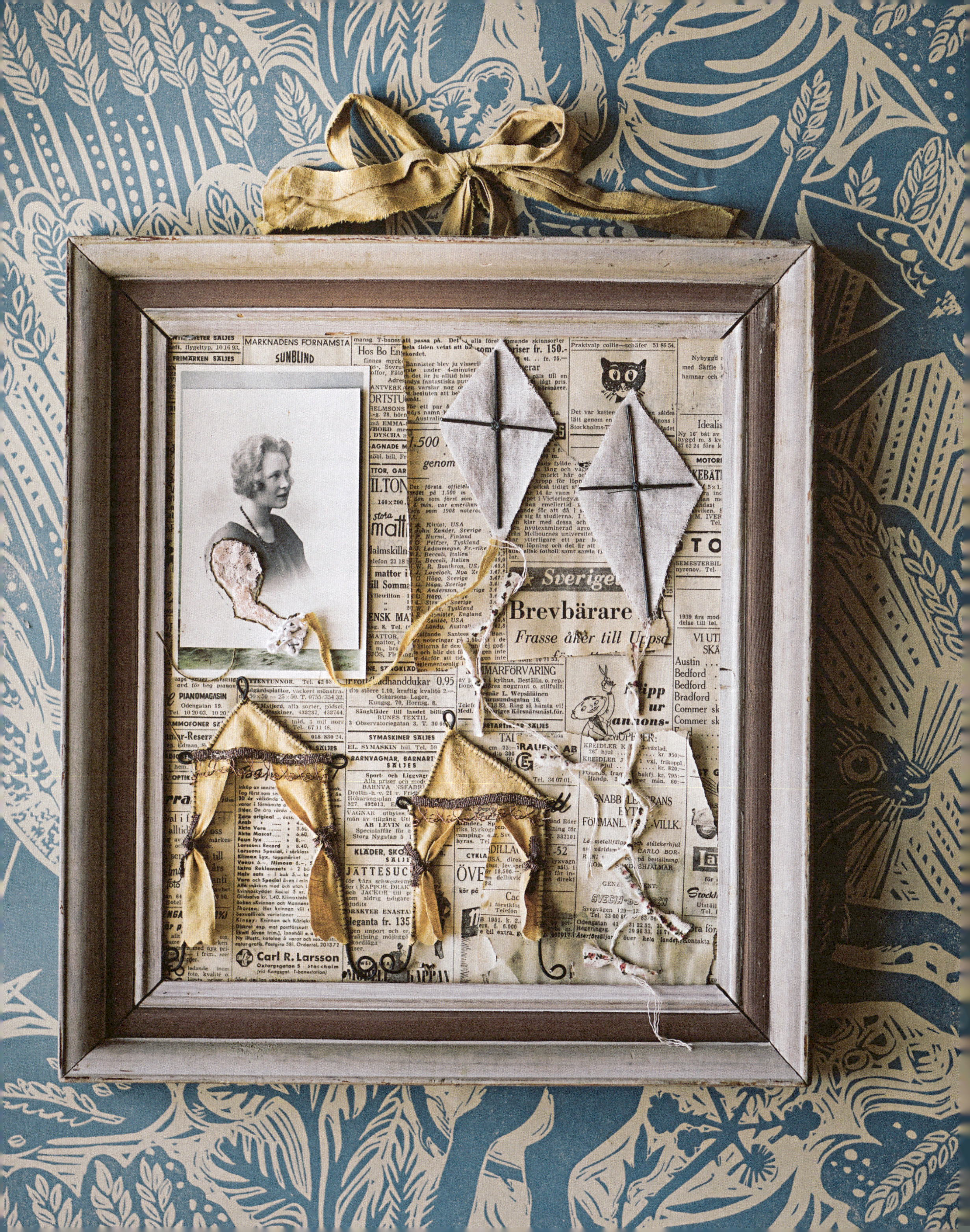
MARKNADENS FÖRNÄMSTA
SUNBLIND
Brevbärare
Frasse åker till Uppsa
Carl R. Larsson
JÄTTESUC
PIANOMAGASIN
Austin
Bedford
Bedford
Bradford

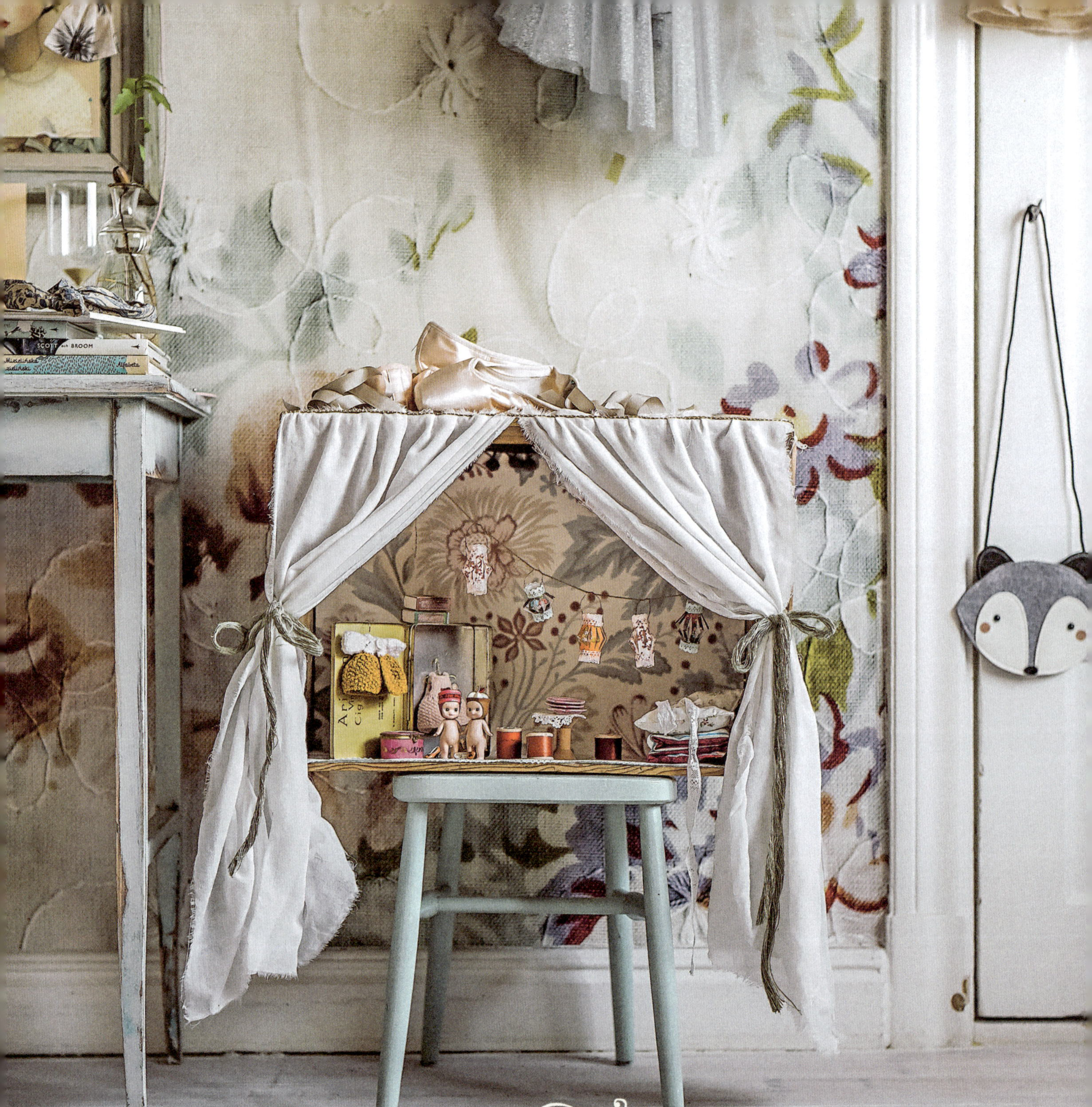

Ist dies eine Wohnung in Paris mit Aussicht über die Dächer und den Eiffelturm ganz dort hinten? Aber natürlich! Mit einem Aufzug für das Essen aus der Crêperie im Keller. Hinter dem Vorhang kann man sich aufs Dach hinaufschleichen, sich auf den Rücken legen und in einer klaren Nacht die Sterne zählen. Und sich bis zum Morgen im Mondschein sonnen. Dann hüpft man für gewöhnlich auf die Wolken, schaut kurz auf der Spitze des Eiffelturms vorbei und winkt allen Touristen zu, ehe man wieder nach Hause segelt, um die Zehen in den Wunschbrunnen zu tauchen.

Miniaturwelt

Eine Wohnung in Paris

Nichts ist leichter, als sich eine eigene kleine Welt zu erschaffen. Und es kostet beinahe nichts. Die Welt hier haben wir aus einer einfachen Holzkiste gebaut. Baue sie zusammen mit den Kindern und habt Spaß zusammen!

Unter prächtigen Puppenhäusern kommt man leicht auf den Gedanken, dass eine normale Kiste zu einfach sein könnte. Doch die Fantasie erledigt den Rest. Ganz plötzlich wird aus der Kiste ein Schloss mit Flügeln, das über die Weltmeere segelt.

Du brauchst:

- Kiste
- Vorhangstoff
- Handtacker
- Kleber
- Papier (z. B. Tapetenreste oder altes Geschenkpapier)
- Schere
- zwei Haken (gibt es im Baumarkt)
- Stoffbänder und Schnüre

So geht das:

1. Die obere Stoffkante, ca. 1 cm überstehend, mit einem Handtacker an die Kiste heften, sodass die fransige Schnittkante zu sehen ist. Alternativ kleben. Ein Vorteil des Handtackers ist, dass er nicht nur schnell und einfach zu benutzen ist, sondern dass sich die Klammern wieder lösen lassen. Der Vorhang kann also ausgetauscht werden.

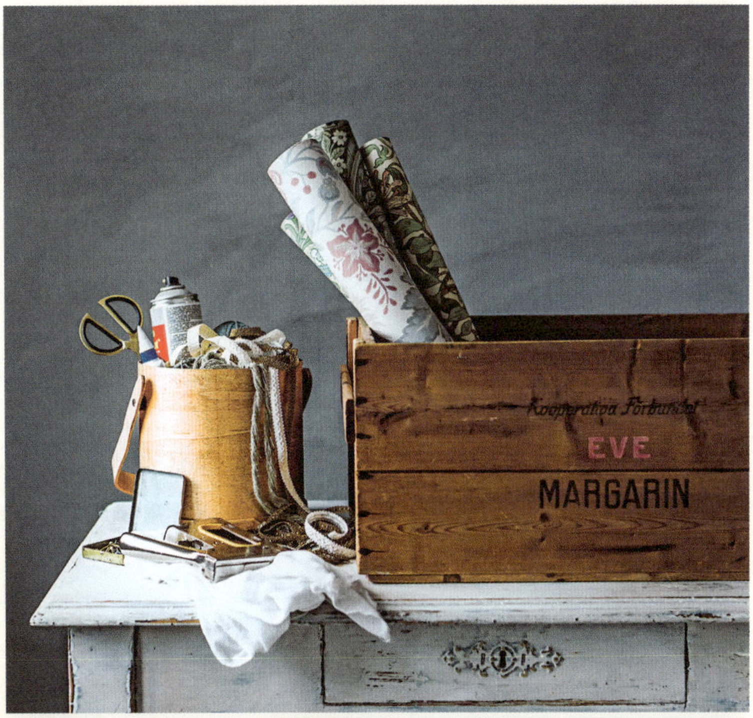

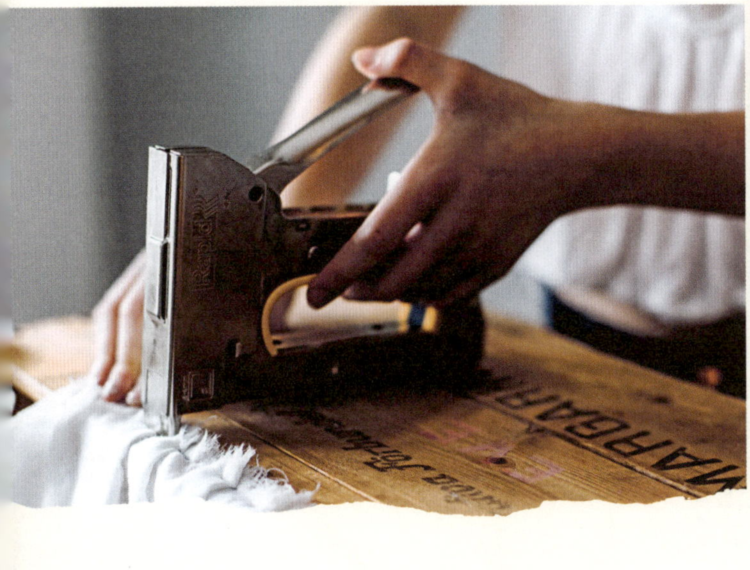

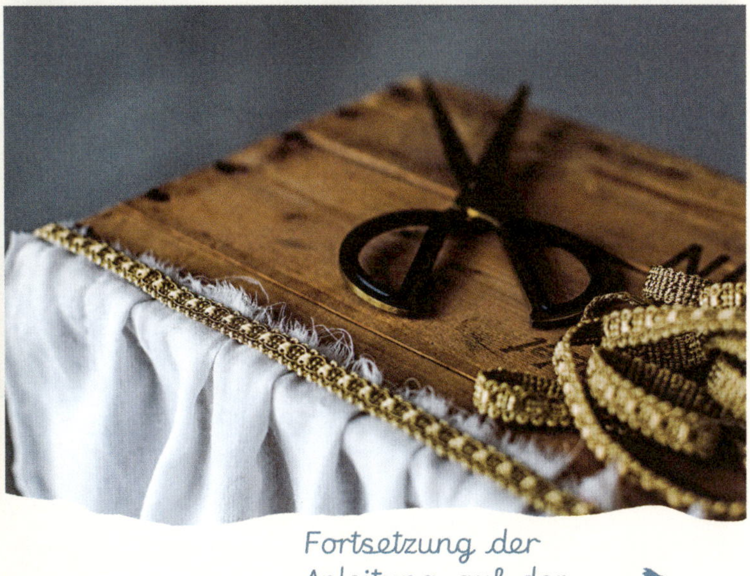

Fortsetzung der Anleitung auf der nächsten Seite →

2. Den Hintergrund für die Rückwand und den Boden deiner Kiste ausmessen und die Tapete zuschneiden. Falten, wo die Wand in den Boden übergeht, sodass die Tapete dicht anliegt. Die übrigen Wände und die Decke frei lassen. Auch hierfür den Handtacker verwenden. An der Ober- und Unterkante festklammern, den Rest belassen.

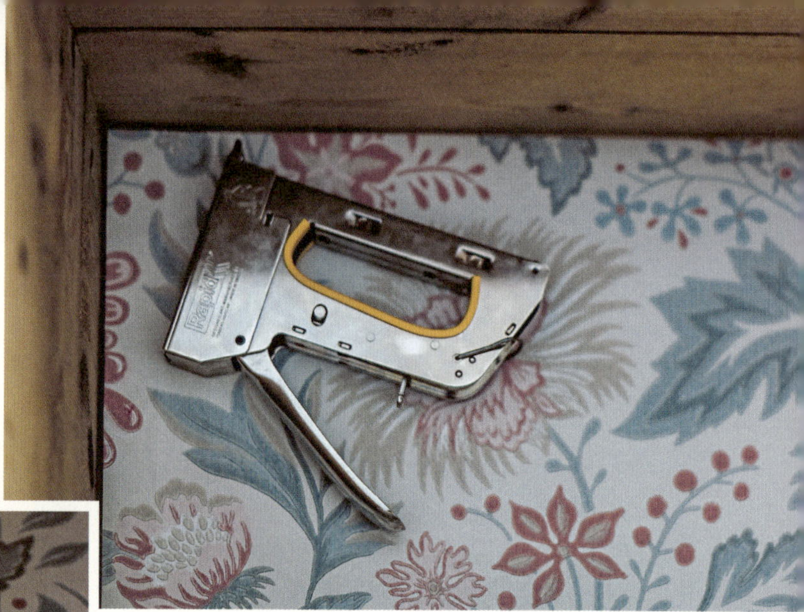

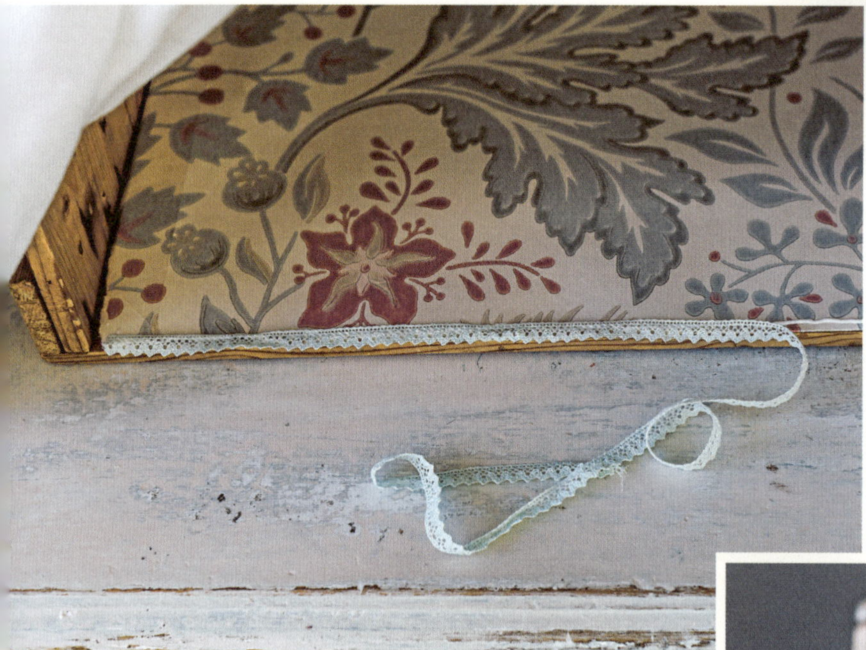

3. Nicht vergessen, die Heftklammern sowohl an der oberen als auch an der unteren Kante zu verdecken. Wir finden es am schönsten, sie unter alten Bändern zu verstecken, die darüber geklebt werden.

4. Ganz zum Schluss, bevor der eigentliche Spaß beginnt, je einen Haken an beiden Seiten der Kiste anbringen. Daran das Band befestigen, mit dem der Vorhang aufgehalten wird.

Der Vorhang:
Wir haben ein Stück einer alten Gardine verwendet. Die Maße der Kiste bestimmen die benötigte Stoffgröße, denk daran, dass du zwei Teile in der gewünschten Länge benötigst. Die Breite pro Stoffteil bemisst sich aus der Hälfte der Breite der Kiste plus 10 cm, damit schöne Falten entstehen.

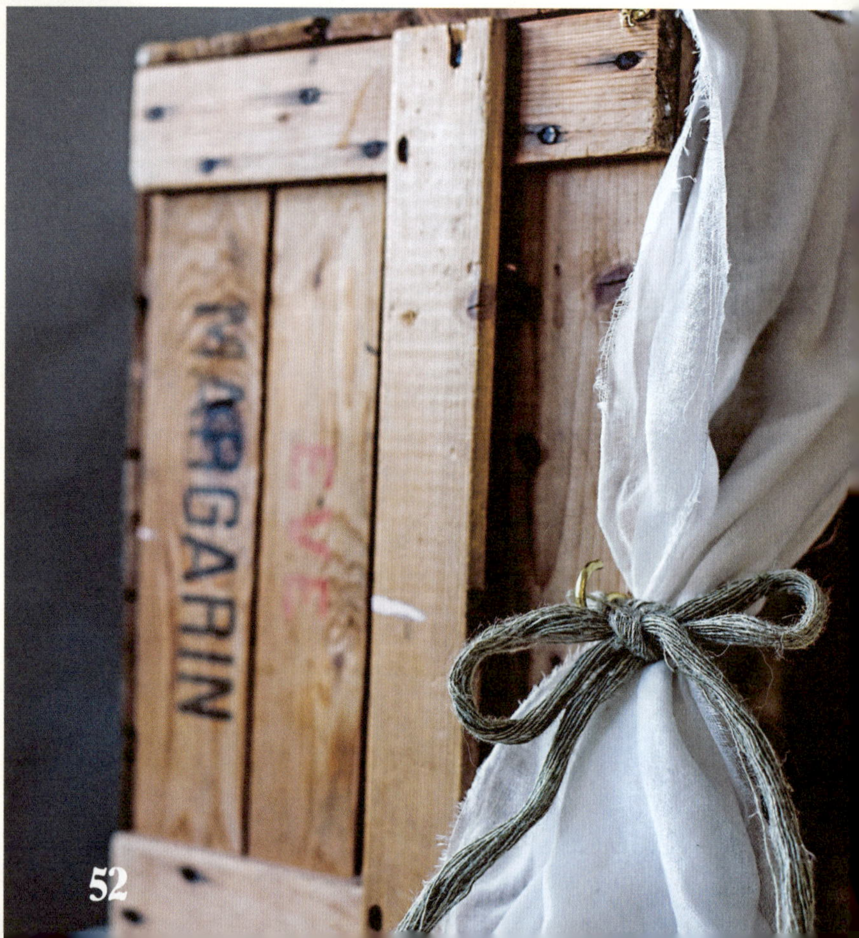

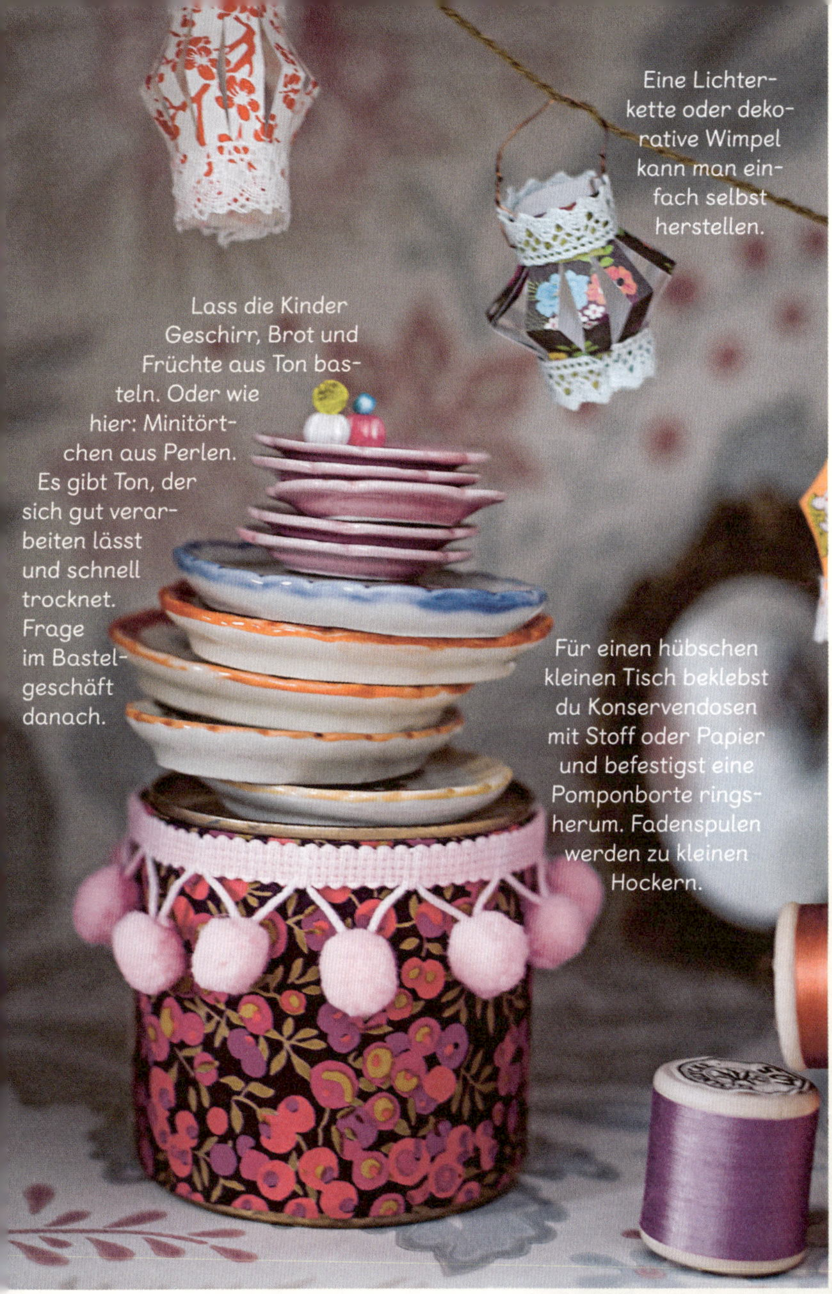

Eine Lichterkette oder dekorative Wimpel kann man einfach selbst herstellen.

Lass die Kinder Geschirr, Brot und Früchte aus Ton basteln. Oder wie hier: Minitörtchen aus Perlen. Es gibt Ton, der sich gut verarbeiten lässt und schnell trocknet. Frage im Bastelgeschäft danach.

Für einen hübschen kleinen Tisch beklebst du Konservendosen mit Stoff oder Papier und befestigst eine Pomponborte ringsherum. Fadenspulen werden zu kleinen Hockern.

Mithilfe deiner Fantasie begreifst du, dass die allermeisten Gegenstände die Fähigkeit haben, zu etwas ganz anderem zu werden. Dreht eine Runde über den Flohmarkt, ihr werdet sicherlich mit Dingen nach Hause kommen, die in deine Miniaturwelt passen.

Die Kiste:
Alte Kisten gibt es auf dem Flohmarkt zuhauf. Auch einen Karton kann man verwenden, aber wegen der Stabilität eignet sich etwas Festeres vielleicht besser. Wenn du eine strapazierfähige Kiste benutzt, kannst du sie an der Wand festschrauben. So kommst du nicht nur zu einer Miniaturwelt, sondern auch zu einem zusätzlichen Regal.

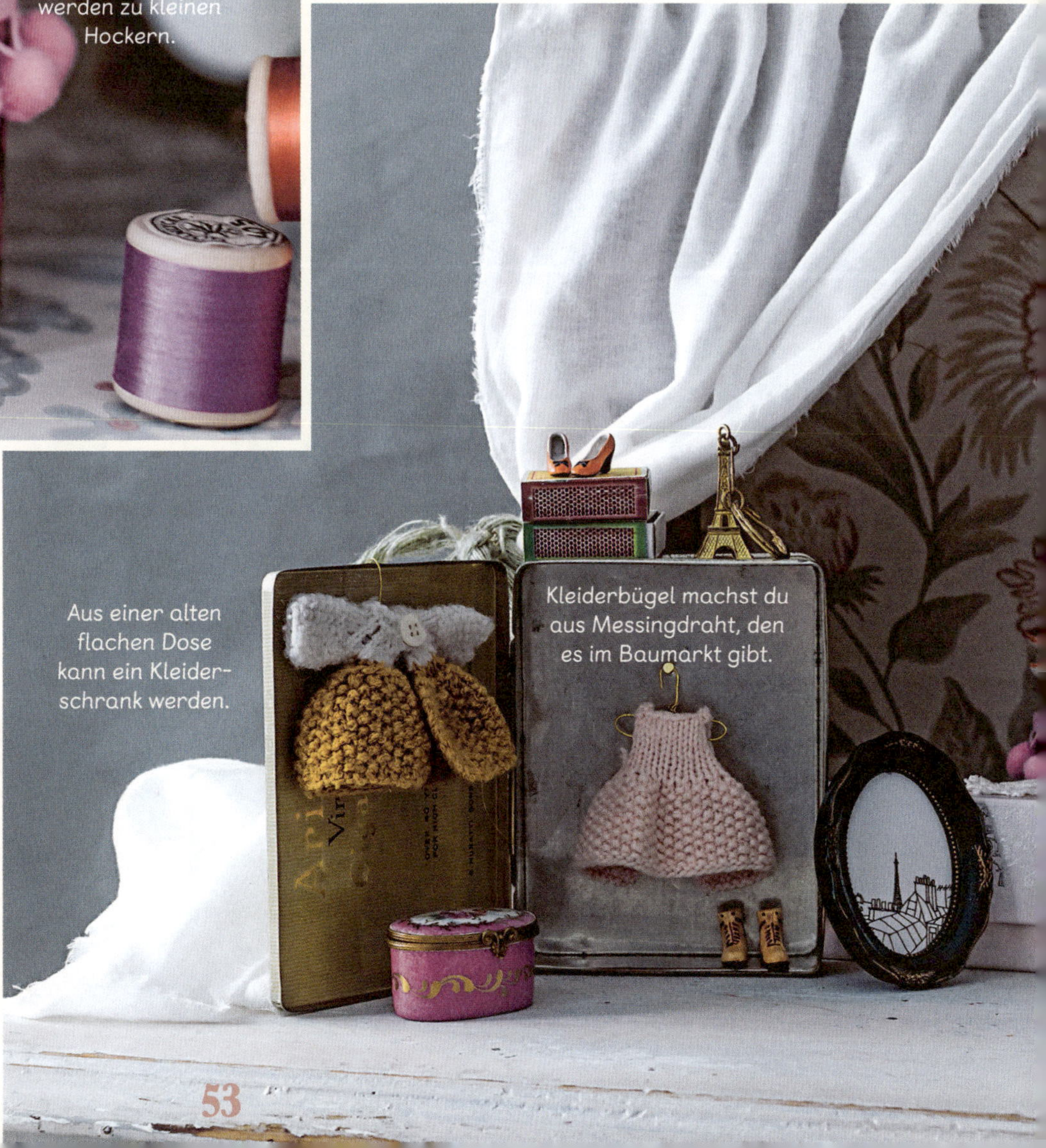

Aus einer alten flachen Dose kann ein Kleiderschrank werden.

Kleiderbügel machst du aus Messingdraht, den es im Baumarkt gibt.

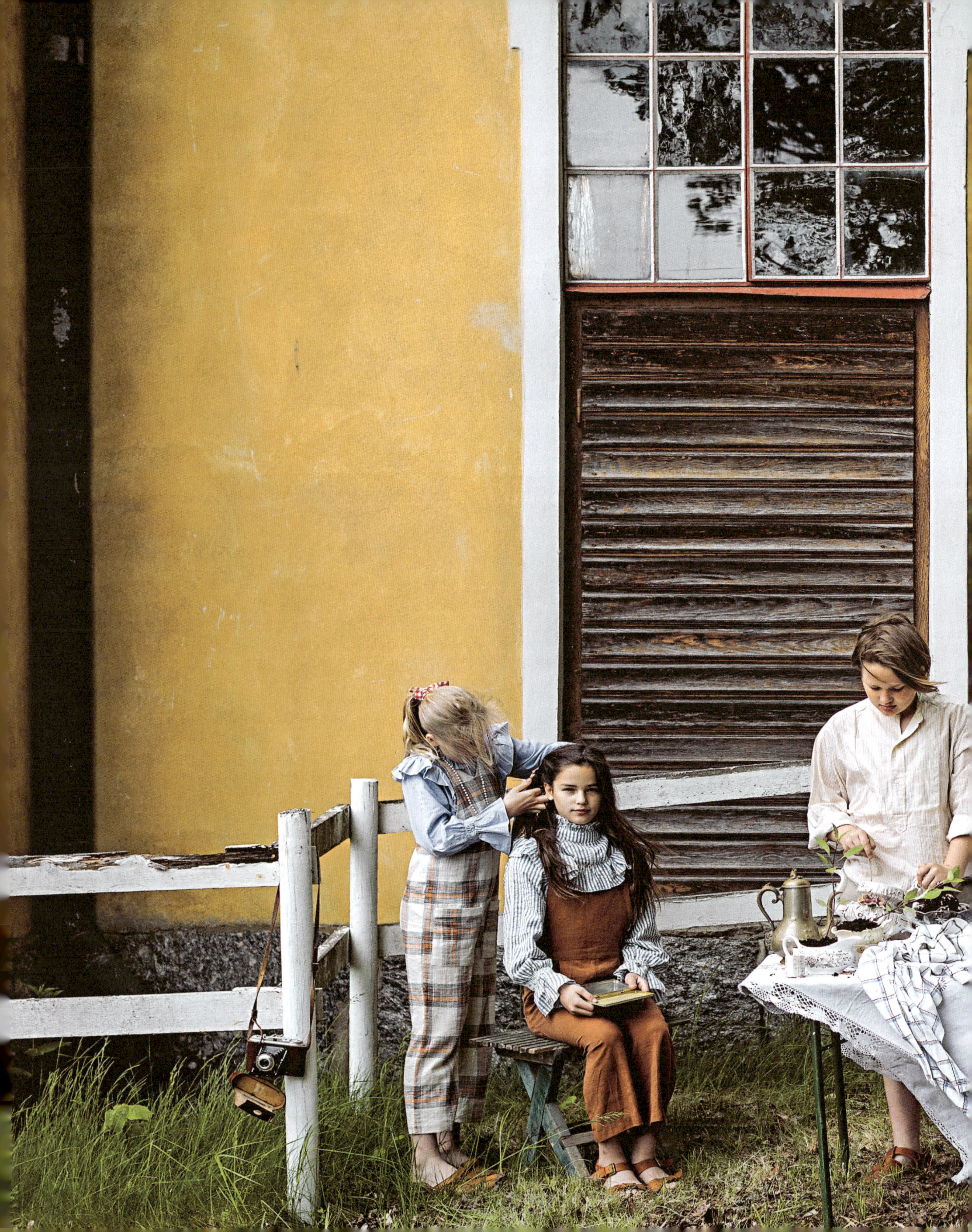

In der Natur

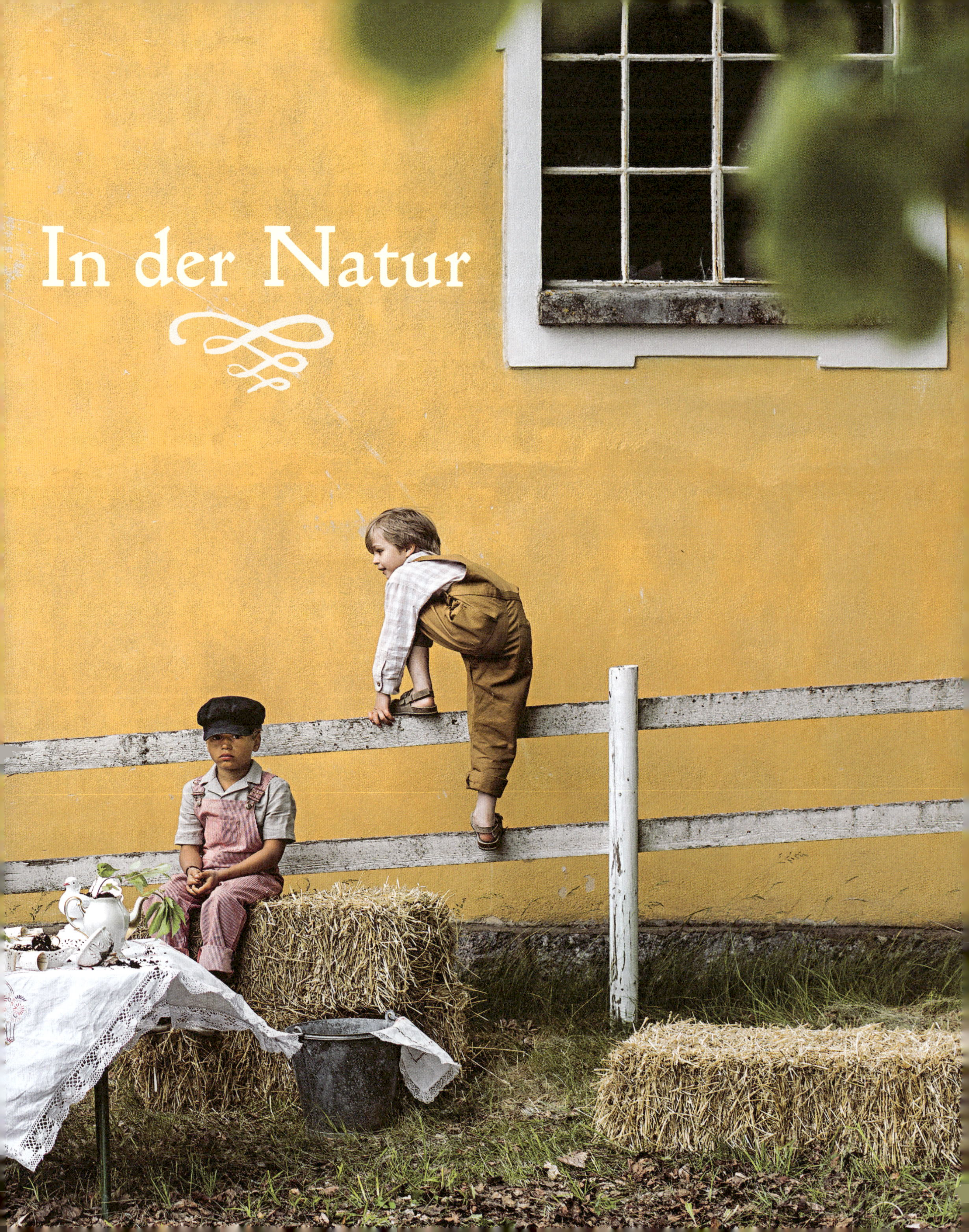

Saatbomben

Saatbomben sind kleine Geschenke für Orte, denen es an Blumen mangelt: Diese Orte, die in Vergessenheit geraten sind, deren Schönheit unter grauer Leere verborgen ist. Heimlich schleudert man einen mit Liebe und Samen vollgestopften Ball dorthin.

Manchmal vergraben wir Saatbomben, wo niemand Blumen erwarten würde, ab und zu reicht es auch, sie in einem kleinen Riss im Asphalt zu verstecken. Den Rest erledigt dann die Natur. Mehr als etwas Regen und Sonnenschein sind nicht nötig.

Es ist einfach, Saatbomben zusammen mit den Kindern herzustellen. Danach heißt es nichts wie raus, um triste Ecken zu finden, wo man sie platzieren kann. Das macht noch mehr Spaß. Ein paar Wochen später folgt die Belohnung: Vergesst nicht, noch einmal hinzugehen, um nachzusehen, wie der Ort sich verändert hat!

Du brauchst:

* Samen (einfache Sorten wie Mohn, Astern, Kosmeen und Wiesenblumen, Sonnenblumenkerne)
* Anzuchterde
* Lehm (Du findest ihn an Seen, in Buchten oder an Flussläufen. Es eignen sich lehmige Erde oder Seegrund. Man kann auch Blaulehm kaufen.)
* Wasser

Ein gutes Rezept:

1 Teil gemischte Samen
1 Teil Anzuchterde
5 Teile Lehm
Wasser

So geht's:

1. Den Lehm zusammen mit der Erde mit den Händen kneten.
2. Wasser hinzugeben, ohne die Mischung zu flüssig zu machen.
3. Die Samen hinzugeben und weiterkneten.
4. Kugeln formen, etwa in der Größe eines Tischtennisballs.
5. Jetzt ist es Zeit für ein Blumenbombardement!

Pflanzen mit Kids

Nenne mir den Zauber, der nicht in einem Samenkorn Platz findet. Unabhängig davon, ob es sich um die Kerne eines Apfels, einer Avocado, einer Tomate oder um die winzig kleinen Samen im Tütchen handelt. Das Schöne ist, dass du keinen ganzen Garten, ja, nicht einmal einen Balkon benötigst, um einen Samen einzupflanzen. Die Magie hängt weder von der Menge noch der Größendimension ab. Du musst nicht in einen Zitronenbaum investieren. Kressesamen oder ein Sonnenblumenkern reichen völlig aus. Pflanze sie zum Beispiel in eine Klopapierrolle – eigentlich eignet sich das meiste zum Pflanzen, du musst nur Löcher in den Boden bohren.

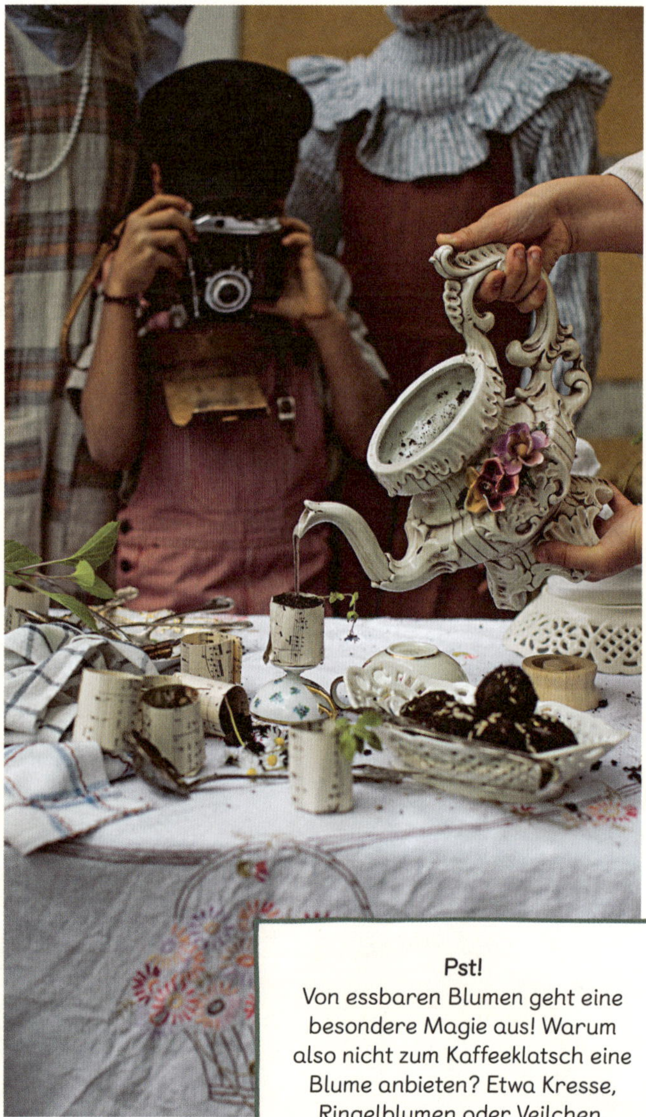

Pst!
Von essbaren Blumen geht eine besondere Magie aus! Warum also nicht zum Kaffeeklatsch eine Blume anbieten? Etwa Kresse, Ringelblumen oder Veilchen.

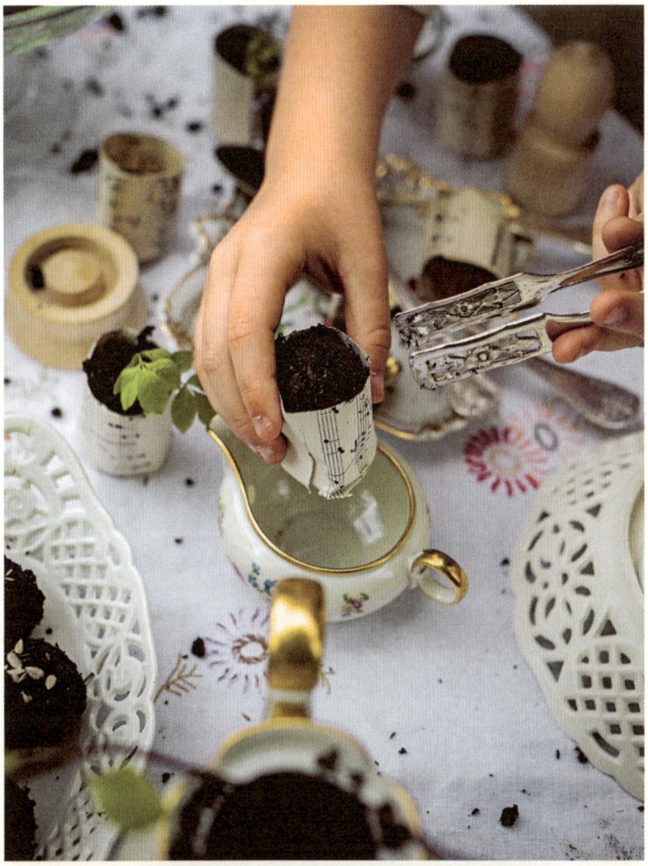

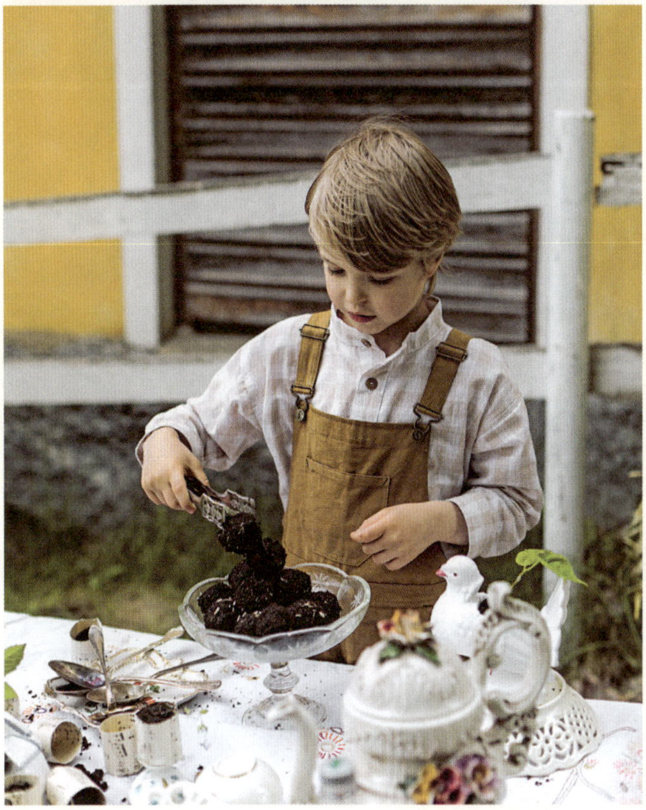

Ein Schups für den Frühling

Wenn die Sehnsucht nach dem Frühling einsetzt, obwohl draußen immer noch Winter herrscht, ist es reizend, seinen eigenen Zweig austreiben zu lassen! Eine Knospe aus allernächster Nähe zu betrachten, macht einen morgens womöglich wacher, und wie hingerissen vor Glück ist man doch, wenn sie plötzlich zur Blüte wird.

Man kann bereits im Februar damit beginnen, Zweige austreiben zu lassen. Sollte der Winter die Natur noch fest im Griff haben, gelingt das nicht so leicht. Dann ist es von Vorteil, ein wenig zu warten, bis die Temperatur zumindest die Nullgradgrenze überschritten hat. Ein heißer Tipp ist es, Ausschau zu halten, wenn in Parks und auf Plätzen Bäume und Büsche beschnitten werden – das ist der richtige Zeitpunkt. Beinahe alle Frühblüher lassen sich zum Blühen bringen, etwa Birnen- und Apfelbäume, Johannisbeeren und Spiersträucher. Vor allem wenn du keinen eigenen Garten hast, solltest du dich trauen, um einen oder um zwei Zweige zu bitten.

So geht's:

1. Die Zweige diagonal anschneiden. Bei dickeren Zweigen evtl. die äußere Rinde ganz unten abschaben. Es ist auch empfehlenswert, mit einem Hammer darauf zu klopfen, damit der Zweig das Wasser aufsaugen kann.
2. Die Zweige in warmes Wasser stellen und ein paar Stunden stehen lassen. Dann in eine Vase mit kaltem Wasser stellen. In den ersten Tagen sollen die Zweige besser kühl und nicht direkt in der Sonne stehen.
3. Das Wasser häufig wechseln, möglichst jeden zweiten Tag, und die Zweige in regelmäßigen Abständen frisch anschneiden. Die Zweige hin und wieder mit Wasser besprühen, alternativ kann man sie in der Badewanne leicht abduschen.
4. Stelle die Zweige an den Lieblingsplatz zu Hause, wenn die Knospen beginnen auszutreiben!

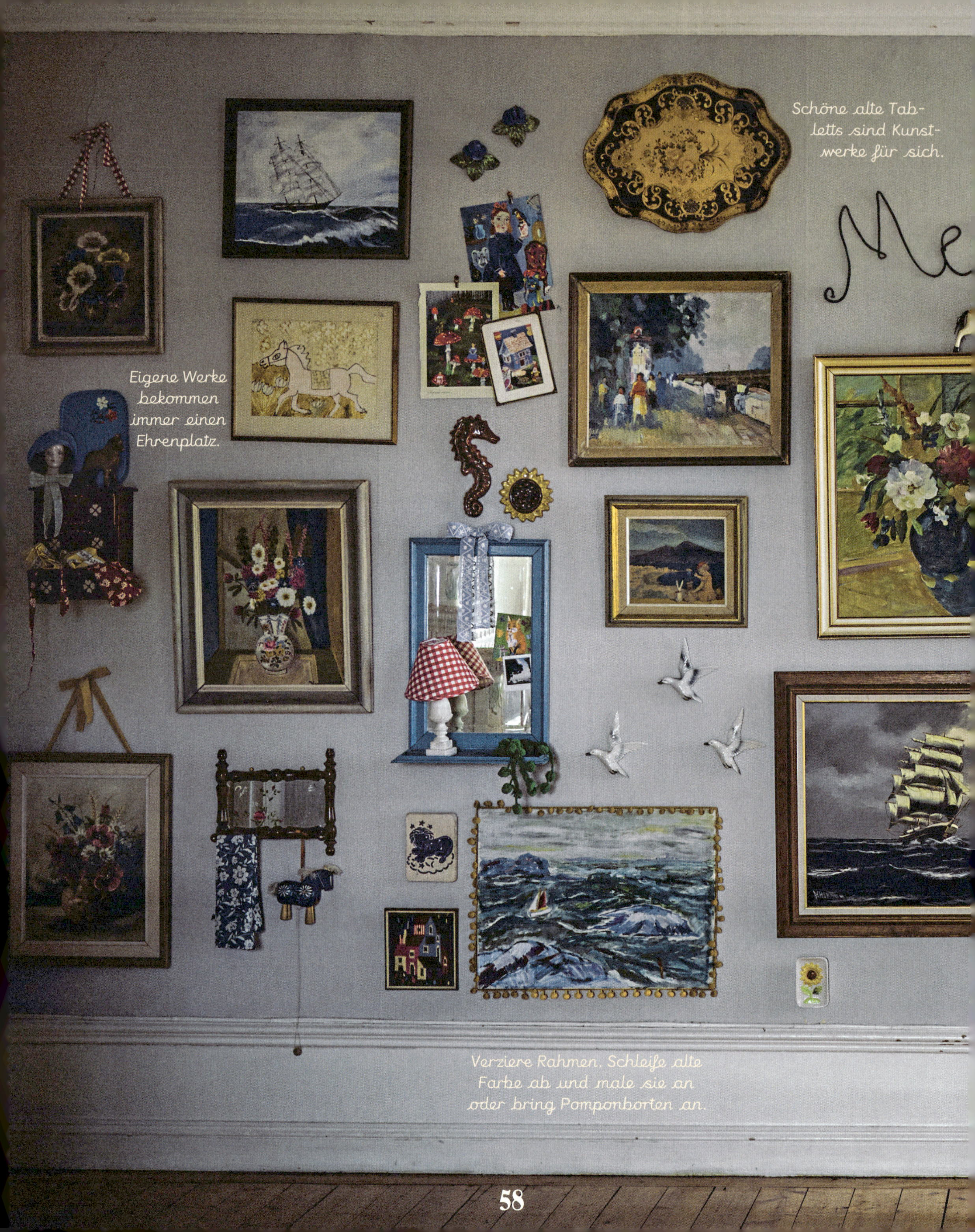

Schöne alte Tabletts sind Kunstwerke für sich.

Eigene Werke bekommen immer einen Ehrenplatz.

Verziere Rahmen. Schleife alte Farbe ab und male sie an oder bring Pomponborten an.

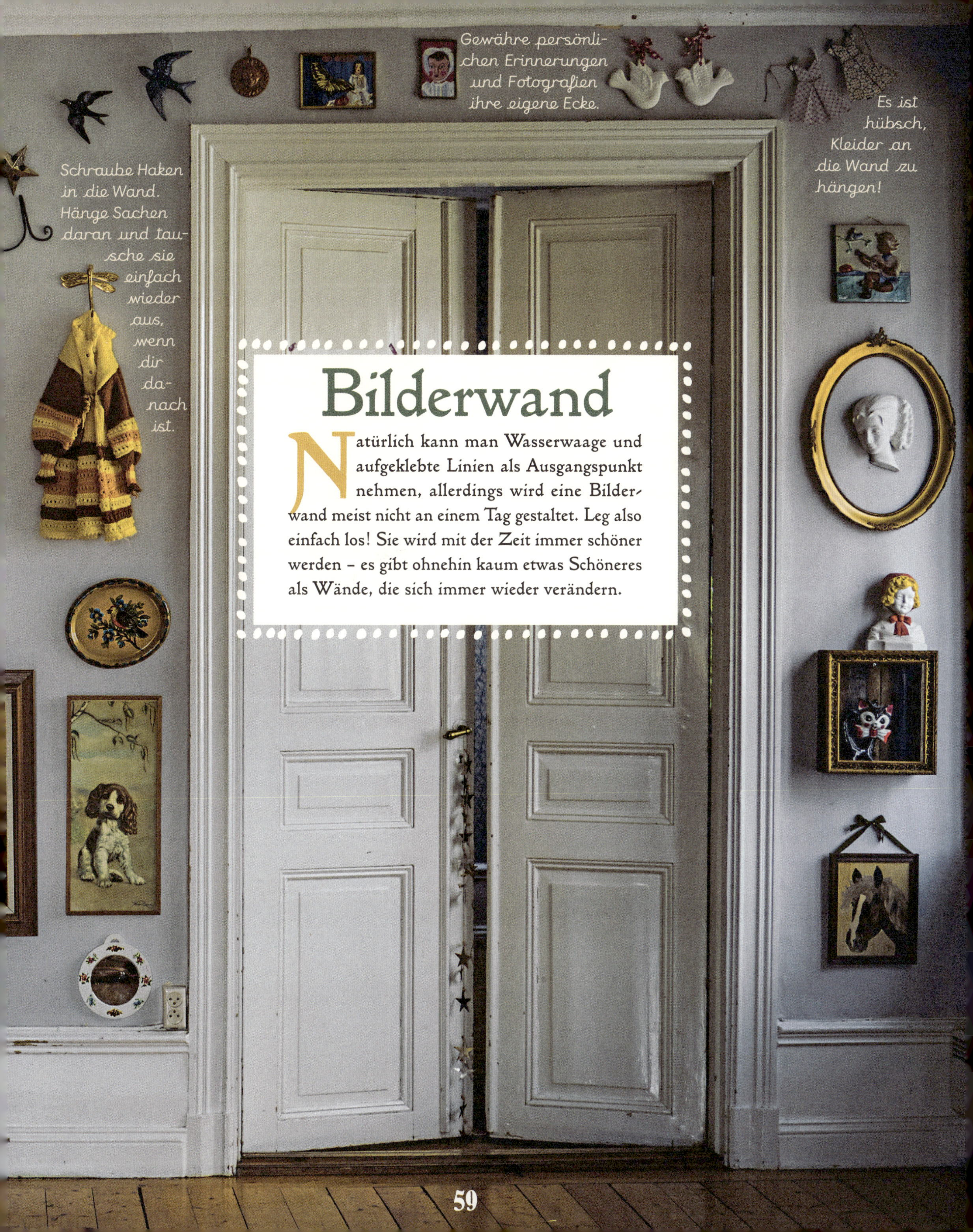

Gewähre persönlichen Erinnerungen und Fotografien ihre eigene Ecke.

Schraube Haken in die Wand. Hänge Sachen daran und tausche sie einfach wieder aus, wenn dir danach ist.

Es ist hübsch, Kleider an die Wand zu hängen!

Bilderwand

Natürlich kann man Wasserwaage und aufgeklebte Linien als Ausgangspunkt nehmen, allerdings wird eine Bilderwand meist nicht an einem Tag gestaltet. Leg also einfach los! Sie wird mit der Zeit immer schöner werden – es gibt ohnehin kaum etwas Schöneres als Wände, die sich immer wieder verändern.

Experimentiere herum! Mache Aufhängungen sichtbar, indem du dein Lieblingsband an die Bildrückseite heftest oder klebst und zu einer Schleife bindest.

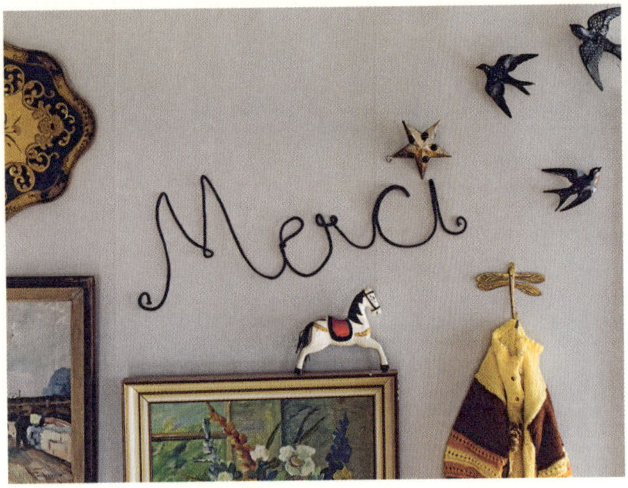

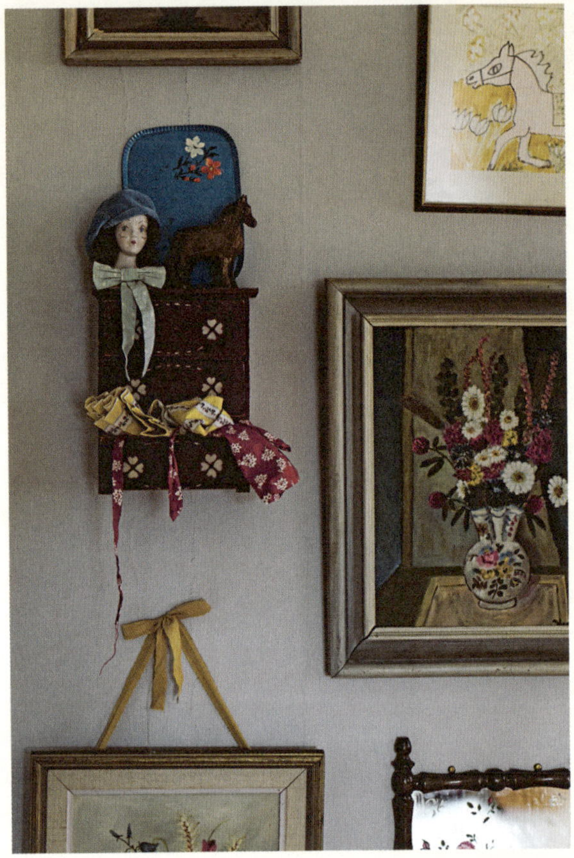

Verwende Seilaufhängungen und befestige daran Klemmen. Auf diese Weise kannst du Veränderungen vornehmen, wann immer dir danach ist.

Buchstaben und Wörter

Du brauchst:

- Stoff – rechts auf rechts zu einem Schlauch zusammennähen!
- Wolle
- Strickliesel – prima zum »Stricken« von Schläuchen
- Metalldraht
- Rundzange

So geht's:

1. Stelle einen Schlauch her.
2. Führe den Draht durch den Schlauch.
3. Forme das gewünschte Wort!

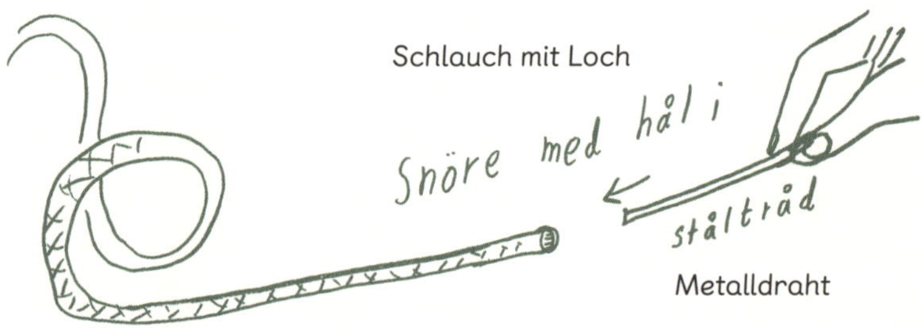

Schlauch mit Loch

Metalldraht

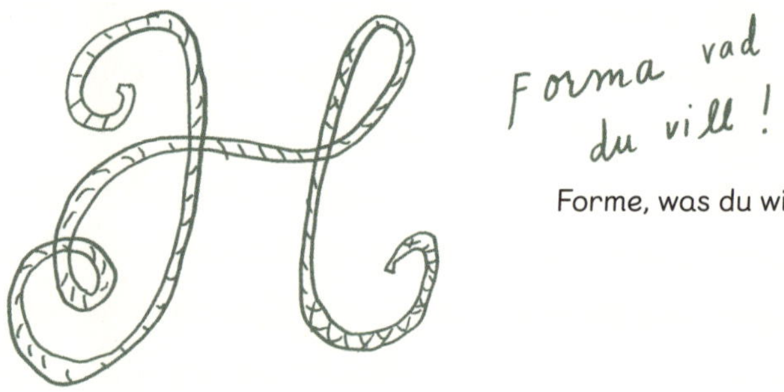

Forme, was du willst!

Gestaltet man eine Bilderwand, sollte das Ziel immer sein: »Gestalte die Bilderwand deiner Träume!« Denn wenn etwas zeigt, wer gerade hier wohnt, dann doch wohl das, was man sich an die Wand hängt.

Die Möglichkeiten sind unendlich. Gestalte eine Wand aus allem, was du dir gerne ansiehst, und aus deinen liebsten Erinnerungen. Einem Kleid, den alten Schuhen, einem Regal voller Figuren, einem Lieblingsteller an einer Schnur, einem Brief. Wir könnten Tausende Dinge aufzählen. Man kann sogar direkt auf die Wand malen.

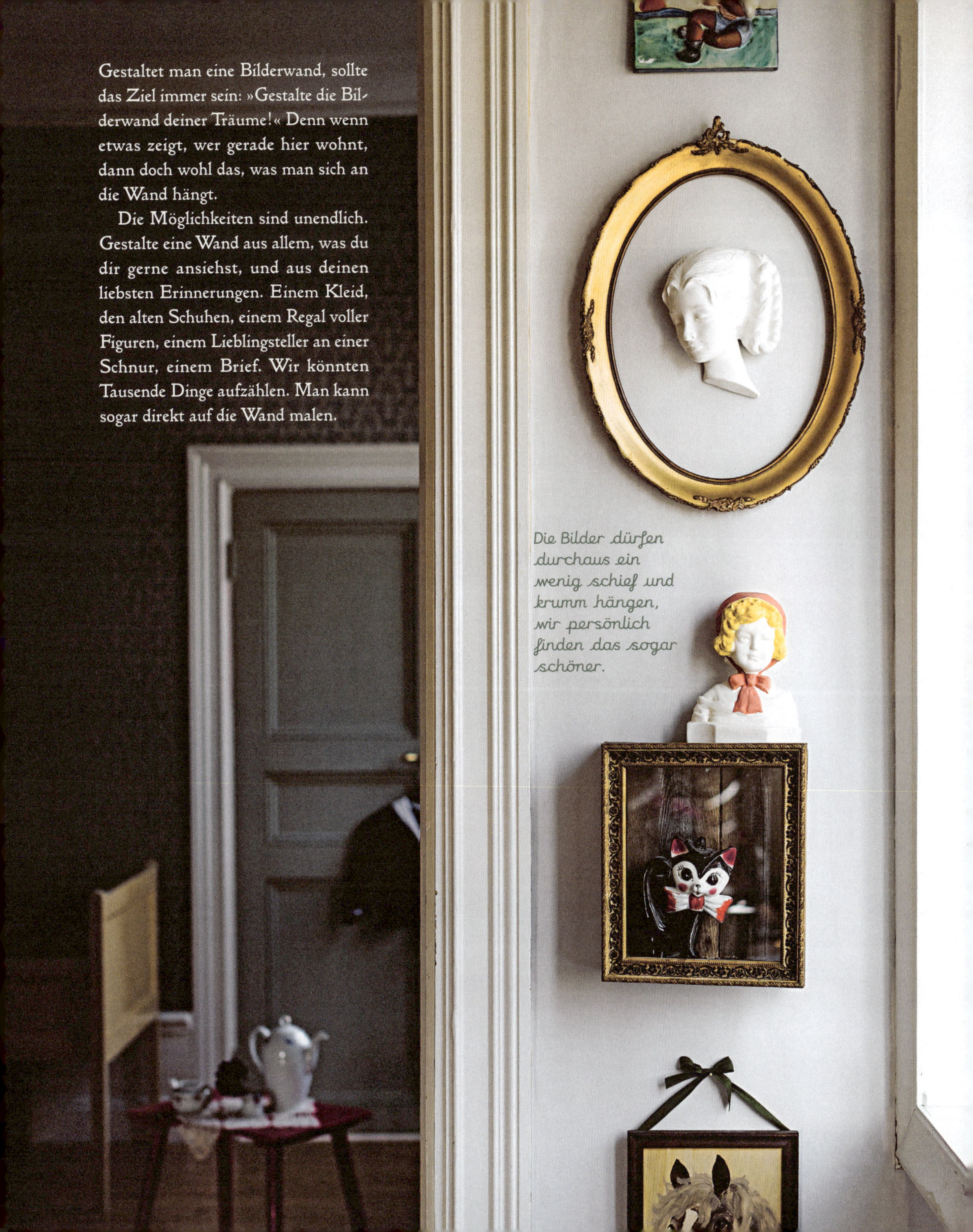

Die Bilder dürfen durchaus ein wenig schief und krumm hängen, wir persönlich finden das sogar schöner.

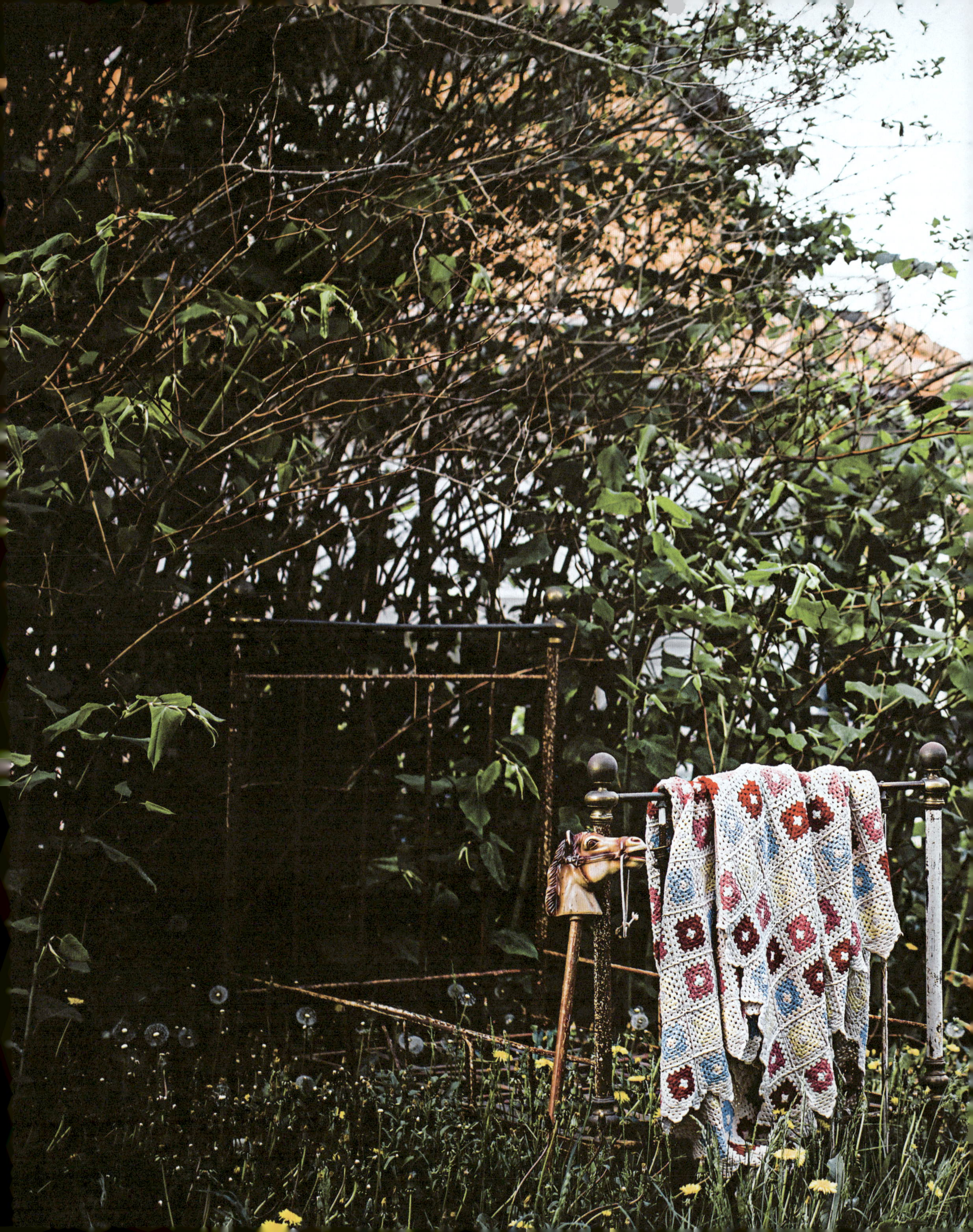

Schlafplatz

Zelten inmitten von Wolken

Der Schlafplatz der Kinder soll die Fantasie anregen. Er ist auch der Teil des Kinderzimmers, um den die meisten Wünsche kreisen. Auch, wenn du vielleicht nicht an jedem einzelnen gewöhnlichen Tag in den Startlöchern für den Umbau eines Bettes in ein Raumschiff stehst, gibt es viele einfache Tricks, um den Kinderwünschen zu entsprechen. Meist geht es ja doch vor allem um die Gemütlichkeit, und mithilfe der Fantasie ist der Rest rasch bewerkstelligt.

Der Betthimmel

Vielleicht ist der Betthimmel eine der besten Erfindungen der Welt für das Gefühl, an einem geheimen Ort zu sein. Das Schöne an Betthimmeln ist, dass sie im Nu einen gemütlichen Schlafplatz, eine Ecke oder eine Hütte schaffen. Heutzutage gibt es eine Menge unterschiedlicher Versionen. Man kann sie leicht an allen möglichen Stellen im Haus oder auch draußen im Garten verwenden, und sollte man sie doch einmal für einen Tag leid sein, bindet man sie einfach rasch zu einem riesigen Knoten zusammen.

Die Hütte

Die meisten Kinder lieben Hütten. Wenn du als erwachsene Person ebenfalls hineinkriechst, erinnerst du dich auch warum, glauben wir. In dieser geheimen Welt fühlt sich alles friedlich und sicher an. In ihrer einfachsten Version befindet sich die Hütte unter einer Decke mit Taschenlampe, oder sie wird aus Stühlen und Decken gebaut. Kinder sind Spezialisten im Bau von Hütten, Erwachsene müssen wahrscheinlich nur mit einem Berg Decken und möglicherweise mit etwas praktischem Beistand aushelfen.

Natürlich lassen sich auch langlebigere Hütten bauen. Vielleicht kann man einen Schrank zur Hütte umfunktionieren. Oder ein kleines Zimmer im Zimmer bauen. Mit Spanplatten für Wände und Dach und etwas Fantasie verleihst du ihm eine besonders magische Dimension.

Unter einem schönen Stoff zu schlafen, macht etwas mit einem. Hängt er direkt unterhalb der Zimmerdecke, ist es ein wenig, als würde man unter seinem persönlichen Himmel schlafen. Als würde man direkt vor dem Einschlafen in die Wolken blicken. Die Welt wird etwas weicher. Der Alltag und die Gedanken, all das bereitet sozusagen das Bett für Träume.

Ein Betthimmel schafft einen separaten Raum. Mit seiner Hilfe schaffst du dir deine eigenen Wände, wo du sie gerade benötigst. Mit Stoffbändern kann man ihn einfach zuknoten und in Nullkommanichts einen Sonnenschutz fertigstellen. Oder du kannst den Stoff ganz einfach herunterfallen lassen. Es ist unheimlich gemütlich, unter einem Betthimmel zu schlafen wie Zelten inmitten von Wolken.

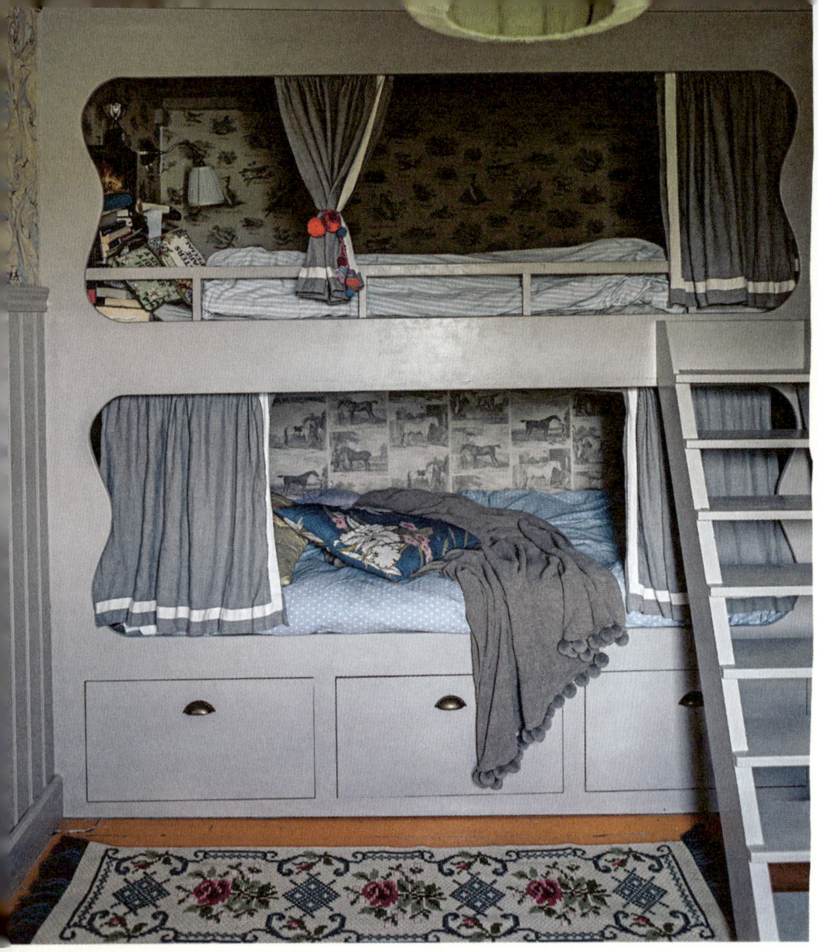

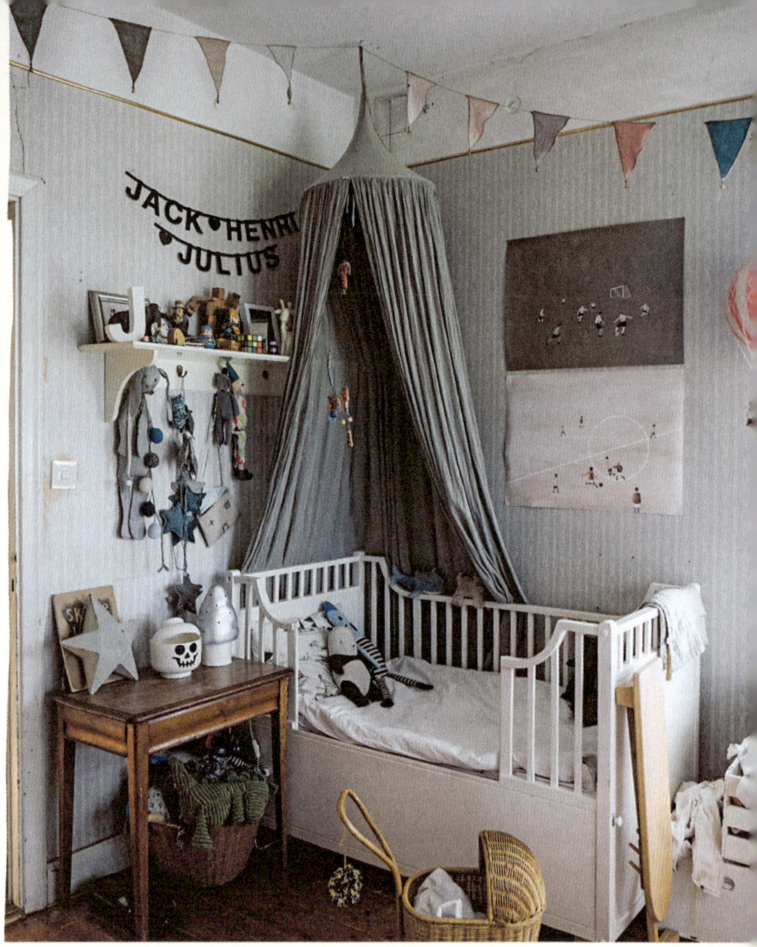

Das Stockbett

Lang lebe das Stockbett! Es ist einfach das großartigste Bett aller Zeiten. Wie eine Hütte, wie ein separates Zimmer! Und praktisch, wenn man das Zimmer mit einem Geschwisterkind teilt, aber auch ganz weit oben auf der Wunschliste des Kindes, das oft Übernachtungsbesuch hat. Apropos oben, so nahe unter der Decke zu sein, ist echt nützlich, man hat von dort aus alles im Blick und hat außerdem eine geheime Welt ganz für sich.

Stoff

Stoffe, Daunendecken, Kissen, Decken und Teppiche gehören unbedingt zum Inbegriff der Gemütlichkeit – und für die ist rasch gesorgt. Es ist wirklich keine Neuigkeit, dass Textilien zu allen Zeiten verwendet wurden. Es kommt nicht von ungefähr, dass früher Wände in Stoffe gehüllt, mit Gobelins geschmückt und links und rechts mit Vorhängen behängt wurden. Heutzutage lassen wir uns von der Vergangenheit inspirieren, versehen sie aber mit einer persönlichen Note, einer Note aus dem Jahr 2020. So funktioniert Inspiration am allerbesten – wenn wir sie für uns interpretieren.

Mit Textilien kann man einen Raum auf phänomenal einfache Weise verändern. Wenn man einen Vorhang, einige Kissen oder einen Teppich austauscht, kann das bewirken, dass der Raum sich absolut neu anfühlt. Mit Stoff lässt sich ein Raum auch schnell unterteilen. Dazu befestigst du den Stoff an einer Schiene an der Decke oder bringst Haken an.

Wir machen am liebsten Stoffschnäppchen auf dem Flohmarkt. Und wir nutzen alles, was die Bezeichnung Stoff verdient. Es finden sich immer neue Verwendungsmöglichkeiten, vor allem innerhalb des DIY. Ein kaputtes Stück Stoff kann sofort zu neuem Leben erweckt werden. Alte Gardinen, Tücher und sogar Kleider sind wahre Schätze.

Dasselbe gilt für alte Tischdecken. Du musst sie nur zusammenheften, und schon hast du einen feinen schönen Raumteiler. Und nähst du etwas weiter, hast du bald deinen ganz persönlichen Betthimmel.

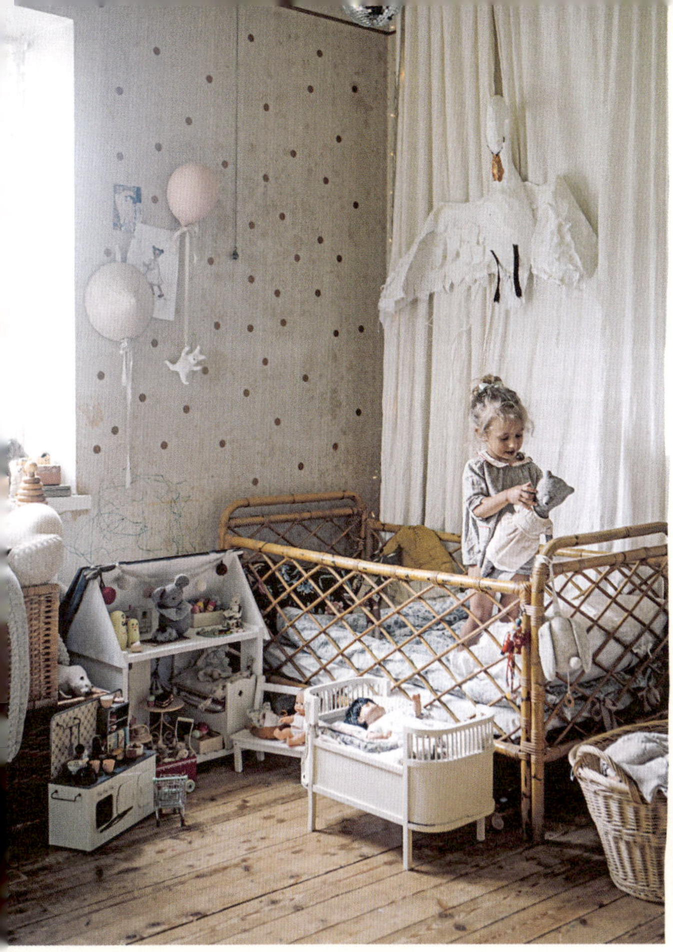

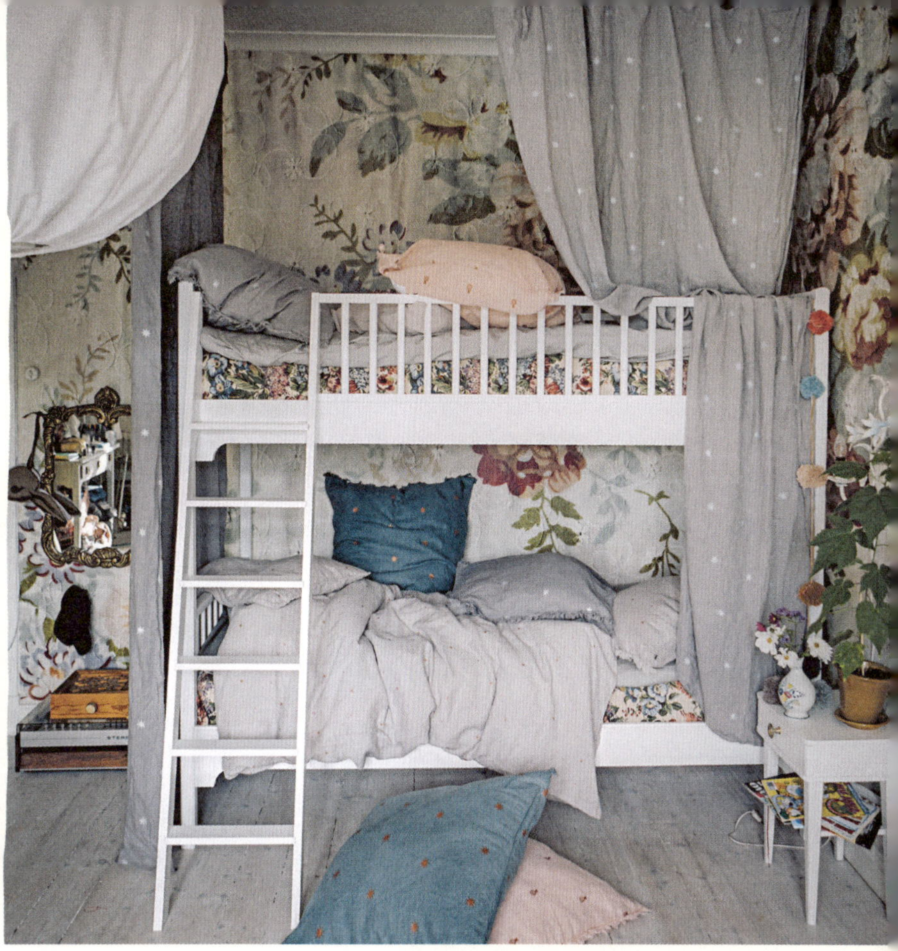

Ein Federkernbett beziehen

Es ist so einfach, ein Federkernbett zu beziehen, und trotzdem fühlt es sich an wie ein ganz neues Bett. Schnell geht es außerdem.

Du brauchst:
- ein Stück Stoff, ca. 10 cm länger und breiter als deine Matratze
- Handtacker

So geht's:
1. Den Stoff direkt mit dem Handtacker auf dem Federkernbett befestigen.
2. Das Bett mit dem Stoff darunter auf den Kopf stellen, dann läuft es wie geschmiert. Auf diese Weise ist es auch leichter, den Stoff zu spannen, ohne dass er Falten wirft oder sich verzieht.
3. Ringsherum festheften.

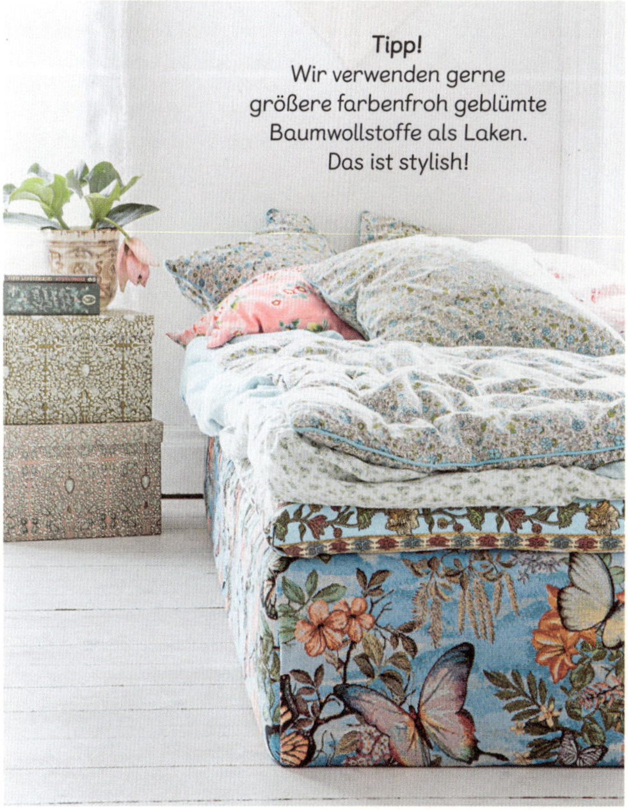

Tipp!
Wir verwenden gerne größere farbenfroh geblümte Baumwollstoffe als Laken. Das ist stylish!

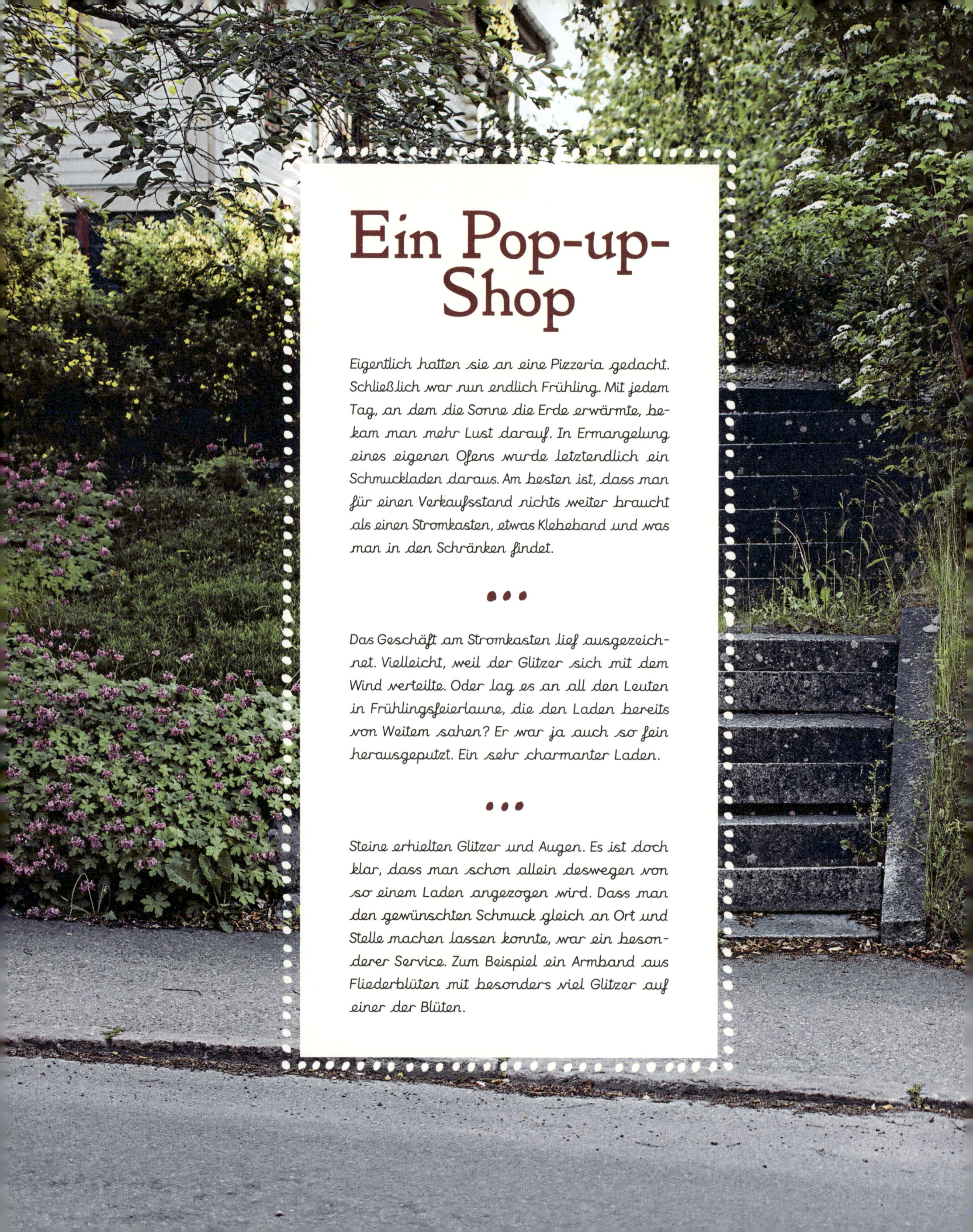

Ein Pop-up-Shop

Eigentlich hatten sie an eine Pizzeria gedacht. Schließlich war nun endlich Frühling. Mit jedem Tag, an dem die Sonne die Erde erwärmte, bekam man mehr Lust darauf. In Ermangelung eines eigenen Ofens wurde letztendlich ein Schmuckladen daraus. Am besten ist, dass man für einen Verkaufsstand nichts weiter braucht als einen Stromkasten, etwas Klebeband und was man in den Schränken findet.

Das Geschäft am Stromkasten lief ausgezeichnet. Vielleicht, weil der Glitzer sich mit dem Wind verteilte. Oder lag es an all den Leuten in Frühlingsfeierlaune, die den Laden bereits von Weitem sahen? Er war ja auch so fein herausgeputzt. Ein sehr charmanter Laden.

Steine erhielten Glitzer und Augen. Es ist doch klar, dass man schon allein deswegen von so einem Laden angezogen wird. Dass man den gewünschten Schmuck gleich an Ort und Stelle machen lassen konnte, war ein besonderer Service. Zum Beispiel ein Armband aus Fliederblüten mit besonders viel Glitzer auf einer der Blüten.

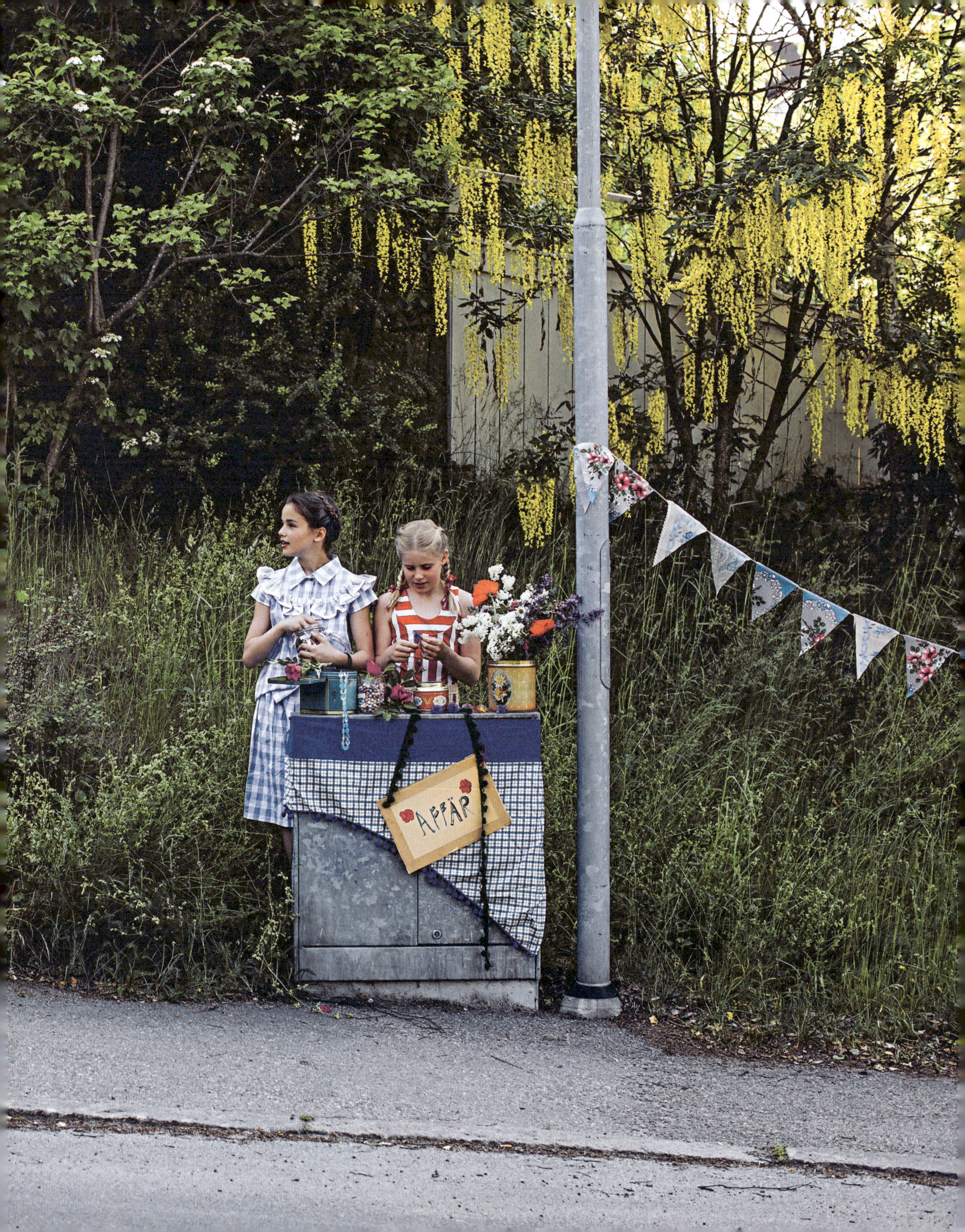
AFFÄR

Gummitwist

Gummitwist kannst du spielen, wo immer du möchtest. Du brauchst nur ein Gummiband und zwei Freunde oder zwei stabile Stühle, zwischen die du das Gummiband spannst. Es wird immer abgewechselt, wer das Gummi hält und wer hüpft. Bei mehr als drei Spieler, stellen sich die »Hüpfer« an und warten, bis sie an der Reihe sind.

Man kann auf viele verschiedene Arten hüpfen: auf das Gummi, in die Mitte, über Kreuz, in die Grätsche, raus. Außerdem kann man Seitensprünge, einzelne oder doppelte Sprünge machen. Die Möglichkeiten sind schier grenzenlos.

Regeln:

- Man beginnt immer ganz unten, auf Knöchelhöhe.
- Waren alle dran, wandert das Gummiband vom Knöchel bis zur Kniekehle.
- Dann bis unter den Po.
- Auf Taillenhöhe.
- Unter die Arme.
- Auf Halshöhe – obwohl das knifflig ist.
- Hat man es nicht geschafft, fehlerfrei zu hüpfen, kommt das nächste Kind an die Reihe.

Seilspringen

Seilspringen kann man überall dort, wo es genug Platz zum Schwingen gibt. Mit einem einfachen Springseil kannst du alleine seilspringen, aber lustiger ist es natürlich zu mehreren! Dann müsst ihr ein langes Seil haben und mindestens zu dritt sein: zwei Mitspieler schwingen das Seil, der dritte springt.

Eigentlich gibt es keine Regeln, gesprungen wird so oft, wie man es eben schafft. Wenn dir aber eine Sprungreihe beim Seilspringen lieber ist – dann probiere doch den sogenannten »Bauernzwölfer«!

Bauernzwölfer

Zwei Mitspieler schwingen das Springseil, der Rest stellt sich an. Verfehlt ein Springer das Seil, übernimmt er den Part des Schwingens. Den »Bauernzwölfer« gibt es in vielen unterschiedlichen Varianten, gemeinsam haben sie allerdings, dass es eine Sprungabfolge gibt. Hier ist unsere:

- Vorwärtssprung durch den Bogen
- ein Doppelsprung
- ein normaler Sprung
- zwei Ballonsprünge (Dabei darf das Seil nicht auf die Erde aufschlagen. Wer mit Schwingen dran ist, muss das Seil mit ausgestreckten Armen schwingen.)
- drei Wiegesprünge (das Seil wird vor und zurück geschwungen)
- fünf Blitzsprünge (schnelle, aber normale Sprünge)
- fünf Sprünge mit geschlossenen Augen
- drei Sprünge auf dem rechten Bein
- drei Sprünge auf dem linken Bein
- fünf Überkreuzsprünge
- drei Sprünge mit einer halben Drehung pro Sprung
- sieben Rückwärtssprünge

Murmeln

Das klassische Murmelspiel funktioniert am besten draußen, wo es Kieselsteine gibt. Aber natürlich kann man überall mit Murmeln spielen. Es gibt Murmeln aus Stein, Glas, Porzellan, Metall, Holz und Ton. Die schönsten Exemplare findet man normalerweise auf dem Flohmarkt.

Pyramide

Ein Spieler baut eine Pyramide. Drei Murmeln bilden die Basis, eine wird obenauf gelegt. Die anderen Mitspieler stehen hinter einer Linie, bereit, ihre Murmeln in Richtung der Pyramide zu rollen. Ziel ist es, sie zum Einsturz zu bringen. Wer die Pyramide trifft, erhält alle Murmeln der Pyramide und übernimmt als Baumeister. Wenn niemand die Pyramide trifft, erhält derjenige, der sie gebaut hat, alle Murmeln, die von den anderen Spielern gerollt wurden. Man kann auch größere Pyramiden bauen, sollte dann aber die Linie, von der aus gerollt wird, versetzen.

Grube

Man gräbt zunächst eine Grube und zieht dann eine Linie, von der aus man wirft. Die Spieler müssen nun ihre Murmeln Richtung Grube werfen, ohne dass diese hineinrollen. Der Spieler, dessen Murmel am nächsten am Grubenrand liegt, darf dann mit dem Schnipsen beginnen. Ziel ist es, alle seine Murmeln in die Grube zu schubsen. Gelingt es einem Spieler, eine Murmel zu versenken, darf er weitermachen, andernfalls darf der Mitspieler weitermachen, dessen Murmel nun dem Grubenrand am nächsten liegt. Wer als Erster alle seine Murmeln versenkt hat, gewinnt das Spiel.

ZU BESUCH BEI

Emma Sundh

Emma Sundh lebt mit ihrem Mann und den beiden Kindern in einer Jahrhundertwendewohnung im Stockholmer Vorort Midsommarkransen. Sie arbeitet nicht nur als Journalistin, Stylistin und Autorin, sondern liefert als Influencerin auch vielfältige Anregungen zu nachhaltiger Einrichtung. Dies beeinflusst sogar ihre Herangehensweise an das Kinderzimmer.

Emma Sundh ist nicht der Meinung, dass Einrichtung mit dem Fokus auf Nachhaltigkeit eine Einschränkung bedeutet. »Wir müssen besser darin werden, aus dem zu schöpfen und das wertzuschätzen, was da ist, im Wiederverwenden, im Upcycling, im Herauskitzeln unserer Kreativität unter dem Staub aus Zeitersparnis und Bequemlichkeit«, erklärt sie und betont, wie der Umweltgedanke und Kreativität Hand in Hand gehen können.

Das Kinderzimmer ist besonders von der Idee der Kreativität geprägt. Es soll ein Raum sein, in dem die Fantasie einen festen Platz hat. Ein Bett wird in der einen Sekunde zum Schiff, in der nächsten zur Hütte und etwas später zum Bus. Der Taschenrechner kann sowohl als Telefon als auch als Kartenlesegerät oder Kasse im Café fungieren. Außerdem braucht es im Kinderzimmer unbedingt einen großen Verkleidungskoffer für die elementarsten Spiele der Kinder, die Rollenspiele nämlich, mit denen sie das Leben üben.

Zugleich erzählt Emma, dass beinahe alles im Zimmer ihrer Kinder gebraucht ist. »Das meiste ist bereits da, vermutlich müssten wir nichts mehr neu herstellen, wenn man bedenkt, dass Secondhandläden in Schweden tagtäglich mehrere Tonnen von Möbeln und anderen Gegenständen entgegennehmen«, macht sie klar und sagt, dass sie sogar beschlossen haben, das Zimmer mit Möbeln einzurichten, die kein Verfallsdatum haben. »Ich möchte, dass die Möbel weiterleben sollen, nachdem die Kinder sie nicht mehr haben wollen. Der Sitzhocker mit Stauraum, in dem aktuell die Legosteine aufbewahrt werden, funktioniert genauso im Wohnzimmer. Und die Ausziehbetten, die die Kinder jetzt haben, würde ich später gerne selbst in Beschlag nehmen. Auf diese Weise ist nichts vergänglich, sondern eben nachhaltig.«

Emma berichtet, dass sie aufgrund des Alters ihrer Kinder bisher ohne Widerspruch ihre eigenen Einrichtungsideen umsetzen durfte, aber das bedeutet auch, dass das Zimmer nicht ihre Persönlichkeiten widerspiegelt. »Normalerweise frage ich die Kinder um Rat, erkundige mich, was sie mögen und ob sie einen Lösungsvorschlag für ein Problem haben, und oft wird das so richtig gut!« Sogar die Farbgebung sagt etwas über die Kinder aus, die im Zimmer wohnen. »Wir haben uns für viel Gelb entschieden, weil die Kinder die Farbe mögen. Die Farbpalette hat durchaus eine gewisse Ähnlichkeit mit den alten Pippi-Langstrumpf-Filmen.«

Emma über …

ihre eigene Kindheit
Meine Kindheit war frei und selbstständig, in ihr liegt meine Kreativität begründet. In einem Haus mitten auf dem Land, weit weg von Freunden, und mit »Waldfernsehen« als einziger Unterhaltung, wurde die Zeit mit Malen, Bauen, Nähen, Singen, Backen und dem Drauflosspielen mit dem, was da war, gefüllt. Es gab nicht so viele Regeln (ich sollte nur höflich und ein lieber Freund sein), das hat mich wohl recht unängstlich gemacht. Diese Eigenschaft möchte ich gerne weitergeben.

Fantasie
Im Kinderzimmer sollen die Kinder ihre Traumwelt erschaffen dürfen, wie sie ihnen gefällt. Ich will ihre Fantasie nicht lenken, sondern eher heimlich Mäuschen spielen. Manchmal kann ich mich nicht zurückhalten, sondern verausgabe mich total beim Hüttenbau oder kaufe in ihrem Laden ein. Am wichtigsten ist für mich, dass es genug Raum für ihre Fantasie gibt.

Tapete oder Farbe?
Beides! Abwechselnd Tapete und Farbe, und darauf wiederum ein paar tapezierte Details. Im Kinderzimmer sind die Wände in Bianco perla von der Firma Auro gestrichen. Vom weltschönsten Namen für einen Farbton abgesehen, ist diese Farbe ökologisch. Sie enthält kein Plastik, so kommt man in den wichtigsten Räumen der Kleinen um Chemikalien herum.

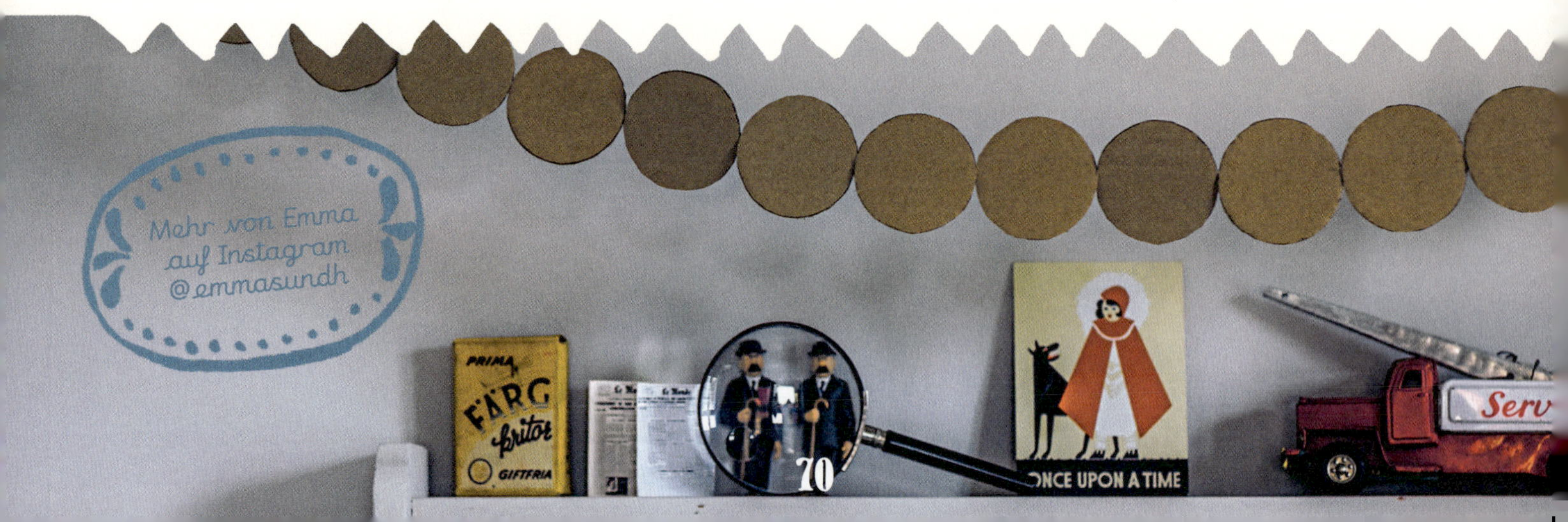

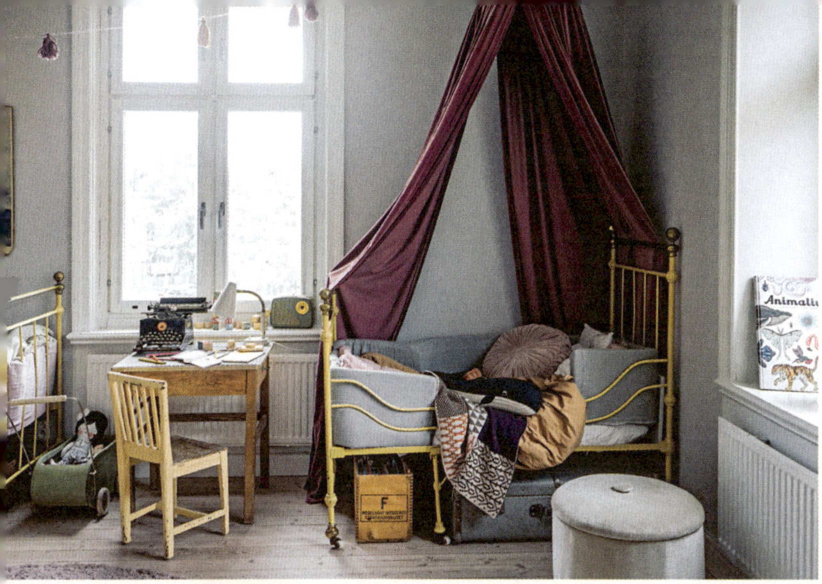
Animalia

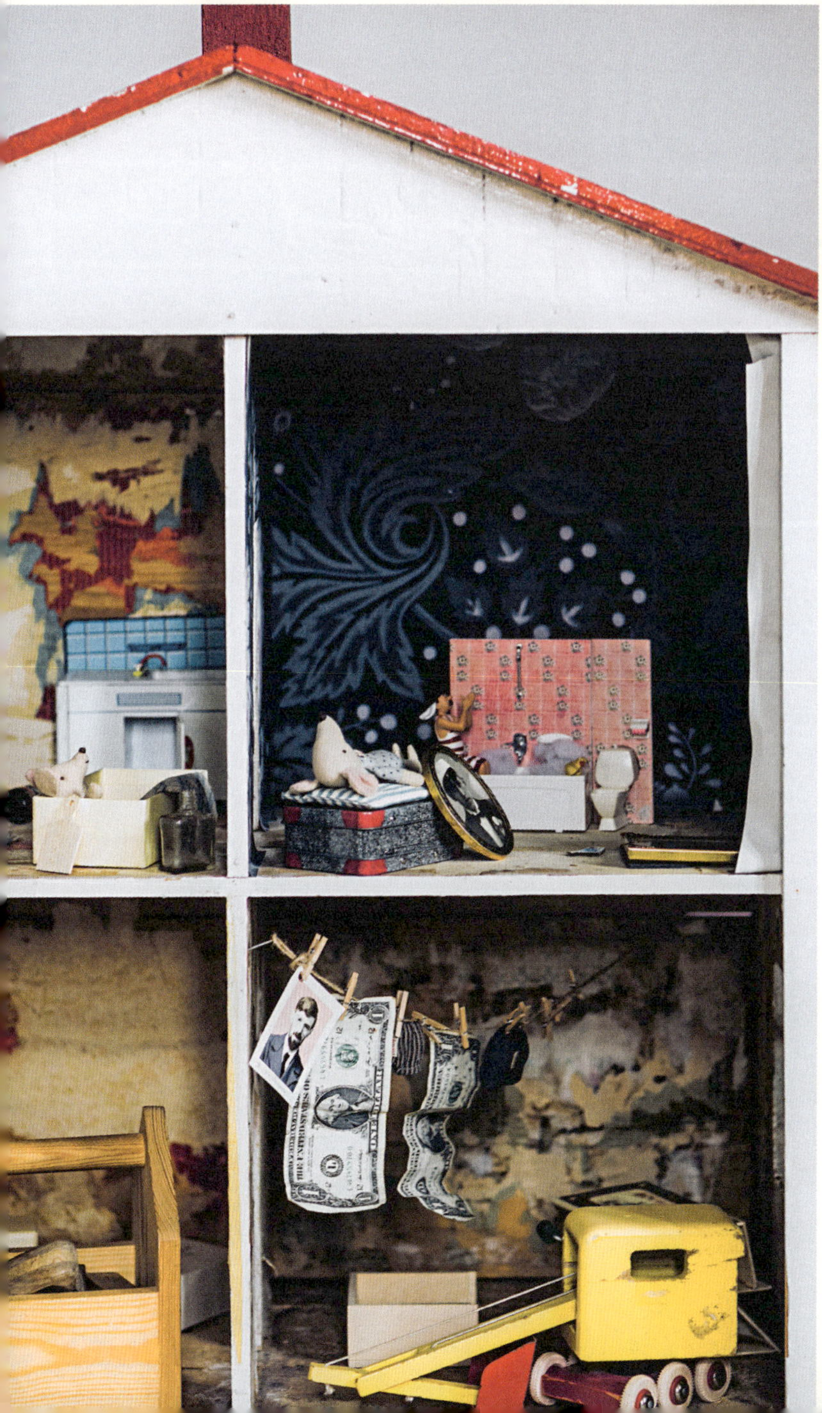

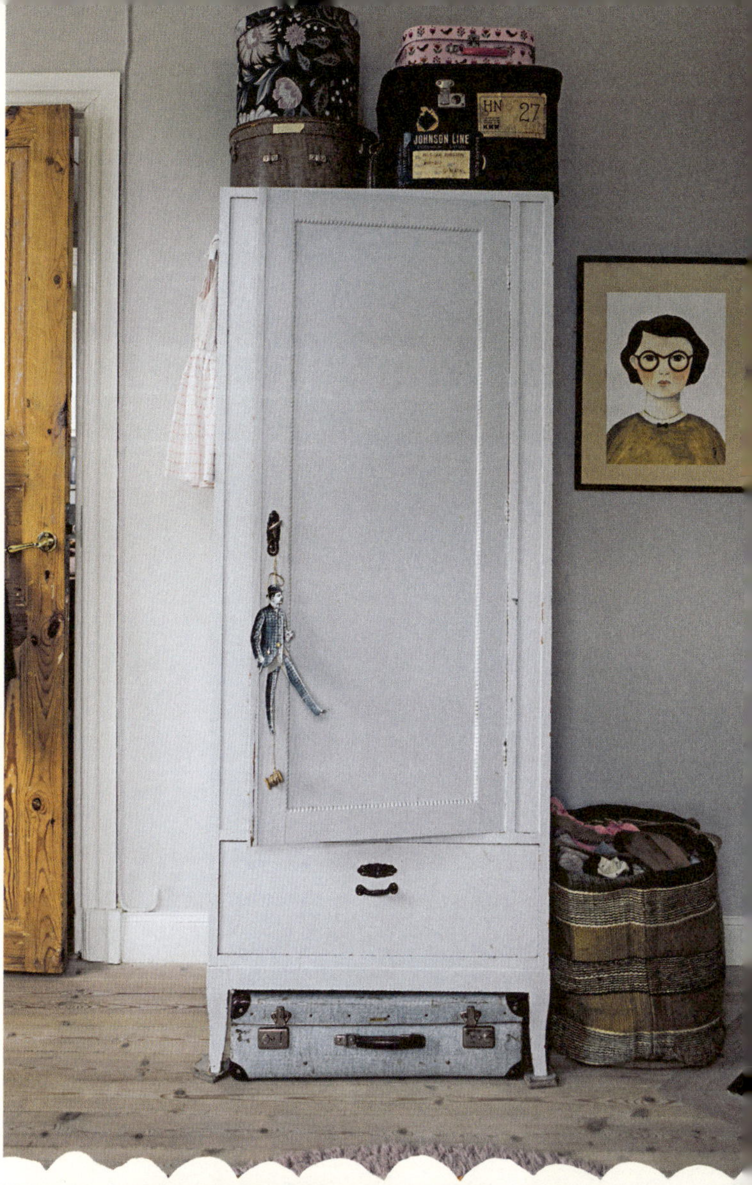
JOHNSON LINE
HN 27

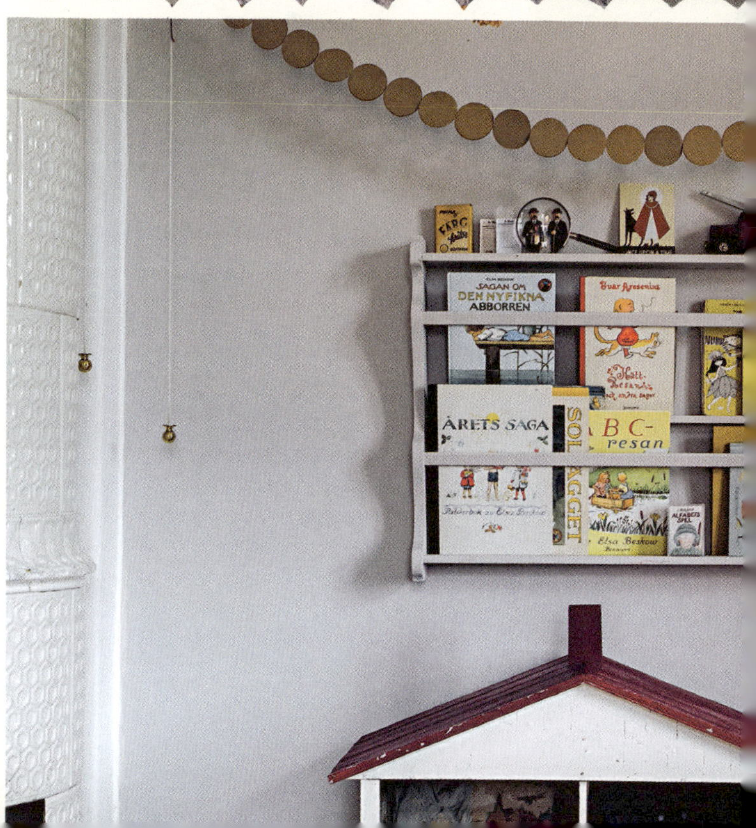
SAGAN OM
DEN NYFIKNA
ABBORREN
ÅRETS SAGA
B C-
resan
Elsa Beskow

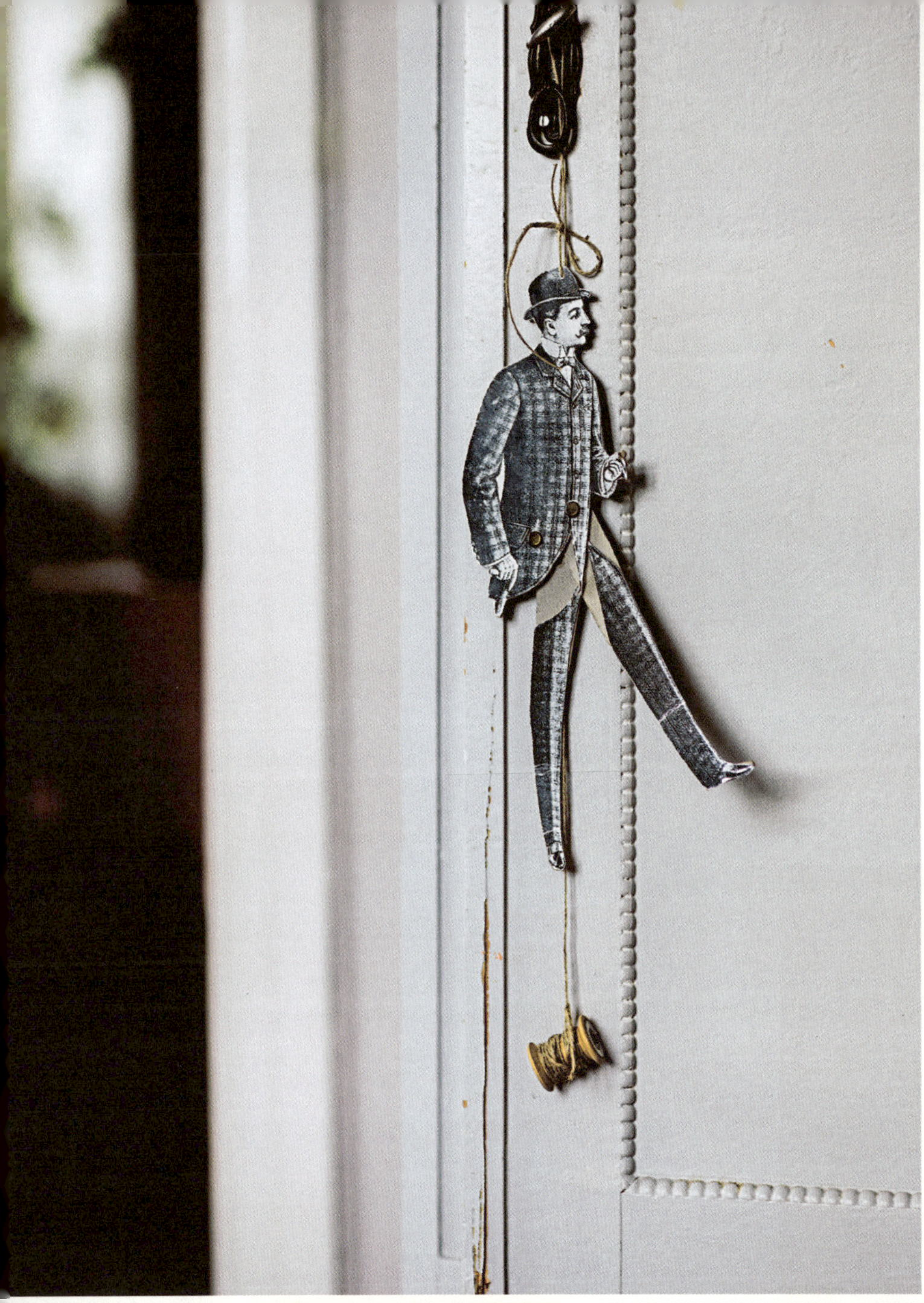

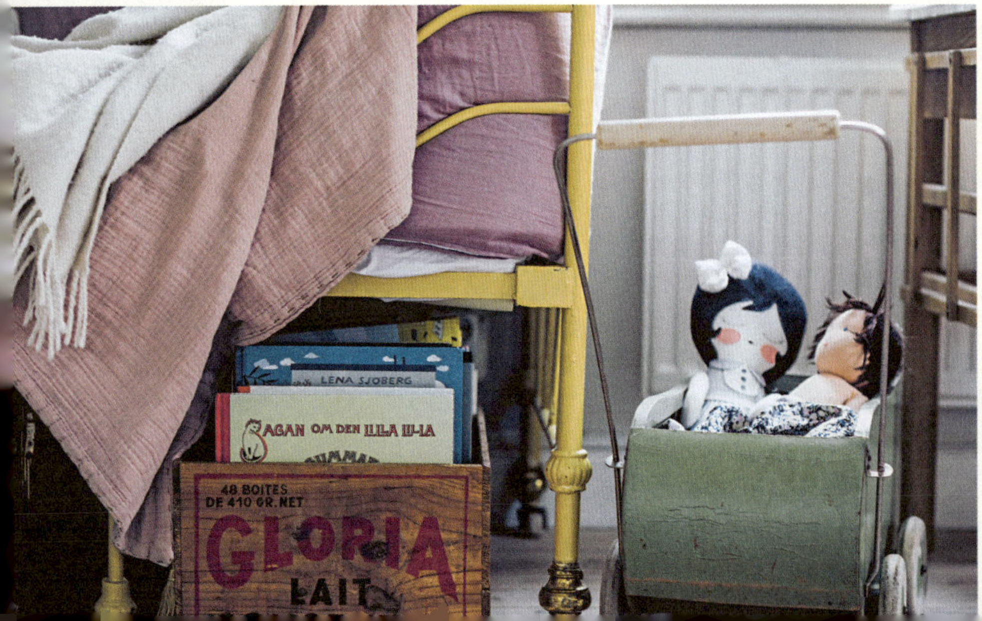
LENA SJOBERG
SAGAN OM DEN LILLA LI-LA
48 BOITES
DE 410 GR. NET
GLORIA
LAIT

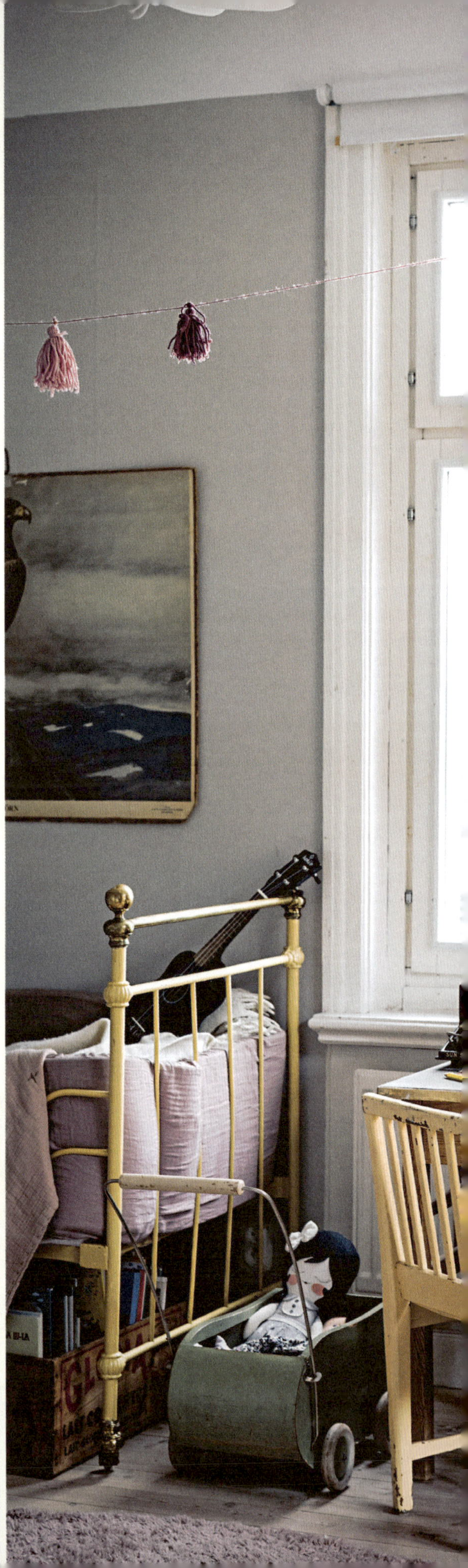

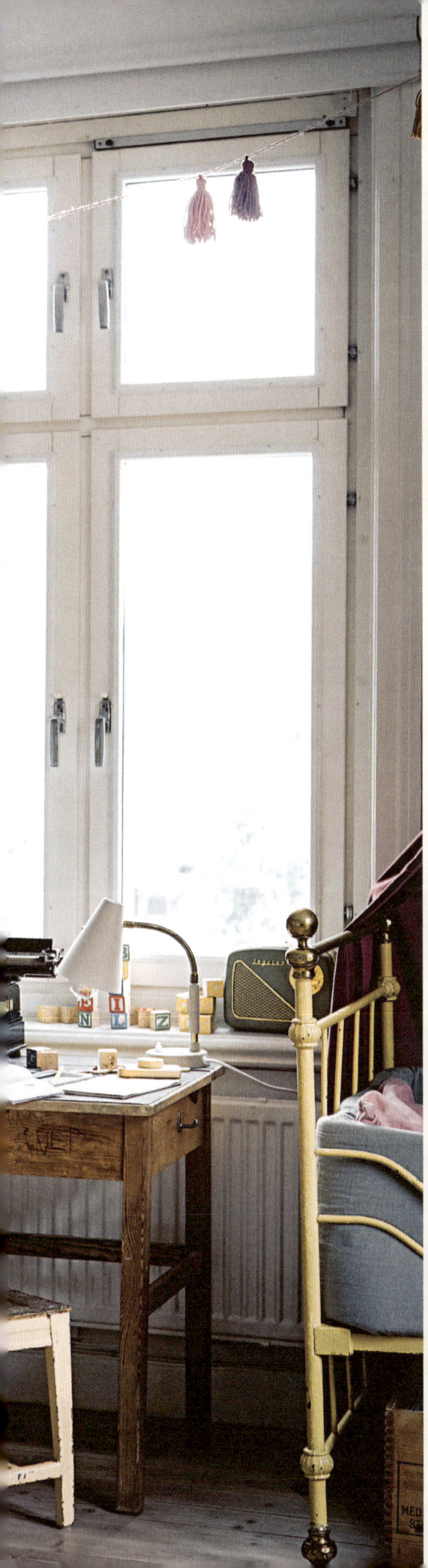

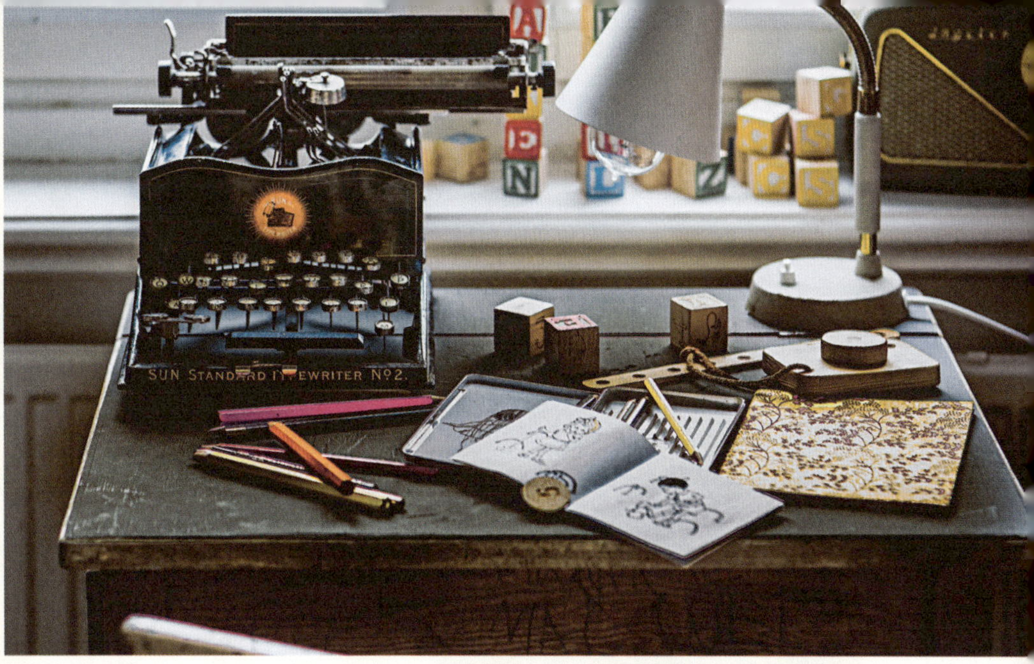
SUN STANDARD TYPEWRITER Nº2

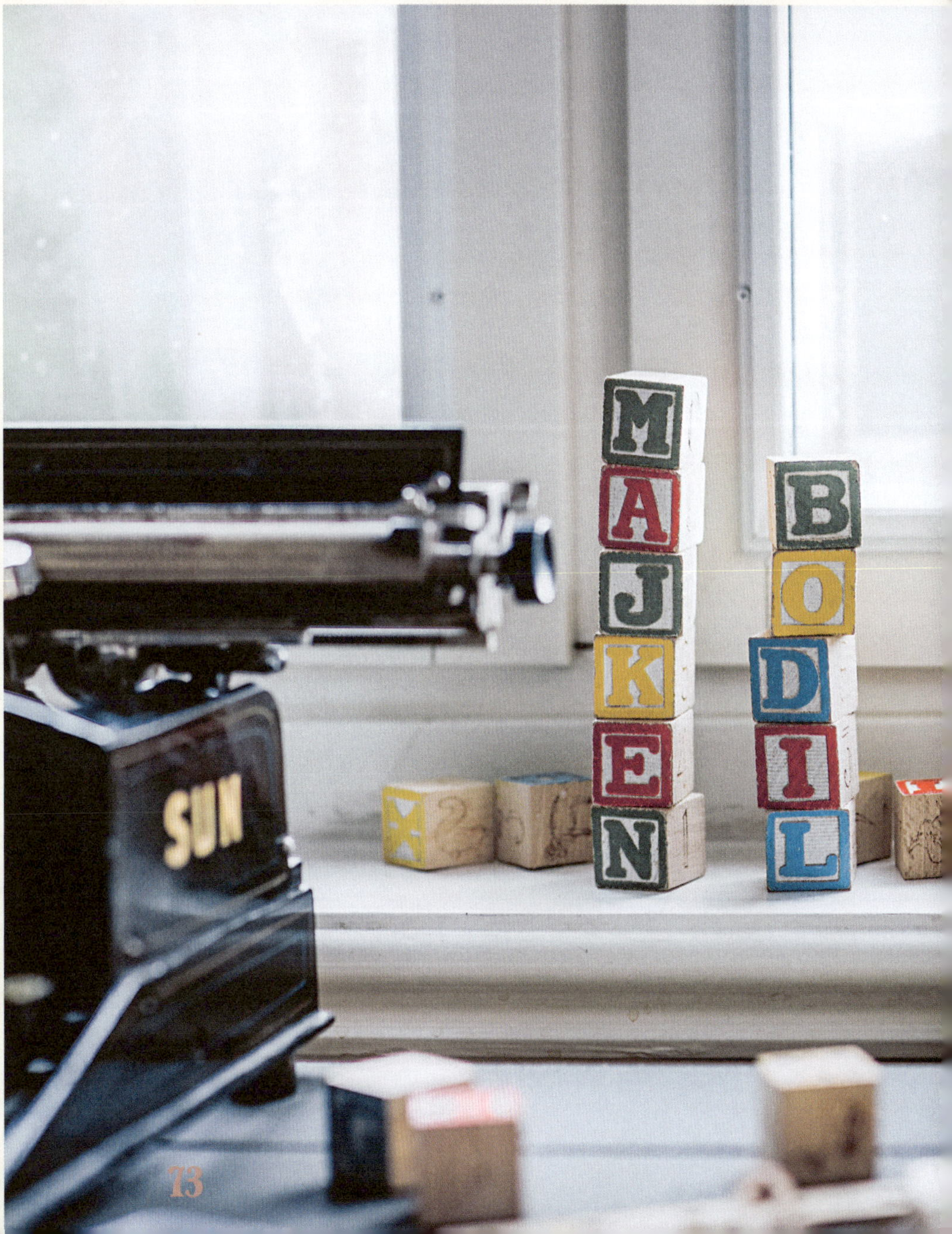
SUN
MAJKEN
BODIL

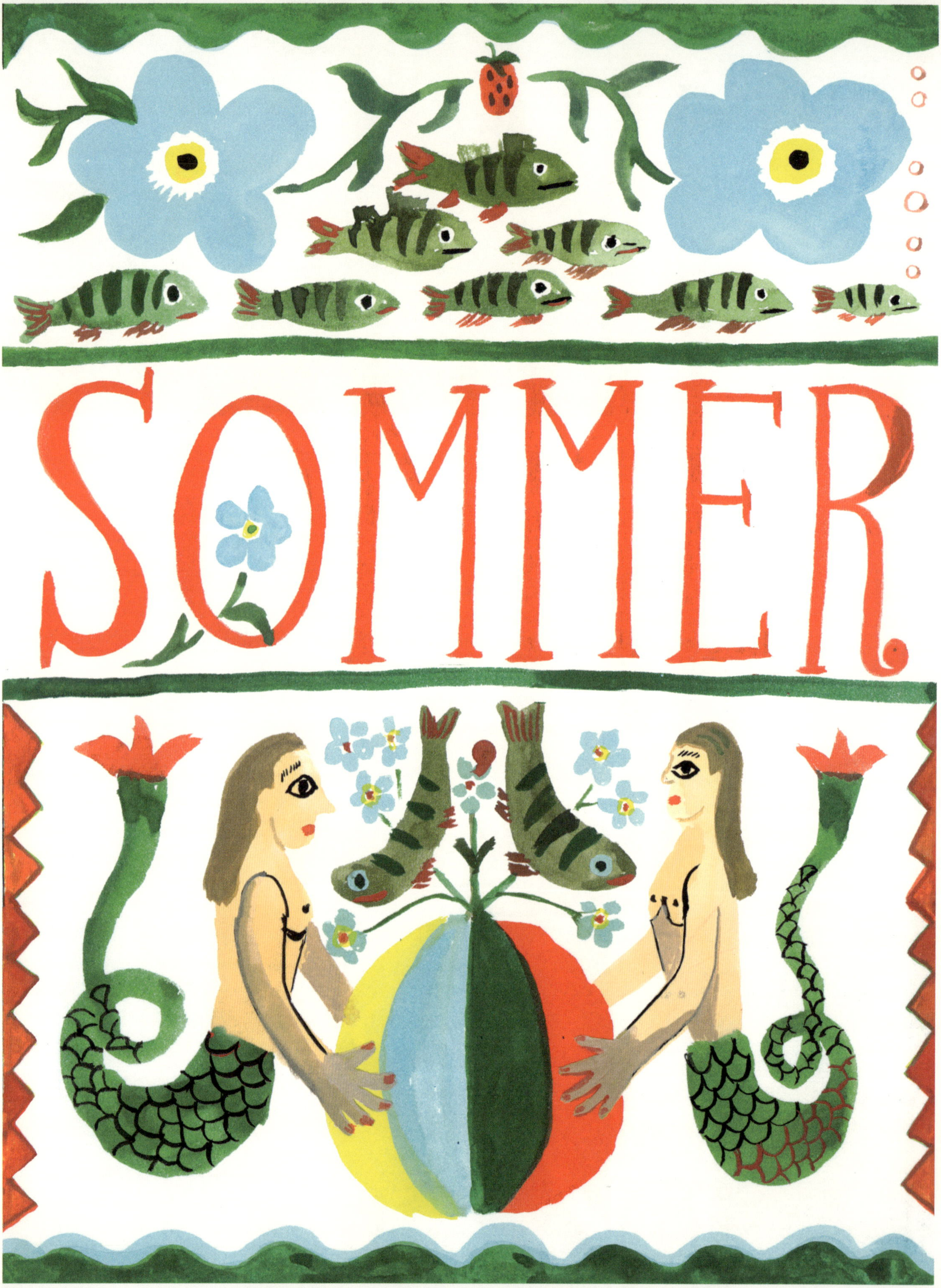
SOMMER

Seejungfrauen auf der Spur

Eigentlich hatten wir für diesen Sommerabend keine großen Pläne. Aber dann kam eins zum anderen. Es war, als wüsste sie tief in ihrem Inneren, das wir uns Wasser nähern würden. Denn plötzlich war alles vollkommen klar. Wir waren Seejungfrauen!

Schon glitt das Fernglas aus dem Rucksack, als hätte es dort gelegen und nur auf die erstbeste Gelegenheit gewartet. Ich sagte, dass ich glaubte, für Seejungfrauen sei Meer nötig, aber sie fand, dass ich falsch lag. »See und Jungfrau, na, was ergibt das?«

Plötzlich kamen zwei Engel über die Wolken angeflogen. »Gar nicht eigenartig«, sagte sie, »ich habe haufenweise fliegende Engel auf Youtube gesehen.«

Wir konzentrierten uns wieder auf das Wasser. Es war zwar einigermaßen spiegelblank, aber so, als wenn ein leichter Wind über die Wasseroberfläche weht – wenn sie sich gewissermaßen kräuselt. Aber jetzt lag das ganz und gar nicht am Wind. Es handelte sich vielmehr um Mermaid-Glanz, und für die, die glauben, das wäre so eine So-tun-als-ob-Sprache: Das ist eine Mischung aus Deutsch und Englisch. Er entsteht, wenn Seejungfrauen ganz knapp unter der Wasseroberfläche schwimmen.

Es vergingen nur wenige Minuten, bis sie mindestens zehn Stück gesichtet hatte. Aber jedes Mal, wenn wir näher kamen, rief sie aus: »Oh, schon wieder meine übertriebene Fantasie! Das ist so typisch.«

Aber so ist es nun einmal, wenn man sich etwas so richtig wünscht. Damit meine ich nicht, dass Seejungfrauen etwas mit Fantasie im Allgemeinen zu tun haben. Aber nein, sie sind genauso echt wie die Barsche, die in den größten Schwärmen vorbeischwammen, die sie jemals gesehen hatte.

Ich fand es schwierig zu verstehen, nach exakt welchen Bewegungen im Wasser wir Ausschau halten mussten. Sie gab mir eine Vorstellung an Land, damit ich das Prinzip begriff.

Zunächst sucht man eine Glitzerwelle. Schillernd muss sie sein, fast wie ein Rascheln. Und dann war da eben die Sache mit dem Mermaid-Glanz, oder wie man es Normalsterblichen erklärt: das Gekräusel auf der Wasseroberfläche. Und dann versucht man, einen Blick auf eine Flosse zu erhaschen.

»Eigentlich möchte ich doch keine sehen …«, sagte sie plötzlich und wandte sich mit aufgerissenen Augen zu mir um. »Denn einmal habe ich gehört, dass sie um die Augen herum ganz schwarz sind und nur am Hinterkopf Haare haben. Und Schwimmhäute zwischen den Fingern. Wirklich wahr! Da waren ein paar Seemänner in einem U-Boot, und die filmten, wie eine Seejungfrau an ihr Fenster klopfte. Sie sah aus wie eine Hexe.«

»Hast du denn das Glitzern gesehen? Da, wo es so raschelt! Am Ufer, beinahe auf der anderen Seite. Können wir nicht hingehen?« Sie war bereits losgerannt. »Ich dachte, du hast Angst vor ihnen?!«

»Angst? Wie meinst du das? Komm, wir gehen.«

Ich sagte, dass es schrecklich weit bis zum anderen Ufer war, und dass wir bis morgen warten müssten. Da fiel ihr ein, dass es Seejungfrauen offenbar nur in Ländern gab, in denen nicht Schwedisch gesprochen wurde. Denn in allen Filmen, die sie auf Youtube gesehen hatte, wurde nur Englisch gesprochen. Oder eine andere Sprache, aber nie Schwedisch.

Dann konnten wir uns nicht einigen, auf welchem Weg es nach Hause ging. Ob es so schlimm wäre, in die falsche Richtung zu gehen und erst bei Einbruch der Dunkelheit nach Hause zu kommen? Die Frage war, ob wir überhaupt nach Hause kommen würden … Ich begriff mit einem Mal, wie groß die Welt war, wenn man klein ist. Ich erinnere mich an die Pfade und Brücken, die sich in den 1970er-Jahren ebenfalls wie das Ende der Welt angefühlt hatten, obwohl sie direkt hinter dem Haus lagen, in dem ich aufwachsen war. Noch ein paar Youtube-Filme dazu, und schon ist die Unendlichkeit ganz nah.

»Du glaubst immer noch nicht an Seejungfrauen«, sagte sie auf dem Nachhauseweg. »Das liegt vermutlich daran, dass du nicht begreifst, warum Seejungfrauen so wertvoll sind. Wer nicht an Seejungfrauen glaubt, wird auch nie eine sehen dürfen.«

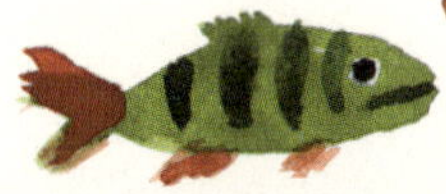

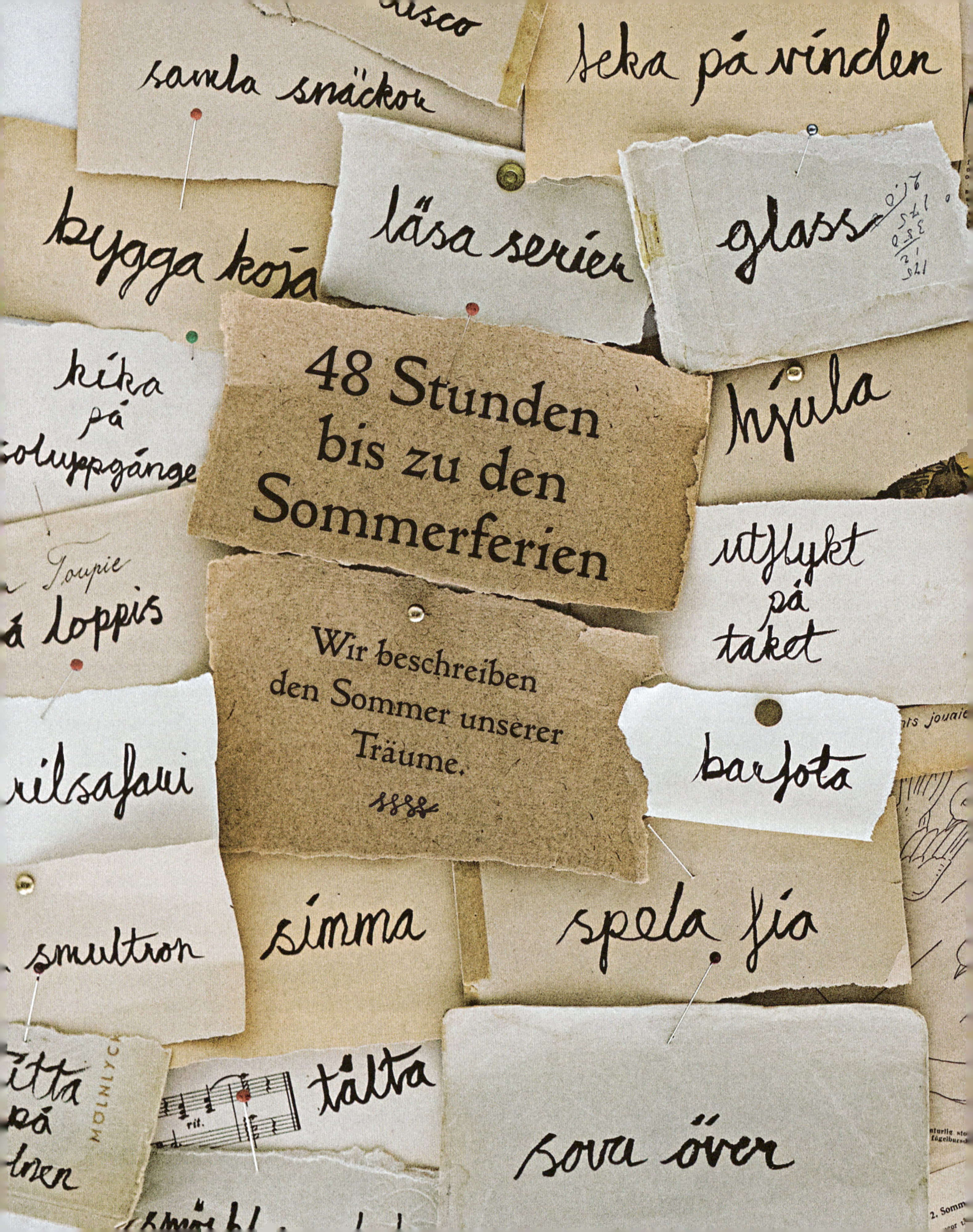
48 Stunden
bis zu den
Sommerferien
Wir beschreiben
den Sommer unserer
Träume.
samla snäckor
leka på vinden
läsa serier
glass
bygga koja
titta på soluppgången
hjula
utflykt på taket
barfota
simma
spela fia
smultron
tälta
sova över

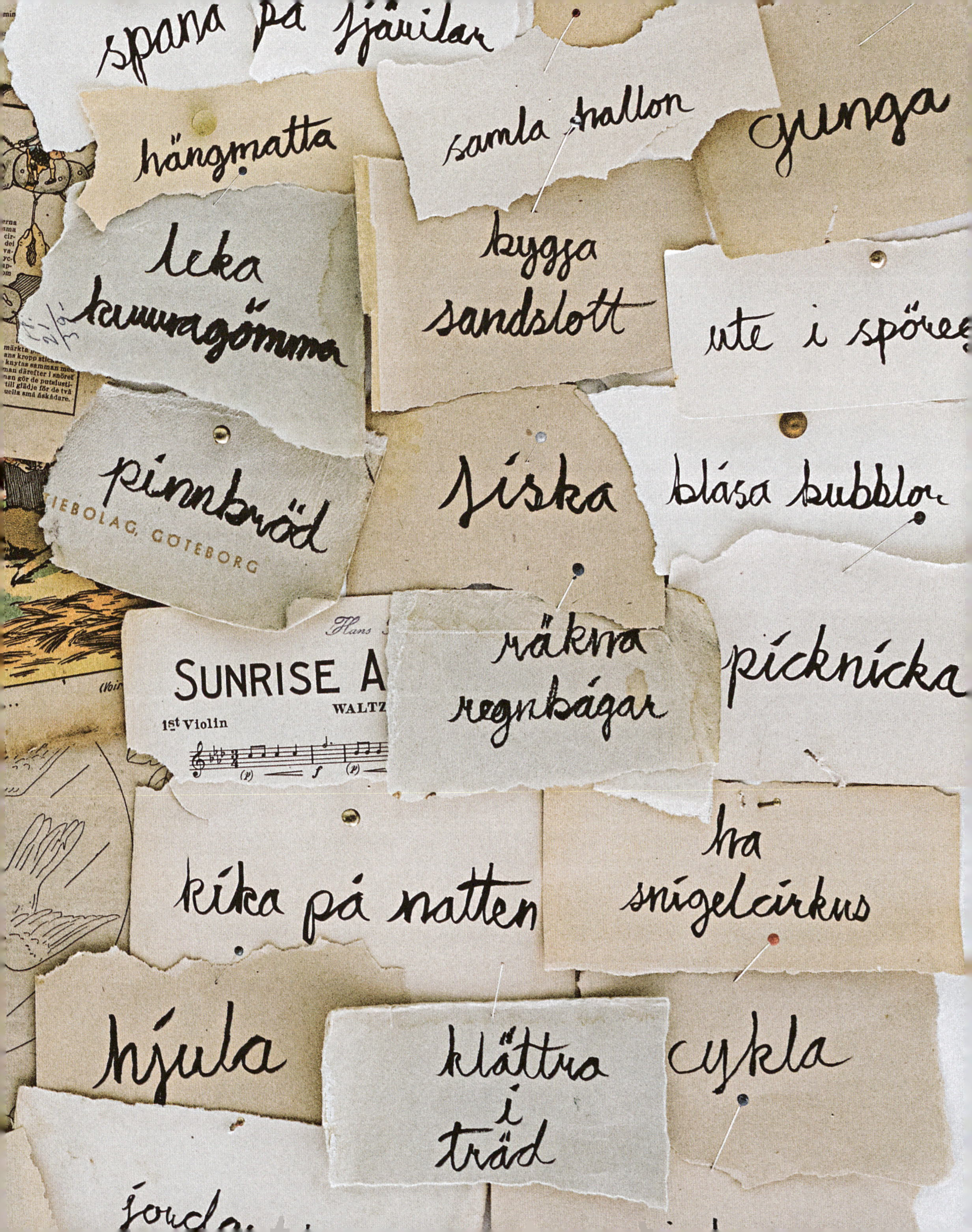
spana på fjärilar
hängmatta
samla hallon
gunga
leka kurragömma
bygga sandslott
ute i
pinnbröd
fiska
blåsa bubblor
SUNRISE A
WALTZ
1st Violin
räkna regnbågar
picknicka
kika på natten
ha snigelcirkus
hjula
klättra i träd
cykla

Mittsommer

Mittsommer. Das ist der Tag, an dem es immer nur regnet, oder? Vielleicht ist man aber auch nur so enttäuscht, wenn es passiert, dass es das Einzige ist, woran man sich erinnert. Überleg mal: Kannst du dich an einen Tag erinnern, der nur wegen einem Paar Gummistiefel verloren gewesen wäre? Da ist es doch viel besser, all das Schöne in sich aufzunehmen und die Geschichten zu bewahren, in der die Mittsommernacht magisch ist, obwohl es in Strömen regnet. Vielleicht hören wir uns gerade in dieser Sommernacht die Mittsommermärchen, in denen es vor übernatürlichen Wesen nur so wimmelt, besonders heiter an. Dass sich die Zukunft vorhersagen lässt, wenn man mit sieben unterschiedlichen Blumen unter dem Kopfkissen schläft, dürfte ja vermutlich den meisten nicht entgangen sein? Sich nackt im Mittsommertau zu rollen, klingt vielleicht etwas abwegiger. Dabei ist das gesundheitsfördernd. Dasselbe gilt für den Blumenkranz. Er verkörpert die Gesundheit geradezu. Früher hebten die Menschen den Kranz bis zum weihnachtlichen Bad auf, dem einzigen Bad im ganzen Jahr(!), um sich eines gesunden Winters zu versichern. Und einer Extraportion Glück dazu.

An Mittsommer werden Spiele im Sand, Sackhüpfen und Staffellauf gespielt. Es geht darum, dem Wassergeist Neck mutig zu trotzen, wenn wir vom Steg aus angeln oder auf einer Luftmatratze auf dunklem Wasser dahingleiten. Manchmal in Gesellschaft von einem oder auch 2000 Regengüssen. Nicht eine einzige Geigenmelodie haben wir in all den Jahren gehört. Aber ich erinnere mich durchaus an den einen Mittsommermorgen, als jemand das Sommerlied »Den blomstertid nu kommer« (Die Blütezeit kommt jetzt) auf dem Klavier spielte. Wieder und immer wieder. Aus dem Nichts. Vielleicht hatte der Neck in diesem Jahr umdisponiert?

Oder geht es bei Mittsommer um Feldwege und die Wälder? Wenn der Abend hereinbricht, ist es der beste Trick, einfach weiterzuspielen, wenn die Elfen sich über den See heranschleichen und so zu tun, als würde man sie nicht sehen. Obwohl das beinahe unmöglich ist, denn es ist schwer, sich um diese Zeit im Jahr dem Zauber zu entziehen. Die Welt wird ja ganz von selbst zauberhaft. Kann es trotzdem sein, dass die Magie gerade dann am schönsten ist, und die Sommerruhe am spürbarsten?

Wir pflücken Blumen und jemand sagt, dass man zwischen drei, sieben, acht oder neun Blumensorten wählen darf. Alle diese Zahlen sind magisch. Als ich klein war, sagte jemand, man sollte während des Pflückens und bis man einschlief nicht sprechen. Kaum verwunderlich, dass das Ganze nie funktionierte.

Spät in der Nacht spüren wir, dass die Grenze zwischen der Welt der Menschen und dem Übernatürlichen in der Mittsommernacht schmaler ist. Die Wiese trägt dann etwas Magisches, ganz besonders Wichtiges in sich. Vielleicht liegt das an der Nacht, in der es niemals dunkel wird.

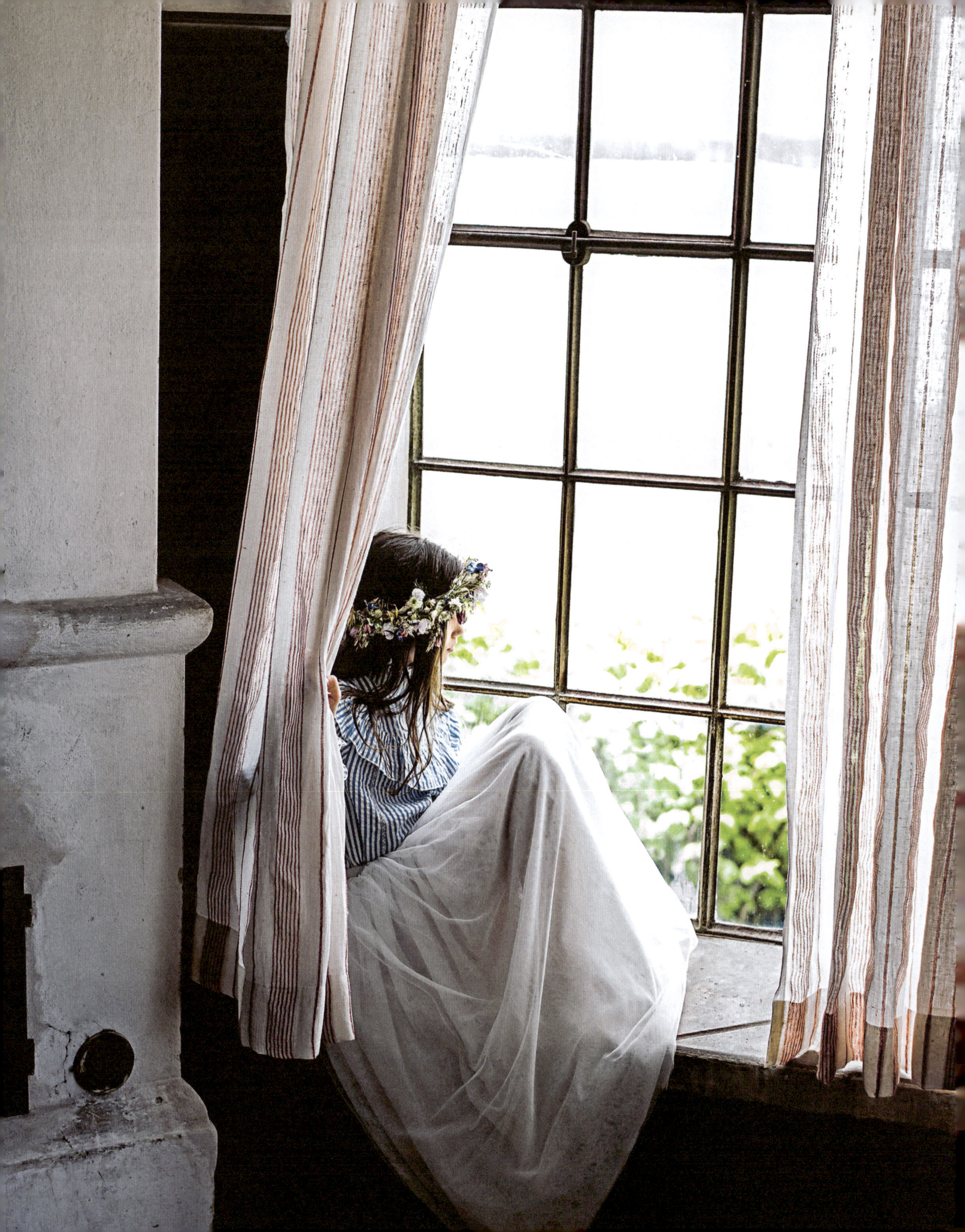

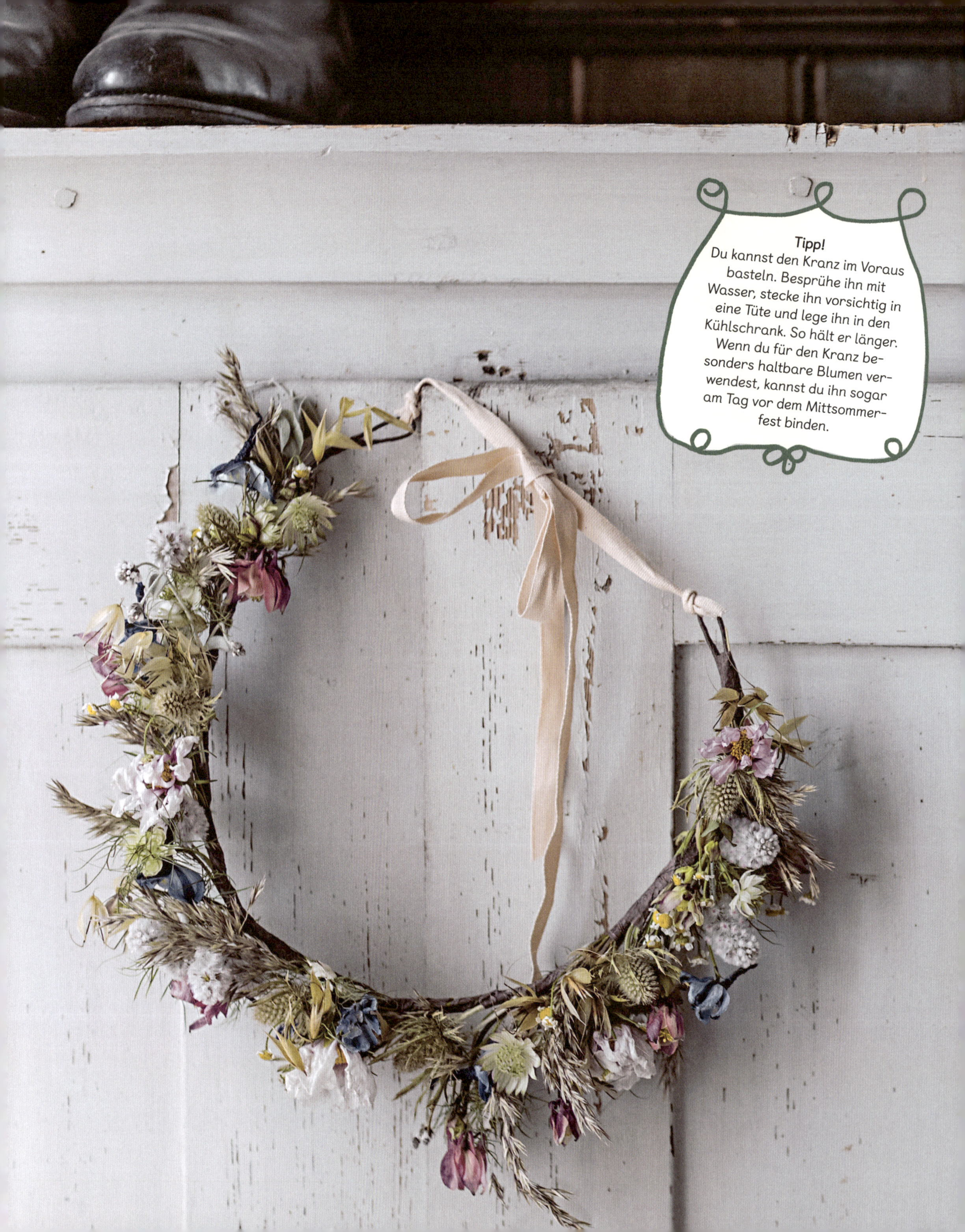

Tipp!
Du kannst den Kranz im Voraus basteln. Besprühe ihn mit Wasser, stecke ihn vorsichtig in eine Tüte und lege ihn in den Kühlschrank. So hält er länger. Wenn du für den Kranz besonders haltbare Blumen verwendest, kannst du ihn sogar am Tag vor dem Mittsommerfest binden.

Blumenkranz

Du brauchst:
- ✳ dicken und dünnen Blumendraht
- ✳ Floristenband
- ✳ Blumen
- ✳ Schere
- ✳ Stoffband

So geht's:
1. Entscheide, wie groß der Blumenkranz werden soll. Verwende für den Kranz dicken Blumendraht.
2. Biege den Draht an den Enden des Kranzes zu kleinen Schlingen.
3. Floristenband um den Kranz wickeln. Damit lassen sich die Blumen besser am Kranz fixieren!
4. Binde kleine Sträußchen aus deinen Blumen und befestige sie dann mithilfe von dünnem Blumendraht am Kranz.
5. Achte darauf, dass die Sträußchen sich so überlappen, dass die Stängel verdeckt sind.
6. Am Ende ein Stoffband zwischen die Haken binden. So kannst du die Weite des Kranzes anpassen.

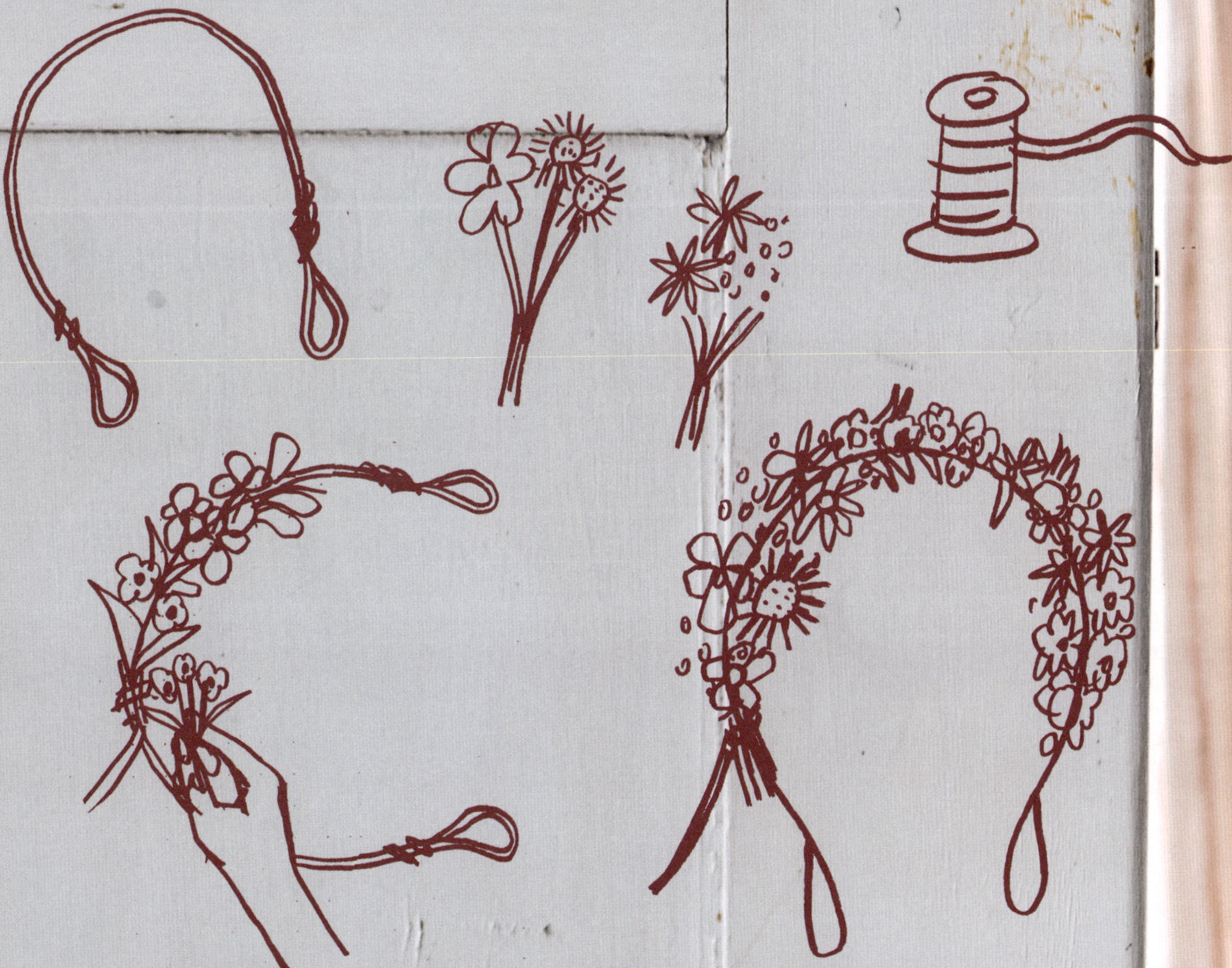

Sommerfest
Wir feiern Karneval!

Ihr kennt doch dieses Spiel, bei dem man einander fest an den Händen hält und sich im Kreis dreht, so schnell man kann? So in etwa soll sich eine Karnevalsfeier anfühlen. Haare, die durch die Luft fliegen, und Lachen, das von tief unten aus dem Bauch kommt. Schließlich lässt man los und wird rückwärts in das weiche Gras geschleudert. Beinahe glaubt man, die Welt würde niemals aufhören sich zu drehen.

Eine Karnevalsfeier findet idealerweise draußen statt, mit Stoffbändern, die im Wind flattern, und zig Decken im Gras. Verwandle alte Deckchen in farbenfrohe Wimpel und pflücke einen riesigen Sommerstrauß. Und lass das Fest mit dem Spiel »Fische angeln« ausklingen (siehe Seite 87).

Auch im Sommer muss man hin und wieder mit Wind und Regen rechnen. Das ist einfach so. Aber was macht schon ein Regenschauer, wenn man unter ein paar Apfelbäumen Schutz suchen kann?

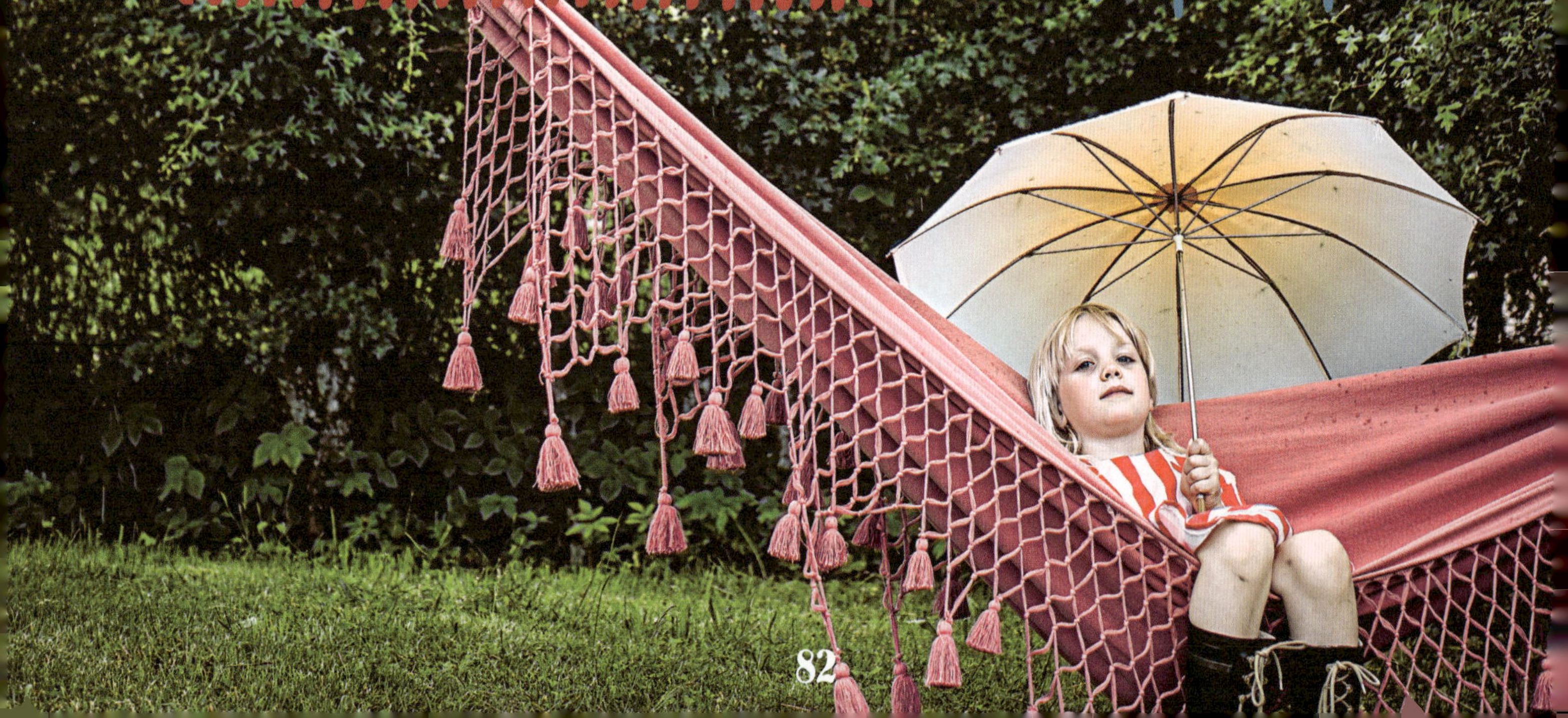

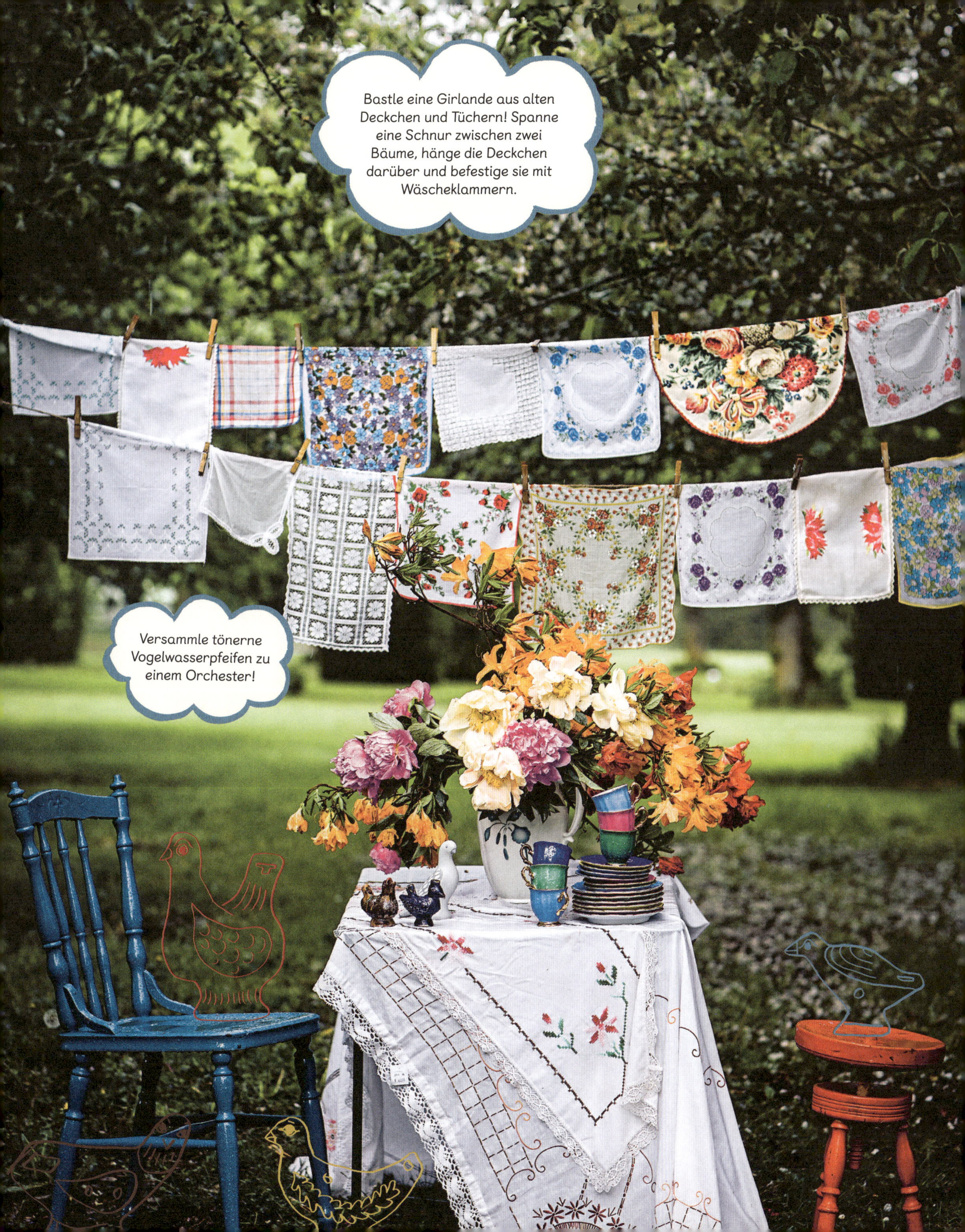

Bastle eine Girlande aus alten Deckchen und Tüchern! Spanne eine Schnur zwischen zwei Bäume, hänge die Deckchen darüber und befestige sie mit Wäscheklammern.

Versammle tönerne Vogelwasserpfeifen zu einem Orchester!

Einladung:
Beklebte Streichholzschachtel mit einer Girlande und Quasten

Du brauchst:

- Streichholzschachtel
- Stoff
- Schere
- Kleber
- Krepp- oder Seidenpapier
- Grillspieße aus Holz
- altes Buch oder alte Zeitschrift
- Schnur

So geht's:

<u>Streichholzschachtel</u>

1. Ein passendes Stück Stoff für die Streichholzschachtel abmessen und zuschneiden.
2. Kleben und glatt streichen.
3. Nach Belieben verzieren.

<u>Quasten</u>

1. Rechtecke in geeigneter Größe aus Krepp- oder Seidenpapier ausschneiden.
2. Dünne Fransen hineinschneiden und nach oben etwa 0,5 cm aussparen.
3. Anschließend für die Stabilität das obere Ende um ein abgebrochenes Stückchen von einem Grillspieß kleben.

<u>Buchstabenwimpel</u>

1. Hübsche Buchstaben gleicher Größe suchen und jeweils in Wimpelform ausschneiden.
2. Anschließend an einer Schnur festknoten, die Buchstaben und Quasten dabei, nach Belieben abwechselnd, so daran befestigen, dass sie die Worte »Party« oder »Fest« bilden.

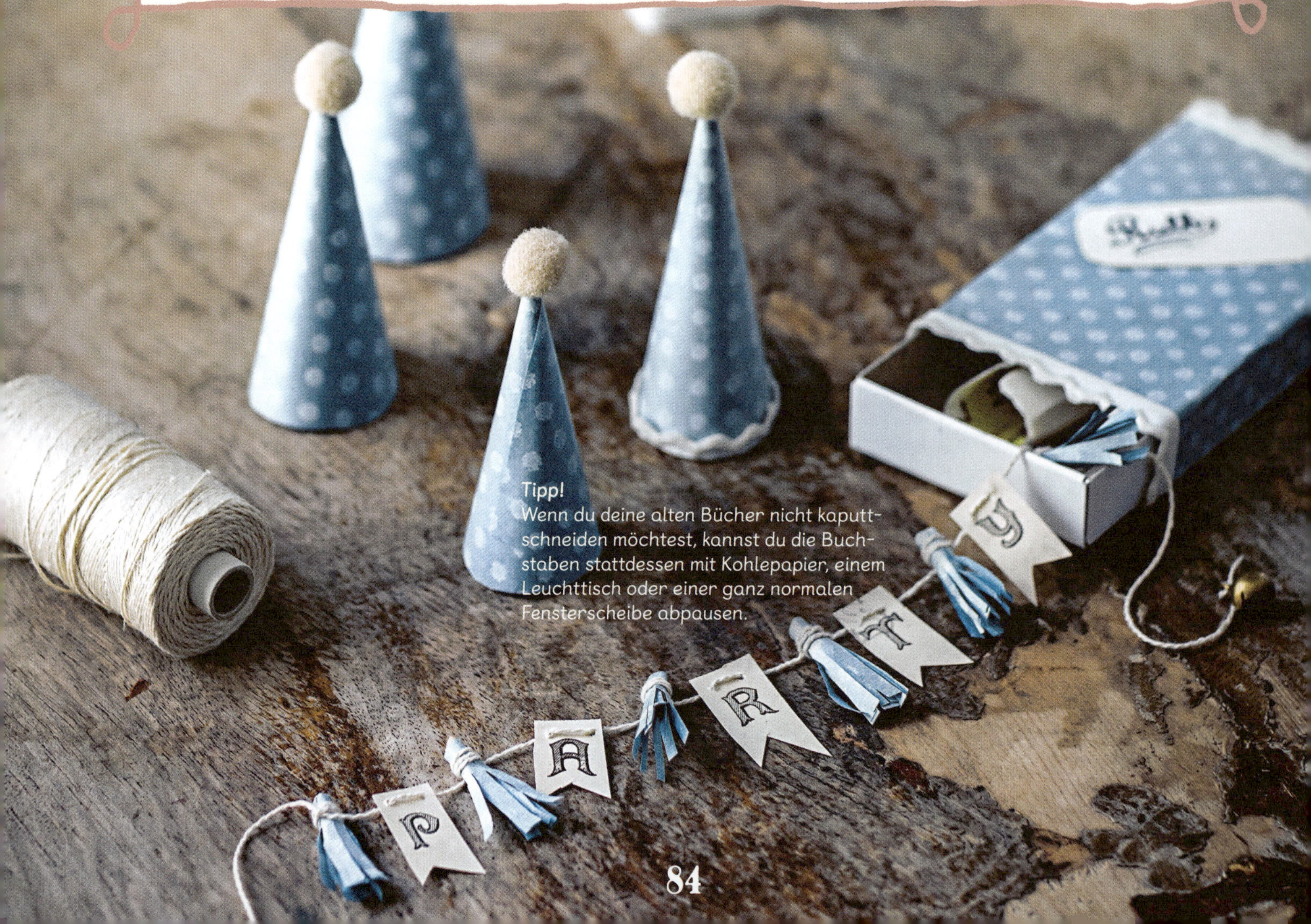

Tipp!
Wenn du deine alten Bücher nicht kaputtschneiden möchtest, kannst du die Buchstaben stattdessen mit Kohlepapier, einem Leuchttisch oder einer ganz normalen Fensterscheibe abpausen.

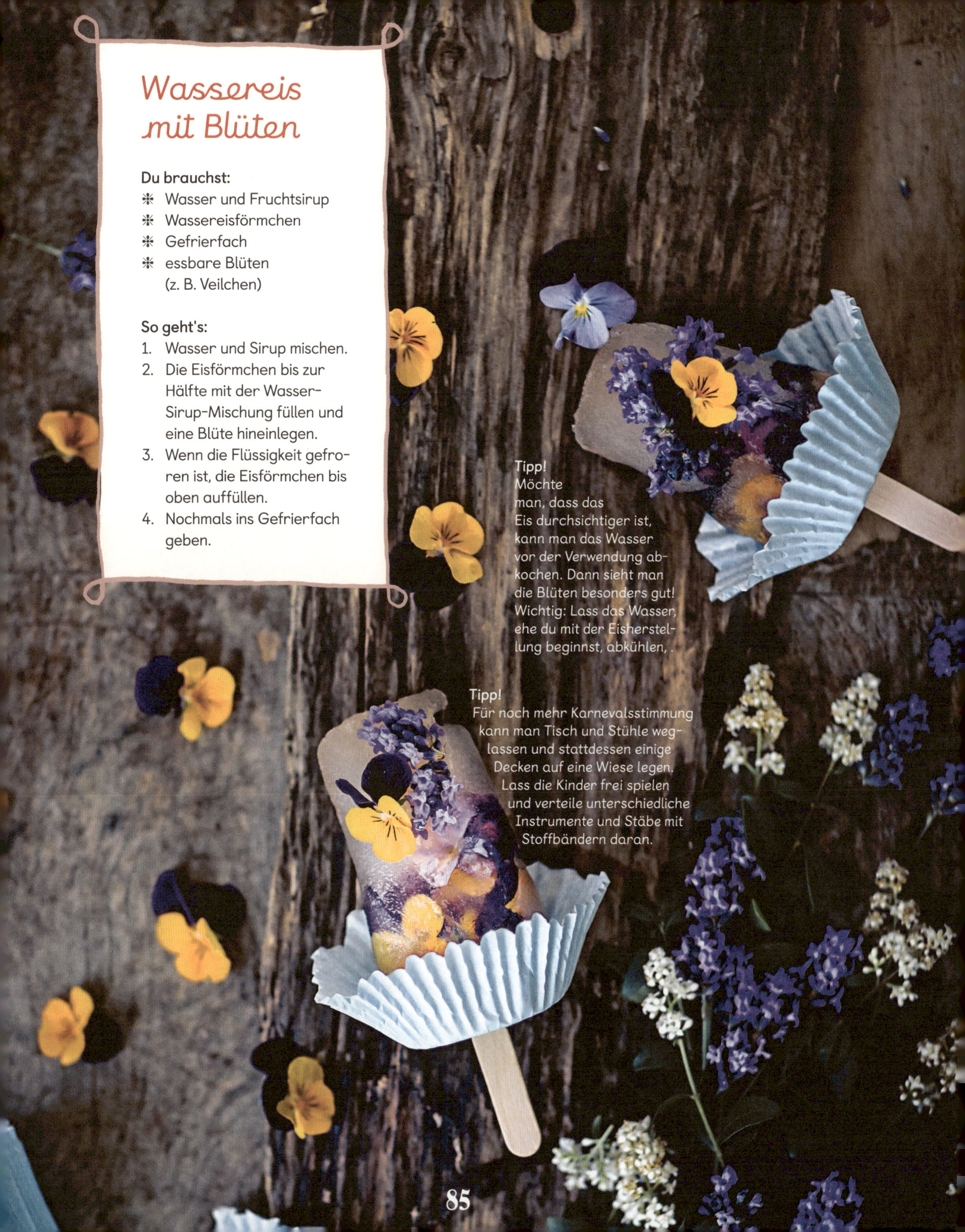

Wassereis mit Blüten

Du brauchst:

- Wasser und Fruchtsirup
- Wassereisförmchen
- Gefrierfach
- essbare Blüten (z. B. Veilchen)

So geht's:

1. Wasser und Sirup mischen.
2. Die Eisförmchen bis zur Hälfte mit der Wasser-Sirup-Mischung füllen und eine Blüte hineinlegen.
3. Wenn die Flüssigkeit gefroren ist, die Eisförmchen bis oben auffüllen.
4. Nochmals ins Gefrierfach geben.

Tipp!
Möchte man, dass das Eis durchsichtiger ist, kann man das Wasser vor der Verwendung abkochen. Dann sieht man die Blüten besonders gut! Wichtig: Lass das Wasser, ehe du mit der Eisherstellung beginnst, abkühlen, .

Tipp!
Für noch mehr Karnevalsstimmung kann man Tisch und Stühle weglassen und stattdessen einige Decken auf eine Wiese legen. Lass die Kinder frei spielen und verteile unterschiedliche Instrumente und Stäbe mit Stoffbändern daran.

Papierfische

In einem Papierfisch kann man prima Überraschungen unterschiedlichster Art, wie zum Beispiel Süßigkeiten oder kleine Geschenke, verstecken. Sie eignen sich auch sehr gut als Fang beim »Fische angeln« (siehe Seite 87).

Du brauchst:

- Schablone
- Geschenkpapier
- Schere
- Nähmaschine oder Nadel und Faden

So geht's:

1. Eine Fischschablone herstellen, damit mehrere Fische auf Geschenkpapier zeichnen.
2. Die Fische ausschneiden.
3. Je zwei Fische an der Nähmaschine mit einem einfachen geraden Stich oder von Hand mit einer stärkeren Nähnadel und Stickgarn zusammennähen. Eine Öffnung freilassen, um den Fisch nach Belieben füllen zu können.
4. Den Fisch mit Süßigkeiten oder einem kleinen Geschenk füllen, danach die Öffnung zunähen.

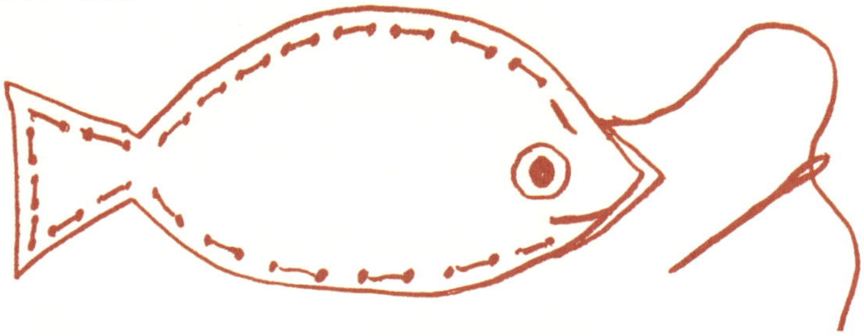

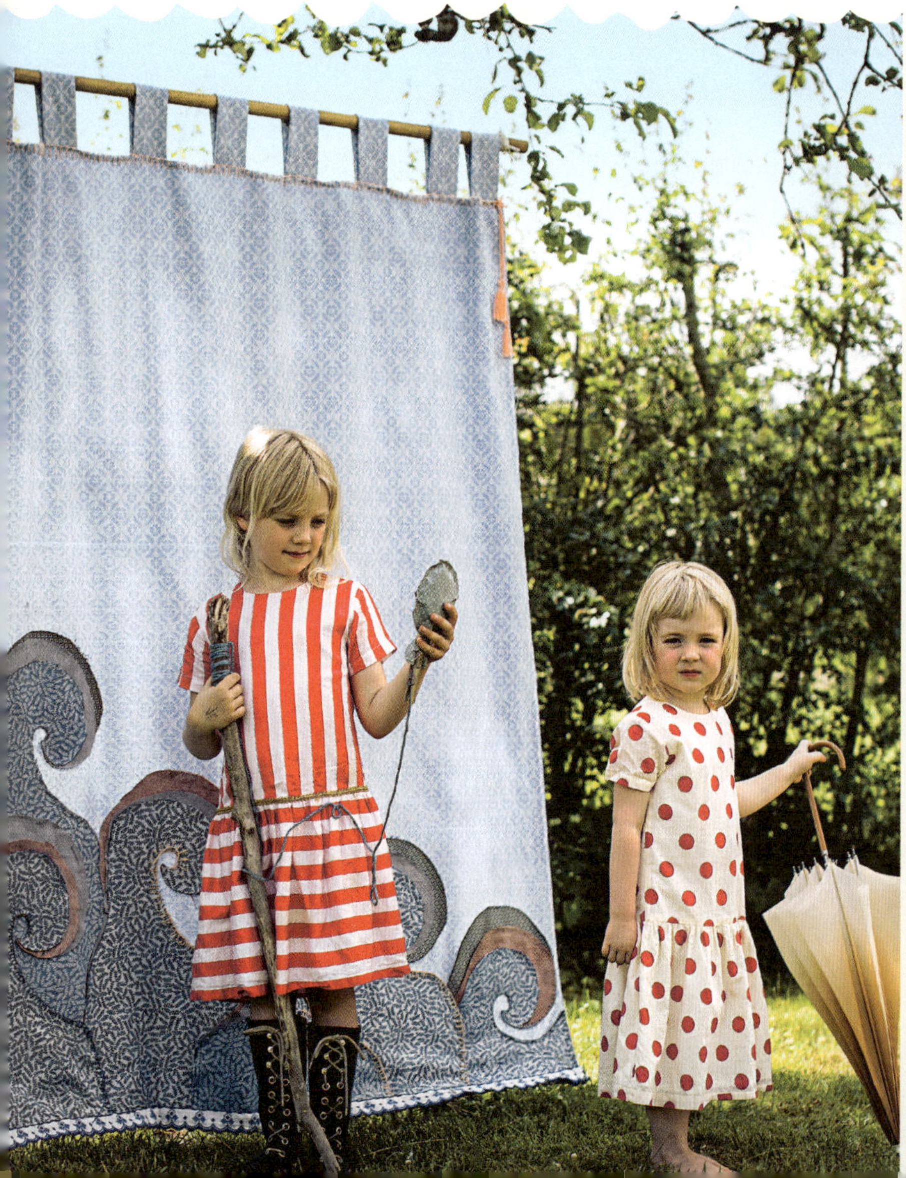

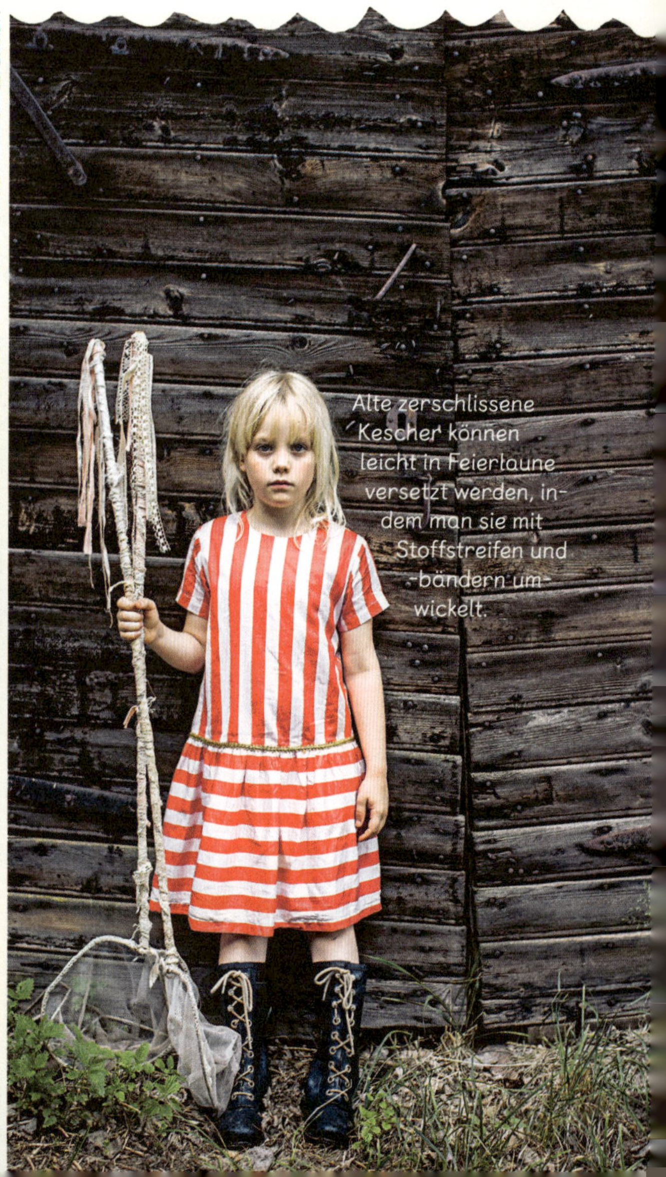

Alte zerschlissene Kescher können leicht in Feierlaune versetzt werden, indem man sie mit Stoffstreifen und -bändern umwickelt.

Fische angeln

Du brauchst:

- Stoff oder Laken in geeigneter Größe
- Schere
- Unterschiedliche Stoffreste für ein maritimes Muster
- Nähmaschine oder Nadel und Faden
- runder Stab oder etwas anderes, das als Angelrute fungieren kann
- Stoffband
- Wäscheklammer

So geht's:

1. Ein Stück Stoff verwenden, das groß genug ist, um eine erwachsene Person zu verdecken.
2. Verschiedene Stoffreste so zuschneiden und anheften, dass sie zusammen maritime Motive auf dem Stoff bilden. Vielleicht werden sie zu einem magischen Meer mit Schiffen, Seeleuten, Walen und vielleicht einem Schatz?
3. Die Stoffreste mit der Hand oder der Maschine aufnähen.
4. Den verzierten Stoff zwischen zwei Wänden oder in einer Türöffnung aufhängen.
5. Eine Angel basteln. Dazu ein Stoffband an einen Stab knoten und eine Wäscheklammer am unteren Ende befestigen.

Tipp!
Um größere Applikationen auf Stoff zu befestigen, kann man Textilkleber verwenden. So erhält man einfacher eine glatte Oberfläche. Möchtest du deine Stoffverzierungen versäubern, so gelingt dies am schönsten mit dem Schlingstich (siehe Seite 173).

Fünfkampf

Im Sommer eignet sich ein Fünfkampf perfekt für festliche Gelegenheiten. Die Kinder können jeder gegen jeden antreten oder als Mannschaften.

<u>Gummiflitsche</u>
Stellt Konservendosen zu einer Pyramide auf und versucht, sie mit einem Haushaltsgummi abzuschießen. Die Mannschaft, die die meisten Dosen abräumt, gewinnt.

<u>Pfeilwerfen auf Luftballons</u>
Pustet Luftballons auf und befestigt sie mit Reißzwecken oder Klebeband an einer Wand. Werft dann mit Pfeilen auf sie. Für jeden getroffenen Luftballon werden Punkte vergeben. Entweder erhält jeder Mitspieler einen Pfeil, oder aber man tritt in Mannschaften gegeneinander an.

Tipp!
Fülle die Ballons mit etwas Konfetti, ehe du sie aufbläst. Wenn sie platzen, sieht das richtig toll aus.

<u>Nägel einschlagen</u>
Bereitet ein Brett mit Nägeln vor. Die Spieler versuchen dann nacheinander, je einen Nagel mit so wenigen Hammerschlägen wie möglich zu versenken. Die Hammerschläge zählen! Wer die geringste Anzahl an Schlägen braucht, gewinnt.

<u>Sackhüpfen-Staffellauf</u>
Teilt Mannschaften ein, legt eine Strecke fest und hüpft mit beiden Füßen gleichzeitig in einem Sack. Die Mannschaft, die zuerst die Ziellinie erreicht, gewinnt.

Tipp!
Hüpft zu zweit mit jeweils einem Bein in einem Sack.

<u>Dosenwerfen</u>
Schreibt verschiedene Punktzahlen auf leere Konservendosen. Jede Mannschaft oder Person wirft fünfmal auf die Dosen. Wer am Schluss am meisten Punkte hat, gewinnt.

<u>Stift in der Flasche</u>
Befestigt einen Stift an einer Schnur und bindet euch diese um die Taille. Der Stift soll wie ein Schwanz vom Rücken bis etwa auf Kniehöhe herabbaumeln. Versucht dann gleichzeitig, die Flaschenöffnung mit dem Stift zu treffen. Der Schnellste gewinnt.

<u>Mengenraten</u>
Zählt Bohnen oder Süßigkeiten ab und gebt sie in eine Dose. Lasst die Mitspieler die Anzahl schätzen. Wer am nächsten an der richtigen Zahl liegt, gewinnt.

<u>Seilziehen</u>
Ihr benötigt ein langes Seil. Knotet etwas daran fest, um die Mitte zu markieren, etwa ein Tuch. Teilt dann die Spieler in gleich große Mannschaften auf und verteilt euch an den beiden Enden des Seils. Markiert die Mitte mit einer Linie und versucht, euch gegenseitig darüber zu ziehen.

Blumen pressen

Man kann Blumen pressen, um die Natur zu erforschen, sein Wissen zu erweitern und etwas über Blumen und Pflanzen zu lernen. Man kann es aber ebenso gut tun, weil es Spaß macht und das Ergebnis einfach schön ist. Und magisch, als würde man damit die Zeit einfrieren und der Blume ewiges Leben schenken. Das Pressen ist außerdem sehr einfach.

Wichtig ist, dass du die Blumen, die du pressen möchtest, zwischen zwei Bögen Papier legst, die die Feuchtigkeit aufsaugen können. Geeignet sind Haushalts- oder Zeitungspapier. Wer es professioneller mag, der kann auch spezielles Löschpapier zu diesem Zweck kaufen, das die Feuchtigkeit besonders effektiv aufsaugt. Man sollte unbedingt im Hinterkopf behalten, dass Pflanzen und natürlich auch Blumen viel Wasser enthalten.

Wenn du deine Blumen arrangiert hast, wie du sie haben möchtest, legst du sie zwischen zwei Bögen Papier und beschwerst sie mit einem großen und schweren Bücherberg. Jetzt heißt es nur noch warten, am besten ein paar Wochen.

Lege dir ein eigenes Herbarium an oder gestalte kleine feine Dinge mit deinen getrockneten Blumen. Natürlich kannst du sie auch verstecken, damit ein anderer glücklicher Mensch sie zu einem späteren Zeitpunkt findet.

Was ist ein Herbarium?

Ein Herbarium ist eine Sammlung von getrockneten gepressten Pflanzen oder Pflanzenteilen. Es wird unter anderem zu Botanikstudien verwendet.

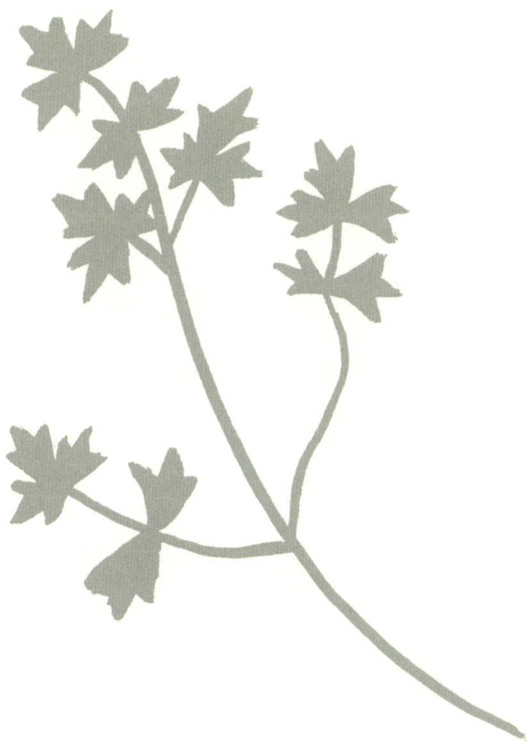

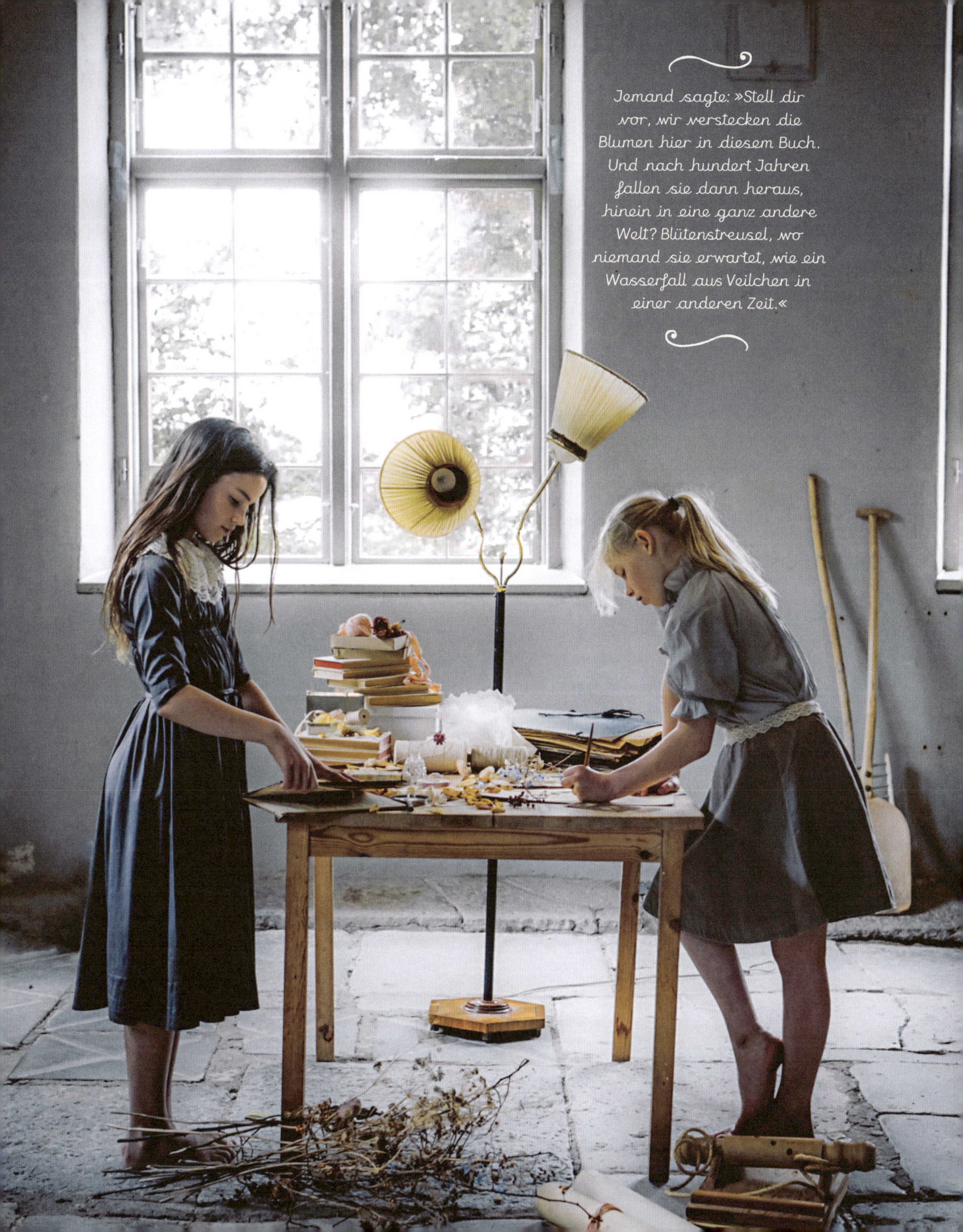

Jemand sagte: »Stell dir vor, wir verstecken die Blumen hier in diesem Buch. Und nach hundert Jahren fallen sie dann heraus, hinein in eine ganz andere Welt? Blütenstreusel, wo niemand sie erwartet, wie ein Wasserfall aus Veilchen in einer anderen Zeit.«

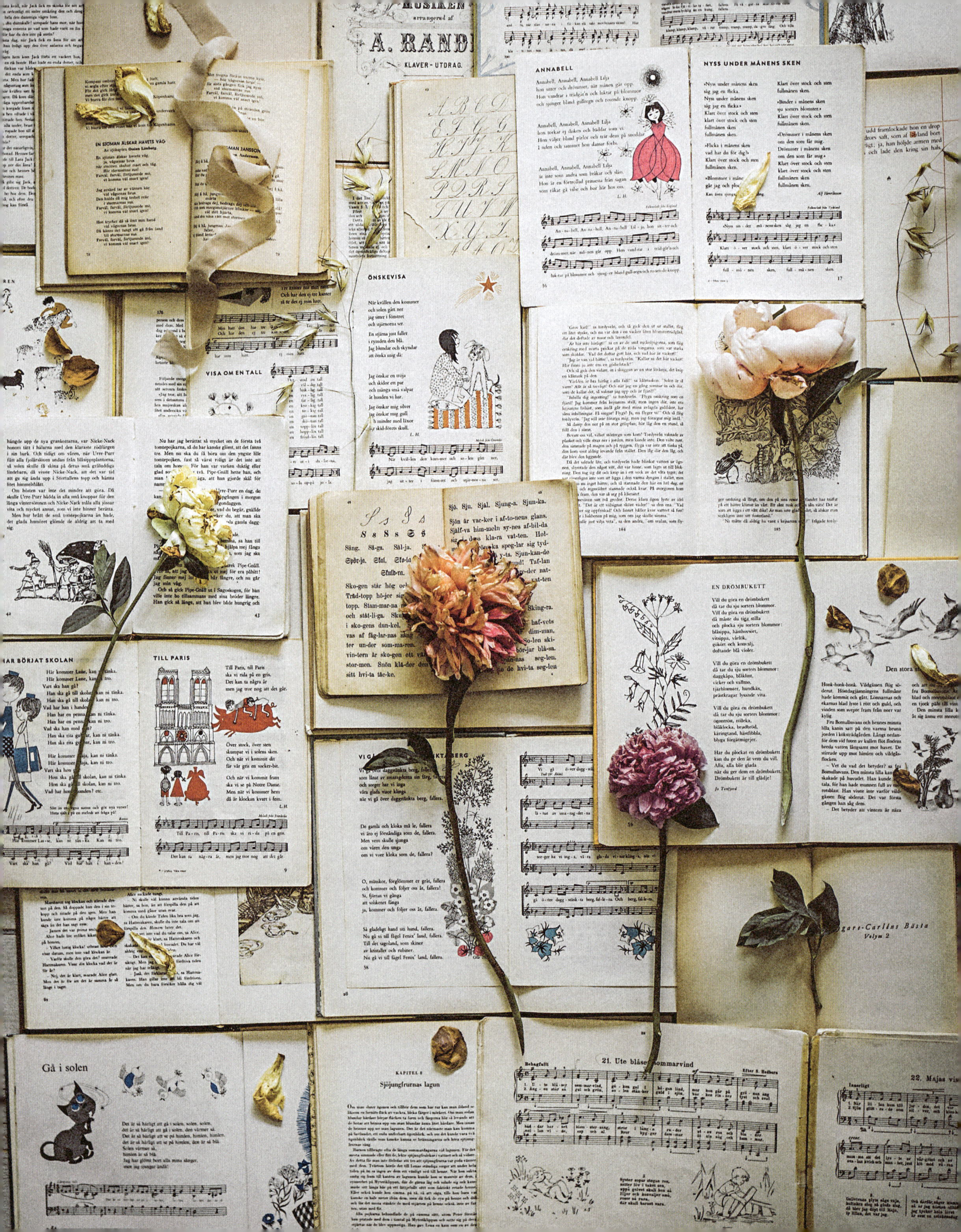

KLAVER - UTDRAG.
EN SJÖMAN ÄLSKAR HAVETS VÅG
ANNABELL
NYSS UNDER MÅNENS SKEN
ÖNSKEVISA
VISA OM EN TALL
TILL PARIS
EN DRÖMBUKETT
Gå i solen
KAPITEL 8
Sjöjungfrurnas lagun
21. Ute blåser sommarvind
22. Majas visa

Die Sprache der Blumen

Wusstest du, dass Blumen eine eigene Sprache haben? Vor vielen, vielen Jahren war es üblich, ein kleines Sträußchen zu binden, um etwas Bestimmtem Ausdruck zu verleihen. Ein Strauß in der Sprache der Blumen.

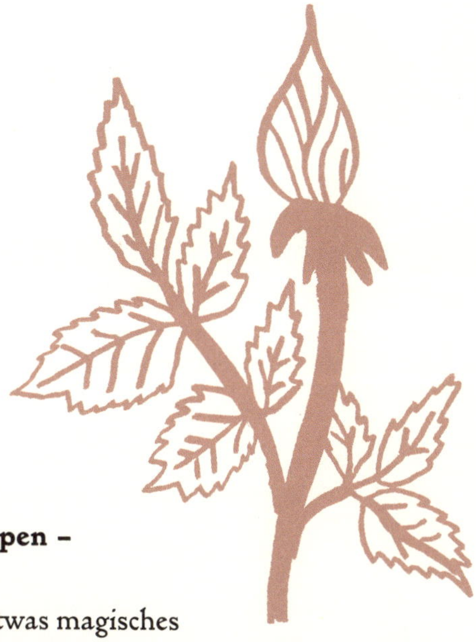

Rosafarbene Rosenknospen – Schönheit und Stil

Es gibt niemanden, dem etwas magisches Rosenwasser nicht gut stünde. Mische einfach ein paar Rosenblütenblätter mit Wasser, schon hast du das feinste Parfüm. Fast könnte man es für eine Goldmünze oder zwei verkaufen!

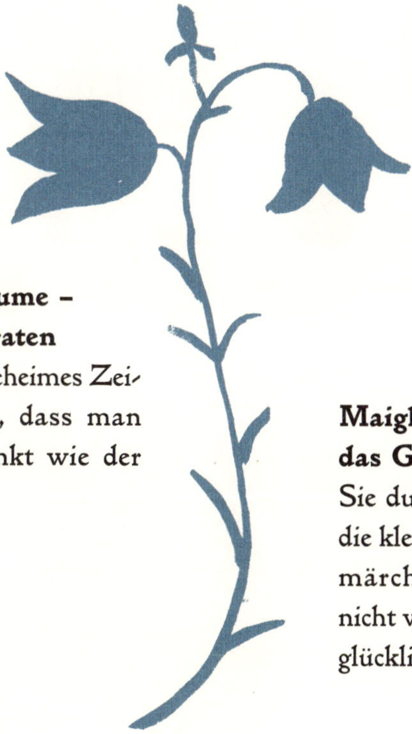

Glockenblume – nichts verraten

Sie ist ein geheimes Zeichen dafür, dass man ähnlich denkt wie der Beschenkte.

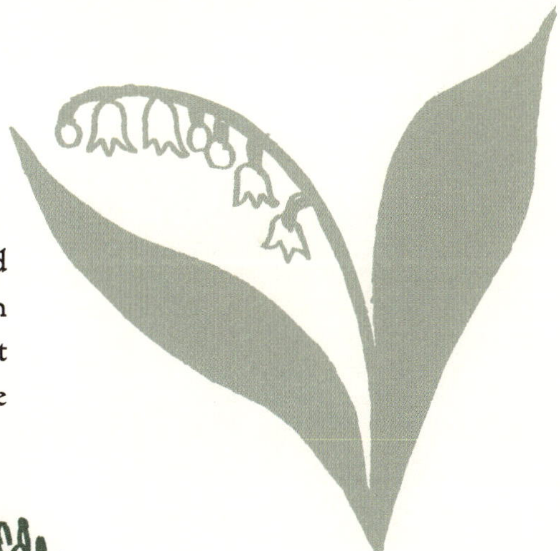

Maiglöckchen – das Glück kehrt zurück

Sie duften unglaublich und die kleinen Glöckchen sehen märchenhaft aus. Es ist nicht verwunderlich, dass sie glücklich machen.

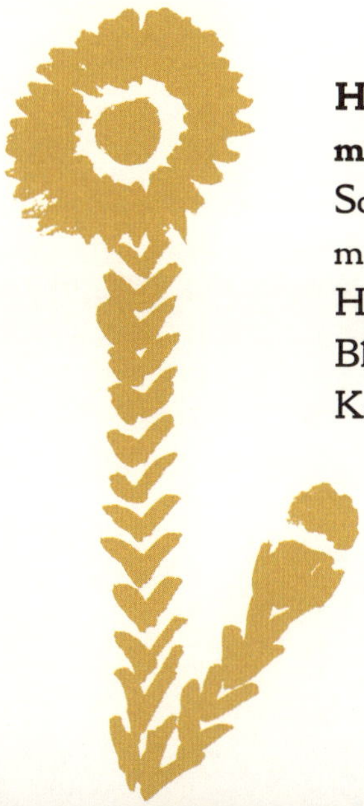

Huflattich – du bist meine erste Liebe

So schön, dass man platzen möchte! Besonders, weil Huflattich eine der ersten Blumen ist, die die eigenen Kinder für einen pflücken.

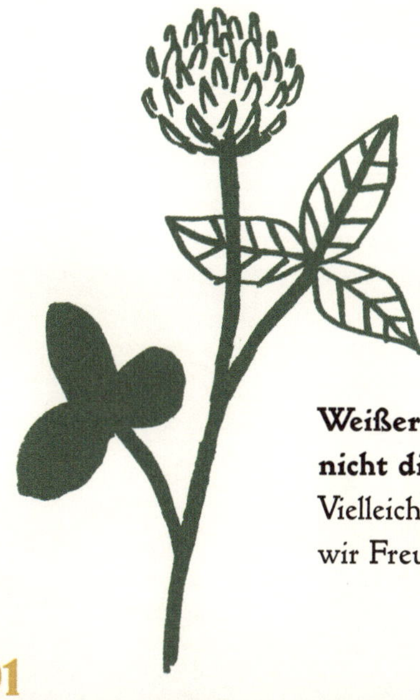

Weißer Klee – versage mir nicht die Freundschaft

Vielleicht reicht auch: »Wollen wir Freunde sein?«

Fünf-Minuten-Zelt

Mit unserer Variante ist ein märchenhaftes Zelt in knapp fünf Minuten unter dem nächsten Baum aufgebaut. Das ist perfekt, weil die besten Abenteuer gleich um die Ecke warten. Bau es auf, während die Kinder ihren Korb mit allem füllen, was sie für die Strapazen des Tages benötigen. Dann lass sie sich Geschichten erzählen! Lauern da inmitten der Apfelbäume ein paar Tiger und segeln dort oben in den Wolken nicht einige Wale? Ganz sicher!

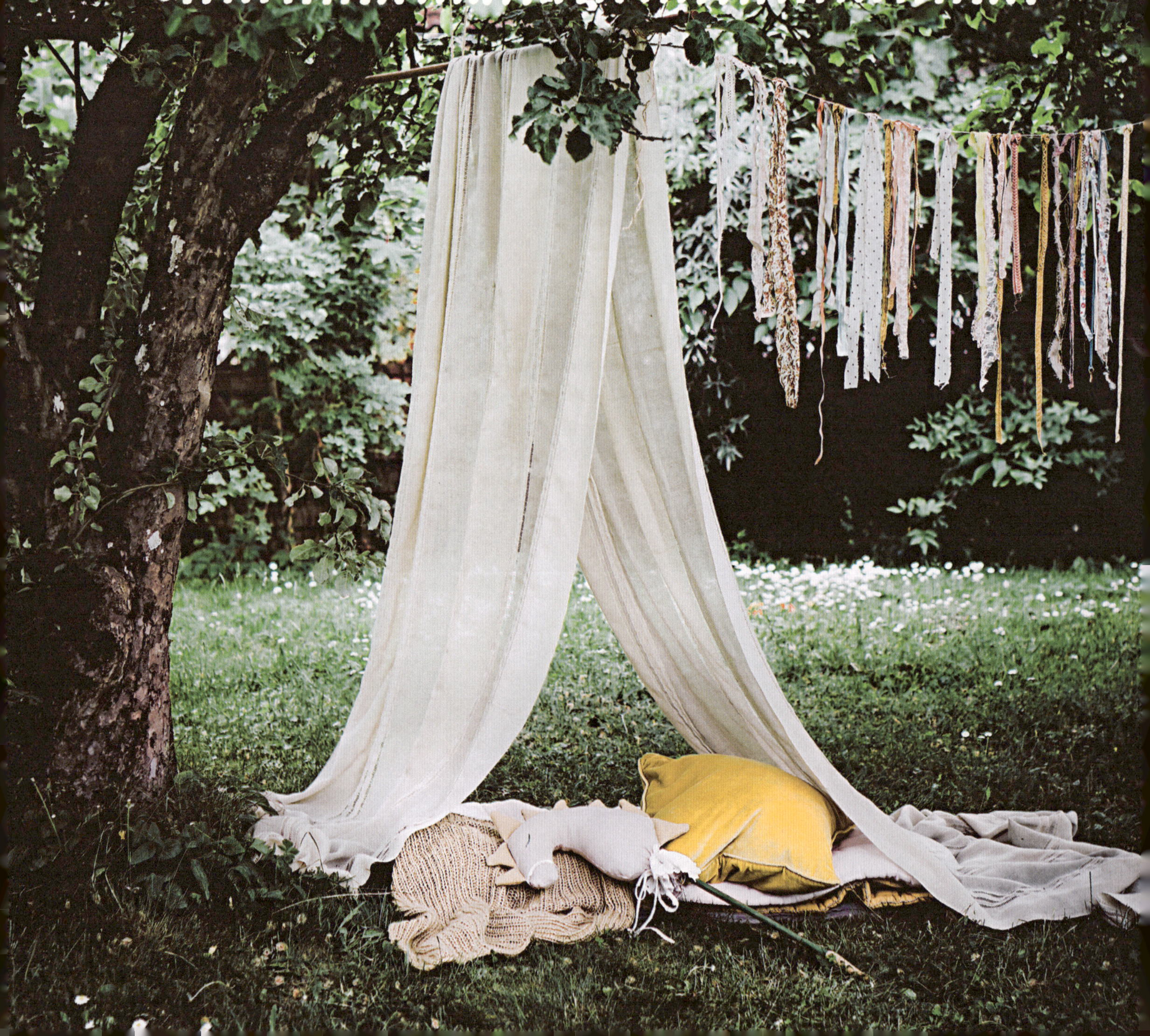

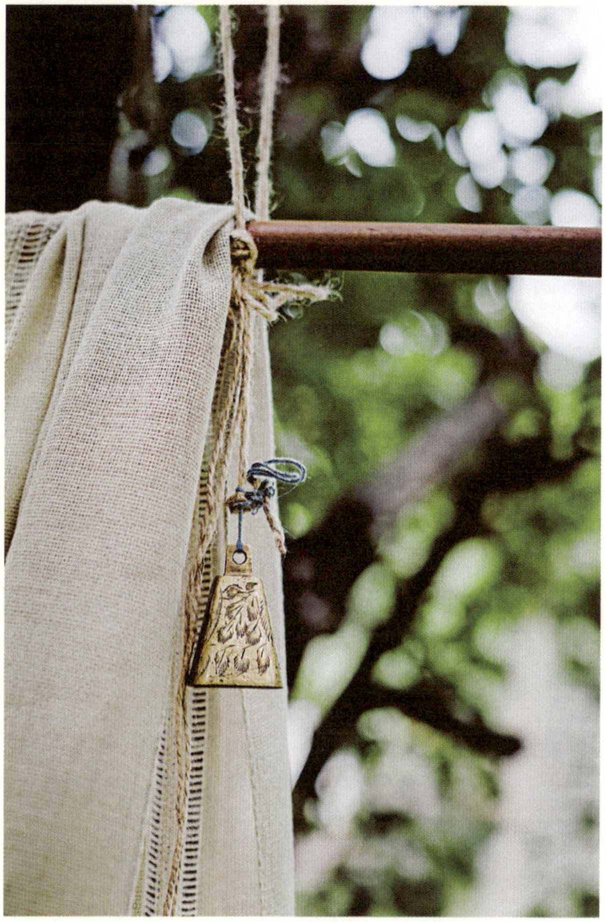

Zelt

Du brauchst:

- am besten einen Baum, aber es funktioniert auch mit einem Dach oder drinnen
- ein paar Matratzen oder Decken für den Boden
- zwei Stricke
- einen Bambusstab oder eine ganz normale Stange (die Länge soll der Breite deines Stoffes entsprechen)
- ein Stück Stoff (wir verwenden einen alten Vorhang vom Flohmarkt)

So geht's:

1. Einige Matratzen oder Decken als Zeltboden unter einen Baum legen.
2. Zwei Stricke über einen Ast werfen. Die Stricke so verknoten, dass sie in gleichem Abstand zum Boden jeweils eine große Schlaufe bilden.
3. Die Stange so durch die Schlaufen führen, dass sie waagerecht hängt (wie auf dem Bild).
4. Den Stoff über die Stange drapieren, danach die Stoffenden auf beiden Seiten unter deinen Matratzenberg schieben.
5. Fertig!

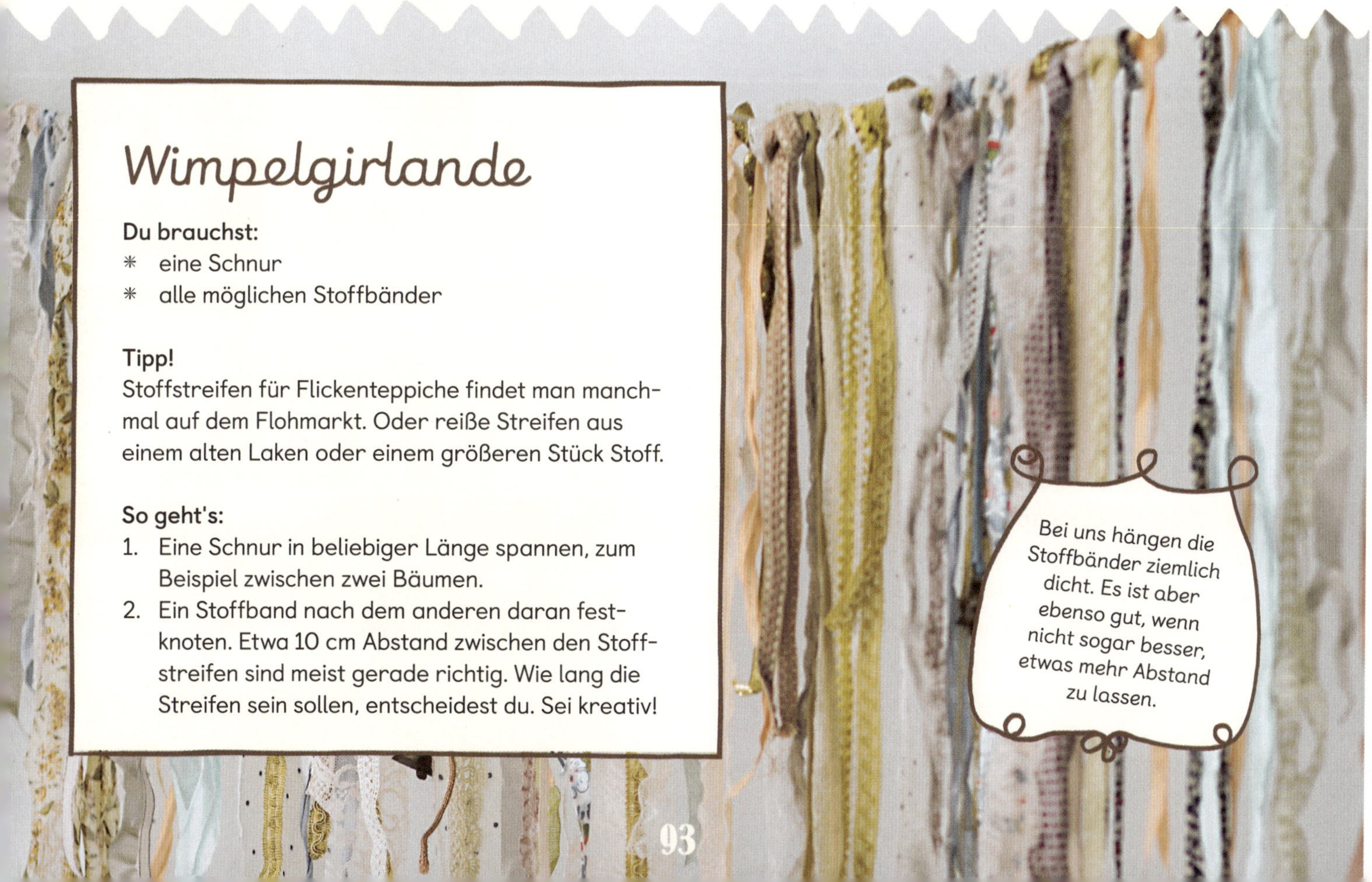

Wimpelgirlande

Du brauchst:

- eine Schnur
- alle möglichen Stoffbänder

Tipp!

Stoffstreifen für Flickenteppiche findet man manchmal auf dem Flohmarkt. Oder reiße Streifen aus einem alten Laken oder einem größeren Stück Stoff.

So geht's:

1. Eine Schnur in beliebiger Länge spannen, zum Beispiel zwischen zwei Bäumen.
2. Ein Stoffband nach dem anderen daran festknoten. Etwa 10 cm Abstand zwischen den Stoffstreifen sind meist gerade richtig. Wie lang die Streifen sein sollen, entscheidest du. Sei kreativ!

Bei uns hängen die Stoffbänder ziemlich dicht. Es ist aber ebenso gut, wenn nicht sogar besser, etwas mehr Abstand zu lassen.

Feierlaune
im Handumdrehen

Wir träumen davon, ewig Zeit zu haben, um Feste weit im Voraus zu planen. Aber irgendwie wird dieser Traum niemals Wirklichkeit. Gleichzeitig glauben wir, dass die meisten sich wohl dabei fühlen, die richtigen Maßstäbe anzulegen: Ein Fest darf weder von Zeit noch von Geld abhängen. Beide machen ein lustiges Fest wohl kaum aus.

Wir denken uns das so

Wenn man sich für ein Fest nur eine Sache wünschen dürfte, wäre das ja wohl auf jeden Fall die Feierlaune, oder? Und ein paar Spiele und Wettkämpfe dazu. Alles andere darf improvisiert sein. Am besten sind die schnellen Tricks, die aufwendig und super festlich aussehen, aber in Windeseile gemacht sind. Vergiss nicht, dir helfen zu lassen. Das ist unser allerbester Tipp!

Organisiert zusammen ein Fest! Lass die Kinder an den Vorbereitungen teilhaben. Ob Geschwister oder befreundete Kinder, lass sie Schokobällchen machen, Partytütchen füllen, Girlanden basteln und Spiele planen. Kinder machen das großartig, wenn du sie nur lässt! In der Zeit kannst du auch heimlich das eine oder andere Geheimnis planen.

Möbel umstellen

Das Umstellen von Möbeln klingt vielleicht wie eine eigenartige Festvorbereitung – dabei ist es tatsächlich perfekt. Unerwartetes wirkt oft ganz von selbst etwas festlich. Hänge eine Lampe aus dem Kinderzimmer über den Tisch, an dem gefeiert wird. Decke den Tisch mit Porzellanschwänen. Hänge eine Hängematte in der Küche auf. Verteile Sachen, die man besonders gut bei einem Fest brauchen kann, an den Stellen, wo man sie am wenigsten erwartet: Trage Möbel nach draußen in den Garten, falls die Sonne scheint. Ein Betthimmel unter einem Baum oder ein Berg Kissen werden zum schönsten Treffpunkt.

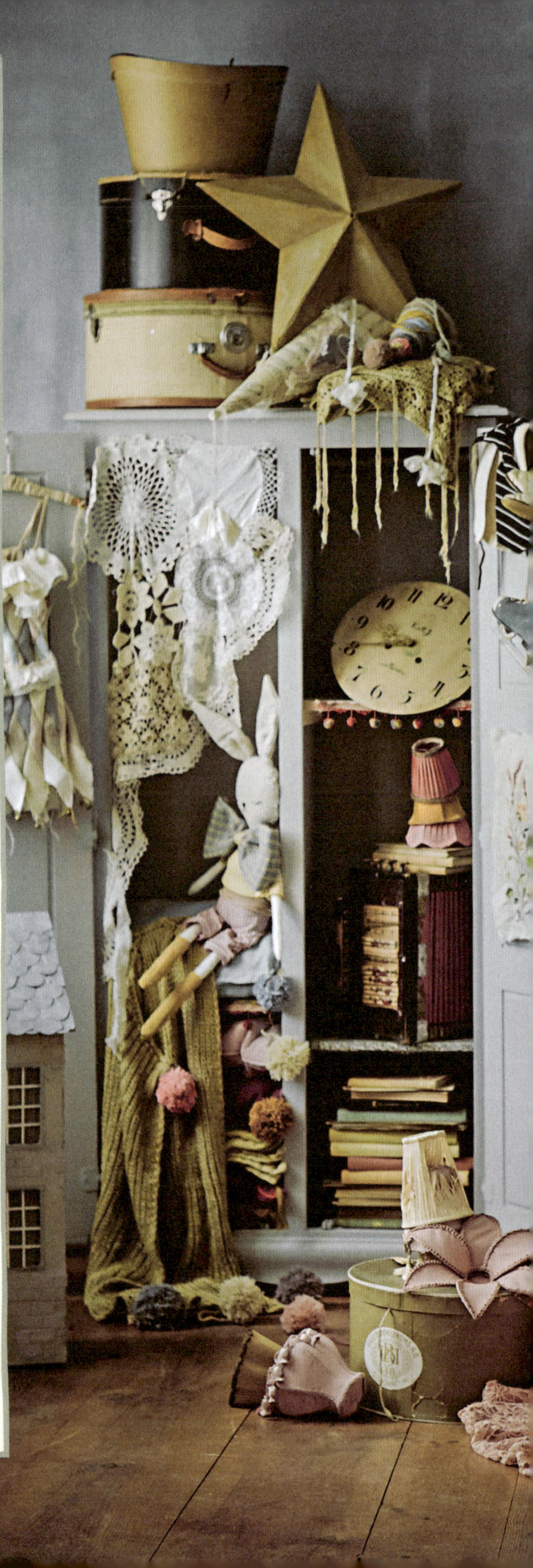

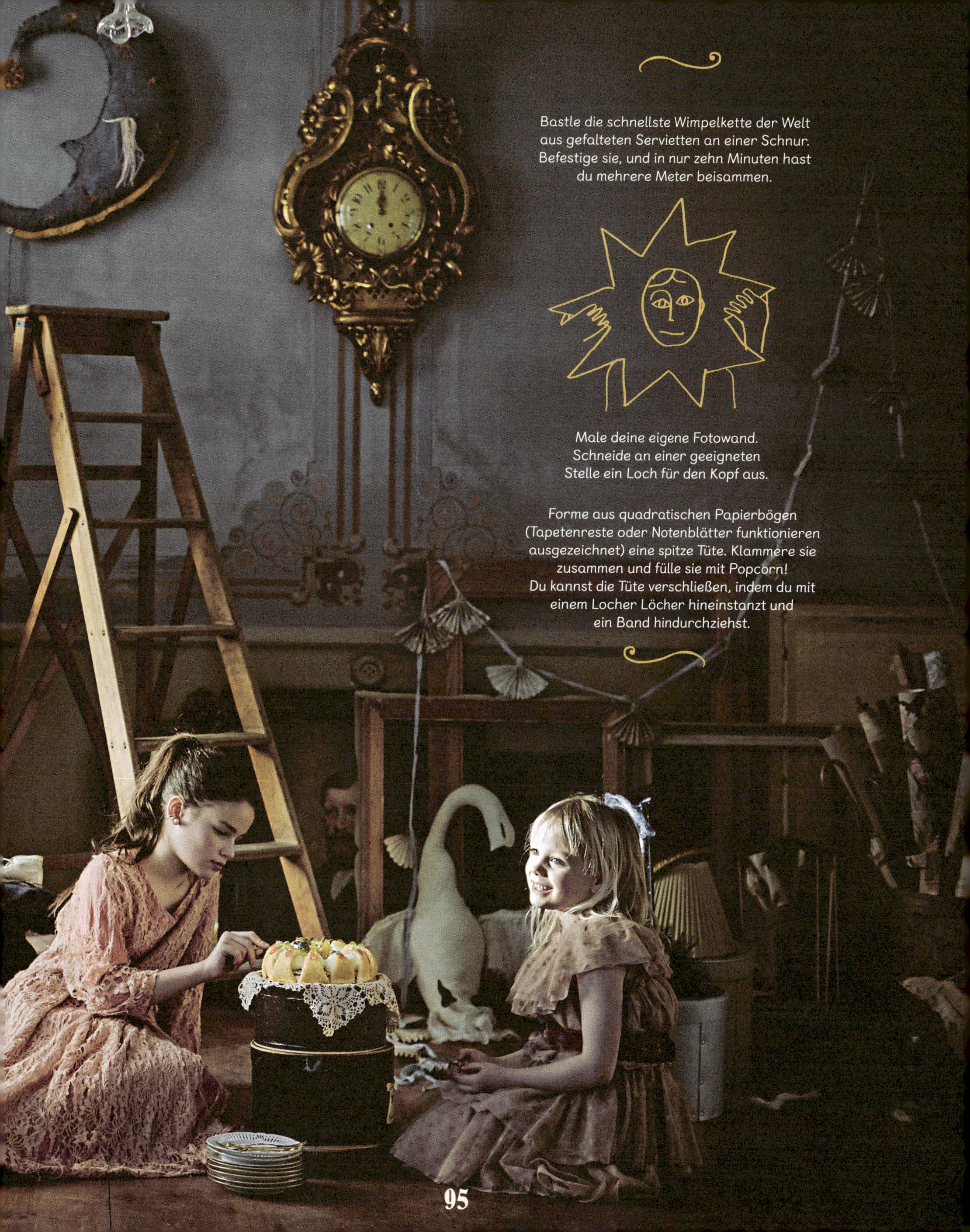

Bastle die schnellste Wimpelkette der Welt aus gefalteten Servietten an einer Schnur. Befestige sie, und in nur zehn Minuten hast du mehrere Meter beisammen.

Male deine eigene Fotowand. Schneide an einer geeigneten Stelle ein Loch für den Kopf aus.

Forme aus quadratischen Papierbögen (Tapetenreste oder Notenblätter funktionieren ausgezeichnet) eine spitze Tüte. Klammere sie zusammen und fülle sie mit Popcorn! Du kannst die Tüte verschließen, indem du mit einem Locher Löcher hineinstanzt und ein Band hindurchziehst.

Papierflieger

Es ist nichts weiter nötig als ein Windstoß oder der richtige Ruck im Handgelenk. Schon segeln sie dahin! So nahe an der Sonne, dass sie beinahe Feuer fangen, hoch über den Baumkronen und unsichtbar durch die Wolken, um dann auf der anderen Seite wieder herunterzufallen. Manchmal steigen während der Fahrt unbekannte Tiere zu. Vielleicht siehst du sie nicht, aber du weißt dennoch, dass sie da sind.

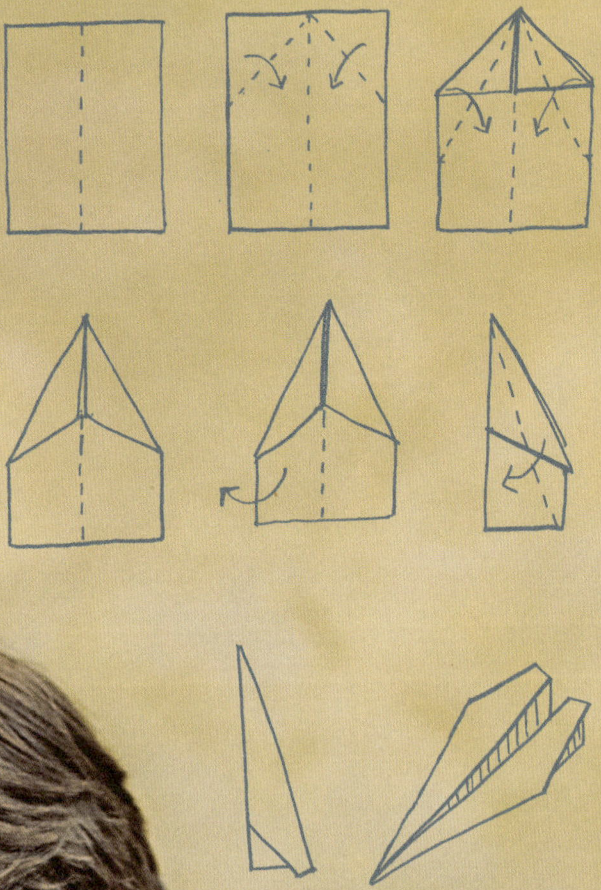

*

Papierflieger zu falten, mag wie die einfachste Sache der Welt erscheinen. Und in gewisser Weise ist es das auch tatsächlich. Andererseits ist es wichtig, die richtige Balance zu finden und saubere Kanten zustande zu bekommen. Richte dich nach unserer Vorlage oder experimentiere einfach herum. Vielleicht ist es deine Flugzeugkonstruktion, die am allerhöchsten fliegen wird.

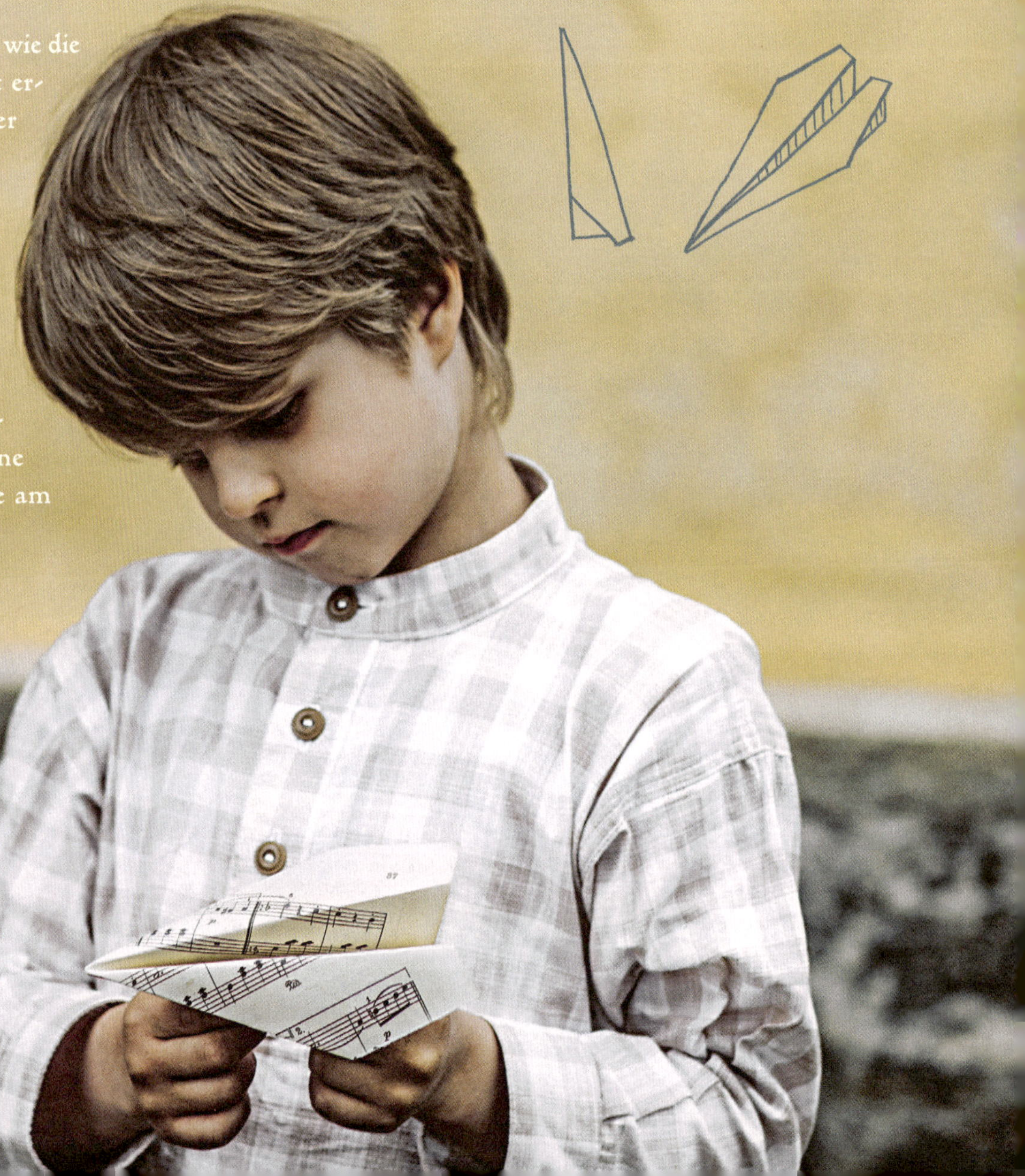

Auch Flugzeuge, die niedrig fliegen, sind prima!

Windrad

Irrsinnig einfach, aber dennoch beeindruckend. Sehr elegant und festlich! Es fällt nicht schwer, an Bonbons und Zirkus zu denken, wenn man sieht, wie Windräder sich im Wind drehen.

Du brauchst:

- Papier
- Schere
- Kleber
- Stecknadel oder Reißzwecke
- Stab

So geht's:

1. Das Papier quadratisch zuschneiden.
2. Diagonale Linien entsprechend unserer Vorlage auf das Papier zeichnen.
3. Jeweils von den Ecken aus zu zwei Dritteln entlang der Linien einschneiden.
4. Die Ecken so zur Mitte biegen, dass sie einander ein wenig überlappen. Ecke für Ecke reihum festkleben. Mit einer Stecknadel oder Reißzwecke ein Loch in die Mitte des Windrads stechen.
5. Dann das Windrad an einem Stab befestigen. Auf etwas Abstand zwischen Rad und Stab achten und die Nadel großzügig mit Kleber befestigen.

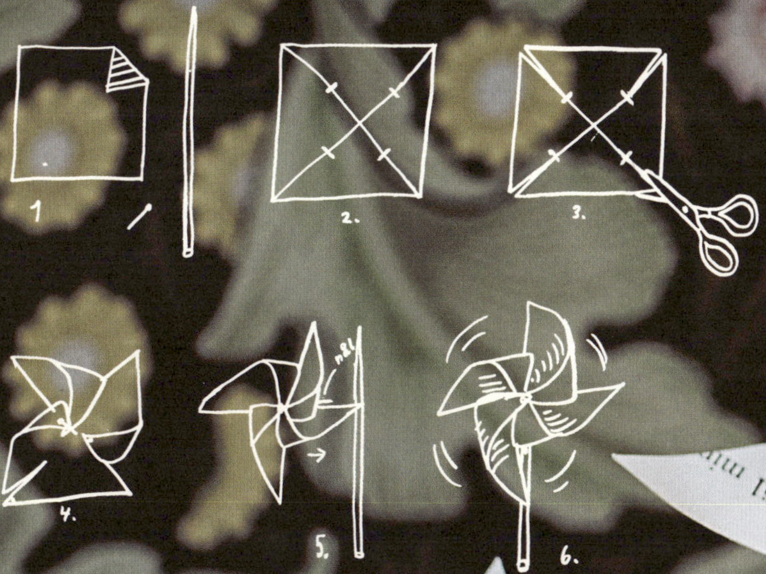

Tipp!
Alte Stricknadeln eignen sich sehr gut als Stab! Wenn du keine findest, kannst du auch einen Grillspieß oder einen Pflanzstab verwenden.

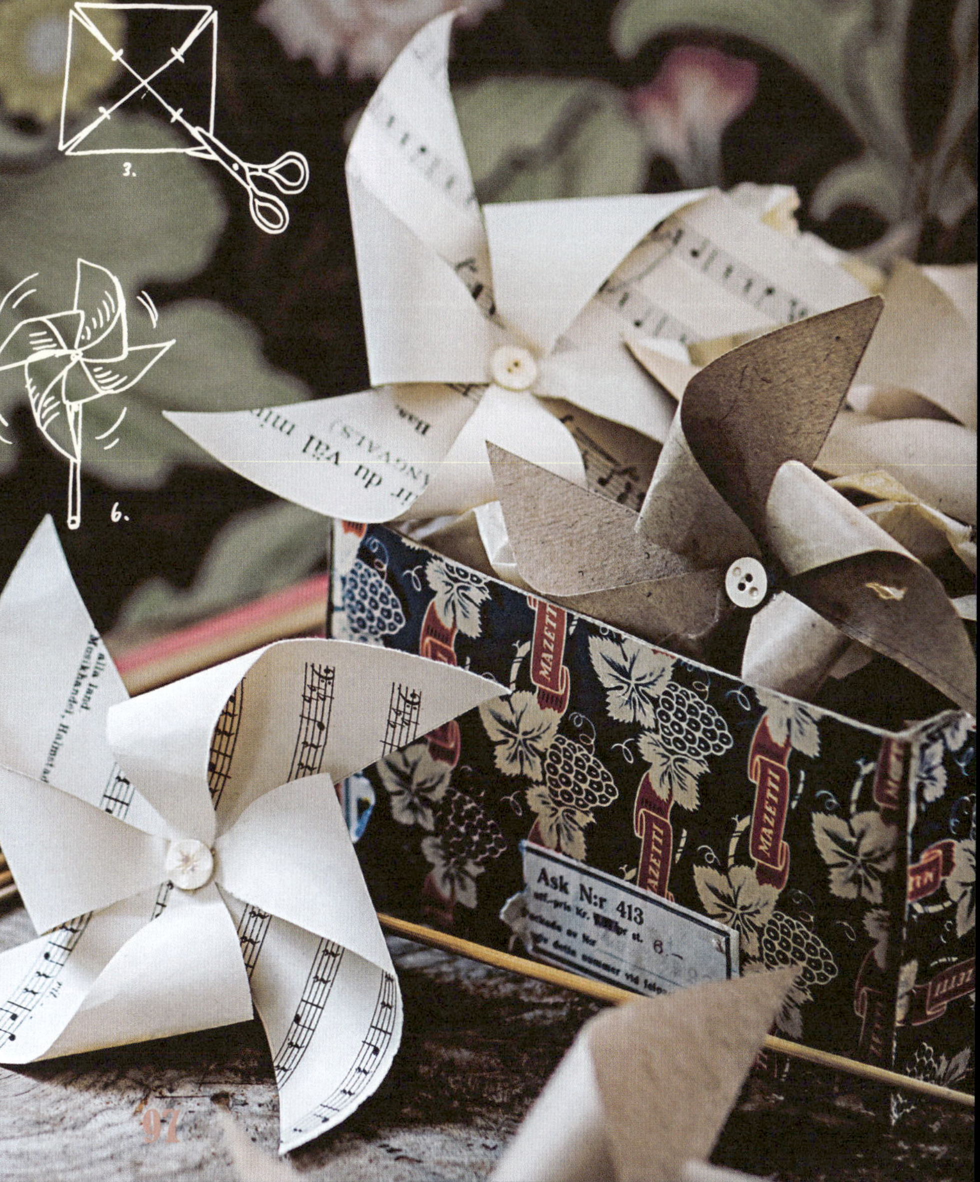

Seifenblasen

Selbst Seifenblasenwasser herzustellen, ist nicht schwer, und es funktioniert auch noch besser als das aus dem Laden. Die Blasen sind stabiler und werden größer. Außerdem kannst du viel mehr machen, wer will schließlich nicht eine ganze Wanne mit Seifenblasenwasser füllen? Tatsächlich gelingen sie mit Regenwasser besser als mit Leitungswasser, sammle also am besten welches! Das Rolls-Royce-Rezept für Seifenblasen beinhaltet Glycerin, man kann es in der Apotheke kaufen.

Drahtkunst haben wir dir schon gezeigt! Auf die gleiche Weise kannst du dir einen hübschen Pustestab zurechtbiegen. Ein einfacher Trinkhalm tut es aber auch.

Du brauchst:

für kleinere Seifenblasen

- 100 ml Spülmittel
- 150–200 ml Wasser
- 1/2 TL Zucker, Puderzucker oder Sirup
- 2 EL Glycerin

für größere Seifenblasen

- 200 ml Spülmittel
- 800 ml Wasser
- 1 TL Puderzucker
- 100 ml Glycerin

So geht's:

1. Alles gründlich vermischen, ohne zu schütteln. Das Seifenblasenwasser soll nicht schäumen.
2. In ein verschließbares Glas geben.
3. Den Deckel zuschrauben und ein paar Stunden, möglichst einen ganzen Tag, bei Zimmertemperatur stehen lassen.

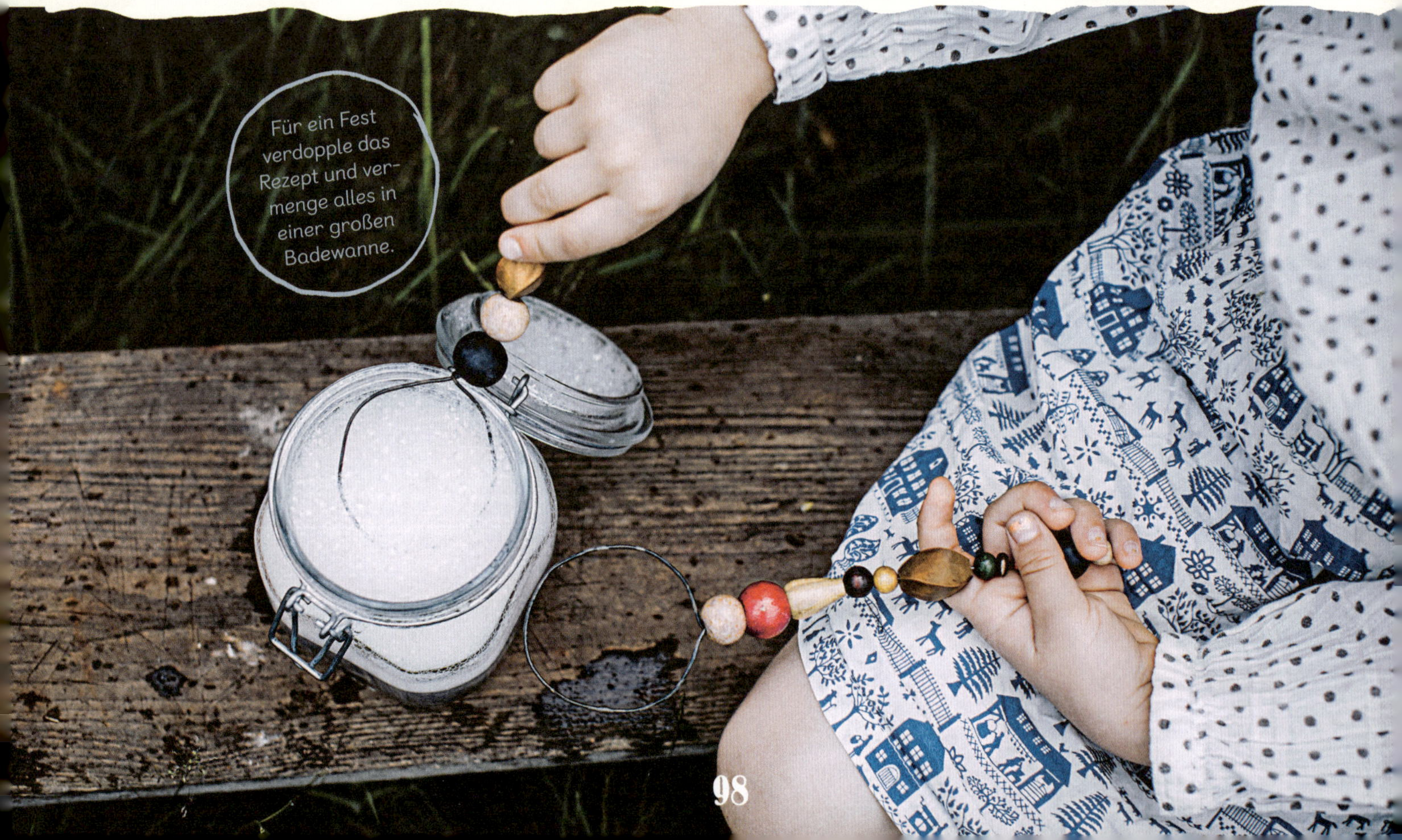

Für ein Fest verdopple das Rezept und vermenge alles in einer großen Badewanne.

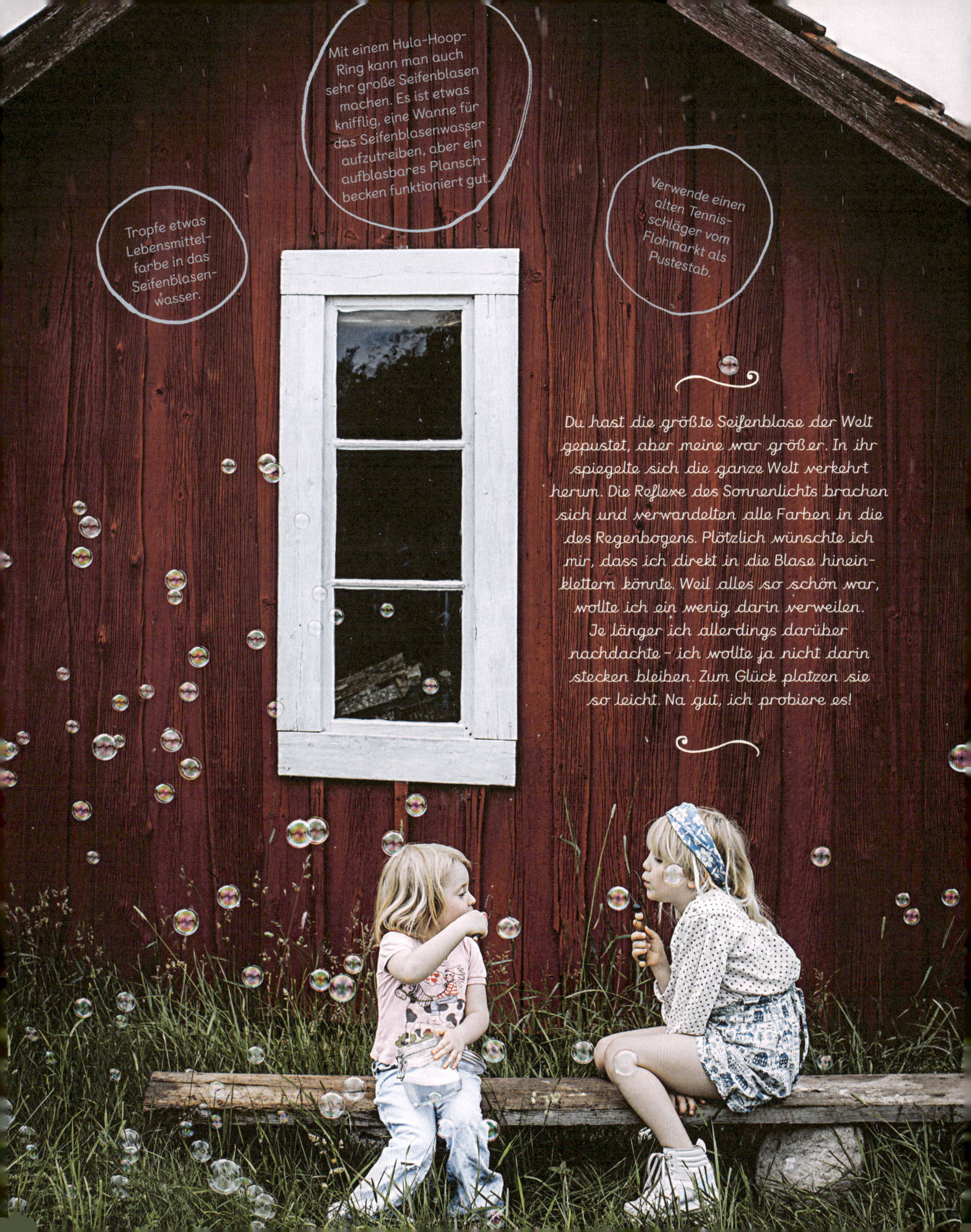

Mit einem Hula-Hoop-Ring kann man auch sehr große Seifenblasen machen. Es ist etwas knifflig, eine Wanne für das Seifenblasenwasser aufzutreiben, aber ein aufblasbares Planschbecken funktioniert gut.

Tropfe etwas Lebensmittelfarbe in das Seifenblasenwasser.

Verwende einen alten Tennisschläger vom Flohmarkt als Pustestab.

Du hast die größte Seifenblase der Welt gepustet, aber meine war größer. In ihr spiegelte sich die ganze Welt verkehrt herum. Die Reflexe des Sonnenlichts brachen sich und verwandelten alle Farben in die des Regenbogens. Plötzlich wünschte ich mir, dass ich direkt in die Blase hineinklettern könnte. Weil alles so schön war, wollte ich ein wenig darin verweilen. Je länger ich allerdings darüber nachdachte – ich wollte ja nicht darin stecken bleiben. Zum Glück platzen sie so leicht. Na gut, ich probiere es!

Ein Rock zum Verkleiden

Wir lieben Vorlagen, die man immer wieder anpassen kann. Wenn du einen Rock nähen möchtest, ist die einfachste Variante das Tellermodell. Wenn du ihn um eine transparente Lage Stoff ergänzt, kannst du ihn zum Beispiel mit Filzpompons füllen, das sieht echt toll aus. Und fertig ist dein Kostüm! Am besten daran ist, dass es sich endlos variieren lässt, deiner Fantasie sind keine Grenzen gesetzt.

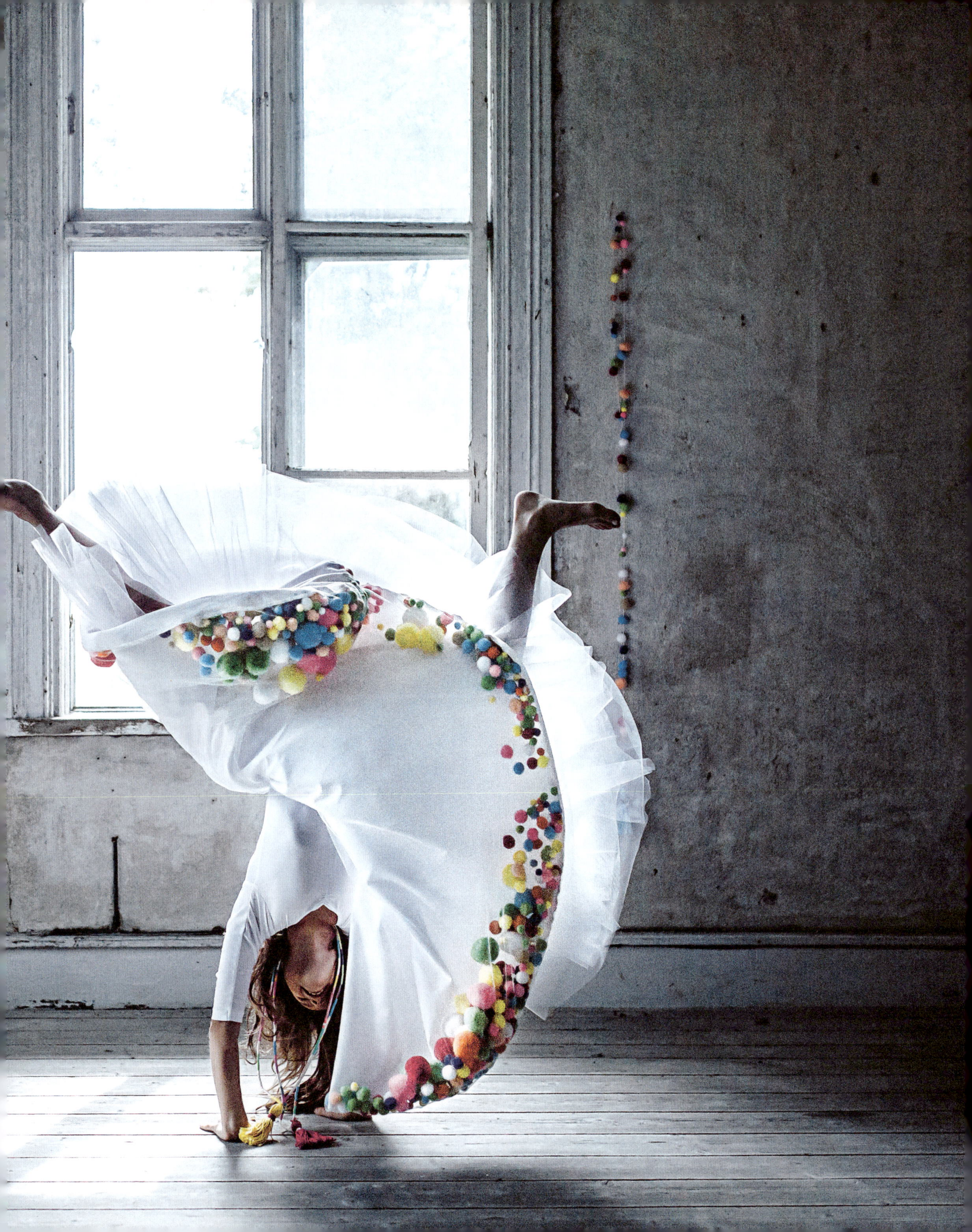

Du brauchst:

- 2 doppellagige Stoffe (wir haben uns für einen einfachen Baumwollstoff als Unterstoff und dünnen weichen Tüll darüber entschieden)
- Maßband
- Stift und Schnur
- Schere
- Nähmaschine mit Zubehör
- Filzpompons, wie es sie in gut sortierten Bastelgeschäften gibt
- Heftfaden
- breites Gummiband (gerne 5 cm oder breiter)

So geht's:

1. Die Maße für den inneren Kreis berechnen. Dazu das Taillenmaß nehmen plus etwas mehr für das Raffen veranschlagen. Durch 6 teilen. Unser Rock hat einen Taillenumfang von 60 cm plus 20 cm für das Raffen. 60 + 20 = 80 cm. 80 cm geteilt durch 6 = ca. 13 cm.
2. Die Maße für den äußeren Kreis berechnen. Die gewünschte Länge deines Rockes abmessen und die in Schritt 1 berechneten Maße zugeben. Unser Rock ist 60 cm lang, die Berechnung ergibt also 60 + 13 = 73 cm.
3. Den Stoff in der Mitte falten, sodass rechts auf rechts liegt. Vom Mittelpunkt ausgehen und die Maße aus Schritt 2 heranziehen, um den Stoff rechts, links und ganz unten in der Mitte zu markieren. Bei unserem Rock wurden die Markierungen auf allen Seiten 73 cm von der Mitte entfernt angezeichnet.
4. Ausgehend von den Markierungen, mithilfe eines Stifts und einer Schnur von derselben Länge wie den in Schritt 2 berechneten Maßen einen Halbkreis anzeichnen. Das eine Ende der Schnur am Mittelpunkt festhalten und den Stift von Kante zu Kante über den Stoff führen.
5. Ausgehend von den Maßen aus Schritt 1, genauso mit dem inneren Kreis verfahren.
6. Nun Schritt 3 und 4 mit dem zweiten Stoff wiederholen, er soll die äußere Lage des Rockes bilden.
7. Die beiden Rockteile ausschneiden und unten zusammennähen.
8. Den Rock nach Belieben mit Pompons füllen. Wir haben etwa 500 Stück verwendet. Beachte, dass auch die leichtesten Exemplare etwas wiegen, wenn es viele sind. Für einen Rock in einer kleineren Größe also weniger Pompons verwenden.
9. Die beiden Rockteile oben mit dem Heftfaden zusammennähen. Auf diese Weise wird der Rock in der Taille gleichmäßig gefältelt.
10. Ein Gummiband auf das Taillenmaß zuschneiden. Die Enden zusammennähen.
11. Den Rock wenden. Das Gummiband zunächst innen an den Rocksaum heften und dann annähen.

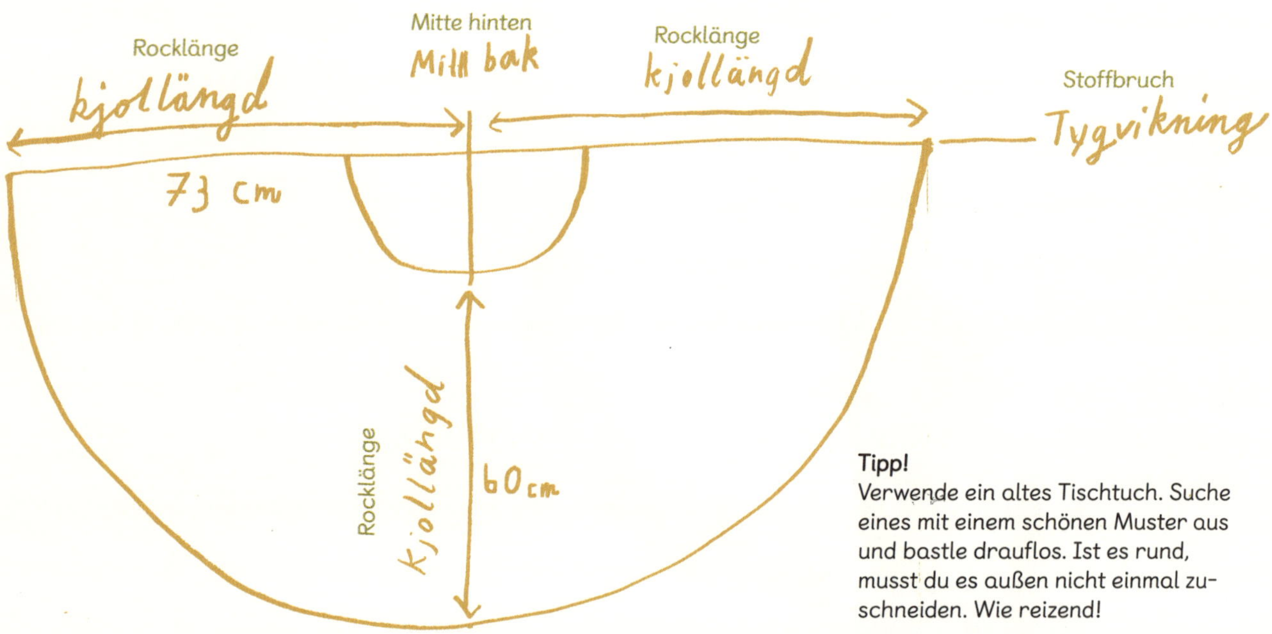

Tipp!
Verwende ein altes Tischtuch. Suche eines mit einem schönen Muster aus und bastle drauflos. Ist es rund, musst du es außen nicht einmal zuschneiden. Wie reizend!

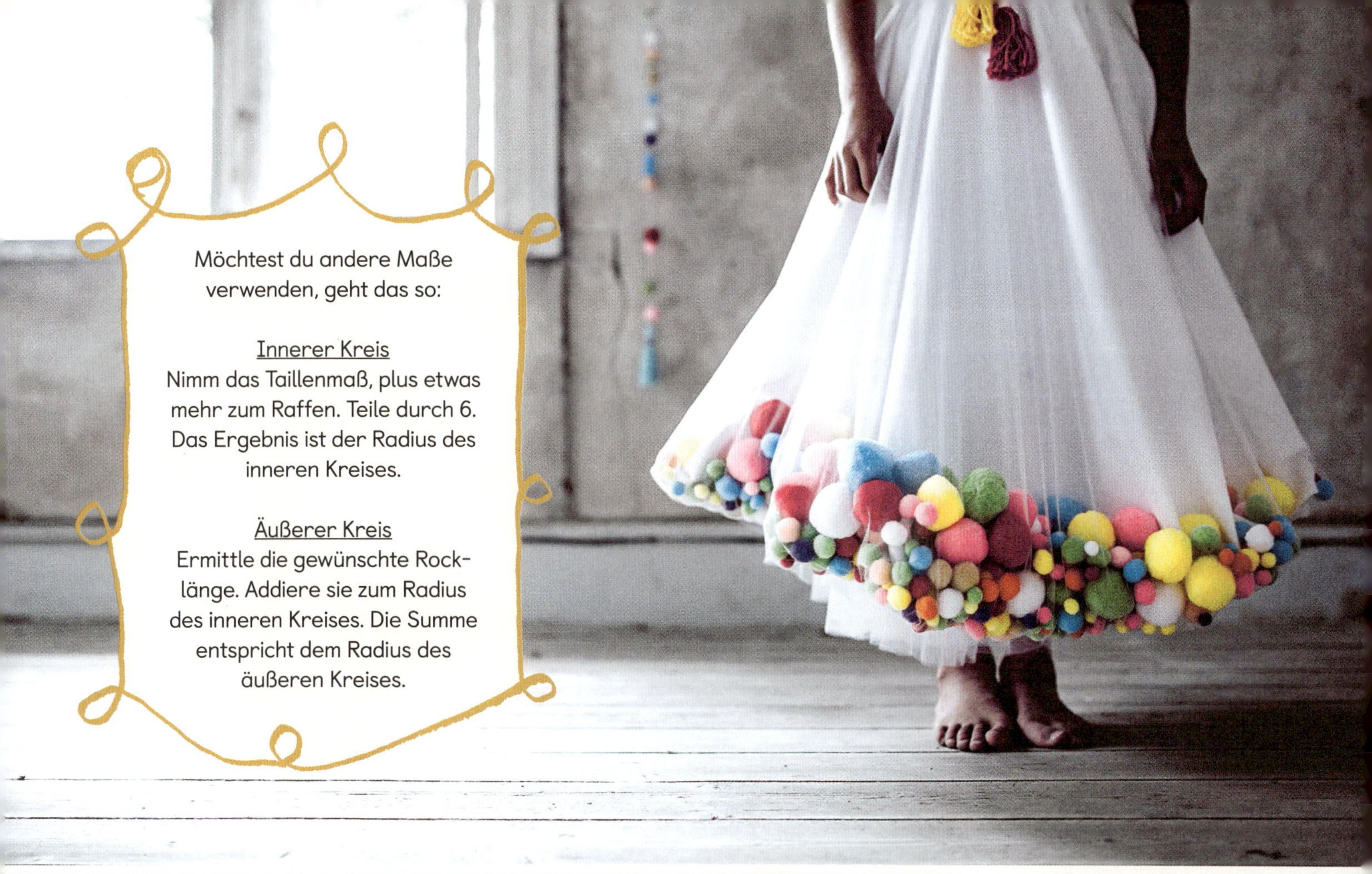

Möchtest du andere Maße verwenden, geht das so:

<u>Innerer Kreis</u>
Nimm das Taillenmaß, plus etwas mehr zum Raffen. Teile durch 6. Das Ergebnis ist der Radius des inneren Kreises.

<u>Äußerer Kreis</u>
Ermittle die gewünschte Rocklänge. Addiere sie zum Radius des inneren Kreises. Die Summe entspricht dem Radius des äußeren Kreises.

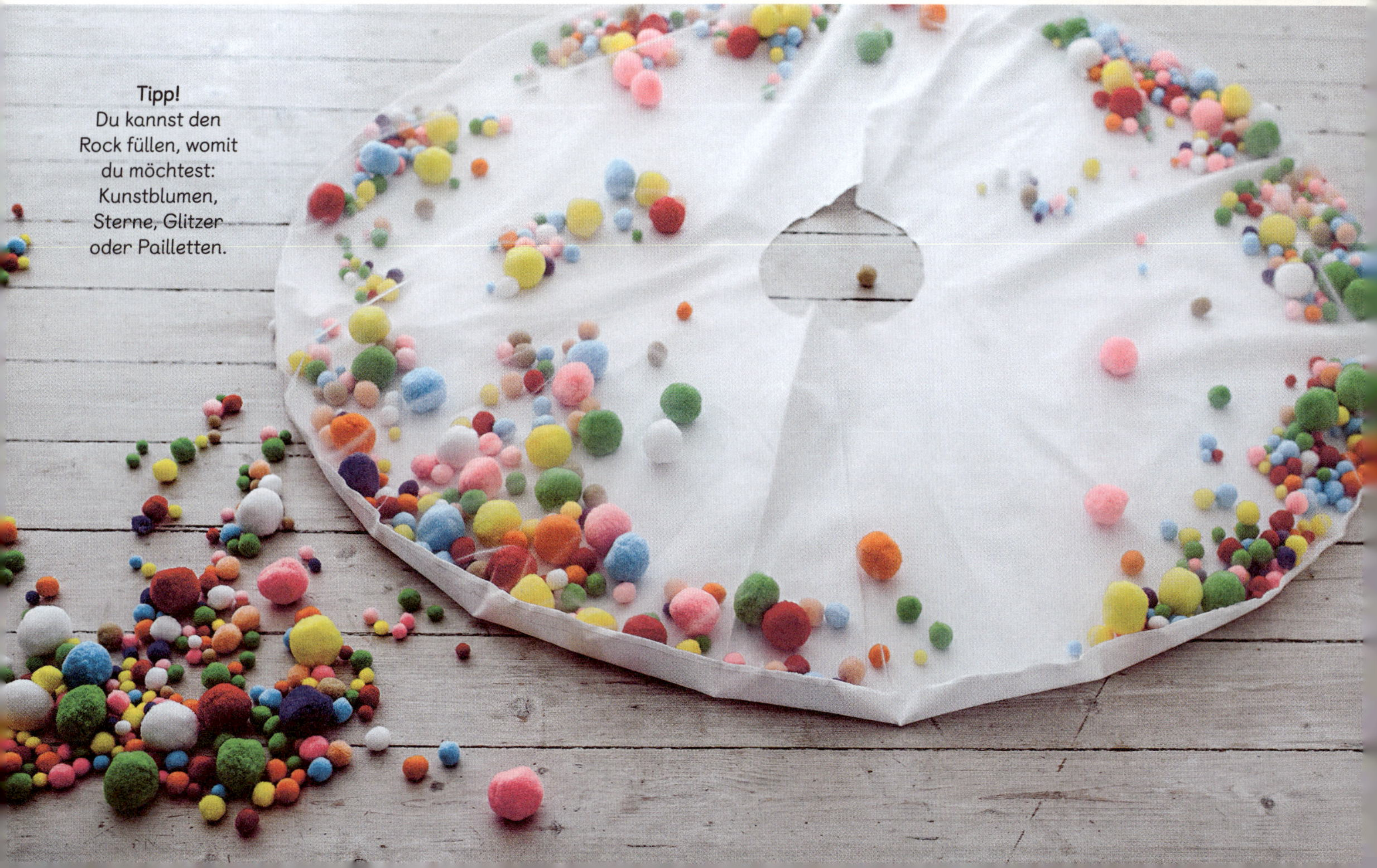

Tipp!
Du kannst den Rock füllen, womit du möchtest: Kunstblumen, Sterne, Glitzer oder Pailletten.

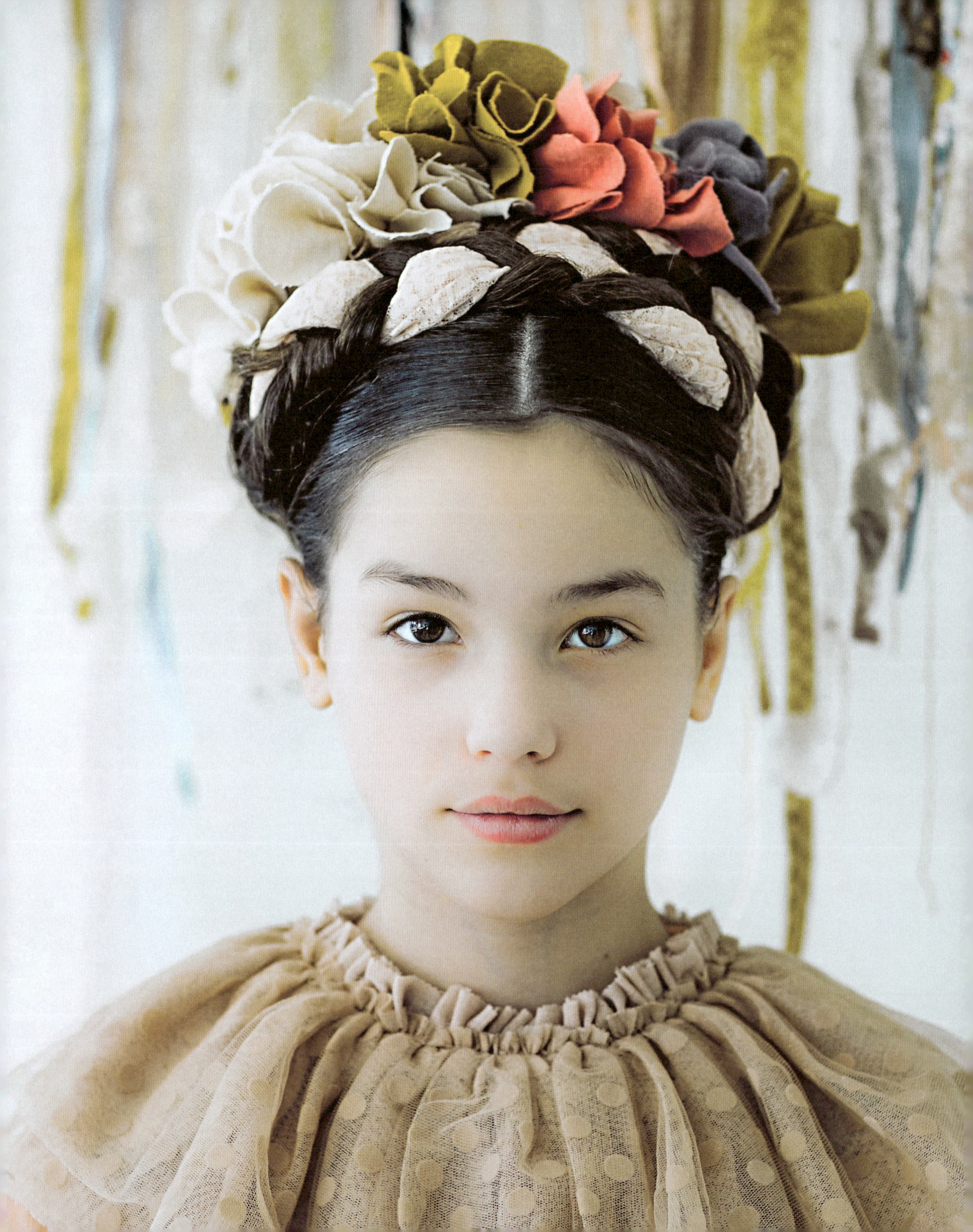

Mut

Ausgerechnet an diesem Tag flochten wir ihre Haare auf etwas andere Art. Und drapierten Blumen oben auf dem Kopf. Mut hätte genauso gut heißen können, sehr laut »Nein« zu sagen, wenn es sich im Bauch nicht gut angefühlt hätte. Oder »Hallo« zu dem Kind zu sagen, das in der Pause allein dasaß.

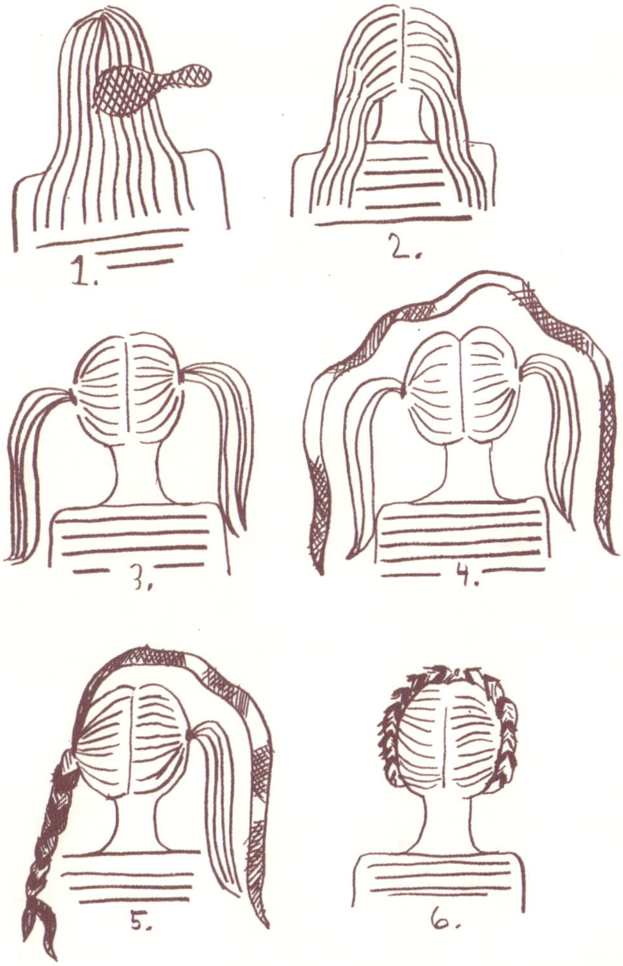

So geht's:

1. Die Haare bürsten.
2. Einen Mittelscheitel ziehen und die Haare in zwei Hälften teilen.
3. Die beiden Hälften jeweils mit einem Haargummi zusammenbinden.
4. Ein um sich selbst gezwirbeltes Tuch quer über den Kopf legen.
5. Die Haare mit dem Tuch auf beiden Seiten zu Zöpfen flechten. Das Tuch bildet dabei den dritten Zopfstrang.
6. Die Zöpfe auf dem Kopf übereinanderlegen. Die Enden des Tuchs hinter den Zöpfen verknoten, eindrehen und mit Haarnadeln unter den Zöpfen befestigen.

»Es gibt Dinge, die man tun muss, sonst ist man kein Mensch, sondern nur ein Häuflein Dreck«, hat Astrid Lindgren einmal geschrieben.

Vielleicht heißt das, sich im Sonnenuntergang diese sehr steile Feuertreppe hochzuschleichen. Diese verbotene, wo die Neuntklässler immer abhängen, wenn sie besonders cool sein wollen. Obwohl das Risiko gesehen zu werden, viel zu groß ist. Bei jedem Schritt kribbelt es im Magen, je näher man den Sternen kommt. So ist vielleicht auch das Leben selbst ein bisschen.

Denn natürlich ist das Kribbeln das Ziel, oder? Obwohl man vielleicht am Anfang davor zurückschreckt. Eigentlich will man doch, dass das Herz noch ein bisschen mehr hüpft, weil man heute ein ganz anderes, ein ganz neues Abenteuer im Vergleich zu gestern erlebt hat.

Vielleicht ist es etwas sehr Großes. Oder auch etwas sehr Kleines, das kaum jemandem auf der ganzen Welt auffällt. Außer dir. Und vielleicht noch jemandem. Als wäre es Schicksal.

Was dann kommt, ist auf jeden Fall alles Kribbeln der Welt wert. Die Tausenden von Schmetterlingen im Bauch. Denn einfach so, im Bruchteil eines Augenblicks kann es passieren, dass man doppelt so groß wird. Mindestens. Und dass noch jemand das tut. Stell dir vor, es bräuchte nur einen kleinen Schritt oder zwei, um weich zu landen.

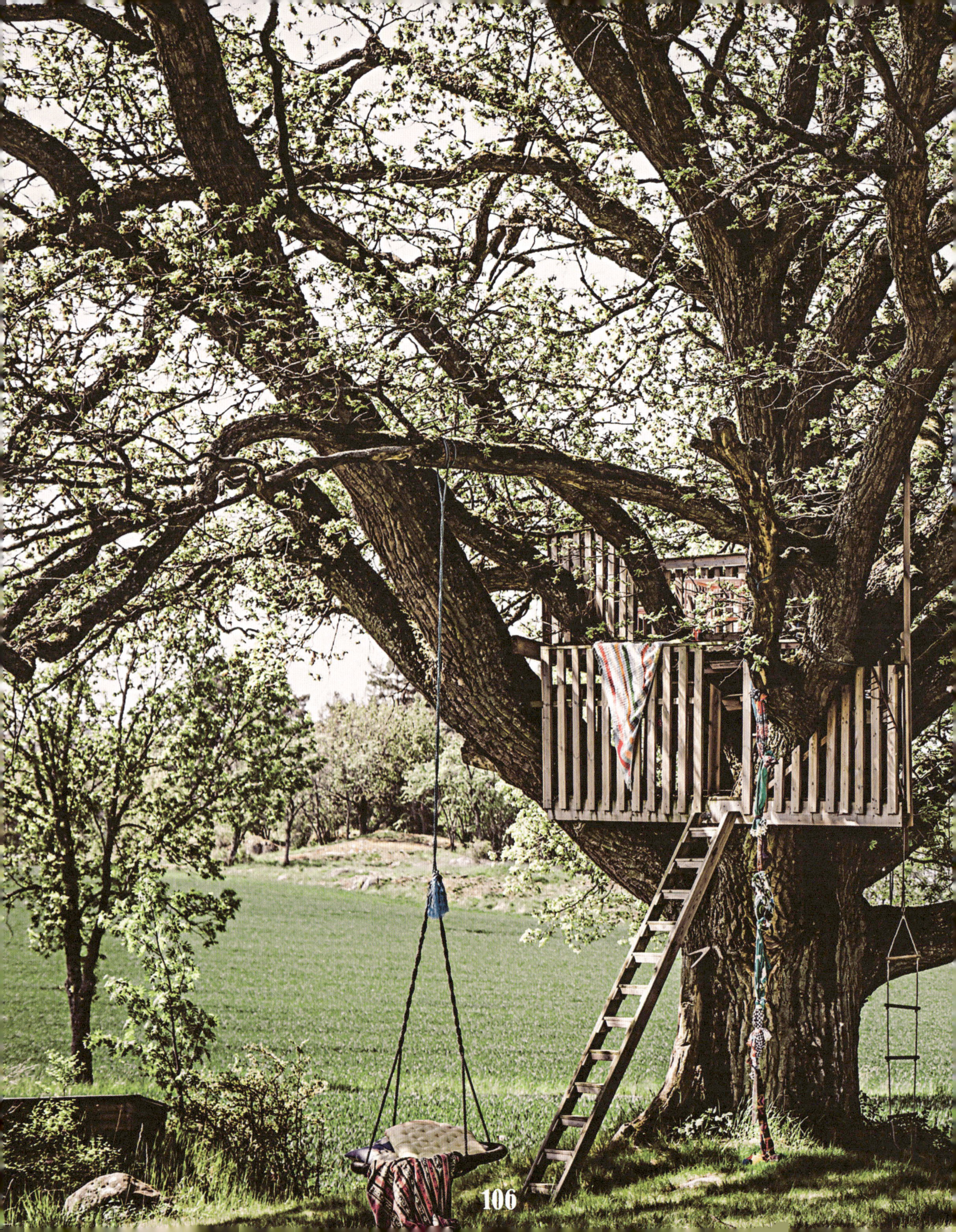

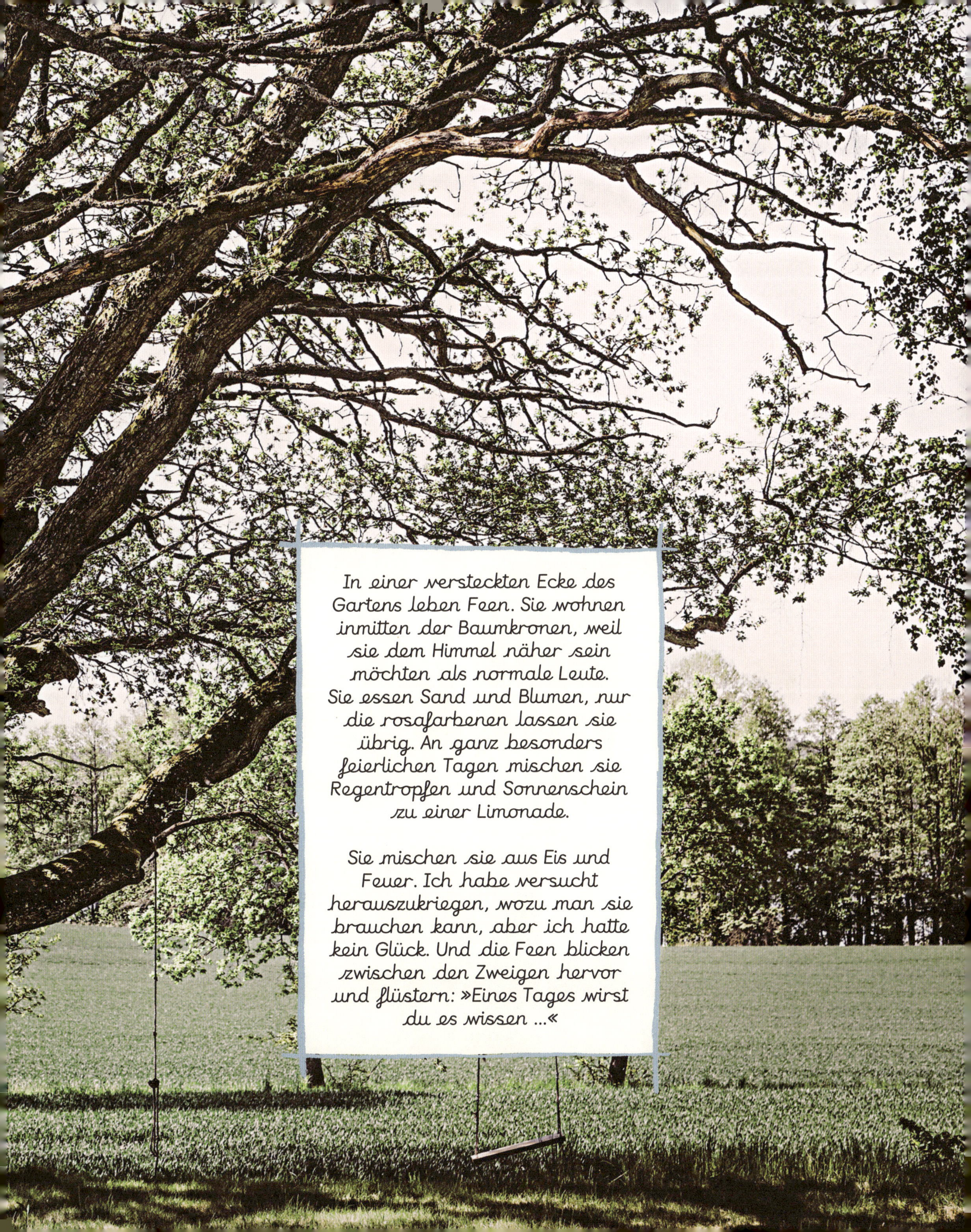

In einer versteckten Ecke des Gartens leben Feen. Sie wohnen inmitten der Baumkronen, weil sie dem Himmel näher sein möchten als normale Leute. Sie essen Sand und Blumen, nur die rosafarbenen lassen sie übrig. An ganz besonders feierlichen Tagen mischen sie Regentropfen und Sonnenschein zu einer Limonade.

Sie mischen sie aus Eis und Feuer. Ich habe versucht herauszukriegen, wozu man sie brauchen kann, aber ich hatte kein Glück. Und die Feen blicken zwischen den Zweigen hervor und flüstern: »Eines Tages wirst du es wissen …«

Baumhaus

Spielhäuser sind immer eine tolle Sache. Unabhängig davon, ob es sich um eher einfache Exemplare handelt, die schnell zusammengezimmert sind, oder um anspruchsvollere Projekte. Man kann ein Baumhaus für den Garten in den unterschiedlichsten Schwierigkeitsgraden planen. Bei einer einfachen und stabilen Konstruktion kannst du den kompletten Fokus auf das Spielen legen. Schließlich geht es vor allem um das Leben in den Baumwipfeln.

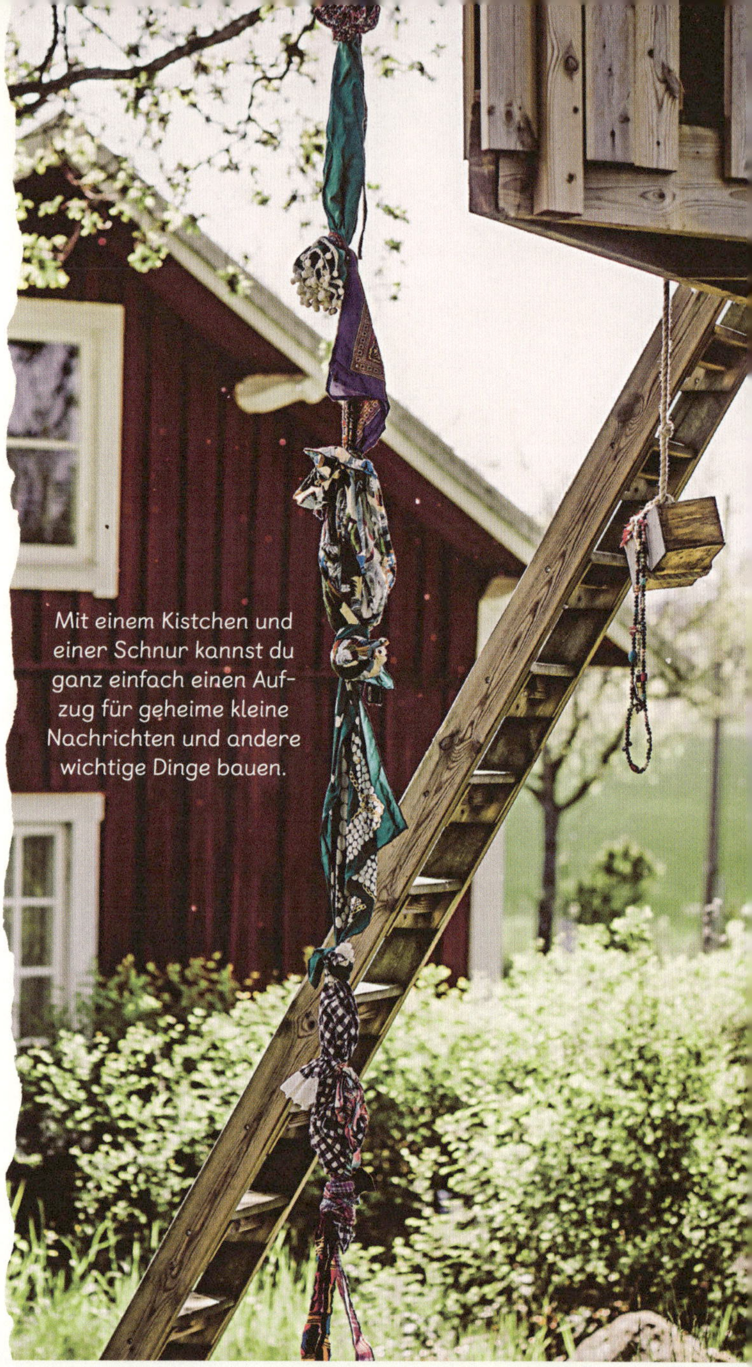

Mit einem Kistchen und einer Schnur kannst du ganz einfach einen Aufzug für geheime kleine Nachrichten und andere wichtige Dinge bauen.

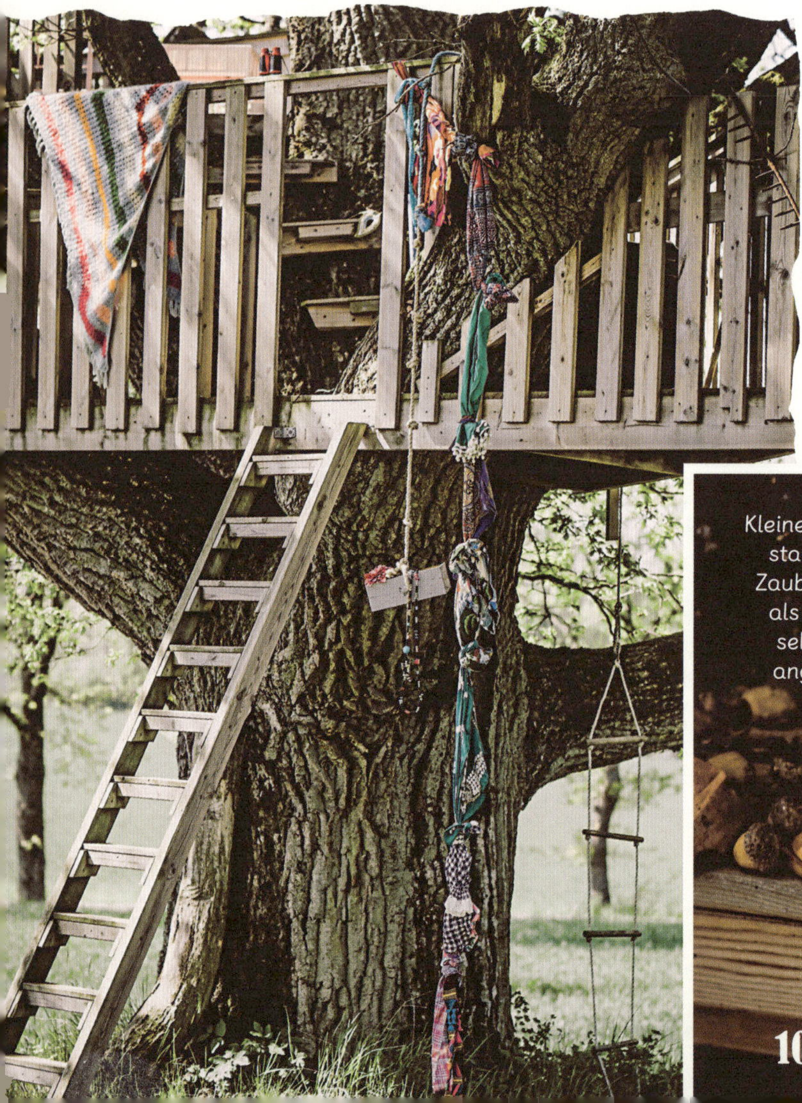

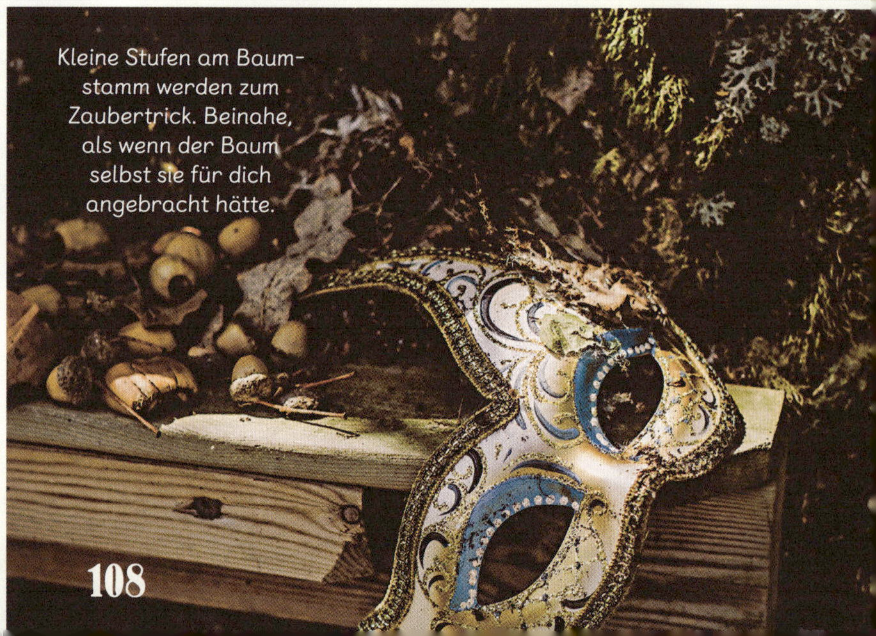

Kleine Stufen am Baumstamm werden zum Zaubertrick. Beinahe, als wenn der Baum selbst sie für dich angebracht hätte.

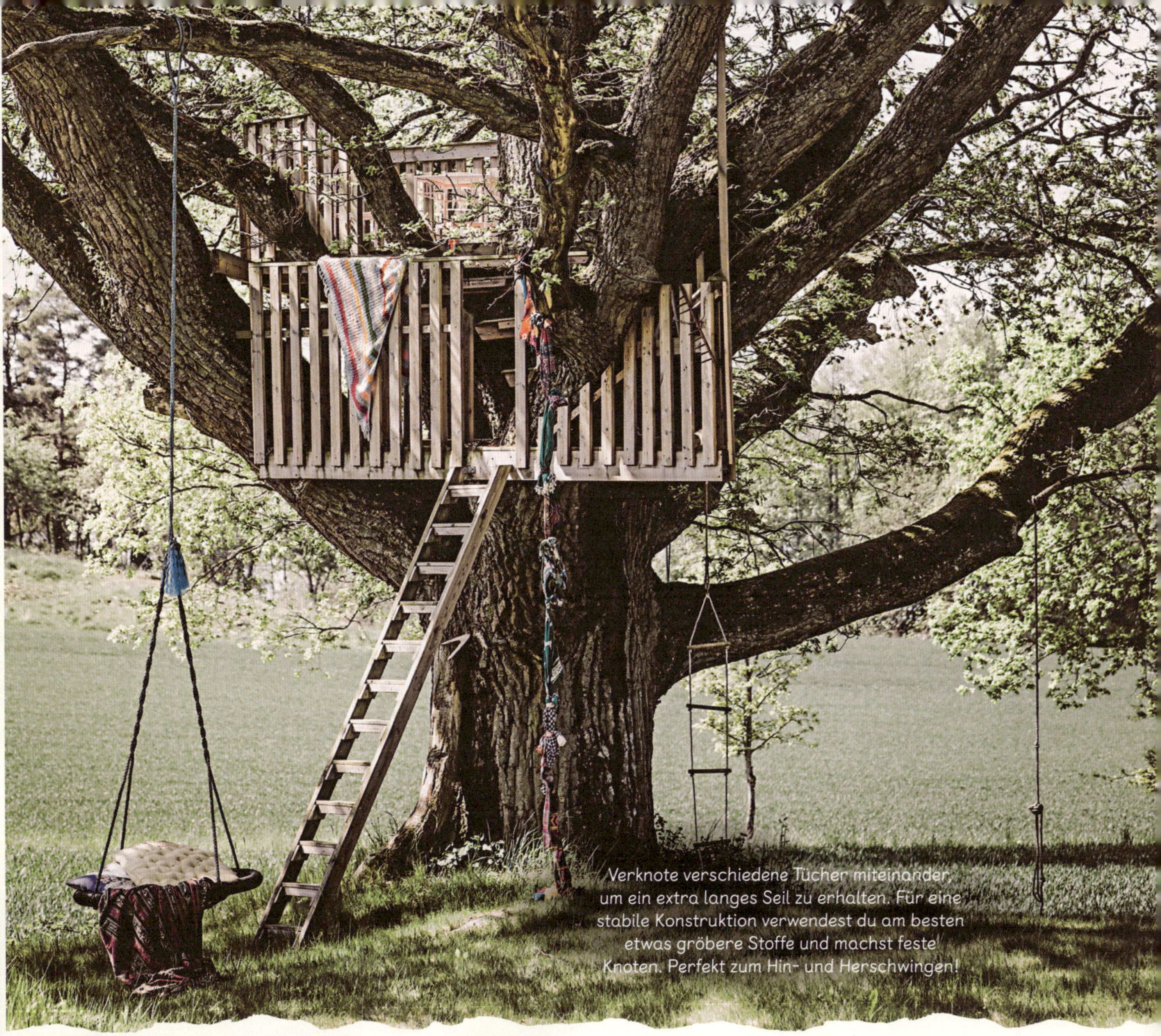

Verknote verschiedene Tücher miteinander, um ein extra langes Seil zu erhalten. Für eine stabile Konstruktion verwendest du am besten etwas gröbere Stoffe und machst feste Knoten. Perfekt zum Hin- und Herschwingen!

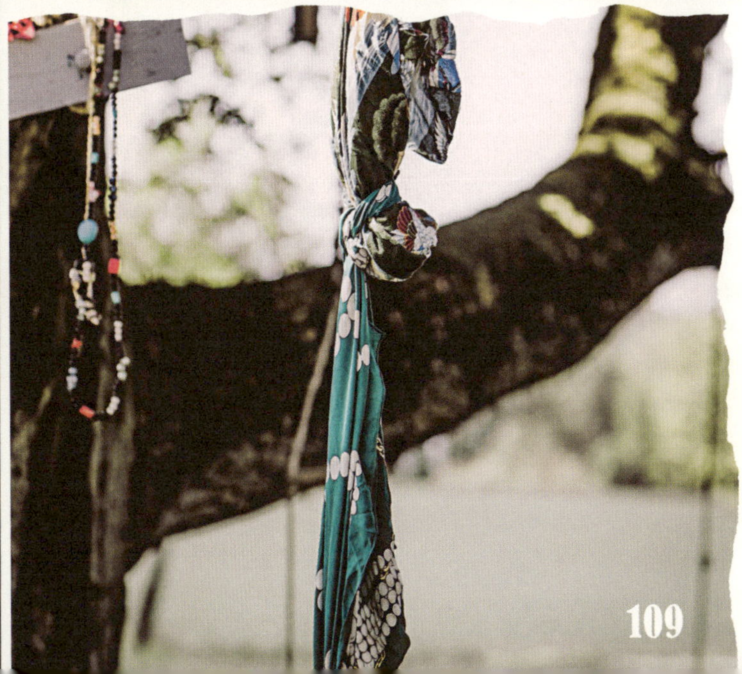

Tipp!
Wir haben eine stabile Bretterkonstruktion für den Boden und das Gerüst verwendet. Dann haben wir das Haus mit den Ästen unseres Lieblingsbaums geschmückt. Wir hatten ihn leider fällen müssen, weil er innen hohl war. Die Zweige eines im Frühjahr beschnittenen Apfelbaums eignen sich auch sehr gut zum Verschönern. So fügt sich das Ganze gut ein – wie ein Baumhaus es eben tun soll.

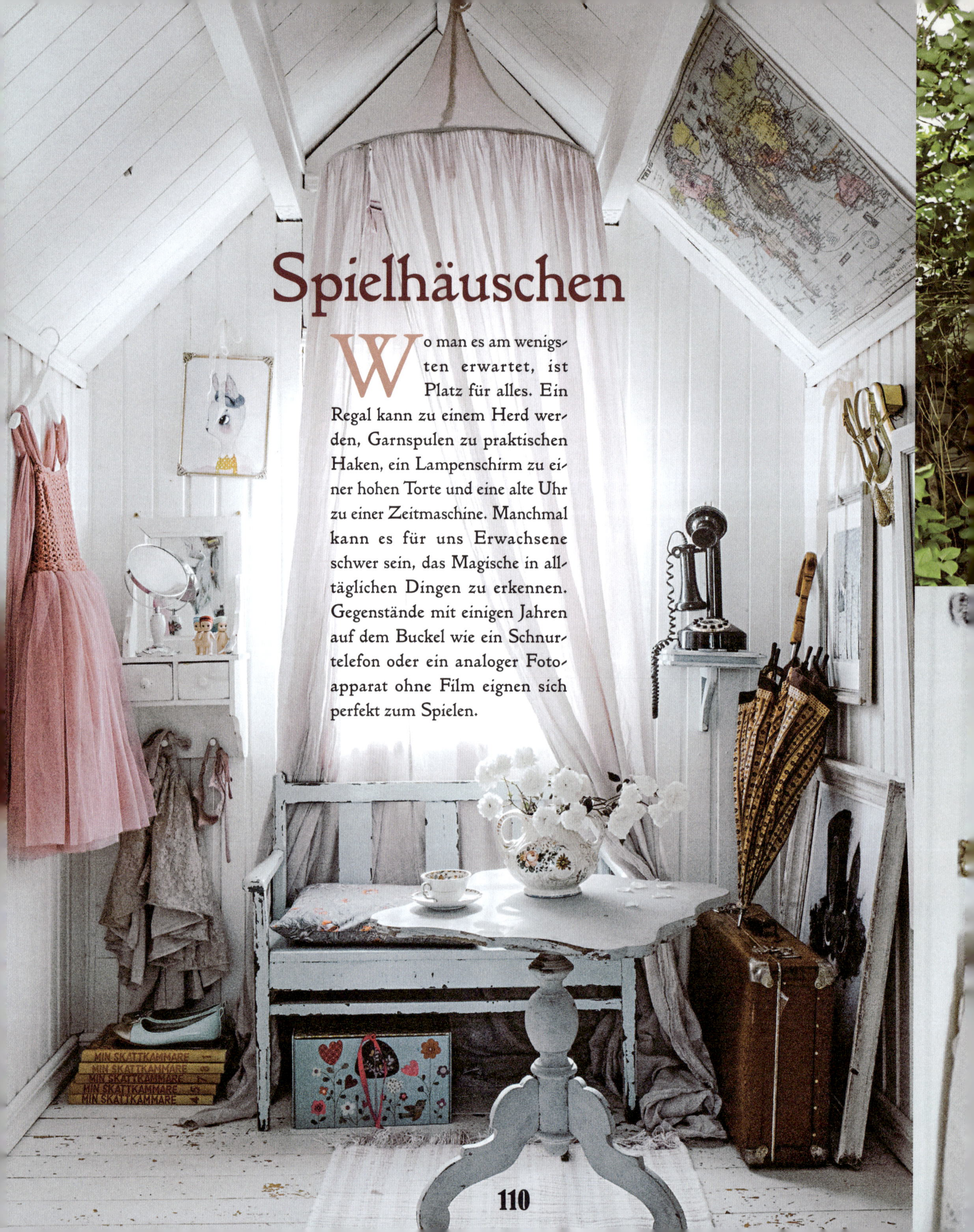

Spielhäuschen

Wo man es am wenigsten erwartet, ist Platz für alles. Ein Regal kann zu einem Herd werden, Garnspulen zu praktischen Haken, ein Lampenschirm zu einer hohen Torte und eine alte Uhr zu einer Zeitmaschine. Manchmal kann es für uns Erwachsene schwer sein, das Magische in alltäglichen Dingen zu erkennen. Gegenstände mit einigen Jahren auf dem Buckel wie ein Schnurtelefon oder ein analoger Fotoapparat ohne Film eignen sich perfekt zum Spielen.

Als wir in einer Wohnung in der Stadt lebten, träumte ich von einer kleinen Miniaturwelt für die Kinder. Und dann hatten wir plötzlich eine: Als wir unser Haus kauften, war sie dabei. Wir strichen, wir hämmerten, wir reparierten und füllten das Häuschen mit kleinen feinen Dingen. Dann fing es an. Ich ärgerte mich über die Sandberge unter den Füßen und über die Lehmkuchen in den Regalen. Ich fegte wie verrückt. Kein Sand im Spielhäuschen! Kein Wasser! Kein Lehm! »Nö«, sagten die Kinder. Eine Stunde später veranstalteten sie schon wieder ein Suppenfest. Ich hatte es nicht gleich verstanden. Gerade das ist doch das Schöne. Seine eigene kleine Welt haben zu dürfen, genauso wie sie einem selbst gefällt. Und in so einer idealen Welt gibt es natürlich Essen aus Matsch, eine Kuschelecke aus getrockneten Blättern und Schnecken als Haustiere. Ganze Universen warten hinter der Hausecke. Oder zumindest die große weite Welt. Und ein Schneckenzirkus auf der Verandatreppe.

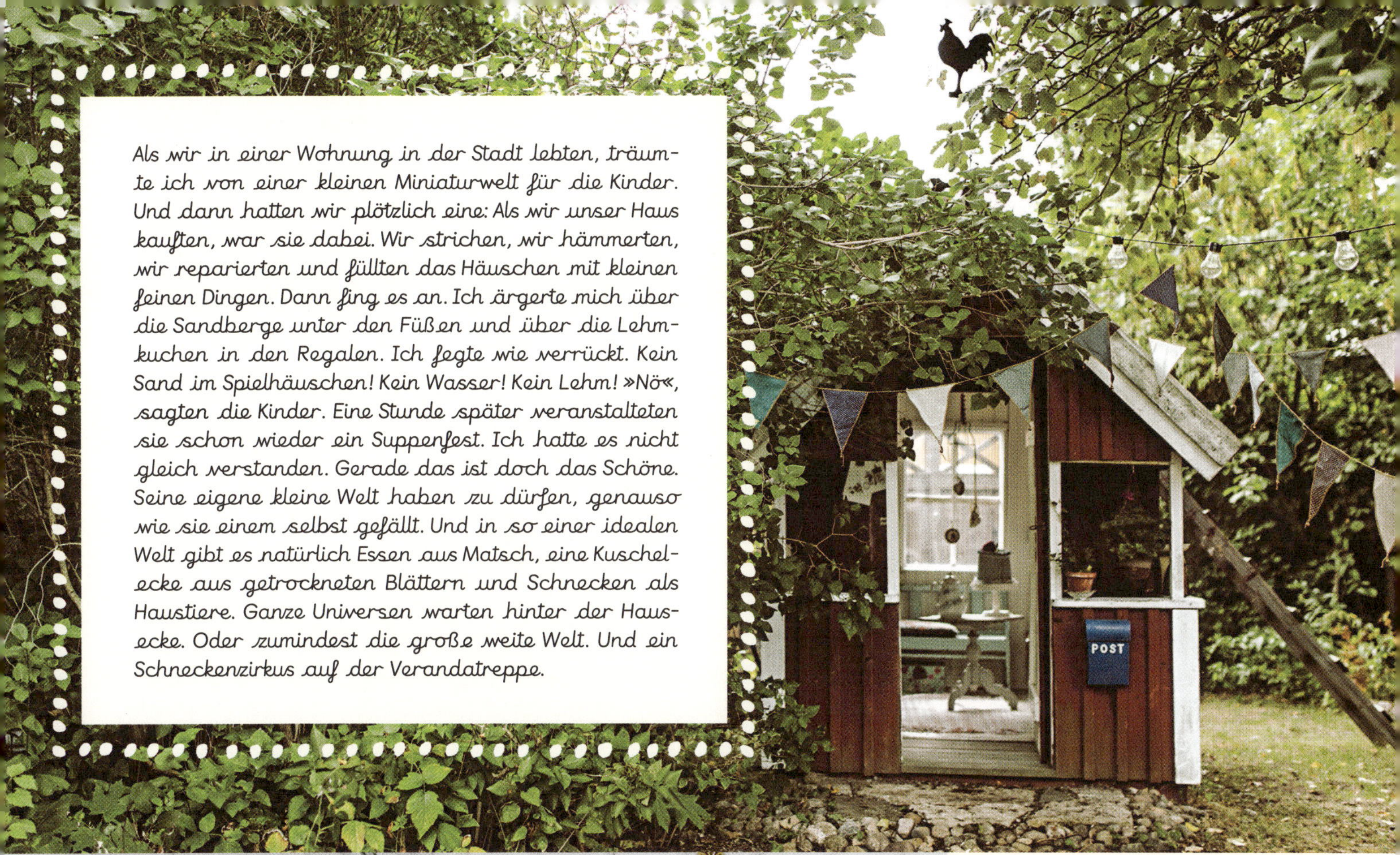

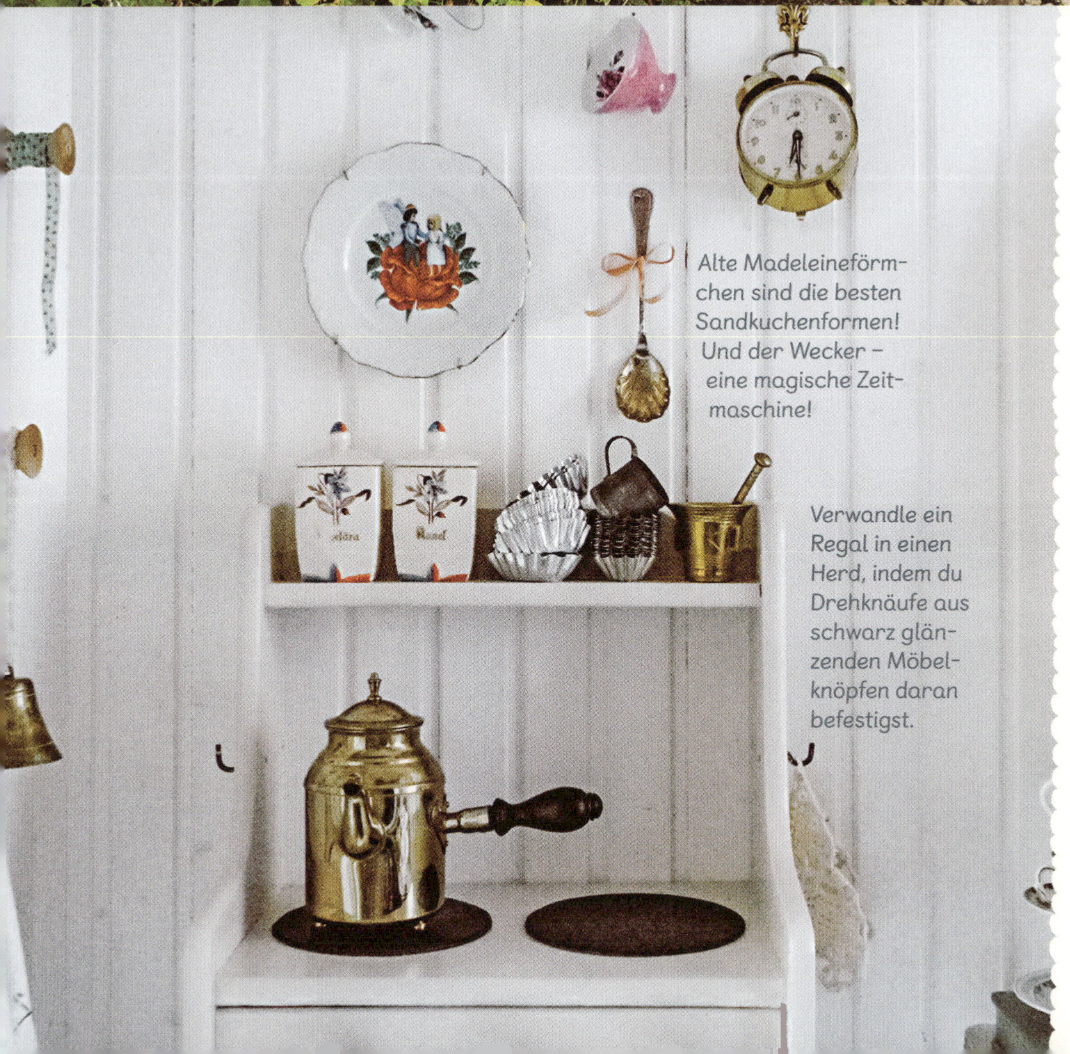

Alte Madeleineförmchen sind die besten Sandkuchenformen! Und der Wecker – eine magische Zeitmaschine!

Verwandle ein Regal in einen Herd, indem du Drehknäufe aus schwarz glänzenden Möbelknöpfen daran befestigst.

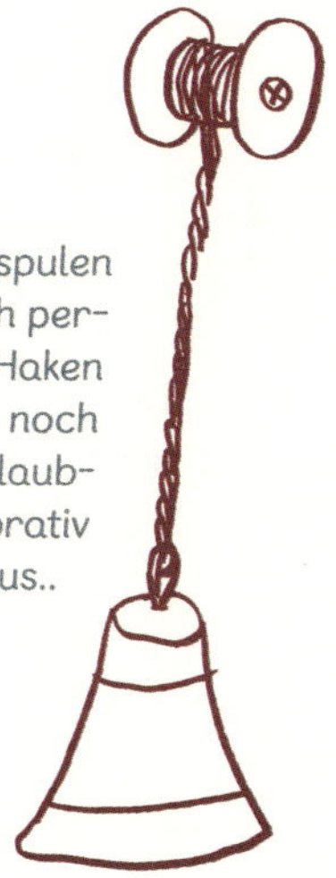

Alte Garnspulen eignen sich perfekt als Haken und sehen noch dazu unglaublich dekorativ aus..

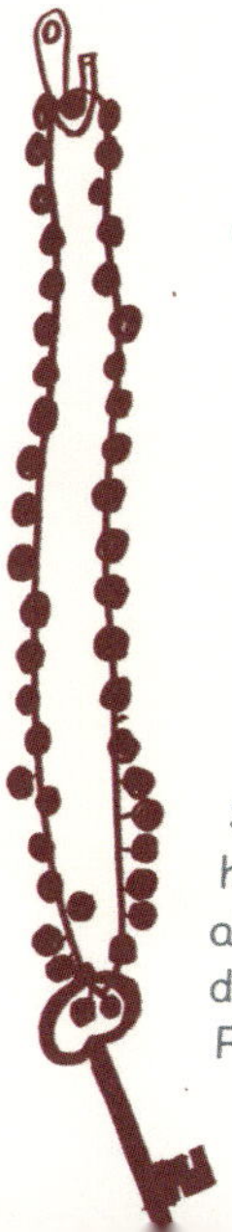

Auch wenn das Häuschen kein Schlüsselloch hat, hänge einen alten Schlüssel an die Tür. Mit einer Pomponborte!

Nicht die geringste Ahnung zu haben, wie ein Tag im Spielhäuschen endet, kann sogar die Mutigsten ganz zappelig und schwach in den Knien werden lassen. Die Kinder verbrachten einen Tag im Land hinter den tausend Bergen, um am Abend auf einer verlassenen Insel zu landen. Jemand hatte ihnen erzählt, dass das türkisfarbene Meer ganz nahe wäre. Gerade, als wir abfuhren, flüsterte jemand etwas von einer besonders guten Abkürzung. Man müsse nur der Südküste der Insel folgen und dann unter die Meeresoberfläche abtauchen. Von dort aus wäre es nur eine halbe Sekunde bis zur Winterstraße.

Im Häuschen ist alles da, was man für Abenteuergelage und Kaffeekränzchen benötigt. Man schließt die Augen, zählt bis drei und schwups ist das Häuschen voller Freunde! Dann greifen wir immer zu unseren glänzendsten Tricks und hängen Tassen in die Luft, wie ein Karussell inmitten unsichtbarer Wolken. Zum Nachtisch servieren wir köstlichen Matsch aus den guten Tassen.

Es ist Zeit für Kaffeekränzchen, Teaparty und Kuchenschlacht, als gäbe es kein Morgen.

Eine große Zange für die Kekse. Und eine kleine silberne für die Zuckerstücke.

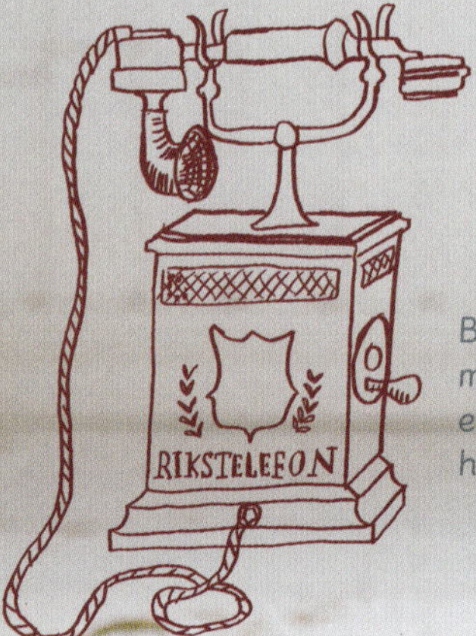

Besonders lieben wir altmodische Telefone. Die, die einen Hörer und ein Kabel haben. Verrückte Sache!

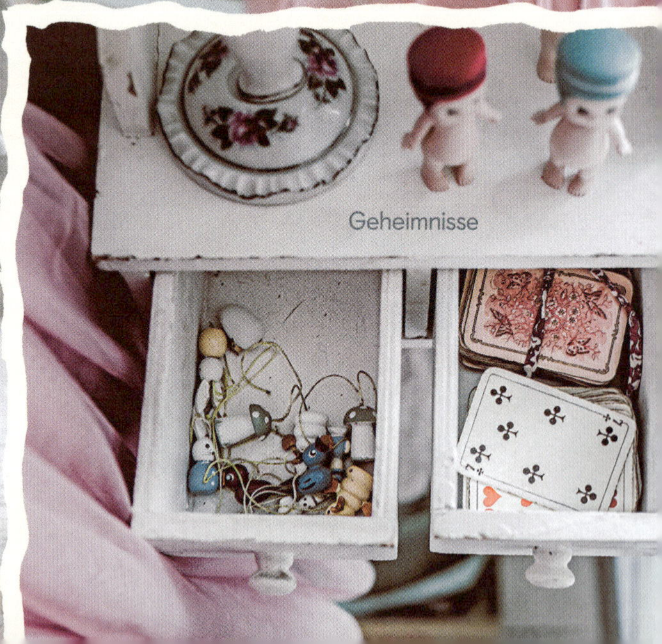

Geheimnisse

Aus Glitzerschuhen wird eine Discokugel. Sie lassen die Sonnenstrahlen an den Wänden tanzen.

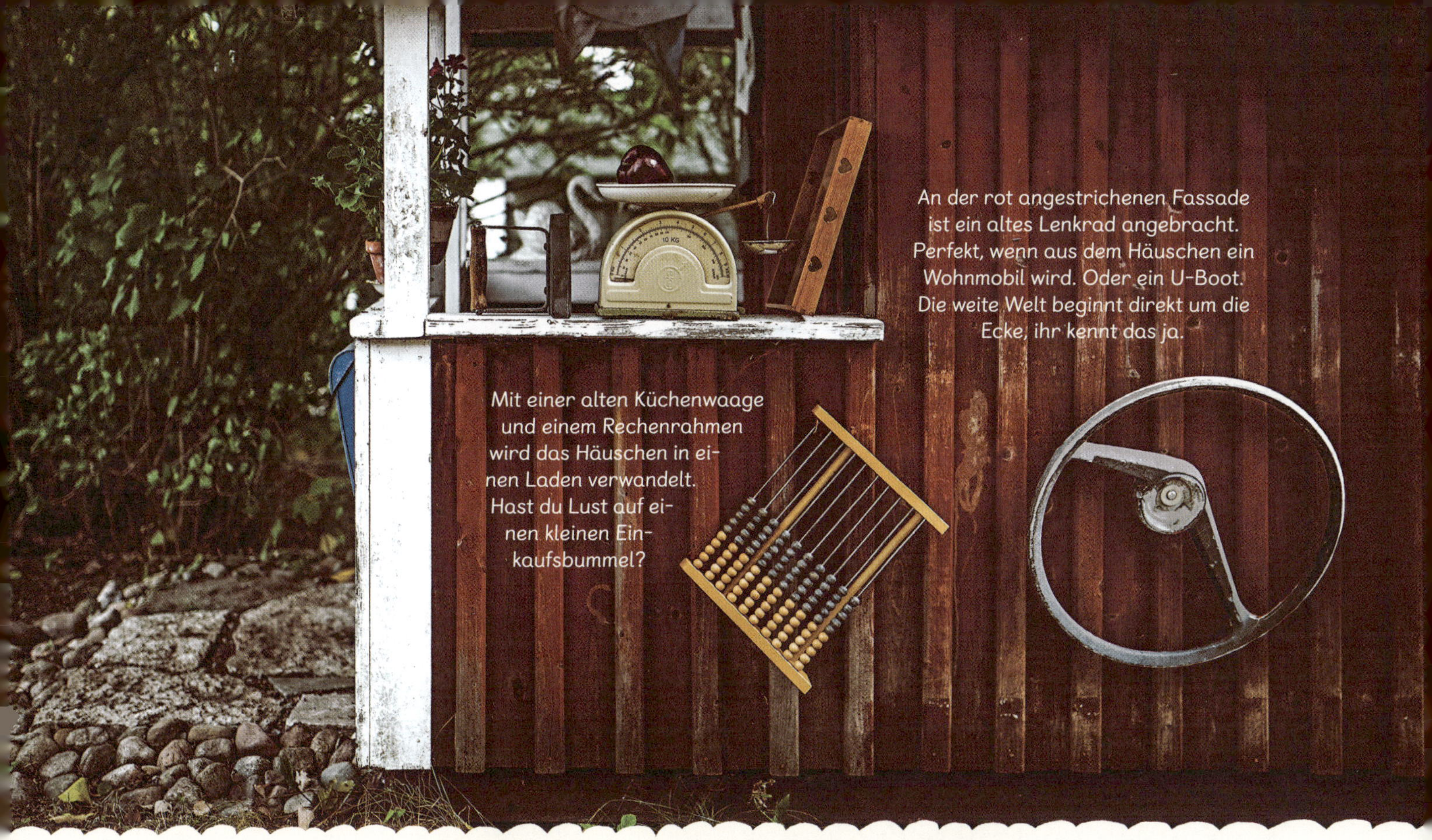

An der rot angestrichenen Fassade ist ein altes Lenkrad angebracht. Perfekt, wenn aus dem Häuschen ein Wohnmobil wird. Oder ein U-Boot. Die weite Welt beginnt direkt um die Ecke, ihr kennt das ja.

Mit einer alten Küchenwaage und einem Rechenrahmen wird das Häuschen in einen Laden verwandelt. Hast du Lust auf einen kleinen Einkaufsbummel?

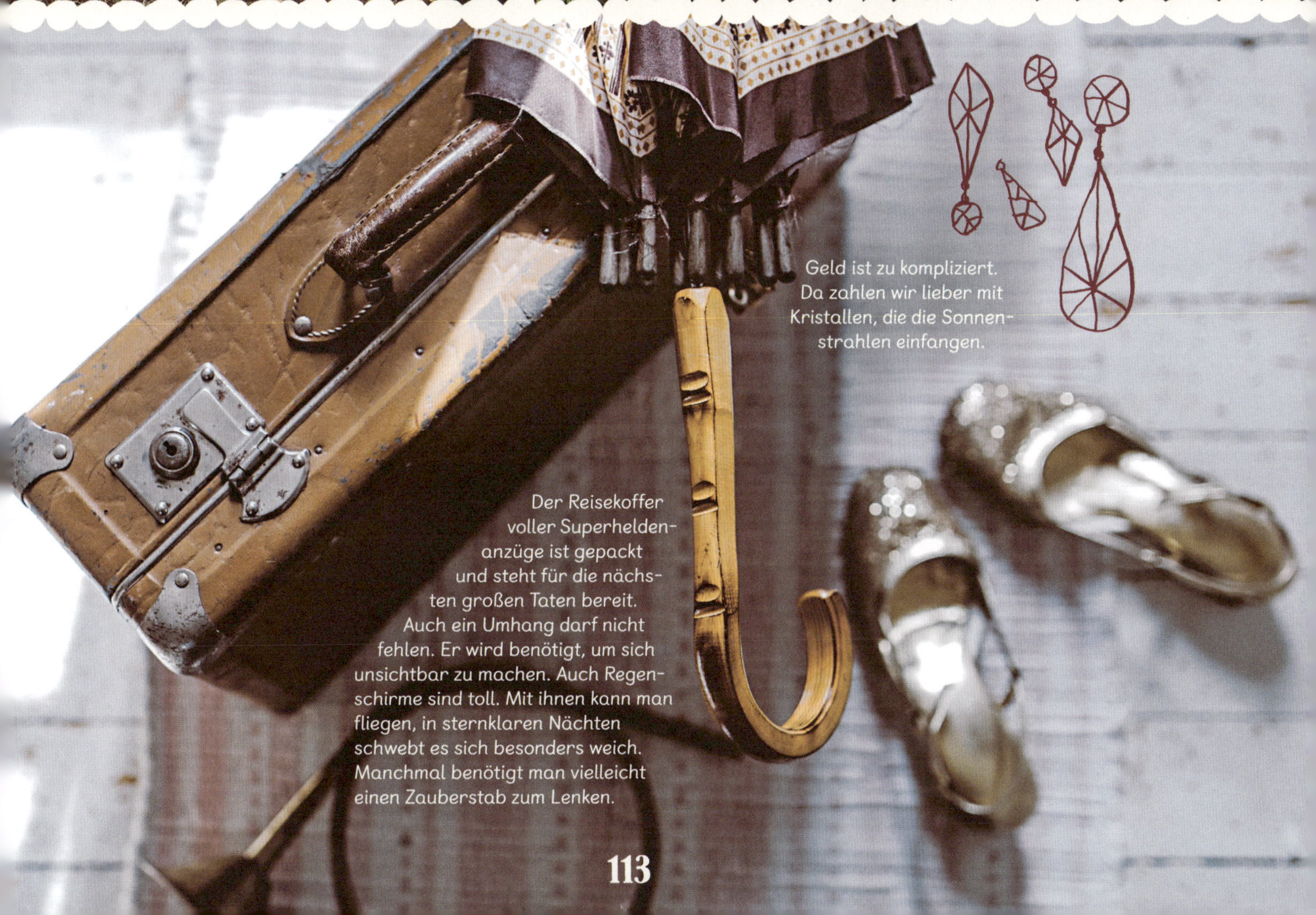

Geld ist zu kompliziert. Da zahlen wir lieber mit Kristallen, die die Sonnenstrahlen einfangen.

Der Reisekoffer voller Superheldenanzüge ist gepackt und steht für die nächsten großen Taten bereit. Auch ein Umhang darf nicht fehlen. Er wird benötigt, um sich unsichtbar zu machen. Auch Regenschirme sind toll. Mit ihnen kann man fliegen, in sternklaren Nächten schwebt es sich besonders weich. Manchmal benötigt man vielleicht einen Zauberstab zum Lenken.

Nachhaltige Einrichtung

Dekoriere für dich selbst und nicht für andere. Eine Selbstverständlichkeit, sollte man meinen, aber in unserer auf Bilder fokussierten Welt ist das gar nicht so einfach.

*

Das Digitale hat großen Einfluss auf uns Menschen. Trends kommen und gehen schneller als jemals zuvor, und die Zeit scheint niemals stillzustehen. Das Risiko ist groß, dass man sich selbst darin verliert und vergisst, was man selbst eigentlich möchte. Es darf also ruhig wiederholt werden: Deine Einrichtung ist für dich bestimmt, nicht für andere. So wie wir das sehen, spiegelt Einrichtung in gewisser Art und Weise wider, wer wir sind. Darum ist es so spannend, Menschen in ihrem Zuhause zu besuchen. Es erzählt immer eine Geschichte. Besonders angezogen werden wir von einem Zuhause, wenn es Menschen ein ganzes Leben lang begleiten durfte. Ohne Umzugswagen, ohne seelenlose Renovierungen. Ohne Ängstlichkeit oder leblosen Minimalismus.

Wahrscheinlich zieht es uns aus denselben Gründen auch so sehr zum Kinderzimmer, dem Universum der Kinder. Einem Raum, der richtig lebt und zusammen mit unseren Kindern geformt wird. Überall kann man kleine Spuren ihrer Welt sehen. In der im Bau begriffenen Hütte, in ein paar magischen Steinen, die in einer Schreibtischschublade versteckt liegen, oder in kunterbunt durcheinander liegenden Plüschtieren beim Kaffeekränzchen.

Ein Zimmer der verworfenen Ideen

Das Kinderzimmer ist bei vielen zu einem Zimmer der verworfenen Ideen geworden. Das ist eine Falle, in die wir nur zu leicht treten. An einem Tag dreht sich alles nur um Kaninchen, und wir lassen uns voll darauf ein, aber kaum sind Kaninchen out, landen sie ganz unten irgendwo in einem Schrank. Und so geht es immer weiter, wenn wir nicht den Versuch unternehmen, langfristig zu denken. Natürlich sollen Kinder an der Gestaltung teilhaben und bestimmen dürfen, wie ihr Zimmer aussehen soll, aber es ist wichtig, dass man dabei ist und anleitet, pfiffige Vorschläge macht und manchmal auch bremst.

Ein guter erster Schritt

Ein üblicher Fehler ist es zu denken, dass die gesamte Einrichtung in einem Kinderzimmer auch speziell für Kinder hergestellt sein muss. Natürlich ist es vielleicht gut, wenn man auf die richtige Größe angepasste Stühle und Betten hat, aber auch das ist kein Muss. Ein großer Holzschrank vom Flohmarkt funktioniert mindestens genauso gut als Aufbewahrung wie etwas Neugekauftes – wenn nicht sogar besser – und man umgeht es, zu den großen Ketten zu gehen und etwas Massenproduziertes zu kaufen. Stattdessen bekommst du ein Unikat aus gutem Material, das für alle Zeiten halten wird. Richtiges Handwerk.

Den Kindern beizubringen, dass Dinge einen Wert haben, gehört ebenfalls zur nachhaltigen Einrichtung. Sie müssen begreifen, dass man nicht einfach etwas Neues kaufen kann, nur, weil man etwas leid ist oder etwas kaputtgegangen ist. Ein Möbelstück zu reparieren, kann ein spannendes gemeinsames Projekt sein. Dasselbe Prinzip gilt, wenn man zum Beispiel eines nicht mehr mag und es austauschen möchte. Vielleicht kann man es umstreichen oder gegen ein anderes Möbelstück tauschen, das ihr zu Hause habt. Kinder lieben es zu streichen, macht es doch gemeinsam!

Halte auf dem Flohmarkt oder auf Auktionen nach diesen Dingen Ausschau

- große Schränke und Aufbewahrungskörbe
- Hakenleisten
- Schreibtische
- Tafeln und Bilder
- Schachteln und Kisten
- Setz- und Schmuckkästen
- Lampen
- Spiele, Puzzles, Holzbauklötze und Ähnliches

Mit einfachen Mitteln erneuern

Wenn du zu Hause etwas erneuern möchtest, musst du nichts Neues kaufen. Mit einfachen Mitteln kann ein Möbelstück, das eigentlich entsorgt werden sollte, zu neuem Leben erweckt werden. Etwa ein alter Schreibtisch oder ein Schrank, den niemand mehr haben will. Die meisten Dinge lassen sich mit ein wenig Schaffensfreude, Erfindungsgeist und Geduld retten, erneuern und aufpeppen.

Umstreichen

Das Umstreichen von Möbeln ist eine sehr einfache Technik, um ihnen neues Leben einzuhauchen. Die meisten Möbel und Materialien lassen sich streichen. Wichtig sind geeignete Produkte und Werkzeuge sowie eine gute Vorarbeit. Was die Farbwahl betrifft, gibt es kein Richtig und Falsch. Wichtig ist, was du magst und dass das Möbelstück mit der übrigen Einrichtung harmonieren wird.

Mit Stoff neu beziehen

Ein kleineres Möbelstück wie ein Hocker, ein Sitzpouf oder ein Sessel lässt sich ausgezeichnet neu beziehen. Denk daran, die Polsterung zu prüfen und einen strapazierfähigen Stoff auszusuchen. Hammer und Nägel könnten nützlich sein.

Griffe und Knöpfe austauschen

Versieht man eine Kommode oder einen Schrank mit neuen Griffen oder Beschlägen, sehen sie gleich ganz anders aus. Suche zum Beispiel auf dem Flohmarkt danach oder kaufe sie im Baumarkt.

Was sollte man bedenken, wenn man ein Kinderzimmer einrichtet?

Das Zuhause sollte ein sicherer Ort sein, ein Teil von dir und jenen, mit denen du zusammenlebst. Es ist immerhin der Ort, an dem man die meiste Zeit verbringt. Einrichtung bedeutet großenteils Bauchgefühl. Vertraue auf deine Vorlieben und deinen eigenen Geschmack. Und auf dein Wohlbefinden!

Ein paar Richtlinien

- Auf dem Flohmarkt, bei Auktionen und in Secondhandläden findet man das meiste. Nimm die Kinder mit und lasse sie auch beim Einrichten, Streichen und Gestalten ihres Zimmers helfen. Damit es nicht ganz aus dem Ruder läuft: Mache im Vorfeld verschiedene Vorschläge.
- Harmonie versus kreatives Chaos. Versuche, eine Balance zu finden. Mache dir Gedanken über Aufbewahrung! Ein Kinderzimmer muss nie vollständig aufgeräumt sein, sondern lebendig und spielerisch. Der Trick ist oft die richtige Aufbewahrung: Körbe, Kisten, Schachteln, Regale, Haken und Schränke. Nach Möglichkeit sollen die Kinder ihre Sachen selbst richtig ein- und ausräumen können.
- Passe die Einrichtung des Kinderzimmers an den Rest des Zuhauses an! Besonders schön ist es, wenn Farben, Möbel und Materialien mit den Sachen in den anderen Räumen harmonieren. Denke nur spielerischer und weniger ängstlich.
- In Kinderzimmer gehören natürliche Materialien. Eine gute Wahl für die Umwelt und die Kinder.
- Möbliere aus Perspektive der Kinder, sieh den Raum mit ihren Augen. Passe die Größe der Möbel und die Höhe der an die Wand montierten Dinge auf die Größe der Kinder an. Dasselbe gilt für Aufbewahrung und Haken.
- Not for show! Eure Einrichtung ist für euch bestimmt, nicht für andere. Basis für die Einrichtung sind immer dein Bauchgefühl und dein Stil.

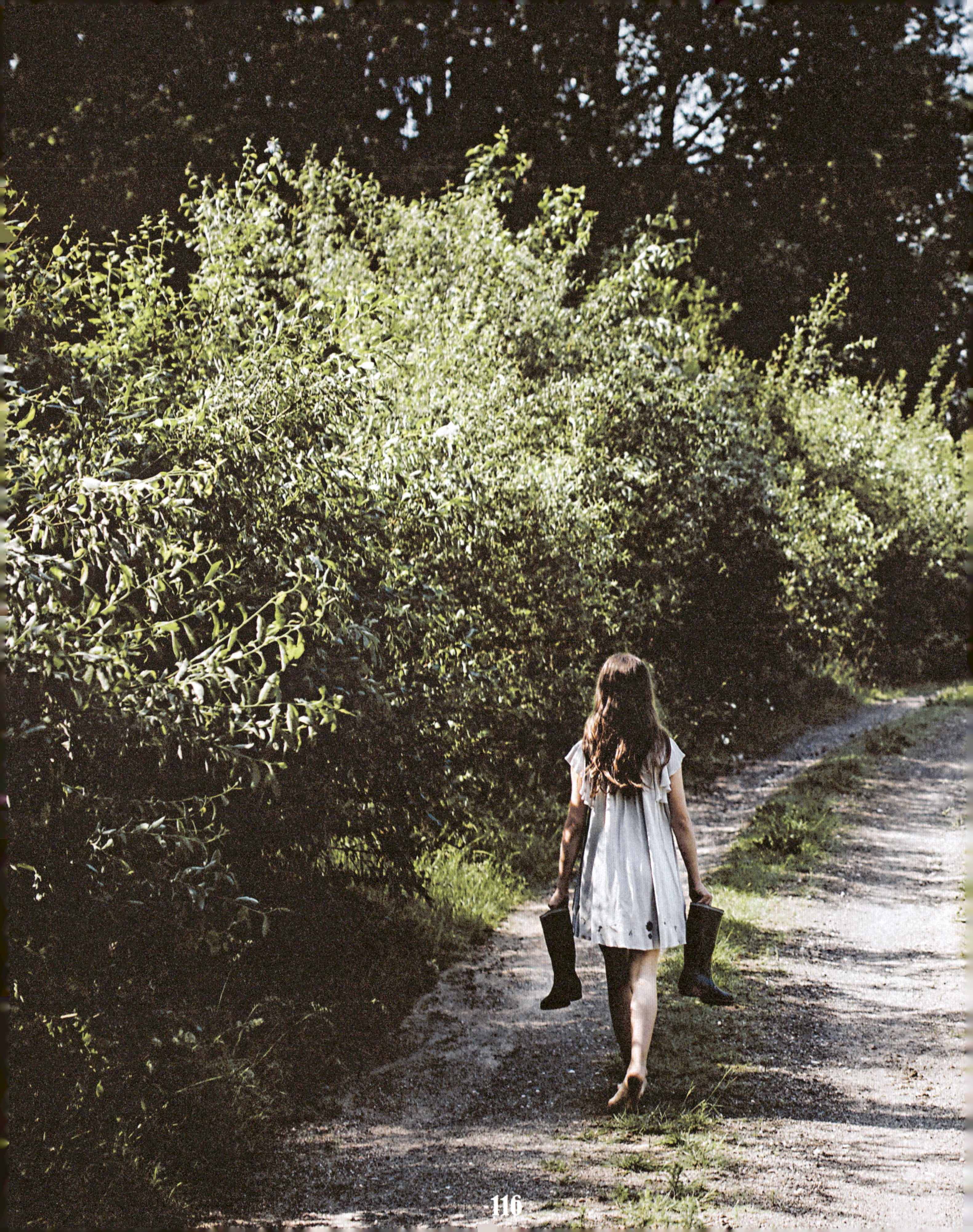

Über Trolle und Schmetterlingszirkusse

Barfußkinder. Solange ich mich erinnern kann, gehen sie ohne Schuhe umher. In Stockholm genauso wie in Paris oder auf Feldwegen. Es fühlt sich gut an, den Sommer unter den Füßen zu spüren.

Wir fanden eine Steinmauer aus uralten Zeiten. Das Eigenartige war, dass sie die grünen Wiesen voller Glockenblumen von einem Wald trennte, wo alles trocken und braun war. Als würde die Mauer zwei Welten voneinander trennen.

Wir kletterten über die Mauer, und als sich ein paar Steine lösten und donnernd zu Boden fielen, rief jemand aus, dass das die Trolle waren. So etwas machen die nämlich. Aber dass Trolle böse sein sollten, daran glaubten wir nicht. Das hatte sich nur jemand Dummes ausgedacht. Und mochte sich dieser Wald auch scheußlich düster anfühlen, so hatten wir doch gehört, dass sie sich dort inmitten der Schatten wohlfühlten. Also, die Trolle.

Wir entschieden uns, ein Geschenk aus der anderen Welt zu hinterlassen. Einfach nur so. Wir rannten los und holten Glockenblumen von dort draußen, im Licht jenseits der Steinmauer. Wir dachten, dass die kleinen Trolle sie als Hütten verwenden könnten. Wir sprachen ein wenig über die Elfen, die in der Nacht ihre Röcke nach dem Tanz zum Trocknen aufgehängt hatten. Glockenblumen konnten für so vieles verwendet werden. Wir hörten alle, wie sie klingelten, man musste nur dir Ohren spitzen.

Wir räumten unsere Hosentaschen aus und fanden eine Goldmünze. Wir wussten, dass Trolle Glitzer mögen, und hinterließen gemeinsam einen Zettel, auf dem stand: »Für die Trolle«.

Als wir aus dem Trollwald herauskletterten und zu rufen begannen, waren wir wahnsinnig mutig. Aber da antwortete doch jemand. Es klang wie Papa. Aber nein, er war doch angeln.

Ich sagte zu ihrem Bruder: »Darf ich dein Herz fühlen?« Es ist völlig klar, dass es vor lauter Schreck raste. Trolle, die antworteten, damit hatten wir nicht gerechnet.

Jetzt hatten wir es etwas eilig, das passiert ja leicht, wenn das Herz so schnell schlägt. Das Gras fühlte sich unnatürlich hoch an, obwohl es in Wirklichkeit eher kurz war. Der Frühlingsbach war ausgetrocknet und hatte eine kleine Treppe gebildet, wo wir sie am besten brauchen konnten.

Wir versteckten uns hinter den Blaubeerbüschen, die schon immer dort gestanden hatten. Dieselbe Treppe, dieselben Blaubeerbüsche und derselbe Geschmack. Dann veranstalteten wir einen Schmetterlingszirkus. Mit den vorsichtigsten Händen spielten wir ein Weilchen mit den Schmetterlingen. Offenbar war das für einen Schmetterling überhaupt nicht eigenartig. Der Zitronenfalter landete zwischen meinen Augen und der Bläuling auf der Nase meines Bruders.

Bevor wir einschliefen, folgten wir der Sonne durch die Allee ganz bis zum Ende, bis zu den Glühwürmchen. In Wirklichkeit waren es wahrscheinlich nur Mücken, die dort in den Strahlen des Sonnenuntergangs ganz besonders glitzerten.

Rote oder Weiße Rose

Die Mitspieler teilen sich in zwei Mannschaften auf, die Rote bzw. Weiße Rose. Ehe das Spiel beginnt, muss entschieden werden, was versteckt werden soll. Ein weißer Stein, eine magische Murmel oder warum nicht gleich ein ganzer Schatz?

Eine Mannschaft versteckt den Schatz an einer guten Stelle. Sagen wir, die Rote Rose beginnt. Alle in der Mannschaft müssen genau wissen, wo der Schatz versteckt ist. Die gegnerische Mannschaft, die Weiße Rose, versammelt sich und wartet, bis es so weit ist.

Ist der Schatz versteckt, ruft die Rote Rose laut, dass es losgeht, alle müssen es hören. Jetzt muss die Weiße Rose den Schatz suchen, indem sie die Mitglieder der Roten Rose fängt. Wird eine Rote Rose gefangen, muss sie einen Hinweis preisgeben, wo der Schatz versteckt ist. Je mehr Rote Rosen gefangen werden können, desto mehr Hinweise gibt es.

Manchmal kann man auch neue Regeln erfinden. Etwa dass, wer gefangen wird, drei Hinweise verraten muss – aber nur einer davon muss richtig sein. Haben die Gefangenen »gestanden«, sind sie frei. Ist der Schatz gefunden, wechseln die Mannschaften.

Verstecken verkehrt herum

Das Spiel funktioniert beinahe wie Verstecken, nur verkehrt herum: Alle zählen, aber nur einer versteckt sich. Wer ihn findet, bleibt mit ihm im Versteck. Am Schluss bleibt nur ein Spieler übrig, der sucht. Dieser darf sich nun verstecken und alle anderen müssen ihn suchen.

Unter die Schwingen des Habichts kommt

Es wird ein Habicht bestimmt, der sich in die Mitte des Raums oder der Wiese stellt. Die übrigen Mitspieler versammeln sich an einer Spielfeldseite. Der Habicht beginnt das Spiel, indem er ruft: »Unter die Schwingen des Habichts kommt!«

Die übrigen Mitspieler antworten: »Welche Farbe?«. Der Habicht wählt eine Farbe, zum Beispiel Rot.

Alle Mitspieler, die etwas Rotes anhaben, dürfen unbehelligt auf die gegenüberliegende Seite gehen. Die anderen müssen versuchen, hinüberzugelangen, ohne vom Habicht gefangen zu werden. Alle, die gefangen werden, werden auch Habichte. Das Spiel geht weiter, bis nur einer übrig bleibt oder alle gefangen wurden.

Himmel und Hölle

Hast du »Himmel und Hölle« erst einmal gefaltet, kannst du dieses Papierspiel bis in alle Ewigkeit spielen. Das Falten ist im Grunde das Einzige, was immer auf die dieselbe Art gemacht wird, alles andere entscheidest du. Falte das Papier entsprechend der Skizze. Bemale es, wie du möchtest, zeichne Figuren und Motive oder schreibe Wörter, Geschichten, Fragen, Rätsel oder Aufgaben darauf.

- Bitte deinen Mitspieler, eine Zahl zu nennen. Lass »Himmel und Hölle« abwechselnd in beide Richtungen auf- und zuklappen, bis die Zahl erreicht ist.
- Hast du das Papier farbig bemalt, dann öffne »Himmel und Hölle« und lasse deinen Mitspieler eine der Farben wählen. Wählt er die Farbe Lila, öffnest und schließt du das Spiel viermal, da das Wort lila vier Buchstaben hat. Dann hebst du den entsprechenden Flügel an und liest, was darunter steht. Das kann eine Frage sein, eine Aufgabe, ein Rätsel oder was auch immer!

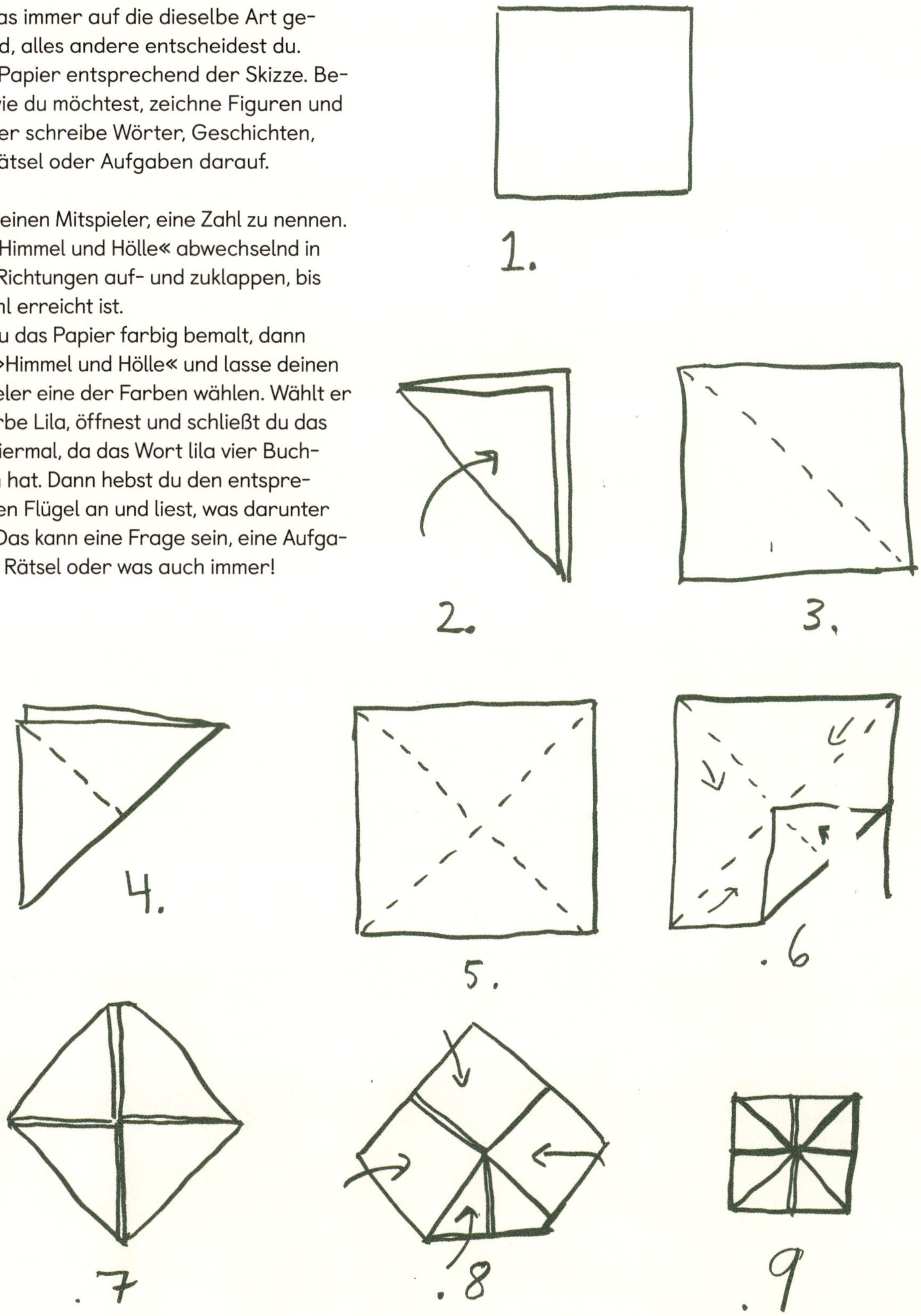

Catarina Skoglund

Catarina Skoglund lebt mit ihrem Mann und den beiden Töchtern in einem Haus auf Asperö, einer autofreien Insel in Göteborgs südlichen Schären. Sie ist Fotografin und Stylistin, auf Instagram verzaubert sie ihre Follower unter dem Namen Anna Cate mit Bildern von inspirierender und naturnaher Inneneinrichtung – diese spiegelt sich sogar in den Zimmern ihrer Kinder wider.

»Betritt man ein Kinderzimmer, soll es sich anfühlen, als würde man in eine Märchenwelt eintreten, in der Raum für Fantasie ist«, sagt Catarina und erläutert, was das Kinderzimmer für sie bedeutet. »Es ist eine wunderbare Flucht vor der Realität des Alltag. Im Kinderzimmer gibt es keine Regeln oder Zwänge.«

Im Zimmer ihrer jüngeren Tochter Penny steht ein mitwachsendes Bett, das mit seinem Betthimmel und der Lichterkette, die sie verwenden, um »die Sterne anzuzünden«, auch als Hütte fungiert. Aber nicht nur die Fantasie hat den Raum geprägt. »Wir wollten das Zimmer entsprechend Pennys Bedürfnissen und Interessen einrichten.« Sie haben den Spiegel deshalb so montiert, dass er Pennys Größe entspricht, und das Regal haben sie so angepasst, dass sie an ihre Spielsachen selbst herankommt.

Für die Wände haben sie die Tapete Acanthus von Morris & Co. mit verschlungenem Blattwerk als Motiv darauf gewählt, das eine gemütliche und märchenhafte Stimmung verbreitet. »Eigentlich ist das keine traditionelle Kindertapete, aber ich finde sie fantastisch, weil sie ein solches Gefühl von Geborgenheit und Verspieltheit vermittelt. Außerdem wird sie sich genauso schön als Hintergrund für eine spätere Bibliothek oder für ein Gästezimmer machen.«

Den Gedanken an die Nachhaltigkeit und das Einrichten im Hinblick auf die Zukunft hat sie immer im Hinterkopf. »Ich versuche so nachhaltig zu denken, wie es geht. Das meiste in Pennys Zimmer hatte Stella, als sie klein war, sowohl Spielsachen als auch Möbel. Der Bücherschrank stand früher in unserem Schlafzimmer. Kindermöbel müssen eben nicht immer Kindermöbel sein. Es gibt eine Menge schöner Schnäppchen im Secondhandladen!«

Mehr von Catarina auf Instagram @annacate

Catarina über ...

kreativ sein mit Kindern
Ich mag es, die Kinder zu ermuntern, etwas mit ihren Händen zu schaffen. Pinsel, Wasserfarbe und Ähnliches räume ich nicht weg, ich verwahre sie hier zu Hause leicht zugänglich für sie. Und dann versuche ich, mich nicht so sehr einzumischen, sondern lasse sie in ihre eigene Welt eintauchen, wenn sie kreativ sind.

Fantasie
Fantasie ist, ebenso wie Träume, ein so wichtiger Teil des Lebens für Kinder ebenso wie für Erwachsene. Ich denke, dass wir die Fantasie brauchen, um der Wirklichkeit manchmal zu entfliehen. Mit das Schönste ist für mich, meine Vierjährige zu beobachten, wenn sie in ihre Rollenspiele vertieft ist.

Traditionen
Als ich Kinder bekam, freute ich mich darauf, unsere eigenen Traditionen für sie zu schaffen. Momente, auf die sie als Erwachsene zurückschauen und an die sie sich hoffentlich mit Wärme erinnern – und vielleicht mitnehmen und an ihre Kinder weitergeben. Wie zum Beispiel das traditionelle Mittsommerfest in Dalarna. Aber wenn ich es mir recht überlege, bin ich selbst tatsächlich gar nicht so traditionsverbunden. Ich mag es lieber, neue Erlebnisse zu schaffen.

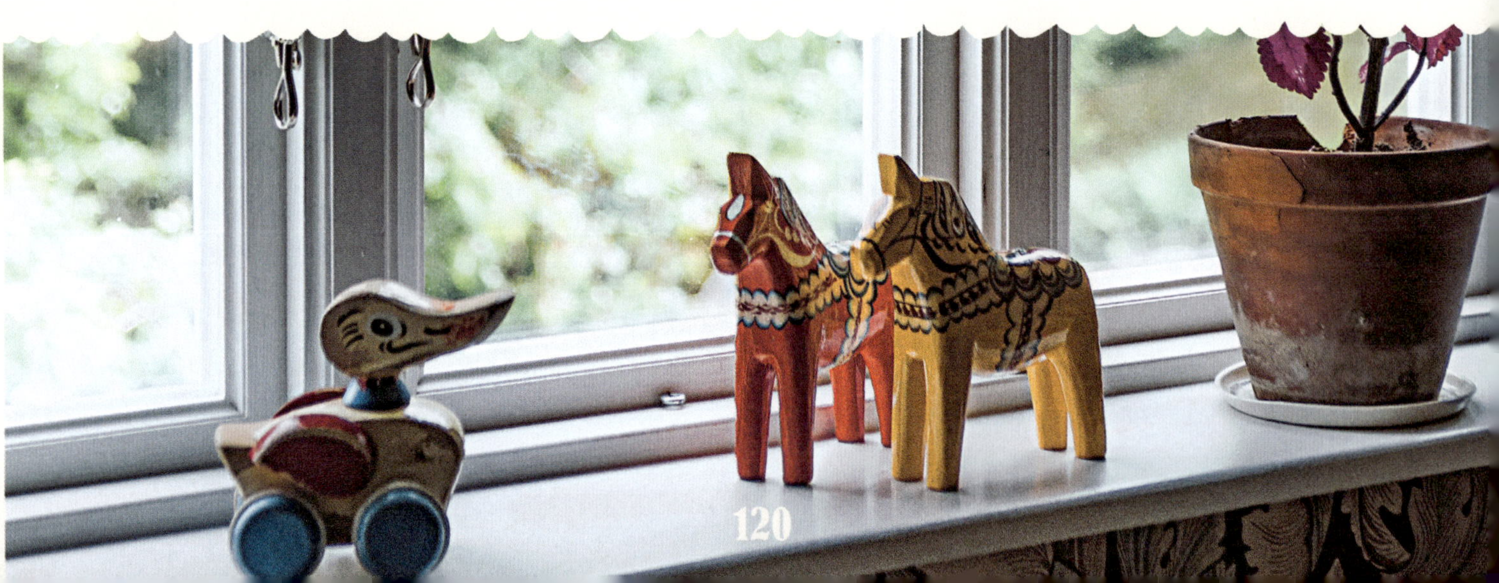

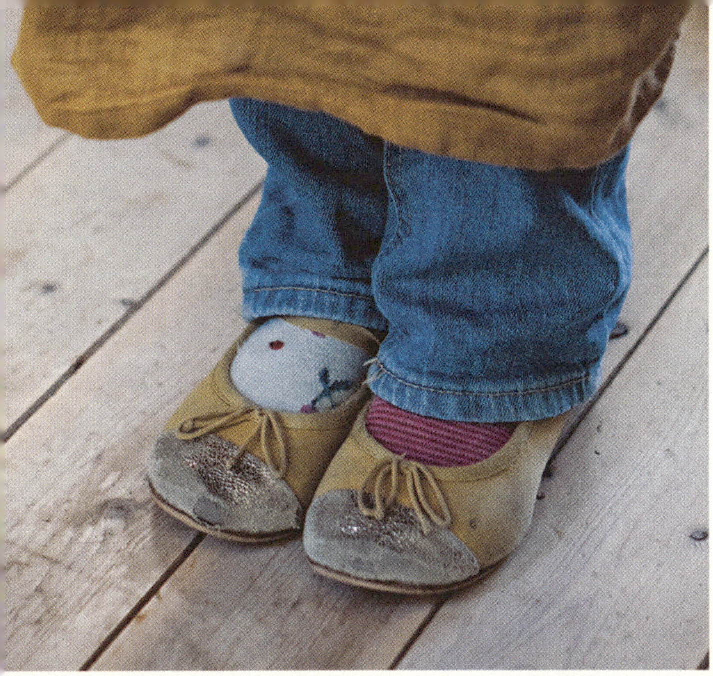

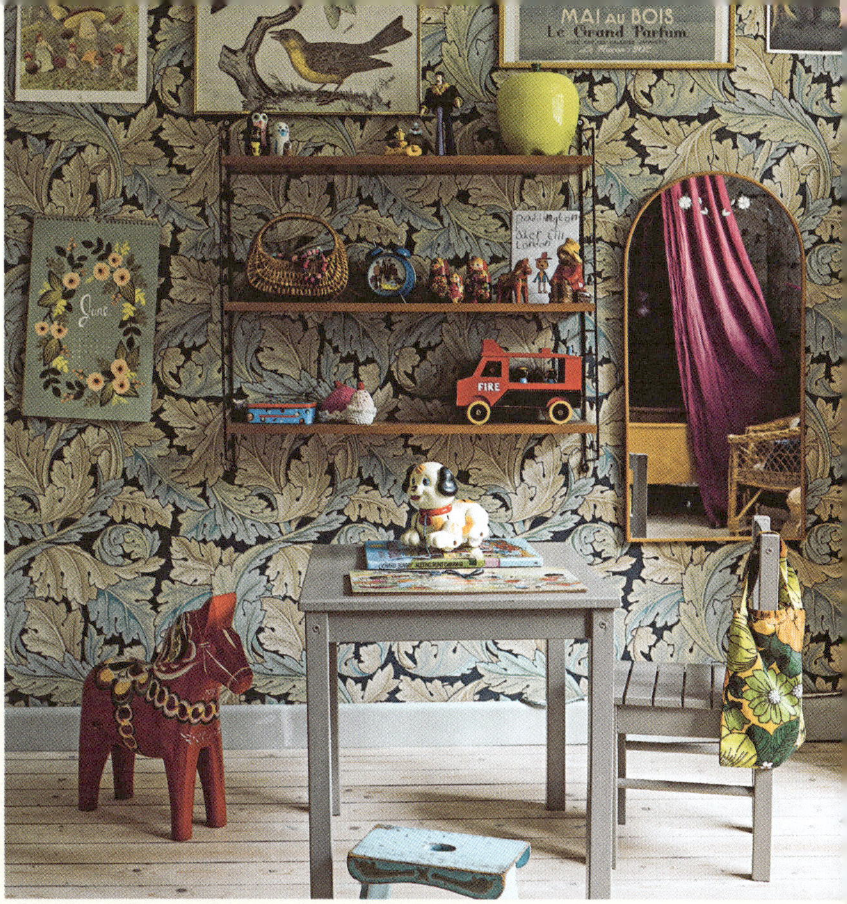
MAI au BOIS
Le Grand Parfum
FIRE

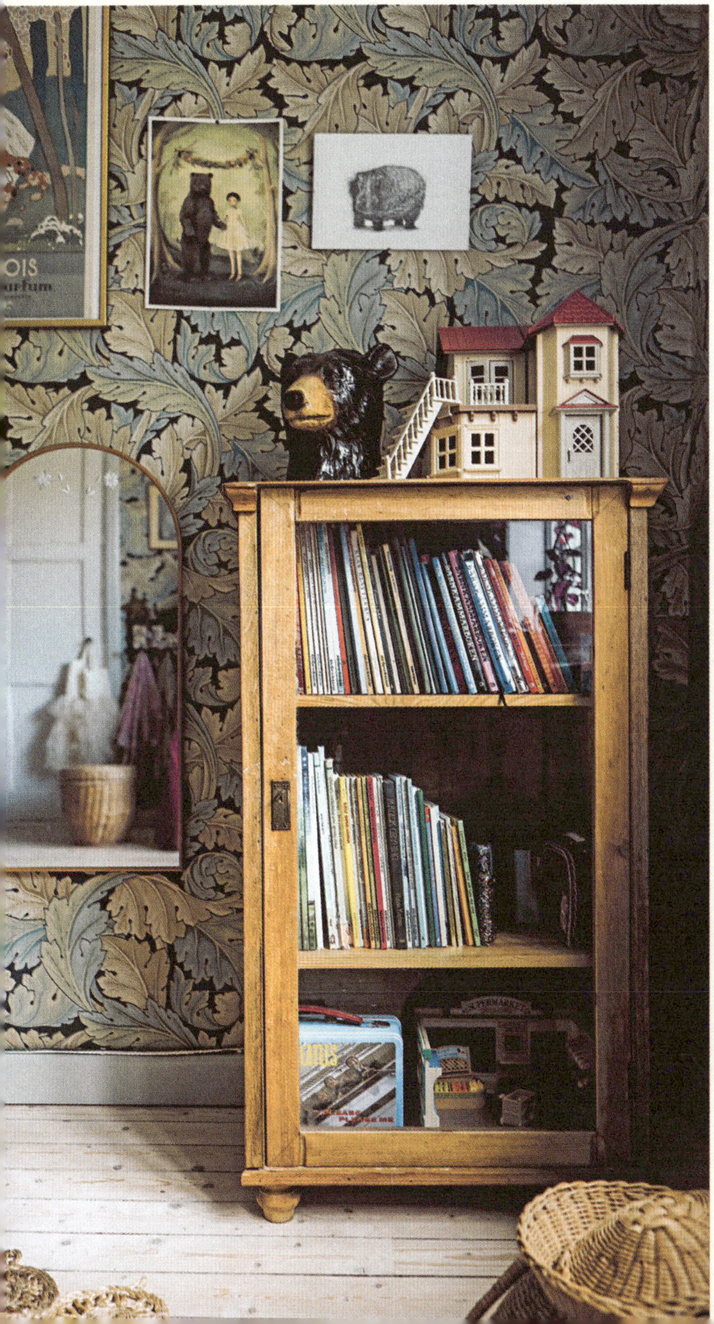

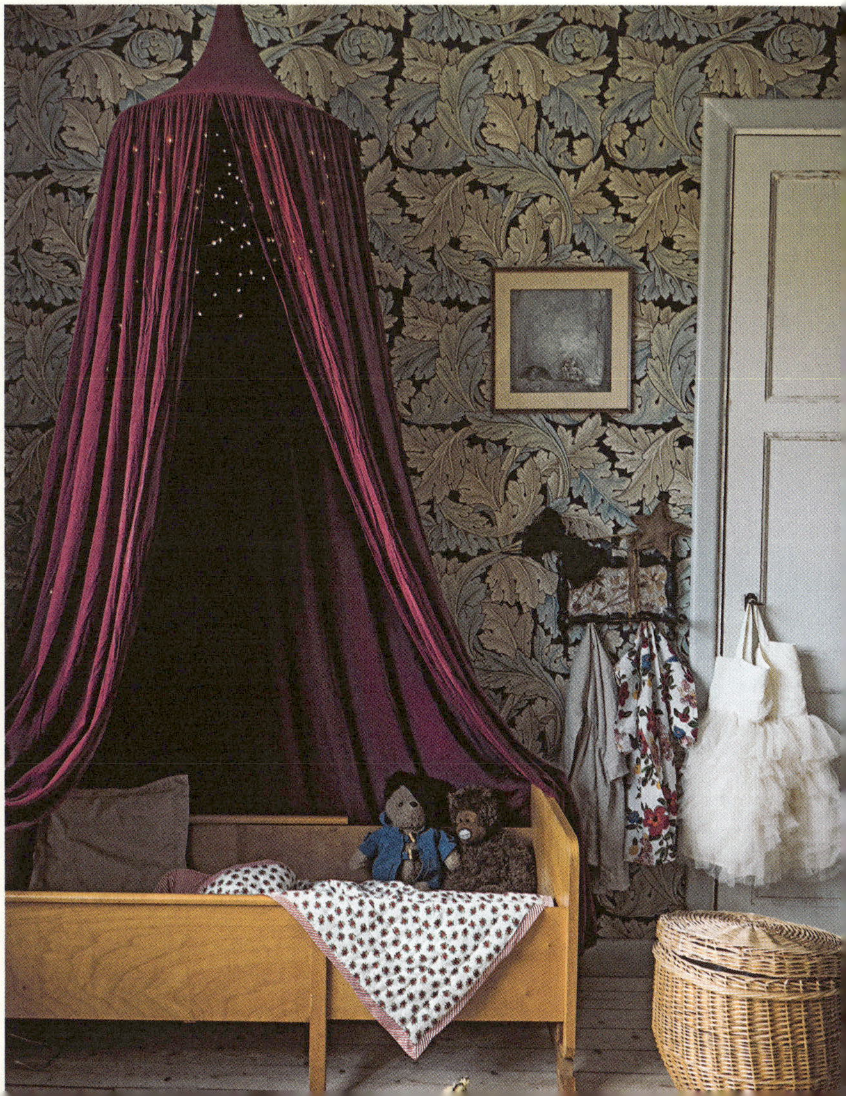

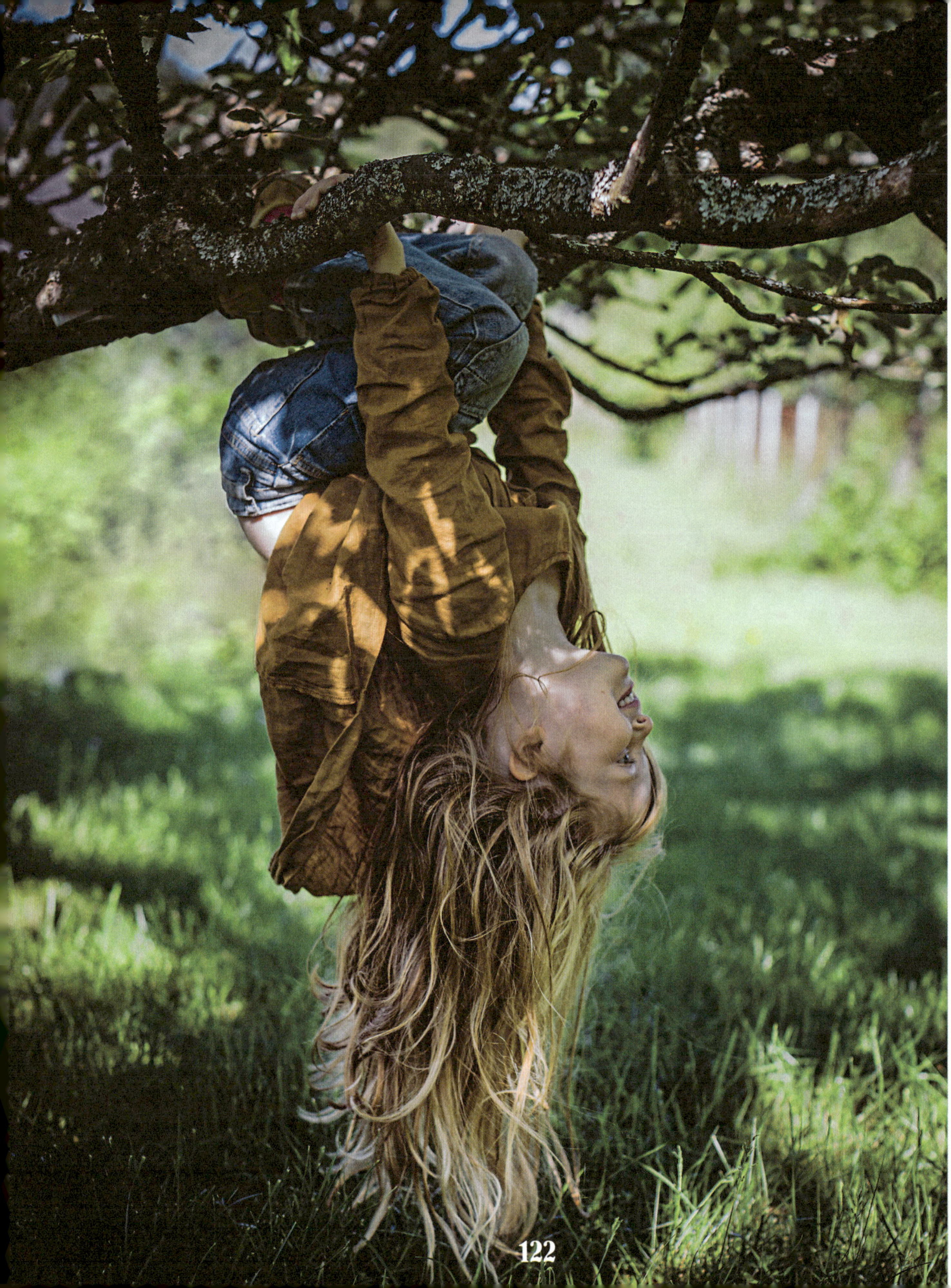

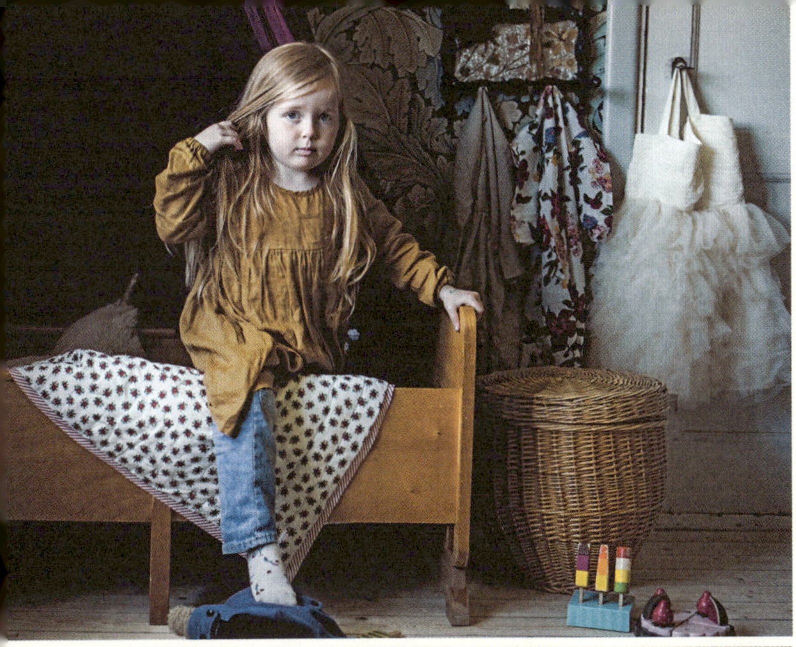

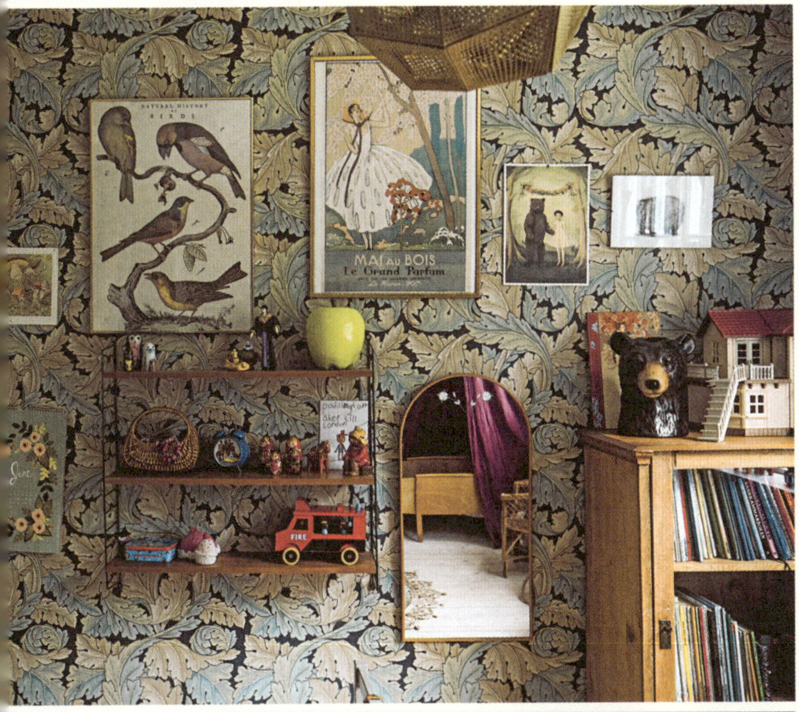
MAI au BOIS
Le Grand Parfum
FIRE

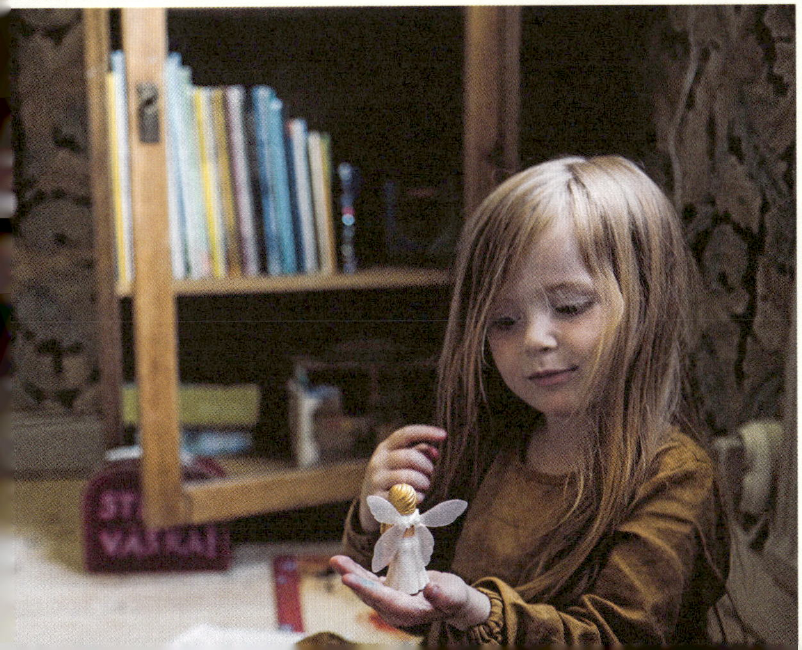

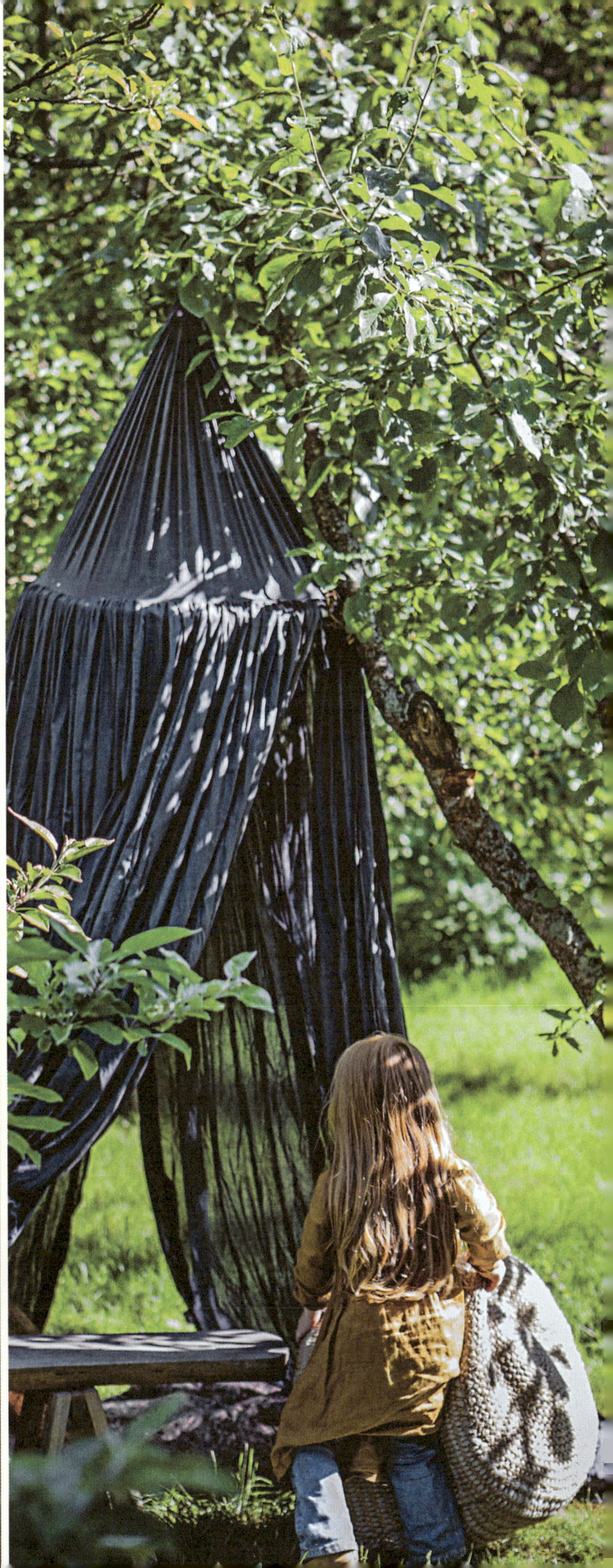

Isabelle McAllister

Einrichtungsexpertin, Designerin, Bloggerin und Moderatorin. Isabelle McAllister hat bereits in Fernsehen, Zeitschriften und Zeitungen zu kreativer Veränderung inspiriert. Aktuell lebt sie mit Mann und zwei Kindern auf Bali, ist aber ansonsten in Stockholm zu Hause. Und im Sommer verbringt die Familie viel Zeit in ihrem Ferienhaus in einem kleinen Dorf außerhalb des Städtchens Leksand im schwedischen Dalarna.

Ihre Kinder sind bereits die siebte Generation in dem Haus, das in den Besitz der Familie kam, nachdem der Ururgroßvater von Ehemann Erik einen nahe gelegenen Hof beim Kartenspiel verlor. »Die Nachbarsfrau hatte Mitleid mit der Familie mit zehn Kindern, die jetzt ohne Haus dastand. Sie gab ihnen dieses kleine Fleckchen Erde für einen Neuanfang.«

Mit seinen bunten und fantasievollen Details an jeder Ecke wird deutlich, dass dieser Ort mitten in der Natur zum einen als Inspiration dient und zum anderen den Weg für neues Schaffen bereitet. »Das Sommerhäuschen ist für mich ein Platz, an dem ich schon immer mit Farben experimentieren und bauen konnte«, erklärt sie. Ebenfalls ganz deutlich im Häuschen der Familie ist, dass dem gemeinsamen Wohnbereich viel Bedeutung beigemessen wird – auch, was die Kinder betrifft. »Es gibt eigentlich nichts, was ich als Kinderzone bezeichnen würde. Die Kinder sind ein ebenso großer Teil der Familie wie wir Erwachsenen.«

Im Kinderzimmer sind es jedoch die eigenen Vorstellungen der Kinder, die zum Ausdruck kommen dürfen. »Ich finde es wichtig, dass die Kinder in ihrem Zimmer selbst das Kommando übernehmen. Ein eigenes Reich, über das sie bestimmen dürfen. Ein Ort, der sich sicher anfühlt, aber auch zur Weiterentwicklung anregt«, ist ihre Antwort auf die Frage, was das Kinderzimmer für sie bedeutet. »Ich liebe es, Zimmer zusammen mit Kindern zu gestalten, und ich mag es, sowohl Spiel und Bewegung als auch Magie Raum zu geben.«

Isabelle betont die Notwendigkeit, als Elternteil da zu sein und zu Kreativität und Gestalten zu ermutigen, aber gleichzeitig Grenzen zu setzen. »Ich habe die Kinder immer teilhaben lassen, sie durften nicht alles bestimmen, aber sehr viel. In manchen Fällen ist es gut zu bremsen: Man braucht ja keine sieben Schattierungen von Lila! Der Lichteinfall bewirkt, dass allein ein Farbton bereits für unterschiedliche Farbnuancen sorgt. Gleichzeitig erlaube ich ihnen, über bestimmte Experimentierflächen ganz frei zu bestimmen, Flächen, die sich auch leichter wieder umgestalten lassen, denn Kinder wachsen schnell und ändern ebenso rasch einmal die Meinung.«

Was die Unbeständigkeit des Kinderzimmers betrifft, spricht sie auch von der Verknüpfung zu Umwelt und Nachhaltigkeit. »Daran denke ich immer, wenn ich etwas einrichte. Und bei den Kindern mache ich da keinen Unterschied. Darum sollte man auch besser vermeiden, ein Zimmer wie ein typisches Kinderzimmer einzurichten. Stattdessen solltest du es speziell für dein Kind einrichten. Viele kaufen Schreibtische, aber oft sind die Kinderzimmer klein, und die Kinder möchten lieber dort sein, wo auch wir uns aufhalten. Mache einen Schritt nach dem anderen. Ein Tipp, was die Optik betrifft: Kaufe keine Sachen, die speziell auf Kinderzimmer zugeschnitten sind. Dann finden die Sachen auch lange Verwendung!«

Mehr von Isabelle auf Instagram @ isabellemcallister

Isabelle über …

ihren besten DIY-Tipp
Es ist wichtig, immer irgendeinen Ort einzuplanen, an dem man sich einerseits verstecken und zurückziehen kann, der sich andererseits aber auch zum Herumkrabbeln und Klettern eignet. Mein allerbester Tipp ist, Turnringe an der Decke aufzuhängen. Verwende Gymnastikringe aus Holz oder Plastik, sie dürfen nicht zu dick sein. Hänge sie mithilfe eines Deckenhakens an die Decke. Turnringe sind einfach fantastisch für die motorische Entwicklung und ein Spaß für alle Kinder. Ich habe schon Kinder gesehen, die mithilfe dieses einfachen Tricks von Couchpotatoes zu selbstbewussten Turnern wurden.

Tapete oder Farbe
Ich mag beides, und ich liebe Statement-Wände, weil Kinder gerne einmal ihren Geschmack ändern und schnell wachsen. Eine einzelne Wand lässt sich leichter verändern als ein ganzes Zimmer. Ich habe im Kinderzimmer auch vieles mit Tafelfarbe gestrichen: Tische, Schränke und Wände. Die Kinder haben gleich begriffen, auf welche Oberflächen sie zeichnen dürfen.

Aufbewahrung
Nicht zu viele Sachen! Die Aufbewahrung soll in Bodennähe und offen sein, sodass die Kinder ihre Sachen leicht sehen können. Was sie nicht sehen, vergessen sie. Wir haben Körbe und alte Reisekoffer benutzt, um selbst leicht den Überblick behalten und saubermachen zu können. Die Körbe kann man hervorholen und auch verräumen. Man versteckt zum Beispiel einen Korb mit Spielsachen auf dem Dachboden, um deren Anzahl zu reduzieren, und tauscht sie dann und wann aus. Jüngere Kinder denken dann, sie bekämen neue Sachen. Sortiere aber auch immer wieder aus – am besten nach den Ferien – meine Kinder haben beinahe nie gemerkt, dass etwas fehlt.

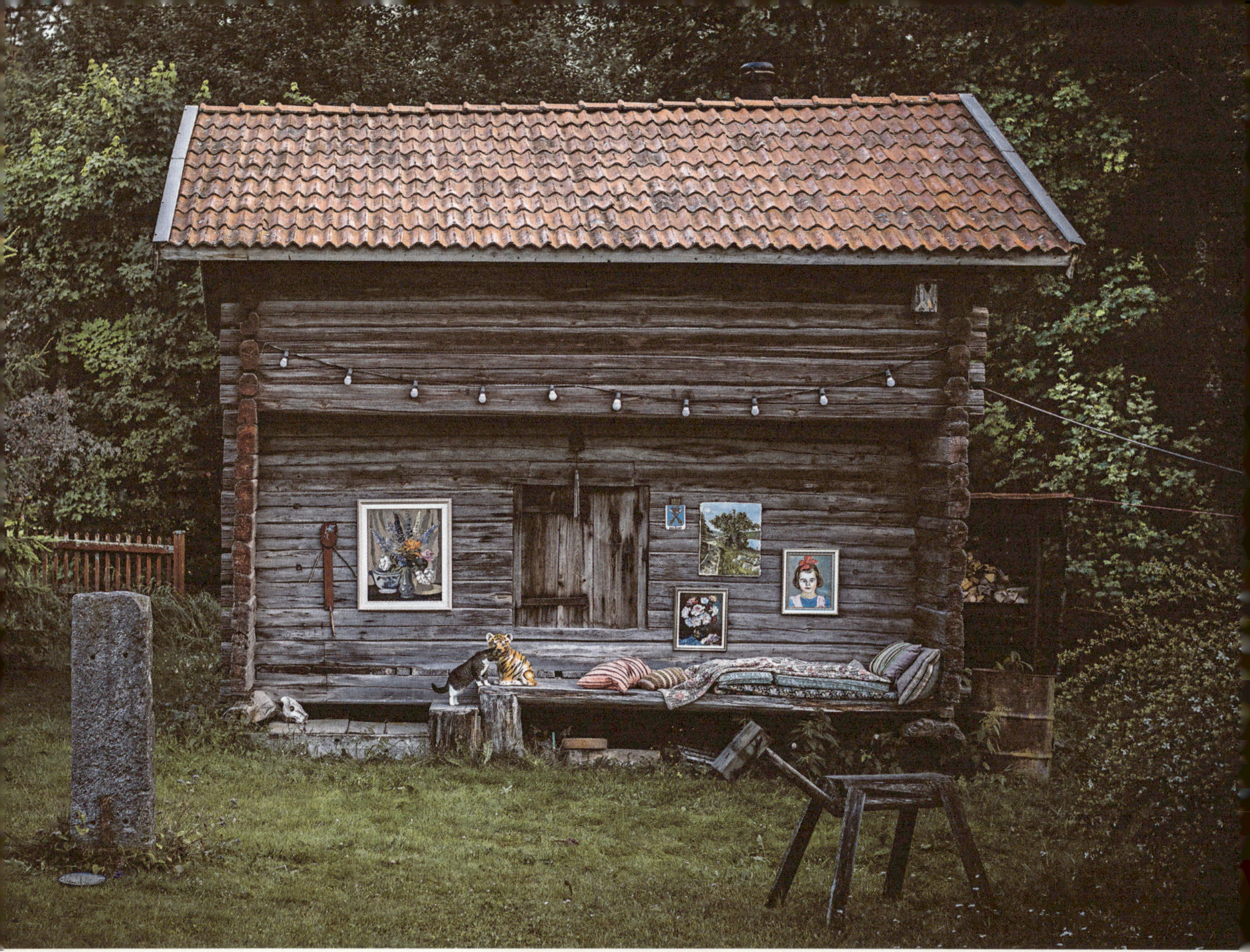

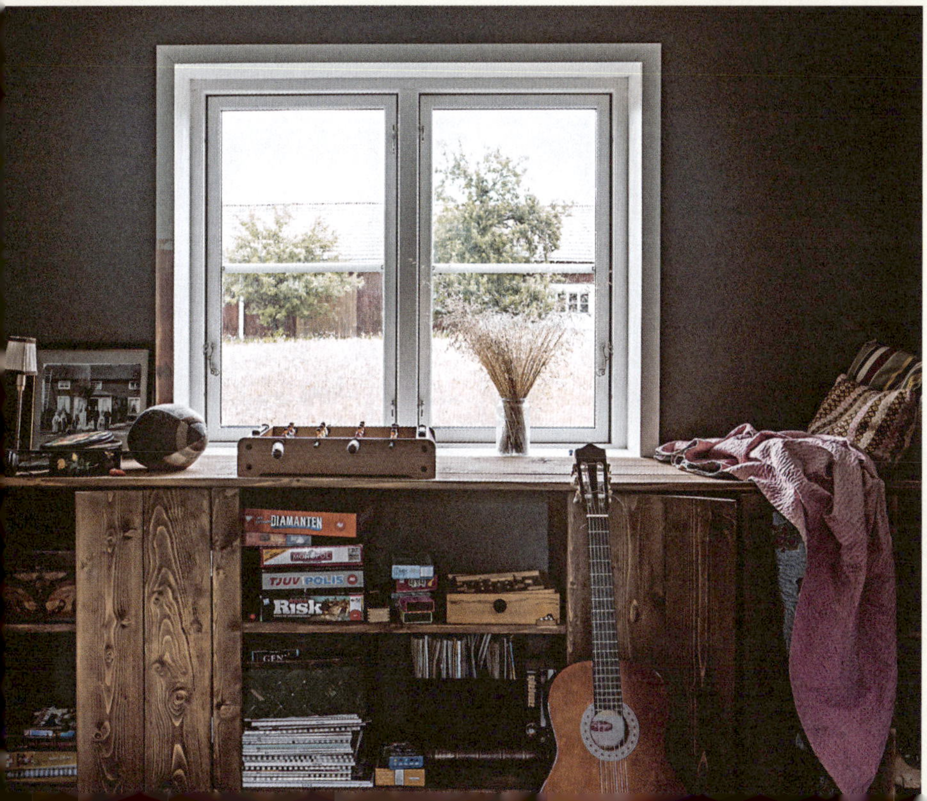
DIAMANTEN
TJUV POLIS
Risk

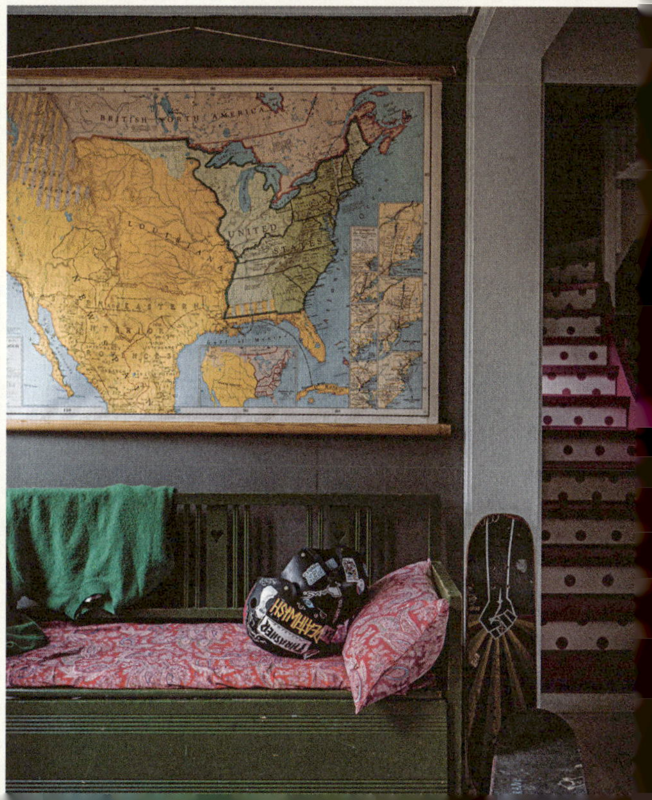

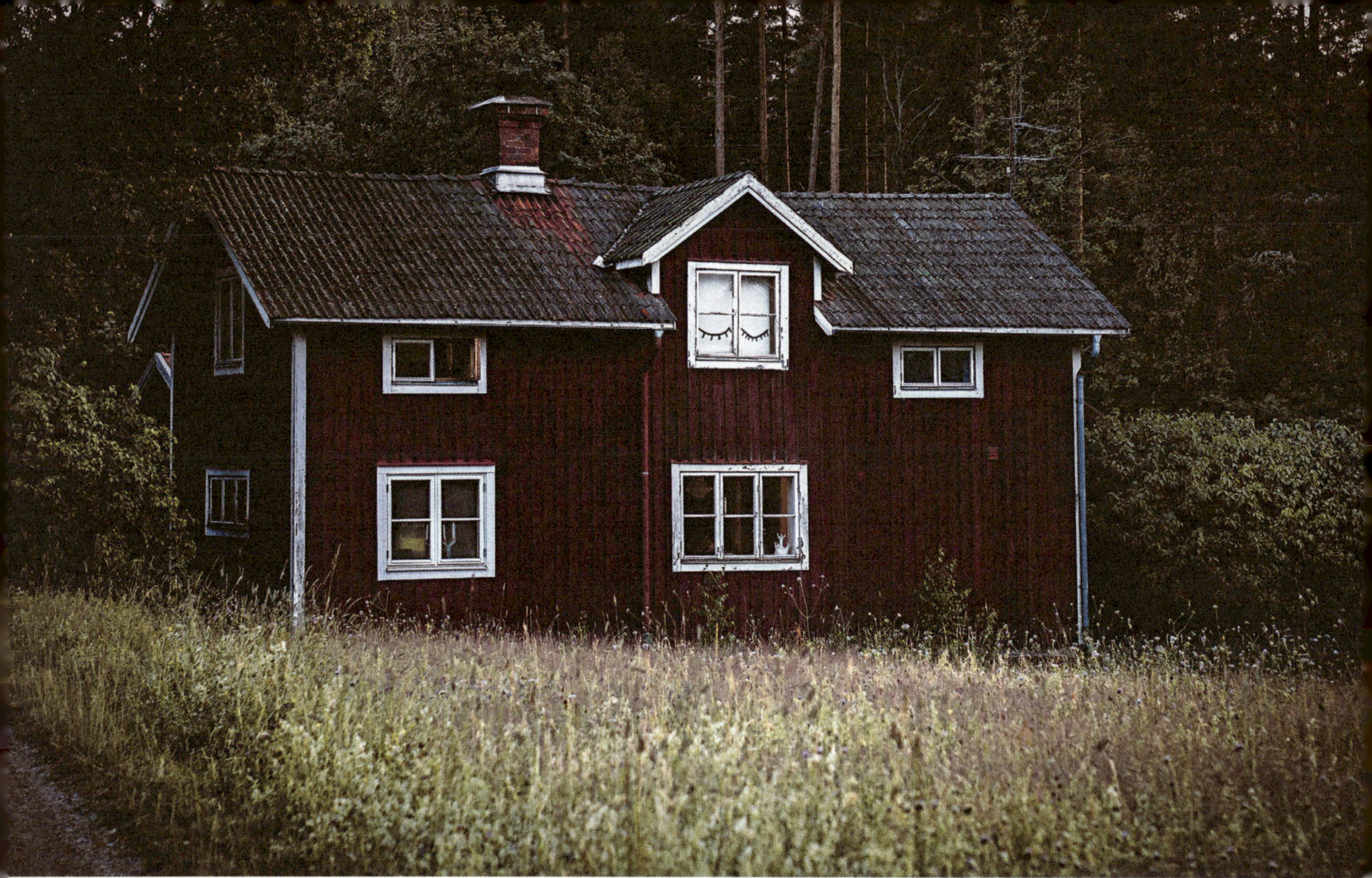

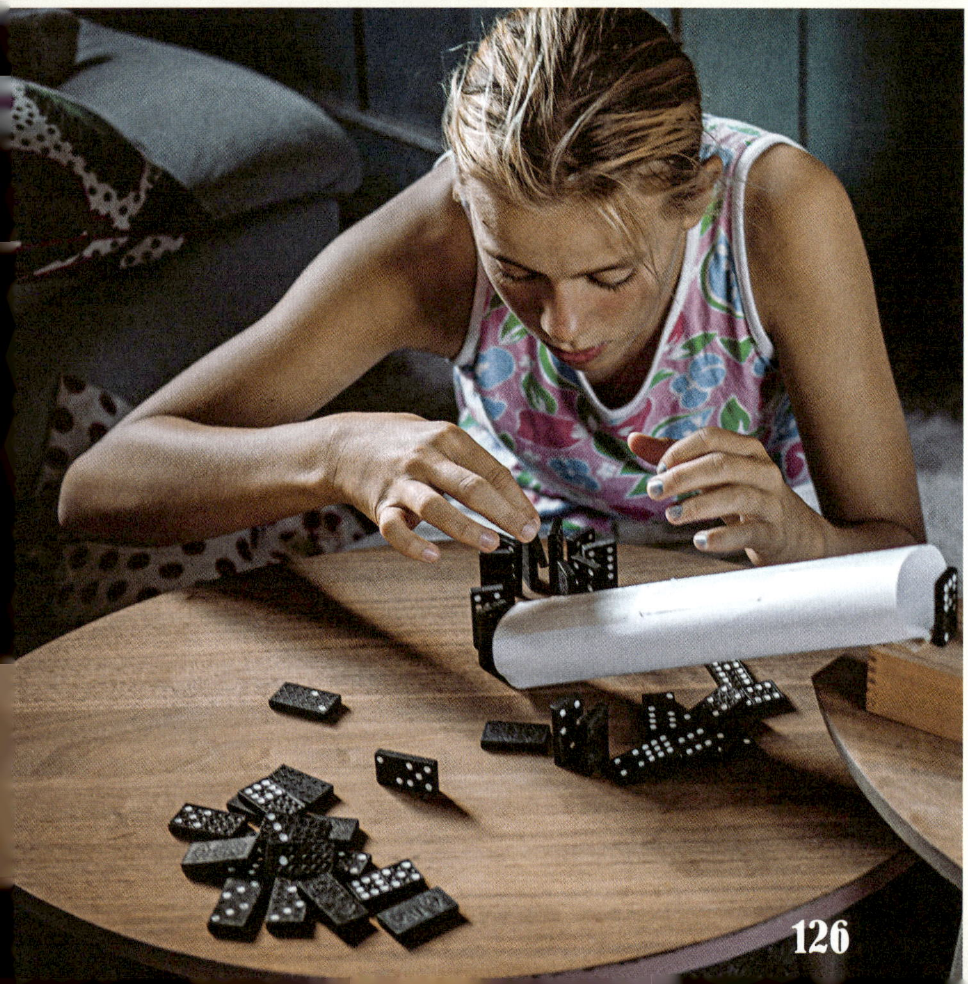

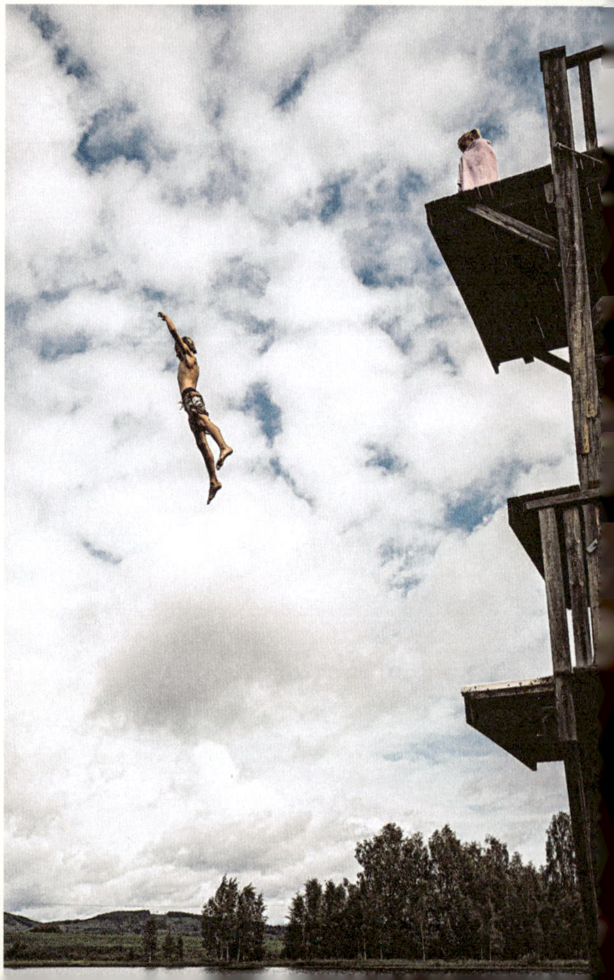

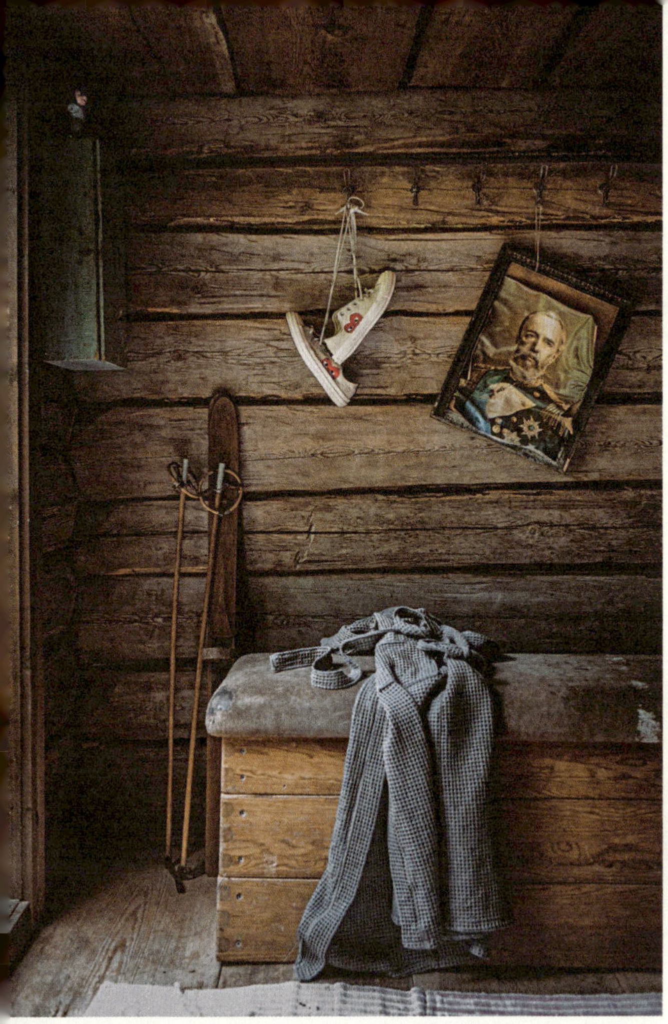

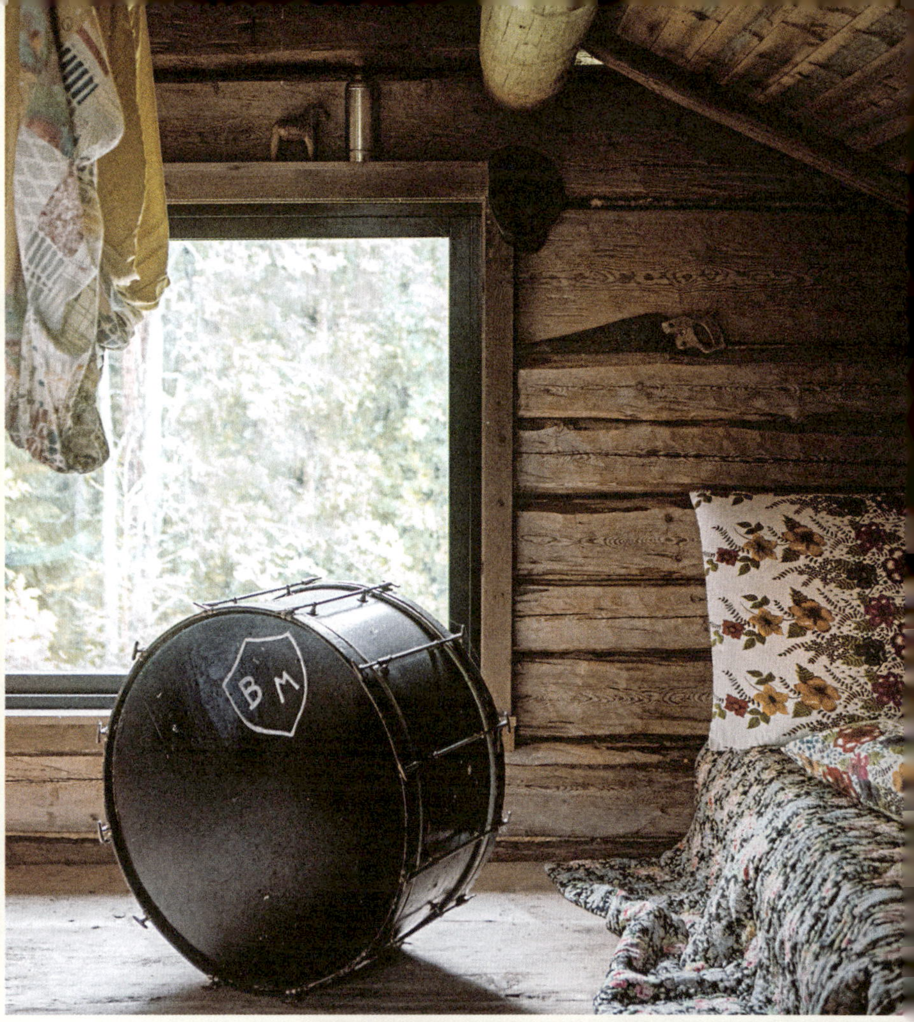
B M

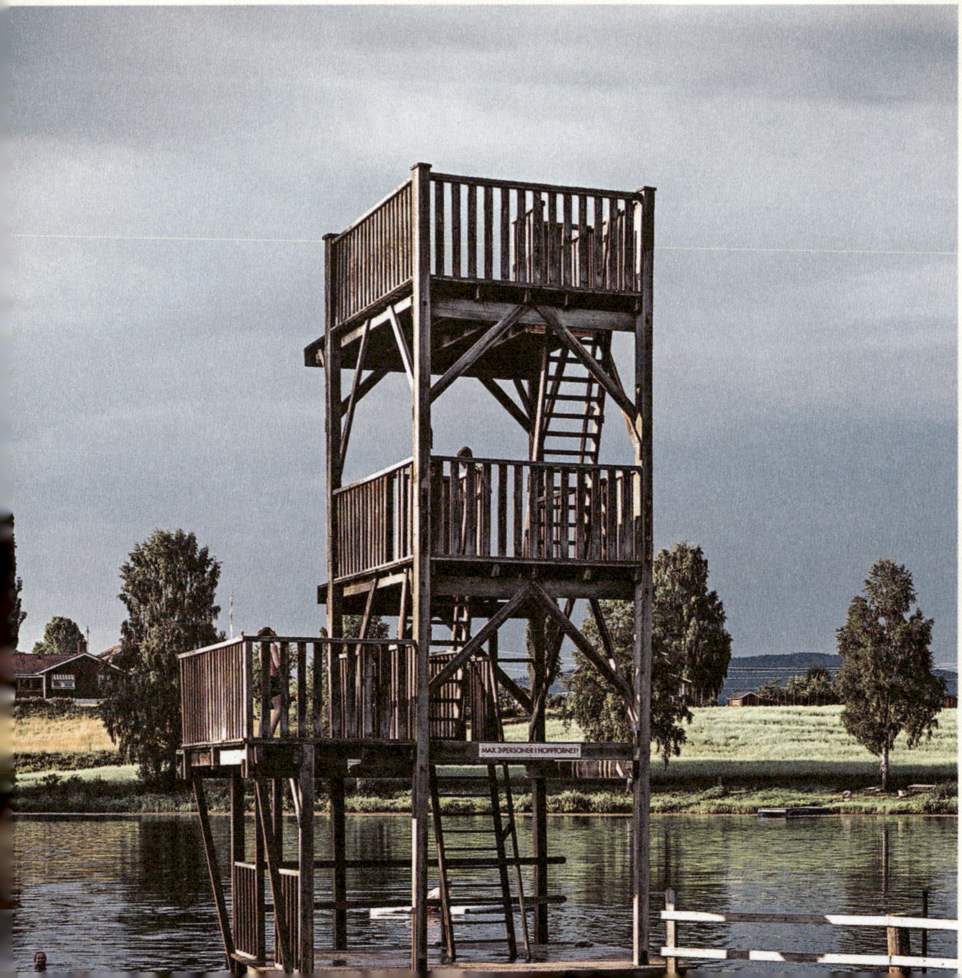
MAX 3 PERSONER I HOPPTORNET!

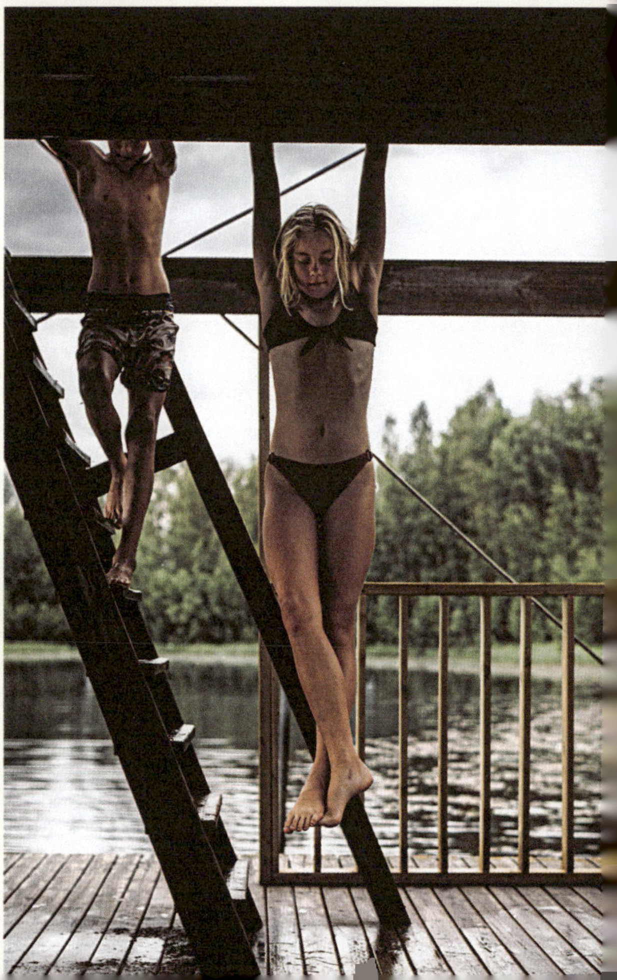

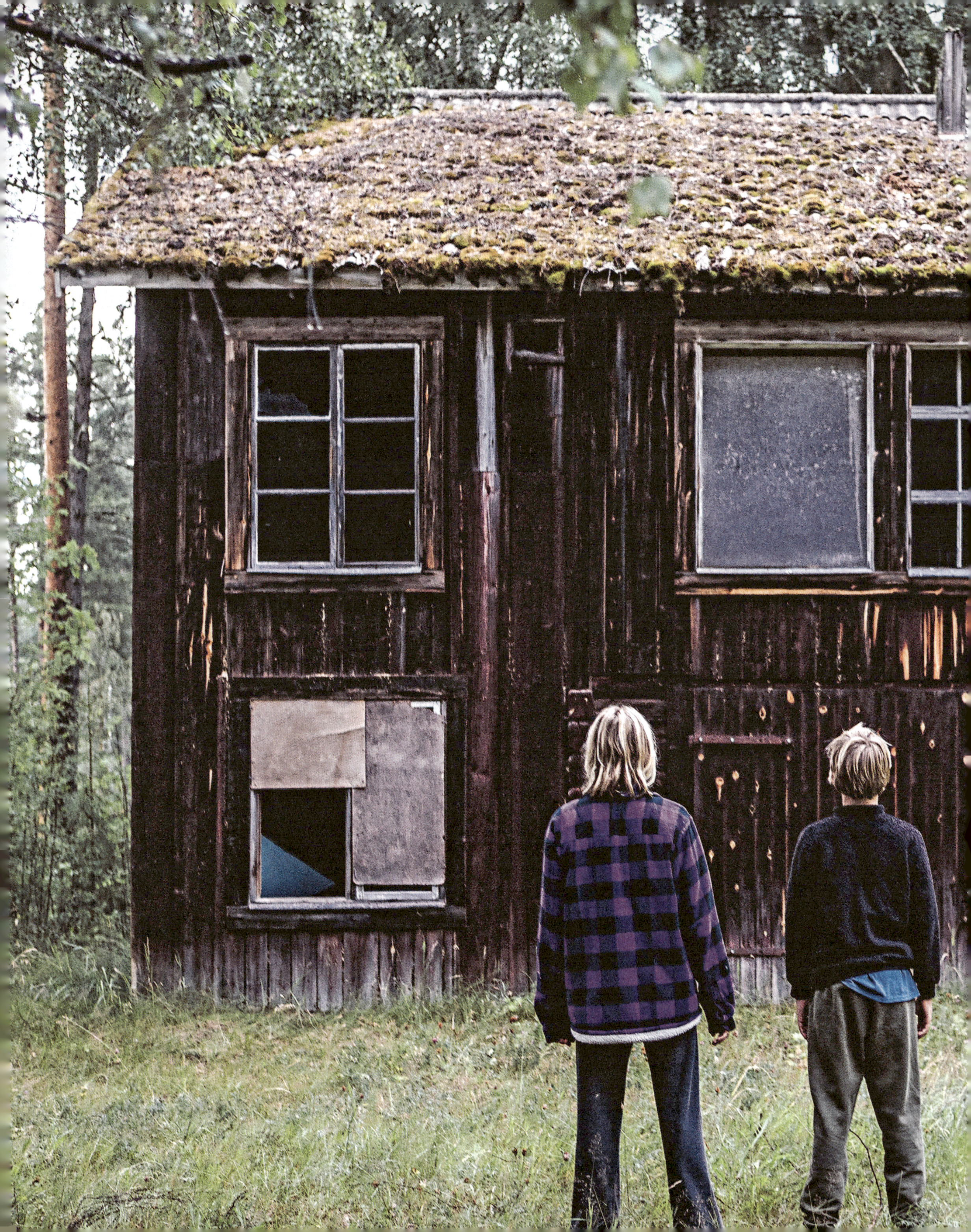

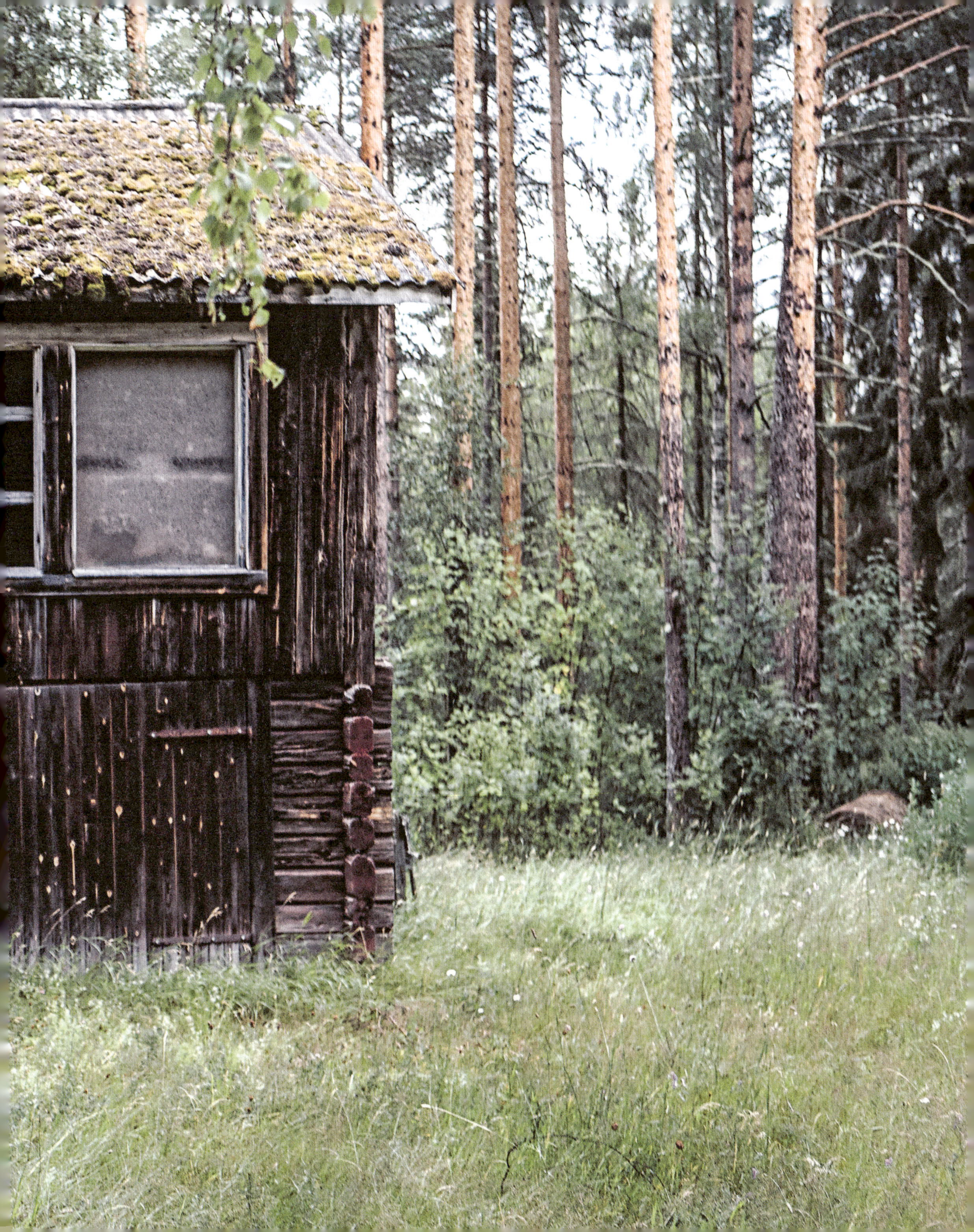

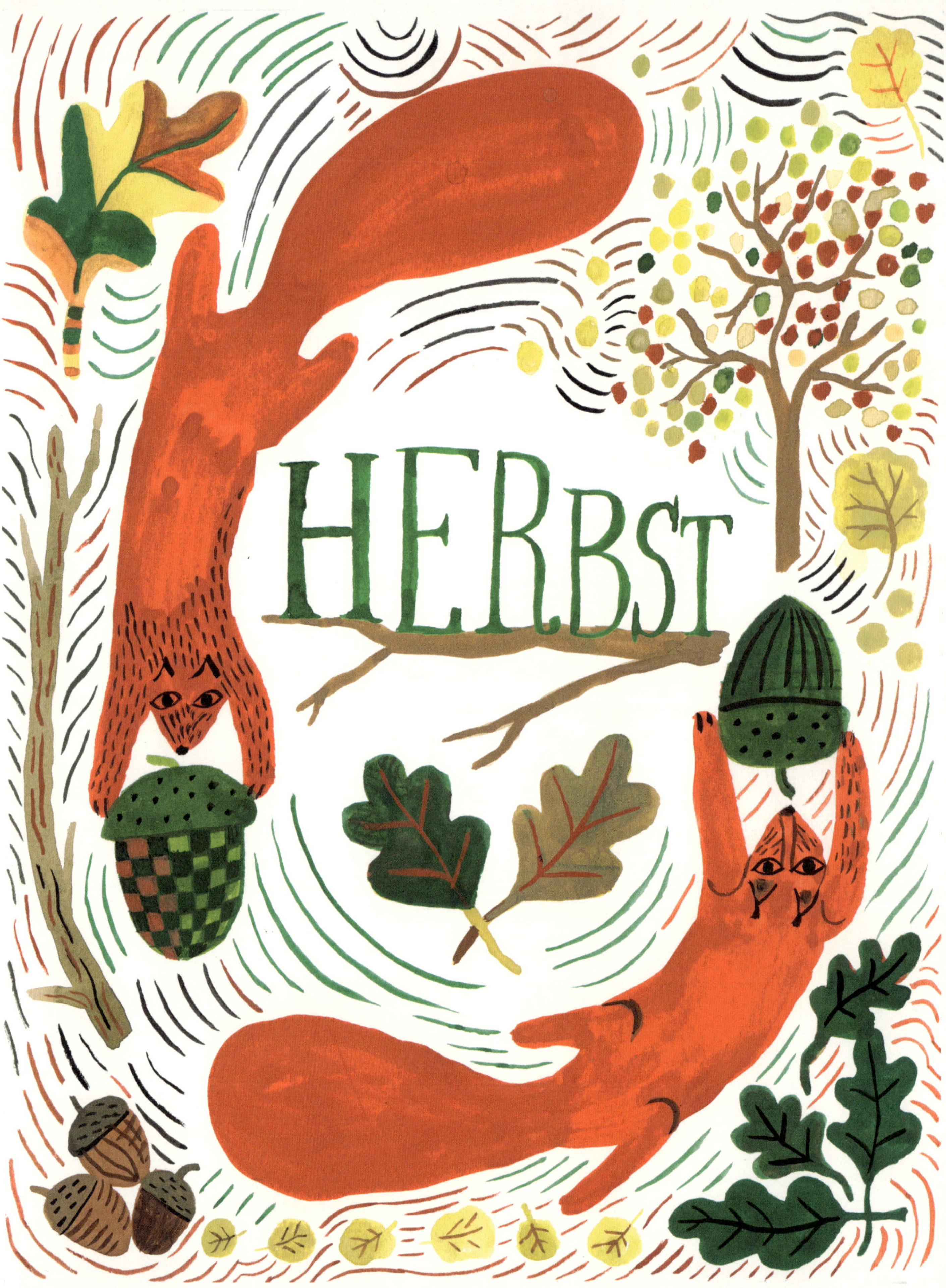
HERBST

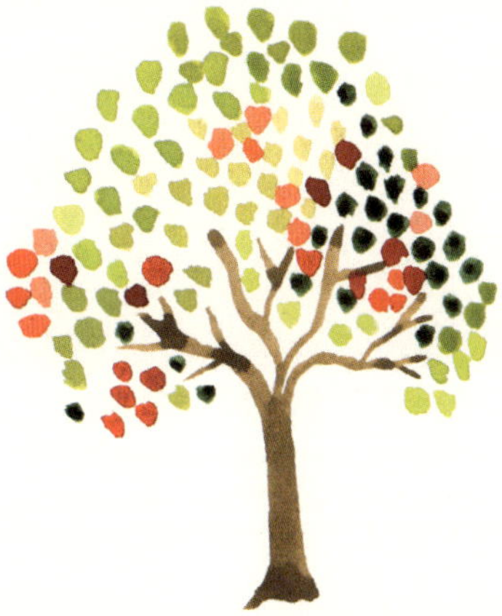

Im Wald

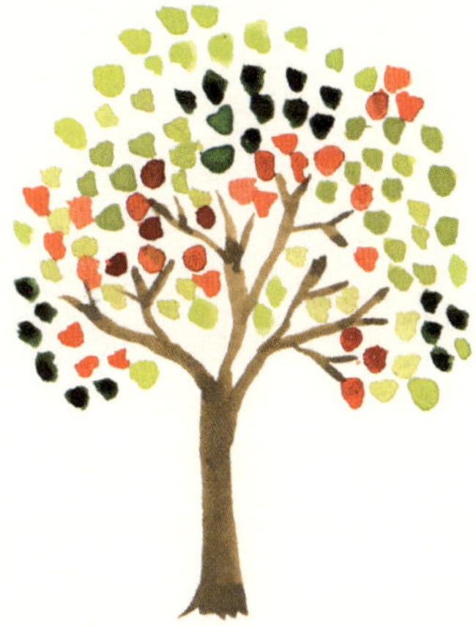

Es war, als ob wir wussten, dass zum Abend hin der Herbst kommen sollte. Deshalb fanden wir, dass es eine gute Idee war, im Wald zu frühstücken. Solange noch Zeit dafür war. Jemand blickte auf das Thermometer und vier Grad wurden zu Minusgraden. Wir suchten lange Unterhosen und Mützen und mussten einsehen, dass es nicht einen einzigen Handschuh im Haus gab. Eine Stunde später hatten wir acht Paar gekauft.

Ich überraschte die Kinder damit, dass ich einen Sandkuchen gebacken hatte (»Am Sonntagmorgen?!«). Wir machten heißen Kakao, und kalten auch, weil wir nur eine Thermoskanne fanden. Außerdem packte ich belegte Brote, Äpfel und Tomaten ein. Ein perfektes Waldfrühstück.

Es gab große Aufregung darüber, welches Lied im Auto gehört werden sollte, zu welcher Stelle wir fahren sollten, und ob es ein Wald oder ein Berg sein sollte. Schließlich einigten wir uns auf unseren Lieblingswald.

Die sechs Kinder waren plötzlich überall, oben und unten, und mein Herz rutschte mir mehr als einmal in die Magengrube. Ich jammerte, dass sie nicht im Regen ausrutschen sollten, stellt euch vor, ihr fallt auf einen Stein und stolpert über eine Wurzel. Nicht so hoch, nicht so schnell. »Chill mal, Mama …«

Wir sprachen darüber, warum der Wald so gut ist. Warum sich das Dasein genau dort so sanft anfühlte. Jemand sagte, dass der Wald mucksmäuschenstill sei, aber an diesem Tag machte er eine Menge Geräusche. Alle möglichen Winde sausten, sodass wir uns der Sache mit dem Herbst wieder ganz sicher waren.

Jemand fand ein Seil, das im Wald vergessen worden war. Natürlich wurde es zu einer Seilbahn. Es wurde ein Familienrat dazu abgehalten, wie gut Seile halten, und es gab intensive Strategiegespräche über Flugkünste. Sie flogen, sie kletterten, und die Blätter wirbelten wie Schneeflocken um sie herum. Dann pflückten wir 13 Trompetenpfifferlinge und fanden ein kleines Häuschen, das ganz bestimmt voller Gespenster war, davon waren sie überzeugt. Wir erschreckten einander und liefen in die falsche Richtung. Als wir beinahe von einem Jogger umgerannt wurden, merkten wir, dass wir uns doch nicht so sehr verirrt hatten.

So viele Pausen, so viel Proviantverzehr, so viele Wahrheiten, die miteinander geteilt wurden. Und so ein langes Frühstück. Plötzlich erinnerte jemand daran, dass wir einen Auftrag hatten: Eicheln sammeln! Also fanden wir eine gute Eiche. Und da kam er wirklich, der Herbst. Plötzlich goss es wie aus Eimern und die Winde, die zart gesaust waren, bauschten sich zu einem Sturm auf. Jeder von uns pflückte drei Eicheln und wir fanden, dass das prima reichen würde, sollte am nächsten Tag der Winter hereinbrechen. Dann wäre der Herbst allerdings unerhört kurz gewesen.

Als wir nach Hause kamen, kochten wir ein Sonntagsessen, rührten Schokoladenpudding zusammen und nahmen wärmende Bäder, bis alle Fenster im ganzen Haus beschlugen.

Plötzlich war der Wind in unser Wohnzimmer eingezogen und wir versicherten uns mehr als einmal, dass wir kein sperrangelweit geöffnetes Fenster vergessen hatten. Wir entschieden, dass das alles enorm gemütlich war und sagten »Hallo« zum Herbst!

Laternenfest

Im Herbst wollen wir die Dunkelheit erhellen. Falte Papierlaternen in allen Farben des Regenbogens und lade deine Freunde oder Familie zu einem Laternenfest ein! Hänge die Laternen draußen im Garten auf oder stelle sie auf den Tisch. Da draußen in der Nacht sehen sie beinahe aus wie magische Glühwürmchen. Gemütlicher geht es nicht!

Vermeide wegen der Brandgefahr echte Kerzen in den Papierlaternen. Exemplare mit elektrischem Licht sind genauso schön.

Die Laternen funktionieren auch als schöne Alternative zur Girlande, zum Beispiel über einer festlichen Tafel. Benutze eine längere Schnur und befestige sie in einer Reihe daran.

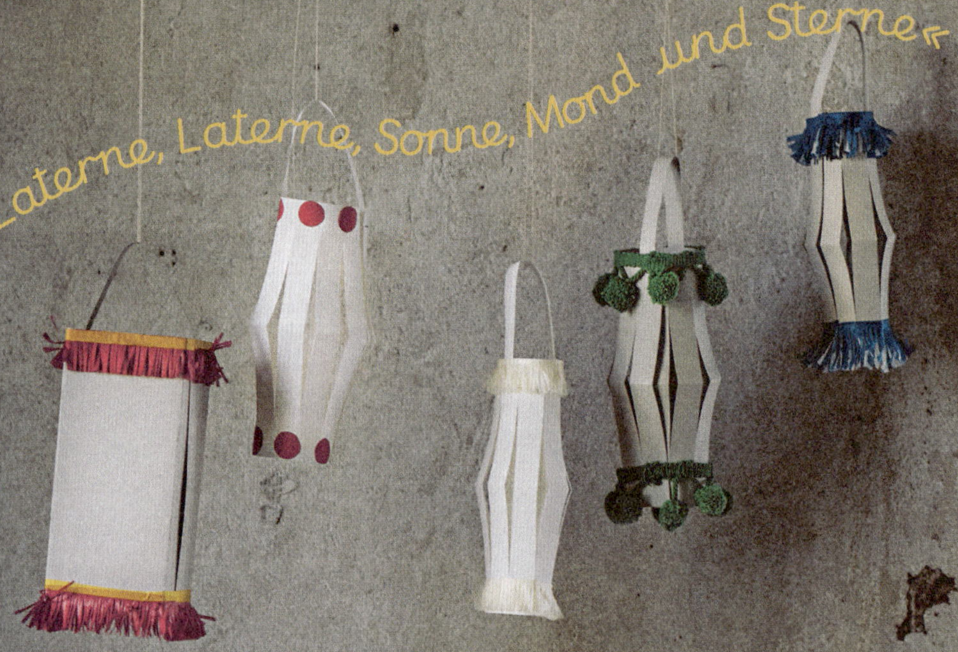

Laterne aus alten Konservendosen

Du brauchst:

- alte Konservendosen
- Wasser
- Hammer
- Nagel
- Gefrierfach
- Metalldraht
- Bastelfarbe

So geht's:

1. Das Etikett der Konservendose sorgfältig ablösen. Die Dose soll richtig glänzen.
2. Nach einem beliebigen Muster oder einfach bunt durcheinander Löcher hineinhämmern. Denke auch daran, Löcher für den Metalldraht zu machen, solltest du einen Henkel haben wollen. Um ein Loch in die Dose zu machen, ohne sie einzudellen, gibt es einen guten Trick: Die Dose mit Wasser füllen und ins Gefrierfach stellen. Wieder herausnehmen, wenn das Wasser zu Eis gefroren ist. Dann ist es leicht, mit Hammer und Nagel Löcher in die Dose zu schlagen, ohne sie zu beschädigen.
3. Die Dose anmalen oder verzieren. Unbedingt eine Farbe verwenden, die keine schädlichen Dämpfe abgibt, die man nicht einatmen sollte. Darauf achten, dass die Farbe die Löcher nicht wieder verschließt.

Papierlaternen in verschiedenen Farben und Formen

Du brauchst:

- ✳ festes Papier
- ✳ Schere
- ✳ Kleber
- ✳ Stoffborte
- ✳ Seidenpapier

So geht's:

1. Einen rechteckigen Bogen Papier auf eine geeignete Größe zuschneiden. Die Laternen können im Prinzip in beliebiger Größe gebastelt werden.
2. Das Papier längs in der Mitte falten.
3. Am oberen und unteren Ende des Papiers, abhängig von der Größe der Laterne, eine Kante von ca. 3–5 cm Breite anzeichnen.
4. Anschließend quer bis zur markierten Kante Streifen von ca. 1,5 cm Breite in das gefaltete Papier schneiden. Wenn es besonders ordentlich werden soll, die Streifen vorher anzeichnen.
5. Das Papier auffalten und zu einem Zylinder formen. Du kannst ein Stückchen abschneiden, wenn die Laterne doch etwas schlanker werden soll. Der letzte Streifen soll den ersten überdecken. Die Enden mit dem Handtacker zusammenklammern oder mit Kleber verbinden.
6. Als Henkel einen Streifen von geeigneter Breite zuschneiden und am oberen Rand befestigen.
7. Nach Belieben mit verschiedenen Stoffbändern und Seidenpapier verzieren.

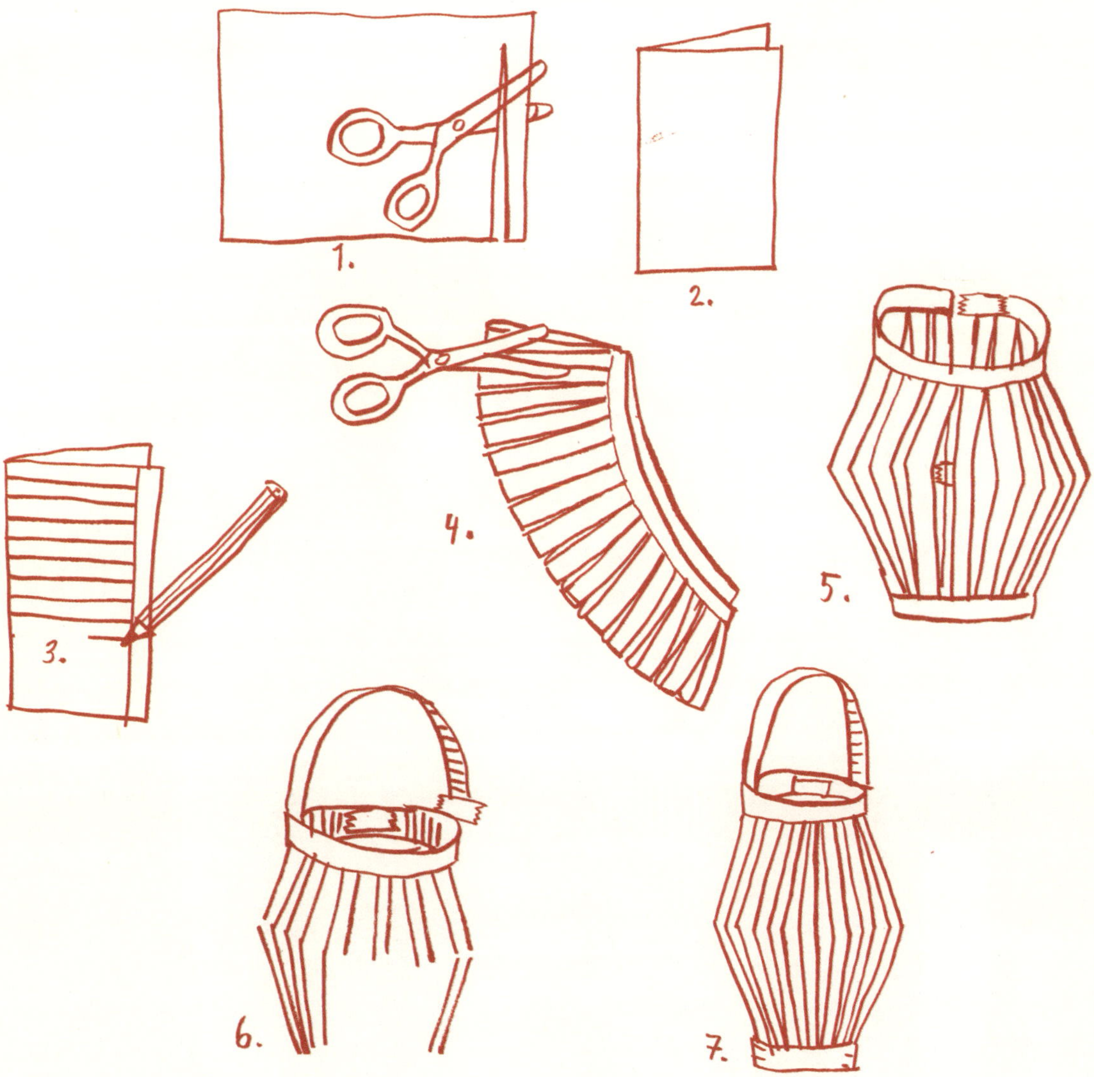

Herbstfest

Halloween

Sich ein wenig zu gruseln, ist schon in Ordnung. Aber nur, wenn jemand einen an der Hand hält. Oder wenn man mit den Händen vorm Gesicht zwischen den Fingern durchguckt.

Hast du das gehört? Vielleicht war es nur der Wind, der »Hallo!« gesagt hat. Oder war es vielleicht ein Gespenst, das im Kleiderschrank feststeckt? Wir machen die Lampe an und sehen nach.

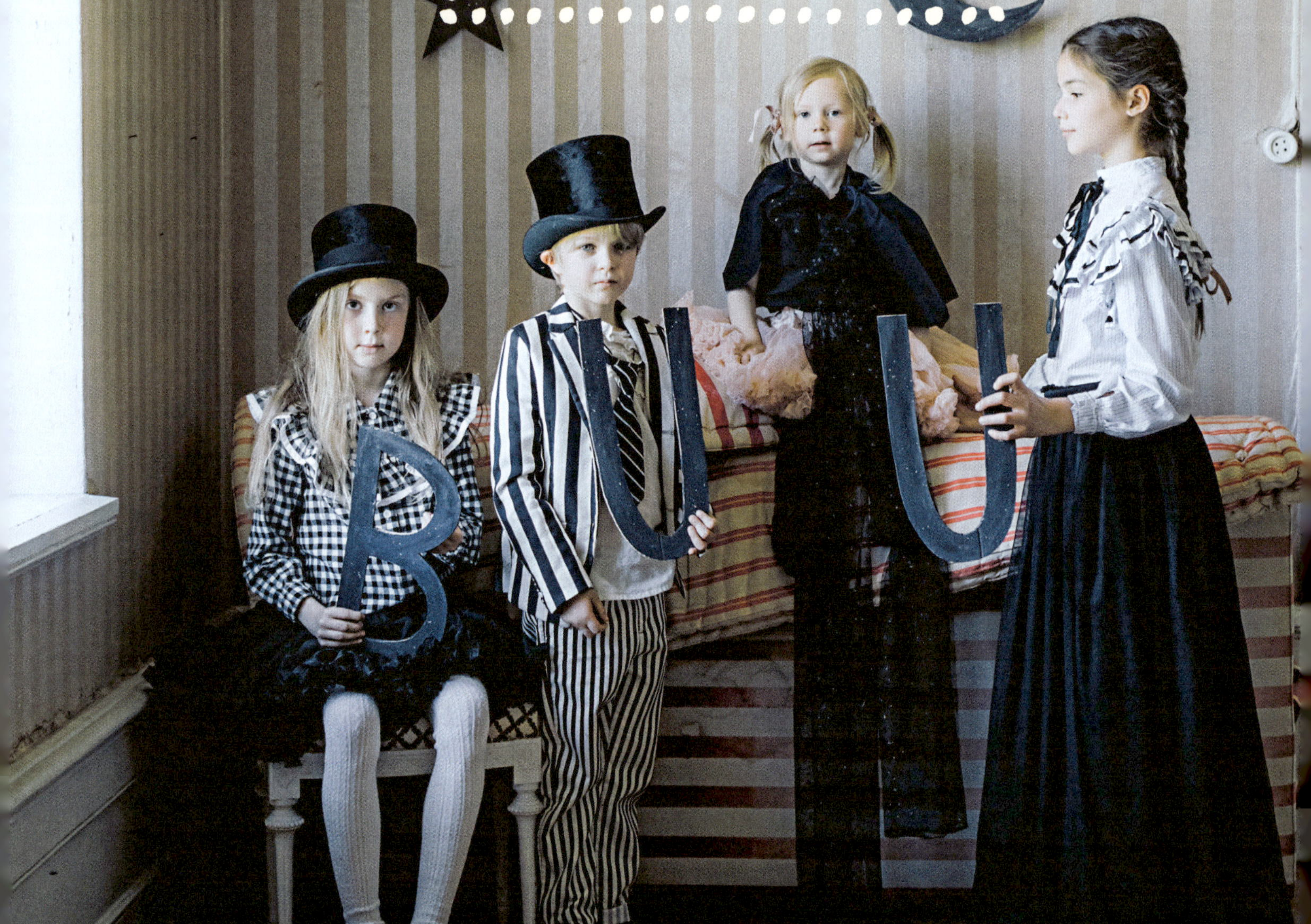

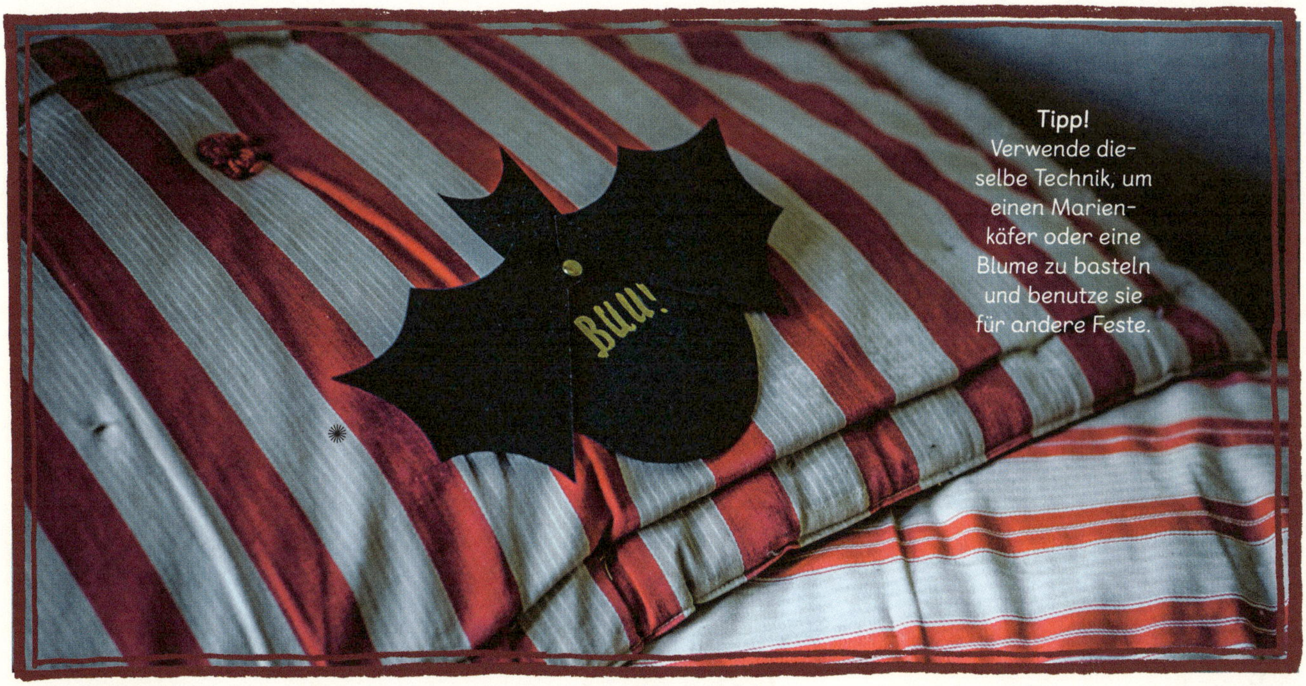

Tipp!
Verwende dieselbe Technik, um einen Marienkäfer oder eine Blume zu basteln und benutze sie für andere Feste.

Einladung: Fledermaus

Zu Halloween möchten wir eine Einladungskarte basteln, die wie eine Fledermaus geformt ist. Besonders cool sind die beweglichen Flügel.

Du brauchst:

- Schablone
- Tonpapier
- Stift
- Schere
- Locher
- Metallklammern

So geht's:

1. Die Umrisse der Fledermaus mithilfe der Vorlage auf Tonpapier aufzeichnen.
2. Alle Teile ausschneiden.
3. Mit dem Locher je ein Loch in die äußerste Ecke der Flügel und in die Mitte des Körpers stanzen, um die Fledermaus zusammensetzen zu können (siehe Markierungen auf den Vorlagen).
4. Beide Flügel mit einer Metallklammer auf dem Fledermauskörper befestigen.
5. Den Einladungstext auf den Bauch der Fledermaus schreiben.

Vorlage auf Seite 256

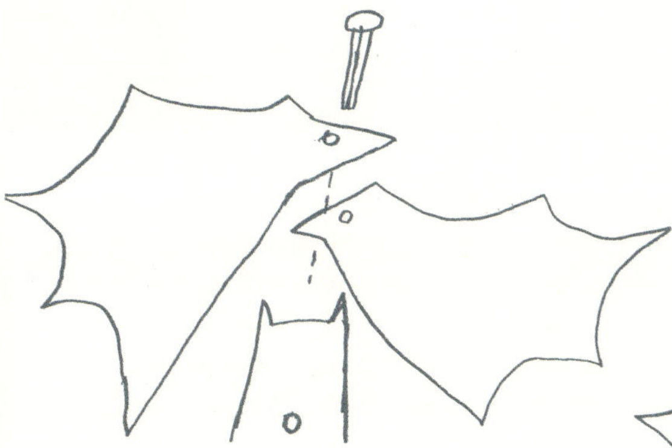

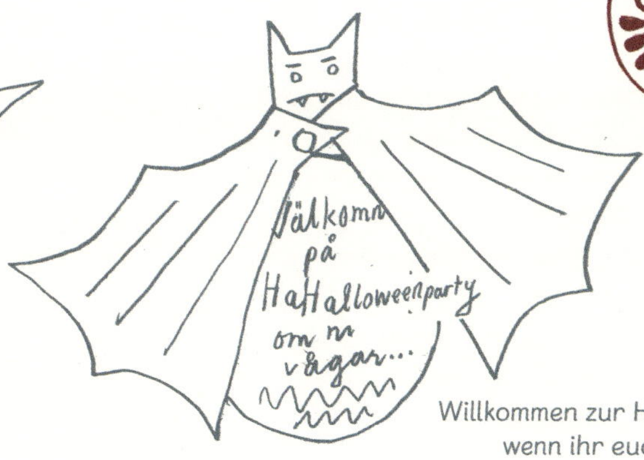

Willkommen zur Halloweenparty, wenn ihr euch traut ...

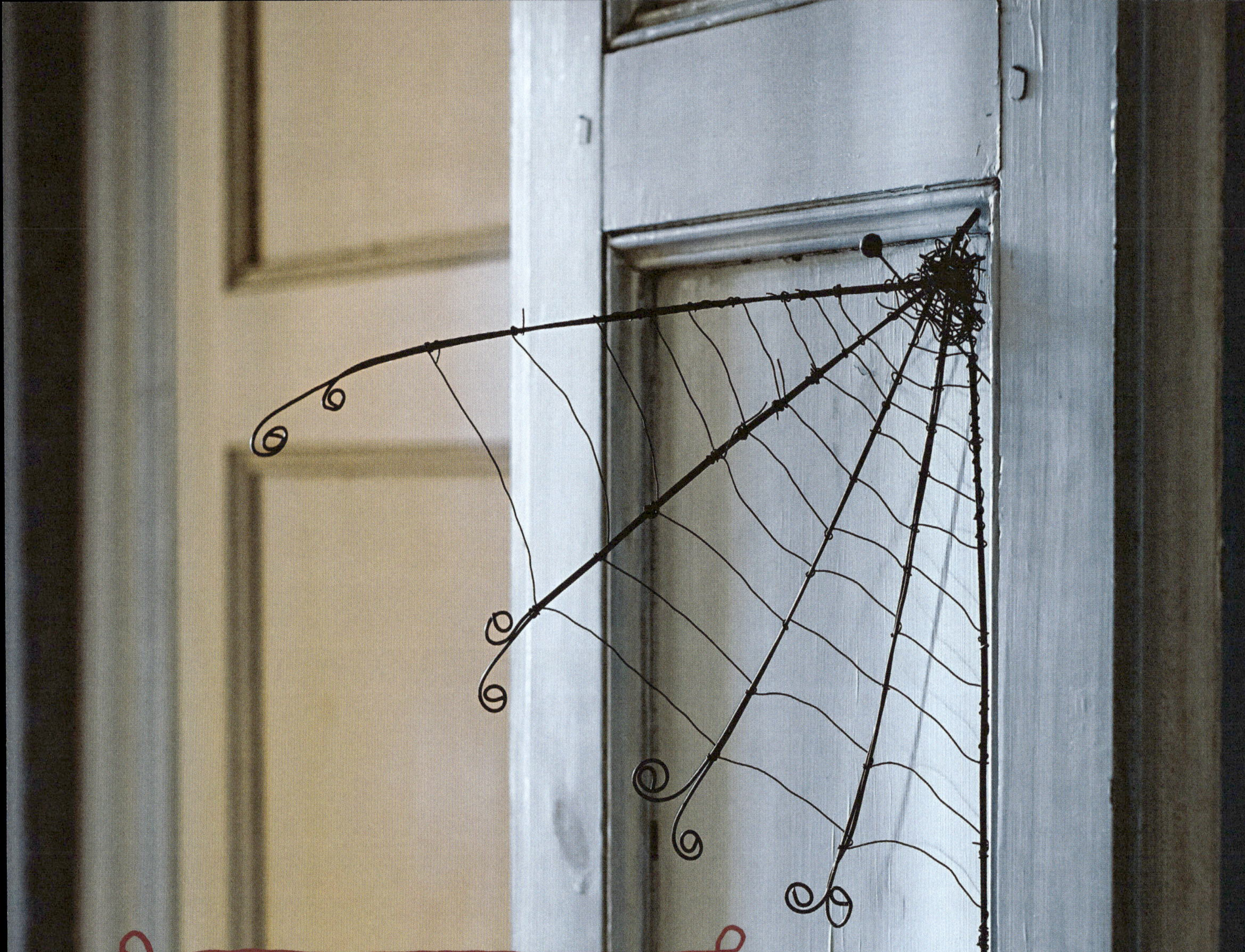

Spinnennetz in der Ecke

Du brauchst:

- ❇ Metalldraht (in verschiedenen Stärken)
- ❇ Kneifzange
- ❇ gerade Spitzzange

So geht's:

1. Metalldrahtstücke in geeigneter Länge abknipsen oder bereits zugeschnittenen geraden Steckdraht verwenden, wie es ihn im Bastelladen zu kaufen gibt.
2. Je zwei Drähte bündeln, dann 4–5 Stränge am oberen Ende mit einem dünneren Metalldraht zusammenbinden, sodass sich ein dreieckiges Gerüst bildet. Daran denken, die Form an den Türrahmen anzupassen.
3. Die unteren Enden zu Spiralen biegen.
4. Das Spinnennetz selbst mithilfe eines dünneren Metalldrahts zusammenbauen. Es darf ruhig etwas schief und unordentlich aussehen.
5. Ist das Spinnennetz fertig, entscheiden, ob es in der Ecke eines Türrahmens oder von der Wand hängen soll. Zur Befestigung einen Nagel, einen Haken oder eine Heißklebepistole verwenden. Besonders hübsch: kleine Spinnen kaufen oder basteln und ins Netz hängen!

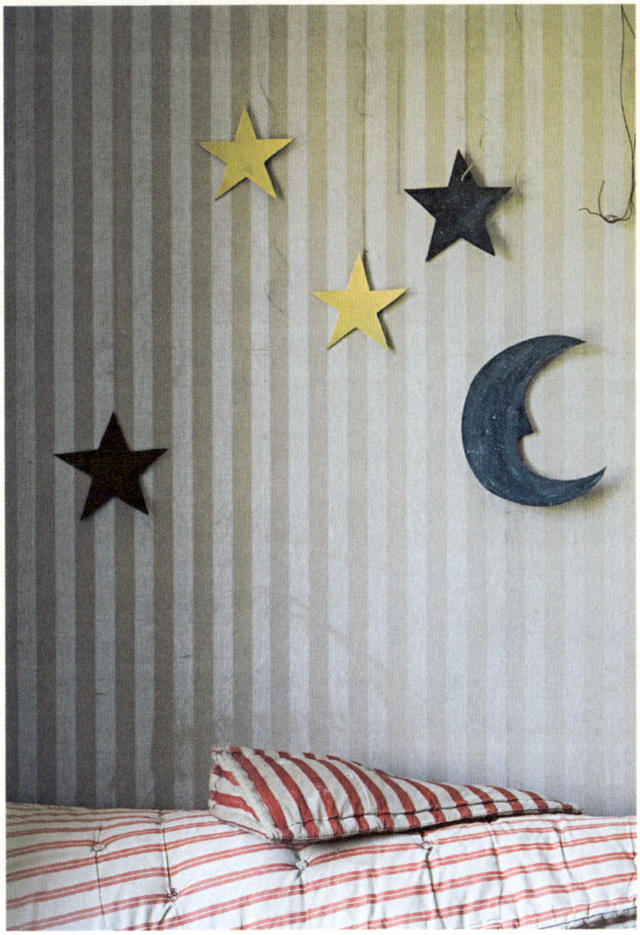

Pappmond und -sterne

Du brauchst:

- Karton
- Schere
- Farbe

So geht's:

1. Unterschiedlich große Monde und Sterne aus Karton ausschneiden.
2. Die Formen in beliebigen Farben anmalen. Bei mehreren Farbschichten entsteht eine ganz spezielle Vintage-Optik.

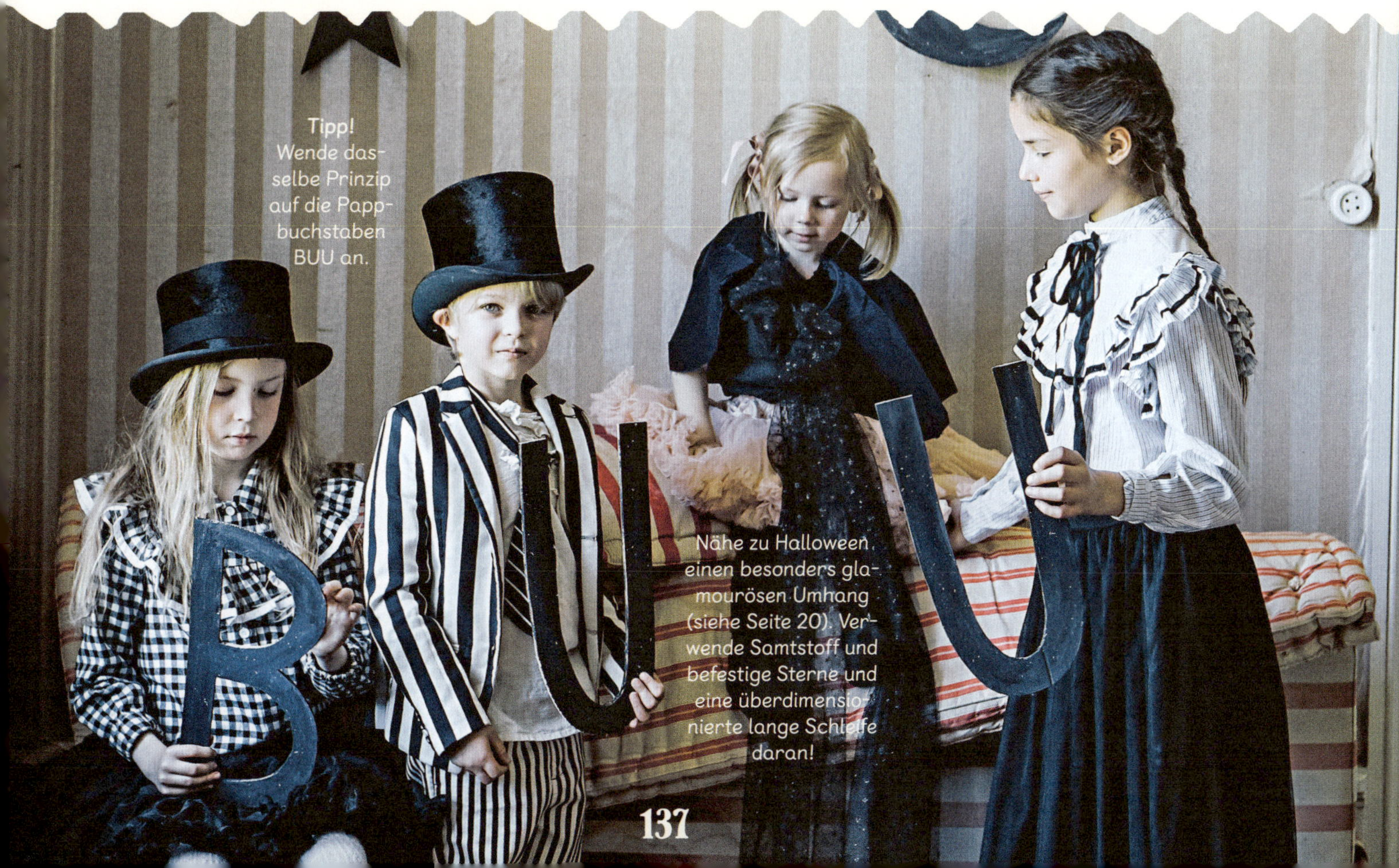

Tipp! Wende dasselbe Prinzip auf die Pappbuchstaben BUU an.

Nähe zu Halloween einen besonders glamourösen Umhang (siehe Seite 20). Verwende Samtstoff und befestige Sterne und eine überdimensionierte lange Schleife daran!

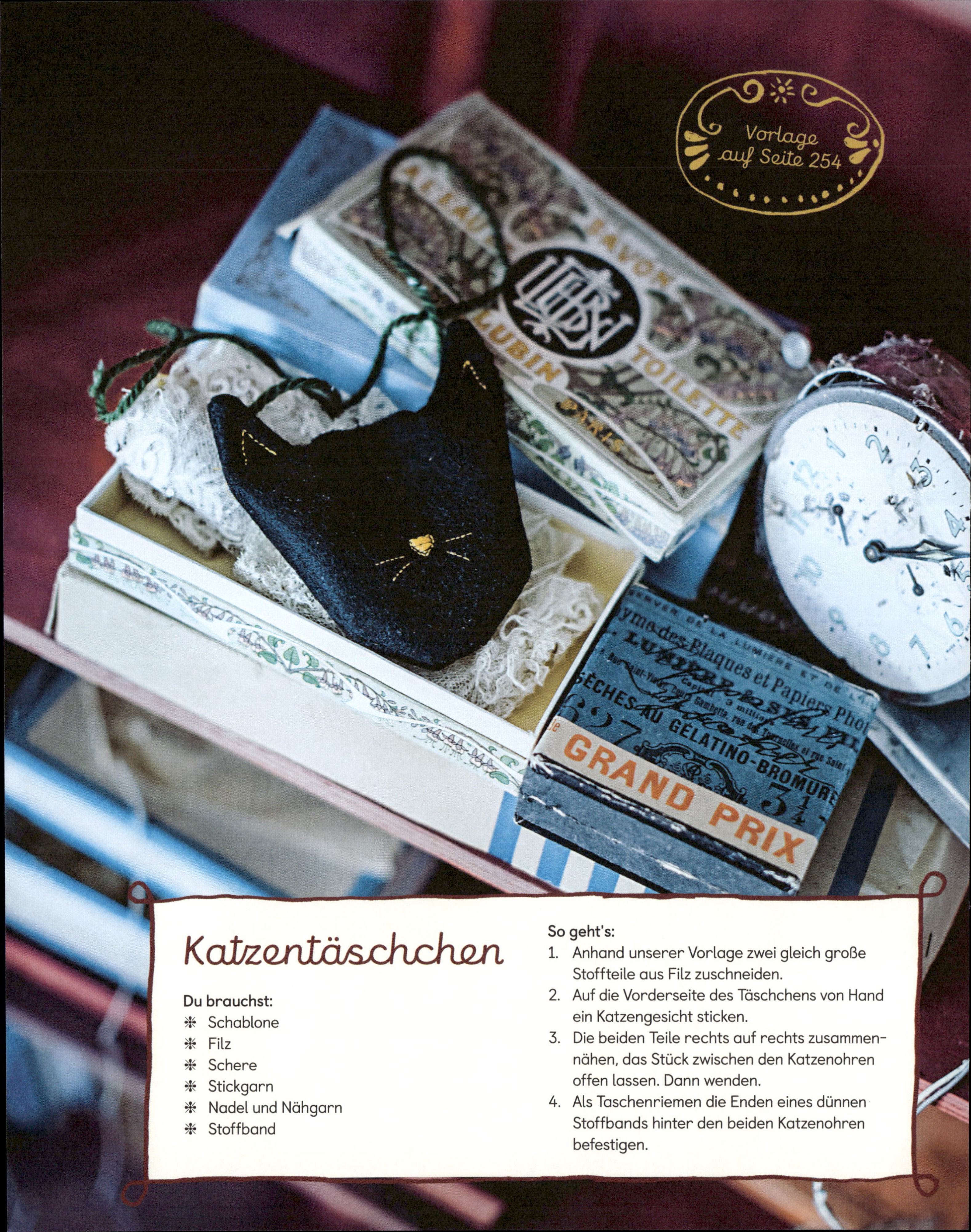

Vorlage auf Seite 254

Katzentäschchen

Du brauchst:

- Schablone
- Filz
- Schere
- Stickgarn
- Nadel und Nähgarn
- Stoffband

So geht's:

1. Anhand unserer Vorlage zwei gleich große Stoffteile aus Filz zuschneiden.
2. Auf die Vorderseite des Täschchens von Hand ein Katzengesicht sticken.
3. Die beiden Teile rechts auf rechts zusammennähen, das Stück zwischen den Katzenohren offen lassen. Dann wenden.
4. Als Taschenriemen die Enden eines dünnen Stoffbands hinter den beiden Katzenohren befestigen.

Rote Laterne – stopp!

Alle Kinder außer einem (dem Zähler) stellen sich möglichst an der schmalen Seite des Raumes auf. Das Kind, das zählt, steht auf der anderen Seite des Raumes, dreht den anderen den Rücken zu und ruft: »Eins, zwei, drei, rote Laterne – stopp!« Die anderen gehen auf das Kind zu. Dreht es sich zu ihnen um, müssen alle in ihrer Bewegung verharren und ganz still stehen. Sieht der Zähler jemanden, der sich bewegt, muss dieses Kind zurückgehen und von vorne beginnen. Das Ganze wird wiederholt, bis jemand den Zähler erreicht hat. Wer ihm als Erster auf die Schulter tippt, gewinnt und nimmt seinen Platz ein – und die nächste Runde kann beginnen!

Schwere-Wörter-Spiel

Sind die Kinder bereits etwas größer, kann man einen »Schwere-Wörter-Wettbewerb« veranstalten. Ein Erwachsener denkt sich ein sehr langes Wort aus: etwa Fahnenstangenpoliermittel und Hosenbeinverlängerungsmaschine. Die Kinder schreiben es auf, so schnell sie können – die Zeit läuft.

Stopp-Tanz

Einer kümmert sich um die Musik (vielleicht sucht ihr besonders gruselige Musik aus?). Alle tanzen so wild sie können. Wenn die Musik aufhört, müssen die Kinder stillstehen wie Statuen. Wer sich bewegt, ist raus.

BAAAAM

Quiz oder Schnitzeljagd

Ein Quiz oder eine Schnitzeljagd sind immer toll. Am besten ist es, wenn man ältere Geschwisterkinder oder Freunde mit der Vorbereitung der Schnitzeljagd beauftragt. Das sorgt für die meisten Überraschungen und den größten Spaß! Eine andere Variante ist, dass das Geburtstagskind sich eine Schnitzeljagd mit Fragen zu sich selbst überlegt. Oder man bittet alle Kinder, Fragen zu sich selbst oder auch zu etwas ganz anderem auf Zettel zu schreiben. Man legt sie dann auf einen Haufen und zieht der Reihe nach Fragen. Wer die Antwort kennt, bläst in eine Tröte. Passe die Fragen an das Motto der Feier an!

Schiffsromantik

Eigentlich kann man Schiffe ganz leicht selbst machen. Inspiration kannst du dir bei den vielen Milliarden Schiffen aus der Geschichte holen – oder selbst eines erfinden. Ganz schön schlau.

Unter Schiffsbauern

- Der Rumpf lässt sich prima aus einem Stück Karton basteln. Schneide ihn in Form eines Schiffes aus, falte ihn in der Mitte und klebe ihn außen zusammen.
- Selbstverständlich kannst du Hasendraht und Pappmaschee verwenden. Befolge unsere Hinweise auf Seite 161.
- Wir verwenden gerne Karton, der oft die Rückseite alter Gemälde vom Flohmarkt bildet. Wir lieben die vergilbte Farbe und dass der Karton so brüchig und dick ist, dass man ihn durch vorsichtiges Reißen in mehrere Schichten zerteilen kann. Wenn wir möchten, dass Dinge richtig lebendig aussehen, ziehen wir das Reißen dem Schneiden vor.
- Klebe Kartonfetzen auf die gesamte Außenseite des Schiffsrumpfes. Lass deiner Fantasie freien Lauf.
- Als Mast verwendest du Holzstäbe (zum Beispiel Grillspieße oder Pflanzstäbe). Lege dann drei kürzere Stäbe als Quermasten über einen längeren Stab und binde die Teile mit Metalldraht zusammen.
- Die Segel reißt du am besten aus einem alten Leinenstoff. Er knittert immer so hübsch.
- Wegen seiner Farbe mögen wir Leinengarn, davon gibt es jede Menge auf dem Flohmarkt. Benutze es, um deine Segel an den Holzstäben zu befestigen.
- Beule in Ermangelung von Wind die Segel mit Metalldraht aus. Wir versprechen, dass sie sich aufblasen, als wären sie zufällig in einen gewaltigen Sturm geraten.
- Es ist hübsch, wenn du hie und da Knöpfe befestigst. Sie fungieren als eine Art Haken, an denen du Leinen, Seile und Wimpel festzurrst. Auf einem Schiff gibt es ja viel davon.

Schläft man unter einem Schiff, so träumt man sicher besonders schön. Etwa davon, unter Abermillionen von Sternen über die sieben Weltmeere zu segeln. Weit entfernt, wo das Land sich vollständig verliert und Himmel und Wasser einander zum Spiegelbild werden. Und wo in den Nächten die Milchstraße mit jeder Welle, die du brichst, näher zu kommen scheint. Schiffe bedeuten Abenteuer – das ist eine alte Weisheit – und sie stehen für die Sehnsucht nach dem Unbekannten. Vielleicht nimmt die Abenteuerlust bereits ihren Anfang, wenn wir noch klein sind und auf unsichtbaren Wellen schaukeln.

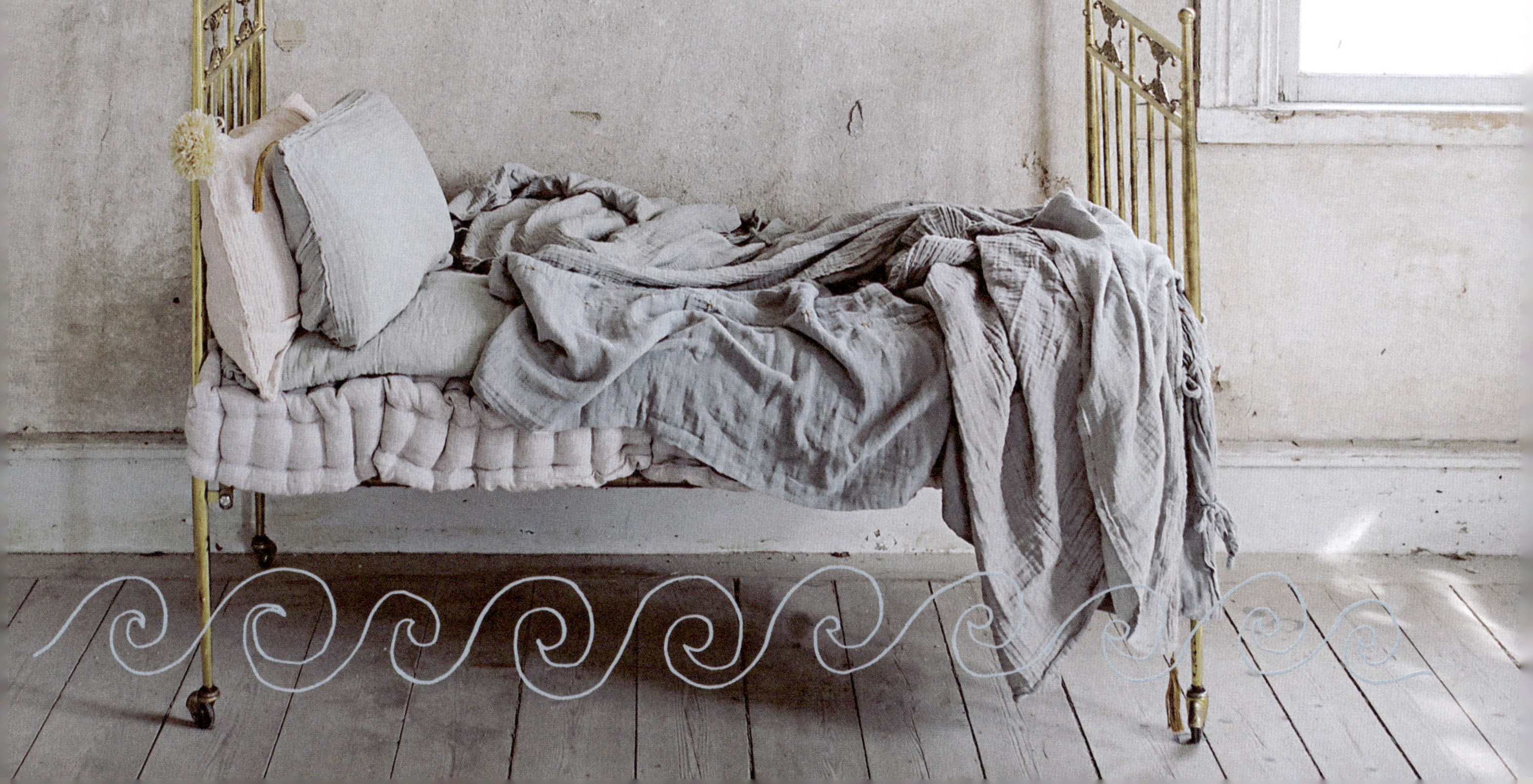

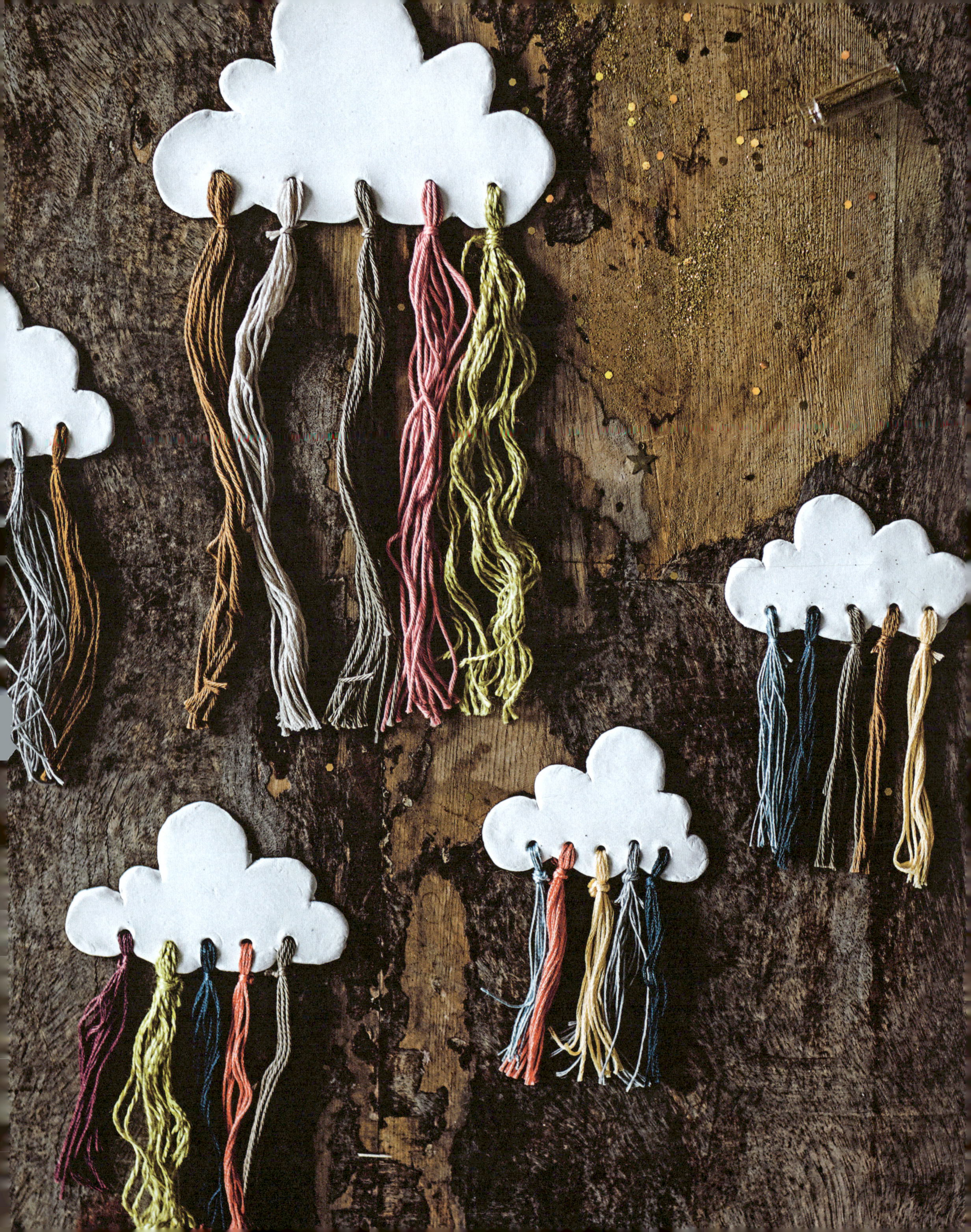

Wolken aus Ton

Wir haben bestimmt alle schon einmal Wolken betrachtet und wissen daher ganz genau, wie viele Formen sie annehmen können. Da wären das fliegende Einhorn, der Luftballon und der Elefant mit den Flügeln. Ach, diese Welt dort oben in Blau mit ihren Millionen von Gestalten, von denen wir nicht wussten, dass sie existieren. Haben wir nicht gerade neulich einen Blick auf die längste aller Treppen im Himmel erhascht, zu jemanden, den wir vermissen? Und wer hat nicht schon einmal davon geträumt, die Wolken anzustupsen, als beständen sie aus Zuckerwatte? Ja, Wolken sind wie Märchen. Genau deshalb schläft es sich so gut unter ihnen ein.

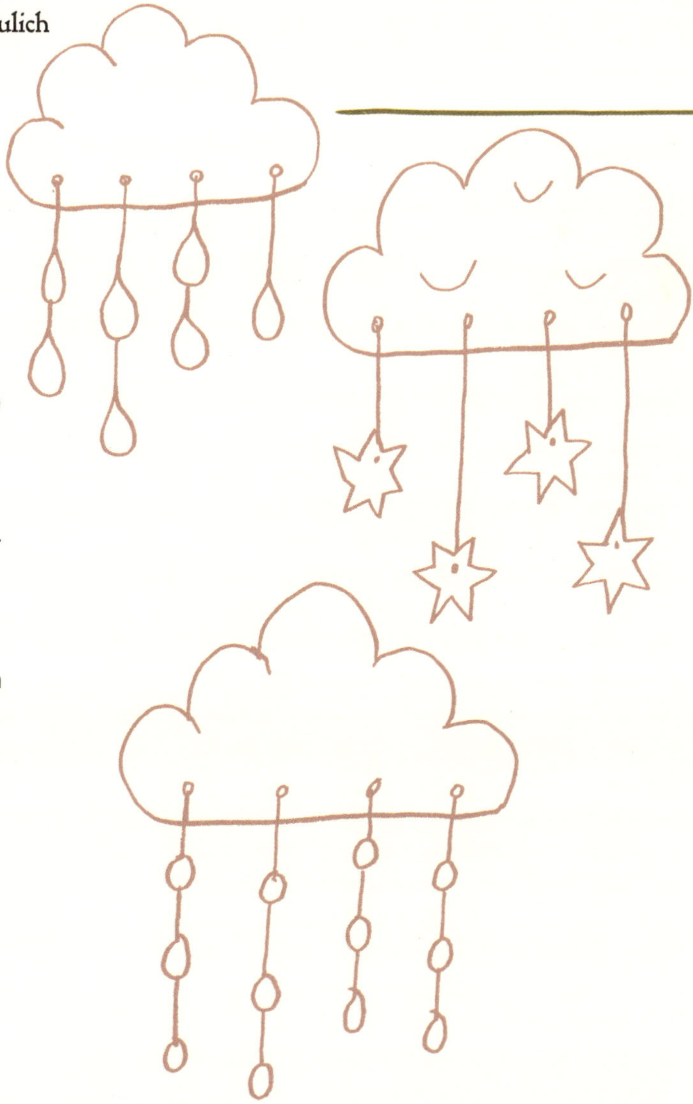

Du brauchst:

- Ton
- Teigroller
- einfaches Schneidemesser
- etwas zum Löcherstanzen
- Garn (möglichst Stickgarn vom Flohmarkt)

So geht's:

1. Den Ton ausrollen.
2. Eine Wolke ausschneiden. Was für die echten Wolken am Himmel gilt, dass es keine festgelegte Form gibt.
3. Löcher in die untere Kante der Wolke stechen. Darauf achten, dass sie nicht zu klein sind, weil sie schrumpfen, wenn der Ton trocknet. Sollen die Wolken frei schweben, oben ein Loch zum Aufhängen einplanen.
4. Den Ton an der Luft trocknen lassen. Hat man den Ton dünn ausgerollt, so kann es passieren, dass sich die Wolken beim Trocknen etwas biegen. Eine gute Lösung kann sein, sie über Nacht unter schweren Büchern zu pressen.
5. Ist deine Wolke getrocknet, Stickgarn durch die Löcher fädeln und verknoten.

Kartonpferd

Wühlst du einmal im Recyclingmüll bei dir zu Hause, wirst du sehen, dass er wahre Schätze in sich birgt. Eierkartons, Nudel- und Milchpackungen und Schuhkartons. All diese Dinge eignen sich nicht nur perfekt zum Basteln, es ist außerdem besonders umweltfreundlich, sie zu benutzen.

Karton lässt sich sowohl mit dem Messer als auch mit der Schere gut bearbeiten, er ist porös – was dafür sorgt, dass du ihn gut zum Bauen verwenden und Dinge daran befestigen kannst – und sehr saugstark, du kannst ihn bemalen und zu allen erdenklichen Formen zusammenkleben. Außerdem ist er sehr leicht. Was man gebaut hat, möchte man schließlich mitnehmen und bewegen können. Ein Wohnmobil mit Propeller auf dem Dach zum Beispiel muss unbedingt auf Reisen gehen.

Pferde aus Karton

Du brauchst:

- Schablone
- ein Stück Karton
- Schere
- Farbe
- Nadel
- Metalldraht
- ein paar Knöpfe
- Spitze und Stickgarn

Vorlage auf Seite 258

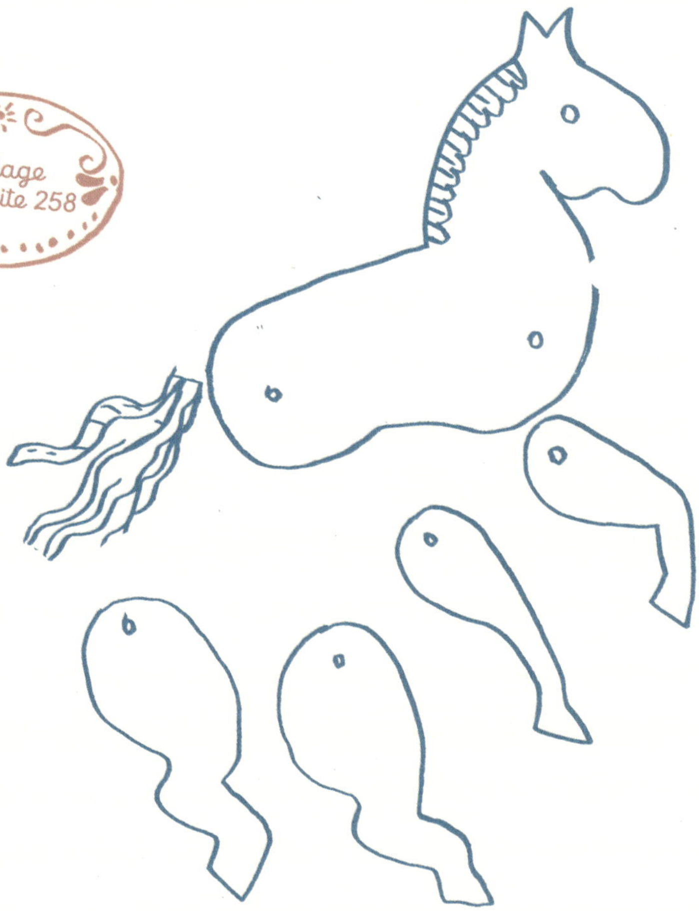

So geht's:

1. Pferderumpf und Beine mithilfe unserer Vorlage oder nach deiner Vorstellung zeichnen.
2. Alle Teile aus Karton ausschneiden.
3. Die Einzelteile anmalen und trocknen lassen.
4. Die Beine an den richtigen Stellen platzieren, zwei unterhalb des Pferdekörpers und zwei auf der Oberseite.
5. Mit einer Nadel Löcher in Rumpf und Beine stechen.
6. Je einen Knopf auf Metalldraht aufziehen und diesen so durch die Löcher fädeln, dass der Knopf auf der Oberseite des Pferdes zu liegen kommt und Vorder- und Hinterbeine mit dem Rumpf des Pferdes verbunden sind. Auf der Rückseite jeweils die beiden Enden des Metalldrahts verknoten.
7. Nun das Pferd verzieren! Mit ein wenig Spitze als Mähne und Garn als Schweif.

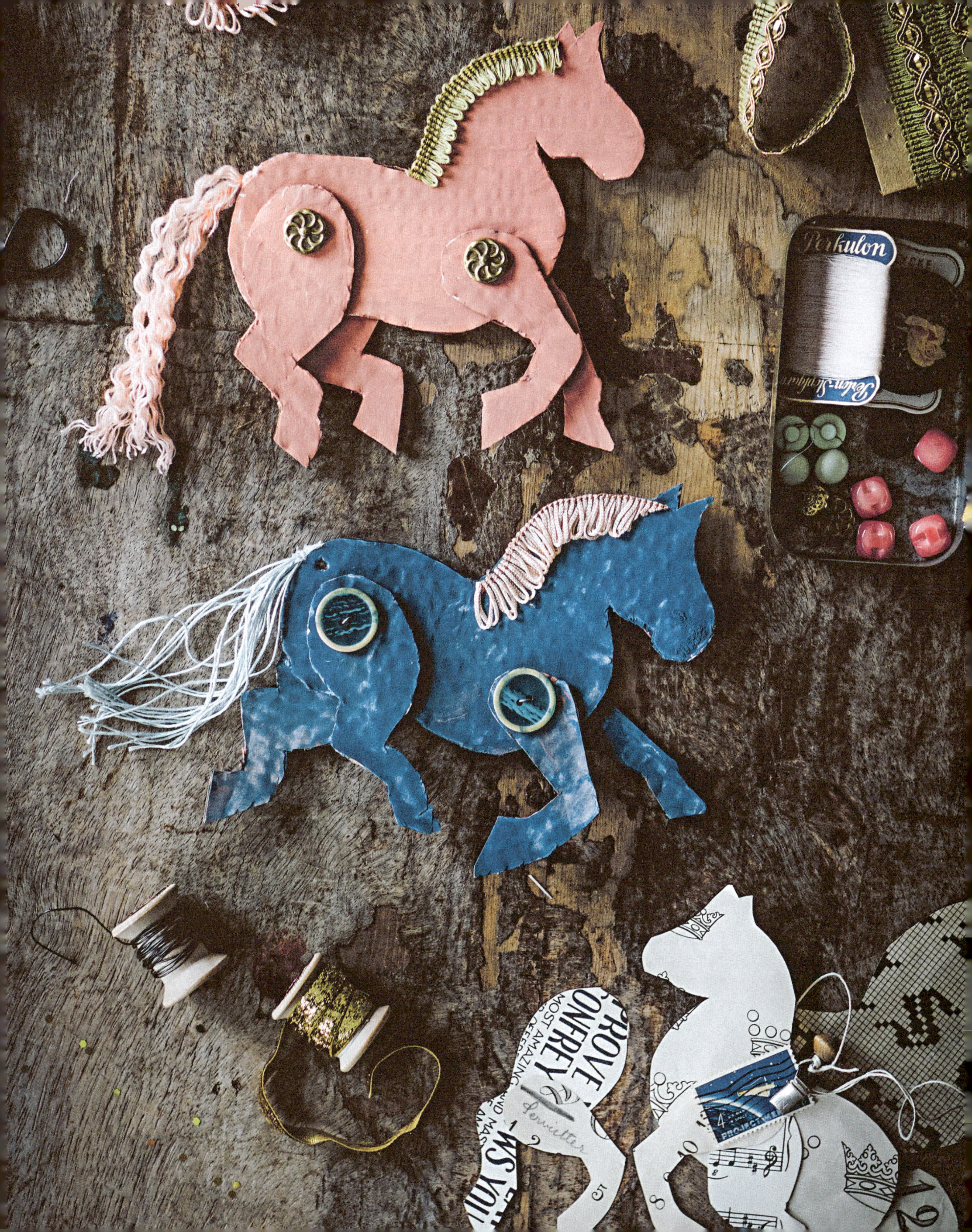
Perkulon

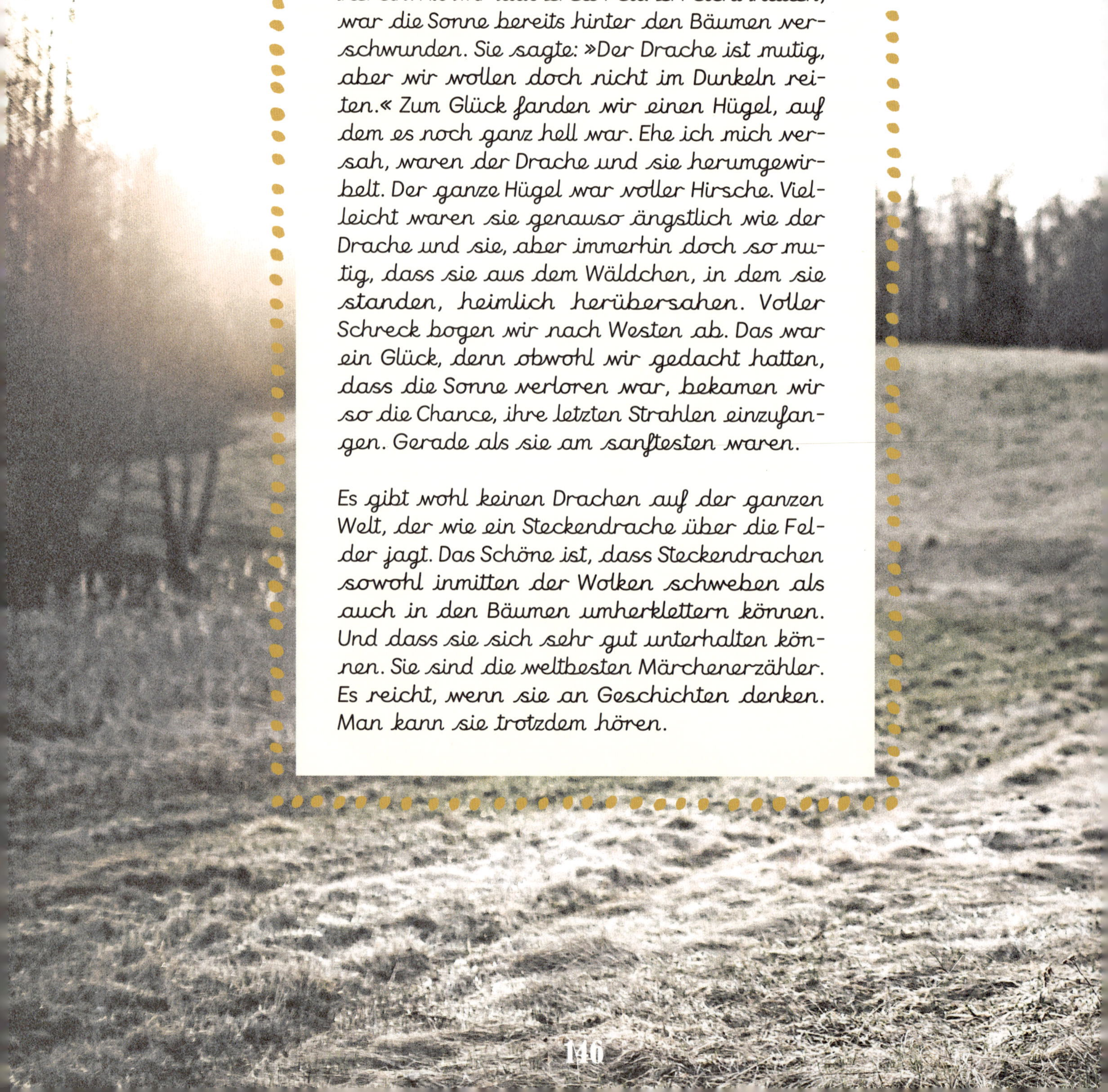

Die Dunkelheit brach an jenem Abend rasch herein. Als wir das erste Feld erreicht hatten, war die Sonne bereits hinter den Bäumen verschwunden. Sie sagte: »Der Drache ist mutig, aber wir wollen doch nicht im Dunkeln reiten.« Zum Glück fanden wir einen Hügel, auf dem es noch ganz hell war. Ehe ich mich versah, waren der Drache und sie herumgewirbelt. Der ganze Hügel war voller Hirsche. Vielleicht waren sie genauso ängstlich wie der Drache und sie, aber immerhin doch so mutig, dass sie aus dem Wäldchen, in dem sie standen, heimlich herübersahen. Voller Schreck bogen wir nach Westen ab. Das war ein Glück, denn obwohl wir gedacht hatten, dass die Sonne verloren war, bekamen wir so die Chance, ihre letzten Strahlen einzufangen. Gerade als sie am sanftesten waren.

Es gibt wohl keinen Drachen auf der ganzen Welt, der wie ein Steckendrache über die Felder jagt. Das Schöne ist, dass Steckendrachen sowohl inmitten der Wolken schweben als auch in den Bäumen umherklettern können. Und dass sie sich sehr gut unterhalten können. Sie sind die weltbesten Märchenerzähler. Es reicht, wenn sie an Geschichten denken. Man kann sie trotzdem hören.

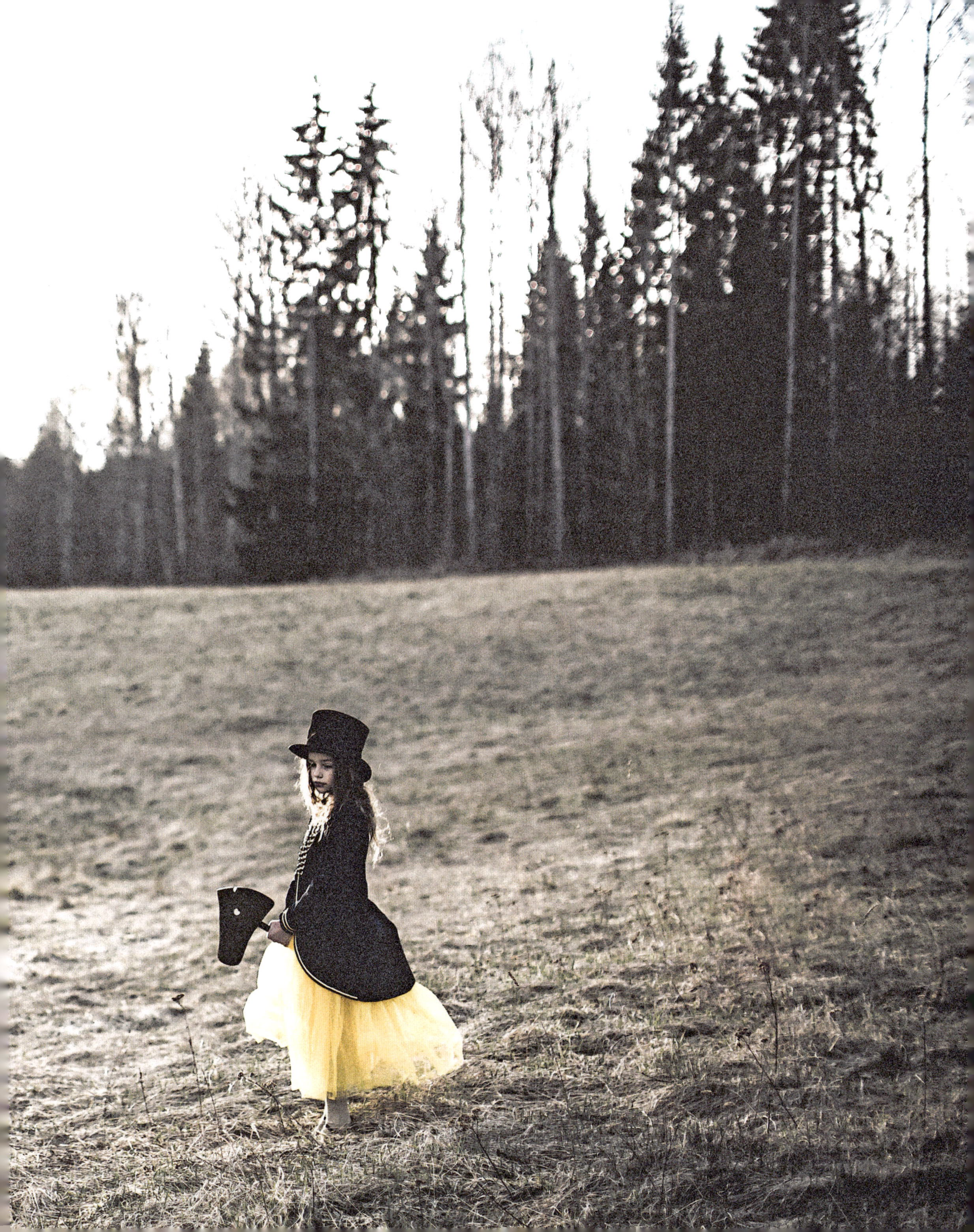

Steckendrachen

Schon beim ersten Nadelstich wissen alle, dass dieses Steckenpferd ein Eigenleben haben wird. Da spielt es am Ende auch keine Rolle, ob es tatsächlich ein Pferd, ein Drache, ein Einhorn oder doch das Tier wird, das einen im Traum besucht hat.

In dem Augenblick, in dem man die letzten Stiche macht, braucht es nur einen kleinen Windhauch ins Ohr, um ihm Leben einzuhauchen: Auf ins Abenteuer!

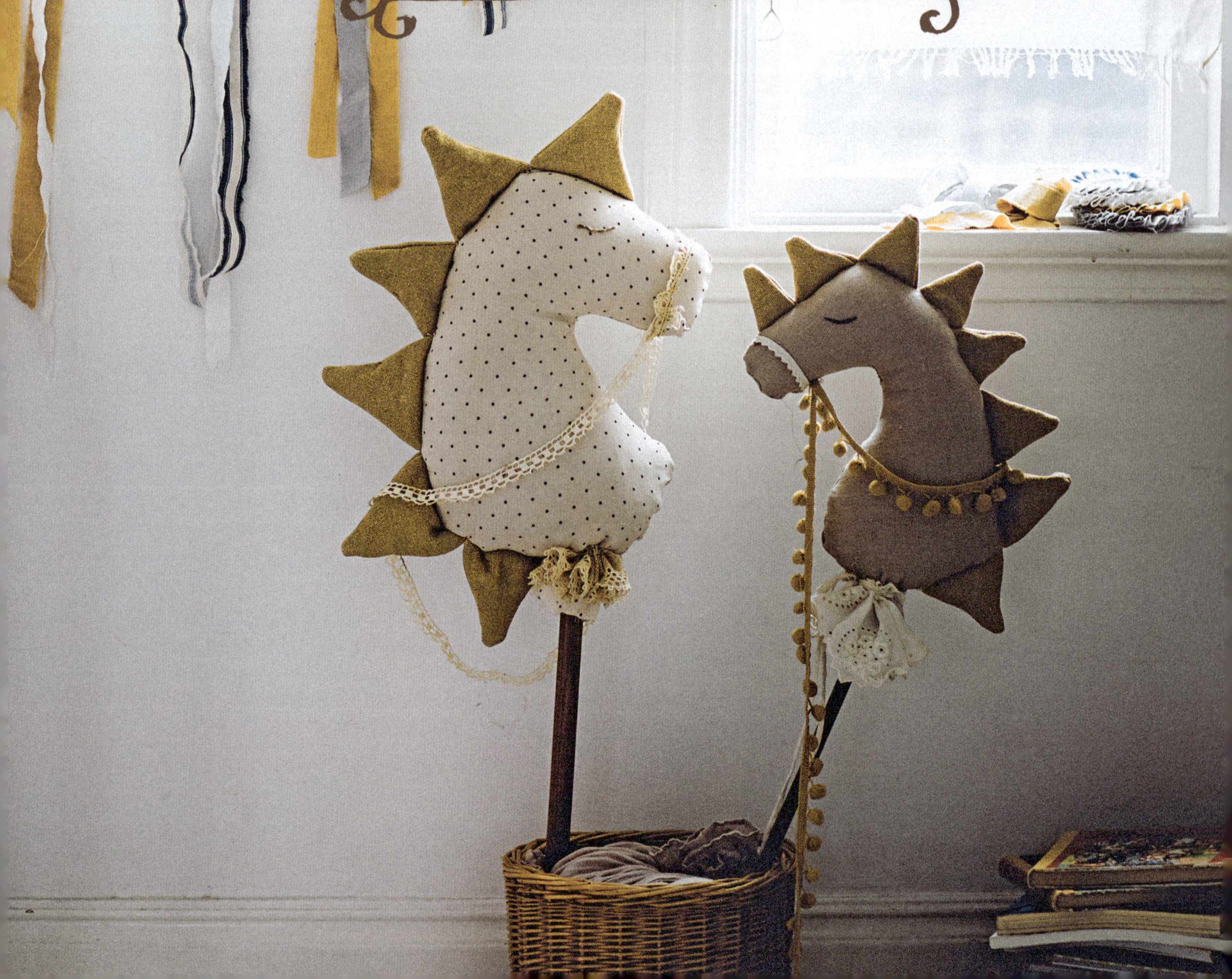

Du brauchst:

- Schablone
- doppellagigen Stoff, ca. 60 x 60 cm
- Stoff für die Mähne
- Wattevlies
- Schere
- Nähmaschine oder Nadel und Faden
- Füllmaterial
- Stange oder Bambusstab
- Stickgarn

So geht's:

1. Den Drachenkörper mithilfe unserer Vorlage auf Stoff aufzeichnen, Nahtzugabe ergänzen. Nicht vergessen, den Stoff beim Ausschneiden doppelt zu legen.
2. Die Drachenmähne mit dem außen liegenden Wattevlies rechts auf rechts zusammennähen. Die untere Kante, die an den Drachenkopf genäht wird, nicht zunähen. Wir empfehlen, zunächst das Vlies an ein Stoffteil zu heften und dann alles rechts auf rechts zusammenzunähen. So verrutscht später das Vlies beim Spielen nicht.
3. Die gewendete Drachenmähne mit Nadeln an die obere Kante des Kopfes heften, sodass die Zacken nach innen weisen. Rechts auf rechts zusammennähen und darauf achten, dass die untere Seite zum Füllen und für den Stock offen bleibt.
4. Den Kopf mit dem Füllmaterial füllen.
5. Die Stange etwa bis auf Augenhöhe in den Drachenkopf schieben. So wird vermieden, dass der Kopf schlaff herunterhängt. Die Stange mit einem Strick auf Höhe der Öffnung festbinden. Für besonders guten Halt kann man einen Kabelbinder verwenden, den man danach unter Stoff versteckt.
6. Mit Stickgarn Augen annähen. Nach Belieben mit Zaumzeug, Kragen und allem, was ein Drache deiner Meinung nach haben sollte, schmücken.

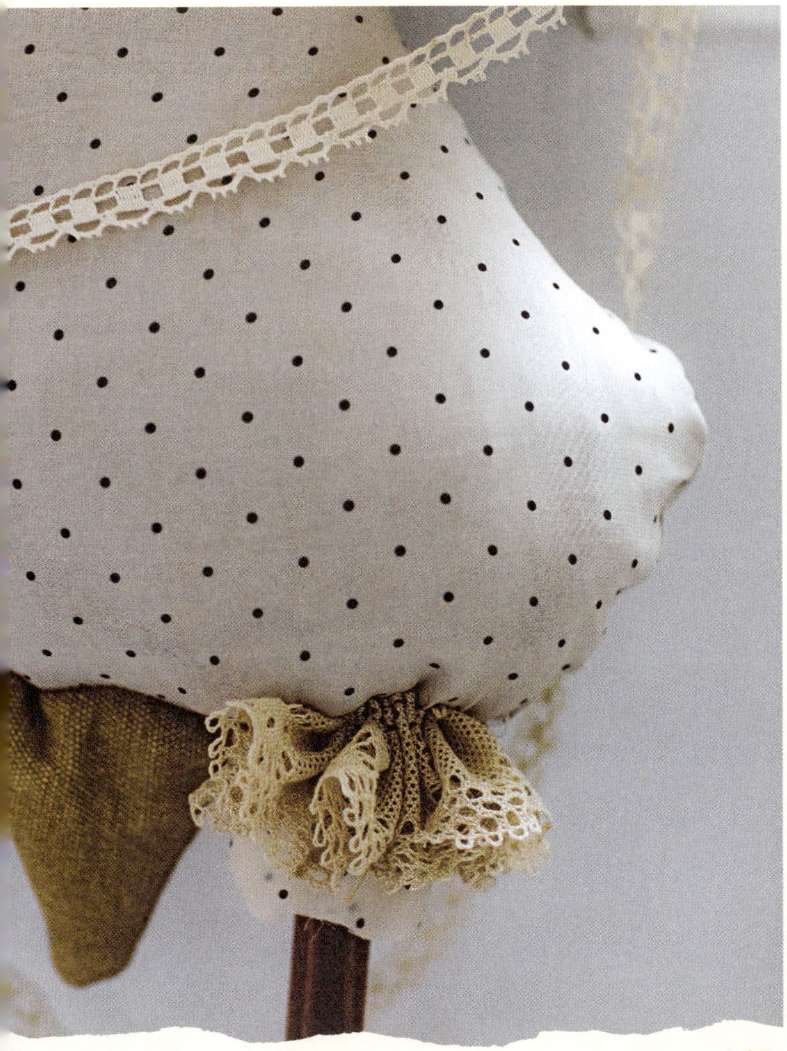

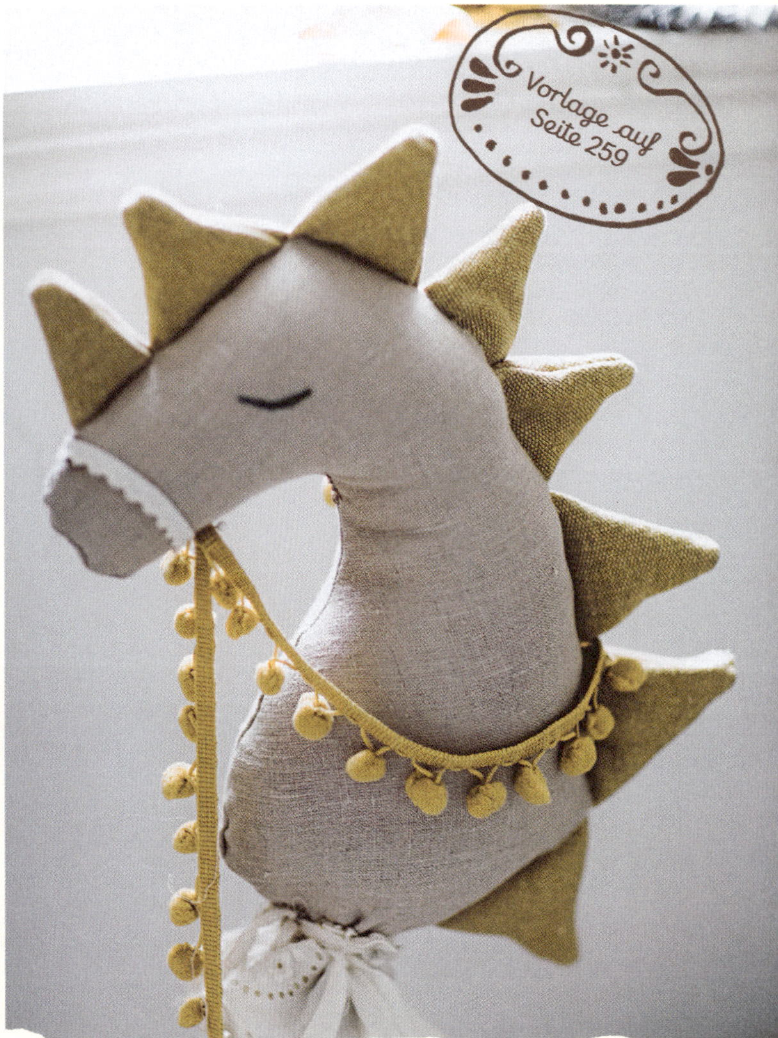

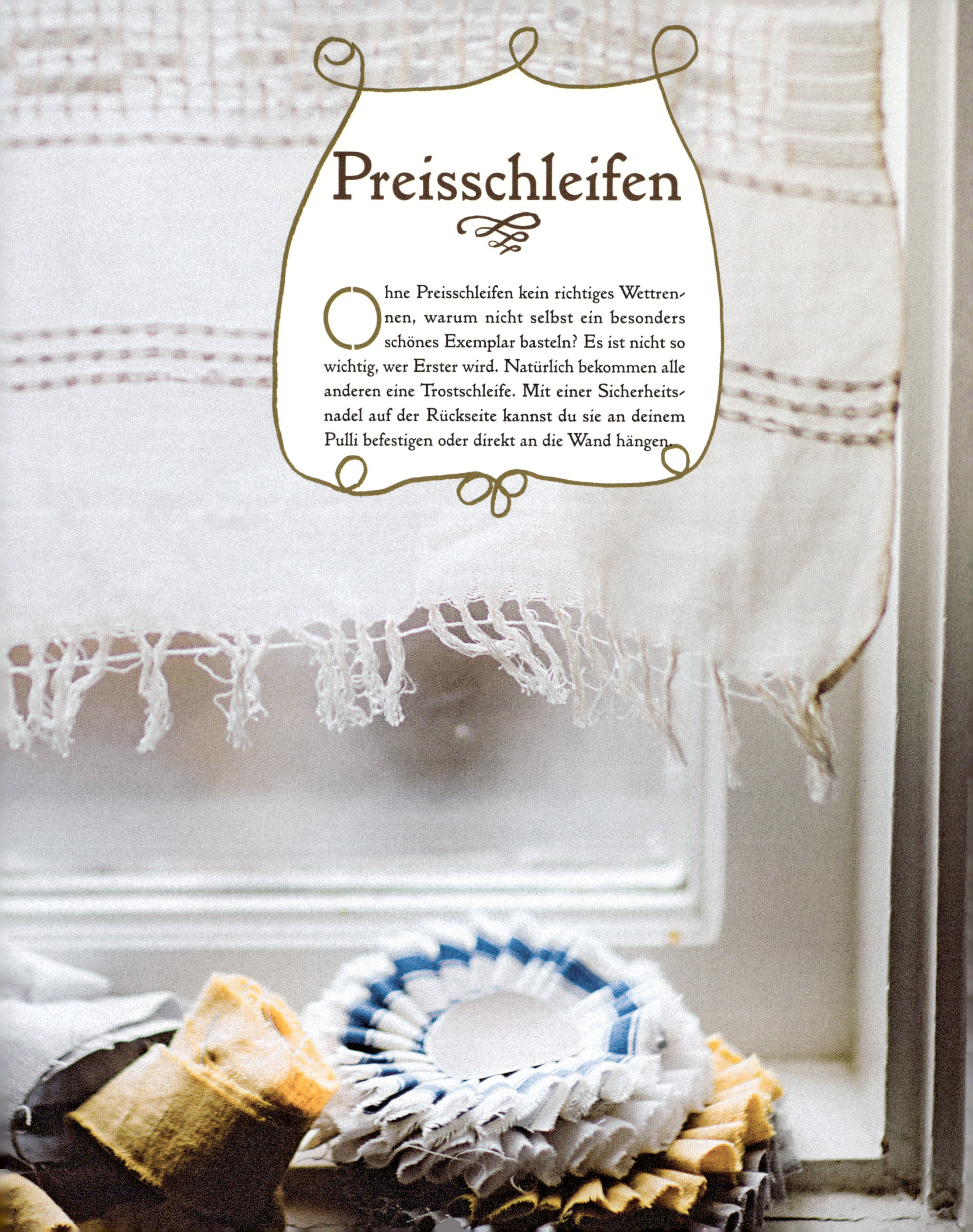

Preisschleifen

Ohne Preisschleifen kein richtiges Wettrennen, warum nicht selbst ein besonders schönes Exemplar basteln? Es ist nicht so wichtig, wer Erster wird. Natürlich bekommen alle anderen eine Trostschleife. Mit einer Sicherheitsnadel auf der Rückseite kannst du sie an deinem Pulli befestigen oder direkt an die Wand hängen.

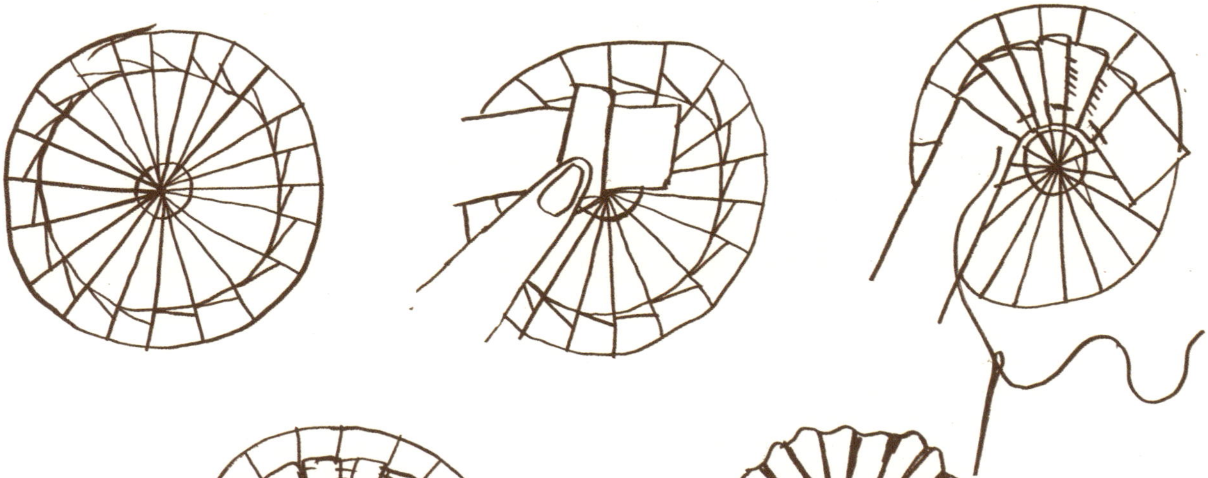

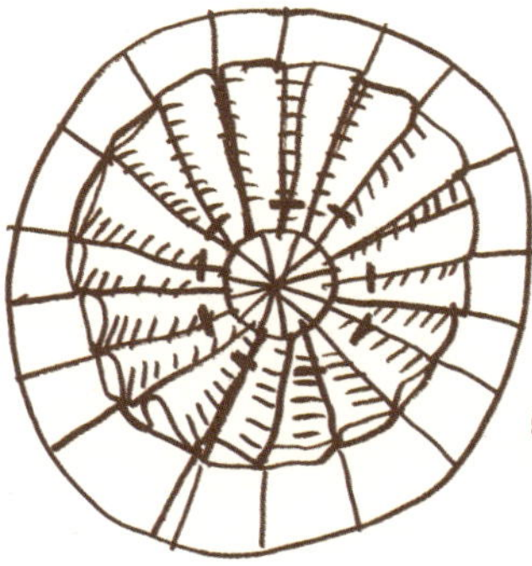

Du brauchst:

- festen Karton
- Schere und Stift
- Stoffband (möglichst aus Leinen oder Baumwolle)
- Nadel und Faden
- Acryl- oder ähnliche Bastelfarbe
- Kleber

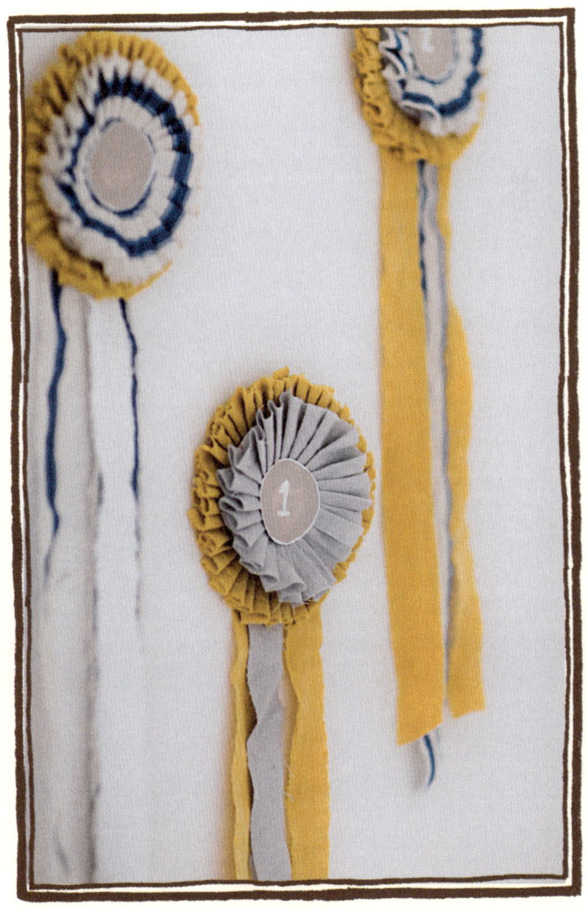

So geht's:

1. Aus Karton einen Kreis mit einem Durchmesser von ca. 15 cm ausschneiden.
2. Darin einen kleineren Kreis sowie Hilfsstriche anzeichnen, die darstellen, wo dein Band gefältelt werden soll.
3. Mit dem Fälteln und dem Festnähen der Falten auf dem Karton beginnen. Das Band so fälteln, dass jede neue Falte ein wenig von der vorherigen verdeckt wird. Dabei darauf achten, dass die Stofflagen nicht zu dick geraten. Wenn die Falten nicht ganz gleichmäßig aussehen, macht das gar nichts. Am Schluss kann es etwas fummelig werden – wichtig ist nur, dass sich die letzte und die erste Falte überlappen.
4. Das Band abschneiden und das Ende so befestigen, dass es gut aussieht. Evtl. überstehenden Karton abschneiden oder ein zweites Stoffband etwas weiter außen mit der gleichen Technik anbringen. Den Karton nicht ganz entfernen, die Schleife benötigt die zusätzliche Stütze.
5. Einen kleineren Kreis aus Karton für das Innere der Schleife ausschneiden und, wenn gewünscht, eine Zahl aufmalen. Festkleben.

Kreativ sein mit Kindern

Zusammen mit Kindern kreativ tätig zu sein, ist fantastisch. Versuche es und lass dich mit in ihre Welt entführen. Vielleicht bleibst am Ende du alleine am Basteltisch übrig und musst einsehen, dass der Rest der Bande schon längst keine Lust mehr hatte.

Versunken in der Kreativität

Kinder lieben es, kreativ zu sein. Zwischen Bügelperlenbildern, Scheren, Zeichenpapier und Wasserfarben versinken sie ganz im Augenblick und ihrem Tun. Diese schöpferische Tätigkeit ist auch ein wichtiger Teil ihrer Entwicklung. Kinder nutzen sie häufig, um zu untersuchen, zu reflektieren, zu verarbeiten und ihre Umwelt zu begreifen.

Gibt es Raum für kreatives Schaffen, bringt dies Wissen, Erkenntnisse und eine Möglichkeit für die Kinder mit sich, von sich selbst und ihren Erlebnissen zu erzählen. Man sollte sich auch bewusst sein, dass der Schaffensprozess den Kindern Verständnis und Respekt gegenüber Material, Herstellungsweise und Gegenständen vermittelt – mittels ihrer eigenen Erfahrungen aus der Arbeit mit ihrem Körper und ihren Sinnen.

Lass die Kinder frei gestalten

Bastelt man mit Kindern, gilt es, die richtigen Voraussetzungen für sie zu schaffen und dann als Erwachsener einen Schritt zurückzutreten, oder zumindest nicht den Platz neben ihnen einzunehmen. Denn wie sehr man auch versucht ist zu lenken, Farben oder Änderungen vorzuschlagen und Tipps zu geben, so sollte man sich an dieser Stelle doch zurückhalten und versuchen, die Kreativität der Kinder nicht zu stören, sondern sie frei gestalten lassen!

Ein aufgeräumtes und strukturiertes Heim entspricht in unserem Fall nicht unserer Lebenswirklichkeit, und vielleicht darf das manchmal auch so sein. Stifte, Papier, Kleber, Ton, Perlen etc. sollten bereitstehen oder für die Kinder zumindest leicht zugänglich sein, damit sie ihr Material selbst hervorholen können. Dass es so manchmal ein wenig unordentlich wird, gehört einfach dazu. Fange nicht an, Sachen zusammenzusammeln oder aufzuräumen, während die Kinder noch bei der Arbeit sind. Das kann warten.

Material entdecken

Mit Kindern kreativ zu sein, bedeutet nicht, dass man zum nächsten Geschäft für Bastelbedarf gehen und einen Haufen Bastelmaterial kaufen muss. Im Gegenteil. Das beste Material zum Basteln und Gestalten findest du auf Flohmärkten oder zu Hause in deinen eigenen Vorräten und im Müll. Stell dir nur einmal vor, was man alles aus ein paar alten Konservendosen, Kartons oder Klopapierrollen machen kann. Voilà – schon hast du ein magisches Schloss! Es macht auch nichts, wenn es ein wenig schief und krumm wird. Auf Seite 161 findest du ein Rezept für essbaren Kleister, den man rasch herstellen kann, wenn man ihn gerade benötigt. Auf Flohmärkten findest du Stickrahmen, Stoffreste und altes Garn. Versuche es einmal mit dem Motto »Benutze, was du hast« und konzentriere dich mehr auf das eigentliche Tun als auf das Material.

Gutes Bastelmaterial

- Zeitungen und alte Bücher zum Ausschneiden
- Kartons
- Stoff- und alte Garnreste
- Konservendosen (darauf achten, dass sie keine scharfen Kanten haben)
- Eierkartons
- Eisstiele
- verschließbare Gläser

Fantasie in der Sprache der Kinder

Manchmal ist es gut, die Kinder selbst benennen zu lassen, was sie gemacht haben, was sie sich dabei gedacht haben und warum sie gerade diese Farbe verwendet haben. In ihrer Welt kann ein schiefes kleines Strichmännchen mit kilometerlangen Beinen ein großer Luftballonelefant sein, der durch die Wolken neuen Abenteuern entgegenschwebt. Stellt man manchmal Fragen zu den Werken der Kinder, anstatt nur zu loben, erhält man einen kleinen Einblick in ihr Köpfchen und was darin vor sich geht. Denn selbst wenn wir ganz in der Nähe der magischen Welt der Kinder leben, haben wir doch schon lange vergessen, wie sie tatsächlich aussieht. Wenn wir aber Fragen stellen und gemeinsam kreativ sind, können wir uns ihr annähern.

Der Weg ist das Ziel

Wenn es um die Schöpfungen von Kindern geht, passiert es leicht, dass man sich ihnen zunächst von der »Bastelwelt« her annähert und dort verbleibt. Eigentlich sollte man sich fragen, was schöpferisches Tun wirklich bedeutet. Beschränkt es sich immer auf die Hände bzw. den Körper, oder passiert es genauso im Kopf? Ist es immer eine künstlerische Ausdrucksform – oder eher eine Reflexion der Umwelt? Ein Ausdruck von Verstehen und Deutung, der auch im Spiel umgesetzt werden kann? »Kaufladen«, »Kochen«, »Hütte«, »Doktor« und »Bauklötze« sind Beispiele für solche Spiele. Im Grunde geht es vielleicht bei schöpferischem Tun darum, etwas zu finden, das vorher nicht da war? Es entfaltet sich sowohl in Gedanken als auch im Handeln und ist Teil dessen, was wir Erwachsenen oft Fantasie nennen.

Tipp!

Wir empfehlen immer – auch wenn die Kinder noch sehr klein sind –, einen Malblock und Stifte in der Tasche zu haben. Im Restaurant, im Café, einfach überall. Unsere Kinder haben die meisten Dinge auf Papier gebracht. In den Ferien kann man seinen Tag malen. Dasselbe gilt für zu Hause: Papier und Stifte sollten immer auf dem Küchentisch bereitliegen.

»Bei euch zu Hause ist es sehr unordentlich!« Ich weiß nicht mehr, welches der zahlreichen Kinder, die uns besuchten, das zu mir gesagt hat. So etwas passiert ziemlich oft, wenn Kinder uns besuchen. Ihr wisst schon, die fantastische Ehrlichkeit der Kinder. Hier und da habe ich bestimmt nur gelächelt – obwohl ich vermutlich Lust hatte zu erzählen, wie erfrischend es manchmal sein kann, in einem kreativen Chaos zu leben. Denn in meiner Welt hat alles seinen Platz. »Kreativität« ist für mich nicht das Gleiche wie »Unordnung«. Es ist nur ein bisschen anders.

Kindergartenbastelei

Kindergartenbasteleien sind niemals kompliziert, die Kinder sollten sie ohne Hilfe bewältigen können. Genau darum geht es! Es gibt absolut nichts, das zu einfach ist. Man sollte nur darauf achten, dass etwas nicht zu schwer ist. Die Kinder wachsen daran, wenn sie etwas »allein können«, das wissen wir ja alle. Und das Beste ist, dass man immer weiter wachsen kann, auch wenn man schon erwachsen ist. Prima, oder?

Wir lieben diese Art des Bastelns und Kreativseins. Die Dinge, die in den Schultaschen mit nach Hause getragen werden, sind abgegriffen und immer voller Liebe. Und bestimmt voll einer gehörigen Dosis Geduld. »Geduld bringt Glück«, hat einmal jemand gesagt, und genauso ist es wohl auch.

Ist man erwachsen, sollte man niemals vergessen, dass das, was in deinen Augen nicht perfekt sein mag, es in der Welt des Kindes bestimmt ist. Lass die Kinder ohne erhobenen Zeigefinger und Überwachung loslegen. Das ist die beste, um nicht zu sagen einzige Möglichkeit, ihre Kreativität zu fördern.

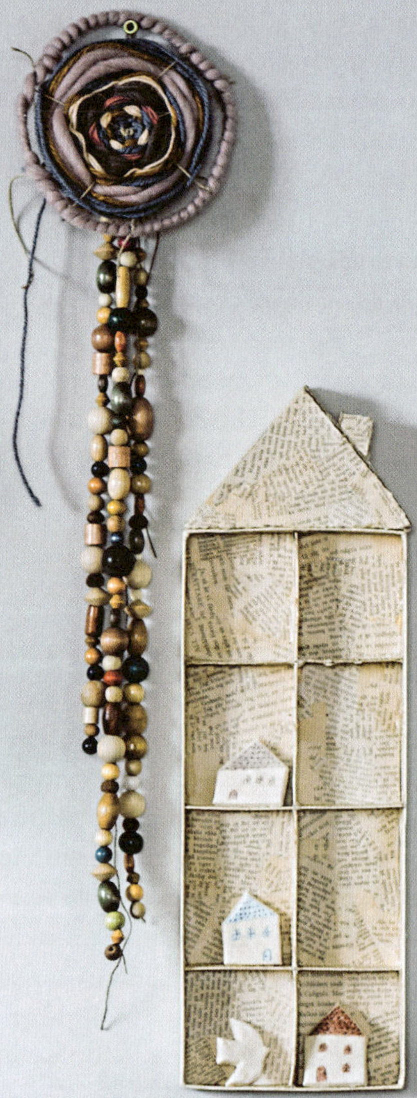

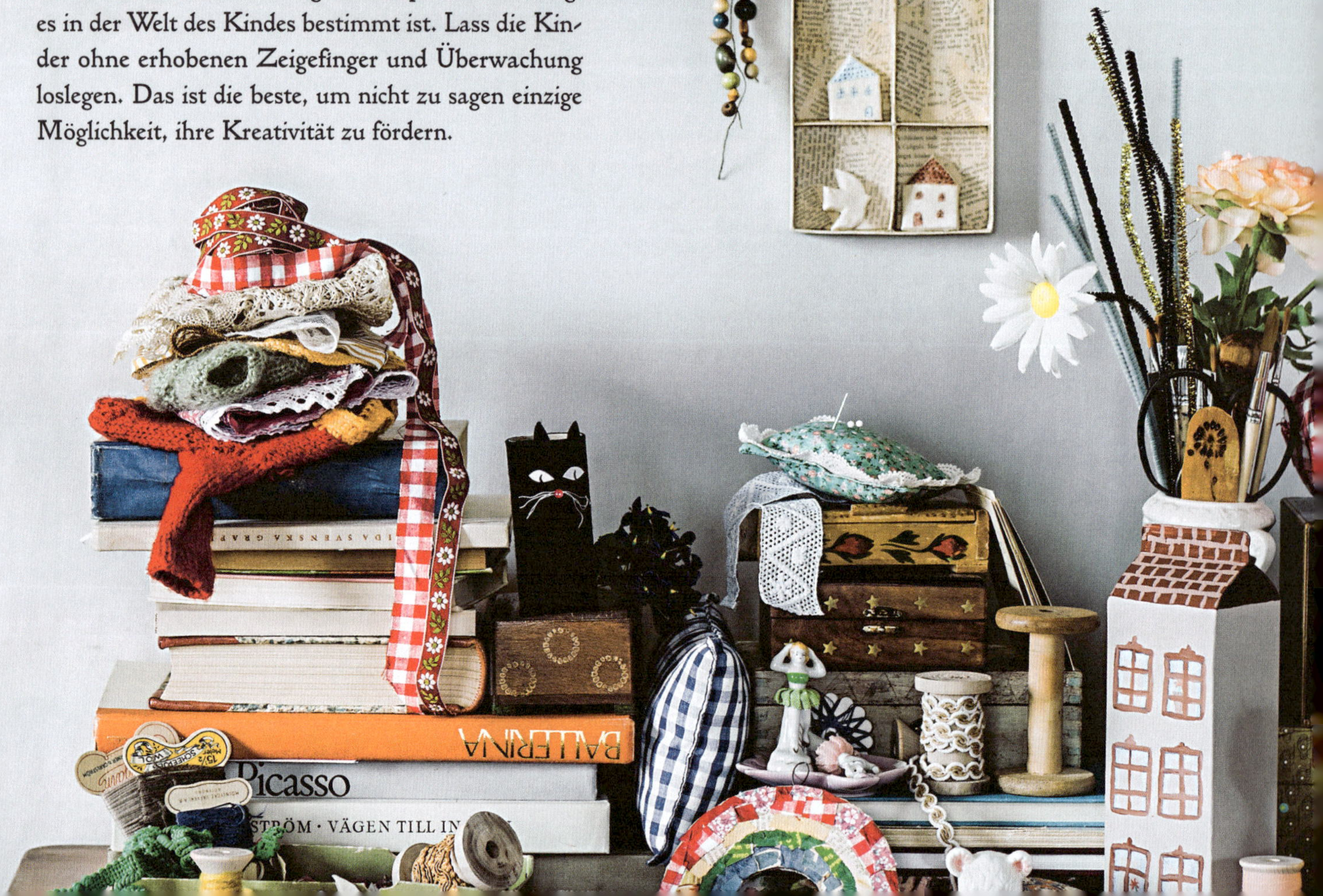

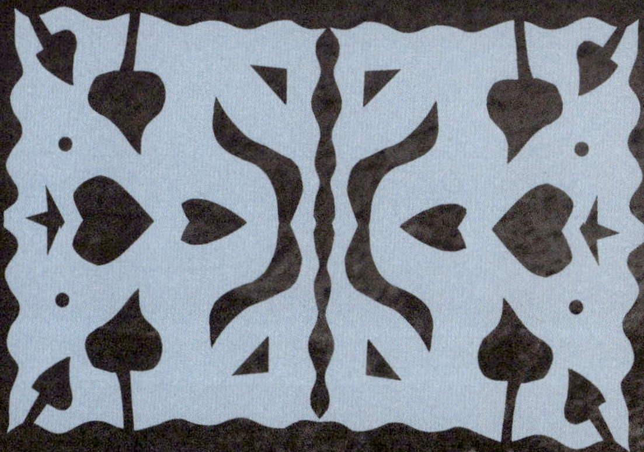

Scherenschnitt

Er gehört vermutlich zu den einfachsten Bastelprojekten überhaupt. Verwende etwas dünneres Papier und lass sich die Kinder mit der Schere ans Werk machen. Falte das Papier wie eine Ziehharmonika und mache dann Schnitte hinein, um lustige Muster zu erhalten.

Selbst gemachter Webrahmen

Mit einem Stück Karton, einer Nadel und einer Schnur kannst du ganz leicht selbst einen Webrahmen herstellen. Schneide ein rechteckiges Stück Karton von geeigneter Größe aus. Fädele dann die Schnur so durch den Karton, dass sich 5–6 Spannfäden ergeben. Spanne die Schnur und befestige das Garn. Dann musst du nur noch anfangen zu weben. Das funktioniert sowohl mit den Fingern als auch mit einer etwas dickeren Nadel. Hoch und runter, hin und her. Verwende verschiedene Garne und Schnüre. Das Ergebnis ist immer schön!

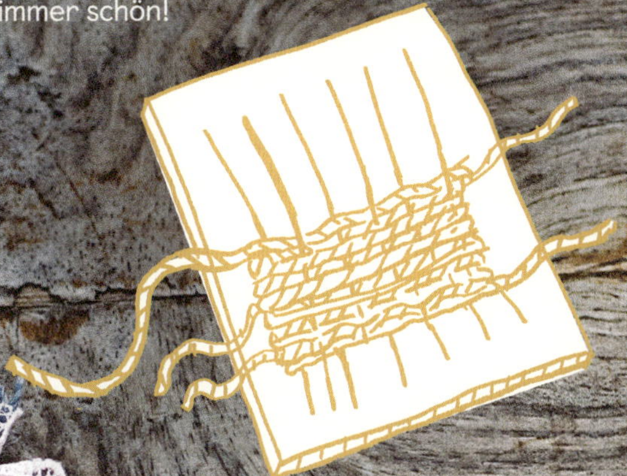

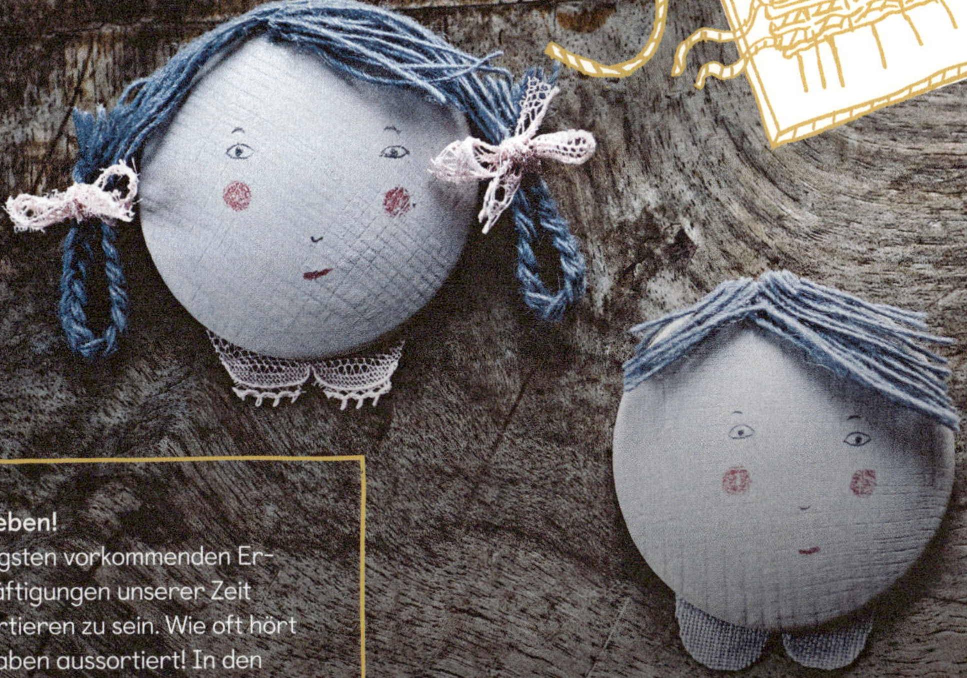

Fange an aufzuheben!
Eine der am häufigsten vorkommenden Erwachsenenbeschäftigungen unserer Zeit scheint das Aussortieren zu sein. Wie oft hört man nicht: »Wir haben aussortiert! In den Kindersachen, in ihren Schubladen, in ihren Schränken.«

Ändere nächstes Mal die Perspektive. Versuche Dinge, die in den Augen von Erwachsenen Müll sind, als das Gegenteil zu betrachten. Unser Tipp: aufheben. Benutze eine Kiste, in der alles landet, was keinen festen Platz hat. Das kann alles sein, von Verschlüssen über Reste von Stoffbändern bis hin zu Metallstücken. All dies wird zu neuem Leben erweckt, wenn dein Kind das nächste Mal bastelt!

Gesichterbroschen

Gestalte lustige Gesichter – oder warum nicht ein Selbstporträt? – aus Holz. Das funktioniert sowohl als Brosche als auch als Kühlschrankmagnet. Gewölbte Holzplatinen gibt es im Bastelbedarf, aber man kann natürlich auch ein Stück Karton verwenden. Bemale sie in den Farben deiner Wahl. Das Haar bastelt man am besten aus Garn. Schneide es zurecht, flechte es zu einer coolen Frisur und klebe es fest.

Tiere aus Klopapierrollen

Klopapierrollen sammeln sich – genauso wie Milchpackungen – schnell in einer Familie an und lassen sich für allerlei verwenden. Unter anderem für kleine Tiere – wie zum Beispiel eine Katze. Schneide ein Stück Stoff von geeigneter Größe zu (wir haben Filz verwendet). Klebe es mit der schönen Seite nach außen so auf die Rolle, dass es sie vollständig bedeckt. Schneide dann kleine Ohren aus und befestige sie mit Kleber am oberen Ende der Rolle. Eine kleine Paillette wird zum Näschen und Nähfaden zu Schnurrhaaren. Die Augen schneidest du aus einem Stückchen Papier aus. Mit etwas Fantasie entsteht bald ein ganzer Zoo.

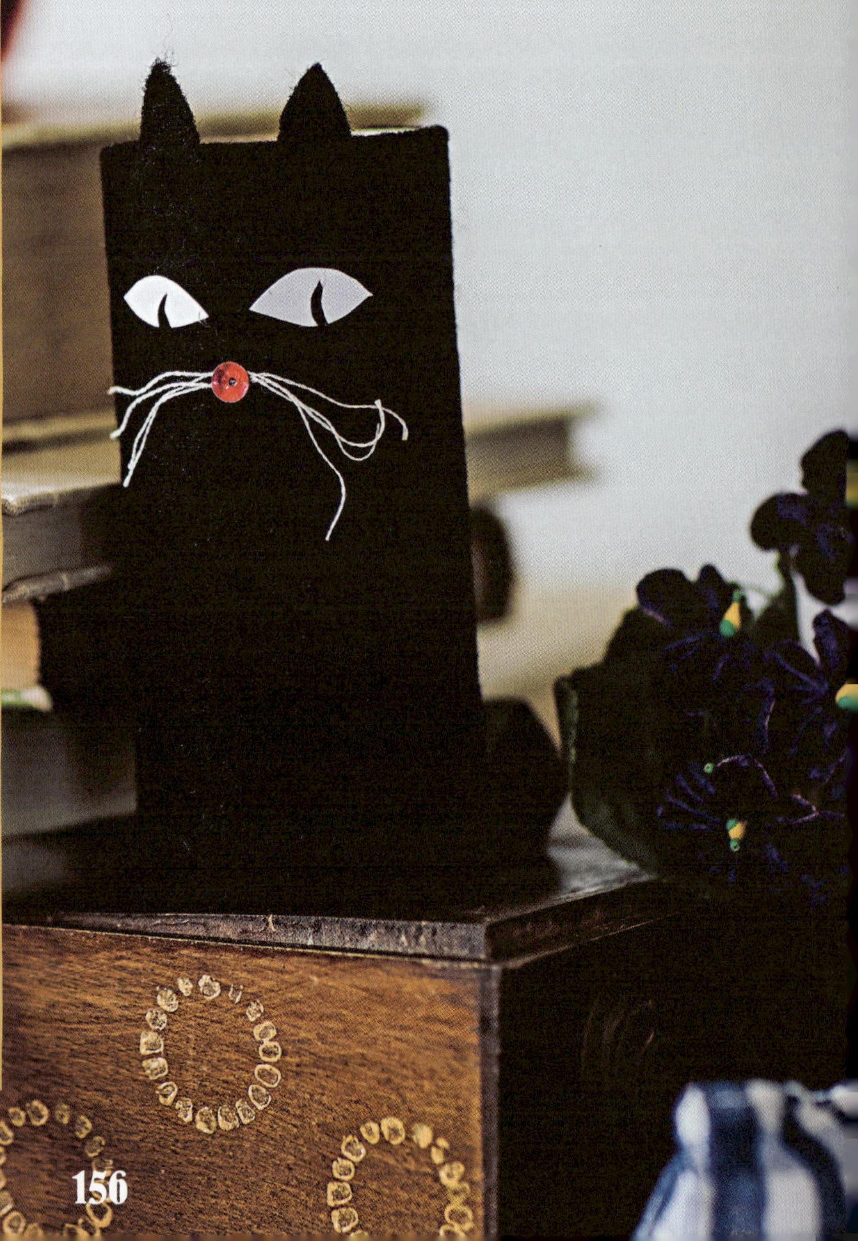

Zauberteig

Zauberteig ist lustig für Groß und Klein. Und er ist schnell gemacht. Lass die Kinder mit Rollen, der Knoblauchpresse, Buttermessern und Pfefferkuchenformen hantieren. Möchte man die Zauberteigfiguren aufheben, kann man sie gut bei niedriger Temperatur im Ofen brennen.

Rezept für Zauberteig
1 Satz

Du brauchst:
- 240 g Weizenmehl
- 250 g Salz
- 200 ml Wasser
- 2 EL Rapsöl

So geht's:
1. Alle Zutaten zu einem geschmeidigen Teig verarbeiten.
2. Wenn sich der Teig zu hart oder zu locker anfühlt, etwas mehr Wasser beziehungsweise Mehl hinzugeben.
3. Die Figuren 2–4 Stunden bei 100 °C auf mittlerer Schiene im Ofen backen, bis sie trocken sind. Abkühlen lassen.

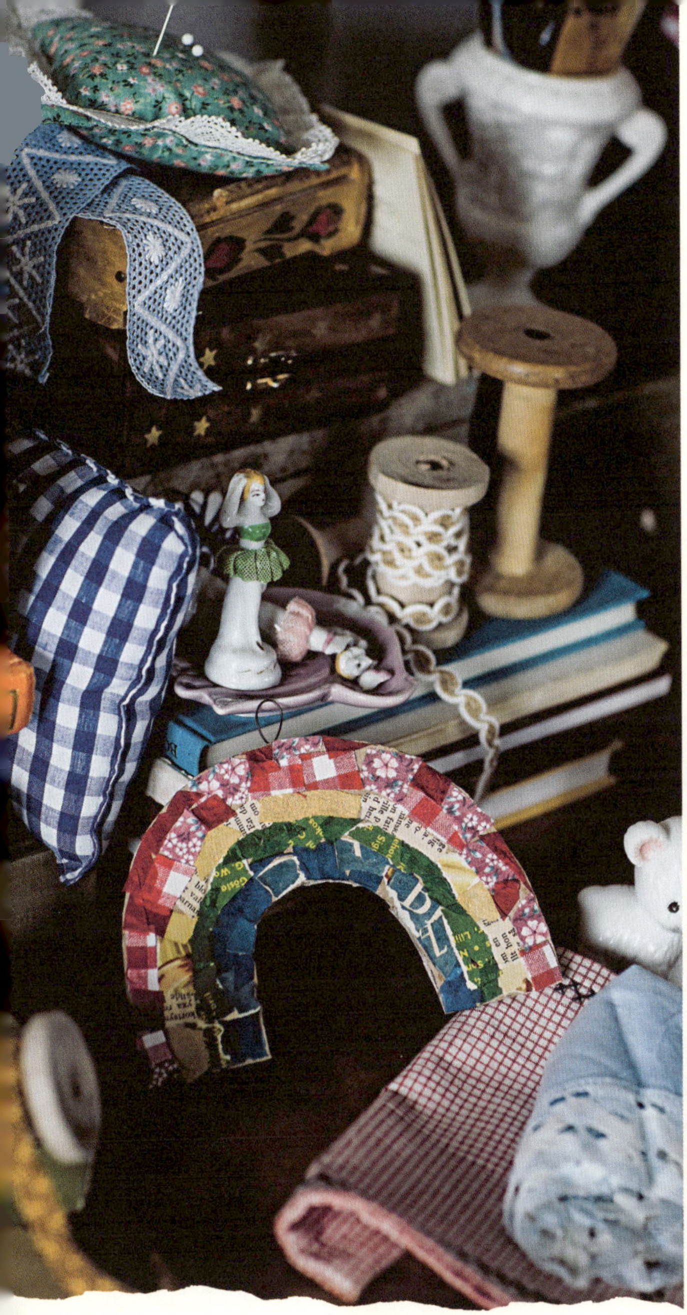

Häuser aus Milchpackungen

In Familien ist der Milchverbrauch üblicherweise so groß, dass sich eine ganze Menge Milchpackugen ansammeln. Genau das richtige Material für Kindergartenbasteleien! Mit etwas Farbe und Fantasie kannst du dir eine ganze Stadt bauen.

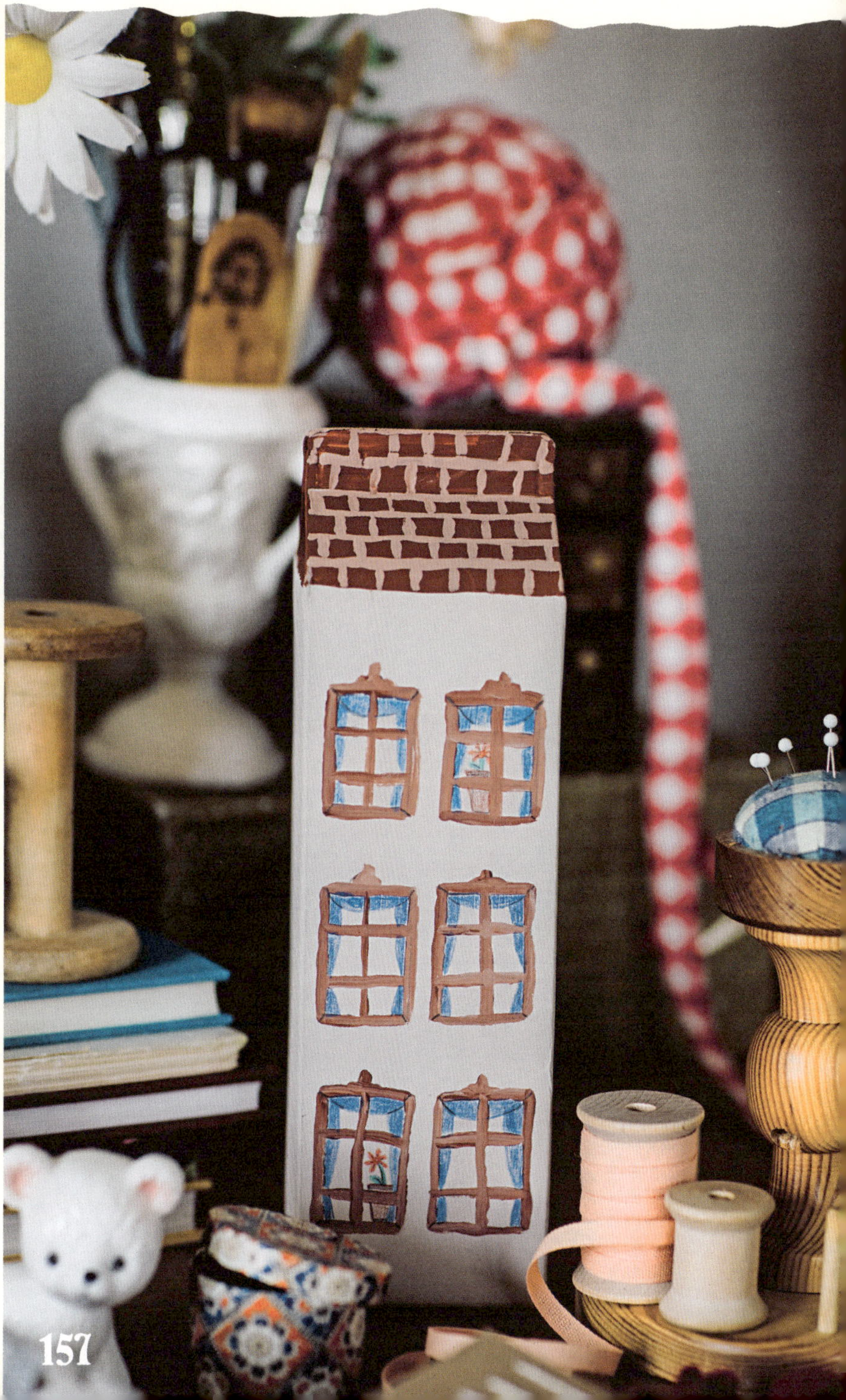

Regenbogen aus Karton

Das Verzieren von Karton ist ein lustiger Bastelspaß für Kinder. Schneide unterschiedliche Formen aus Karton aus (in unserem Fall einen Regenbogen). Schneide dann Seidenpapier, Stoff oder Zeitungspapier in kleinere Stücke und klebe sie mit essbarem Kleister darauf (siehe Rezept auf Seite 161).

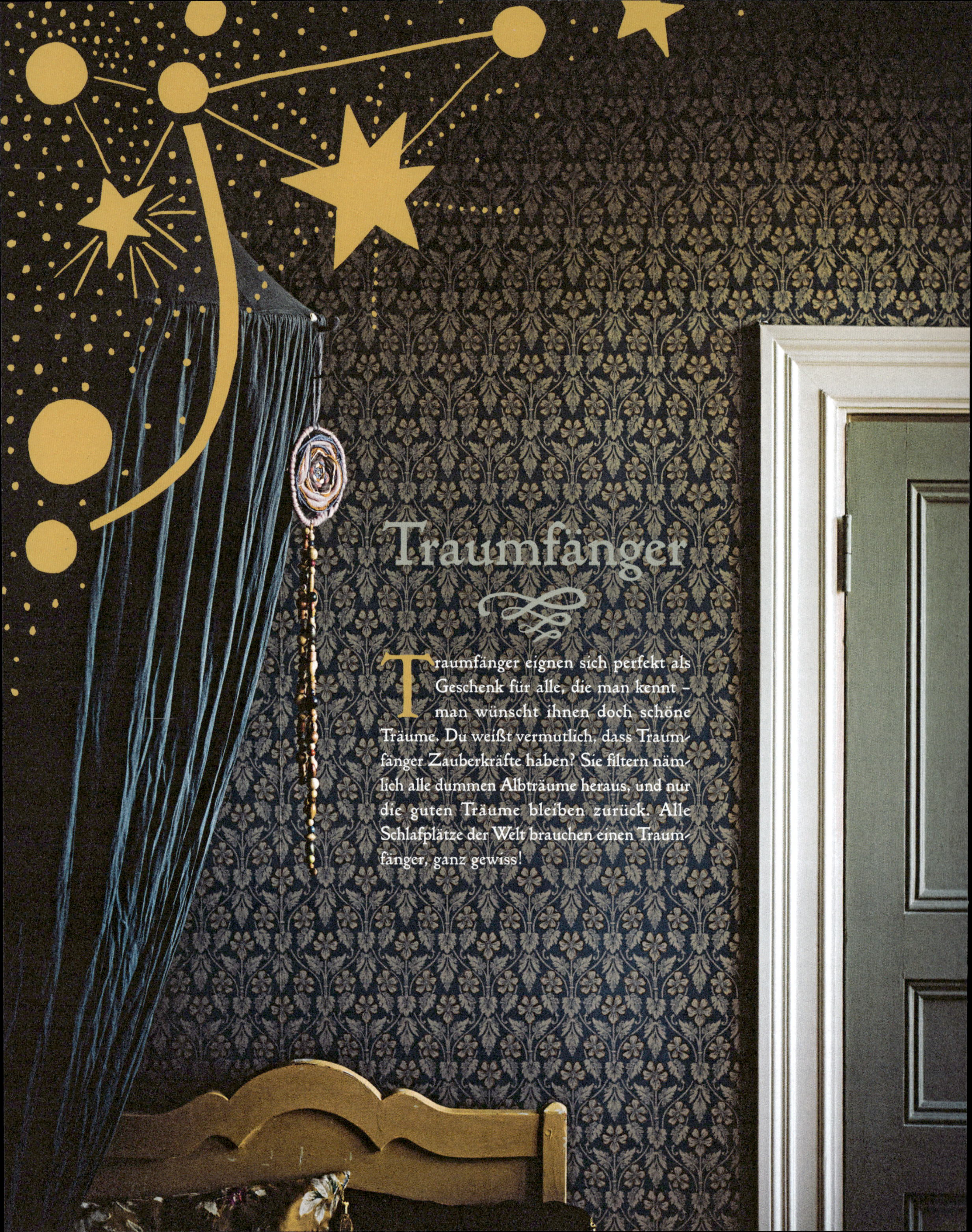

Traumfänger

Traumfänger eignen sich perfekt als Geschenk für alle, die man kennt – man wünscht ihnen doch schöne Träume. Du weißt vermutlich, dass Traumfänger Zauberkräfte haben? Sie filtern nämlich alle dummen Albträume heraus, und nur die guten Träume bleiben zurück. Alle Schlafplätze der Welt brauchen einen Traumfänger, ganz gewiss!

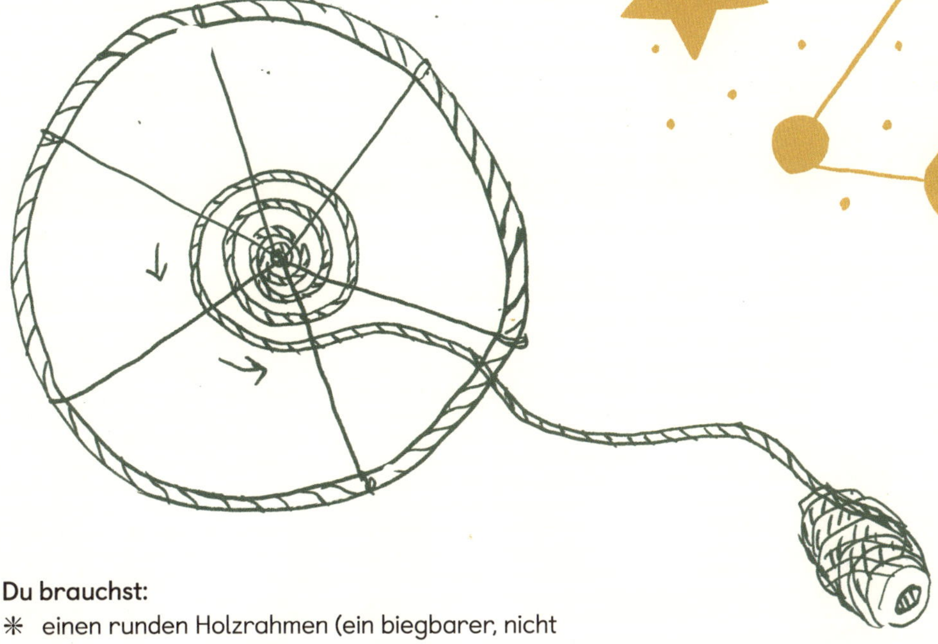

Du brauchst:

- einen runden Holzrahmen (ein biegbarer, nicht zu dicker Zweig eignet sich gut)
- Faden
- Garn
- Stoffband
- Holzperlen

So geht's:

1. Die Enden des Zweigs zusammenbinden, sodass sie einen Kreis bilden. Seine Größe kann man beliebig wählen.
2. Einen stabilen Faden am Holzrahmen festknoten und mehrfach quer über den Rahmen spannen, damit das Garn anschließend leicht eingewoben werden kann.
3. Nach Belieben Garn oder Stoffbänder für das Weben deines Traummusters in farbenfrohen Kreisen benutzen. Verwendet man ein dickeres Garn, füllt das den Kreis etwas mehr aus.
4. Perlen auf ein paar Fäden aufziehen, diese dann auf einer Seite des Holzrahmens befestigen und herabhängen lassen.

Ein wichtiger kleiner Freund

Ein Sorgenpüppchen ist klein. So groß, dass es gemütlich in deiner Hand Platz finden kann. Die allerersten kleinen Püppchen tauchten vor sehr langer Zeit in Guatemala auf, zum Glück gibt es sie mittlerweile beinahe überall auf der Welt.

Kurz bevor du einschläfst, versteckst du es in deiner Hand und flüsterst ihm deine Geheimnisse zu. Es hört sich all deine Sorgen an, keine ist zu groß oder zu klein. Ehe du dich versiehst, ist die Puppe unter deinem Kopfkissen eingeschlafen, und alles fühlt sich ganz sanft an. Und am Morgen sind alle Sorgen wie weggeblasen.

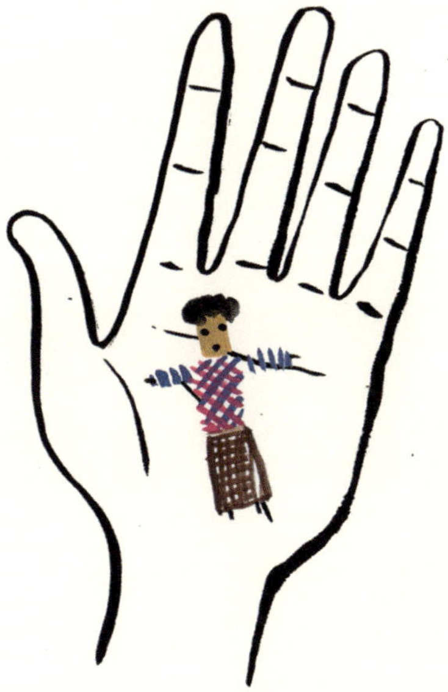

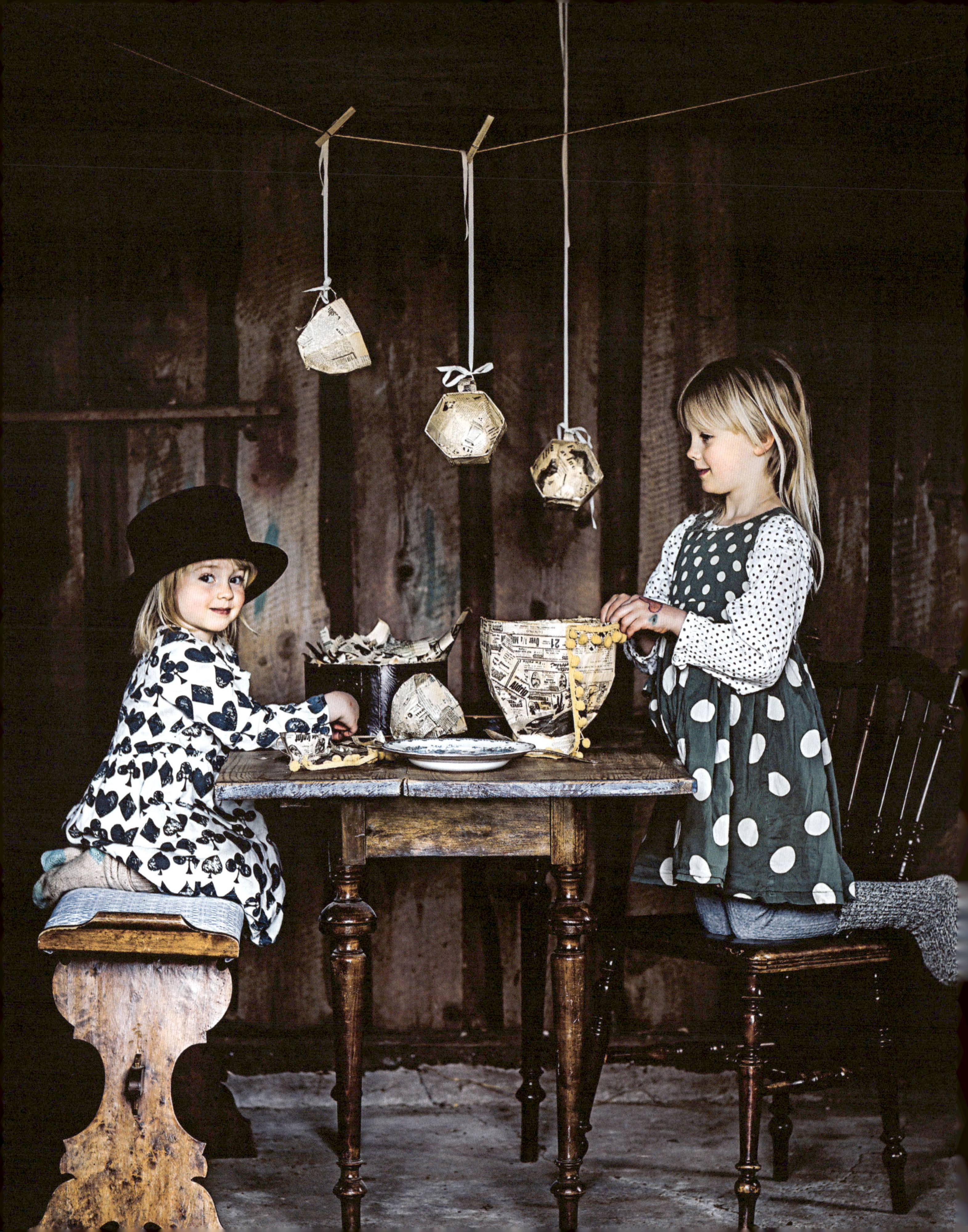

Pappmaschee

Kinder im Bastelfieber sind mit das Beste, was es gibt, und es gibt nur eine Regel: »Kann ich selber.« Dann macht es besonders viel Spaß. Gerade das kreative Gestalten mit Pappmaschee eignet sich für so etwas. Du kannst eigentlich herstellen, was immer du möchtest, und es gibt weder eine untere noch eine obere Altersgrenze.

Als Basis für deine Bastelarbeit kannst du Hasendraht oder alte Milchpackungen verwenden, anschließend musst du nur noch kleistern, kleistern und nochmals kleistern. Es gibt tausend Profi-Ideen zum Thema Pappmaschee, aber wir setzen hier auf Einfachheit.

Du brauchst:

- Gerüst aus Hasendraht oder alten Kartons
- Zeitungspapier
- selbst gemachten Kleister

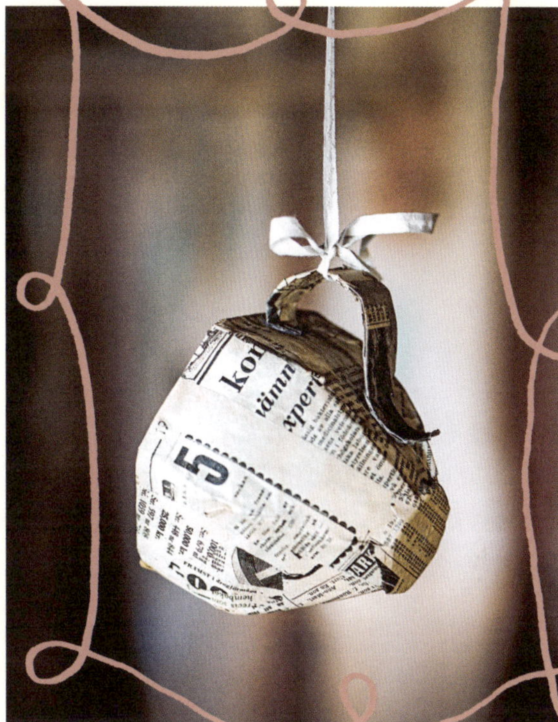

Rezept für essbaren Kleister

Du brauchst:

- 400 ml Wasser
- 45 g Zucker
- 1,5 EL Kartoffelstärke

So geht's:

1. 200 ml Wasser zusammen mit dem Zucker in einem Topf erhitzen, bis der Zucker geschmolzen ist.
2. Den Rest des Wassers und die Kartoffelstärke in eine Schüssel geben, verrühren.
3. Dann den Schüsselinhalt zur Zucker-Wasser-Mischung in den Topf gießen.
4. Unter Rühren erhitzen, bis die Mischung Blasen schlägt.
5. Den Kleister in ein Glas füllen und dieses sofort mit dem Deckel verschließen.
6. Draußen abkühlen lassen. Wird der Kleister zu dick, kann man ihn mit etwas Wasser verdünnen.

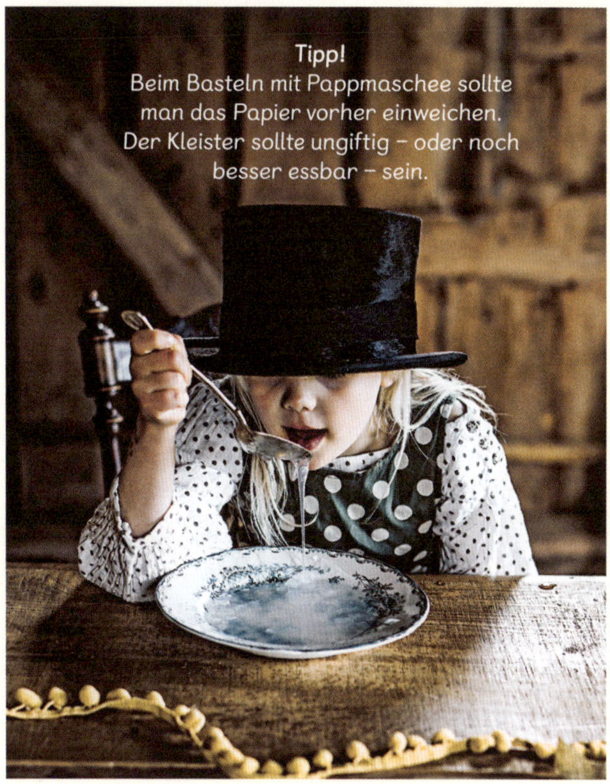

Uhren

Die Zeit. Wie funktioniert sie eigentlich? Wie kann es sein, dass der eigene Geburtstag nach einer Sekunde vorbei ist und Weihnachten noch Lichtjahre entfernt? Und dass die Sommerferien sich wie ein ganzes Leben anfühlen?

Tick, tack, tick, tack. Kinder sind von Uhren fasziniert, gleichzeitig ist es für sie manchmal etwas schwierig, sie zu verstehen. Welcher Zeiger zeigt eigentlich auf was, wie viele Sekunden hat eine Minute? Lass die Kinder ihre eigene Uhr basteln und zu einem natürlichen Teil ihres Spiels werden.

Tipp!

- Bastle deine eigene Uhr aus Karton. Wenn du magst, verwende die Zeiger und Ziffern einer alten Wanduhr. Auch aus Pappe ausgeschnittene Zeiger und gemalte Ziffern funktionieren prima. Benutze eine Metallklammer zum Befestigen der Zeiger, sodass man sie leicht drehen kann.
- Bastele deine eigene Uhr aus Stoff. Sie kann ein hübsches Detail an einer Bilderwand oder an einer Pinnwand werden – oder warum befestigst du sie nicht als Brosche an deinem Pulli? Benutze etwas Wattevlies für einen flauschigeren Effekt!
- Alte Uhrwerke können auf dem Flohmarkt zwar etwas teuer sein, aber sie sind ein hübsches und märchenhaftes Detail in einem Kinderzimmer.

Stoffuhr

Du brauchst:

- Stoff
- Stift
- Schere
- Stickgarn
- Wattevlies
- Nähmaschine oder Nadel und Faden
- Stoffband

So geht's:

1. Zwei gleich große Kreise auf ein Stück Stoff zeichnen und ausschneiden.
2. Mit einem Bleistift oder einem Stoffmalstift ein Ziffernblatt auf einem der beiden Stoffkreise skizzieren.
3. Die Zahlen und Zeiger entsprechend deiner Skizze mit einfachen Stichen sticken.
4. Das Wattevlies möglichst geringfügig kleiner als die Kreise zuschneiden.
5. Das Wattevlies mit Stecknadeln zwischen die beiden ausgeschnittenen Kreise heften.
6. Die Teile in ein paar Millimetern Abstand zur Außenkante mit einem geraden Stich kreisförmig zusammennähen.
7. Aus einem Stoffband eine Schleife binden. An die Uhr nähen.

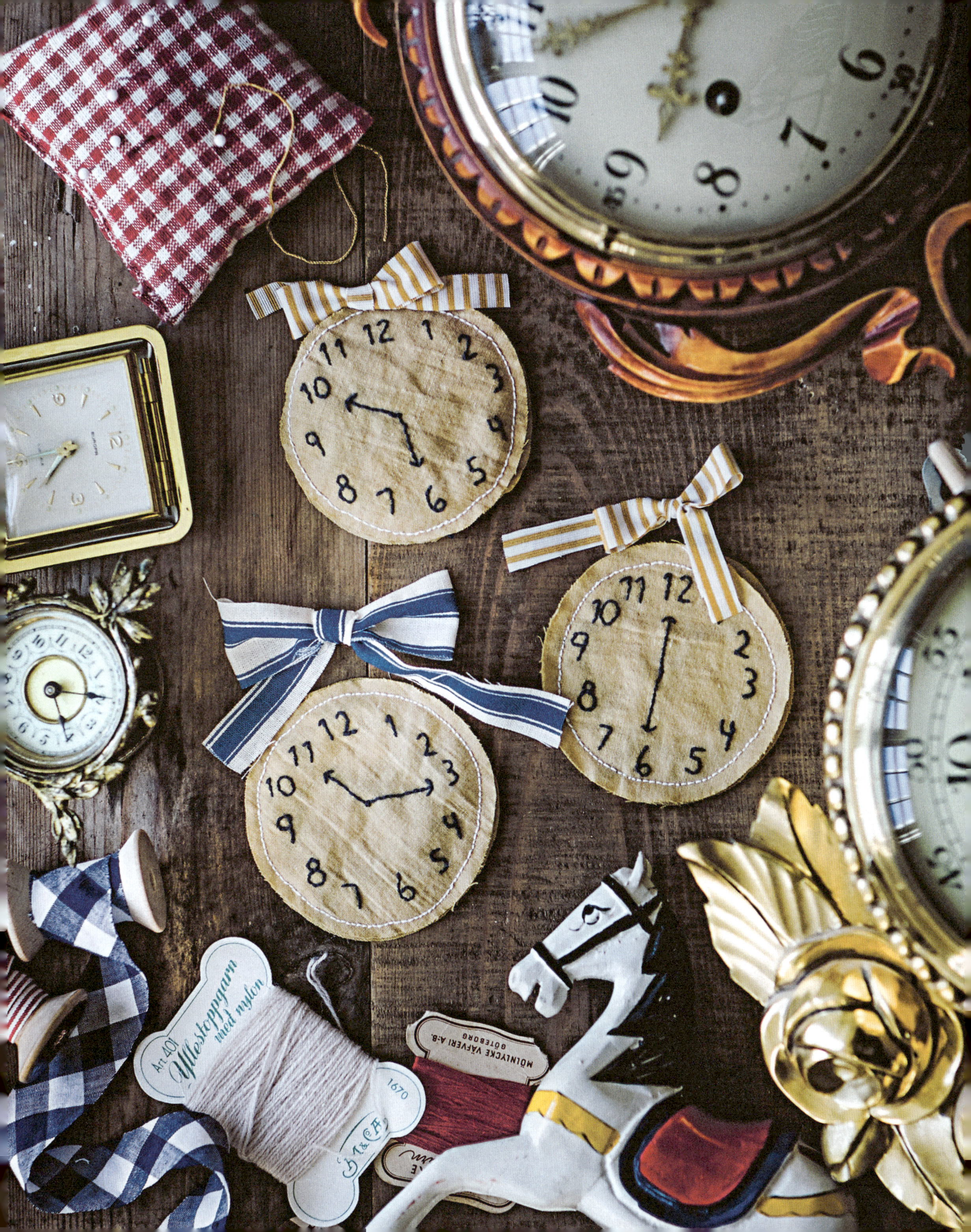

Art. 401
Yllestoppgarn med nylon
1670
MÖLNLYCKE VÄFVERI A:B
GÖTEBORG

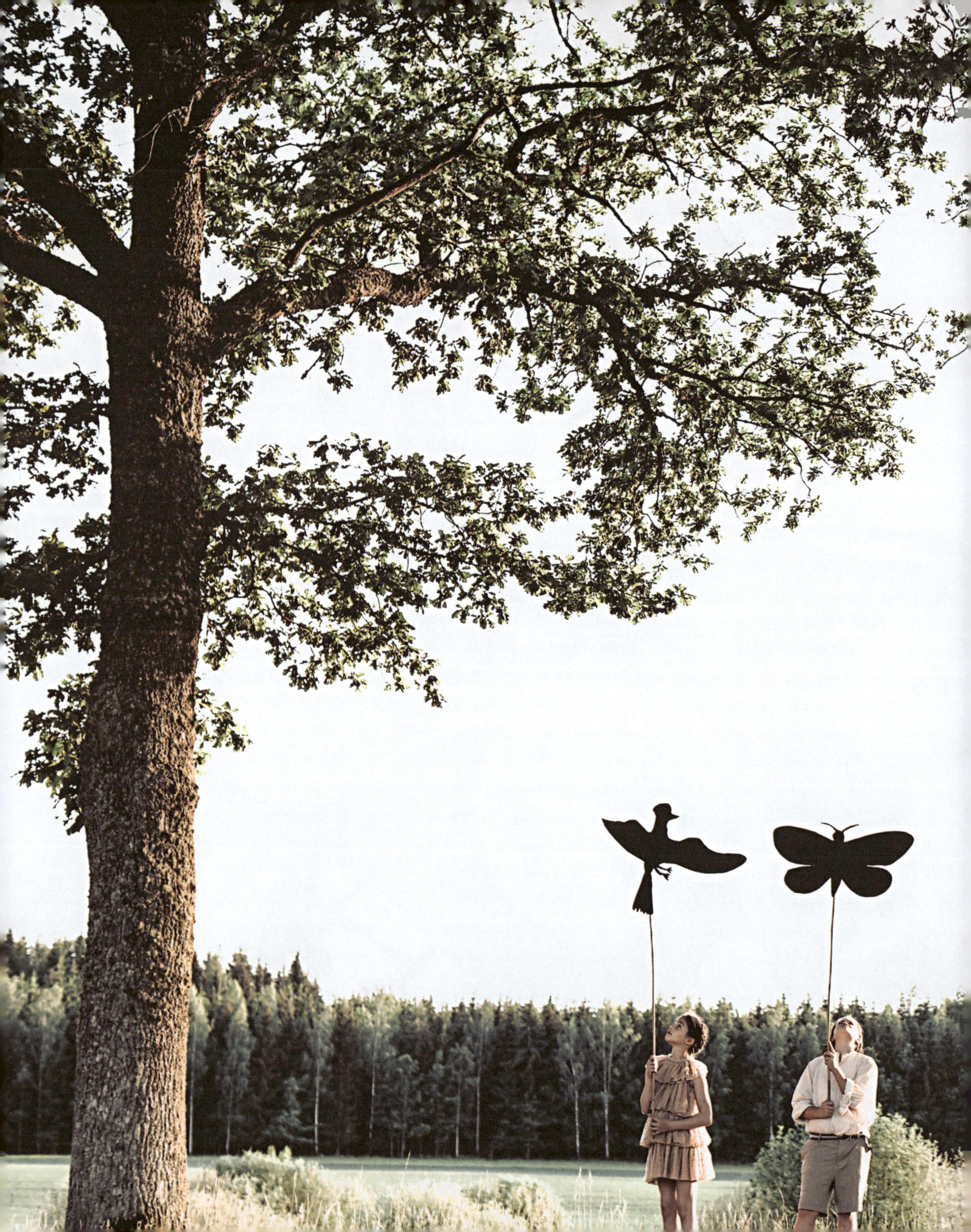

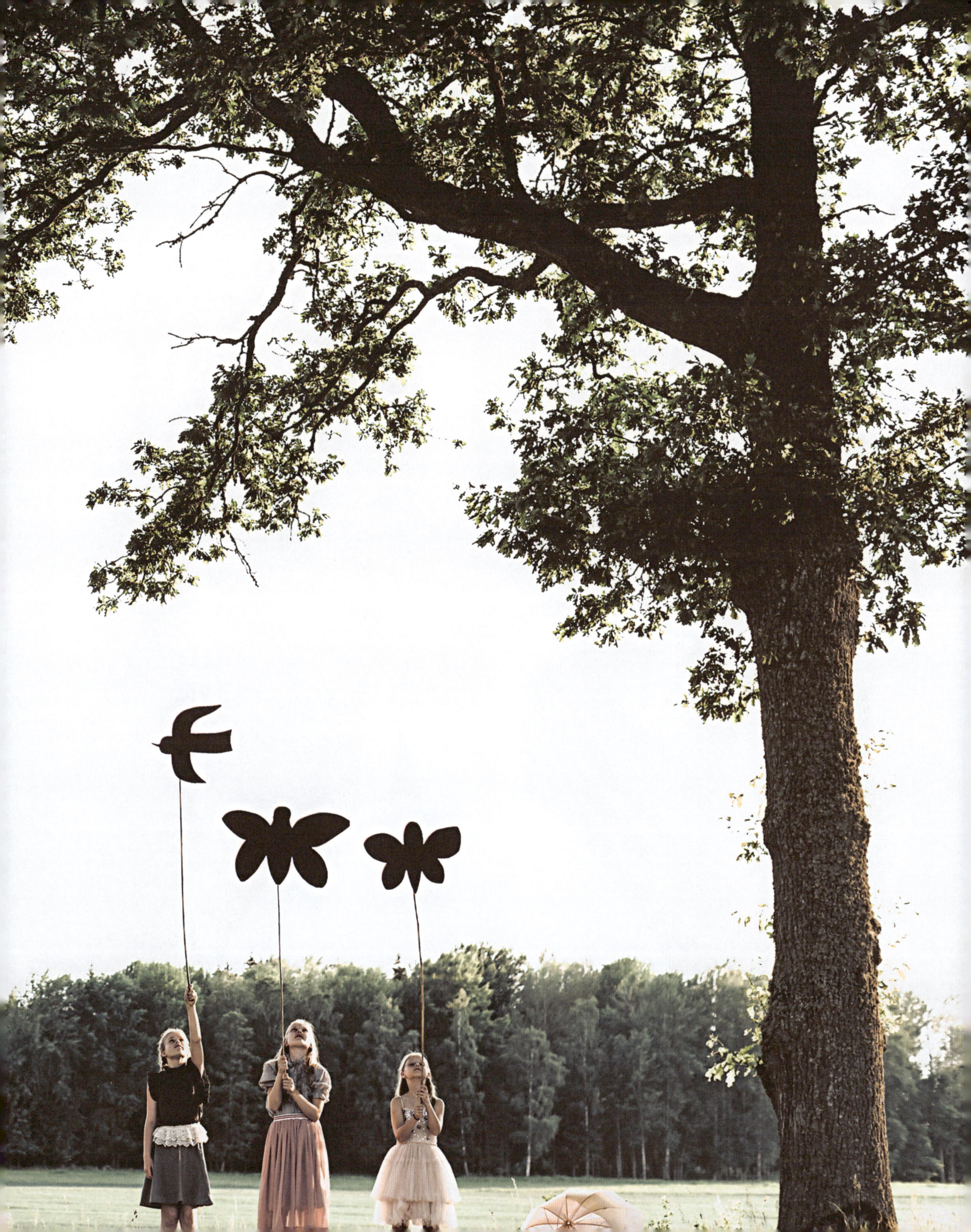

In der Natur

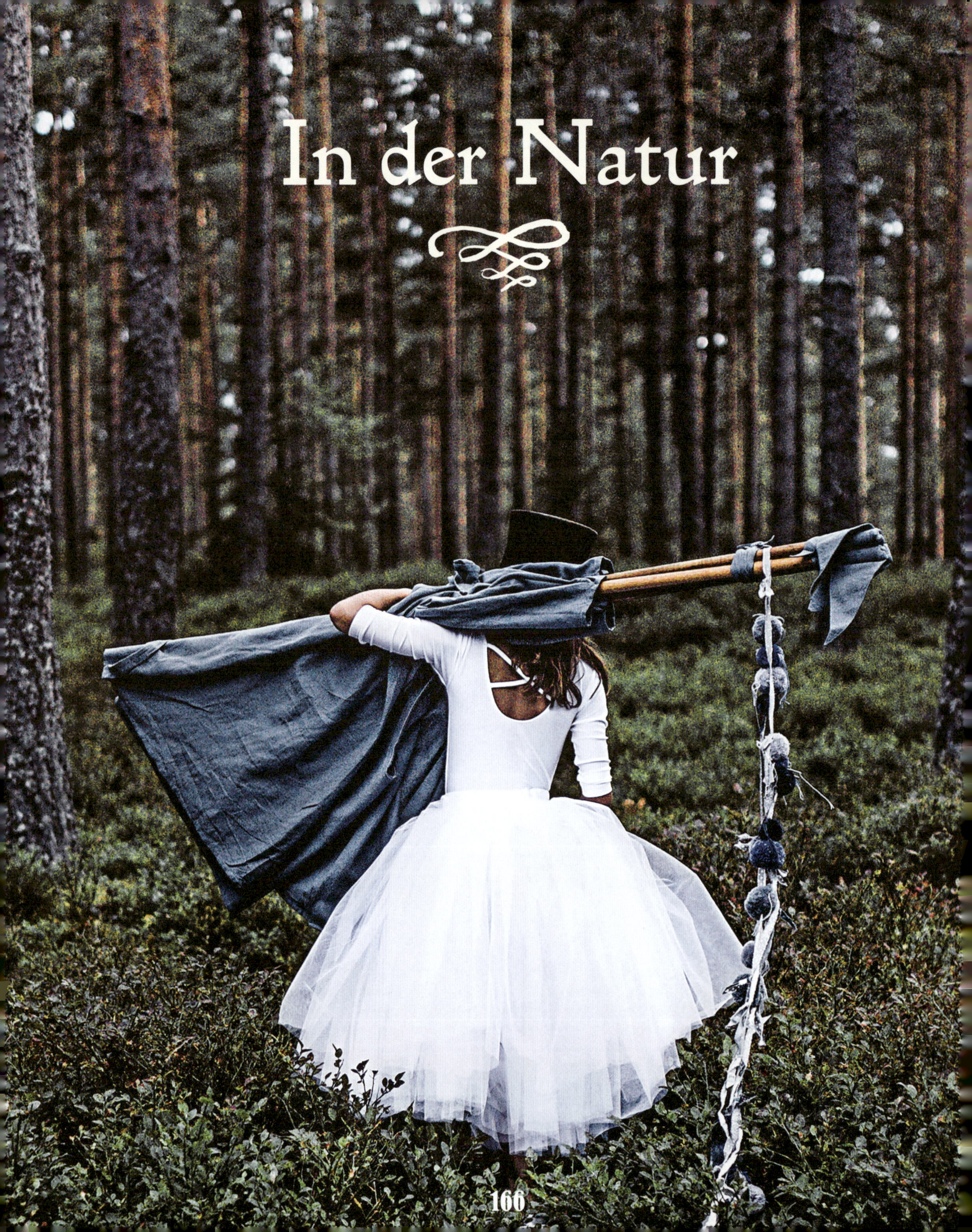

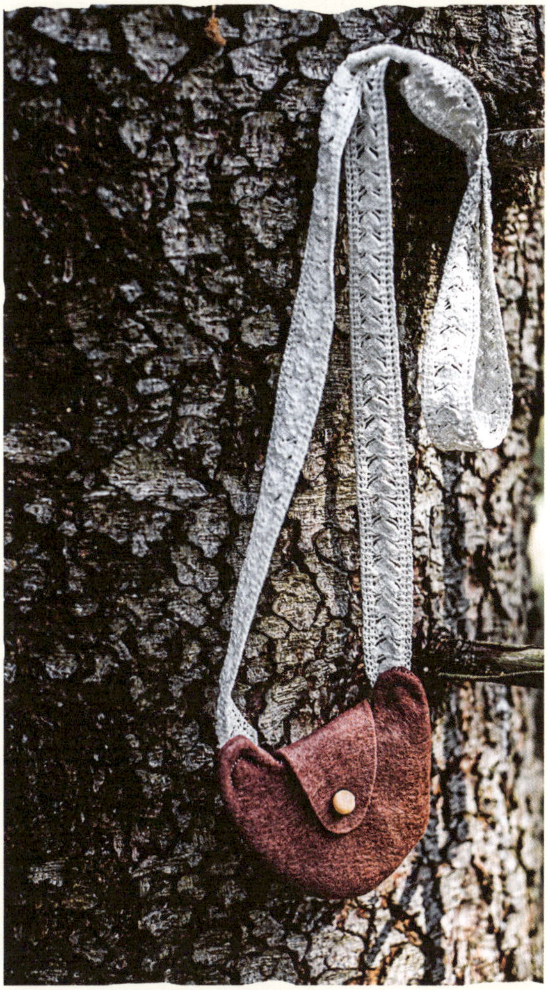

Bärentäschchen

Ein kleines Täschchen sollte man unbedingt dabeihaben, wenn man im Wald kleine Schätze sammeln möchte.

Du brauchst:

- Schablone
- Filz
- Schere
- Nadel und Faden
- Stickgarn
- Holzperle
- Stoffband

Vorlage auf Seite 254

So geht's:

1. Zwei gleich große Stoffteile aus Filz zuschneiden.
2. Ein Bärengesicht auf die Vorderseite sticken.
3. Die beiden Teile rechts auf rechts zusammennähen. Das Stück zwischen den Bärenohren nicht zunähen. Es fungiert als Öffnung der Tasche.
4. Eine kleine abgerundete Klappe aus Filz zuschneiden, sie bildet die Schnauze des Bärengesichts. Die Klappe ganz oben an die Rückseite des Täschchens nähen.
5. Eine Holzperle als Bärennase auf die Vorderseite der Tasche nähen.
6. Einen kleinen Schlitz unten in die Klappe schneiden, sodass das Täschchen mit der Holzperle verschlossen werden kann.
7. Für den Taschenriemen die Enden eines dünnen Stoffbands hinter den beiden Ohren befestigen.

Drei gewinnt

Ein lustiges und einfaches Spiel, das man leicht in der Hosentasche mitnehmen kann. Den Spielplan bastelst du aus ein paar Stöckchen, die du wie ein Gitternetz auf einen Baumstumpf oder direkt auf die Erde legst.

Du brauchst:

- 10 Steine von ungefähr der gleichen Größe
- Bastelfarbe
- Pinsel

So geht's:

Die Steine in zwei Gruppen à fünf Steine teilen und sie dann mit Bastelfarbe in Tiere deiner Wahl verwandeln. Oder in Blumen, das geht natürlich auch. Hauptsache, sie bilden je eine Mannschaft von fünf Steinen.

Mithilfe von Stift und Papier ein Gitternetz auf Papier zeichnen – oder mit einem Stock auf die Erde. Man kann auch Zweige zu einem Gitternetz auslegen. Ziel ist es, drei Steine in einer Reihe zu bekommen. Ihr seid abwechselnd mit Legen dran.

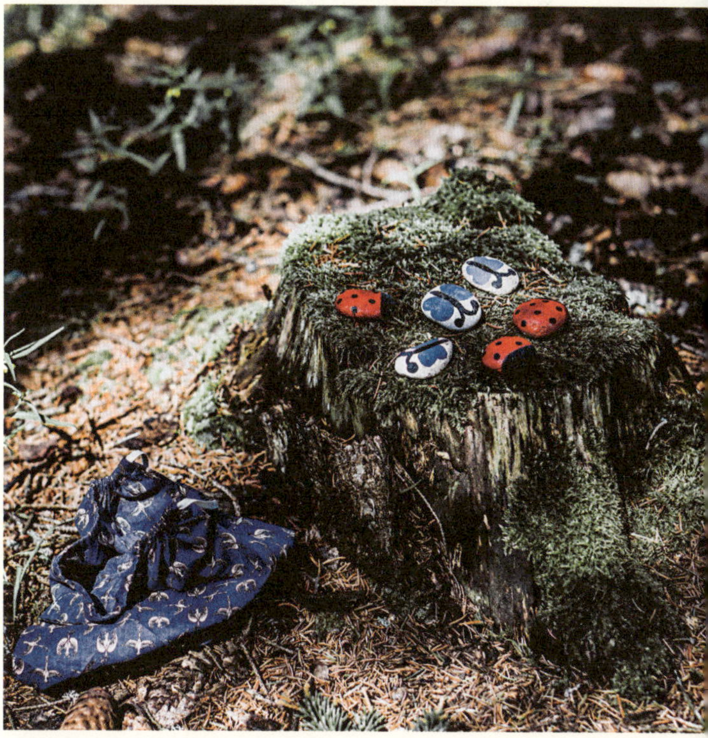

Mit der eigenen Hände Kraft

Handwerk, Handarbeit und Kunsthandwerk stellen einen fantastischen Schatz an Fähigkeiten dar, den wir uns seit Menschengedenken aufgebaut haben. Leider ist er im Laufe der Zeit etwas in Vergessenheit geraten und zugunsten der industriellen Produktion in der Versenkung verschwunden. Das ist so traurig, dass man beinahe gar nicht daran denken will.

*

Wenn wir uns kreativ betätigen, wenden wir uns oft althergebrachtem Handwerk und Handarbeit zu und lassen uns davon inspirieren. Vielleicht nicht immer nach allen Regeln der Kunst, aber das ist auch nicht die Hauptsache. Wir interpretieren hier ein wenig und mischen da ein bisschen, das passt gut zur Welt der Kinder. Das Ergebnis ist schief und ein wenig verrückt, aber mit Liebe von Hand gemacht.

Vielleicht ist es wichtiger als jemals zuvor, unsere Kinder in einem Umfeld aufwachsen zu lassen, in dem Handwerk und Handarbeit einen festen Platz haben. Wie sonst sollen sie den Wert von Sachen oder Gegenständen erkennen? Dass ein Buttermesser, das sie im Handarbeitsunterricht gemacht haben, das schönste Geschenk von allen ist und gar kein Vergleich zur Plastikvariante, die ganz hinten in der Besteckschublade liegt und fast nichts gekostet hat.

Handwerk ist so viel mehr als nur Wissen und eine Herstellungsweise. Es ist mehr als nur Ästhetik. Es geht um das Menschsein und darum, dem kraft seiner Hände Ausdruck zu verleihen.

Das wollen wir an unsere Kinder weitergeben: Werkzeuge, mithilfe derer sie sich auf verschiedene Art und Weise auszudrücken vermögen und mit ihrem Körper und ihren Sinnen etwas schaffen können. Wir möchten auch Wertschätzung für Handgemachtes erreichen und damit zu einer nachhaltigeren Gesellschaft beitragen.

Wo also anfangen?

Sticken, stricken, Drahtkunst und Makramee – ein dichter Dschungel, in dem die Grenzen unseres Könnens nur allzu oft zutage kommen.

In diesem Buch möchten wir dazu aufrufen, einfach zu machen. Taste dich voran. Ist es denn so gefährlich, wenn etwas nicht gelingt? Nimm es dir nicht zu Herzen, wenn das Ergebnis nicht so ist, wie du es dir vorgestellt hast. Mit der Zeit wirst du es lernen. Denke daran, dass es freudvoll, inspirierend, verspielt und gerne auch ein wenig verrückt zugehen darf und soll. Das Wichtigste ist, dass die Hände arbeiten und alle mitmachen dürfen!

Hat man Glück, so warten unsere Fähigkeiten schon um die nächste Ecke. In Form eines Nachbarn, eines Opas oder einer Uroma, die nur zu gerne ihr Wissen teilen.

Der Flohmarkt ist ein Ort der Inspiration

Auf den Orientierungslosen wartet vermutlich beinahe überall handwerkliche Inspiration. An der Wand in deinem Elternhaus, auf dem Tisch bei deinen Nachbarn, in verschiedenen Handwerksläden, in Bürgerzentren oder in Museen – und vor allem auf Flohmärkten. Gehäkelte Topflappen, handbemalte Körbe, bestickte Tücher, kleine aus Holz gedrechselte Männchen und Strickjacken. Man wird geradezu ein wenig erschöpft. Es ist ein schwindelerregender Gedanke, wie viele Stunden Handarbeit an solchen Orten zusammenkommen.

Tipps für das Handarbeiten mit Kindern – Techniken

- Drahtkunst
- Fingerstricken
- Kartoffeldruck
- Filzen
- Sticken
- Drechseln

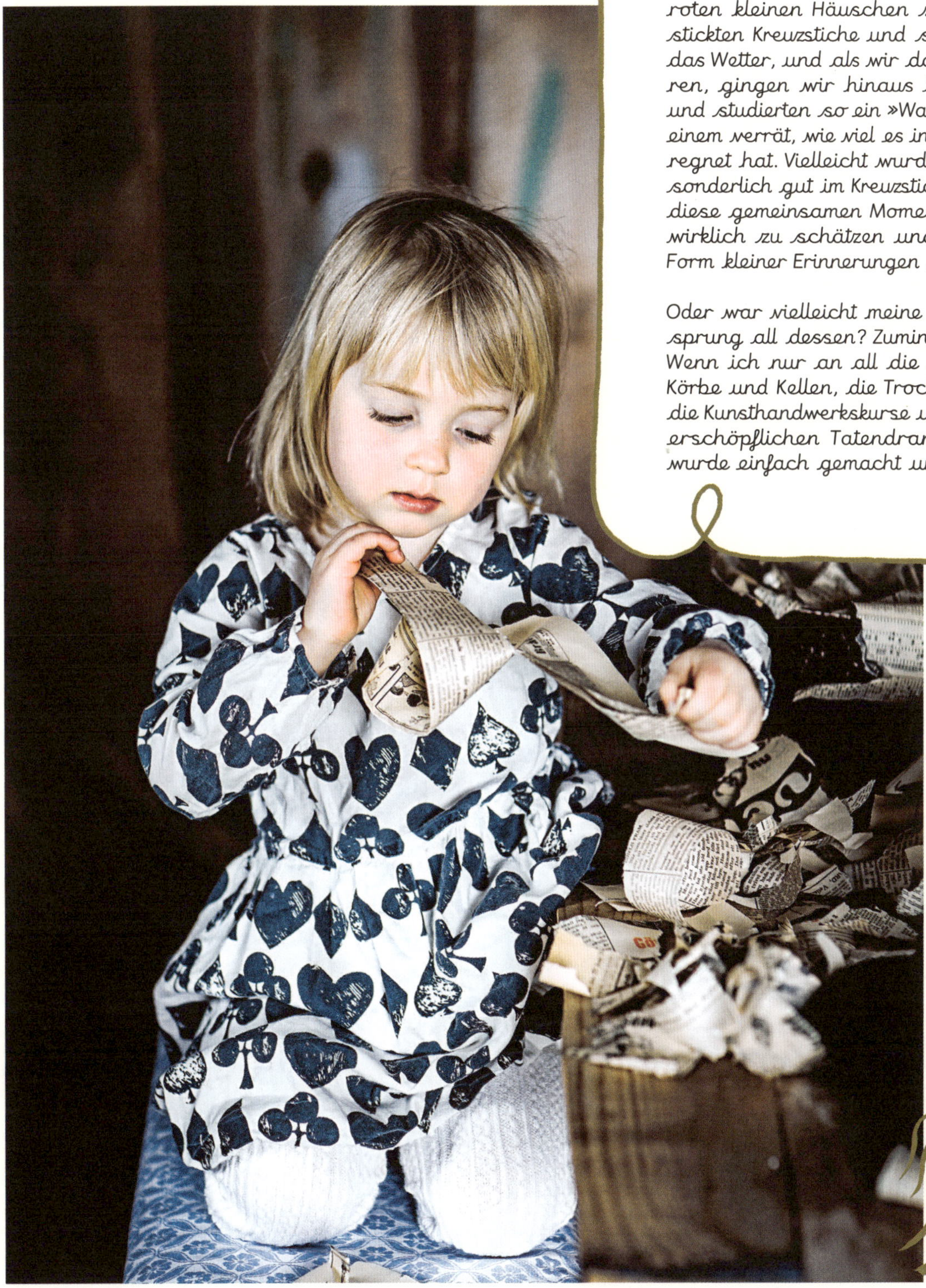

Meinen ersten Kontakt mit Handarbeit hatte ich vermutlich bei unserer Großtante Anna-Lisa, bei der ich als Kind viel Zeit verbrachte. Möglicherweise veranlassten mich vor allem die Kekse und das Harmonium dazu, mit dem Fahrrad zu ihrem roten kleinen Häuschen zu fahren. Wir stickten Kreuzstiche und sprachen über das Wetter, und als wir damit fertig waren, gingen wir hinaus in den Garten und studierten so ein »Wasserding«, das einem verrät, wie viel es in der Nacht geregnet hat. Vielleicht wurde ich nicht so sonderlich gut im Kreuzstichsticken, aber diese gemeinsamen Momente wusste ich wirklich zu schätzen und habe sie in Form kleiner Erinnerungen abgespeichert.

Oder war vielleicht meine Mama der Ursprung all dessen? Zumindest für mich. Wenn ich nur an all die handbemalten Körbe und Kellen, die Trockenblumen, an die Kunsthandwerkskurse und diesen unerschöpflichen Tatendrang denke! Das wurde einfach gemacht und fertig.

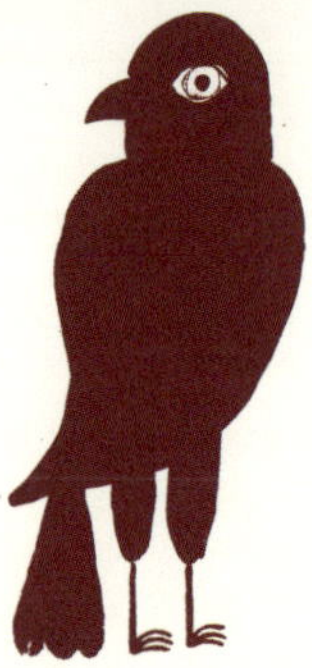

Vogelumhang

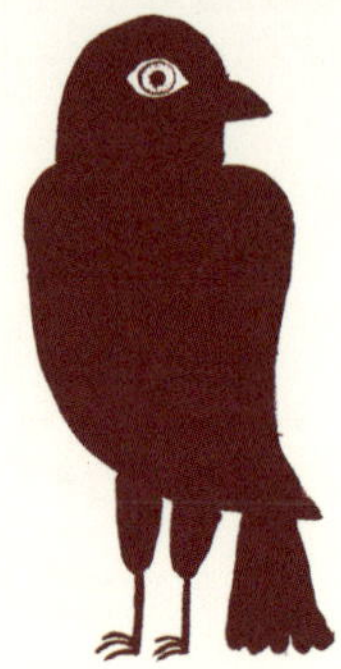

Wer hat sich nicht schon einmal gewünscht, ein Vogel zu sein. Frei über die Baumkronen hinwegfliegen zu können und auf die Welt unter sich zu blicken. Auf verschiedene Äste und Steine klettern, Eier ausbrüten, nach Fischen tauchen und Eulen hinterherrufen zu können, als wäre es das Natürlichste der Welt. Wenn du rennst, so schnell du kannst, sodass der Umhang im Wind wild hinter dir her flattert, fühlt es sich beinahe an, als würdest du fliegen!

Du brauchst:

- Schnittmuster
- größeren Stoff als Basis
- Stift und Schnur
- Schere
- Stoffreste in unterschiedlichen Farben und Mustern
- Karton
- Stecknadeln
- Nähmaschine oder Nadel und Faden
- Stoffband

So geht's:

1. Schritte 1 und 2 auf Seite 20 für den Basisumhang befolgen.
2. Eine halbkreisförmige Schablone aus Karton für die kleineren Stoffläppchen herstellen. Wir haben uns für die Federn für die Maße 6 x 5,5 cm entschieden. Dann Federn mit der Schablone auf die verschiedenen Stoffe zeichnen und ausschneiden. Es sind eine ganze Menge kleine Stoffläppchen nötig, daher auf ausreichend Stoff achten.
3. Festlegen, wie die Läppchen angeordnet sein sollen. Wir haben uns für ein wiederkehrendes Farbmuster entschieden. Die erste Reihe am unteren Ende des Umhangs mit Nadeln so feststecken, dass die Läppchen ca. 1,5 cm über die Stoffkante hinausreichen und ein wenig überlappen. Ist die erste Reihe festgesteckt, die Läppchen mit einem geraden Stich annähen.
4. Die Läppchen der nächsten Reihe so anordnen, dass ihre Unterkanten ungefähr bis in die Mitte der vorangegangenen Reihe reichen. Feststecken und -nähen. Den Vorgang wiederholen, bis der ganze Umhang voller Federn ist.
5. Die obere Kante des Umhangs ca. 2 cm nach innen klappen und feststecken. Entweder von Hand nähen (um ganz oben eine Naht zu vermeiden), oder mit einem geraden Stich an der Nähmaschine versäumen.
6. Damit der Umhang nicht herunterrutscht, müssen vier Halterungen angebracht werden. Sie sollen als Schlaufen fungieren, durch die die Kinder die Arme stecken können. Zwei für die Handgelenke und zwei für die Schultern. Mit den Schlaufen für die Handgelenke beginnen. Zwei Stoffstreifen auf je ca. 50 cm Länge zuschneiden.
7. Die Stoffstreifen, auf beiden Seiten um 12 cm vom Rand aus nach innen versetzt, an der geraden Kante festnähen. Die Stoffstreifen sollen um die Handgelenke des Kindes gebunden werden können.
8. Mit den Schulterbefestigungen weitermachen. Dazu zwei weitere Stoffstreifen, diesmal von je 40 cm Länge, zuschneiden.
9. Die oberen Enden der Stoffstreifen dort an den Umhang nähen, wo sich der Hals des Kindes im Umhang befindet. Dann jeweils um etwa 30 cm nach außen und unten versetzt die unteren Enden der Stoffstreifen festnähen.

Die Stoffläppchen so feststecken:

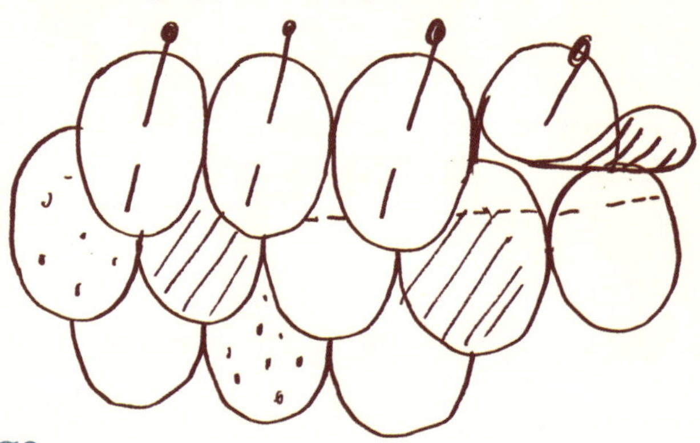

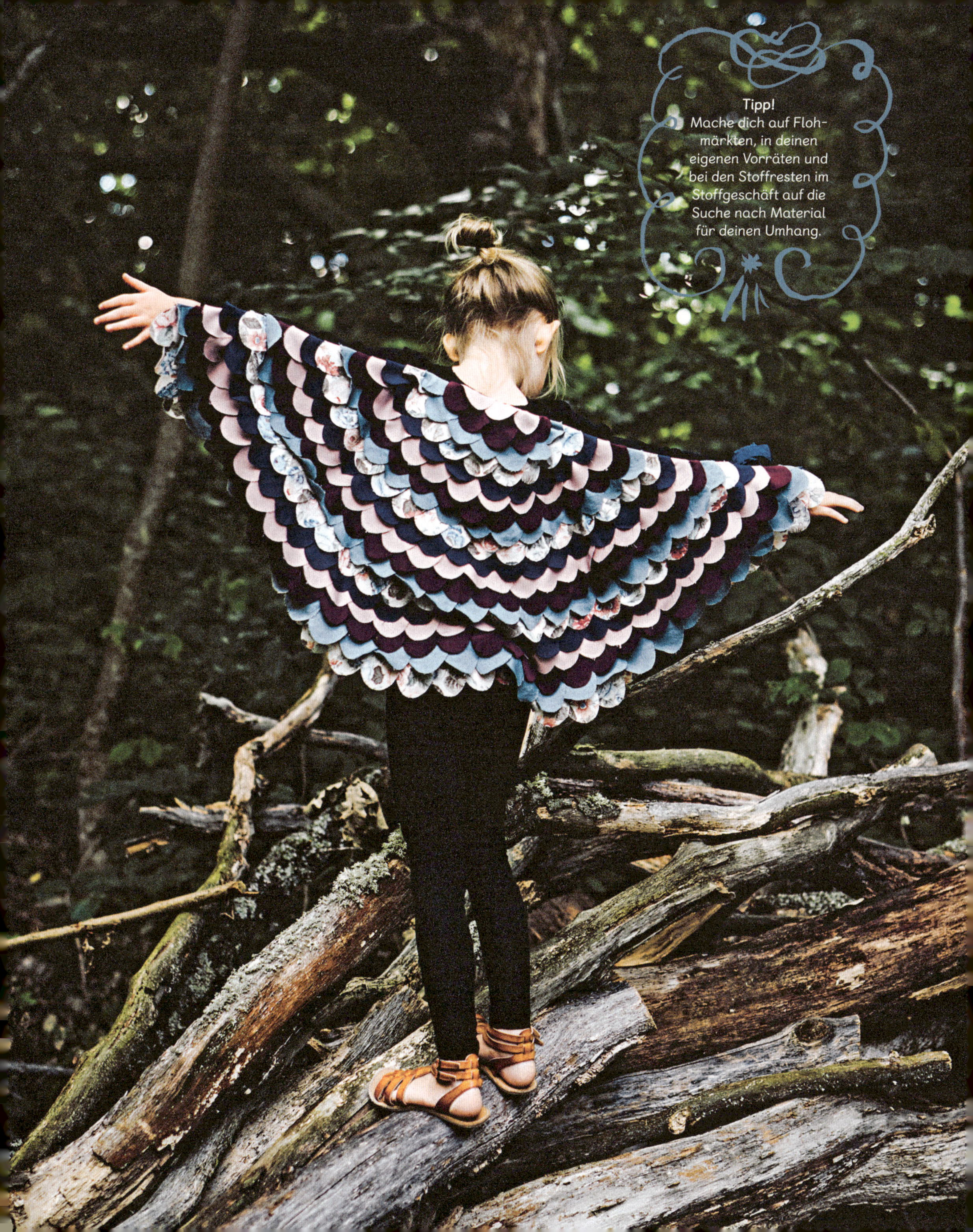

Tipp!
Mache dich auf Flohmärkten, in deinen eigenen Vorräten und bei den Stoffresten im Stoffgeschäft auf die Suche nach Material für deinen Umhang.

Flicken, stopfen & sticken

Dass die Kleidung der Kinder kaputtgeht, ist Teil ihres Alltags. An so etwas denkt man einfach nicht, wenn man mitten in einem spannenden Kletterspiel steckt oder mit dem Fahrrad kiesige Fahrradwege entlangschlittert. Und genau so soll es ja auch sein. Wir leben in einer Wegwerfgesellschaft und haben vergessen, wie einfach es ist, Kleidung zu flicken und zu stopfen, wenn sie kaputtgeht.

Zu allen Zeiten haben die Menschen Sachen selbst repariert. Heute aber wissen viele nicht mehr, wie man das macht. Alte Kleidungsstücke zu pflegen und zu neuem Leben zu erwecken, sollte in einer umweltbewussten Welt eine Selbstverständlichkeit sein. Und das lässt sich mithilfe farbenfroher Flicken für kaputte Knie, einem neuen Knopf oder ein paar unsichtbaren Stichen so leicht bewerkstelligen.

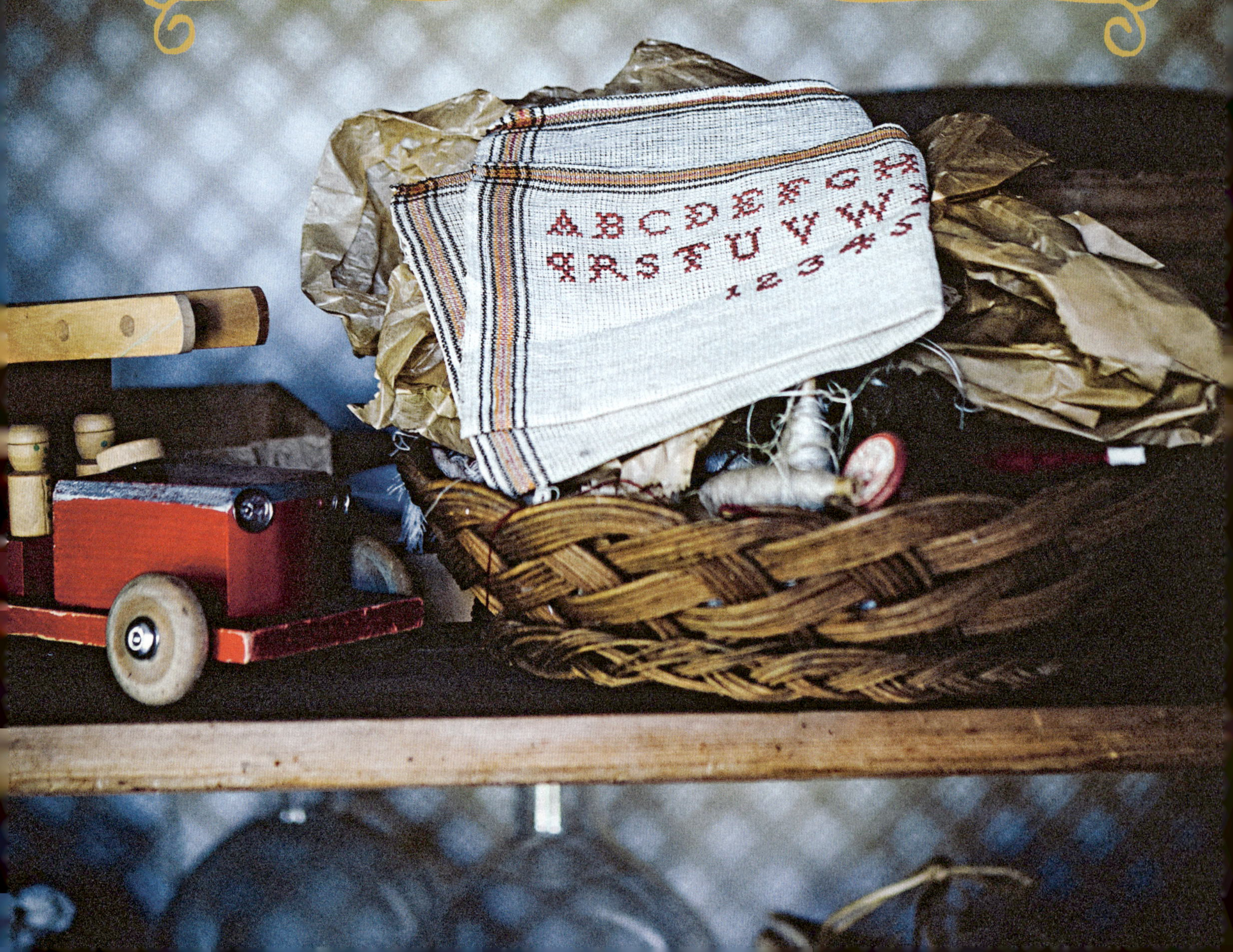

Kleider flicken

Löcher in den Kleidungsstücken von Kindern mit Stoff zu flicken, ist sowohl umweltschonend als auch hübsch. Man kann das gut mit der Hand machen oder aber eine Nähmaschine oder einen Bügelflicken verwenden. Mithilfe solchen Bügelvlieses, das es meist in Kurzwarengeschäften zu kaufen gibt, lassen sich kaputte Hosenbeine auch ohne Nadel und Faden ausgezeichnet reparieren. Suche einfach ein paar schöne Stoffe aus und schneide Flicken von geeigneter Größe und Form zu. Bügle dann das Bügelvlies entsprechend der Anleitung auf die Stoffflicken und platziere die so verstärkten Stoffstücke an die richtige Stelle.

Tipp!
Mache ein paar dekorative Stiche um den Flicken – aus Gründen der Haltbarkeit und weil es einfach wunderschön aussieht.

Löcher mit unsichtbaren Stichen stopfen

Kleine Löcher kann man auch mit sogenannten unsichtbaren Stichen stopfen. Du benötigst dazu Nähgarn und eine Nähnadel. Mache einen Knoten an das Ende des Fadens. Für eine gleichmäßige Stoffkante falte zunächst die Seitenränder des Loches etwas nach innen. Ziehe den Faden so durch das Kleidungsstück, dass der Knoten auf der Innenseite landet. Mache dann abwechselnd auf beiden Seiten kleine Stiche (ca. 2 mm lang). Zieht man am Ende am Faden, werden die Stoffränder so zusammengezogen, dass die Stiche kaum zu sehen sind.

Kleidungsstücke besticken

Das Besticken von Kleidungsstücken, ist eine phänomenale Möglichkeit, ihnen mit ein paar Stichen Persönlichkeit zu verleihen. Der Rucksack, den »alle haben«, wird plötzlich dein ganz persönliches Einzelstück! Wie bei jeder kreativen Tätigkeit, glauben wir an die Einfachheit. Daran, dass traditionelles Handwerk seine eigenen Ausdrucksformen findet. Bringe dir selbst und deinen Kindern ein paar Stiche bei, und los geht's! Und wenn es nicht so wird, wie du es dir vorgestellt hast, wird es etwas anderes, mindestens genauso Gutes, da sind wir uns ganz sicher.

Tipp!
Knöpfe auszutauschen oder einen Knopf anzunähen, der abgefallen ist, ist nicht schwierig. Das machst du einfach mit Nadel und Faden. Halte auf dem Flohmarkt Ausschau nach schönen und besonderen Knöpfen!

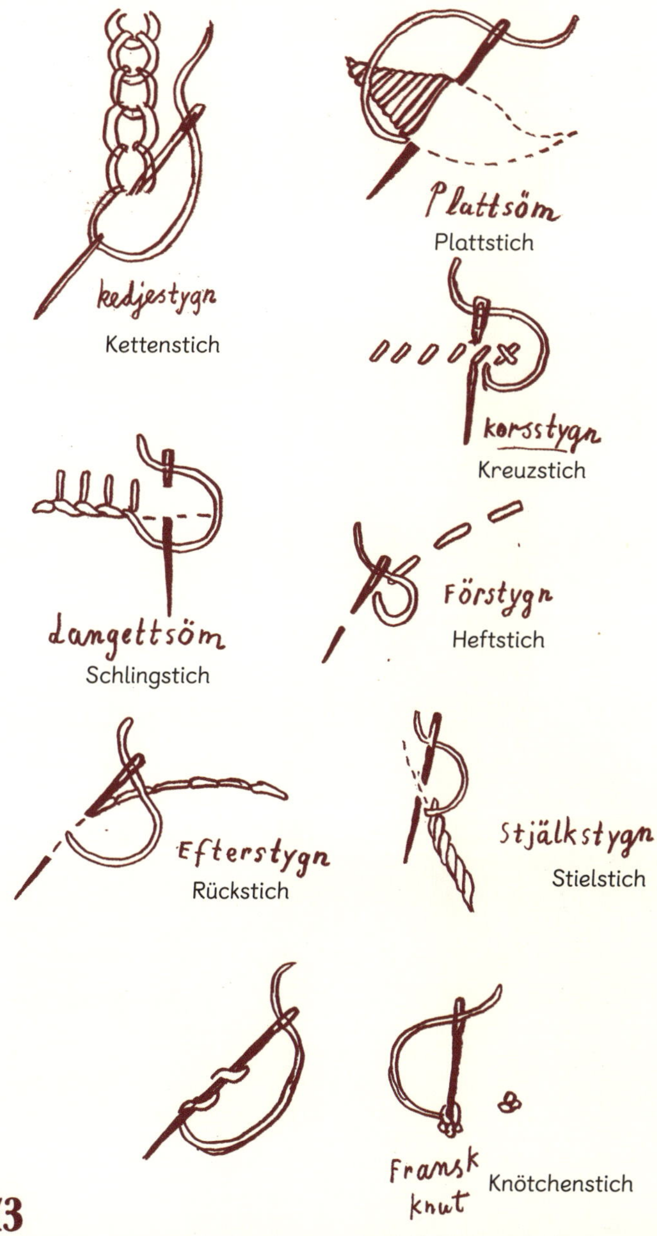

Sie schreien »Nein« und »Das darfst du nicht wegwerfen! Das ist mein Bestes!«, und man dreht und wendet dieses »Beste« und versteht die Sache nicht ganz. Wenn ihr es sagt. Selbst denkt man vielleicht, dass es ein wenig kaputt, ein wenig verstaubt und sehr verbeult ist, obwohl es sich in Wirklichkeit um das Schloss von Paris handelt.

Ganz einfach ist es ja nicht für einen Erwachsenen. Es gibt so unterschiedliche Welten. Hotels aus Nudelpackungen, glitzernde Pools, komische Häuser und geheime Vorhänge. Milchpakete, die zu Robotern werden. Wenn Experimente missglücken, ist das nicht schlimm. Man kann sie ja schließlich wiederholen, aber dafür muss man unbedingt den Vorgänger aufbewahren, und auch den Vorvorgänger. Mit Mehl gefüllte Luftballons, die Augen haben und in eine Kiste gebettet sind, als wären sie lebendig. Erkältet sind sie auch noch. Und all das Winzige, das beinahe wie ein Staubkorn aussieht, aber in Wirklichkeit etwas Superwichtiges ist. Das man manchmal versehentlich auf den Müll wirft. Und das Wollknäuel in der Hängematte. Und alle Teile der rostigen Uhr. Es ist natürlich überhaupt keine Absicht, dass sie weggeworfen werden, aber Fehler passieren eben. Und wenn ich etwas genauer hinsehe, begreife ich es selbstverständlich. Wirklich.

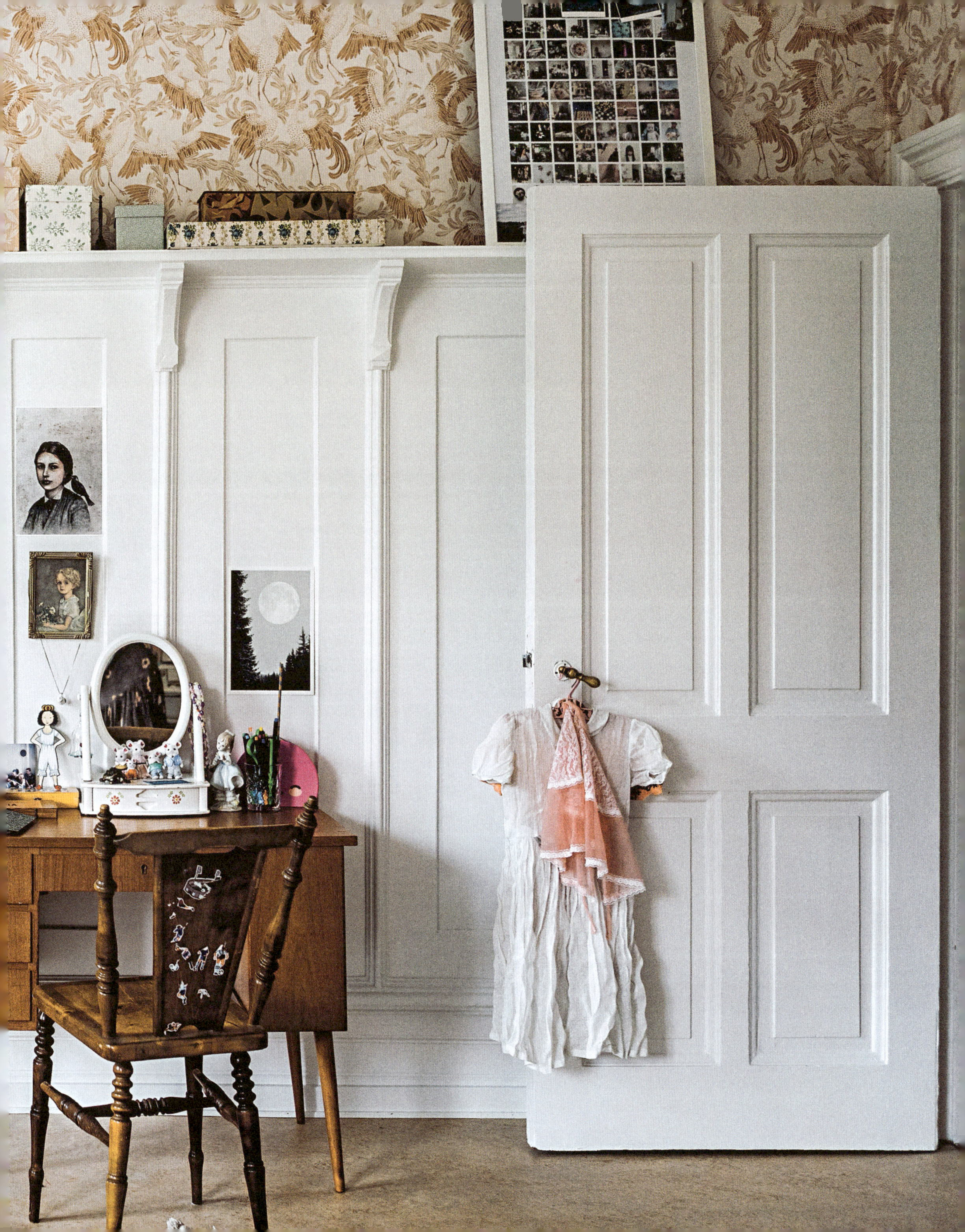

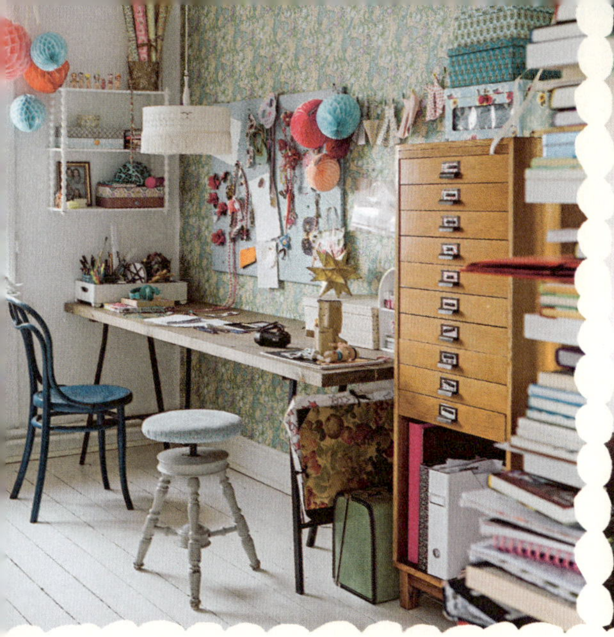

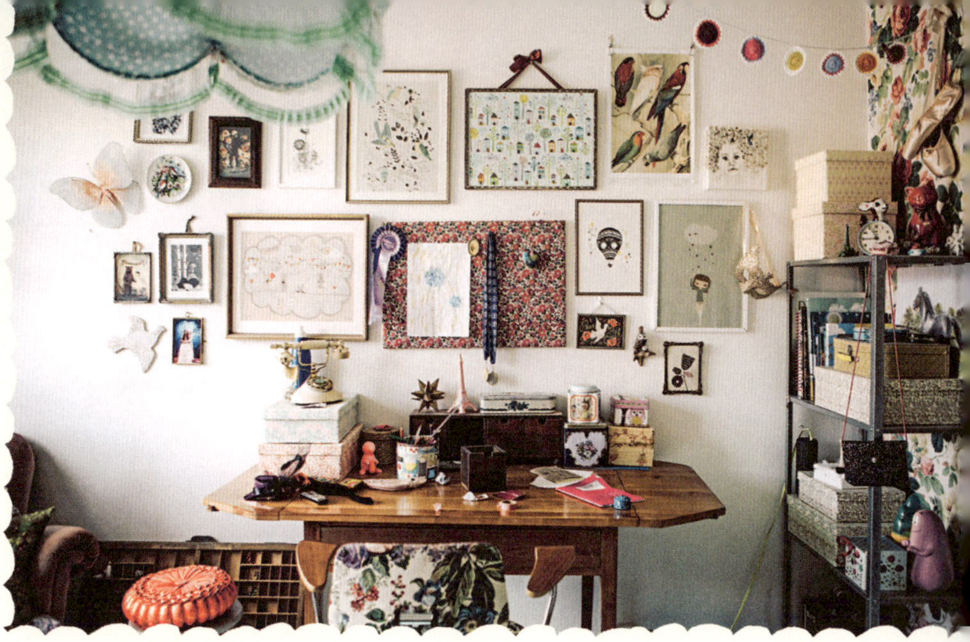

Schreibtischecke

Die große weite Schreibtischwelt

Wirft man einen Blick in die Schreibtischwelt der Kinder, ist das, als würde man sich in all der Fantasie auf einmal verlieren. Tatsächlich findest du vielleicht gerade dort deine beste Inspiration. Ist der Kopf einmal ganz leer, schau einfach mal nach, was in der Welt der Kinder so los ist, irgendetwas ist es immer.

*

Für manche Kinder ist die Schreibtischecke wichtig, für andere gar nicht. Es gilt immer, im Hinterkopf zu haben, was das Wichtigste für dein Kind ist. Vielleicht bastelt es viel lieber am Küchentisch und macht dort seine Hausaufgaben.

Andere Kinder lieben ihre eigene Ecke. Eine Schreibtischecke kann ein sehr inspirierender Platz sein, vor allem, wenn man die Kinder in das, was dort passieren soll, einbezieht. Einer möchte seinen Schreibtisch mit Büchern und Bastelmaterial beinahe zubauen, ein anderer seine verrücktesten Sachen dort ausstellen, und ein dritter wünscht sich vielleicht nichts sehnlicher als eine bunte LED-Beleuchtung mit Fernbedienung.

Damenschreibtisch

Hast du schon einmal von Damenschreibtischen gehört? So werden die Ende des 19. Jahrhunderts gefertigten kleinen filigranen Schreibtische genannt, die besonders im Jugendstil sehr populär waren. Es sind Schreibtische mit besonders pfiffig eingebauten kleinen Schränkchen und Schubladen. Recht opulent und großzügig. Oft bekommt man noch einen kleinen Aufsatz oder ein paar Fächer dazu. Und vielleicht sogar ein kleines Versteck unter dem Aufsatz.

Schreibtische und Flohmarkt

Unempfindliche Schreibtische, an denen man alles machen darf, was man möchte, sind gut. Ein Fleck oder viele davon sind nicht weiter wichtig. Auch wenn es um Schreibtische geht, möchten wir für den Secondhandmarkt oder »Marke Eigenbau« werben. Du kannst die entzückendsten Schreibtische auf dem Flohmarkt finden, und vergiss nicht, dass alles neu gestaltet werden kann. Manchmal mit etwas Farbe, aber man kann Schreibtische sogar umbauen. Mach dich mit den Kindern auf die Suche nach Ideen. Auf diese Weise kann man den Schreibtisch seiner Träume kreieren.

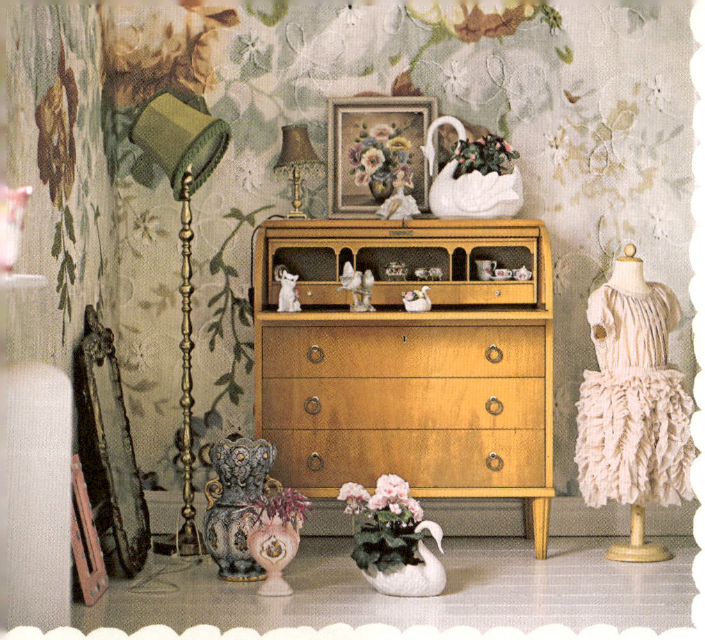

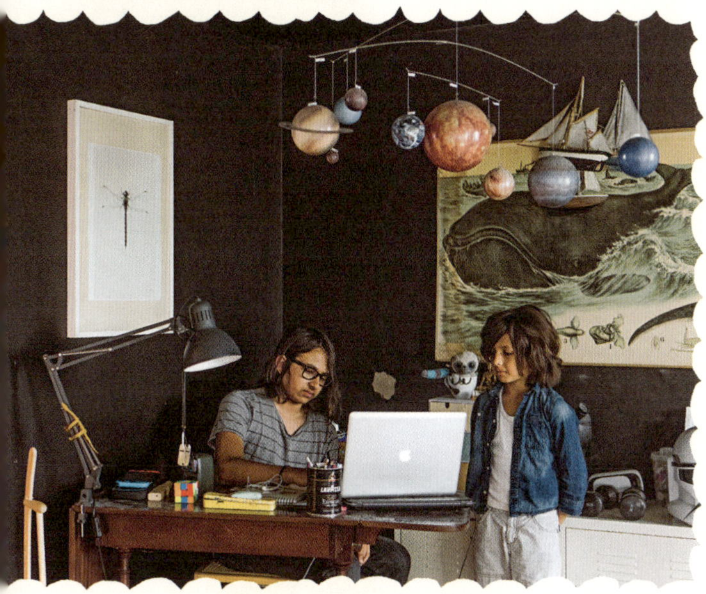

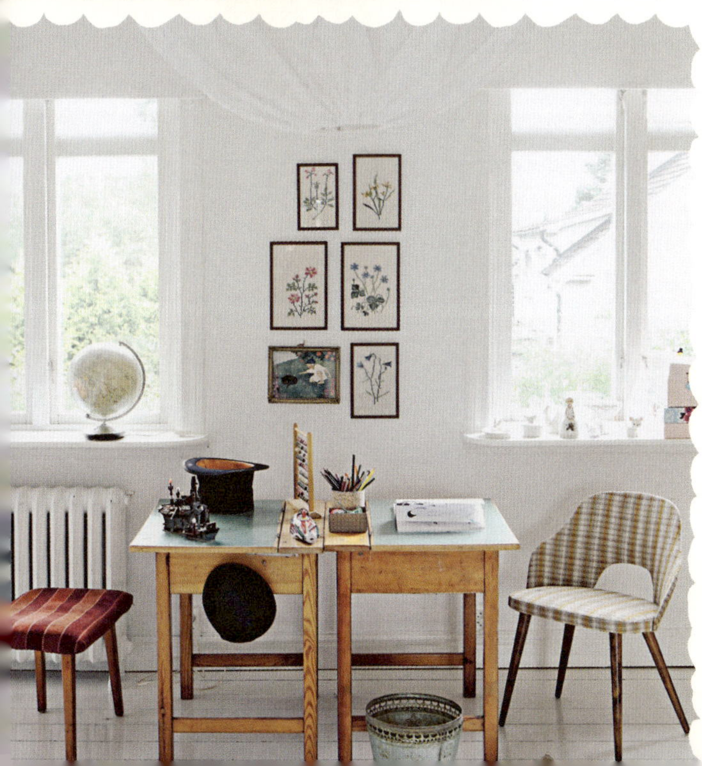

Hast du ein Kind, das sich gerne ausbreitet, solltest du auf eine selbst gebaute Variante setzen. Wichtig ist, dass sie stabil und groß ist. Das vorrangigste Kennzeichen eines Schreibtisches ist definitiv nicht Ordnung und dass alles seinen Platz hat. Vielmehr gilt umgekehrt, dass Dinge dazu da sind, verwendet zu werden.

Pinnwände und Klemmbretter

Pinnwände sind sehr praktisch. Dort kann alles gesammelt werden, von Erinnerungsstücken über wichtige Notizen bis hin zu lustigen Ideen. Baue selbst eine Pinnwand, indem du eine weichfaserige Platte (gibt es im Baumarkt zu kaufen) mit Stoff einkleidest. Spanne diesen gleichmäßig und befestige ihn auf der Rückseite mit einem Handtacker.

Als Klemmbretter bezeichnet man kleine Tafeln mit einer Klemme am oberen Ende. Es gibt sie in unterschiedlichen Größen. Eine supergute Art, eine Wand zu verändern. Bringe sie in einer Reihe oder in Gruppen an – und schon hast du eine Collage.

Aufbewahrung

Mit Aufbewahrungsmöglichkeiten rund um einen Schreibtisch verschwenderisch zu sein, ist nie verkehrt. Die Pinnwand kann von Regalen, Haken und Leinen zum Befestigen von Kunstwerken umgeben sein. Wenn du neben dem Schreibtisch keinen Platz für Schränke und andere Aufbewahrungsmöbel hast, denk daran, dass viel an die Wand gehängt werden oder dahinter auf den Boden gestellt werden kann. Rollwagen sind eine praktische Aufbewahrungslösung. Entweder in Form von Servierwagen, wie man sie auf dem Flohmarkt findet. Und vergiss nicht die Zimmerdecke, schwebende Aufbewahrungslösungen über dem Schreibtisch sind raffiniert.

Beleuchtung

Eine gute Beleuchtung ist in einer Schreibtischecke natürlich elementar. Wir entscheiden uns deshalb oft für mehrere Lampen: Eine Lampe sollte möglichst an der Decke über dem Schreibtisch hängen und das Licht über den gesamten Schreibtisch verteilen. Und eine zusätzliche Lampe, die man exakt dorthin ausrichten kann, wo man Licht benötigt.

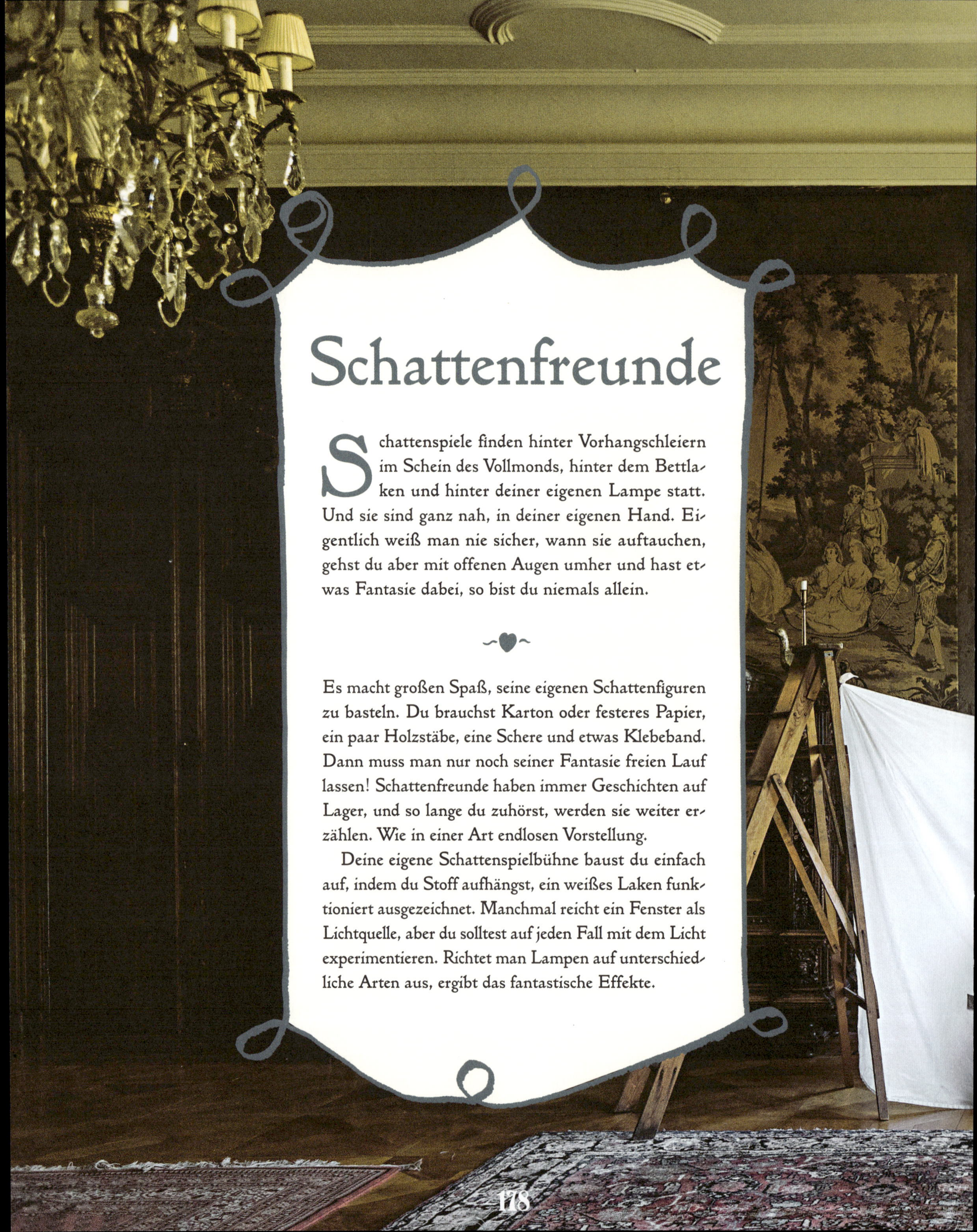

Schattenfreunde

Schattenspiele finden hinter Vorhangschleiern im Schein des Vollmonds, hinter dem Bettlaken und hinter deiner eigenen Lampe statt. Und sie sind ganz nah, in deiner eigenen Hand. Eigentlich weiß man nie sicher, wann sie auftauchen, gehst du aber mit offenen Augen umher und hast etwas Fantasie dabei, so bist du niemals allein.

Es macht großen Spaß, seine eigenen Schattenfiguren zu basteln. Du brauchst Karton oder festeres Papier, ein paar Holzstäbe, eine Schere und etwas Klebeband. Dann muss man nur noch seiner Fantasie freien Lauf lassen! Schattenfreunde haben immer Geschichten auf Lager, und so lange du zuhörst, werden sie weiter erzählen. Wie in einer Art endlosen Vorstellung.

Deine eigene Schattenspielbühne baust du einfach auf, indem du Stoff aufhängst, ein weißes Laken funktioniert ausgezeichnet. Manchmal reicht ein Fenster als Lichtquelle, aber du solltest auf jeden Fall mit dem Licht experimentieren. Richtet man Lampen auf unterschiedliche Arten aus, ergibt das fantastische Effekte.

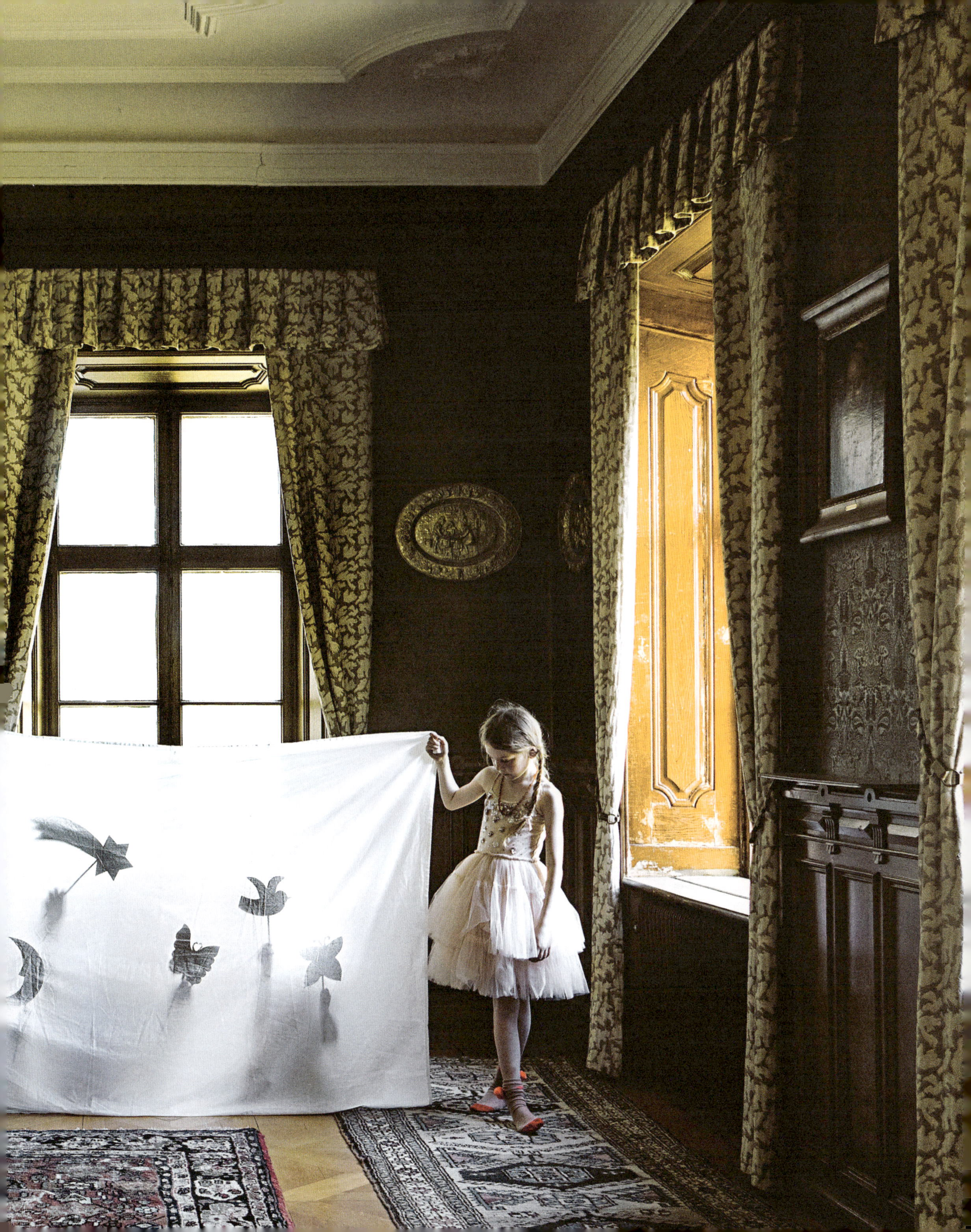

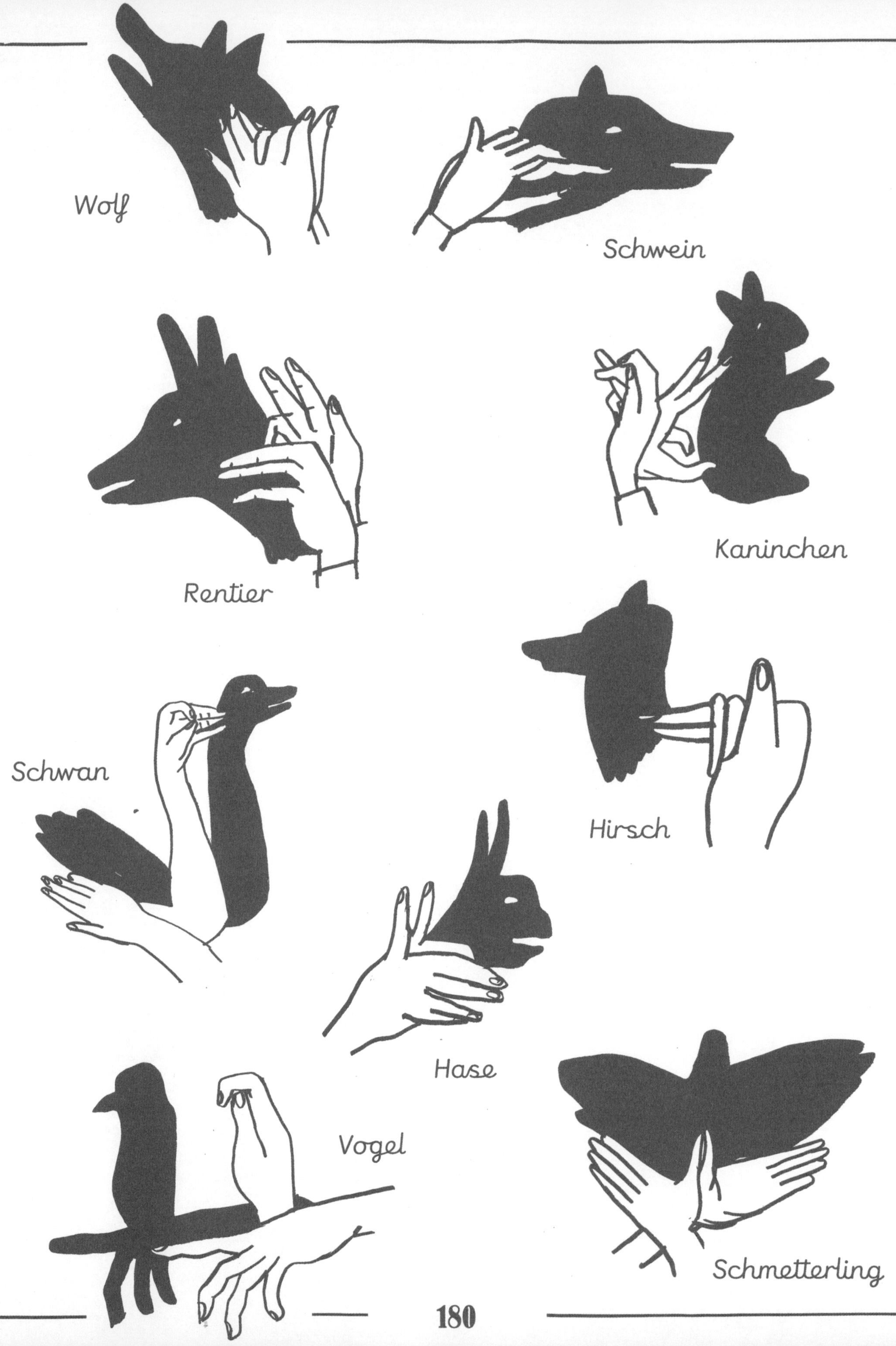
Wolf
Schwein
Rentier
Kaninchen
Schwan
Hirsch
Hase
Vogel
Schmetterling

Ein Tag auf dem Schloss

Wie muss man sich wohl einen Tag auf dem Schloss vorstellen? Genau wie in all den Märchen natürlich, oder nicht?

Ich ging durch das Haus und lauschte, was sie sagten. »Nun wollen wir nichts weiter machen. Keine Hetzerei, keine Eile. Keine großartigen Pläne, sondern einfach schauen, was passiert. Und zwischendurch etwas Limonade. Wir wollen nichts schaffen müssen. Wir schaffen, was wir schaffen, auch wenn wir vielleicht das Gold aus dem 17. Jahrhundert und die mumifizierten Katzen aus Ägypten nicht finden. Ein Abenteuer wird es auf jeden Fall. Punkt. Ende.«

»Wenn ihr mitmacht, können wir Geschichten erzählen, die allerlängsten«, sagte ein Kind. Es hatte Schminke in seinem Rucksack versteckt und sich selbst und seine Cousine in Katzen verwandelt. Ehe wir antworten konnten, waren sie lautlos die Hauswand entlanggeschlichen und verschwunden. Ich dachte ein wenig darüber nach, ob in der Geschichte Katzen, die sich in Luft auflösten, vorkamen oder ob sie einfach plötzlich andere Pläne gehabt hatten.

Plötzlich rief ein Kind, dass es sich im Fadenspiel verheddert hatte. Es war so furchtbar verzwickt, nicht den Boden zu berühren, wenn doch gleichzeitig der Eiffelturm aus goldenem Garn auf dem Klavierdeckel glänzen sollte. »Bonjour«, flüsterte ein Kind und lüftete seinen Zylinder. »Ich glaube, ich habe mich in meinem eigenen Labyrinth verlaufen. Aber ich weiß, dass man, sollte das passieren, Wangenküsse sammeln muss. Gib mir also bitte einen.«

Dann ging ich durch den dritten Stock zur doppelten Aufzugtür. Ich fand es höchst eigenartig, dass so viele wie vom Erdboden verschluckt waren. Gerade, als die Türen aufgingen, hörte ich, wie ein Kind »zehn« ausrief.

Es wurde zwischen tausend Kleidern und unter Federbetten mit Fransen Verstecken gespielt. Spiele wie Verstecken lassen es mir ganz warm ums Herz werden. Weil es in all seiner Einfachheit so abenteuerlich ist. Ehe ich mich versah, schlug ein Kind ein Rad die Treppe herunter. Offenbar hatte sie eine günstige Neigung. Ich sagte, dass wir ein Weilchen Limonade in der Herbstsonne schlürfen könnten und ein Kind fragte, ob ich ein paar Wunderkerzen in meiner Tasche hätte. »Das kommt selten vor«, konnte ich gerade noch sagen, ehe eine Katze aus Paris über die Schwelle schritt. »Es ist lange her«, sagte sie und schüttelte allen die Pfote, während sie gleichzeitig einen Koffer öffnete. Er war proppenvoll mit Wunderkerzen in allen Farben des Regenbogens.

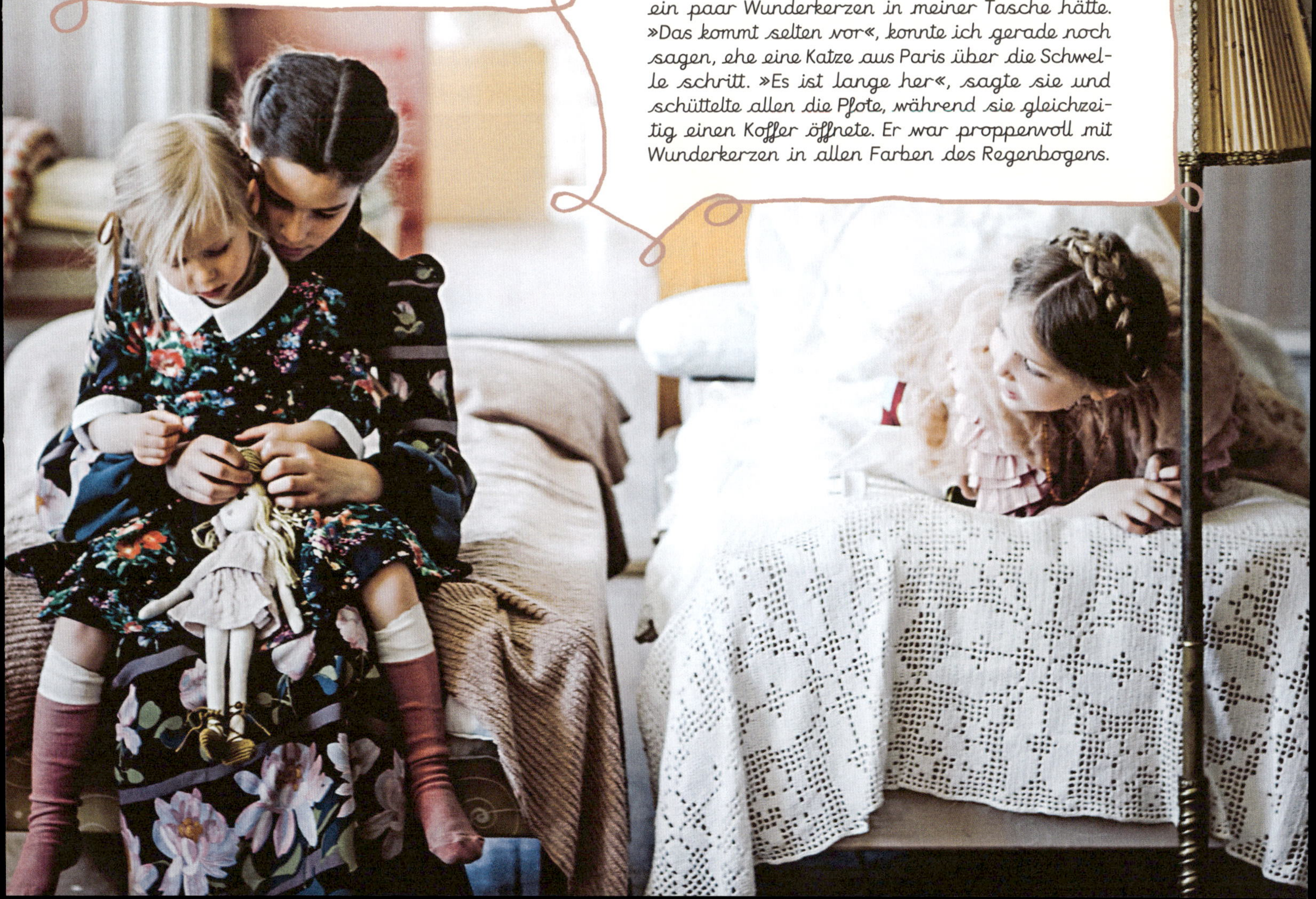

Spiele für die Westentasche

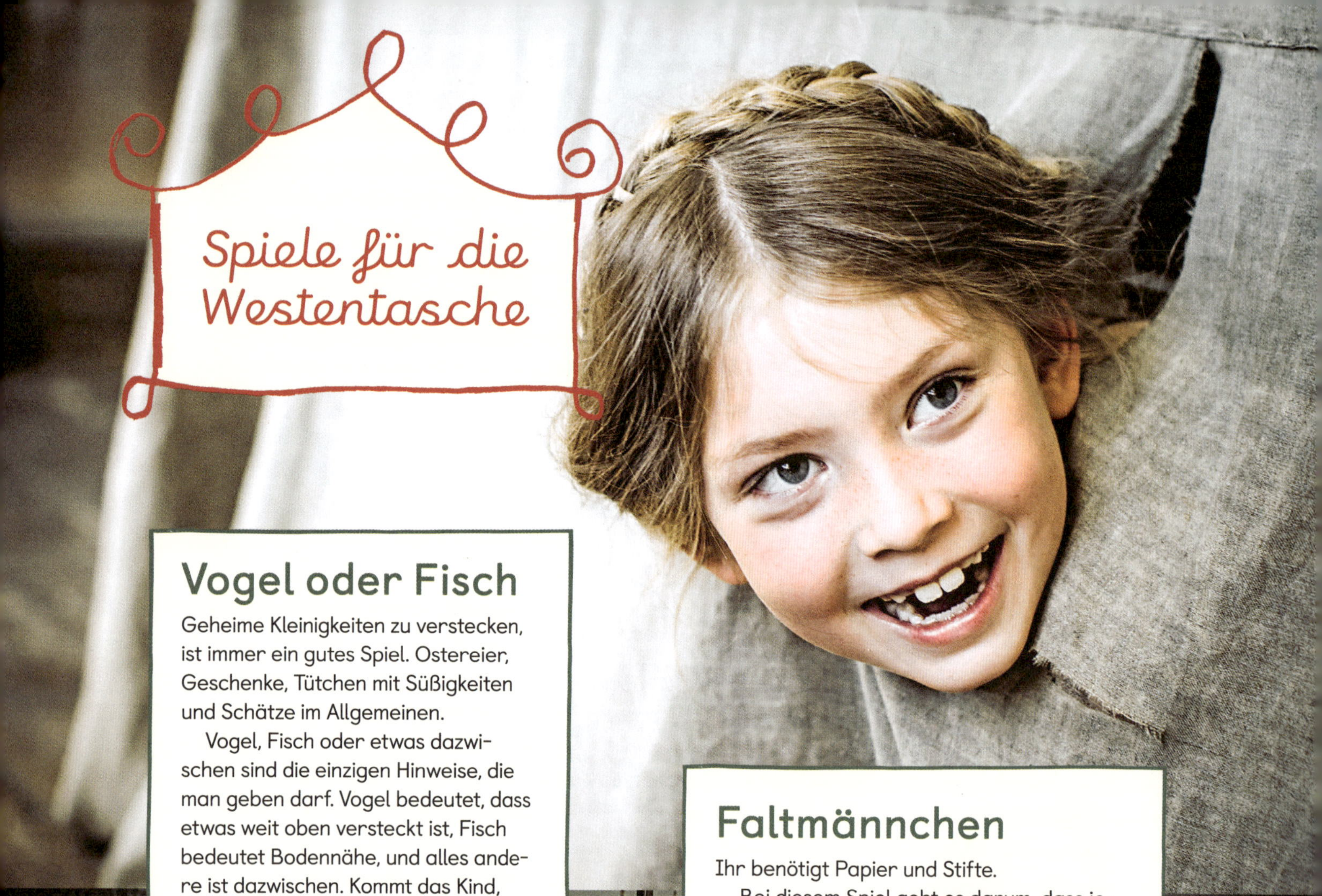

Vogel oder Fisch

Geheime Kleinigkeiten zu verstecken, ist immer ein gutes Spiel. Ostereier, Geschenke, Tütchen mit Süßigkeiten und Schätze im Allgemeinen.

Vogel, Fisch oder etwas dazwischen sind die einzigen Hinweise, die man geben darf. Vogel bedeutet, dass etwas weit oben versteckt ist, Fisch bedeutet Bodennähe, und alles andere ist dazwischen. Kommt das Kind, das sucht, nahe an das Versteck heran, ruft dasjenige, das versteckt hat: »Es brennt!« Wenn an einer ganz falschen Stelle gesucht wird, ruft es: »Es ist eiskalt!«

Faltmännchen

Ihr benötigt Papier und Stifte.

Bei diesem Spiel geht es darum, dass jeder Spieler einen Teil eines Faltmännchens zeichnet und die Zeichnung dann weitergibt. Faltet dazu das Papier so oft, wie ihr Spieler am Tisch seid. Beginnt mit dem Zeichnen des Kopfes, gebt das Papier dann im Uhrzeigersinn weiter, sodass der Nächste weitermalen kann. Ehe man das Blatt weitergibt, sollten alle einen kleinen Strich dort hinterlassen, wo die eigene Zeichnung endet. Hat das Papier einmal die Runde gemacht: Auffalten und die Männchen bewundern!

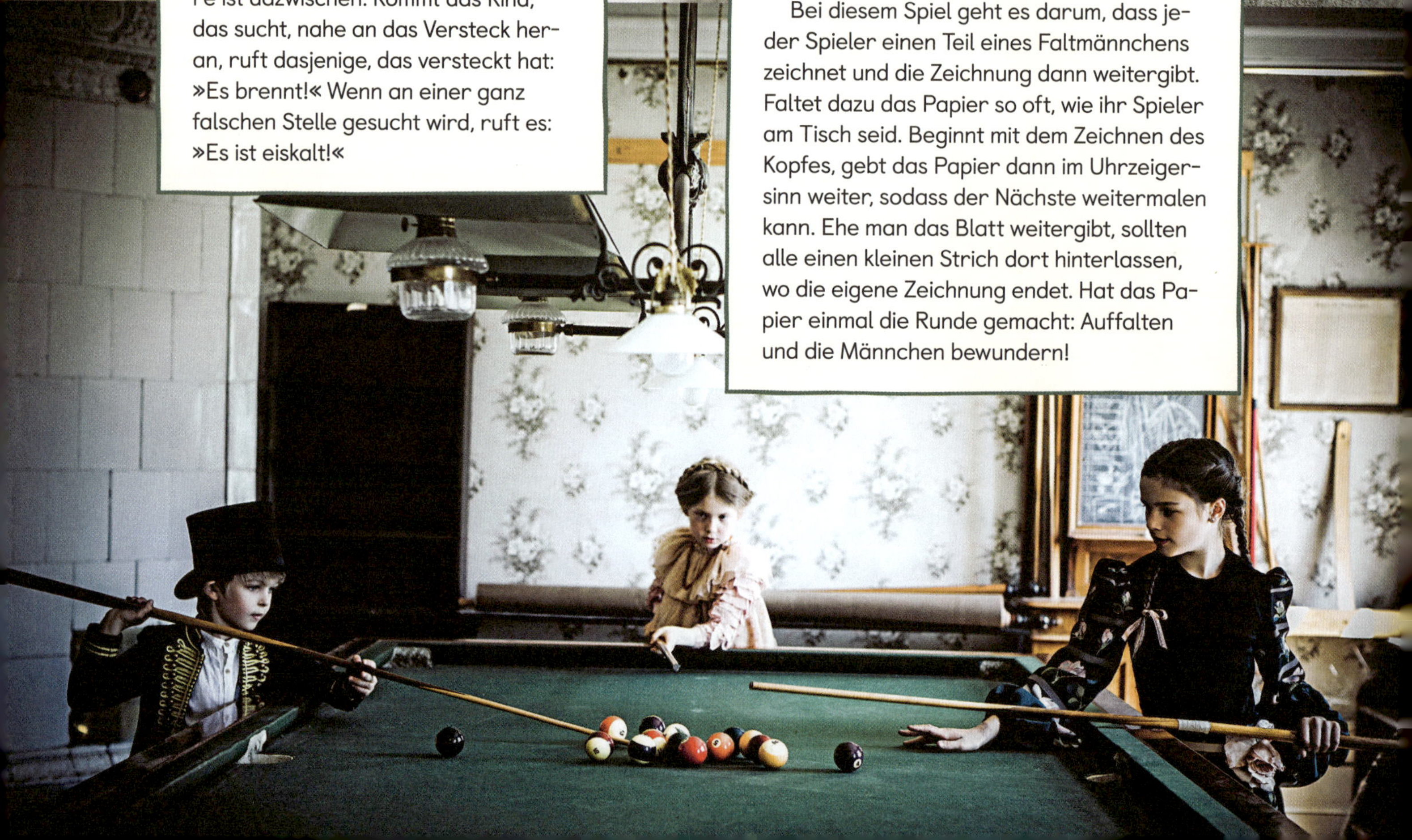

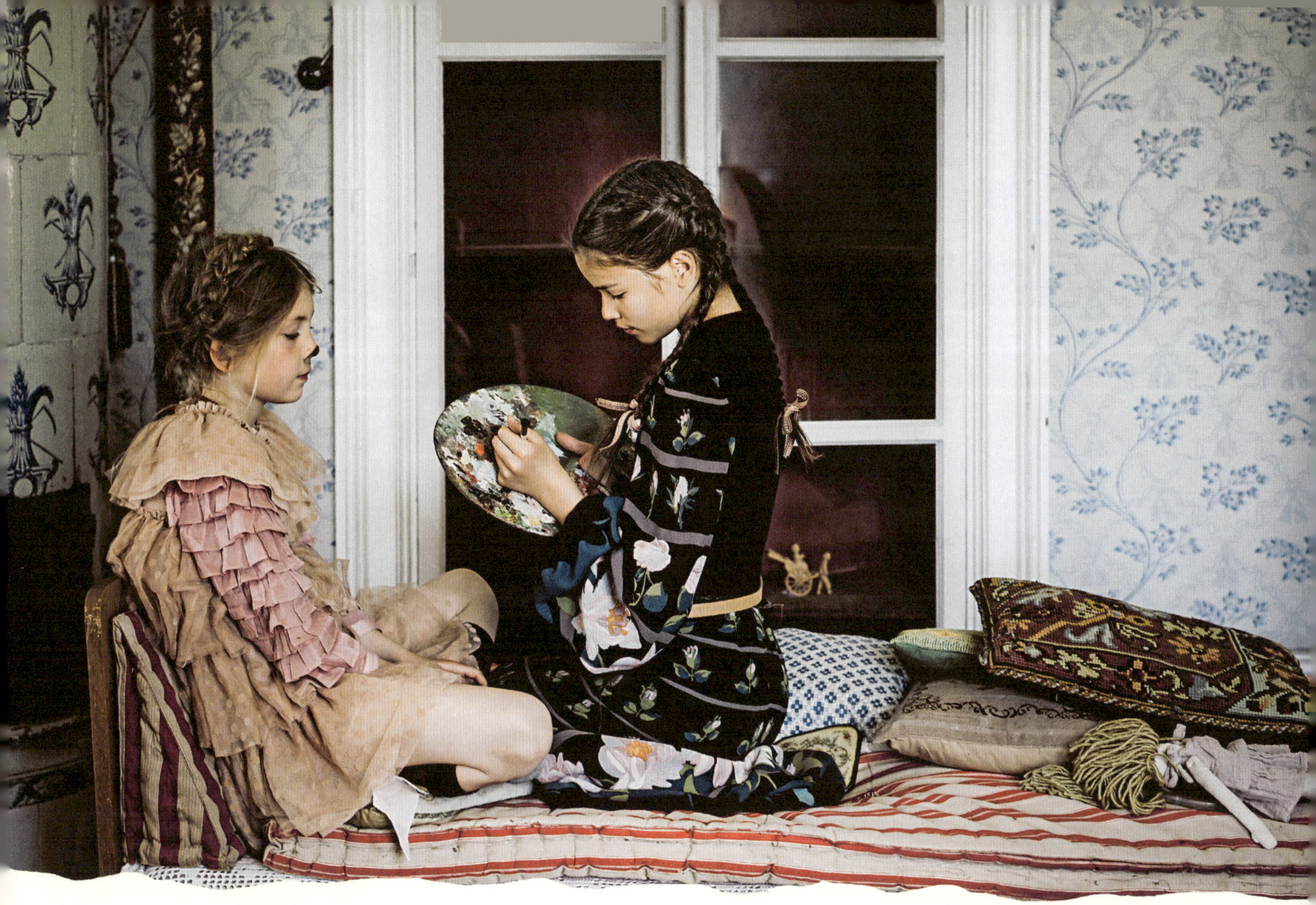

Gesichter schminken

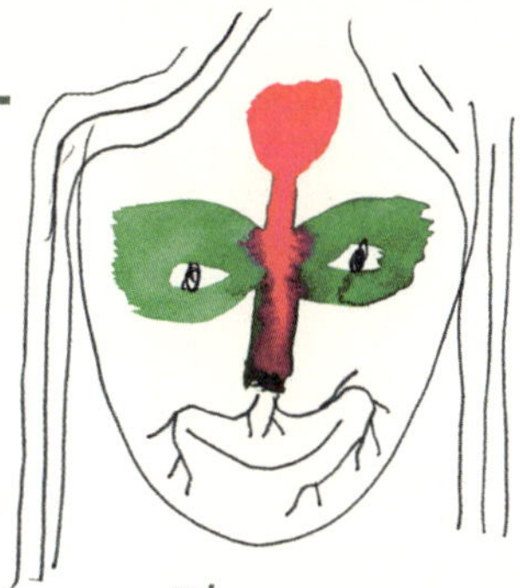

Blume

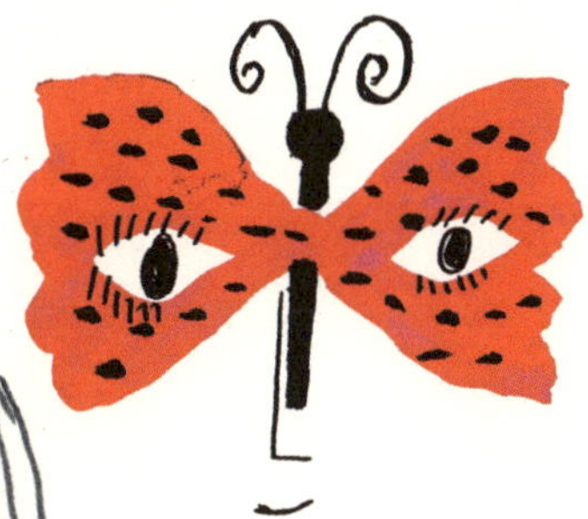

Schmetterling

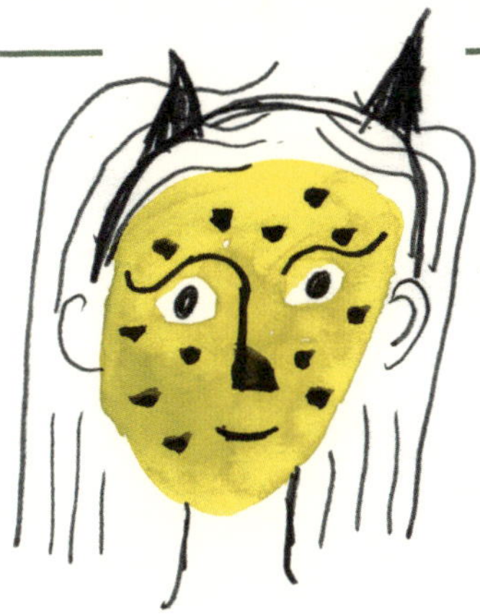

Leopard

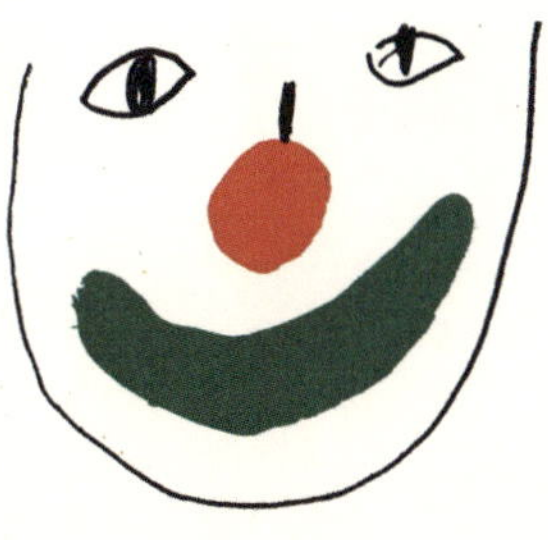

Gurke & Tomate

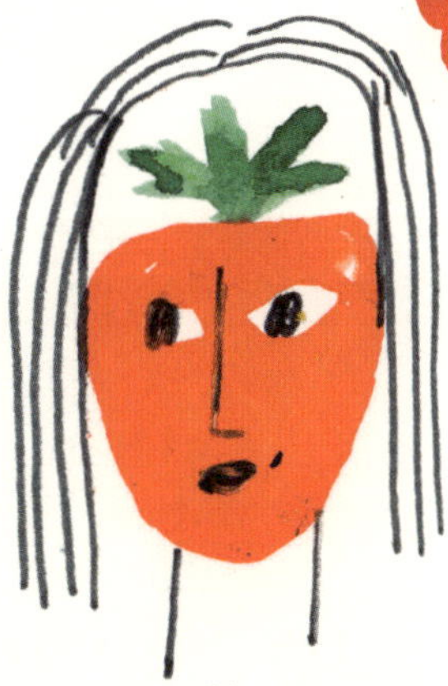

Erdbeere

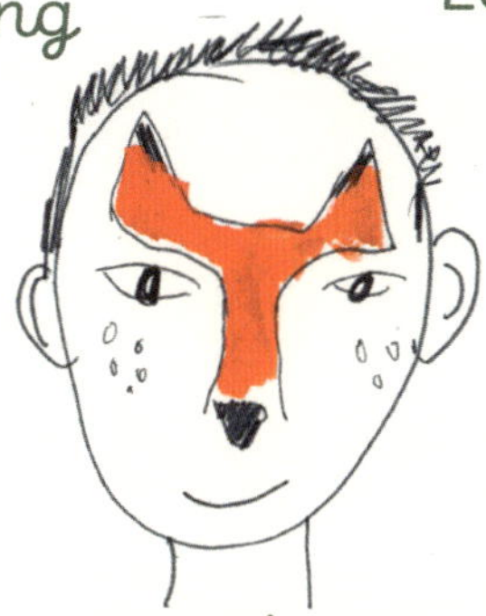

Fuchs

Kartenspiele

Die kleinsten Spiele der Welt kann man spielen, wann und wo man möchte. Tatsächlich können Kinder sie bis in alle Ewigkeit spielen.

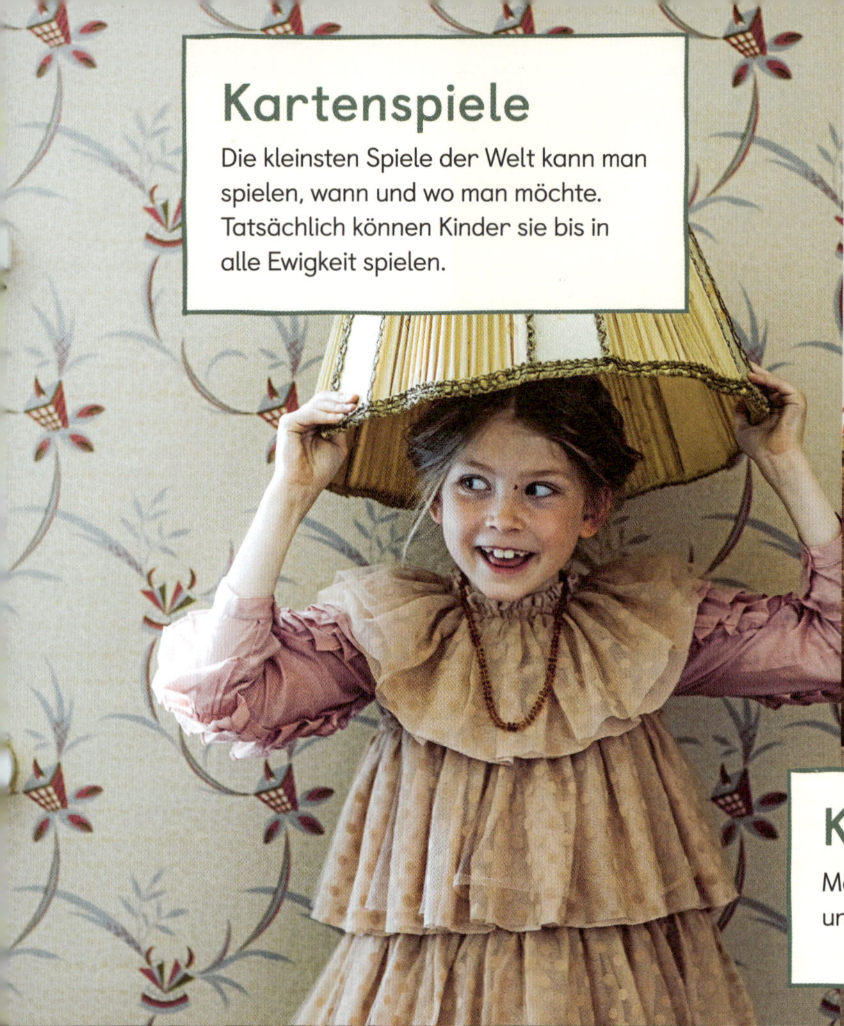

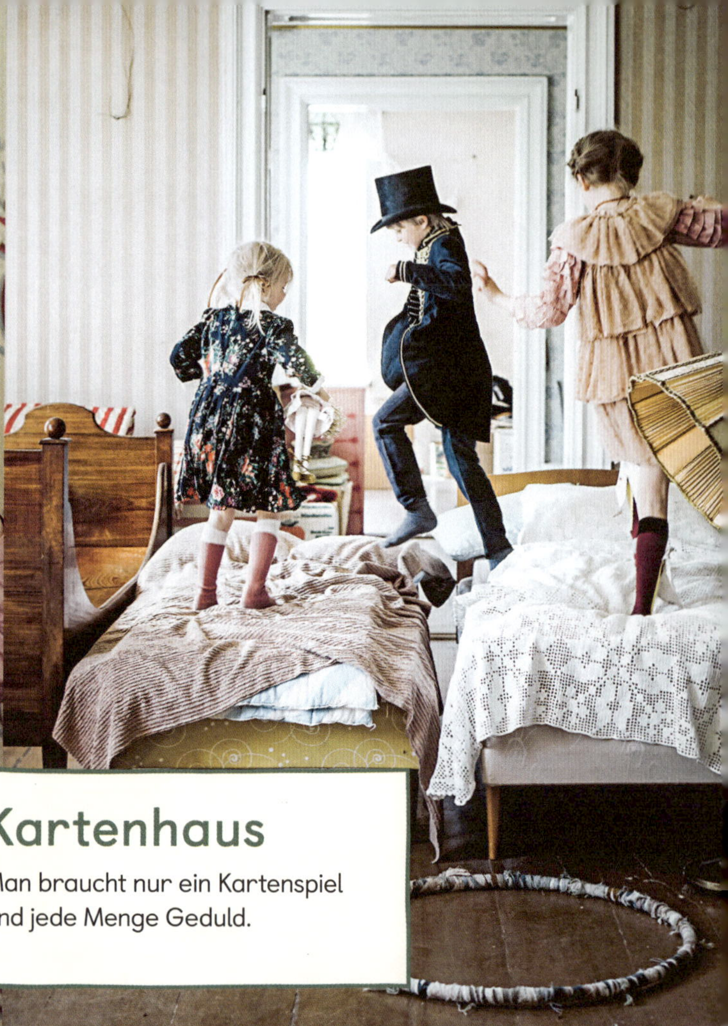

Kartenhaus

Man braucht nur ein Kartenspiel und jede Menge Geduld.

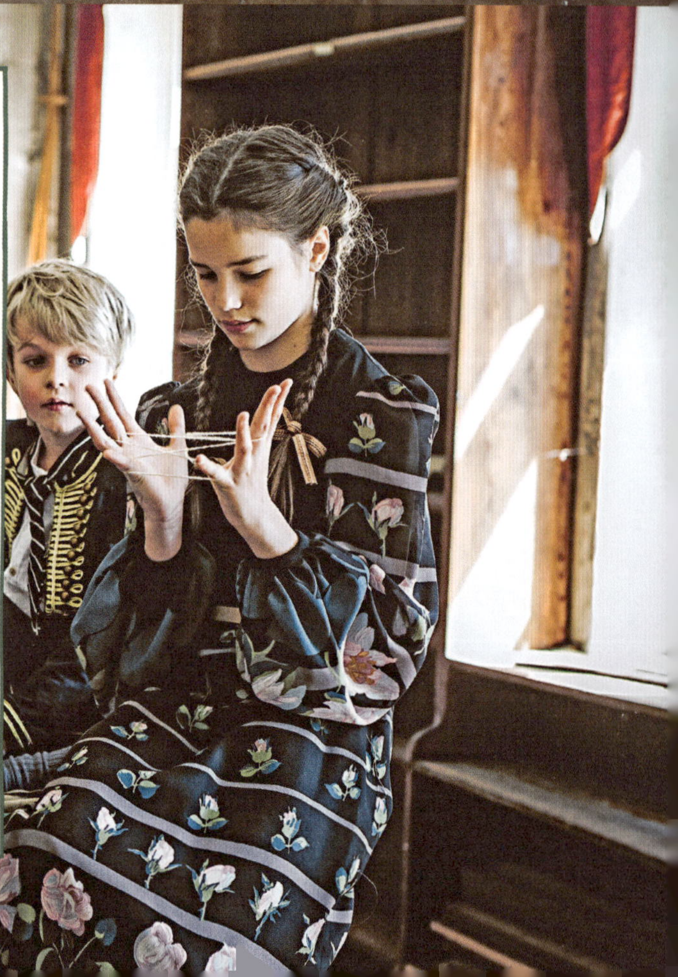

Fadenspiel

Fadenspiele kann man alleine oder in der Gruppe spielen. Auf der ganzen Welt werden sie gespielt; Eigentlich entscheiden nur Fantasie und die Länge des Fadens darüber, was daraus wird.

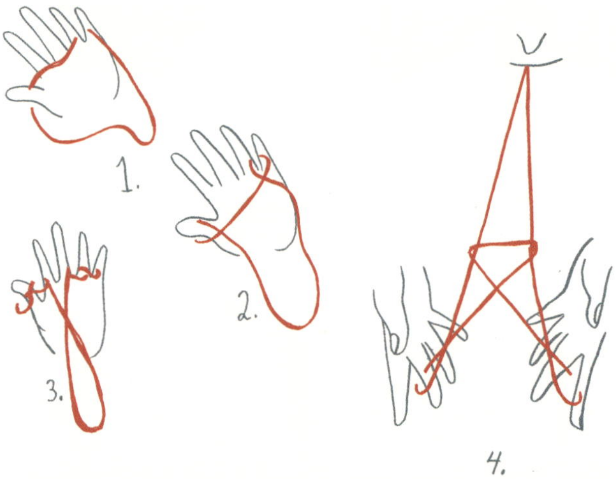

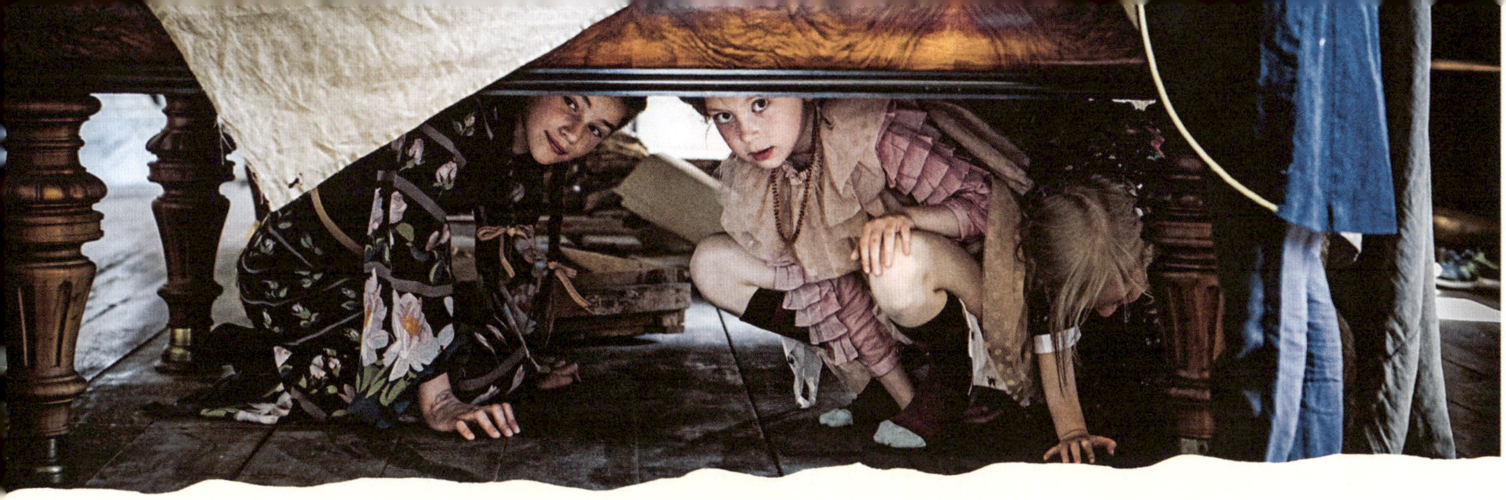

Zeichenspiel

Dieses Spiel erinnert an das Spiel Flüsterpost. Mindestens drei Mitspieler sind nötig. Je mehr es aber sind, desto mehr Spaß macht es.

Lege einen Stapel kleiner Papierzettel und Stifte für allle bereit. Teilt die Zettel so auf, dass jeder Spieler gleich viele erhält. Und einen Stift.

Es wird auf Zeit gespielt, rechne mit etwa einer Minute pro Zettel.

1. Jeder Spieler schreibt seinen Namen auf den ersten Zettel und etwas, das sich zeichnen lässt, zum Beispiel einen Gegenstand. Legt dann den Zettel ganz oben auf den Stapel.
2. Gebt den ganzen Stapel an den Spieler jeweils links von euch weiter.
3. Der Spieler liest, was darauf steht, nimmt den nächsten Zettel vom Stapel und malt darauf, was er gelesen hat. Dann legt er diesen Zettel obenauf und gibt den Stapel nach links weiter.
4. Der Spieler sieht sich die Zeichnung an, nimmt den nächsten leeren Zettel, schreibt darauf, was er meint, auf der Zeichnung zu erkennen, und gibt den Stapel erneut nach links weiter.

Ist eine Runde abgeschlossen, so berichten alle nacheinander, was geschehen ist.

Beispiel:

Einhorn mit Halsweh

1.
Spieler 1 schreibt
Einhorn mit Halsweh

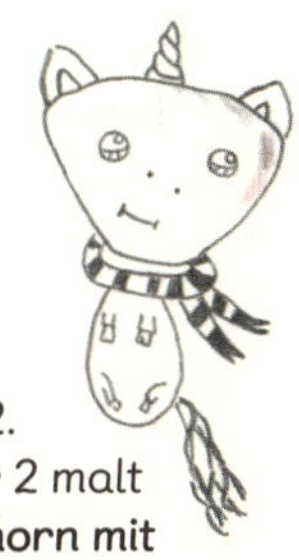

2.
Spieler 2 malt
Einhorn mit Halsweh

Babyrassel

3.
Spieler 3 schaut sich das Bild an und schreibt seine Vermutung auf:
Babyrassel

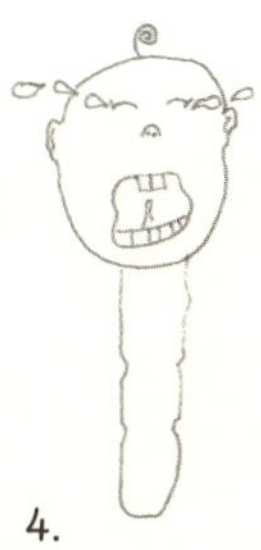

4.
Spieler 4 malt
eine **Babyrassel**

Schlangenbaby

5.
Spieler 5 schreibt
Schlangenbaby

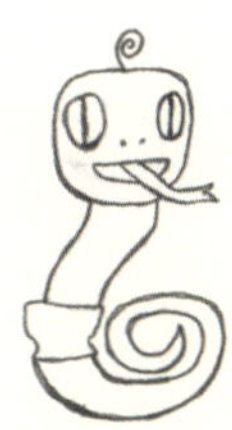

6.
Spieler 6 malt
ein **Schlangenbaby**

Aus einem Einhorn mit Halsweh wird ein Schlangenbaby.

Ein Märchen in jedem Winkel

Ich glaube, ich weiß, warum die Natur sich unendlich anfühlt. Warum Wälder, Berge und Seen sich wie die Ewigkeit selbst anfühlen. Weil wir, obwohl wir jeden einzelnen Tag auf Entdeckungsreise gehen, uns nie genau erinnern können, wo sie ihren Anfang nahmen und endeten. Das gilt sogar für das kleine Wäldchen, in dem wir als Kinder spielten, oder den Weg, den wir entlangradelten, während wir gleichzeitig den Himmel zwischen den Baumspitzen sahen.

Ich weiß ganz sicher, dass die Tiere in ihrer eigenen Welt leben. Einer Welt, in die wir heimlich einen Blick werfen dürfen, wenn wir versprechen, mucksmäuschenstill zu sein und hinter den Kulissen zu bleiben. In einer ganz persönlichen Vorstellung haben sie von uns nur eine Seillänge Abstand, um eine Sekunde später, so wie sie aufgetaucht sind, wieder spurlos zu verschwinden.

Und dieser Himmel, der gerade noch kohlrabenschwarz gewesen war, aber plötzlich wie Gold schimmerte. Das geschah, als wir uns umwandten – oder genau vor unseren Augen. Trotzdem konnten wir den exakten Augenblick, in dem er die Farbe wechselte, nie sehen. Oder die Sonnenstrahlen, die in den Pfützen miteinander um die Wette glänzten. Als würden sie einen Schönheitswettbewerb veranstalten, den es aber nie zu gewinnen galt. Wir sahen den Regenbogen nicht, bis sich der Wald auf eine Wiese hin öffnete, die von Tausenden und Abertausenden kleinen Blumen ganz blau gefärbt war. Wie das Meer. Und als der Wind vorüberstrich, war das, als ob Wellen gegen unsere Beine schlugen.

Wir sahen den Regenbogen, der sich grenzenlos anfühlte, noch einmal. Eines

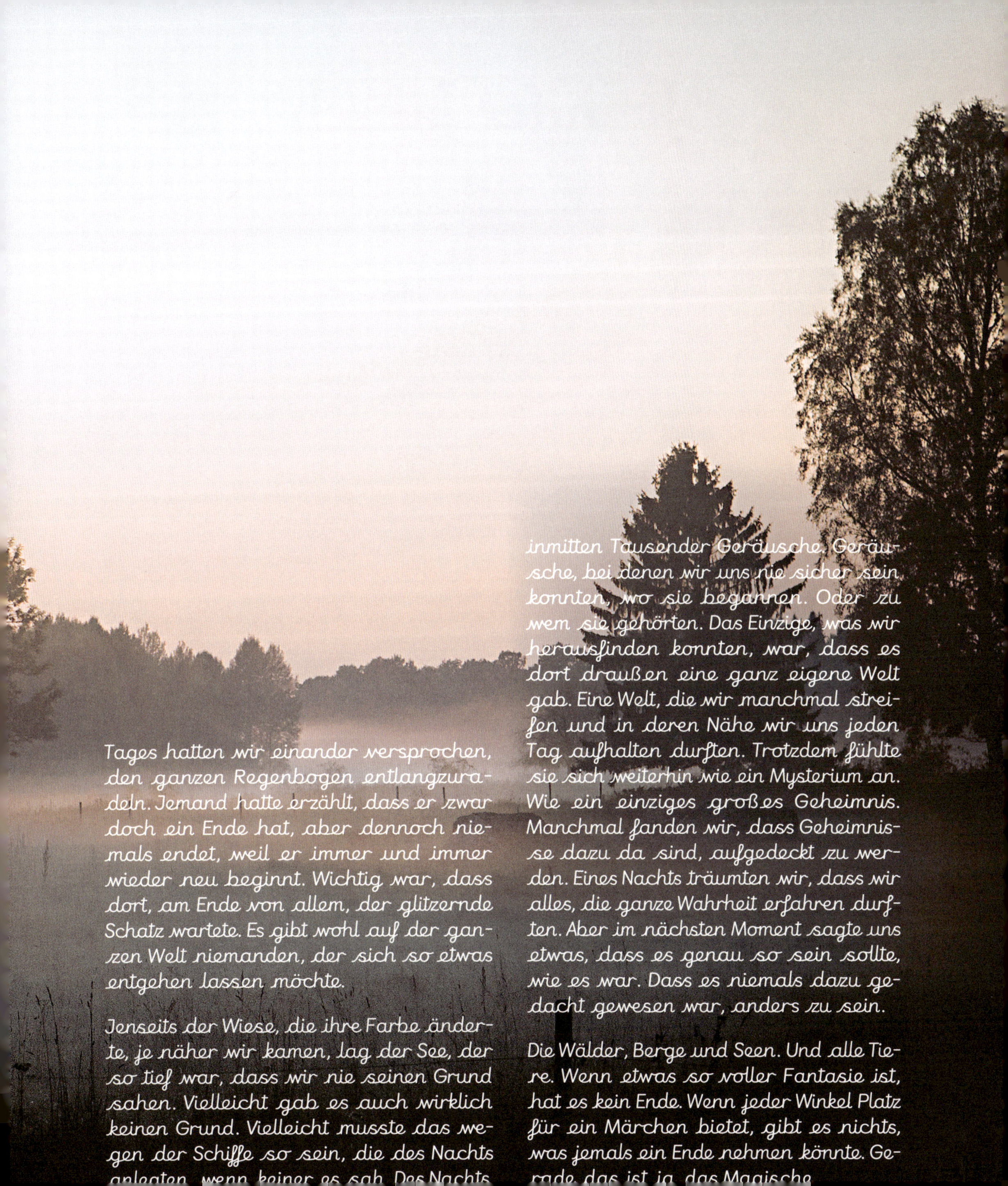

Tages hatten wir einander versprochen, den ganzen Regenbogen entlangzuradeln. Jemand hatte erzählt, dass er zwar doch ein Ende hat, aber dennoch niemals endet, weil er immer und immer wieder neu beginnt. Wichtig war, dass dort, am Ende von allem, der glitzernde Schatz wartete. Es gibt wohl auf der ganzen Welt niemanden, der sich so etwas entgehen lassen möchte.

Jenseits der Wiese, die ihre Farbe änderte, je näher wir kamen, lag der See, der so tief war, dass wir nie seinen Grund sahen. Vielleicht gab es auch wirklich keinen Grund. Vielleicht musste das wegen der Schiffe so sein, die des Nachts anlegten, wenn keiner es sah. Des Nachts

inmitten Tausender Geräusche. Geräusche, bei denen wir uns nie sicher sein konnten, wo sie begannen. Oder zu wem sie gehörten. Das Einzige, was wir herausfinden konnten, war, dass es dort draußen eine ganz eigene Welt gab. Eine Welt, die wir manchmal streifen und in deren Nähe wir uns jeden Tag aufhalten durften. Trotzdem fühlte sie sich weiterhin wie ein Mysterium an. Wie ein einziges großes Geheimnis. Manchmal fanden wir, dass Geheimnisse dazu da sind, aufgedeckt zu werden. Eines Nachts träumten wir, dass wir alles, die ganze Wahrheit erfahren durften. Aber im nächsten Moment sagte uns etwas, dass es genau so sein sollte, wie es war. Dass es niemals dazu gedacht gewesen war, anders zu sein.

Die Wälder, Berge und Seen. Und alle Tiere. Wenn etwas so voller Fantasie ist, hat es kein Ende. Wenn jeder Winkel Platz für ein Märchen bietet, gibt es nichts, was jemals ein Ende nehmen könnte. Gerade, das ist ja das Magische

Jennifer Jansch

Jennifer Jansch ist Journalistin, Einrichtungsstylistin und Gründerin des umweltfreundlichen Unternehmens Bag-all. Seit drei Jahren lebt sie mit ihrem Mann und drei Kindern auf Bali. Davor lebte die Familie in New York, aber sie kehrt jedes Jahr zu ihrem geliebten Sommerhaus im schwedischen Sörmland zurück.

»Ohne dieses Haus glaube ich nicht, dass wir gewagt hätten, irgendwo anders hinzuziehen, weder nach New York noch nach Bali. Wir wussten gewissermaßen die ganze Zeit, dass wir hierher zurückkommen können, das war für die Kinder wie für uns immer eine Beruhigung«, erzählt Jennifer.

Das Sommerhaus, ein altes rotes Haus aus dem 19. Jahrhundert, ist seit 14 Jahren in Familienbesitz und in dieser Zeit liebevoll renoviert worden. Jennifers eigene Kindheit war eine wichtige Inspirationsquelle für die Einrichtung der Kinderzimmer. »Als ich klein war, hatte Mama ein Ferienhaus auf Värmdö im Stockholmer Schärengarten, das ich furchtbar gern hatte. Am intensivsten erinnere ich mich daran, dass wir eingebaute Betten mit Vorhängen hatten; diese Betten habe ich geliebt. Ich kann mich erinnern, wie gemütlich es war, dass man sie zumachen und etwas Privatleben haben konnte, obwohl man sich ein Zimmer teilte.«

Heute ziert eine blau-weiße Tapete mit Vögeln und Blumen die Wände im Kinderzimmer, und sogar die Wahl dieser Tapete ist inspiriert von Jennifers Kindheit.

»Ich erinnere mich vor allem an eine Tapete im Ferienhaus meines Papas. Es waren eine Menge unterschiedlicher Blumen darauf, und ich erinnere mich, dass ich sie lange betrachtete, wenn ich schlafen sollte. Darum wollte ich eine gemusterte Tapete, anhand derer die Kinder sich fortträumen können sollten, wenn sie schlafen gingen.«

Es gab nie einen tatsächlichen Plan für die Einrichtung der Kinderzimmer, vielmehr durften die Kinder viel selbst entscheiden. Die meisten Möbelstücke hatten sich im Laufe der Zeit angesammelt, unter anderem der alte Schreibtisch von Jennifers Mutter, der einst in ihrer eigenen Kinderstube gestanden hatte.

Draußen im Garten wächst eine große Eiche, in welche die Familie ein Baumhaus hat bauen lassen. »Wir hatten so eine Vorstellung, dass wir darin ein richtig großes Haus haben wollten, in dem man sitzen, essen und Zeit verbringen können sollte. Deshalb haben wir einen Schreiner beauftragt. Wir hatten keine Zeichnungen, er bekam einfach Bilder zur Inspiration. Dann hing er da wie ein Affe im Baum und baute und baute. Er wollte sogar einen dritten Stock bauen, aber wir fanden, dass zwei Stockwerke eigentlich ausreichten.«

Mehr von Jennifer auf Instagram @jenniferjansch

Jennifer über ...

kreativ sein mit Kindern
Alle unsere Kinder sind auf unterschiedliche Weise sehr kreativ. Meine Aufgabe ist, darauf zu achten, dass sie immer Material zur Verfügung haben. Es ist schwierig, kreativ zu werden, wenn man keinen Zugang zu Farben, Pinseln, Kreiden und Ähnlichem hat. Sie sind nicht besonders verwöhnt, wenn es um materielle Dinge geht, aber von Dingen, die die Kreativität fördern, etwa Malblöcke und Kreiden, bekommen sie sehr viel.

Aufbewahrung
Die Kinder entscheiden oft selbst, wo sie ihre Sachen haben möchten, aber wir denken viel in Kategorien – Lego hier und Bauklötze da. Meine ganze Marke ist so aufgebaut. Hier kannst du Schuhe aufbewahren, und hier den Haartrockner. Es geht darum, es sich einfach zu machen. Wir sind recht unordentlich, daher brauchen wir ein paar Gedächtnisstützen, wo unsere Sachen hingehören.

Traditionen
Für mich sind Traditionen sehr wichtig, sie sind wie ein Anker im Alltag, unabhängig davon, wo man gerade ist. Es ist allerdings schwerer geworden, sich an manche Feiertage zu erinnern. Auf Bali gibt es keine Jahreszeiten wie in Schweden. Wenn man wie wir im Ausland wohnt, ist es umso wichtiger, dass man seine traditionellen Feste feiert. Wir backen im Dezember um das Luciafest herum Safranwecken und bemalen an Ostern Ostereier, auch wenn draußen 30 °C herrschen.

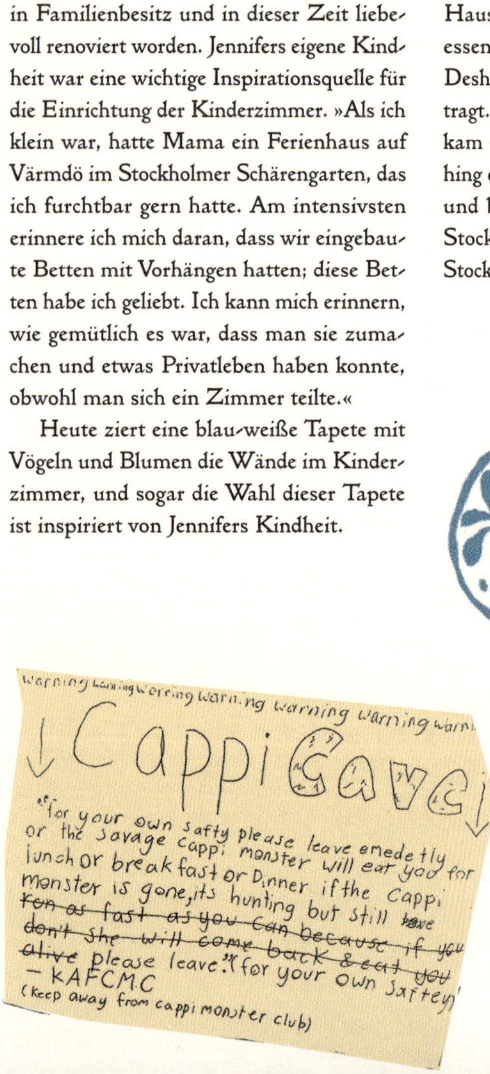

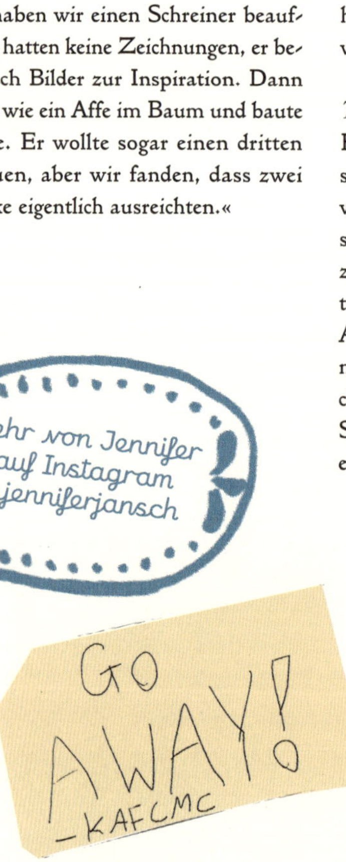

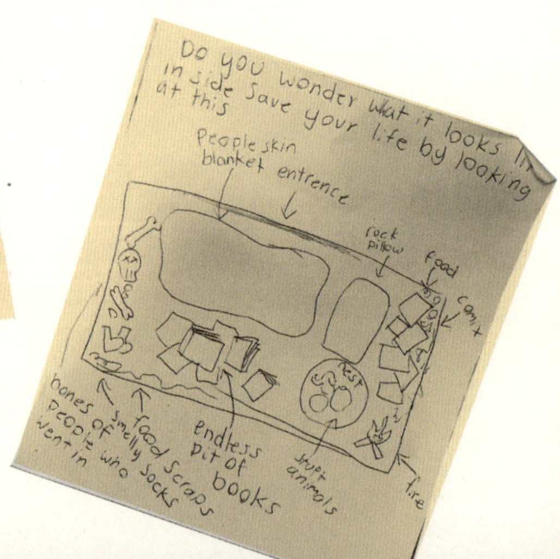

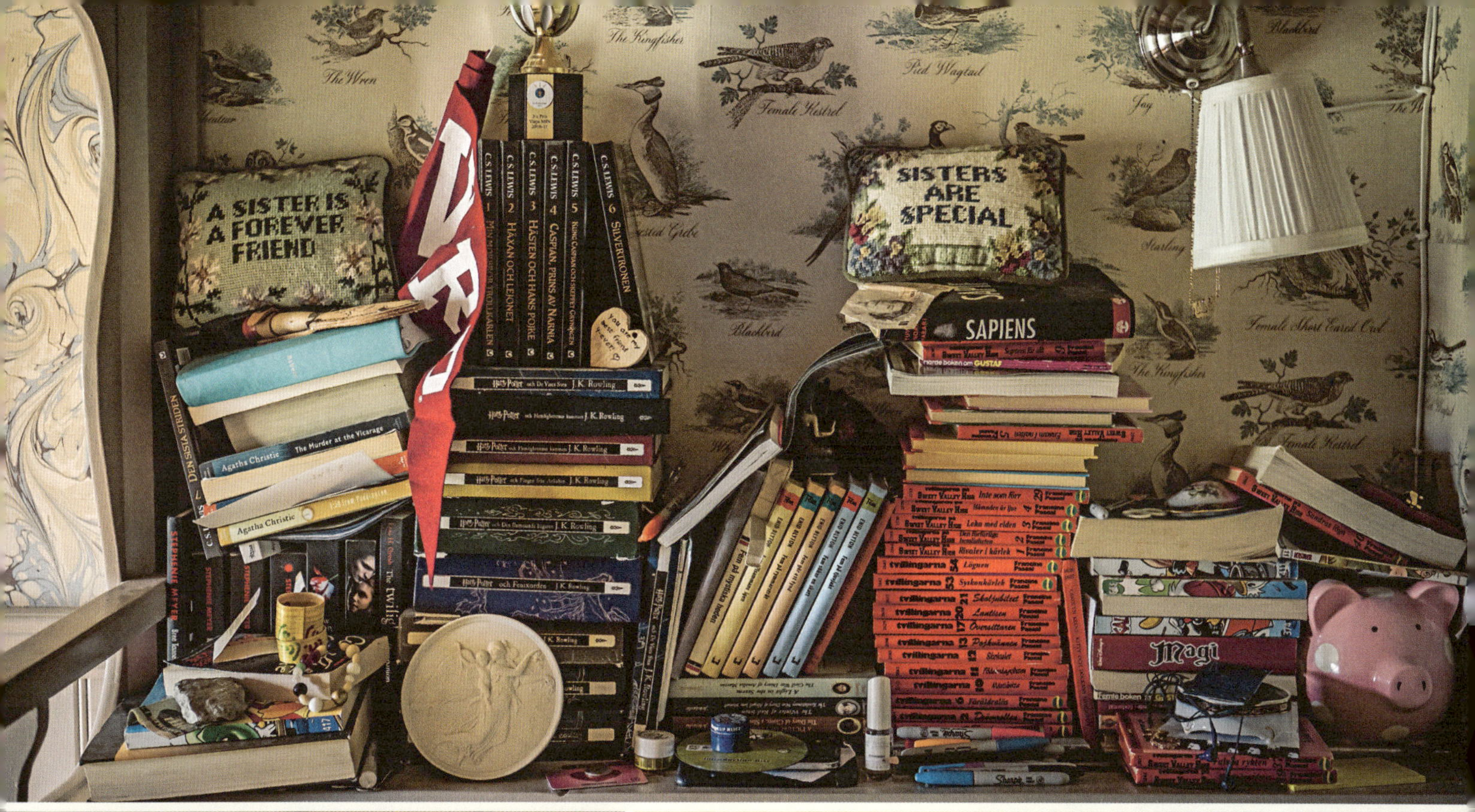
A SISTER IS A FOREVER FRIEND
SISTERS ARE SPECIAL
SAPIENS
C.S. LEWIS
CASPIAN, PRINS AV NARNIA
HÄSTEN OCH HANS POJKE
SILVERTRONEN
Agatha Christie
The Murder at the Vicarage
J. K. Rowling
Magi
The Kingfisher
The Wren
Blackbird
Starling
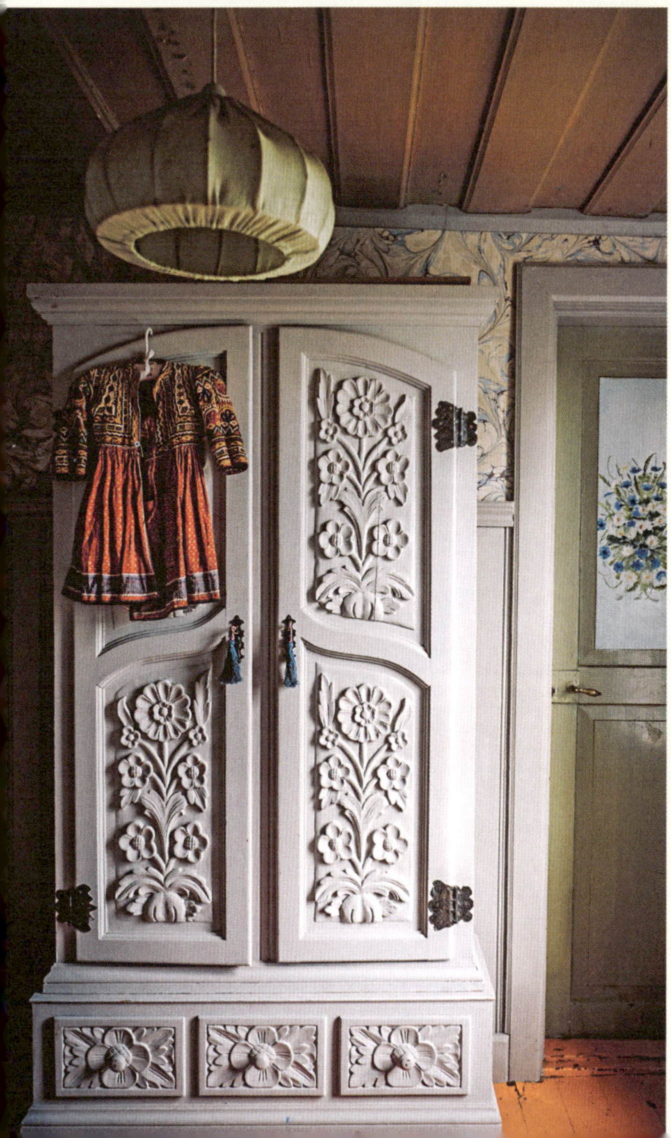
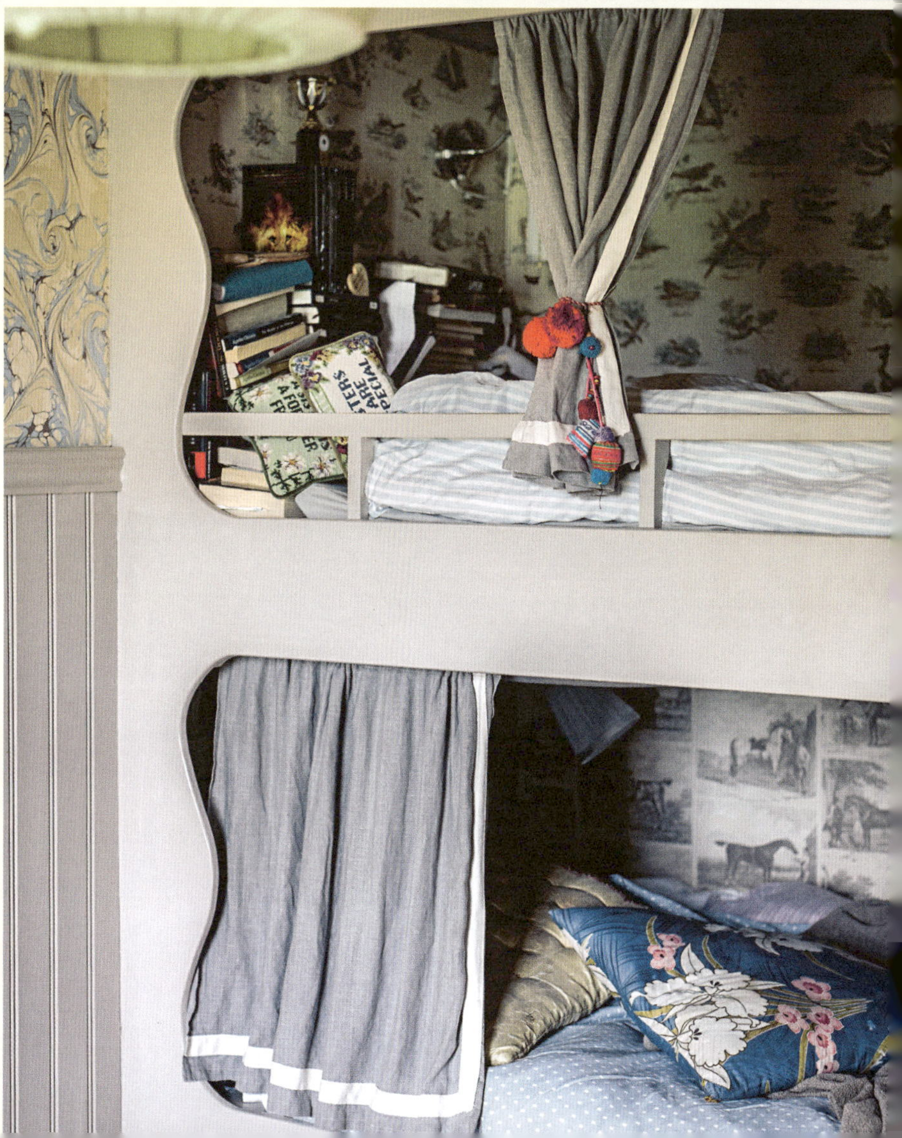

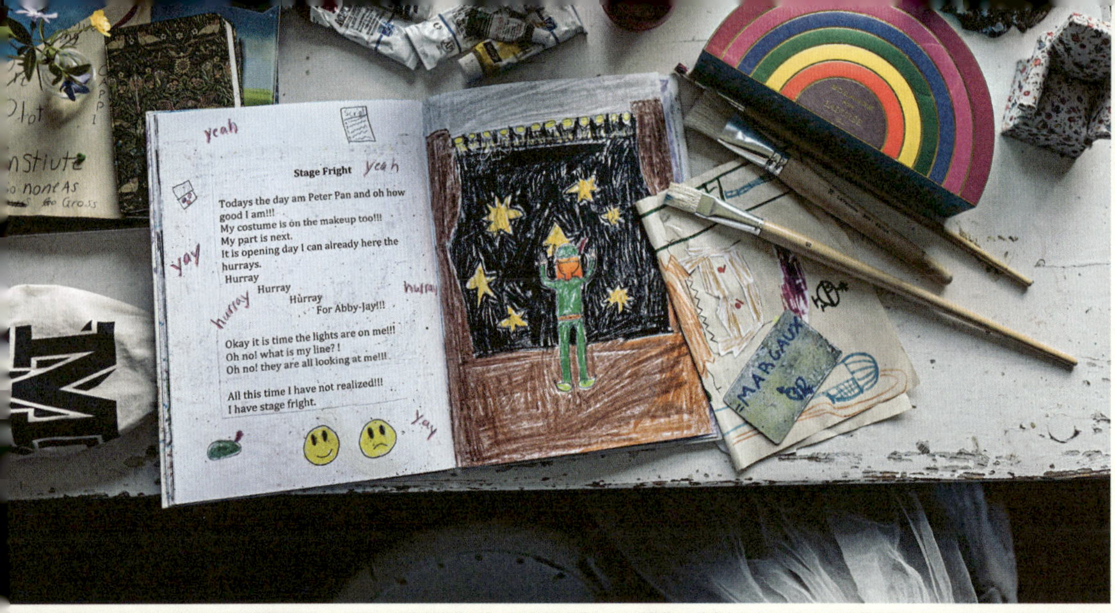
Stage Fright
Todays the day am Peter Pan and oh how good I am!!!
My costume is on the makeup too!!!
My part is next.
It is opening day I can already here the hurrays.
Hurray
Hurray
Hurray
For Abby-Jay!!!
Okay it is time the lights are on me!!!
Oh no! what is my line? !
Oh no! they are all looking at me!!!
All this time I have not realized!!!
I have stage fright.

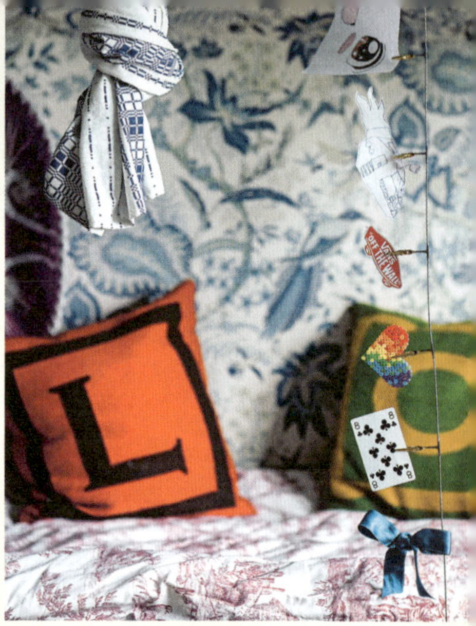

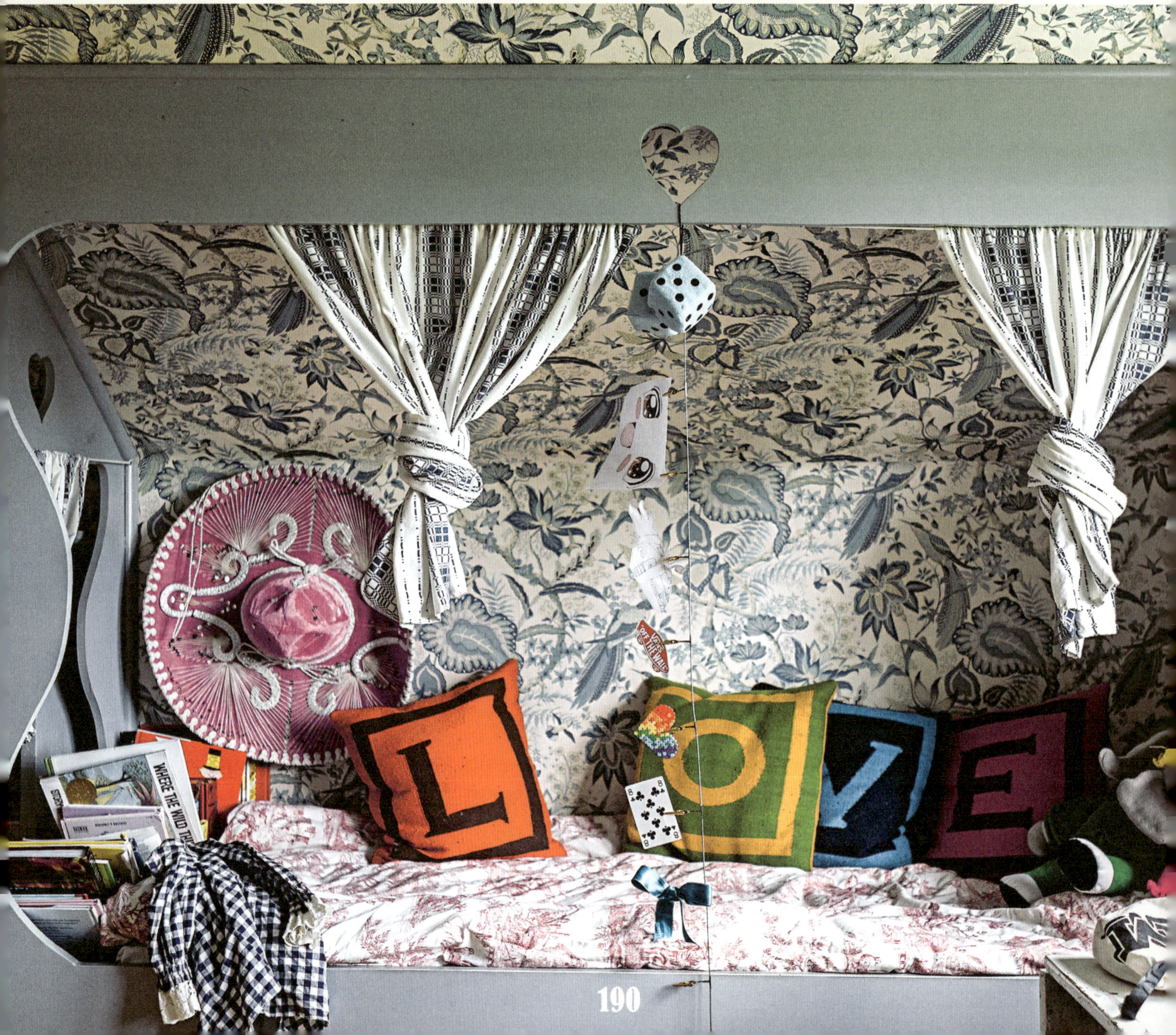

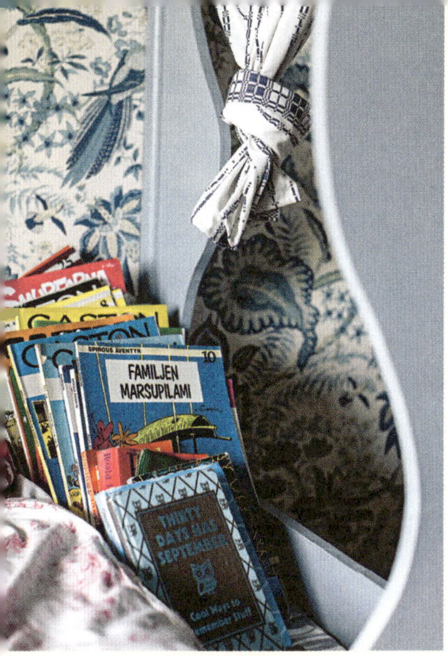
FAMILJEN
MARSUPILAMI
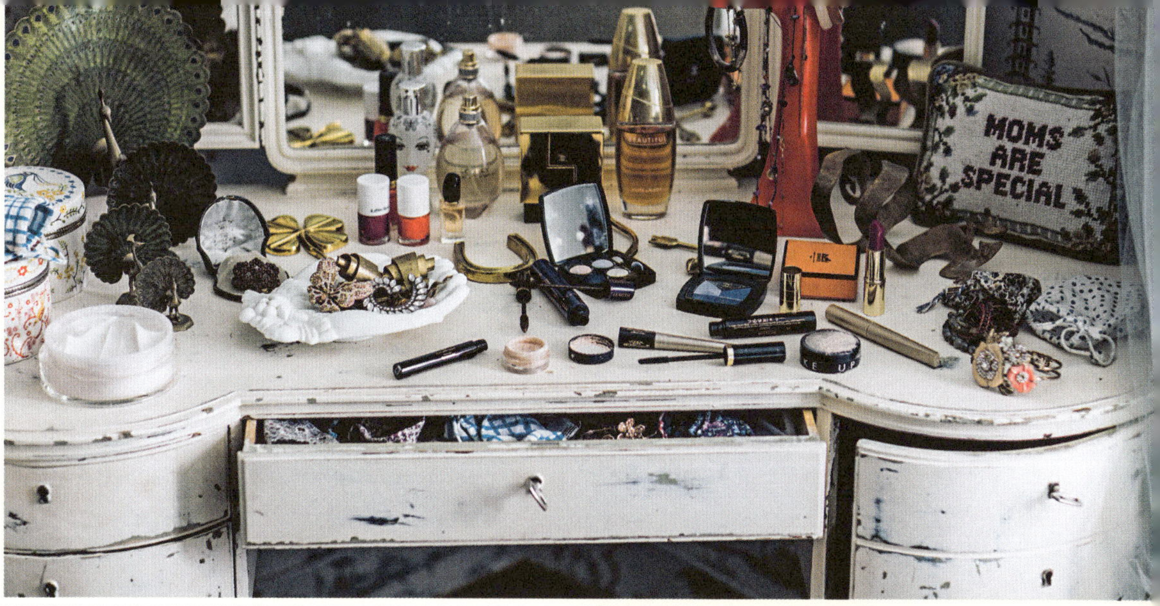
MOMS
ARE
SPECIAL
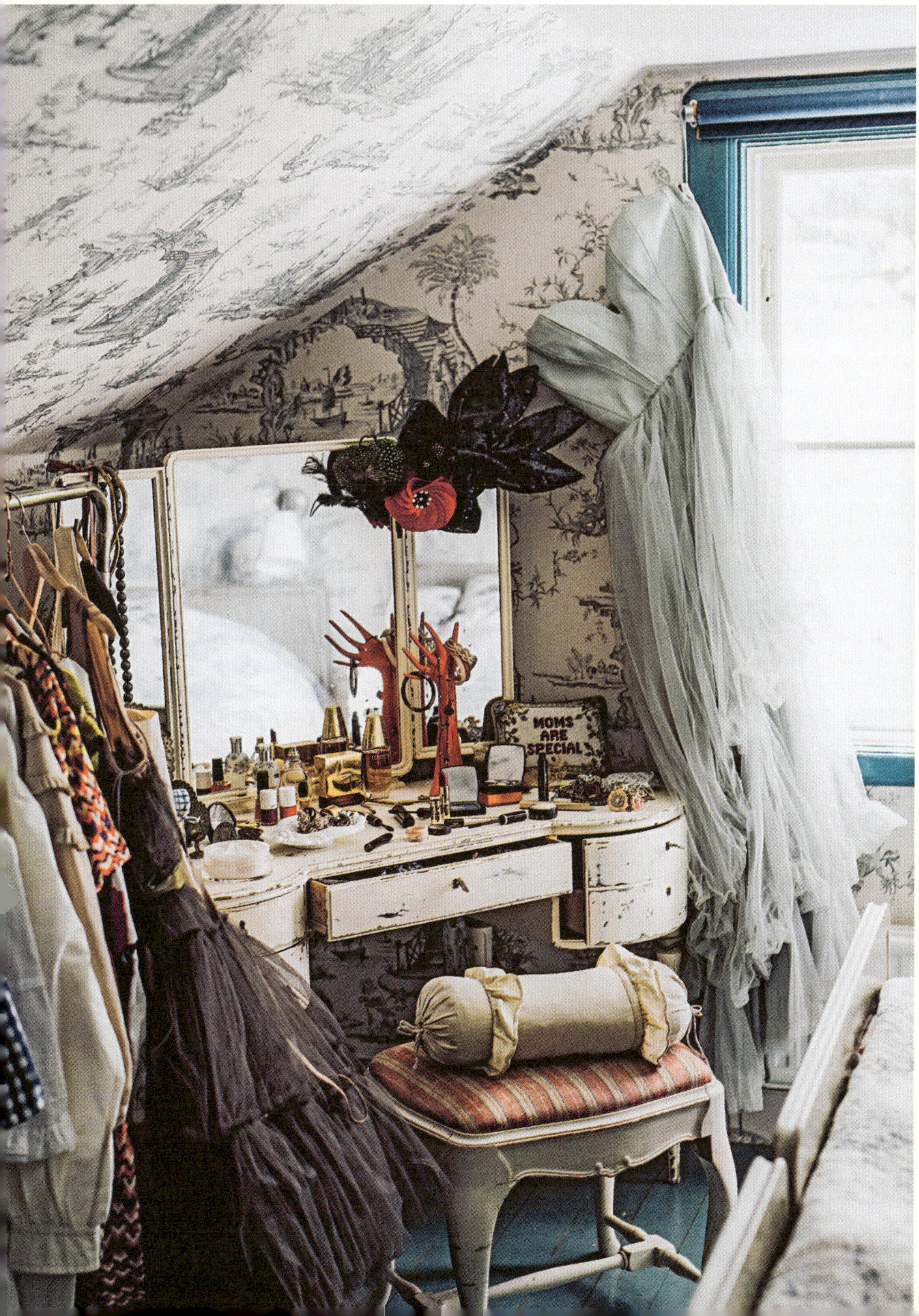
MOMS
ARE
SPECIAL
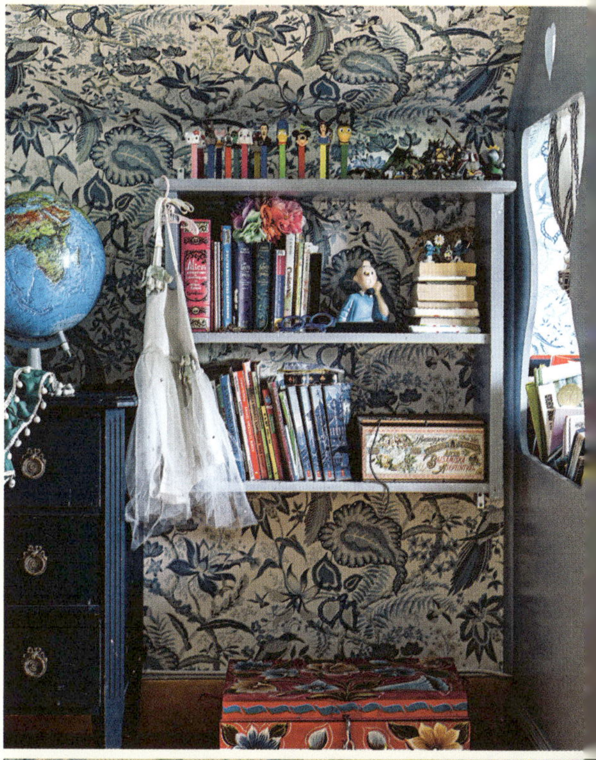
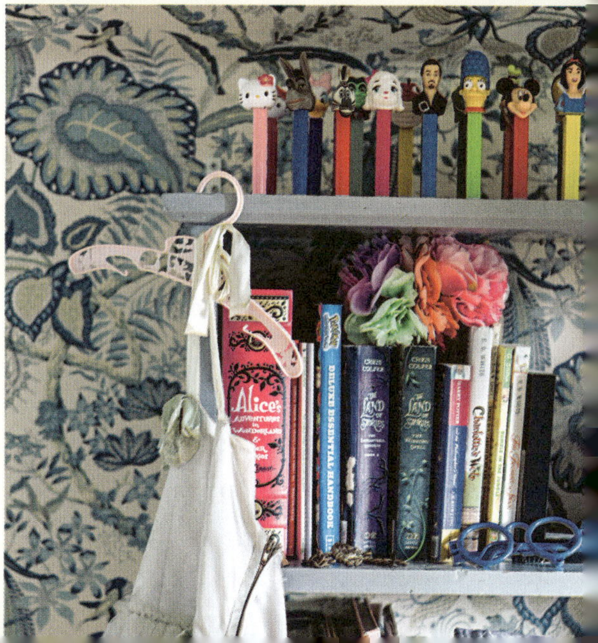

Lotta Lundberg

Lotta Lundberg ist in Schweden unter dem Namen Drömma (Traum) für ihre stimmungsvolle und gedämpfte Bildsprache bekannt, die gleichermaßen die Wirklichkeit widerspiegelt und erhaben schön ist. Sie lebt mit den drei jüngsten von insgesamt sechs Kindern in einer Siebenzimmerwohnung im Viertel Vasastan in Göteborg. Die geräumige Wohnung beherbergt außerdem noch eine zweite Familie mit Kindern, manchmal spricht die bunte Schar von sich selbst als der »Frauen-Kommune Viktoriastraße«.

»Die Leute finden es oft unglaublich interessant und mystisch, wie wir leben, aber wir sind ganz normal. Separate Leben unter einem Dach, aber mit viel Rücksichtnahme und Feingefühl. Wir helfen uns gegenseitig. Und sind Freunde«, erklärt sie und erzählt, dass die Wohnung sich manchmal wie eine eigene kleine Welt anfühlt.

Wenn Lotta erzählt, welche Gedanken sie sich um die Zimmer ihrer Kinder macht, wird deutlich, dass das Kinderzimmer eine spezielle Aufgabe erfüllen soll. »Es ist ein Ort zum Ausruhen und zum Spielen, es soll je nach Bedarf und Alter einfach umgestaltet werden können, und natürlich soll es schön sein.« Aber wie für viele andere Eltern kann es manchmal schwierig sein, die richtige Balance zwischen der Ausrichtung des Raums auf die Kinder einerseits und auf das übrige Zuhause andererseits zu finden.

Die Idee hinter der Einrichtung des Kinderzimmers hat ihren Ursprung in Lottas eigener Kindheit. »Unsere Zimmer waren nicht groß oder besonders speziell, unsere Kreativität entlud sich vielmehr draußen. Wir schufen Zirkusmanegen aus alten Autoreifen, spannten Seile für die Seiltänzerin und bauten aus Laken Zelte in den Bäumen.«

In der Welt und den Räumen der Kinder kehren Spiel, Gemeinschaft und der Kollektivgedanke immer wieder. Besonders, als die Lebenssituation sich nach einer Trennung veränderte und die Räume neu gefüllt werden sollten. Die Lösung waren Leihgaben, Flohmarktfunde und Erbstücke. »Mein einziger Gedanke war, dass jedes Kind sein eigenes Bett und einen eigenen Schreibtisch benötigt.« Was Raum für Spiel und Kreativität betrifft, haben sie sich entschieden, die Möbel entlang der Wände aufzustellen, um so viel Freiraum wie möglich zu schaffen, einen gemeinsamen Raum, der von mehr als nur einem Kind genutzt wird.

Auch die Schlafplätze der Kinder verfolgen dieselbe Linie von Freiraum und Nähe. »Weil sie früher immer zusammen geschlafen haben, haben wir die neue Situation mit eigenen Betten, die aber nebeneinander stehen, gelöst. Das ist praktisch, wenn man eine Geschichte lesen möchte. Und wenn man aufwacht, muss man nur den Arm nach seiner Schwester ausstrecken.«

Mehr von Lotta auf Instagram @dromma

Lotta über …

Aufbewahrung
Ich finde es wichtig, dass genug Schränke da sind, um das, was im Moment nicht verwendet wird, hineinzuquetschen. Märtas Kleiderschrank ist ein alter Schrank, einen zweiten kleineren haben wir zu einem Puppenschrank umfunktioniert und ein dritter bietet Platz für Bastelsachen und Spiele. Außerdem sollten Dinge auf den Dachboden kommen, die eine Weile nicht verwendet wurden. Holt man die Sachen nach ein paar Monaten wieder herunter, fühlt sich das bestimmt an wie Weihnachten.

Fantasie
Sie ist das Schönste, was es gibt. Ich achte normalerweise daran, dass es den Kindern manchmal ein wenig langweilig ist und begrenze die Bildschirmzeit, denn gerade in diesem Zwischenraum wird die meiste Magie geboren. Das geht mir genauso. Wenn ich eine Pause mache und eine Weile allein sein darf, entstehen eine Menge Geschichten und Bilder in meinem Kopf. Diese Welt möchte ich nicht eine Sekunde missen.

Kreative Kinder
Die Geduld meiner Kinder ist relativ begrenzt, deshalb setzen wir keine großen Projekte um. Im Moment mögen wir es, mit Perlen zu basteln und zu malen. Manchmal ziehen wir mit der Kreativwerkstatt auf den Balkon um, oder wir breiten ein Wachstuch über den Küchentisch aus.

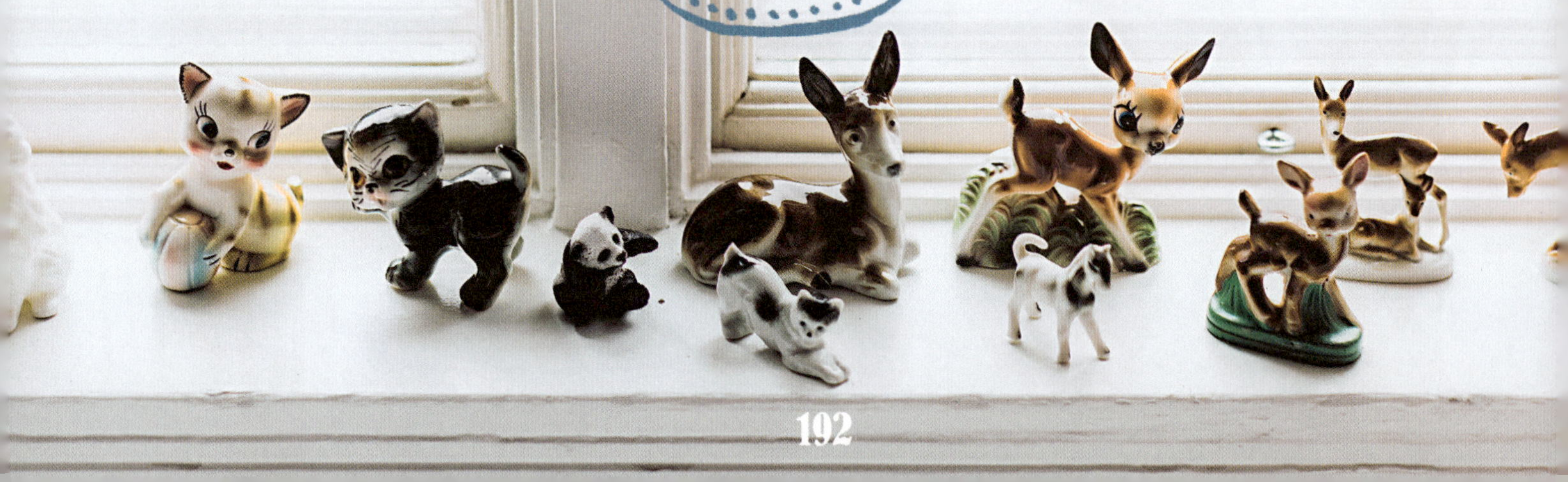

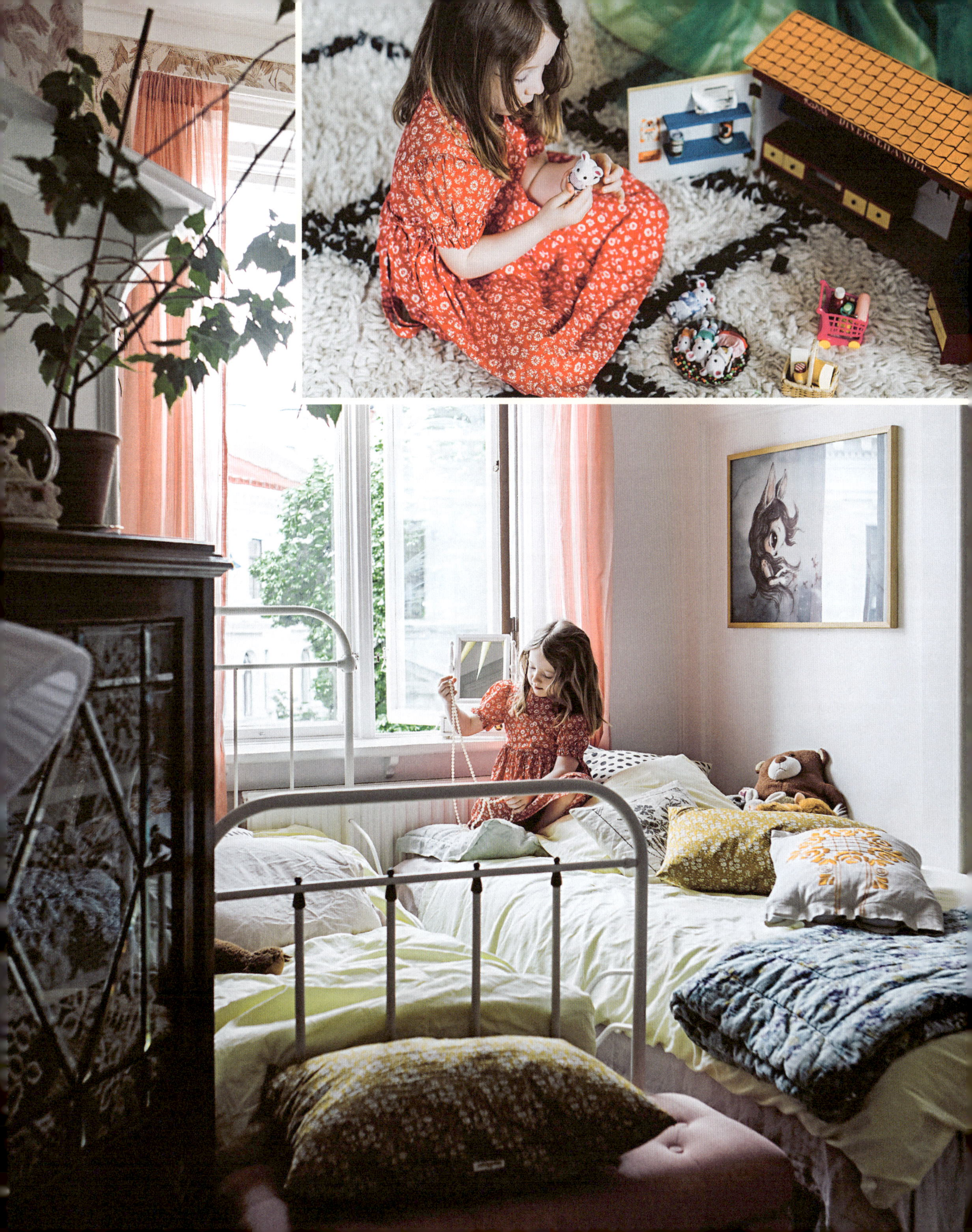

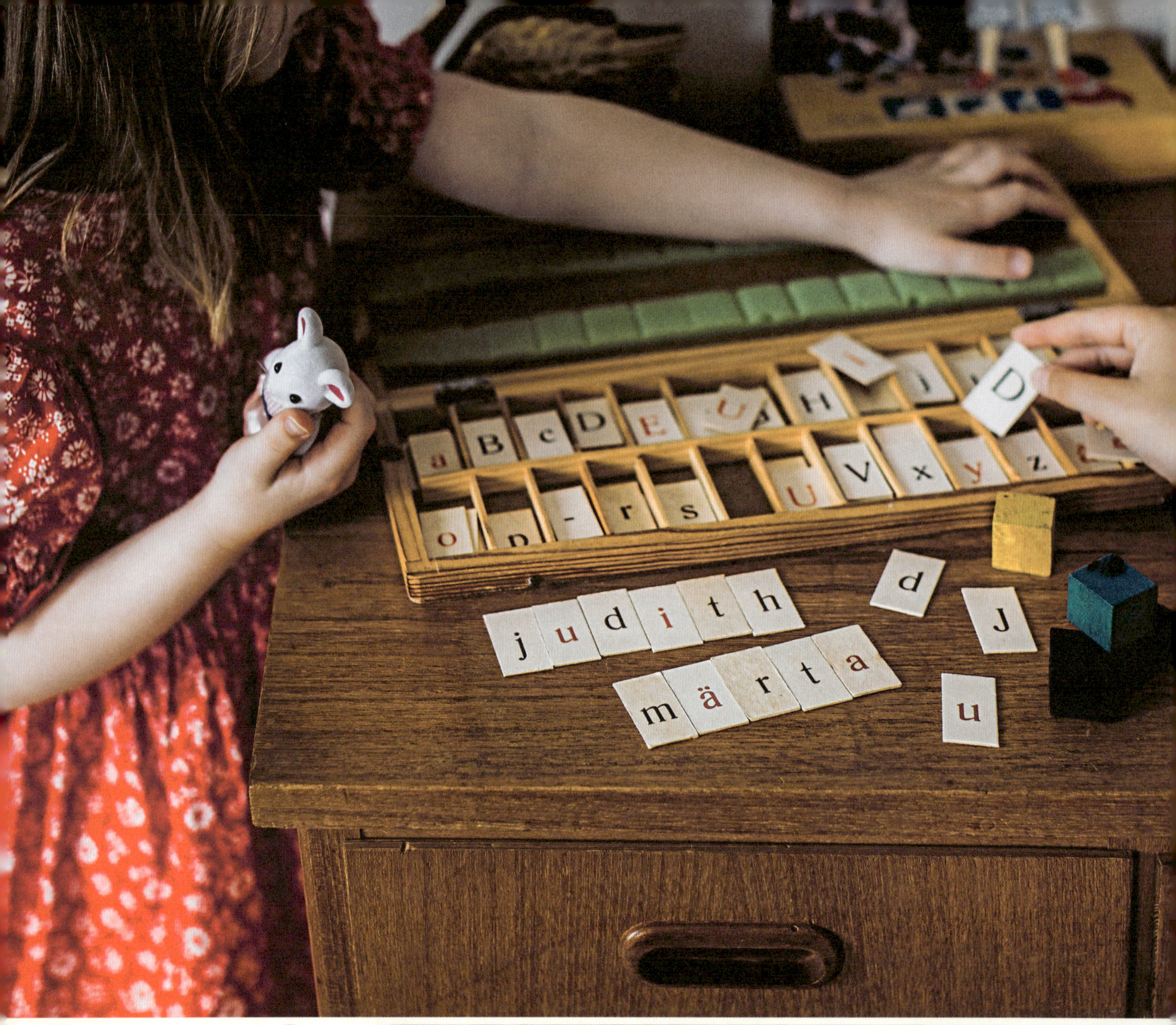
judith
märta

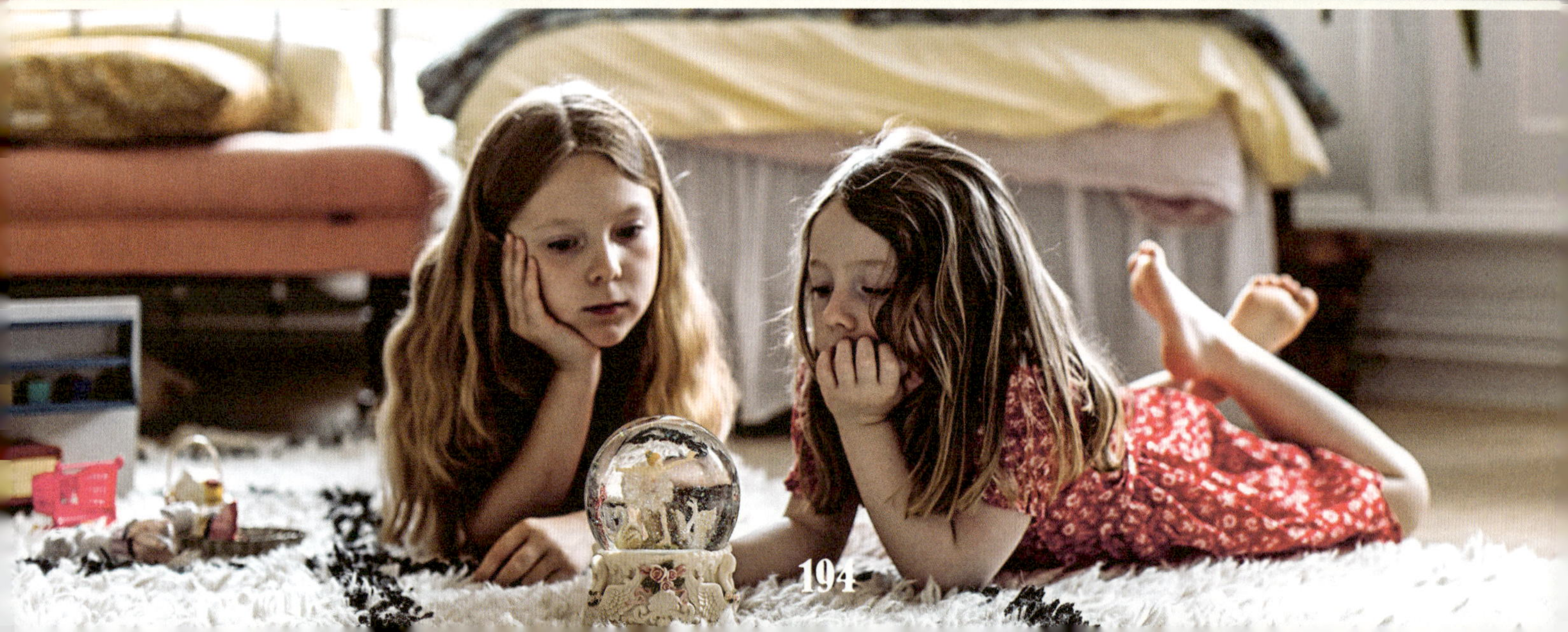

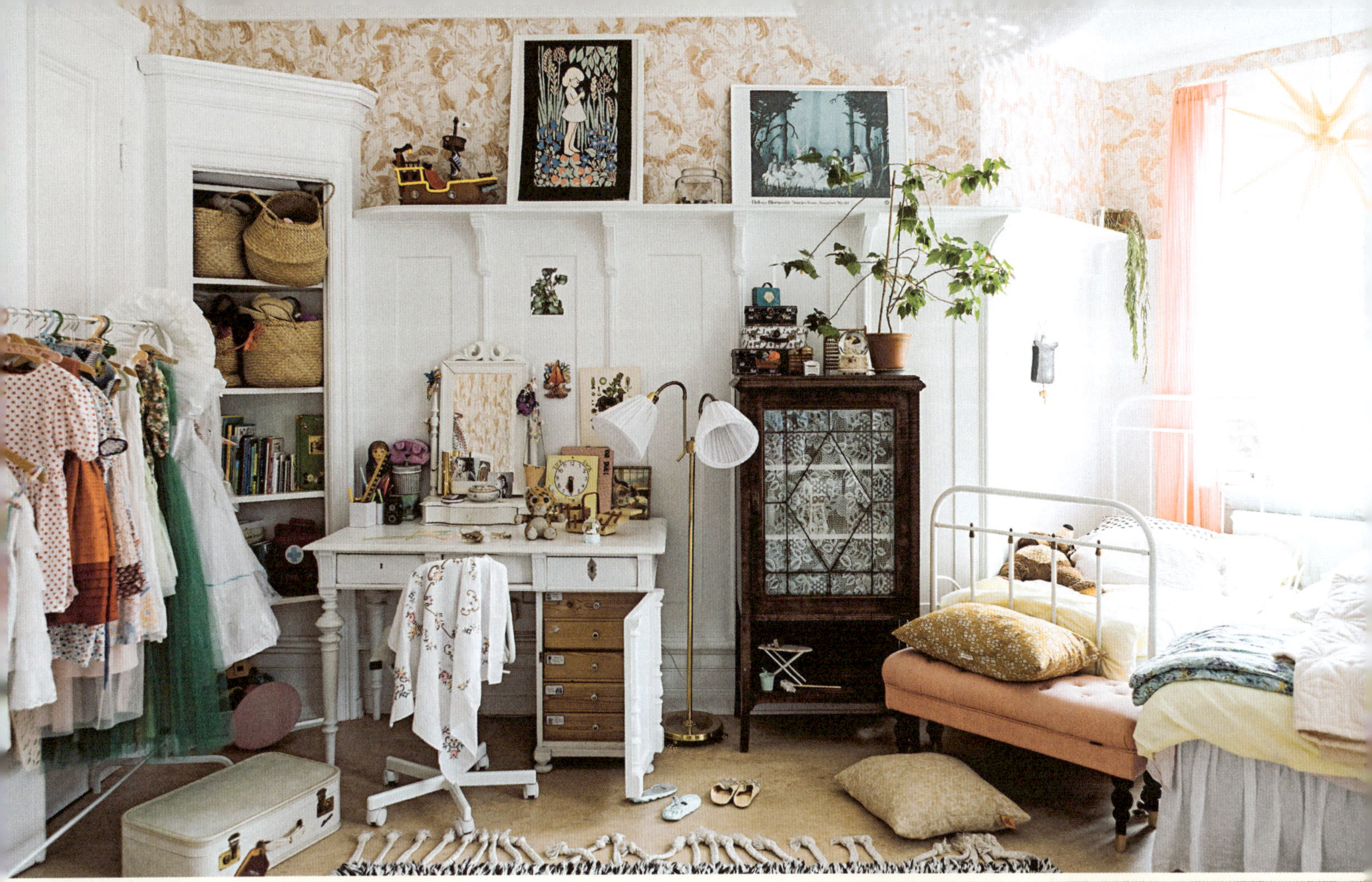

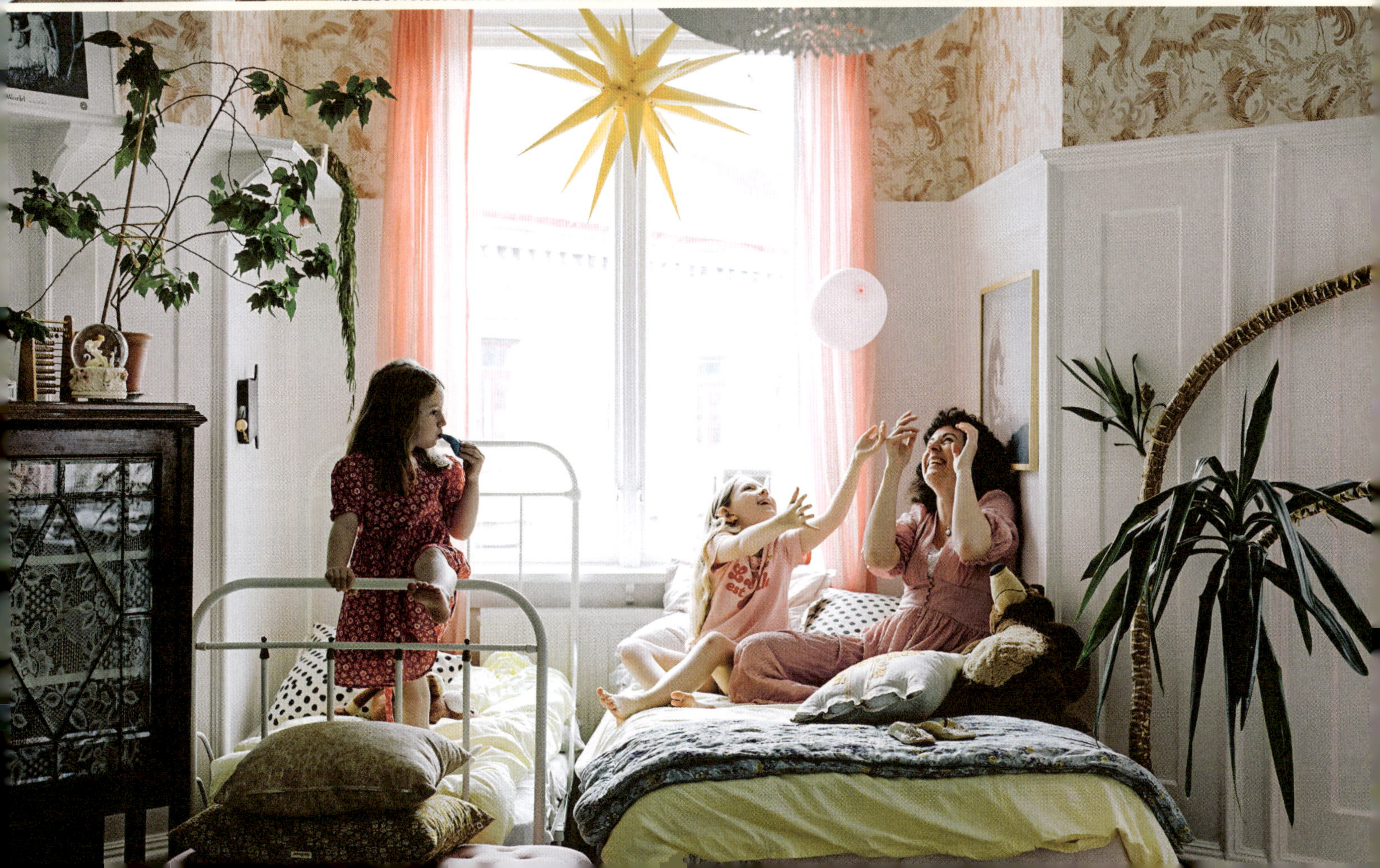

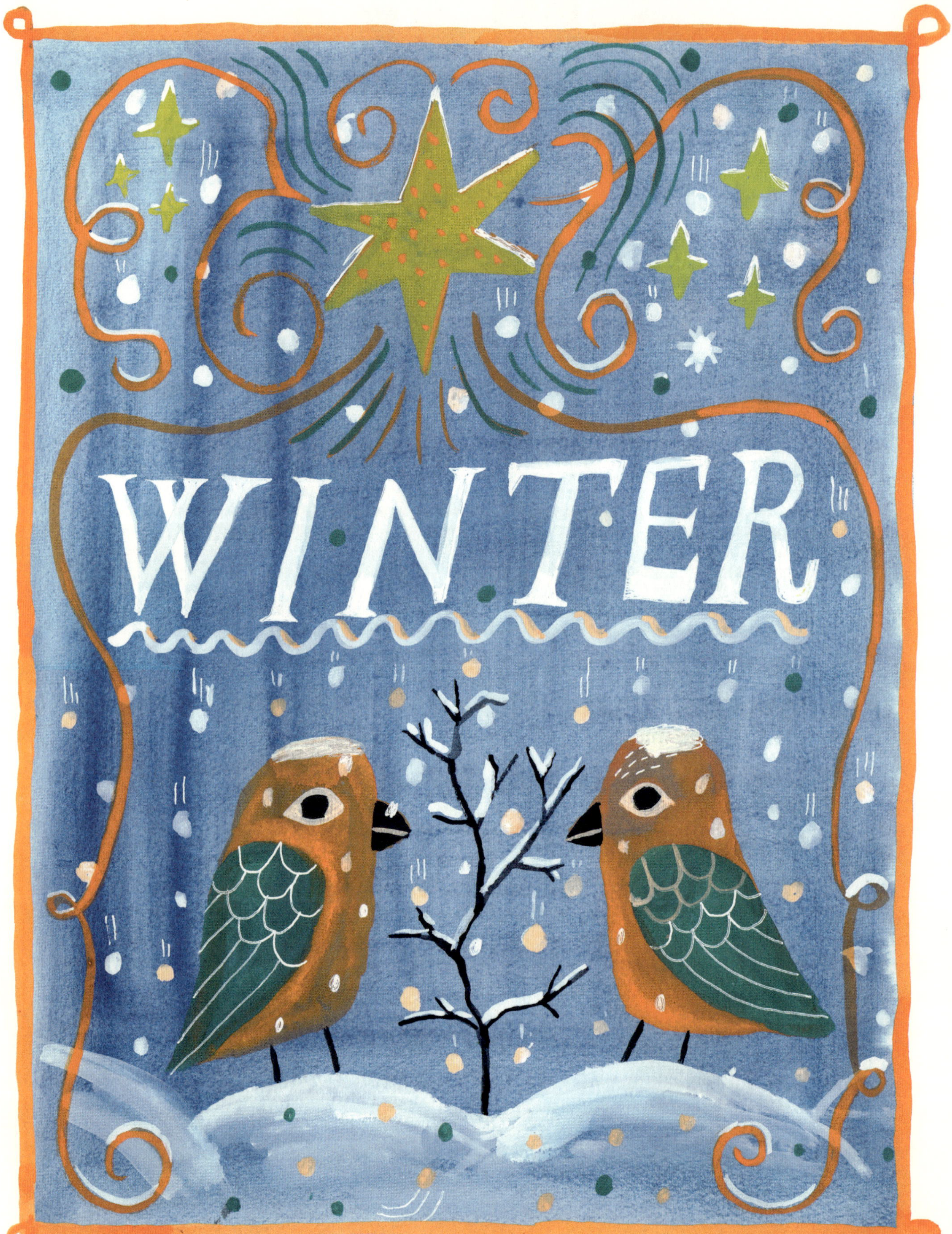
WINTER

Das Gefühl des ersten Schnees

Endlich war der Tag da, an dem es wie Glitzer durch die Luft rieselte. Hie und da blitzte es in der winterlichen Dunkelheit auf. Wir nahmen den großen goldenen Stern, wickelten uns in den allerlängsten Schal und begaben uns hinaus, um uns den ersten Schnee genauer anzusehen. Es fühlte sich an wie der wichtigste Auftrag des Tages. Ihr erinnert euch doch an das Gefühl des ersten Schnees? Tausend Milliarden Schneeflocken, die auf der Zunge schmolzen. Schneeflocken voller Wünsche, Träume und Liebe.

Wir hatten uns so schrecklich lange danach gesehnt. Es fühlte sich an, als ob der Schnee niemals kommen würde. Natürlich hatten wir gedacht, dass er kommen würde, das tut er ja immer. Aber ganz sicher konnten wir uns nicht sein. Man stelle sich nur vor, dass just in diesem Winter zum ersten Mal in der Geschichte der Menschheit die sonst weiße Jahreszeit einfach grau blieb. Egal, wie wir uns den Schnee auch wünschten. Mehrere Monate nacheinander nur grau. Was, wenn wir auf all das Magische, Schöne, Lustige und Helle verzichten müssten? All das, was sich schon mit der ersten Flocke wie das schönste Weihnachtsgeschenk der Welt anfühlt. Wenn man saust und nach den Skiern sucht, obwohl die Schneeschicht nur einen halben Millimeter dünn ist. Nenne mir eine Skifahrt, die nicht gerade dann besonders elegant verlaufen wäre. Und einen Schneeengel, der nicht ganz und gar perfekt geworden wäre?

Es ist jedes Jahr zauberhaft, wenn die Welt von einer Sekunde zur anderen ihre Form verändert. Es gibt nicht viel, was es mit der ersten Flocke im Jahr aufnehmen könnte. Man hat so lange auf sie gewartet. Je mehr man schaut, desto stärker vermehren sie sich, und bald wirbeln Tausende Flocken durch die Luft. Es wird einem beinahe schwindelig, aber auf gute Weise. Die ganze Welt wird langsam, aber sicher zugedeckt, und alles, was draußen vergessen wurde, wird in flauschige Schneebälle verwandelt. Schaukeln, die vom Schnee überrascht wurden, und alle Bäume, die beinahe darum gebeten haben, eine Schneedecke zum Schutz vor der Kälte zu bekommen. All der Krimskrams sorgt in Verbindung mit Schnee dafür, dass das Leben zu einem einzigen langen Spiel wird. Das Wetteifern darum, wer die höchste Schneemauer bauen kann, ist beinahe eine ebensolche Plackerei wie das gegenseitige Herausfischen aus den Löchern, die die Schneeengel hinterlassen haben und in denen man beinahe ertrunken wäre. Der eigene Hinterhof wird plötzlich zum Abenteuer, und die weiße Welt scheint so herrlich gedämpft. Als ob man in Baumwolle gehüllt wäre und alles, was man träumt, aus Zuckerwatte bestünde.

Je mehr der Schnee an diesem Tag um uns herumpfiff, desto heller leuchtete der Stern, den sie in ihren Händen trug. Wie Gold. Beinahe, als würde er von selbst leuchten. Wir überlegten, ob wir ihn fallen lassen sollten, damit wir uns etwas wünschen durften. Je mehr wir durch den Schnee hindurch meilenweit über die Felder blinzelten, desto mehr Sternschnuppen sahen wir, wohin wir auch blickten. Und mit jeder Sternschnuppe schickten wir einen Wünsch gen Himmel. Immer wieder. Das passiert nicht alle Tage.

Weihnachten

Weihnachten ist das Fest der Sehnsucht. Punsch, das Verpacken der Geschenke und Tannenbäume, die geschlagen werden wollen – wohl kaum eine Sehnsucht ist so groß wie diese. Man spricht oft von den »Weihnachtsfesten meiner Kindheit« – das ist bestimmt die Quelle jener großen Sehnsucht. Mit einer schimmernden Goldkante und einem glücklichen Ende. Herabrieselnde Schneeflocken, ein dichter Weihnachtsmannbart und Freude, so weit das Auge reicht.

Die Schultern zu entspannen und die Ansprüche zu senken, sollte ein Motto für den Dezember sein, denn sonst verpasst man so viel von all dem Guten. Der Traum von einem weißen Weihnachten kehrt Jahr für Jahr wieder. Wenn man heftig zwinkert, sieht es so aus, als würde es draußen schneien, tatsächlich sieht man aber die von den Kindern ausgeschnittenen Papierschneeflocken, die an der Fensterscheibe kleben. Etwa so wollen wir den Dezember begreifen.

Erstellt zusammen mit den Kindern eine Liste weihnachtlicher Dinge, die man machen kann, wenn die Sehnsucht zu groß wird. Oder lasst die Kinder die Pfefferkuchenbäckerei übernehmen, legt ein großes Wachstuch auf den Tisch, dann meistern sie das mit Bravour! Dass die Pfefferkuchen etwas dicker werden, ist nicht so wichtig. Und ein »Geschenkeverpacktisch« (siehe Seite 212) ist vielleicht die beste aller Erfindungen für die Weihnachtszeit. Damit es mit der besinnlichen Weihnachtszeit klappt, sind nur ein wenig Planung und Teamwork nötig.

So senkst du die Ansprüche und heißt die besinnliche Weihnachtszeit willkommen

- Fange rechtzeitig an.
- Schraube die Erwartungen herunter.
- Beziehe die Kinder mit ein.
- Vergiss nicht das Wichtigste: Weihnachten soll ein Vergnügen für Groß und Klein sein!

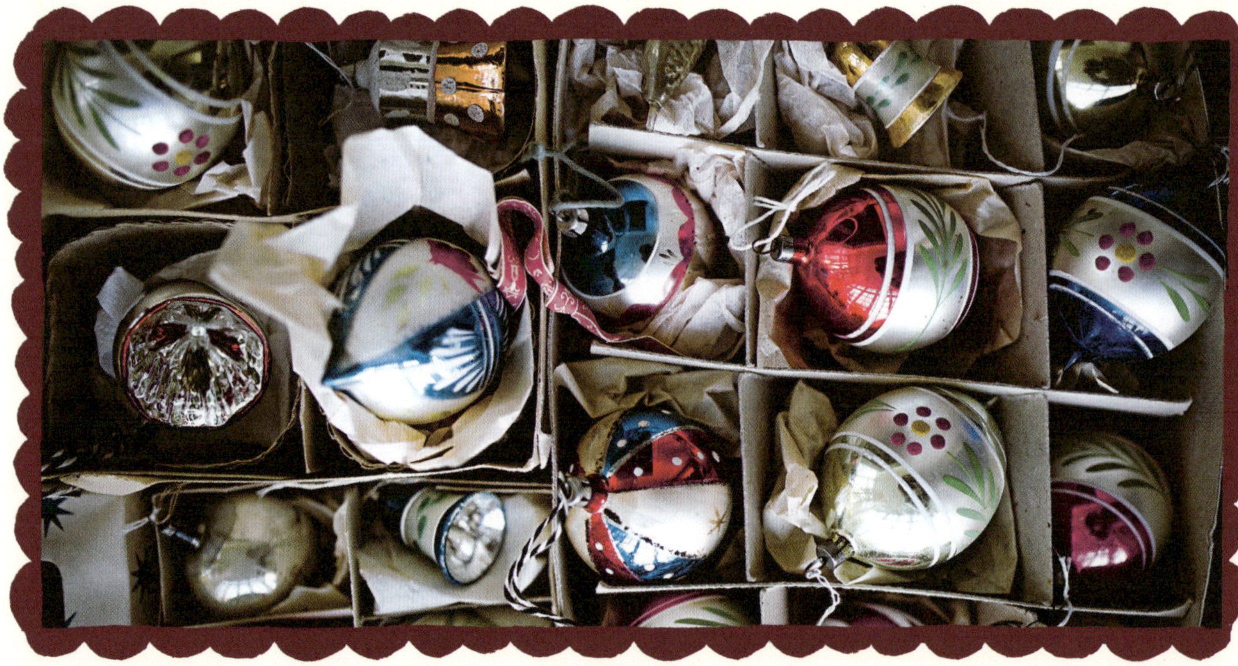

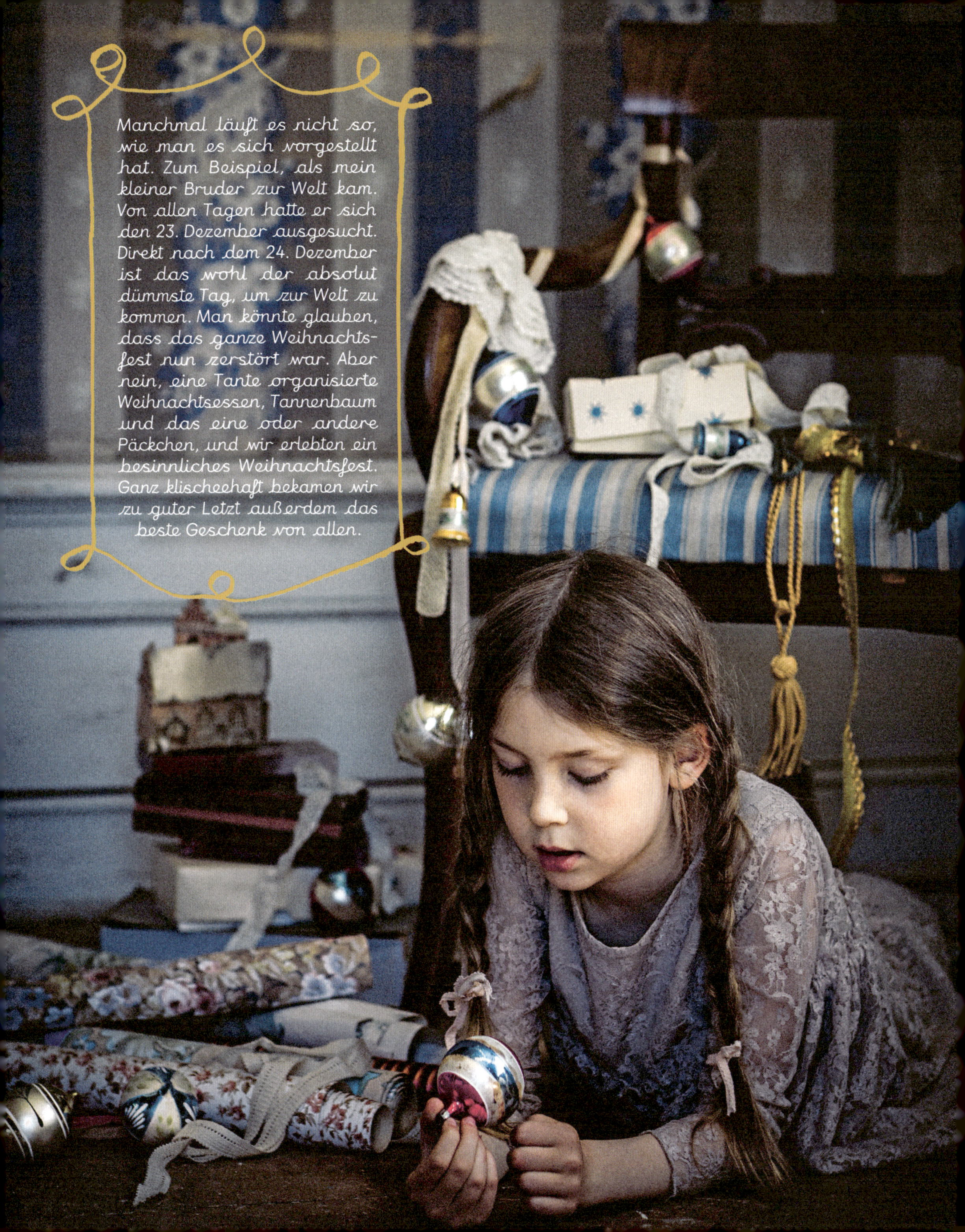

Manchmal läuft es nicht so, wie man es sich vorgestellt hat. Zum Beispiel, als mein kleiner Bruder zur Welt kam. Von allen Tagen hatte er sich den 23. Dezember ausgesucht. Direkt nach dem 24. Dezember ist das wohl der absolut dümmste Tag, um zur Welt zu kommen. Man könnte glauben, dass das ganze Weihnachtsfest nun zerstört war. Aber nein, eine Tante organisierte Weihnachtsessen, Tannenbaum und das eine oder andere Päckchen, und wir erlebten ein besinnliches Weihnachtsfest. Ganz klischeehaft bekamen wir zu guter Letzt außerdem das beste Geschenk von allen.

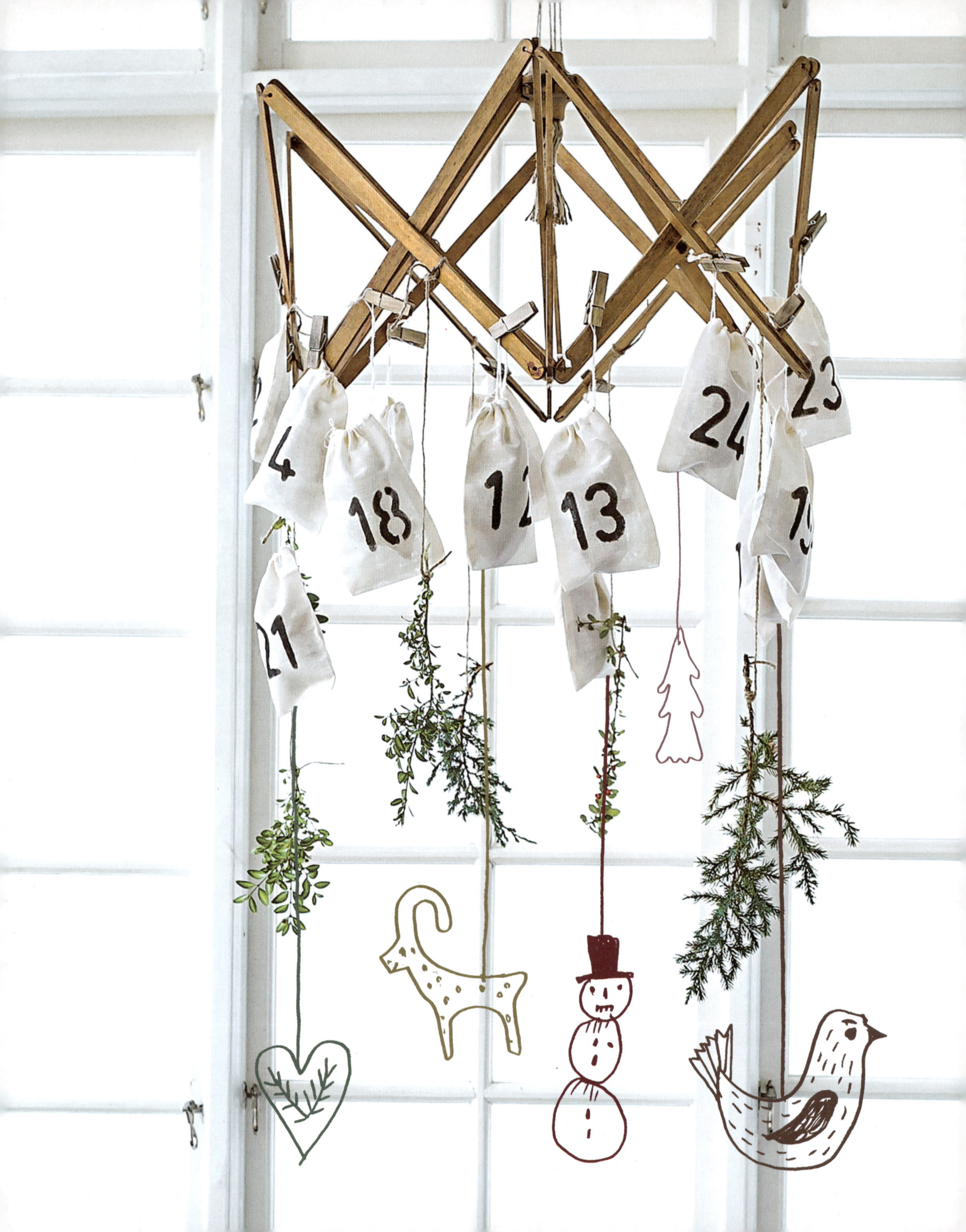
4
18
13
24
23
21

Das Kalenderabenteuer

Ein Adventskalender ist vielleicht das beste aller Weihnachtsabenteuer. Bei diesem Kalender hier geht Gemütlichkeit vor Pracht, und das ist absolut in Ordnung. Ein kleiner Adventskalender bringt es fertig, alles geradezurücken, wir halten inne und erleben eine besinnliche Weihnachtszeit.

✱

Man kann eine Liste mit weihnachtlichen Beschäftigungsideen anlegen und den Kalender mit diesen kleinen Aufgaben befüllen. Sinn der Sache ist, innezuhalten, damit nicht der ganze Dezember in rasender Eile vergeht – das tut er ja oft.

Fülle deinen Kalender also mit all den großen und kleinen Dingen, die zu eurem Weihnachten dazugehören. Mache Weihnachtskaramell für die Kleinen, hänge Weihnachtsstrümpfe auf oder schreibe jemandem eine Karte. Die Suche nach den Weihnachtsbaumkugeln auf dem Dachboden kann so stimmungsvoll sein, gar nicht zu reden von der nach einem Tannenbaum, sei es im eigenen Wald oder im Geschäft. Oder ausgedehnte Schlittenfahrten, wenn es beinahe dunkel ist und sehr stark schneit. Diesen Weihnachtsideenzettel mogeln wir erst hinein, wenn der Schnee zum Rodeln ausreicht.

Vergiss nicht das gemeinsame Ideensammeln! Berufe einen kleinen Familienrat dazu ein, was allen in der Weihnachtszeit am wichtigsten ist.

Zur Inspiration

- Baue einen Schneemann.
- Mach es dir draußen in der Kälte gemütlich und trinke heiße Schokolade aus der Thermoskanne.
- Singe mindestens hundert Weihnachtslieder.
- Weihnachtsgeschenksuchtag! Vornehmer Adventskaffee inklusive!
- Stelle kleine Weihnachtsmänner im ganzen Haus auf. Dekoriere alles genau so, wie du es möchtest.
- Lies weihnachtliche Bücher. Oder noch besser: Lass sie dir vorlesen!
- Bastle glitzerige Knallbonbons und fülle sie mit Süßigkeiten.
- Schreibe jemandem eine Weihnachtskarte. Oder viele, wenn du Lust hast.
- Schreibe deinen Wunschzettel.
- Bastle so viele Weihnachtsgeschenke, wie du kannst.
- Backe Pfefferkuchen. Das weltbeste Rezept findest du auf Seite 219!
- Bastle Tiere aus Marzipan, am besten gleich einen ganzen Zoo.
- Sieh dir einen weihnachtlichen Film an.
- Backe ein Pfefferkuchenhaus, oder am besten gleich mehrere, dann gibt es mehr zu dekorieren.
- Verpacke Weihnachtsgeschenke, besonders schön sind alte Notenblätter oder Zeitungen vom Flohmarkt.
- Grille draußen Würstchen, zum Nachtisch gibt's Marshmallows.
- Stelle Eislaternen her, siehe Tipp auf Seite 232!
- Geh zum Schlittschuhlaufen.
- Mach dich im Wald auf die Suche nach einem Weihnachtsbaum.
- Gehe Schlitten fahren. Trinke danach heiße Schokolade!
- Zeichne lustige »Faltmännchen« – Motto: Weihnachtsmänner (siehe Seite 182).
- Präsentiere der Familie eine weihnachtliche Show.
- Stelle eine leckere Weihnachtslimonade her.
- Hänge Weihnachtsstrümpfe im Haus auf.
- Suche die Weihnachtsbaumkugeln auf dem Dachboden.
- Schmücke den Weihnachtsbaum.

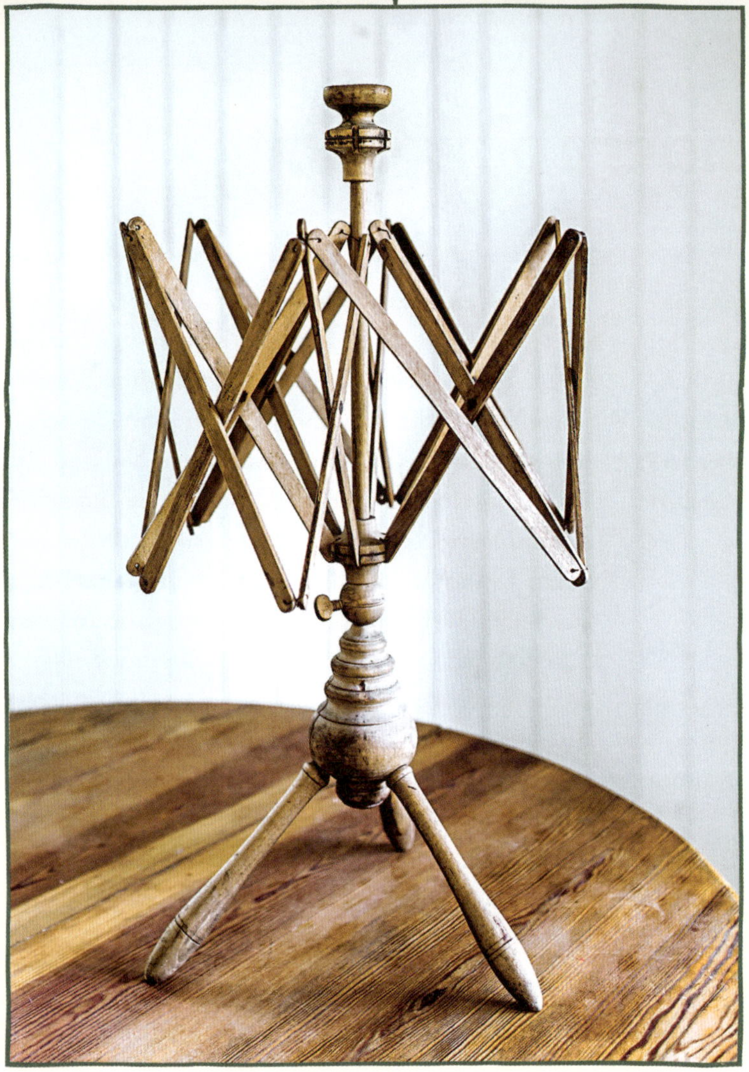

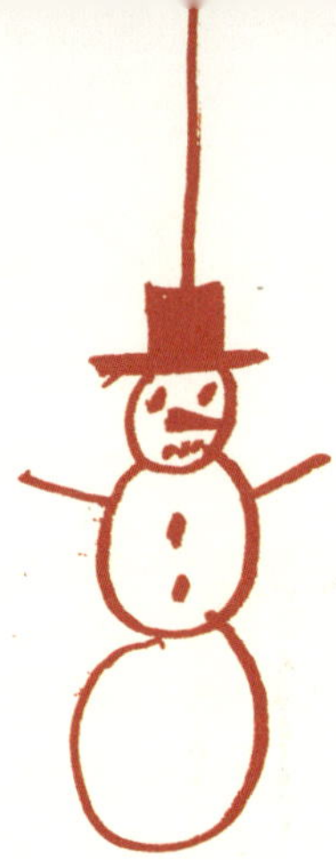

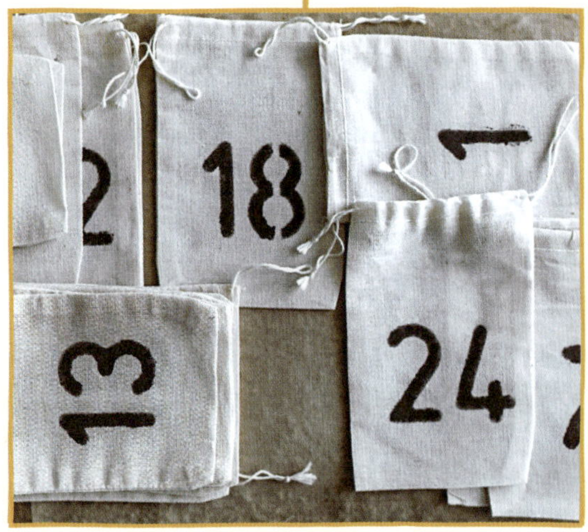

Adventskalender

Wir bevorzugen Kalender, die man Jahr für Jahr wiederverwenden kann. Bastle zum Beispiel einen aus einer alten Holzhaspel und etwas Schnur. Die Geschenke packen wir in kleine Tütchen mit aufgedruckten Zahlen darauf.

Tipp!
Es lohnt sich, sich die Zeit zu nehmen, Ziffern auf die Stofftütchen zu drucken. Das sieht toll aus. Verwende dafür Buchstabenstempel und Bastelfarbe. Die Tütchen selbst bestehen aus Baumwollmusselin.

Du brauchst:

- Holzhaspel (Solche gibt es häufig auf dem Flohmarkt, das Holz ist oft sehr schön! Es stört nicht, wenn sie ein bisschen kaputt sind.)
- Säge
- Aufhängung, zum Beispiel eine Vorhangquaste oder Jutegarn
- Schnur oder ein Vorhang-Raffhalter mit Quaste
- Jutegarn
- Wäscheklammern
- Tütchen

So geht's:

1. Das obere Ende der Holzhaspel absägen.
2. Den Stab und die Halterung herausziehen. Sieht die Haspel jetzt nicht aus wie ein Stern?
3. Die Aufhängung in der nun vorhandenen Öffnung befestigen. Mit einer Vorhangquaste sieht es eher edel aus, mit einer Quaste aus Jutegarn hingegen natürlicher.
4. Damit am Gestell alle 24 Tütchen Platz finden, muss es ausgeklappt werden. Wie auf dem Bild dargestellt, einige der Verbindungsstücke miteinander verknoten. Dann muss dein Adventskalendergestell nur noch aufgehängt werden!
5. Die Tütchen mit Wäscheklammern befestigen.

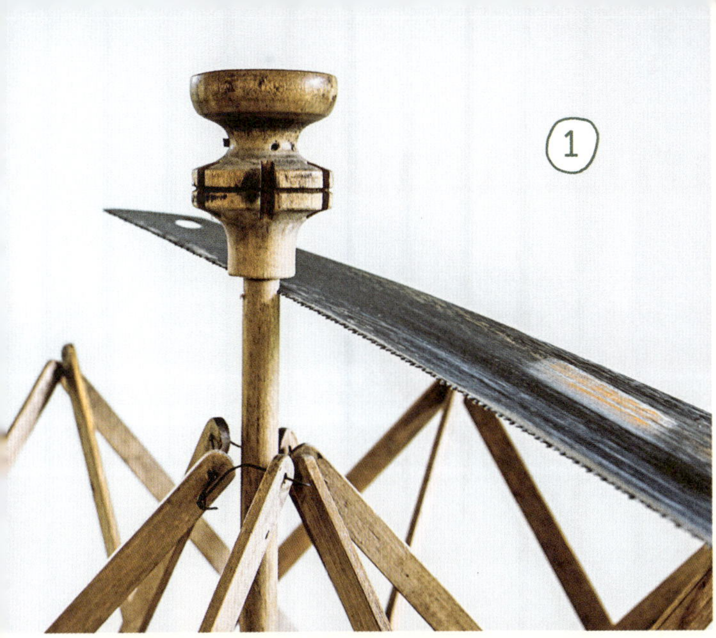
1

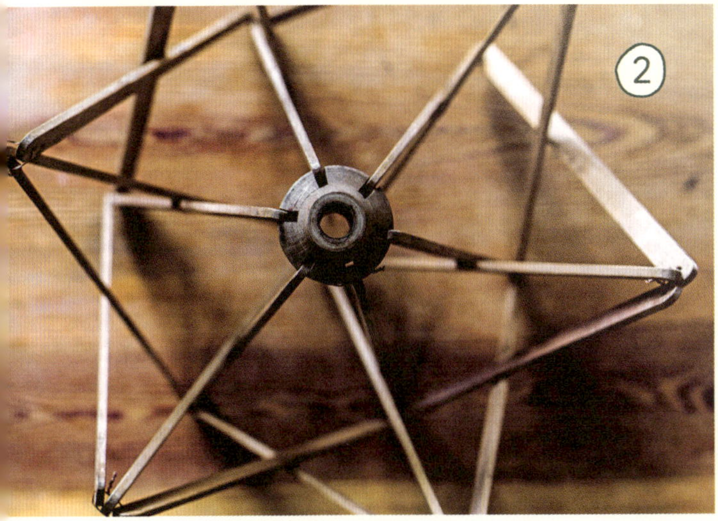
2

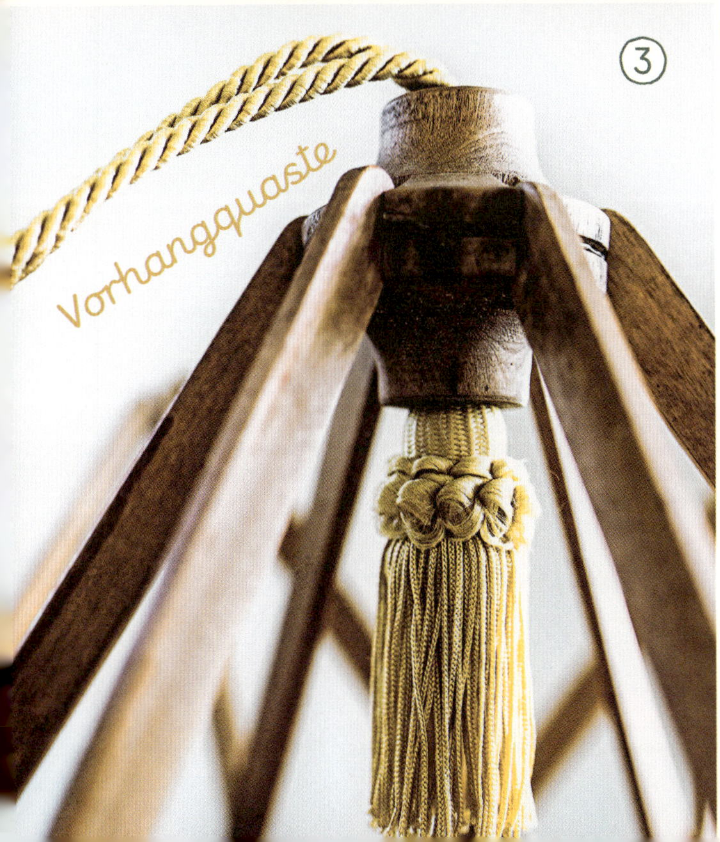
3
Vorhangquaste

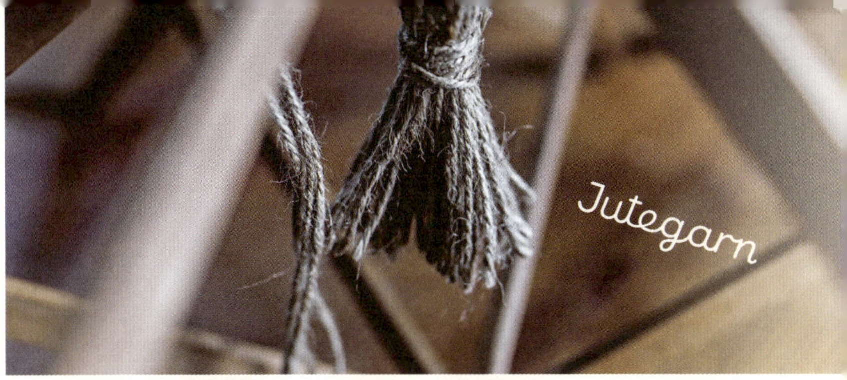
Jutegarn

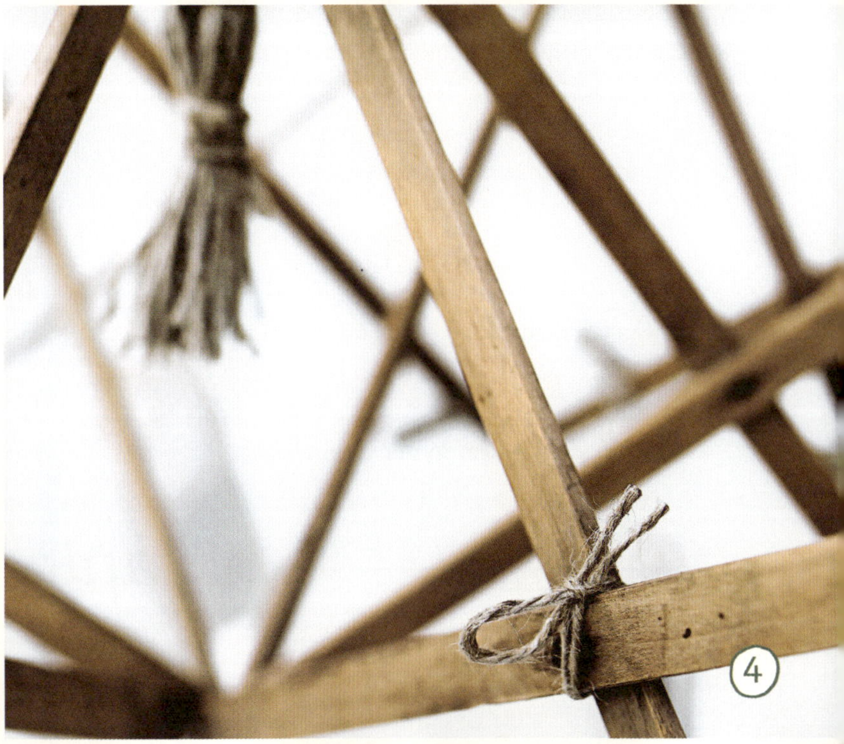
4

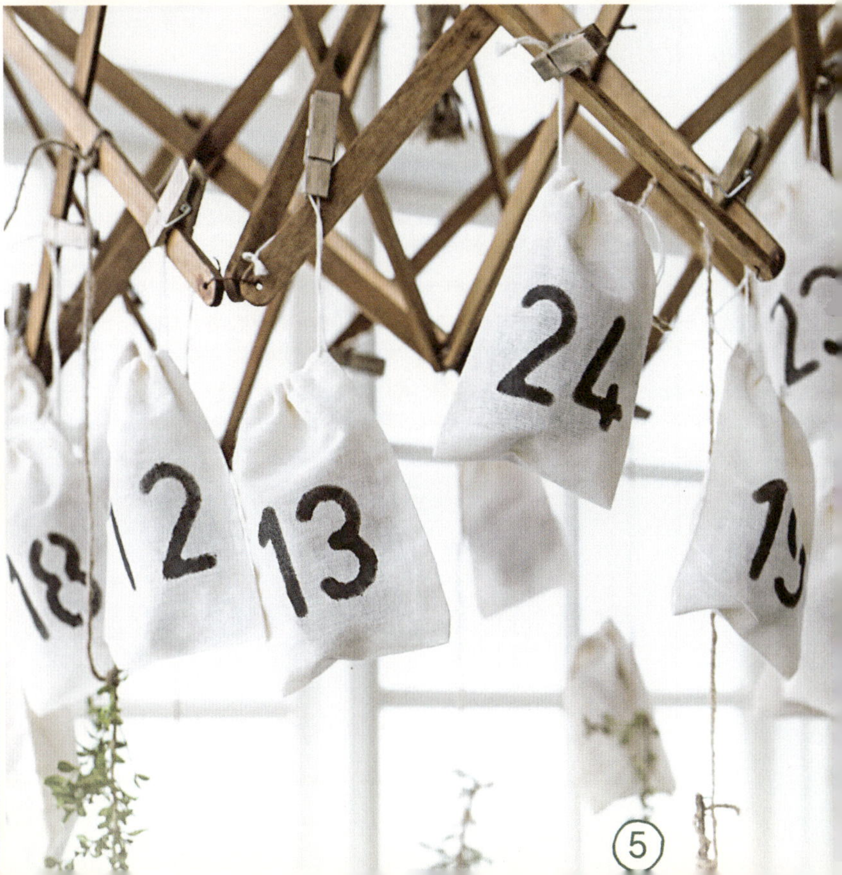
24
12
13
5

Weihnachtsbaumschmuck

Man muss sich auf die Zehenspitzen stellen und sich strecken so sehr man kann, um diesen Karton mit dem Weihnachtsbaumschmuck ganz hinten im Kleiderschrank erreichen zu können. Einmal kurz die Staubschicht weggepustet, die sich während der letzten zwölf Monate darauf gebildet hat, und schon liest man auf dem Karton »Weihnachtsbaumschmuck«.

Etwas feierlich fühlt es sich an, wenn man den Karton öffnet, genauso stimmungsvoll hatte es sich angefühlt, als man all die Kostbarkeiten sorgfältig hineinlegte. Zumindest in der Erinnerung.

Ein wenig Durcheinander und die eine oder andere zerbrochene Kugel gehören wohl immer zu Weihnachten. Da unten im Karton aufbewahrt, liegt eine ganze Geschichte. Omas zarte Kugeln mit dem abgeblätterten Glitzer darauf, der von den Kindern gebastelte Weihnachtsschmuck und die Leinenbänder, die du im vergangenen Jahr zugeschnitten hast.

Es lohnt sich, seine Weihnachtsdekorationen selbst zu basteln, der selbst hergestellte Schmuck ist besonders wertvoll. Die Bastelarbeiten, hergestellt von Kindern und Erwachsenen, sind uns dann auch jahrein, jahraus willkommen. Knallbonbons, Ornamente, Schneesterne und Papierengel. Denke nachhaltig und lass dich davon inspirieren, wie der Weihnachtsbaum früher ausgesehen hat.

Papierengel

Du brauchst:

- festeres Papier (möglichst in zwei unterschiedlichen Farben)
- Nähgarn
- Schere

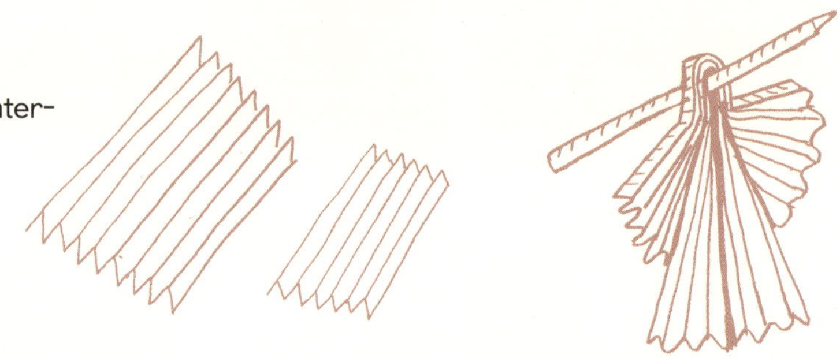

So geht's:

1. Einen größeren und einen kleineren rechteckigen Bogen Papier jeweils wie eine Ziehharmonika falten.
2. Das kleinere Papier in der Mitte falten und oben um das größere herumlegen.
3. Nähgarn darumwickeln und so festbinden, dass sich ein Kopf bildet. Denselben Faden für die Aufhängung verwenden.

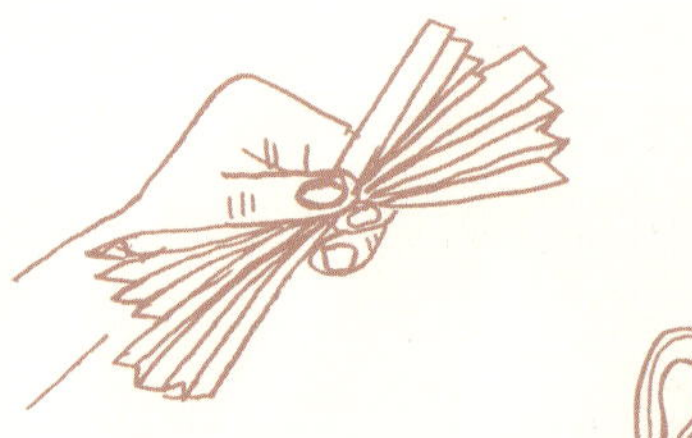

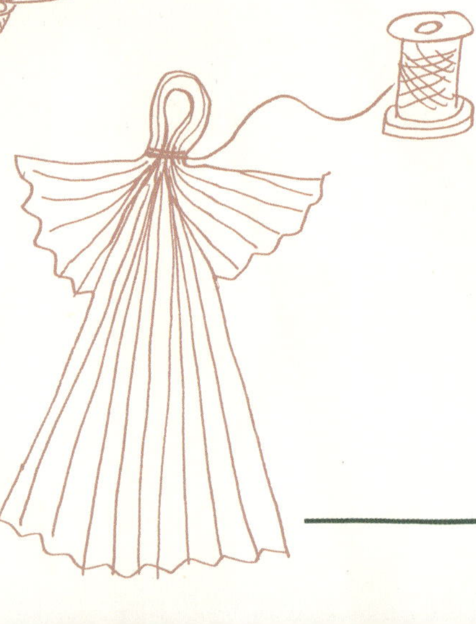

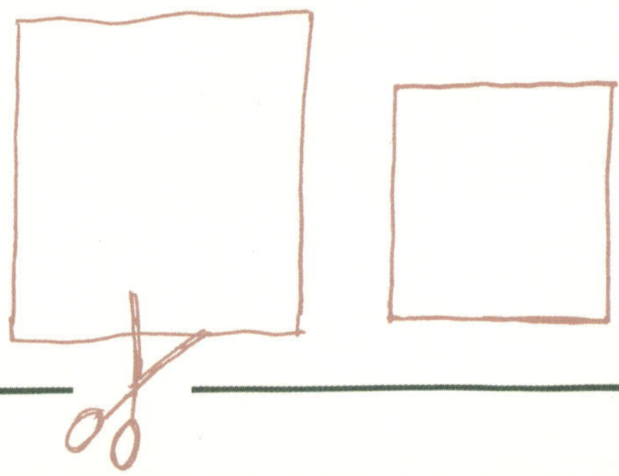

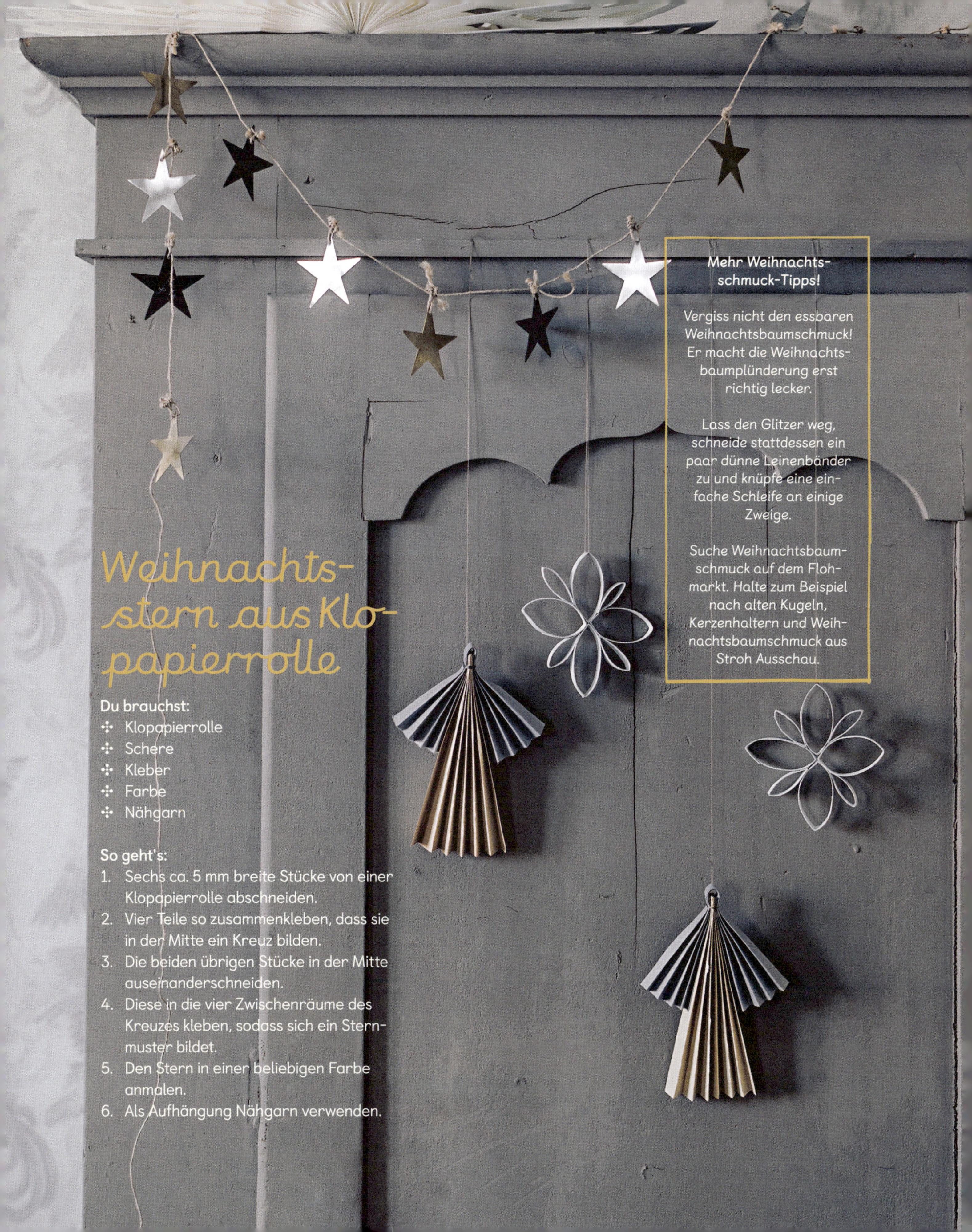

Weihnachtsstern aus Klopapierrolle

Du brauchst:

- Klopapierrolle
- Schere
- Kleber
- Farbe
- Nähgarn

So geht's:

1. Sechs ca. 5 mm breite Stücke von einer Klopapierrolle abschneiden.
2. Vier Teile so zusammenkleben, dass sie in der Mitte ein Kreuz bilden.
3. Die beiden übrigen Stücke in der Mitte auseinanderschneiden.
4. Diese in die vier Zwischenräume des Kreuzes kleben, sodass sich ein Sternmuster bildet.
5. Den Stern in einer beliebigen Farbe anmalen.
6. Als Aufhängung Nähgarn verwenden.

Mehr Weihnachtsschmuck-Tipps!

Vergiss nicht den essbaren Weihnachtsbaumschmuck! Er macht die Weihnachtsbaumplünderung erst richtig lecker.

Lass den Glitzer weg, schneide stattdessen ein paar dünne Leinenbänder zu und knüpfe eine einfache Schleife an einige Zweige.

Suche Weihnachtsbaumschmuck auf dem Flohmarkt. Halte zum Beispiel nach alten Kugeln, Kerzenhaltern und Weihnachtsbaumschmuck aus Stroh Ausschau.

Diese Bastelarbeit stammt von einer Dame, die jetzt über 100 Jahre alt wäre, würde sie noch leben. Meine Großmutter und sie waren die besten Freundinnen. Ich erinnere mich, dass die bunten Kugeln das Reizendste waren, was ich mir als Kind vorstellen konnte, und ich konnte damals nicht richtig begreifen, dass die Freundin meiner Großmutter sie selbst gemacht haben sollte. Es sah wahnsinnig kompliziert aus. Dabei ist es kinderleicht, ehrlich.

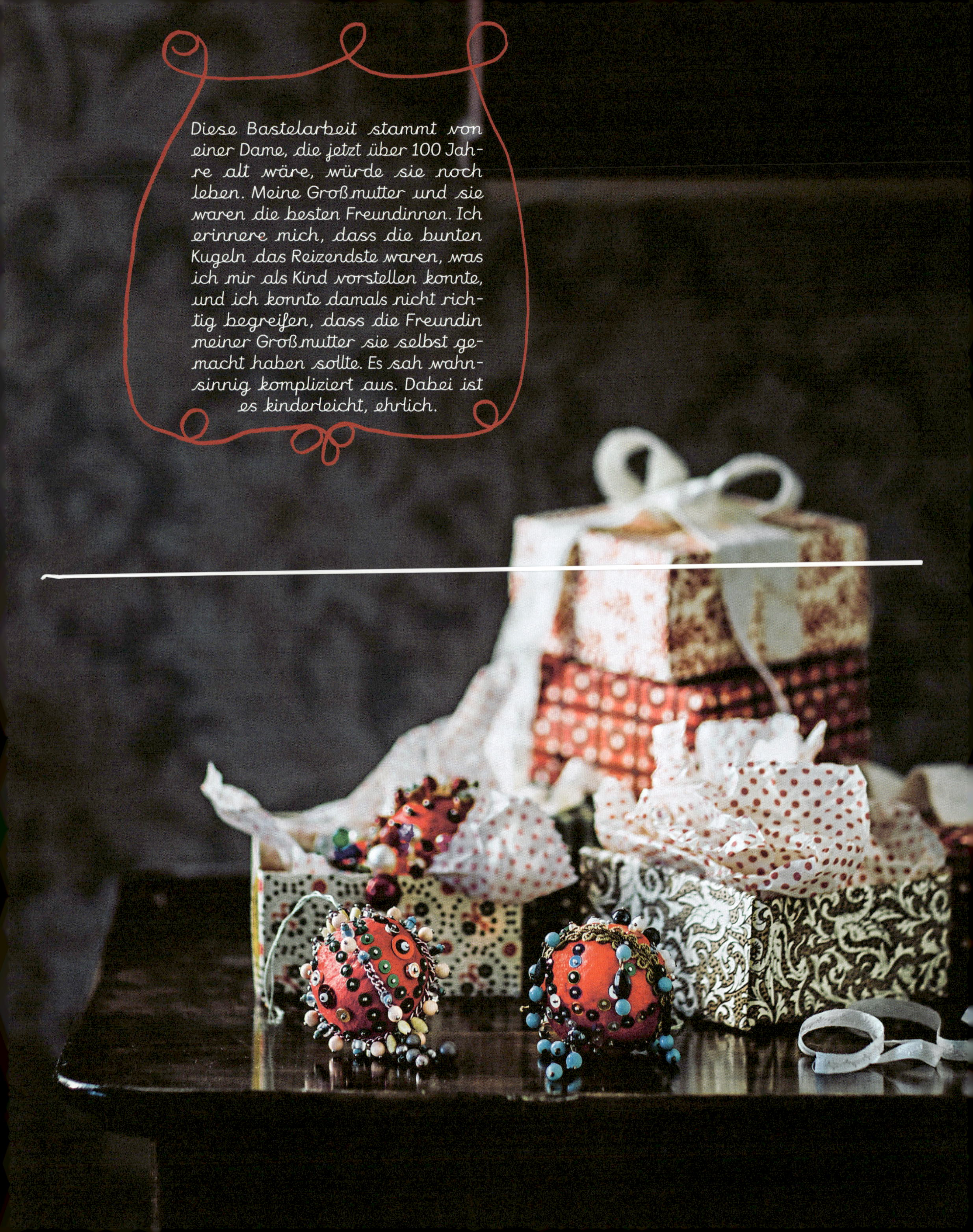

Tante Doris' Weihnachtsbaumkugeln

Weihnachtsbastelei, die das reinste Kinderspiel ist, gefällt uns ganz besonders! Wenn sie dann vielleicht auch noch glitzert wie die herrlichsten Juwelen und sich wie Weihnachtsschmuck de luxe anfühlt, wird sie natürlich noch attraktiver.

Du brauchst:

- Styroporkugeln
- Farbe
- Stecknadeln
- Pailletten
- Perlen
- Glöckchen
- Faden oder Draht

So geht's:

1. Die Styroporkugel anmalen. Am leichtesten geht dies, wenn man zuerst einen dünnen Grillspieß durch die Kugel steckt, damit man etwas zum Halten hat.
2. Die Styroporkugel trocknen lassen.
3. Verzieren, als wenn es kein Morgen gäbe. Pailletten und Perlen mit Stecknadeln feststecken, die Kugel außerdem mit Glöckchen und Draht schmücken. Als Aufhängung einen Faden an der Oberseite der Kugel befestigen.

Schachteln falten

Das Falten von Schachteln ist ein klassisches Bastelprojekt in der Schule. Wir ersetzen das Kopierpapier durch eine festere und hübschere Variante. Und indem wir diverse Faltungen weglassen, dafür aber ein paar Extradetails hinzufügen, heben wir das Schachtelfalten auf eine ganz neue Ebene.

- Mit festerem Papier machen die Schachteln immer mehr her.
- »Denkt« man sich manche Faltung nur, anstatt sie tatsächlich zu machen, so sieht die Schachtel am Ende noch hübscher aus.
- Ein Trick beim Falten ist die Verwendung eines Falzbeins. Hast du keines, kannst du auch die Rückseite eines Messers verwenden.
- Der Boden ist ein wichtiges Detail, um die Schachtel stabiler zu machen. Klebst du festeres Papier hinein, verschwinden zudem Schnittfehler, Spalten und Kleberreste. Vergiss nicht, dass der Deckel auch einen Boden hat!
- Du kannst sowohl kleine als auch größere Schachteln mit ein und derselben Technik falten. Außerdem kann sie dazu benutzt werden, um stabilere Schachteln, wie zum Beispiel Schuhkartons, einzukleiden. Schachteln in einer solchen Größe lassen sich auch falten, aber es ist schwieriger, sie stabil zu machen.
- Verzieren ist alles! Benutze Bänder, Lesezeichen, Pomponborten und Farbe.

Anleitung auf der nächsten Seite →

So geht's:

1. Diese ersten Faltungen sollst du dir nach Möglichkeit nur denken. Sie werden später für die vier Eckpunkte der Schachtel benötigt.
2. Die Ecken in die Mitte falten.
3. So sieht es aus, nachdem die Ecken in die Mitte gefaltet wurden.
4. Das Papier wieder auseinanderfalten. Zwei Seiten jeweils bis zur Mitte des Papiers falten. Damit die Schachtel eine schöne Form erhält, ist es wichtig, die Kanten sauber zu falten.
5. Die gefalteten Seiten so belassen, nun die verbliebenen kurzen Seiten zur Mitte falten.
6. Das Papier, wie auf dem Bild dargestellt, auseinandergefaltet. Mit einer Schere, wie in der Skizze markiert, entlang der durchgezogenen waagrechten Linien einschneiden.
7. Das Papier auseinanderfalten. Jetzt das Papier oben und unten so hochklappen, dass zwei Seitenwände entstehen. Die Form der Schachtel ist damit bereits klar erkennbar, von nun an funktioniert das meiste beinahe von selbst.
8. Die bereits hochgeklappten mit den angrenzenden Seiten verschränken. Dazu diese über die losen Flügel der bestehenden Seitenwände in die Mitte klappen.
9. Kleben! Wir stellen für gewöhnlich die Schachtel fertig, falten sie dann wieder auseinander, um dort zu kleben, wo es uns sinnvoll erscheint. Häufig reicht es, das quadratisch zugeschnittene Papier in den Boden zu kleben. Bei einer relativ großen Schachtel verwenden wir dazu dickeres Tonpapier. Das macht sie stabiler, und man muss nicht für die ganze Schachtel festes Papier verwenden.
10. Man kann auch einen Deckel machen. Dazu am einfachsten bei Schritt 4 und 5 nicht ganz bis zur Mitte falten. Dann wird der Deckel ein klein wenig größer als die Schachtel.

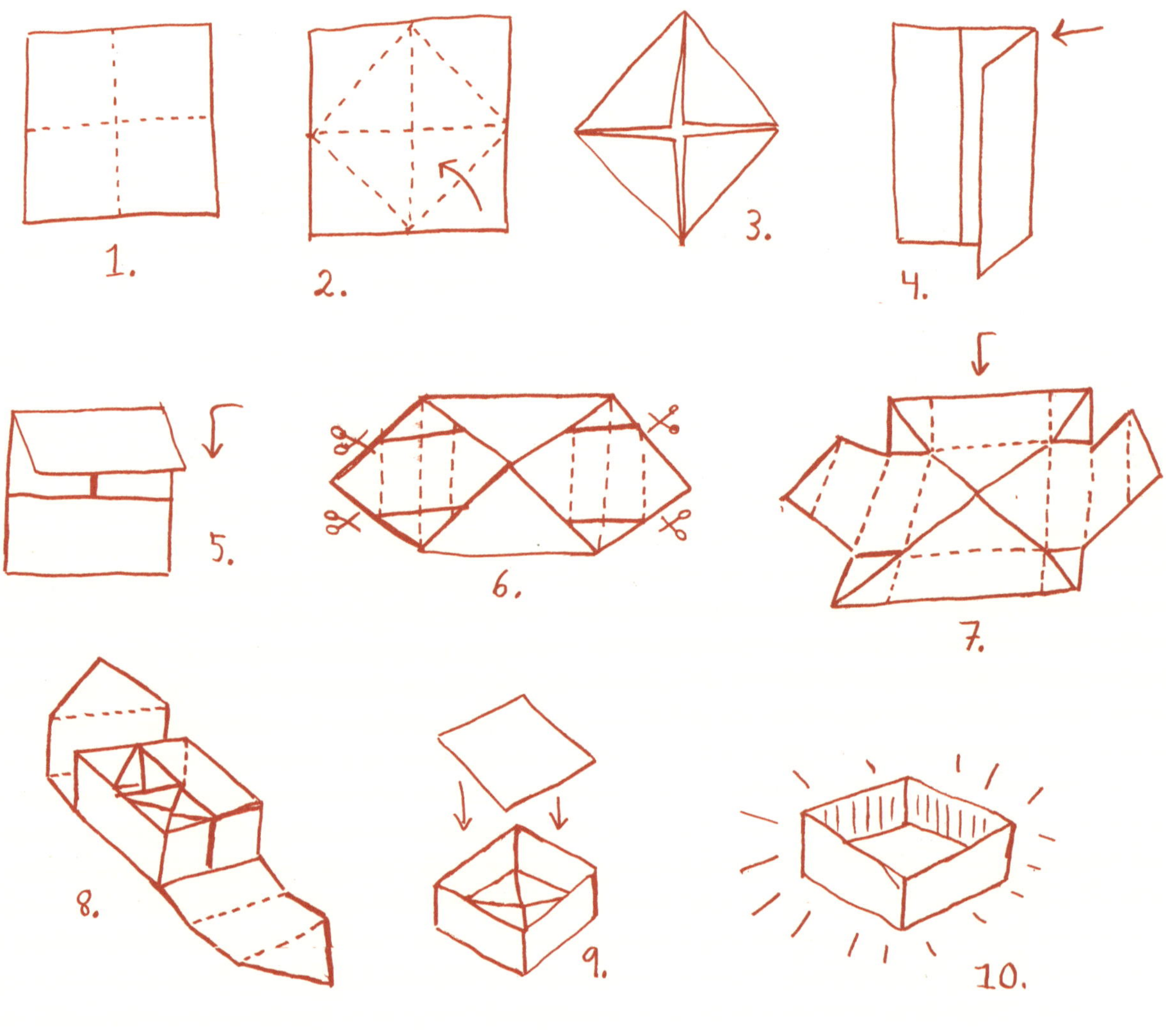

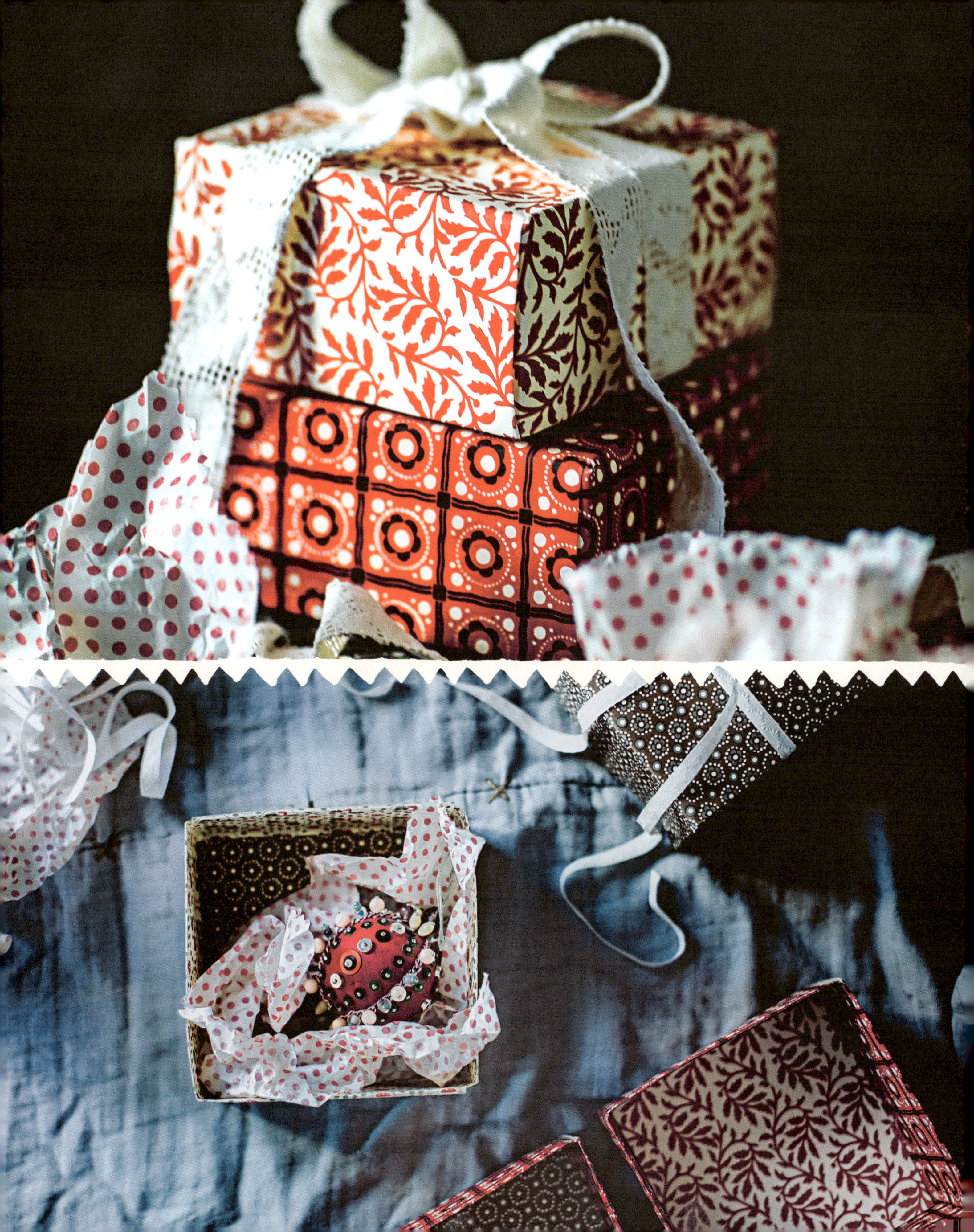

Weihnachtsstrumpf

Es ist früh am Morgen des Weihnachtstages. Aus dem Stockwerk über uns hört man das Trappeln von Kinderfüßen. Dort hängt an der Tür zum Kinderzimmer ein Weihnachtsstrumpf mit eingesticktem Namen. An der Form des Strumpfes kann man erkennen, dass etwas darin ist. So hatte er nicht ausgesehen, als wir die Lichter am Abend zuvor ausgemacht hatten. Eifrig verschwindet ein kleiner Kinderarm darin und fischt ein Päckchen heraus.

Für ein Kind ist der 24. Dezember der längste Tag des Jahres, während er an uns Erwachsenen nur so vorbeirauscht. Die Tradition mit dem Weihnachtsstrumpf kann deshalb eine ganz ausgezeichnete Hilfe sein, um die Schmetterlinge im Bauch und die rastlosen kleinen Beine zur Ruhe zu bringen. Etwas zum Basteln, Puzzles vom Flohmarkt oder vielleicht ein Buch sind deshalb ideal, um sie in den Strumpf zu stecken. Den Strumpf selbst zu machen, ist überhaupt nicht schwierig. Ein einfaches Schnittmuster, ein paar Schlingstiche und etwas Fantasie, und schon ist der hübscheste Strumpf fertig, den man sich denken kann. Vergiss nicht, den Namen deines Kindes einzusticken!

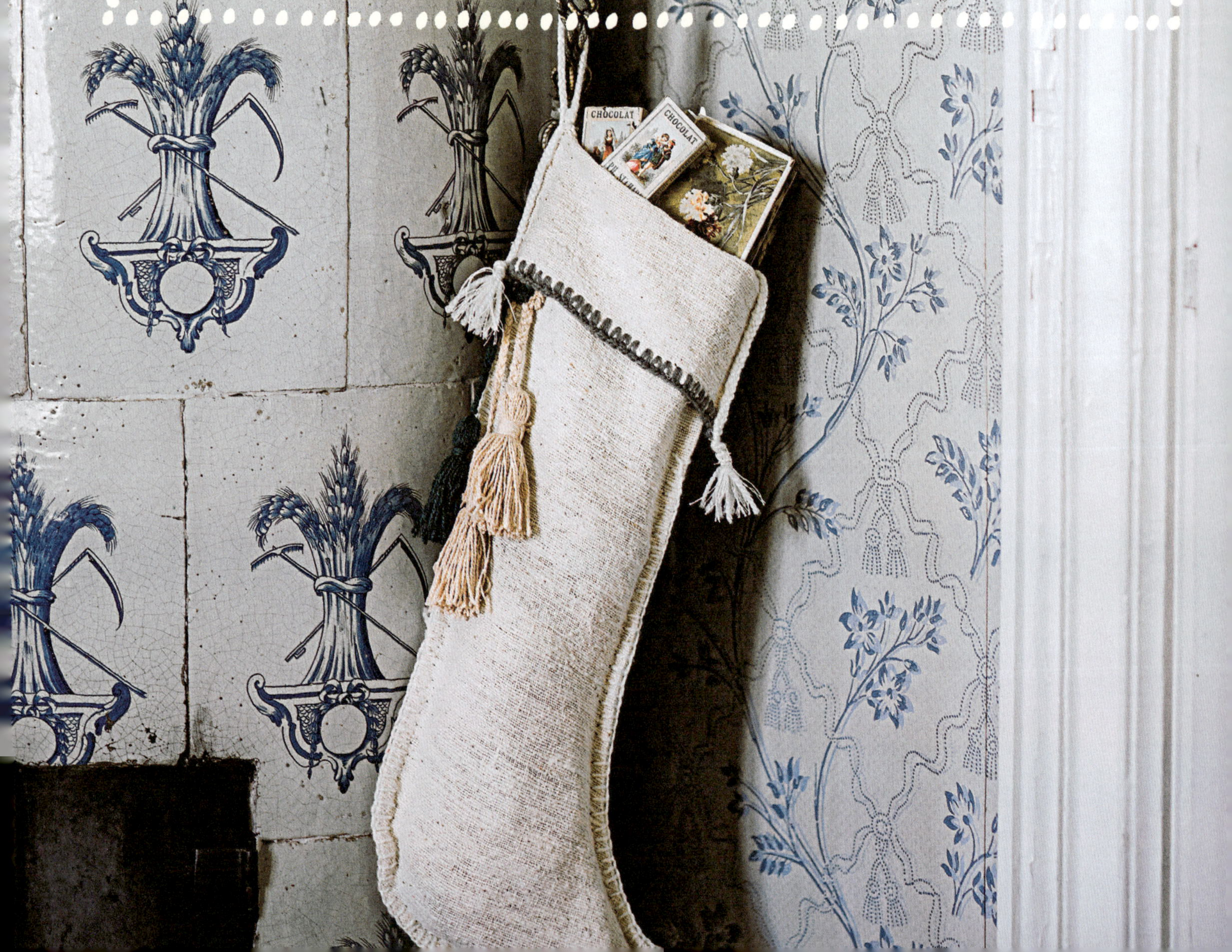

Fülle den Strumpf mit etwas Unerwartetem

Einen Weihnachtsstrumpf füllt man am besten mit etwas Unerwartetem, mit etwas, das zu sehen man nicht gewohnt ist. Etwas, das sich sehr gut die Wichtel ausgedacht haben könnten und von dem nicht ganz klar ist, was es ist. Selbstverständlich begibt man sich da in den verstecktesten Winkeln des Flohmarkts auf die Suche. Für nur ein paar Münzen lässt sich schnell eine ganze Tüte mit gebrauchten Kleinigkeiten füllen und zu neuem Leben erwecken.

Fülle ein magisches Schächtelchen

Es ist eine kleine Schwäche von uns, dass wir nicht widerstehen können, die kleinste Kleinigkeit in eine kleine Streichholzschachtel, ein altes Seifenschächtelchen oder etwas anderes Winziges zu verpacken. Es soll beim Öffnen ruhig etwas nach Lavendel oder Parfüm duften. Es ist möglich, auch das kleinste Geschenk mit etwas Magie zu versehen. Das ist in dieser gigantischen Welt nicht unbedingt einfach – wenn es einem aber gelingt, ist es das wert, finden wir.

Weihnachtsstrumpf

Du brauchst:

- Schnittmuster
- Schere
- Stoff
- Garn
- Stecknadeln und eine größere Nähnadel

So geht's:

1. Beginne mit dem Schnittmuster. Man muss es nicht ganz genau nehmen, sollte aber bedenken, dass das eine oder andere Geschenk im Strumpf Platz finden sollte. Bei einem umgekrempelten Bund beachten, dass der Schaft des Strumpfes recht lang sein muss.
2. Das Schnittmuster ausschneiden und mithilfe von Stecknadeln auf den Stoff heften.
3. Zwei gleich große Teile ausschneiden und ringsum mit Stecknadeln zusammenheften. Die Öffnung oben offen lassen.
4. Den Strumpf mit Schlingstichen zusammennähen (siehe Skizze auf Seite 173). Dazu möglichst einen festeren Faden oder Stickgarn verwenden.
5. Den oberen Rand ca. 15 cm nach unten falten, damit es schön aussieht. Wenn man möchte, kann man den Bund am unteren Ende mit Schlingstichen in beliebiger Farbe verzieren. Dann ist es an der Zeit, den Strumpf zu verzieren. Ein Tipp: Bastle einfache Quasten in verschiedenen Farben (siehe Seite 45) und befestige sie am Strumpf.

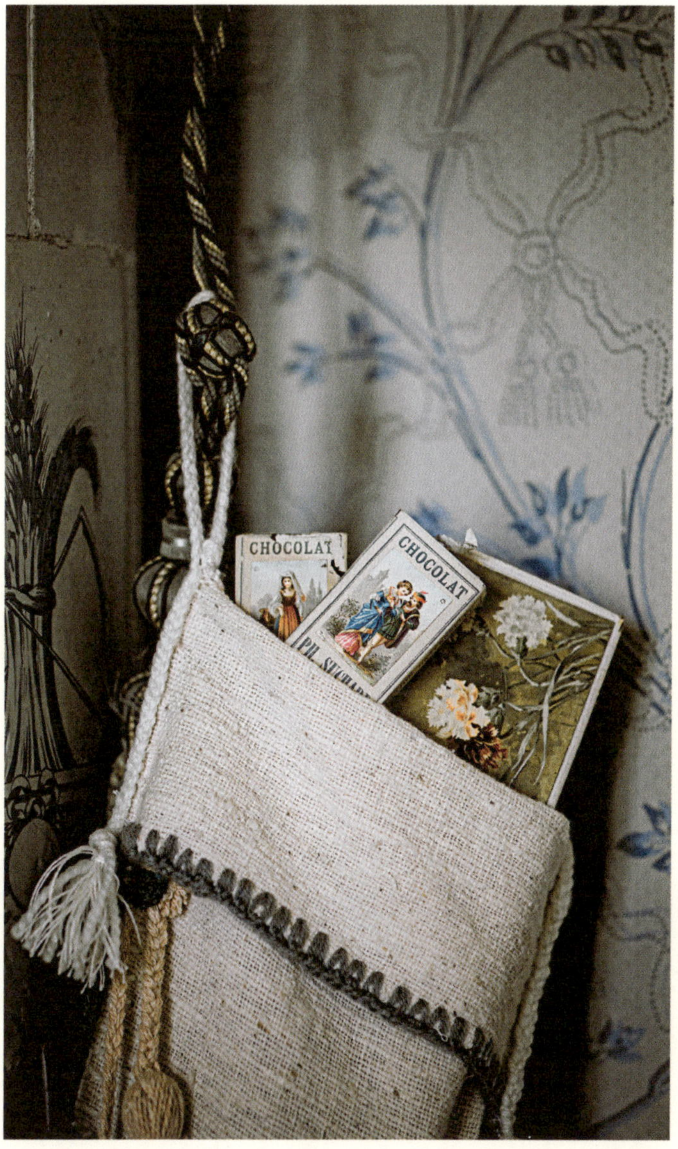

Das größte Päckchenrennen des Jahres

Die kreative Ruhe, die vom Verpacken der Geschenke ausgeht, stellt sich nicht ein, wenn man erst am Tag vor Weihnachten damit anfängt. Deshalb richten wir üblicherweise zum ersten Dezember einen »Geschenkeverpackungstisch« ein. Wenn man findet, dass die Gelegenheit für Geheimniskrämerei gerade günstig ist, geht's los.

- Tapeten eignen sich wunderbar als Geschenkpapier. Sie sind außerdem robust und können von Jahr zu Jahr wiederverwendet werden.
- Geschenkanhänger aus eigenen Fotos, die man ausgedruckt hat, sind ein Geschenk für sich.
- Oft findet man hübsche Kisten und Schachteln auf dem Flohmarkt. Manchmal müssen sie ein wenig repariert werden. Die Kiste selbst wird ebenso zum Geschenk wie der Inhalt. Mit Stoff oder Papier bezogene Schuhkartons werden zum Hingucker.
- Altmodische Besteckkassetten, wie sie früher verkauft wurden, sind wirklich reizend. Löse den Stoff, entferne das Element, in welches das Besteck einsortiert wurde, verteile stattdessen etwas Watte auf dem Boden der Kassette und klebe wieder alles zusammen. Ein Stoffband verbirgt eventuelle Kleberreste an den Rändern.
- Notenbücher vom Flohmarkt enthalten viel wunderschönes Papier. Viele sind wahre Kunstwerke.
- Benutze zur Abwechslung einmal Stoff zum Verpacken der Geschenke. Vielleicht ein schönes altes besticktes Tuch oder ein Stück von einem kaputten Vorhang. Man muss ihn nur um das Päckchen wickeln und mit Band verschnüren.
- Weihnachtsbaumkugeln sind empfindlich, aber mit ihnen fühlen sich Geschenke wie einen Schatz an.

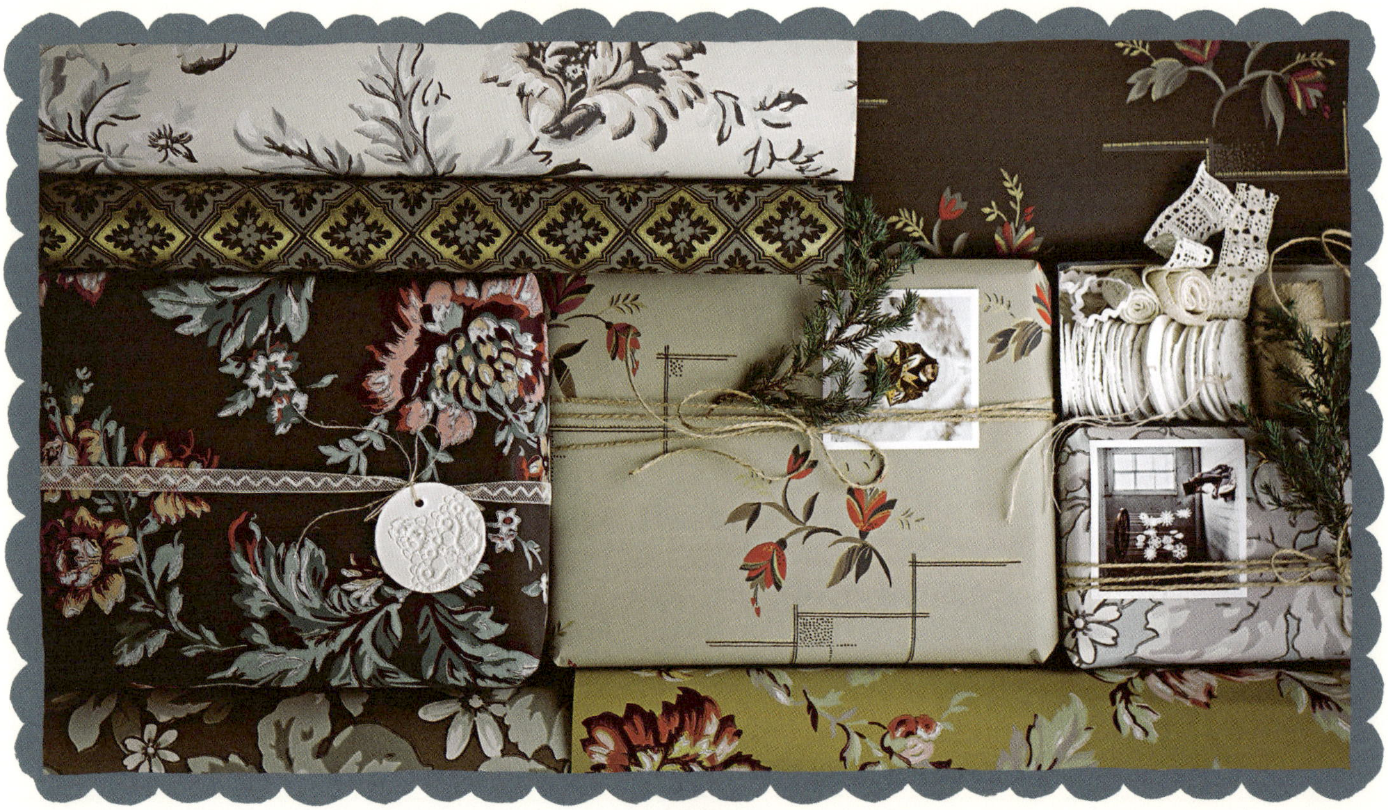

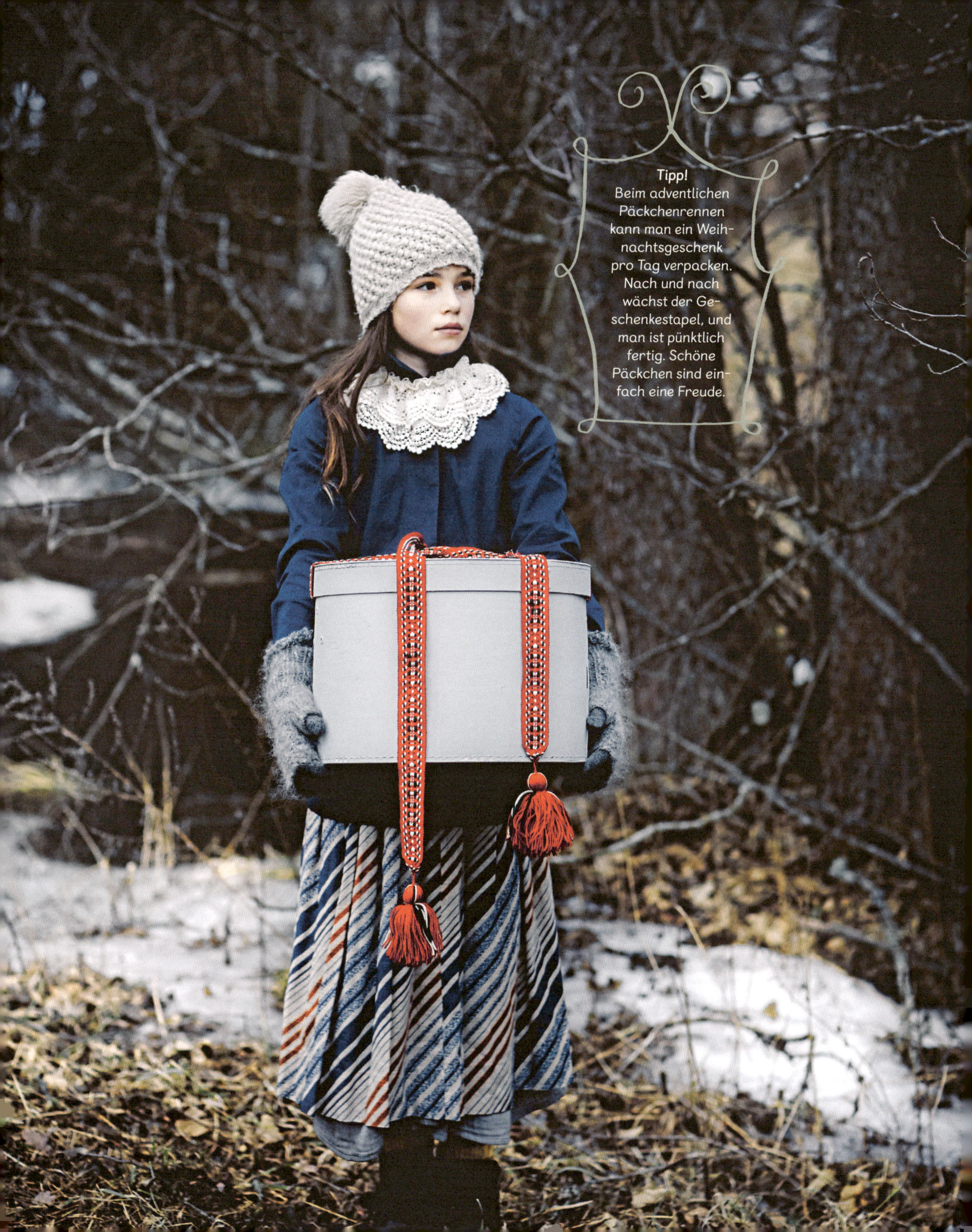

Tipp!
Beim adventlichen Päckchenrennen kann man ein Weihnachtsgeschenk pro Tag verpacken. Nach und nach wächst der Geschenkestapel, und man ist pünktlich fertig. Schöne Päckchen sind einfach eine Freude.

Furoshiki

Elegante und nachhaltige Geschenkverpackung

Ein Tuch ist als Verpackungsmaterial sehr elegant. Es ist einfach. Und nachhaltig. Manchmal macht die Verpackung vielleicht die Runde – Jahr für Jahr erhält jemand anderes ein darin verpacktes Geschenk. Die Idee kommt aus Japan und heißt Furoshiki – Verpacken mit Stoff.

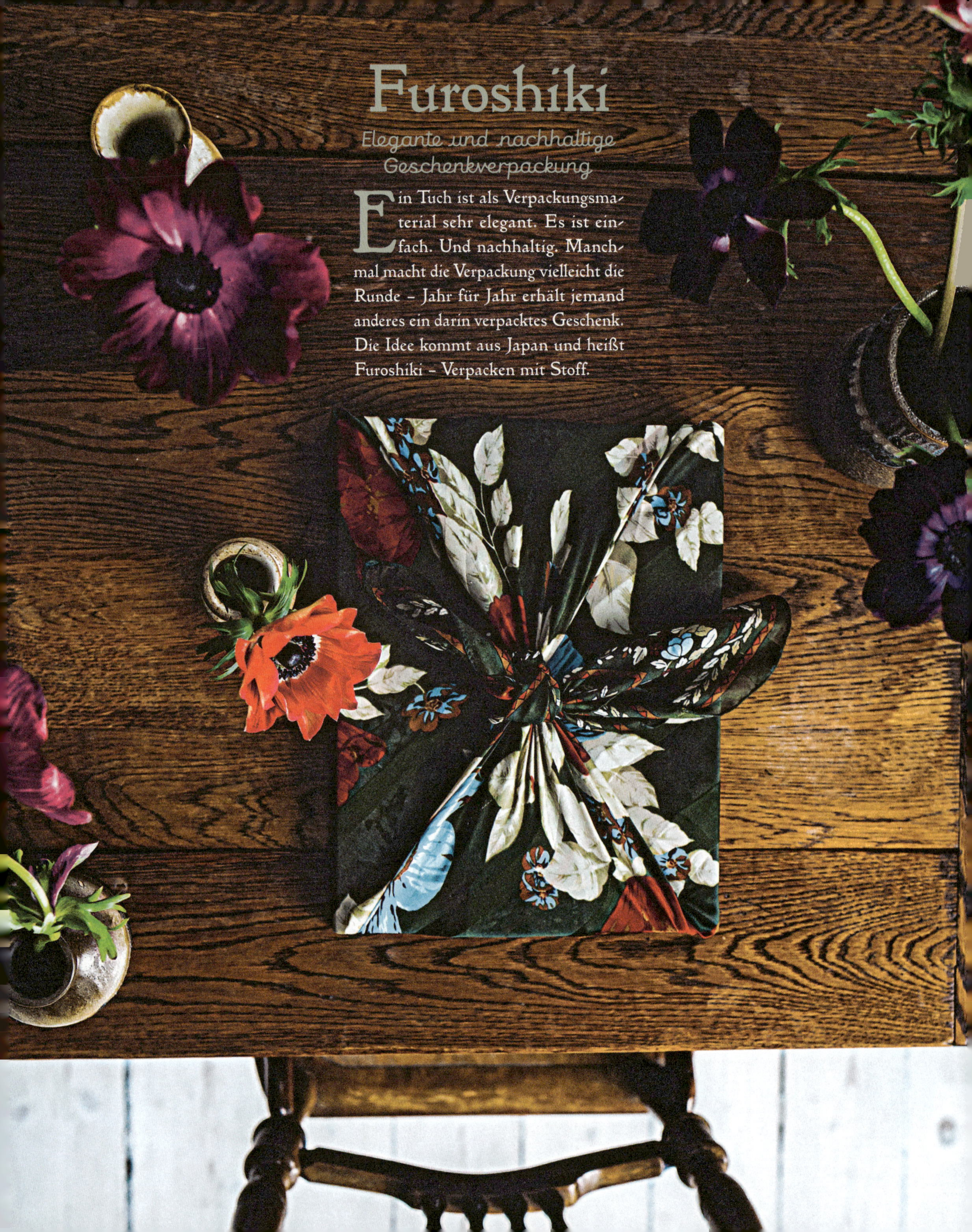

Du brauchst:

- Tuch oder quadratischen Stoff
- Nadel oder Sicherheitsnadel
- Hat dein Geschenk keine geraden Ecken und Kanten, brauchst du eine Schachtel oder Kiste!

Tipp!

Die Flohmärkte quellen geradezu über von Tüchern. Oft haben sie wunderschöne Muster, und es gibt sie in jedem erdenklichen Stil. Der Stoff sollte sehr weich und dünn sein, dann eignet er sich geradezu perfekt zum Verpacken von Geschenken.

So geht's:

1. Ein Tuch ausbreiten und dein Geschenk so darauflegen, wie auf dem Bild dargestellt. Eine Ecke des Tuchs sowie die lange Seite des mittig daraufgelegten Geschenks weisen zu dir.
2. Den Stoff auf einer der beiden Längsseiten ca. 10 cm von der Ecke aus zum Geschenk hin einschlagen, so bis zu dessen Mitte fortfahren. Auf der gegenüberliegenden Seite wiederholen.
3. Den Stoff oben mit einer Nadel oder Sicherheitsnadel zusammenheften. Die Stoffzipfel an den Seiten wie bei einem Paket falten: Knicke dazu beide Seiten jeweils nach innen, sodass ein Dreieck entsteht, und führe die Enden dann auf der Oberseite des Geschenks zusammen.
4. Mache einen Knoten. Und noch einen. Fertig!

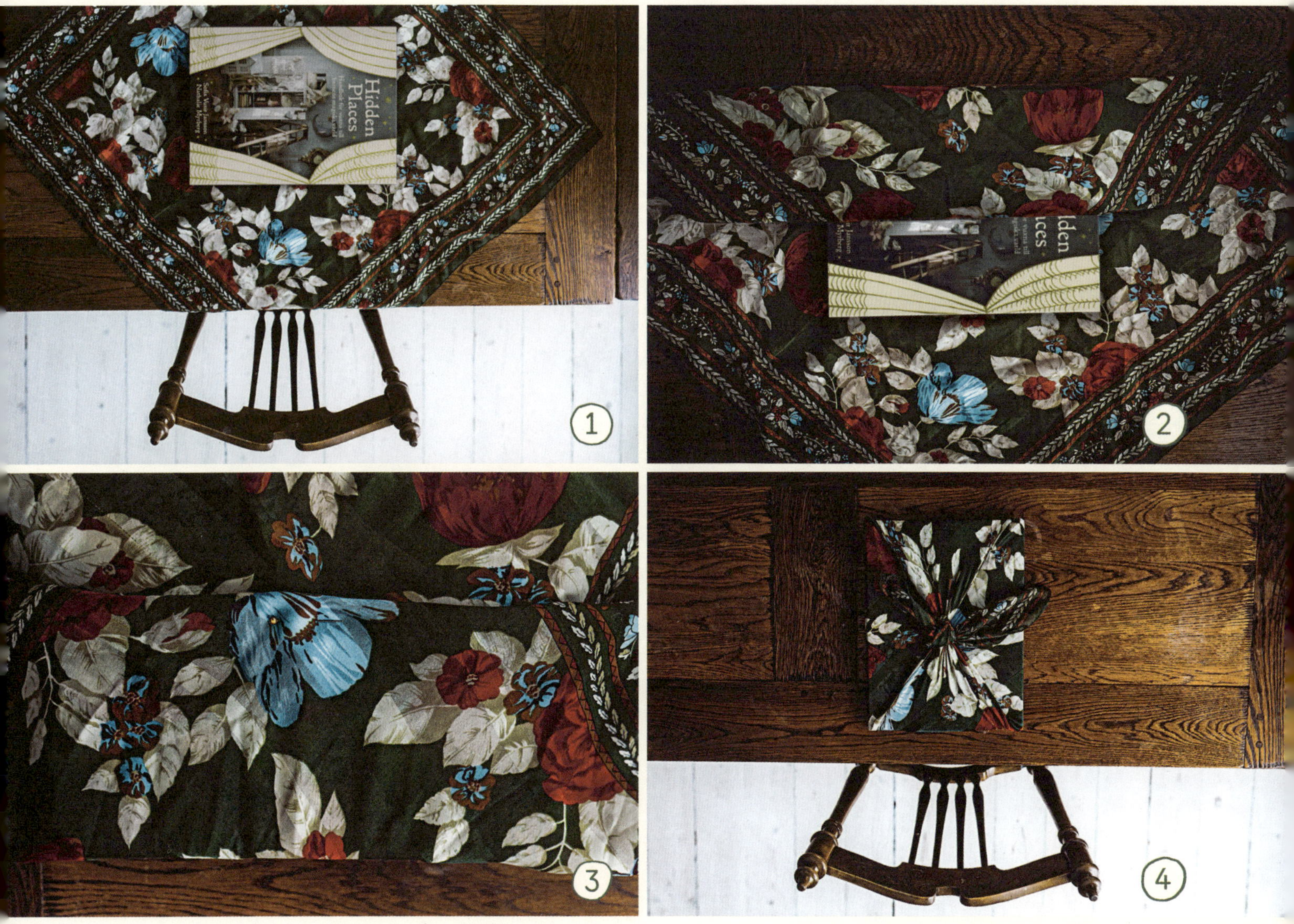

Schneesterne

Erinnerst du dich an den Augenblick, als du zum allerersten Mal dieses DIN-A4-Kopierpapier auseinandergefaltet hast. Wenn man klein ist, interessiert einen wohl so etwas wie Papierqualität nicht sonderlich, aber etwas auseinanderzufalten, das mithilfe von ein paar Sonnenstrahlen eine ganze Fantasiewelt an die Wand warf, war magisch. Gleichzeitig lag es plötzlich, einem märchenhaften Schneekristall gleich, in der Hand. Diese Überraschung schlägt doch beinahe alles.
Die Sache mit den Schneesternen mag sehr einfach sein. Aber vielleicht ist sie gerade deshalb so schön.

So geht's:

1. Quadrate aus Papierbogen ausschneiden.
2. Das Papier entsprechend der Anleitung unten falten.
3. Die untere Papierkante gerade zuschneiden.
4. Muster ins Papier schneiden: Die Vorlagen unten zeigen verschiedene Varianten. Sollte man in ein Inspirationstief geraten. Doch das passiert selten.

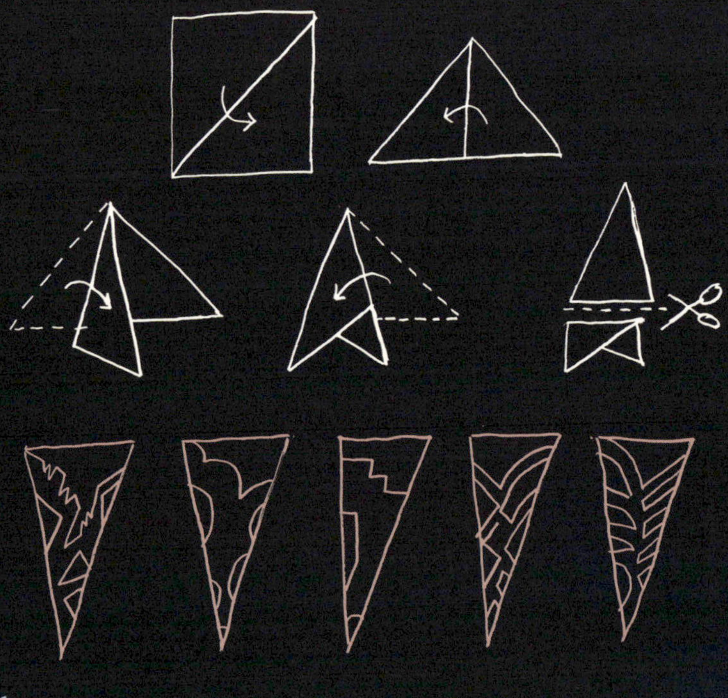

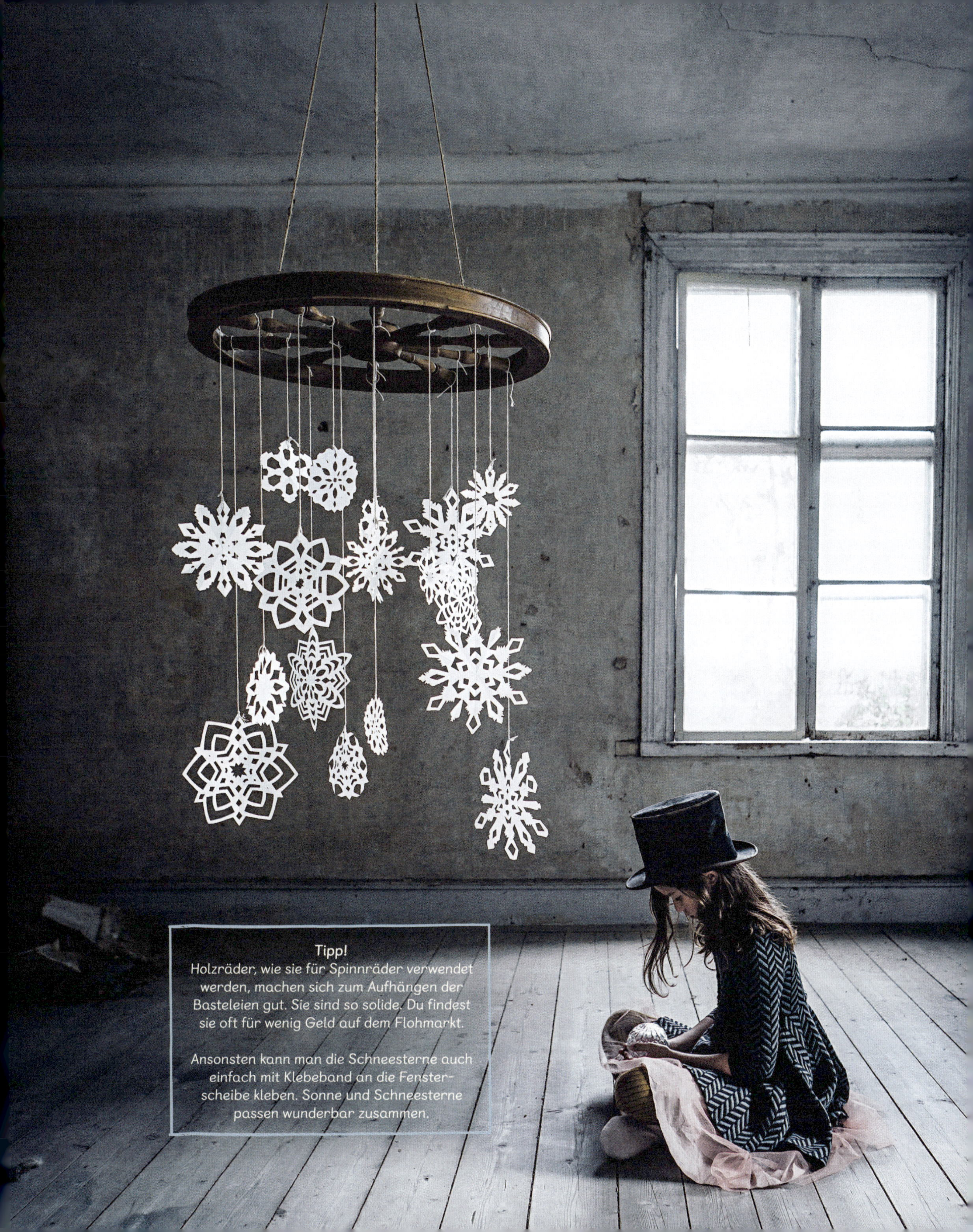

Tipp!

Holzräder, wie sie für Spinnräder verwendet werden, machen sich zum Aufhängen der Basteleien gut. Sie sind so solide. Du findest sie oft für wenig Geld auf dem Flohmarkt.

Ansonsten kann man die Schneesterne auch einfach mit Klebeband an die Fensterscheibe kleben. Sonne und Schneesterne passen wunderbar zusammen.

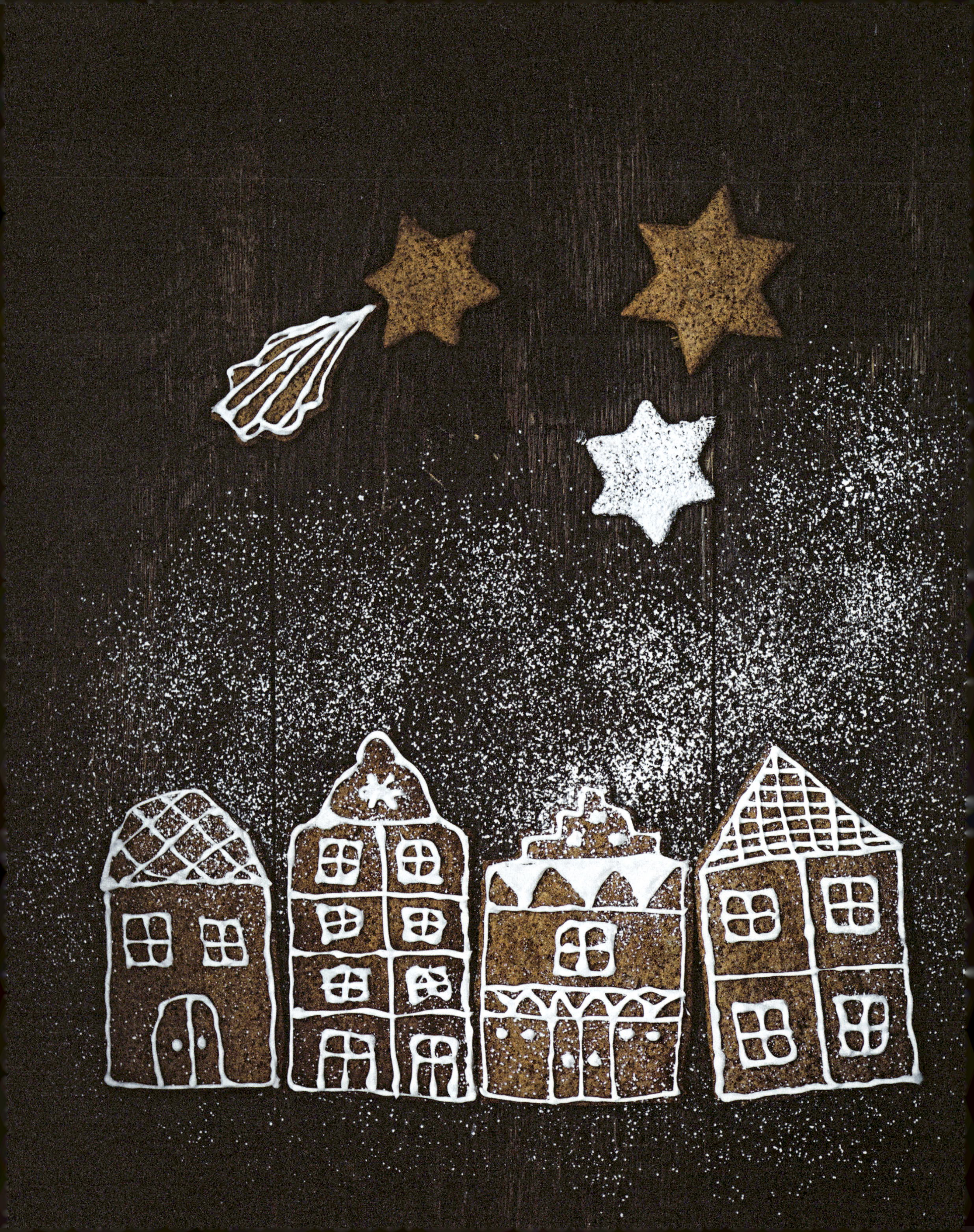

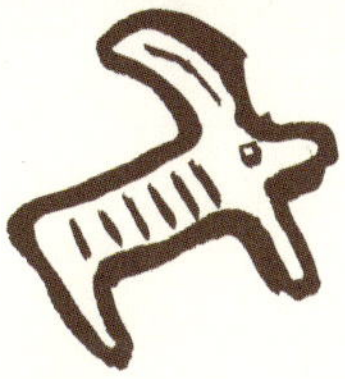

Das große Pfefferkuchenbacken

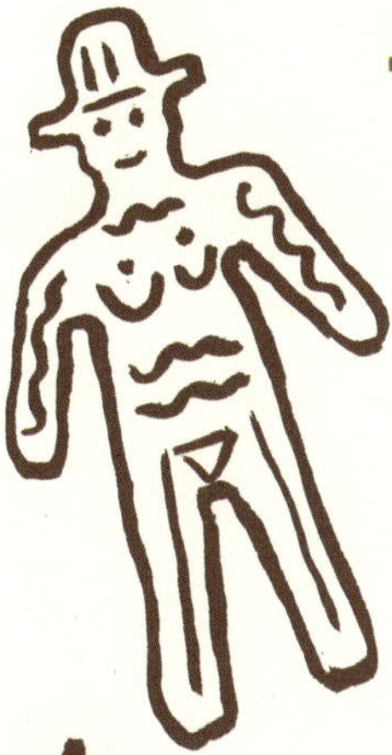

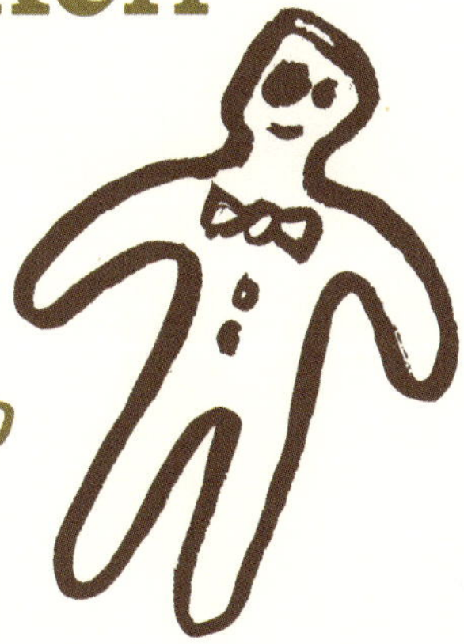

Die Geschichte vom großen Backen, ganz ohne Regieanweisungen. Eine riesige Freude für die Kinder.

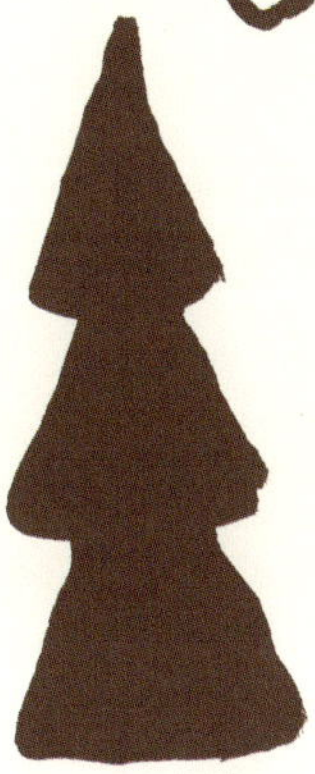

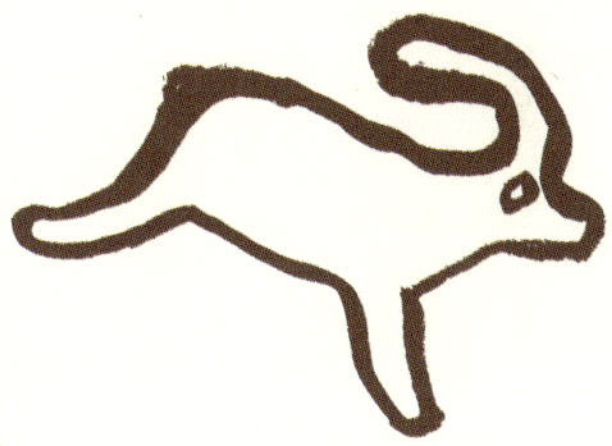

Tipp für Erwachsene – nicht die Küche verlassen
Als ich in die Küche zurückkam, wurde ich Zeuge folgender Unterhaltung.
»Doch, das funktioniert, das habe ich bei ›Das große Backen‹ gesehen!«
»Ich auch, das wird immer gut, wie Glitzer irgendwie.«
»Man spritzt also den Boden voll?«
»Ja, genau!«
»Wie mit Farbe?«
»Mm, man muss eigentlich nur mit der Schöpfkelle ausholen!«

Das beste Pfefferkuchenrezept der Welt

Hier ist ein altes und wohl erprobtes Rezept. Das Beste der Welt, wenn du uns fragst. Sogar, wenn du noch nie Pfefferkuchen gebacken hast, werden sie gelingen, sei unbesorgt. Der Teig lässt sich kinderleicht ausrollen, und das ist ja eigentlich das einzig Wichtige. Abgesehen vom Geschmack. Klappt das Ausrollen gut, gibt es eigentlich keine Obergrenze für die Anzahl an Freunden, die zum großen Pfefferkuchenbacken eingeladen werden können.

Du brauchst:

- 600 g Zucker
- 420 g Sirup (z. B. Zuckerrübensirup)
- 300 ml Wasser
- 500 g Butter
- 2 TL gemahlener Zimt
- 2 TL gemahlener Ingwer
- 2 TL gemahlene Nelken
- 2 EL Natron
- 1,5 kg Weizenmehl

So geht's:

1. Alle Gewürze, den Zucker, das Wasser und den Sirup aufkochen.
2. Die Butter schmelzen und dazugeben.
3. Das Weizenmehl mit dem Natron vermengen und zu den übrigen Zutaten geben.
4. Den Teig möglichst über Nacht abgedeckt in den Kühlschrank stellen.

Tipp!
Wenn man sehr viel Teig herstellt, kann man eine ganze Woche lang Pfefferkuchen backen, denn der Teig hält sich gut.

Tipp!
Damit die Pfefferkuchenbäckerei ein voller Erfolg wird, braucht man zig Waagen, Ausstechförmchen und einige Teigroller. Wachstuch eignet sich perfekt, um den Tisch damit abzudecken, dann portioniert ihr den Teig und kleine Mehlhäufchen darauf.

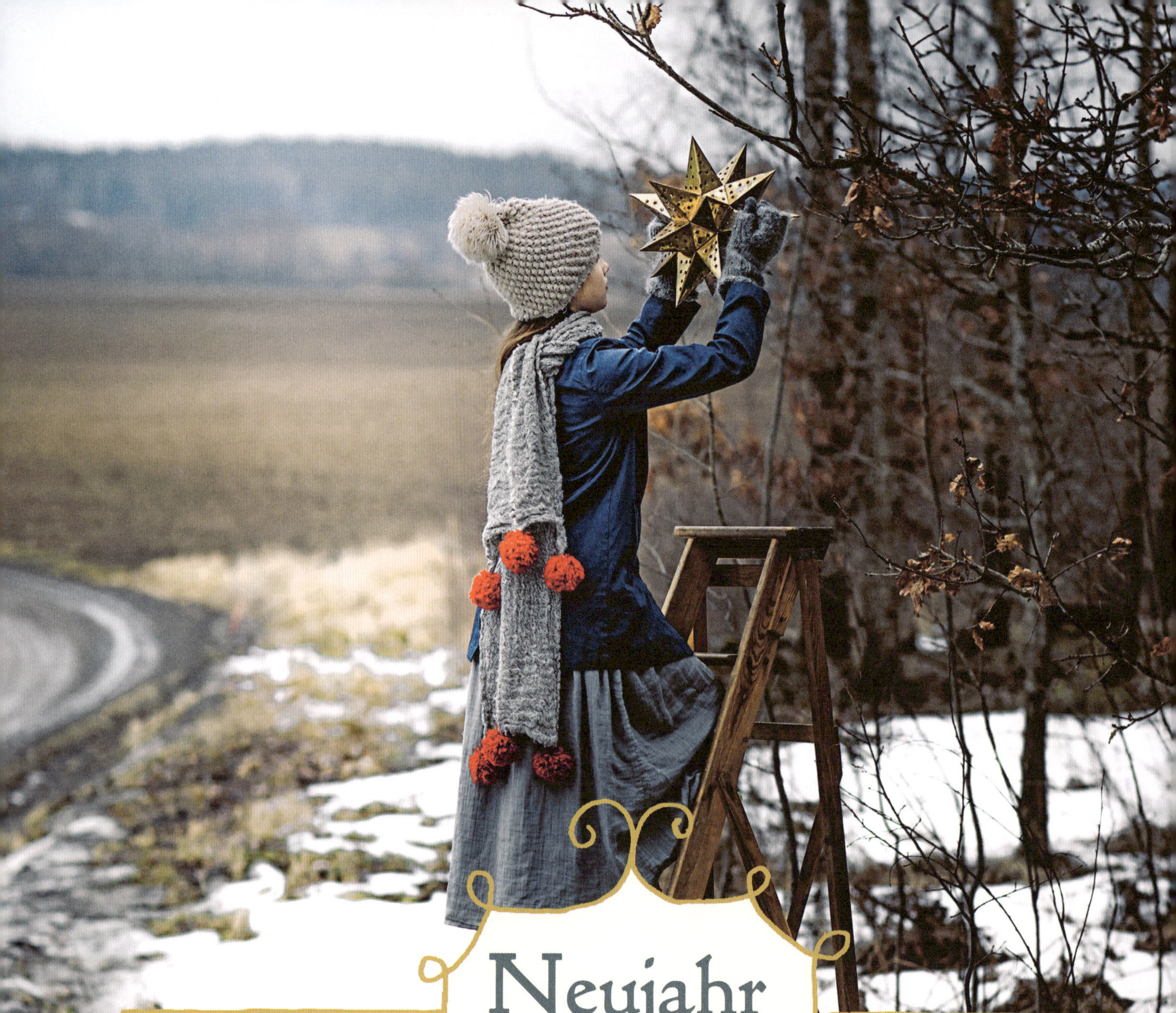

Neujahr

Was bedeutet ein neues Jahr eigentlich? Wird es sich irgendwie anders anfühlen? Vielleicht wächst man über Nacht mehrere Zentimeter oder bekommt ein rosa Kaninchen?

★

Der Silvestertag fühlt sich ganz besonders an. Im ganzen Körper kribbelt es, und man knistert wie eine Wunderkerze! Und dass man bis zum nächsten Tag aufbleiben darf, ist die reinste Magie!

Silvester ist manchmal ein doofer Feiertag für Kinder (und für manche Eltern, die nichts mit Nachteulen gemein haben). Denn egal wie gerne sie bis zu diesem magischen Glockenschlag aufbleiben wollen, endet es doch meist damit, dass sie es nicht schaffen. Zum Glück scheren Kinder sich nicht so sehr um die Sache mit der Zeit. Wer sagt denn, dass ein Glockenschlag nicht auch um 20 Uhr erschallen und ein Silvester-Festmahl um 18 Uhr serviert werden kann? Ja, da hört ihr es! Es braucht nur etwas Zauberei mit der Zeit und einen offenen Geist.

Silvesterknaller

Du brauchst:
- ❋ Klopapierrolle
- ❋ scharfes Messer
- ❋ Seidenpapier
- ❋ Konfetti nach Belieben
- ❋ geheime Botschaften mit Neujahrswünschen
- ❋ Schnur oder Stoffband
- ❋ Schere

So geht's:
1. Die Klopapierrolle in der Mitte bis auf ein paar Zentimeter fast vollständig aufschneiden.
2. Beide Hälften mit etwas Seidenpapier füllen, damit das Konfetti bleibt, wo es hingehört.
3. Das Konfetti zusammen mit der geheimen Botschaft in die Klopapierrolle legen.
4. Die Rolle in Seidenpapier wickeln (so wie bei einem Knallbonbon).
5. Die Enden auf beiden Seiten mit einem Band zusammenknoten und nach Belieben verzieren!

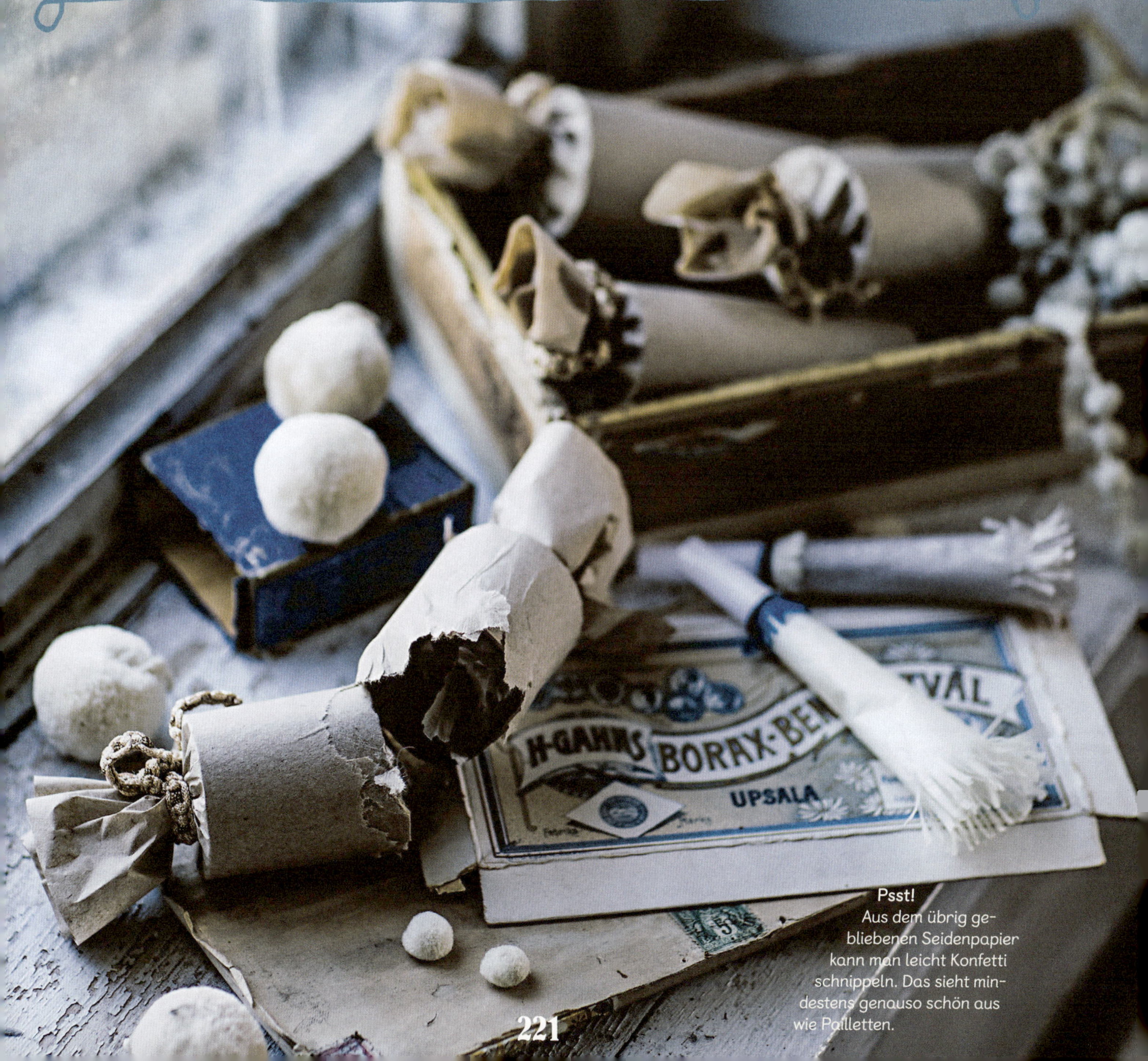

Psst!
Aus dem übrig gebliebenen Seidenpapier kann man leicht Konfetti schnippeln. Das sieht mindestens genauso schön aus wie Pailletten.

Liste von Neujahrswünschen

Erstelle zusammen mit deiner ganzen Familie eine Liste von Dingen, die ihr euch für das nächste Jahr wünscht oder erhofft. Denke daran, dass es eine recht bescheidene und nette Liste werden soll. Lasse die Kinder unbedingt daran teilhaben!

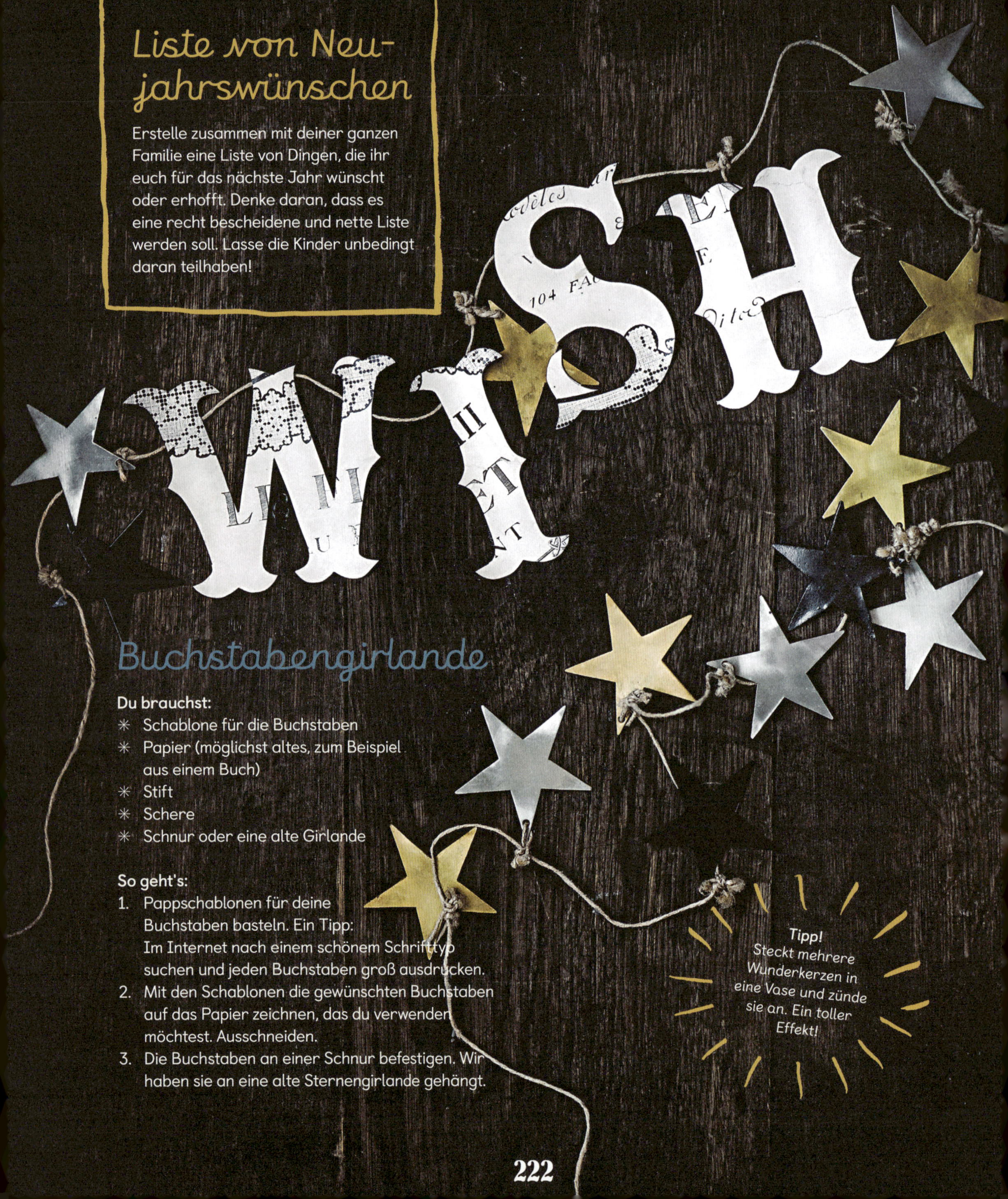

Buchstabengirlande

Du brauchst:

- Schablone für die Buchstaben
- Papier (möglichst altes, zum Beispiel aus einem Buch)
- Stift
- Schere
- Schnur oder eine alte Girlande

So geht's:

1. Pappschablonen für deine Buchstaben basteln. Ein Tipp: Im Internet nach einem schönem Schrifttyp suchen und jeden Buchstaben groß ausdrucken.
2. Mit den Schablonen die gewünschten Buchstaben auf das Papier zeichnen, das du verwenden möchtest. Ausschneiden.
3. Die Buchstaben an einer Schnur befestigen. Wir haben sie an eine alte Sternengirlande gehängt.

Tipp!
Steckt mehrere Wunderkerzen in eine Vase und zünde sie an. Ein toller Effekt!

Partytröte mit alten Mundstücken

Du brauchst:
* Mundstücke von alten Partytröten
* Seidenpapier
* Schere
* Kleber oder Klebeband
* Stoffbänder

So geht's:
1. Schneide zwei kleinere Rechtecke aus Seidenpapier aus und forme damit einen Trichter um das Mundstück.
2. Befestoge das Papier mit Kleber oder Klebeband.
3. Das breitere Ende des Trichters gerade abschneiden.
4. Mit verschiedenen Bändern verzieren oder kleine Fransen in das Seidenpapier schneiden.

Tuuuuuuuuuuuuuuuuuuuuuuuuuuuuuuuuuuuuuut!

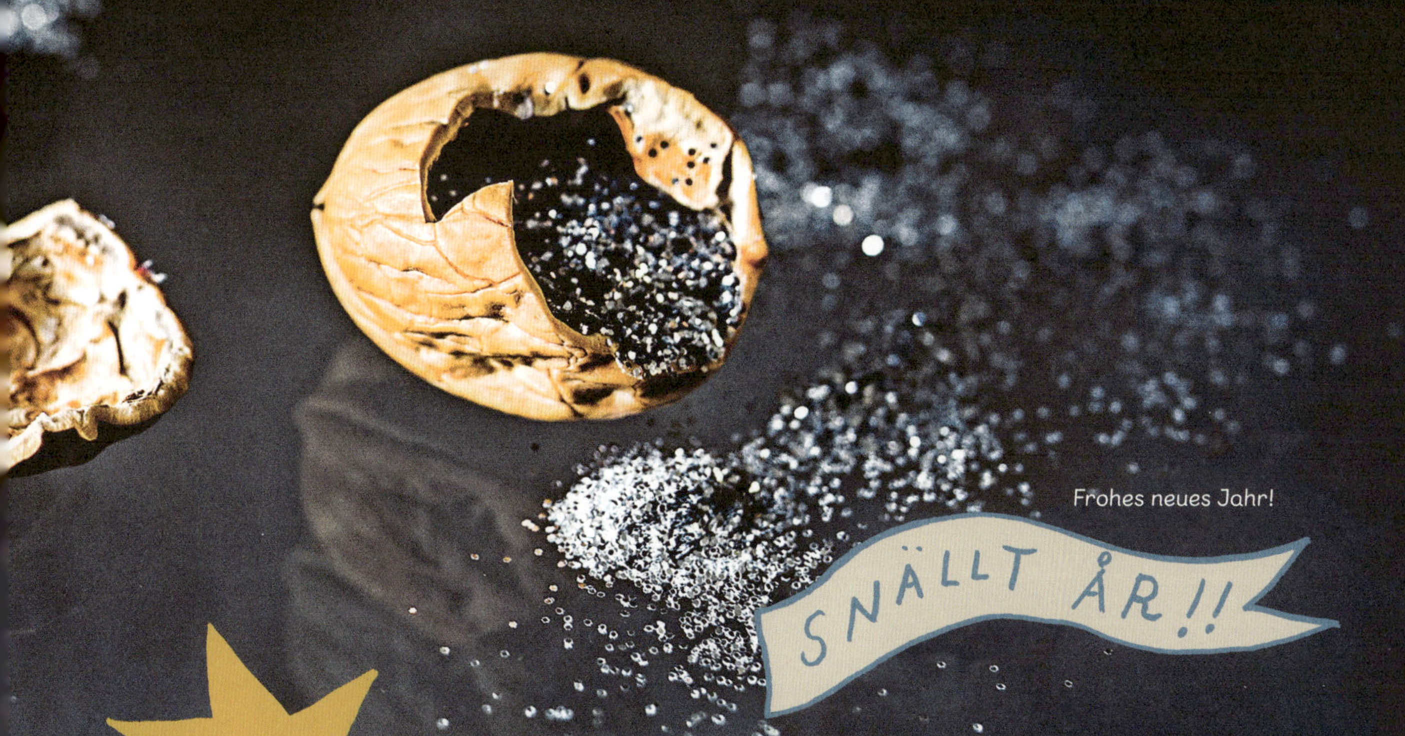

Frohes neues Jahr!

SNÄLLT ÅR!!

Die Zukunft vorhersagen

Versuche, die Zukunft vorherzusagen, sind immer spannend. Lass alle in einem kleinen Brief aufschreiben, was ihrer Meinung nach im nächsten Jahr passieren wird. Einen Zukunftsbrief! Vielleicht wünscht man sich etwas für das nächste Jahr, etwas Neues zu lernen oder etwas Spannendes zu tun. Falte den Brief ganz klein, lege ihn in eine geöffnete Nuss und klebe sie wieder zu, um sie am nächsten Silvesterabend zu knacken! Eine hübsche kleine Tradition.

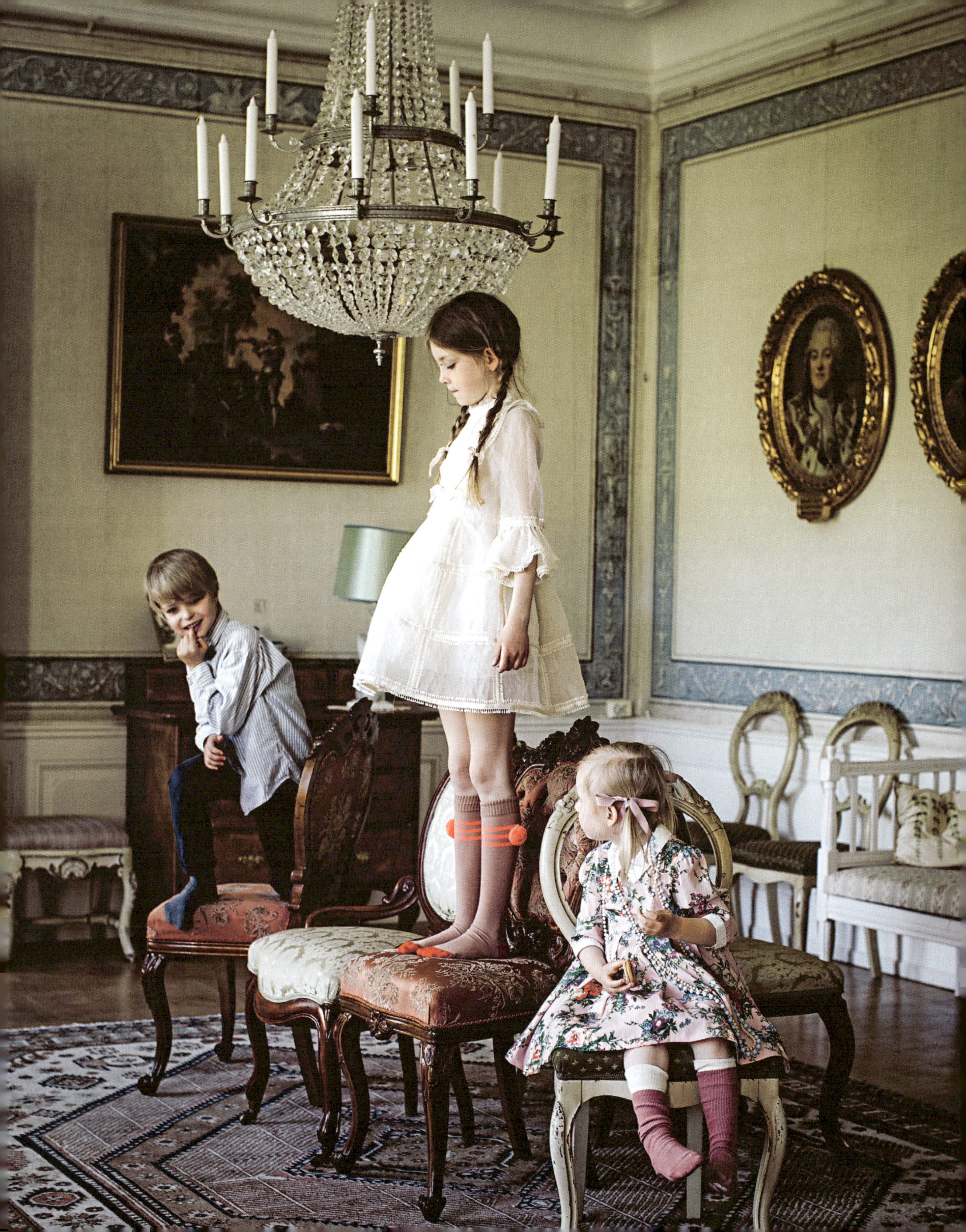

Weihnachtsbaum plündern

Es ist Zeit, das Pfefferkuchenhaus zu zertrümmern, den Weihnachtsbaum zu plündern und ihn hinauszuwerfen. Zeit für die eine oder andere »Reise nach Jerusalem«, »Fische angeln« und für Knallbonbons.

Mit Tannennadeln unter den Fußsohlen und den Bauch voller Leckereien sagen wir Weihnachten »auf Wiedersehen«. In aller Einfachheit oder zusammen mit anderen. Und vergiss nicht lustige Spiele zu spielen, sie dürfen bei einer Weihnachtsbaumplünderung keinesfalls fehlen. Unser Lieblingsspiel ist die Rakete!

Reise nach Jerusalem – verkehrt herum

Stelle Stühle mit den Rücken aneinander im Kreis auf – du benötigst einen Stuhl weniger als es Mitspieler gibt. Mach die Musik an und lass die Kinder um die Stühle herumgehen. Wenn du die Musik anhältst, müssen sich die Kinder möglichst schnell auf einen der Stühle setzen. Wir helfen einander, nehmen uns auf den Schoß oder stellen uns gemeinsam auf einen Stuhl, so macht es uns mehr Spaß. Nimm anschließend einen Stuhl weg und mache die Musik wieder an. Alle spielen weiter, bis man gemeinsam keinen Platz mehr auf den Stühlen findet!

Die Rakete

Die Rakete ist ein spannendes und lustiges Tanzspiel für alle Altersgruppen. Es wird im Stehen gespielt. Ein Erwachsener steht in der Mitte und gibt den Takt durch Klatschen vor.

Alle Mitspieler beginnen, in ausladenden schwingenden Bewegungen übertrieben langsam in die Hände zu klatschen.

Zeit, das Klatschtempo etwas zu erhöhen. Das Klatschen wird schneller und schneller, und die Mitspieler beginnen nun, auch mit den Füßen auf den Boden zu stampfen. Bald hebt die Rakete ab, die Mitspieler fangen an zu zischen und zu pfeifen. Das klingt, wie wenn eine Rakete startet.

Das Spiel endet damit, dass alle ihre Arme gen Himmel recken, auf und ab hüpfen und pfeifende Geräusche machen. Die Rakete hebt ab!

Partytütchen

Feine Leckereien in allen Ehren, aber man kann natürlich auch andere spannende Dinge in ein Partytütchen packen:

- Seifenblasen (siehe Seite 98, wenn du sie selbst anmischen möchtest)
- alte Lesezeichen
- bunte Murmeln (altersabhängig)

Lass die Kinder die Süßigkeiten vom Baum plündern und das Pfefferkuchenhaus verputzen. Vergiss nur nicht, es vorher abzustauben!

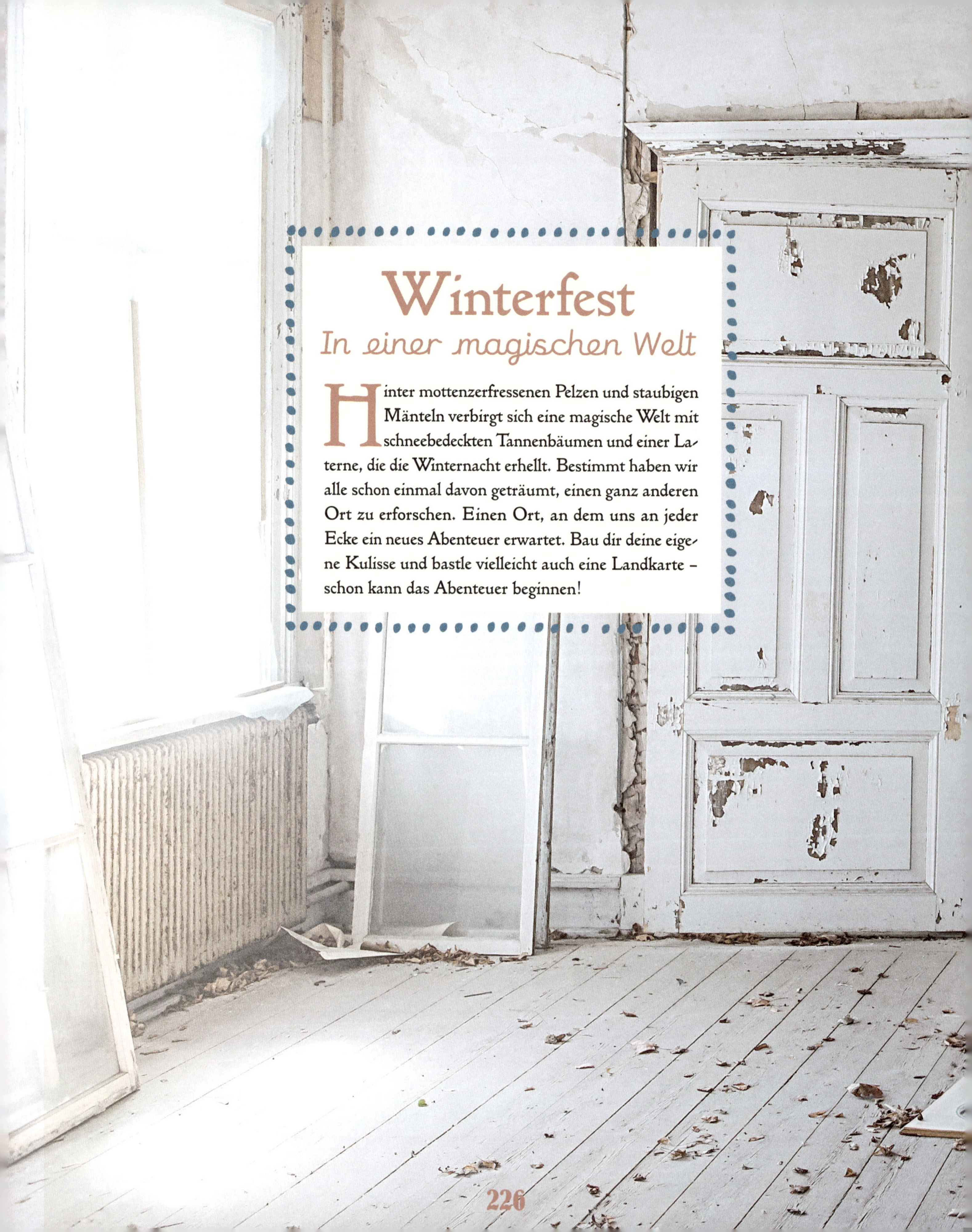

Winterfest

In einer magischen Welt

Hinter mottenzerfressenen Pelzen und staubigen Mänteln verbirgt sich eine magische Welt mit schneebedeckten Tannenbäumen und einer Laterne, die die Winternacht erhellt. Bestimmt haben wir alle schon einmal davon geträumt, einen ganz anderen Ort zu erforschen. Einen Ort, an dem uns an jeder Ecke ein neues Abenteuer erwartet. Bau dir deine eigene Kulisse und bastle vielleicht auch eine Landkarte – schon kann das Abenteuer beginnen!

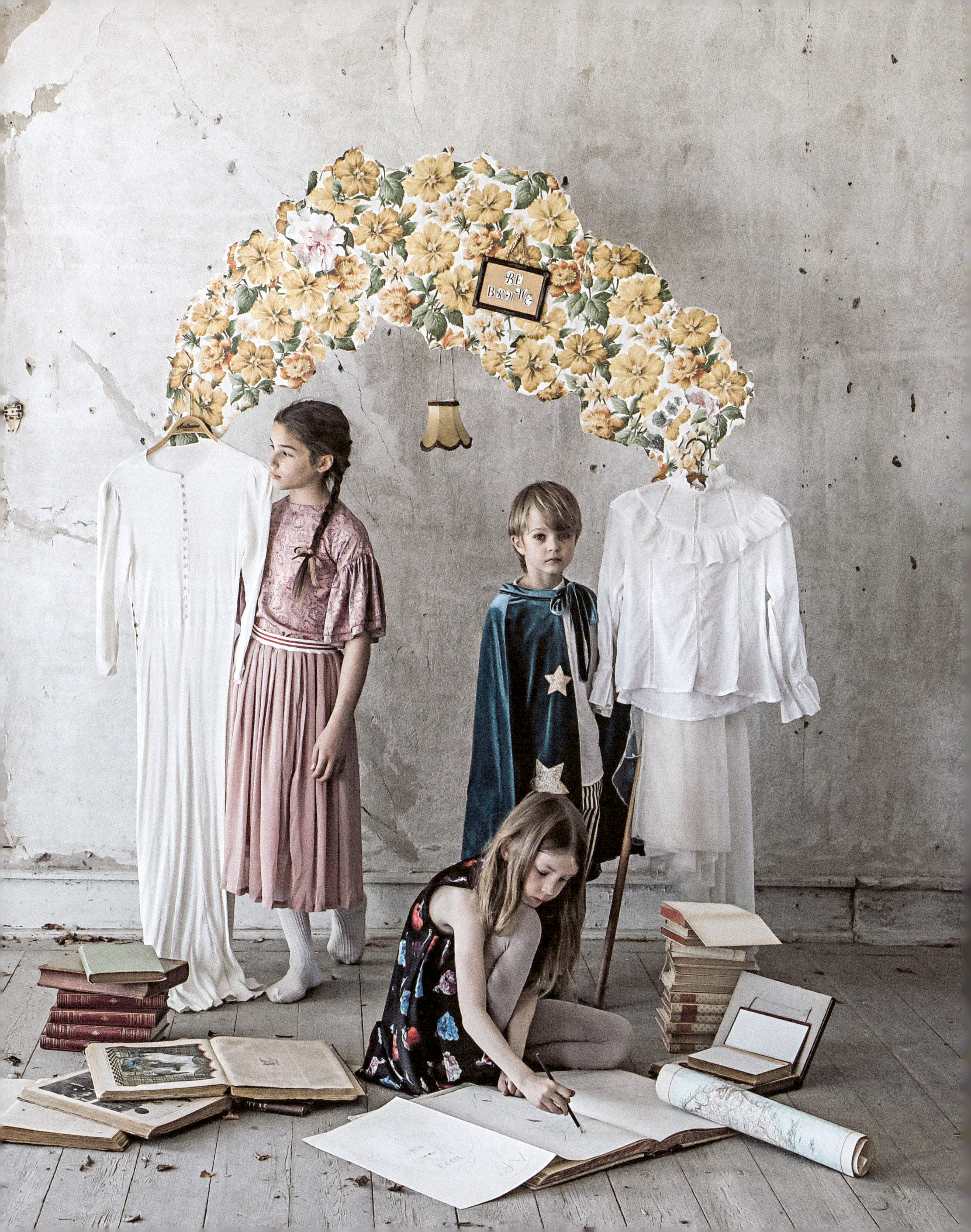
BE BRAVE

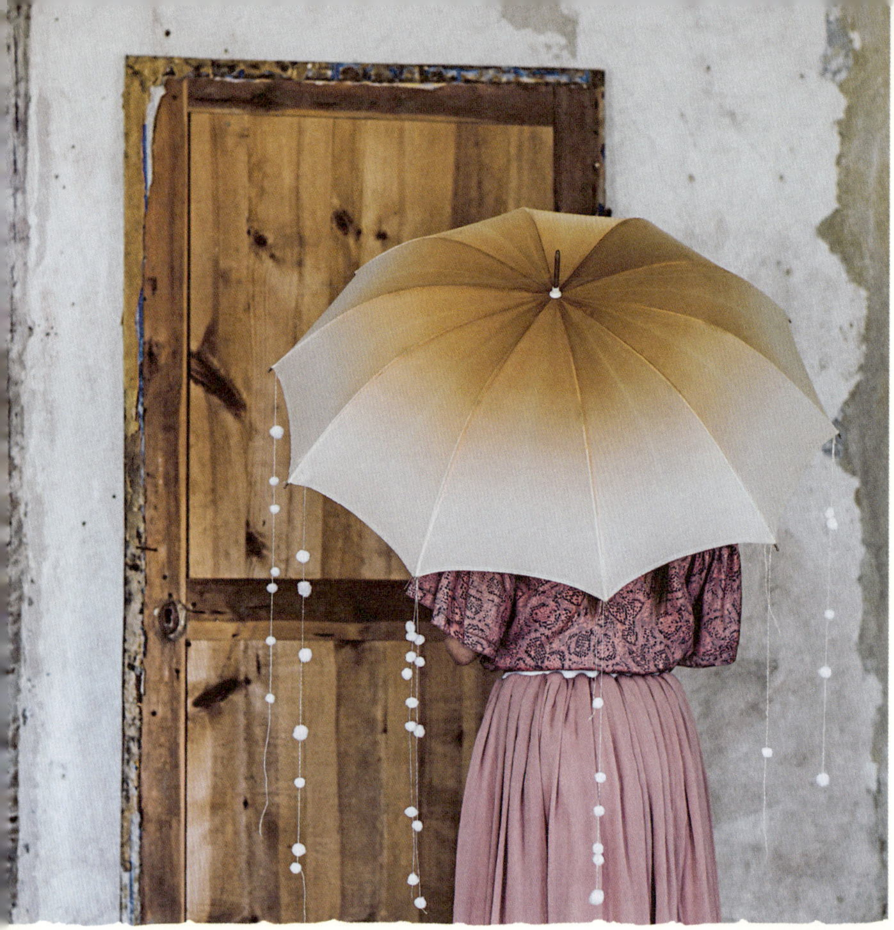

Schirm mit Schneebällen

Wir verwenden oft alte Regenschirme als eine Art Gerüst für unterschiedlichste Dekorationen: Das Praktische ist, dass sie sich öffnen und schließen lassen, dass man sie aufhängen kann und dass man sie sowohl auf der Innen- als auch auf der Außenseite dekorieren kann.

Du brauchst:

- ✻ Regenschirm
- ✻ Nadel und Faden
- ✻ Wattekugeln

So geht's:

1. Die Wattekugeln mithilfe einer Nadel auf Fäden unterschiedlicher Länge aufziehen.
2. Dann die Enden der Fäden an dem Metallgestänge auf der Unterseite des Regenschirms befestigen.

Einladung Alte Landkarte

Du brauchst:

- ✻ Landkarten
- ✻ Pappe einer Haushaltsrolle
- ✻ Kleber
- ✻ Stoffband

So geht's:

1. Schreibe deine Einladung auf die Rückseite einer alten Landkarte.
2. Klebe eine weitere Landkarte auf die Pappe einer Haushaltsrolle. Schon hast du eine kleine Pappröhre zum Versand der Einladung.
3. Die Einladung mit einem Band versiegeln.

Tipp!
Es gibt eine Menge alter günstiger Atlanten auf dem Flohmarkt, aus denen man Seiten herausreißen kann. Wenn du Lust hast, gestalte die Einladung als Schatzkarte!

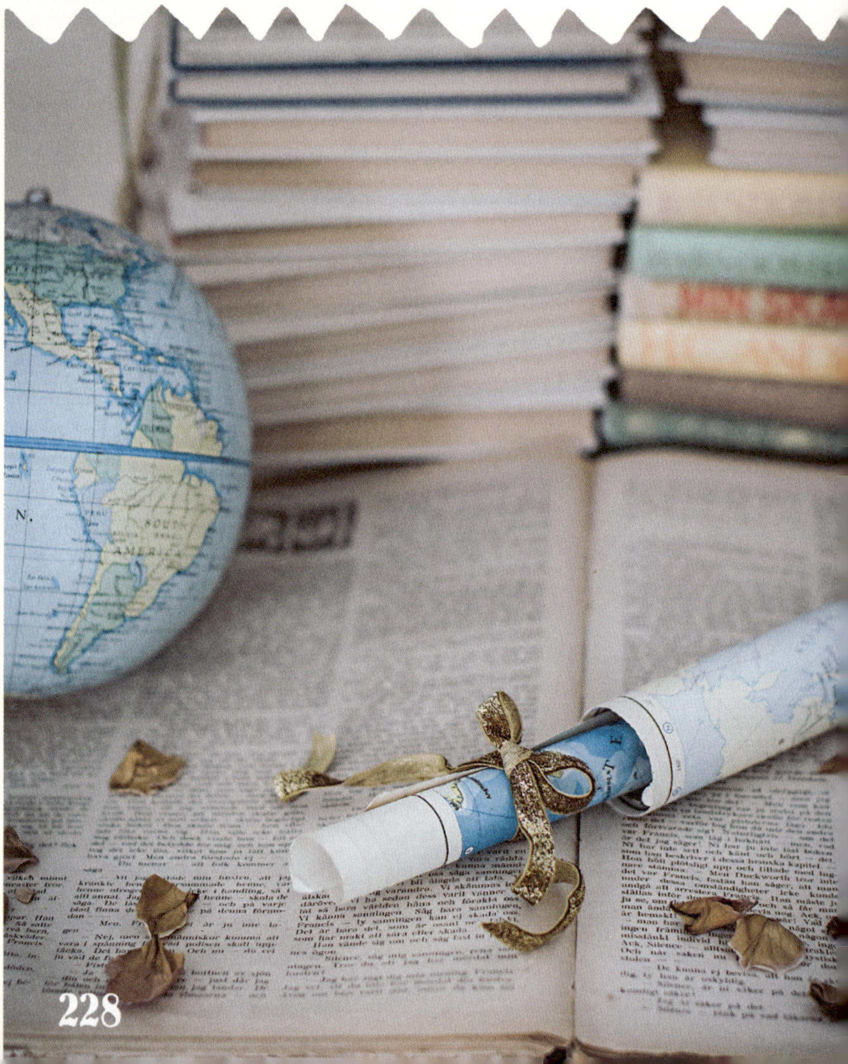

Verborgener Schatz in einem alten Buch

Etwas in einem Buch zu verstecken, ist zwar vermutlich keine ganz neue Idee, aber trotzdem aufregend – und perfekt, um einen Schatz für alle kleinen Gäste zu verstecken!

Du brauchst:

- altes Buch (gibt es auf dem Flohmarkt)
- Stift
- Teppichmesser oder Skalpell

So geht's:

1. Das alte Buch aufklappen.
2. Ein Rechteck auf dem Titelblatt anzeichnen.
3. Mit dem Teppichmesser entlang der Linien durch die Blätter hindurchschneiden.

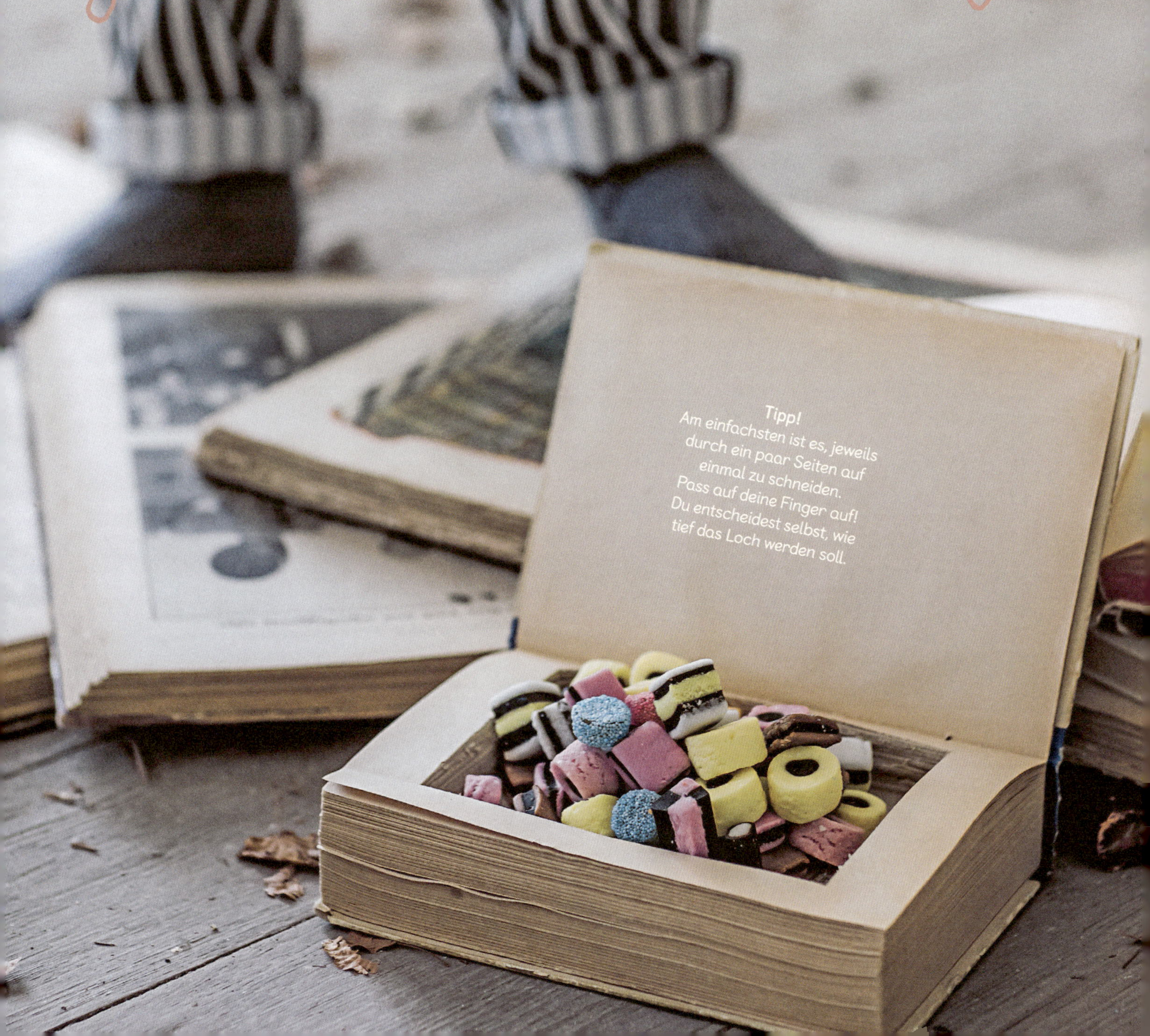

Tipp!
Am einfachsten ist es, jeweils durch ein paar Seiten auf einmal zu schneiden.
Pass auf deine Finger auf!
Du entscheidest selbst, wie tief das Loch werden soll.

Theaterkulisse

Mit einer einfachen Kulisse werden Partyträume wahr. Mehr ist für ein Motto nicht nötig. Das Pfiffige an unserer Art von Kulisse ist, dass sie ganz einfach bewegt und dekoriert werden kann, wie du möchtest. Wir mögen große Kulissen: Es ist toll, wenn man durch sie hindurchschreiten kann – das Abenteuer wartet immer auf der anderen Seite.

Du brauchst:

- großen Karton
- Teppichmesser oder Skalpell
- Tapete
- Kleber
- 2 Holzstäbe (z. B. aus Bambus)
- Panzertape
- Haken
- Handtacker

So geht's:

1. Den Karton in Form deiner Kulisse zuschneiden.
2. Stücke aus einer Tapetenrolle ausschneiden.
3. Die Tapetenstücke auf die Vorderseite des Kartons kleben.
4. Auf der Rückseite des Kartons die Holzstäbe mit Panzertape fixieren.
5. Haken durch den Karton und die Stäbe schrauben.
6. Mit Bildern, kleinen Botschaften und Lampen dekorieren, diese einfach an den Haken aufhängen.

Tipp!
Große Kartons findet man im Elektrofachhandel!

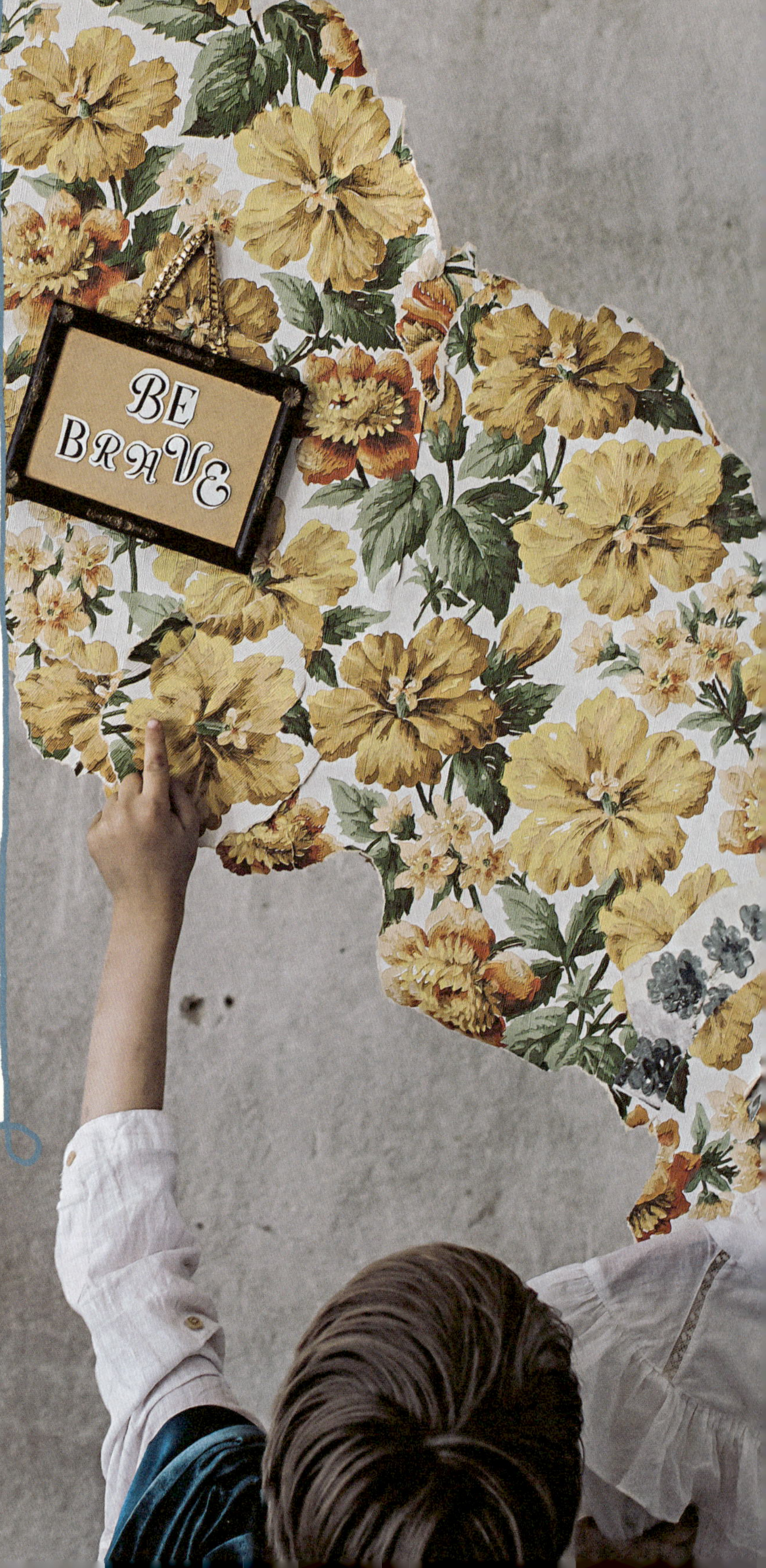

Tipp!
Mit den Tapetenrändern muss man es nicht so genau nehmen! In einem letzten Arbeitsschritt reißt du sie einfach entlang der Ränder des Kartons ab. Das vermittelt das Gefühl, dass die Kulisse Teil einer Wand mit abgeblätterten Tapeten ist.

Flüsterpost

Setzt euch im Kreis hin. Ein Kind überlegt sich einen Begriff und flüstert ihn leise in das Ohr des Kindes, das neben ihm sitzt. So geht es reihum weiter, bis jedes Kind seinem Nachbarn verraten hat, was es verstanden hat. Das letzte Kind sagt laut, was ihm ins Ohr geflüstert wurde.

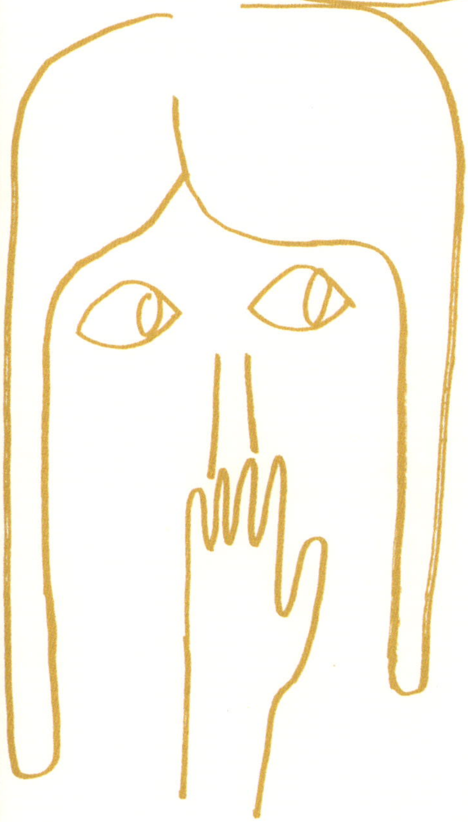

Verstecken

Das Kind, das mit Suchen dran ist, zählt an einem Platz, von wo aus es die anderen Mitspieler nicht sehen kann, bis 100 – oder bis 10, je nach Alter der Kinder. Achtet darauf, dass das zählende Kind die Augen ordentlich schließt und so laut zählt, dass die anderen hören können, wie viel Zeit ihnen noch zum Verstecken bleibt. Bei 100 bzw. 10 angekommen, geht die Suche nach den anderen Kindern los. Macht vor dem Spielen aus, ob das erste oder letzte Kind, das gefunden wird, in der nächsten Runde zählen und suchen darf bzw. muss.

Schatzsuche

Es wird ein Schatz versteckt, den die Kinder suchen und entweder mithilfe einer Karte, eines Bilderrätsels, versteckter Hinweise oder etwas anderem Kniffligen finden müssen. Lass dich vom Motto des Fests inspirieren!

In der Natur

Vögel füttern

Heimische kleine Vögel während des Winters zu füttern, ist eine vergnügliche Sache für die ganze Familie. Besonders spannend ist es, wenn alle zusammen am Fenster sitzen und Ausschau halten. Kleine Vögel lieben Körnermischungen: Du kannst beispielsweise Wellensittichfutter, Sonnenblumen- und Hanfsamen oder ungesalzene Erdnusskerne auslegen. Platziere das Futter zum Beispiel unter einer Treppe oder an einer anderen geschützten Stelle, möglichst in der Nähe von Gebüsch. Andernfalls besteht das Risiko für Angriffe von Habichten, Spechten, Meisen oder Krähen.

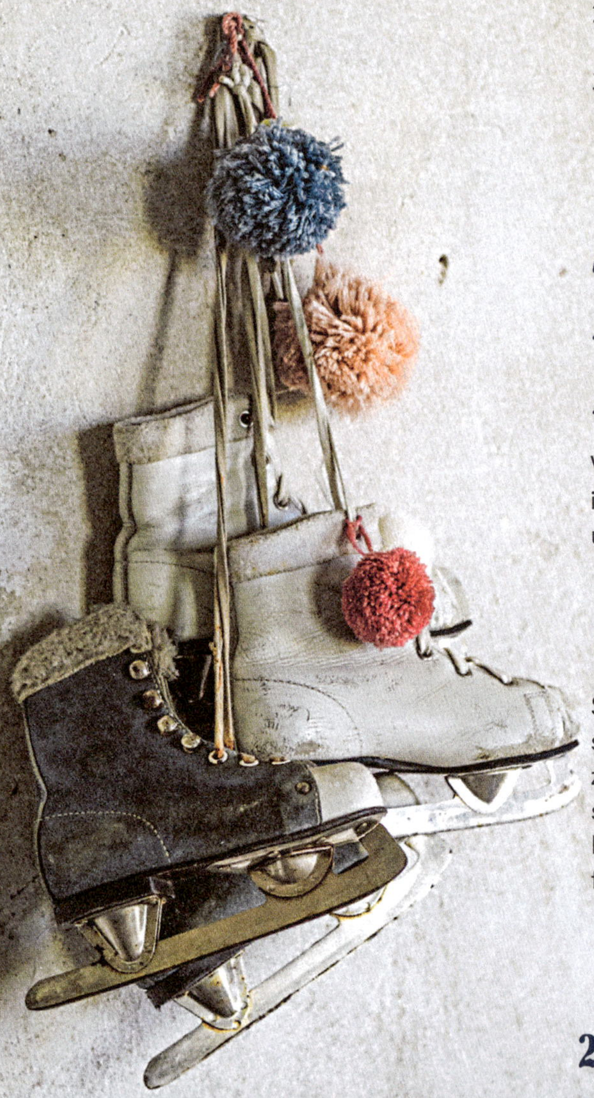

Eislaternen

In kalten Wintern ist es ganz einfach, Eislaternen herzustellen. Mache ein oder mehrere Exemplare für ein besonderes Fest oder auch für einen ganz normalen Montagabend.

Du brauchst:

- Wasser
- Eimer in unterschiedlichen Größen

So geht's:

1. Einen Eimer mit Wasser füllen.
2. Einen etwas kleineren Eimer hineinstellen und mit einem Stein beschweren.
3. Dann die Eimer über Nacht draußen stehen und das Wasser gefrieren lassen. Zum Lösen der Eimer etwas warmes Wasser daraufgießen.

Mit Wasserfarben in den Schnee malen

Verwandle den Schnee mit Wasserfarben und Pinseln in eine gigantische Leinwand. Ein Riesespaß für Groß und Klein!

Eisige Seifenblasen

Sinken die Temperaturen unter -10 °C, kann man versuchen, Eisblasen zu pusten. Dann fallen sie herab und zerbrechen auf der Erde. Fängst du sie vorher auf, so kannst du dich für einen Moment an den frostigen Blasen erfreuen. Auf Seite 98 findest du unser Rezept für Seifenblasenwasser.

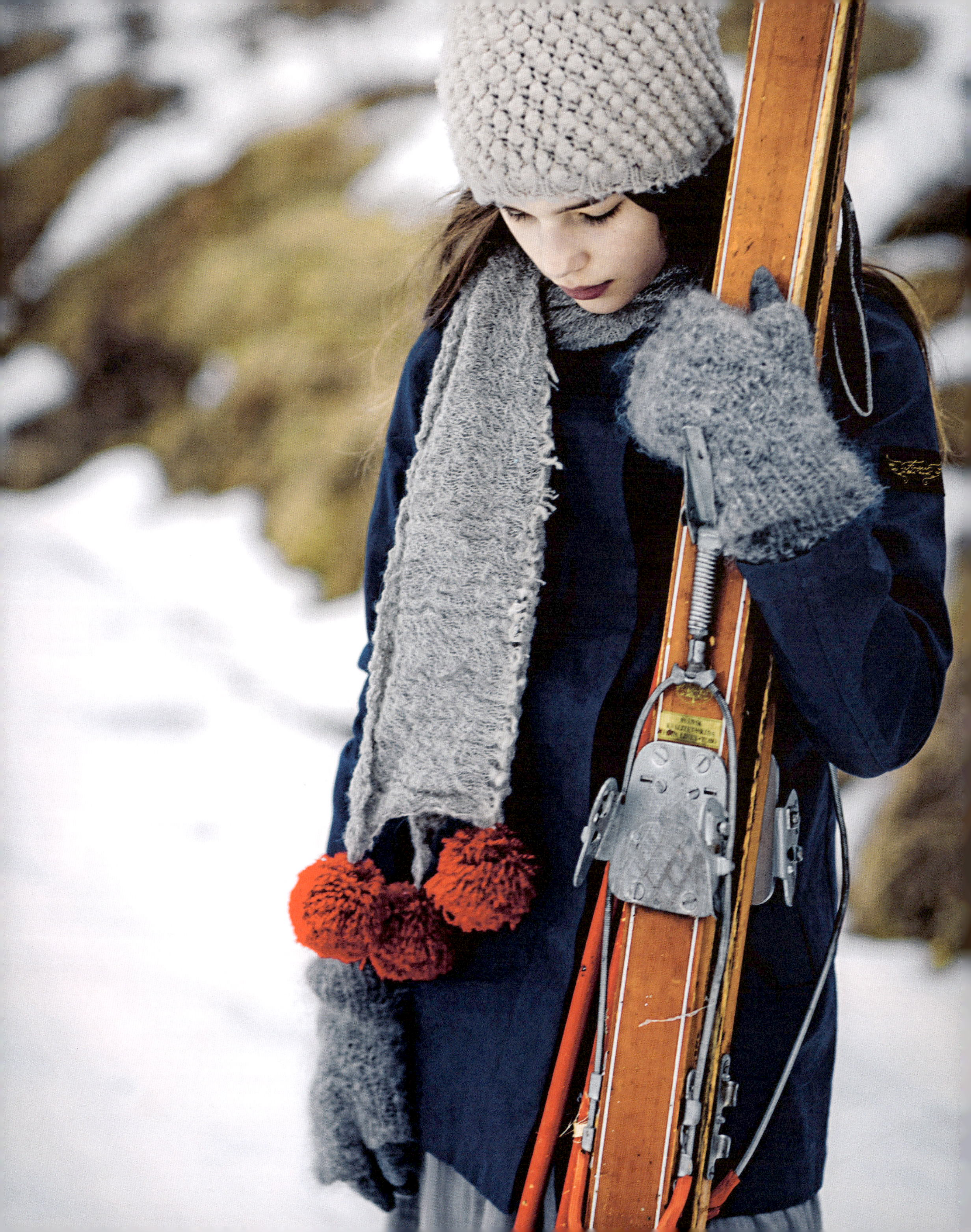

Ich weiß nicht, ob es an den Bäumen lag, die im Sturm umgestürzt waren, oder daran, dass alle Blätter fort waren. Aber plötzlich fanden wir eine neue Lieblingsstelle. Einen mit frostigem Moos gedeckten Zaun. Es passierte, als wir zufällig auf dem Kiesweg bei Mamas und Papas Häuschen nach rechts blickten. Was für ein mystischer Moment! Wie konnte es sein, dass man etwas all die Jahre nicht gesehen hatte? Sehr viele Jahre. Meine Eltern sagten, der Zaun wäre schon immer da gewesen und ich hätte als Kind dort gespielt. Aber aus meiner Erinnerung war all das verschwunden. Wie merkwürdig.

Möglicherweise ebenso merkwürdig wie die Tatsache, dass die Welt sich plötzlich nur wegen ein paar Minusgraden völlig verändert. Und wie das Gefühl, dass das jedes Mal zum ersten Mal geschieht. Da waren nur sie, ich und der Frost. Und der graue wolkenverhangene Himmel. Ich stimmte mit ihr überein, dass gerade heute alles ganz besonders schön war, wohin wir auch blickten. Es funkelte und schimmerte überall, es war einfach fantastisch. Vielleicht liegt das daran, dass Frost vergänglich ist. Man weiß nie, wie lange er bleibt, und vergängliche Dinge haben es an sich, dass sie ganz besonders glänzen.

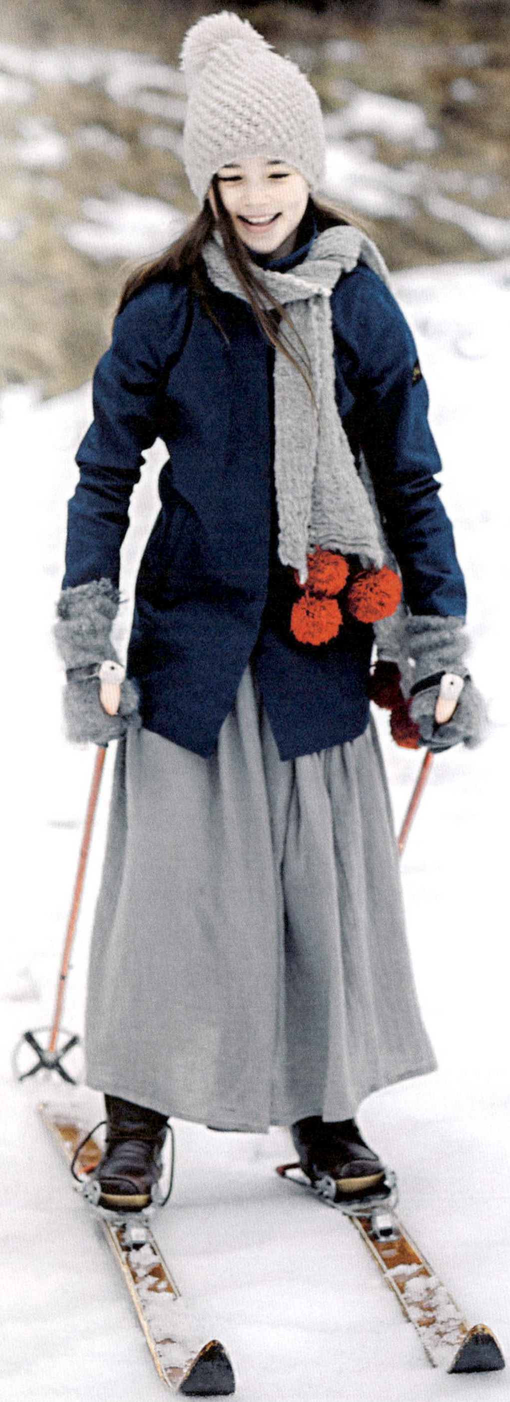

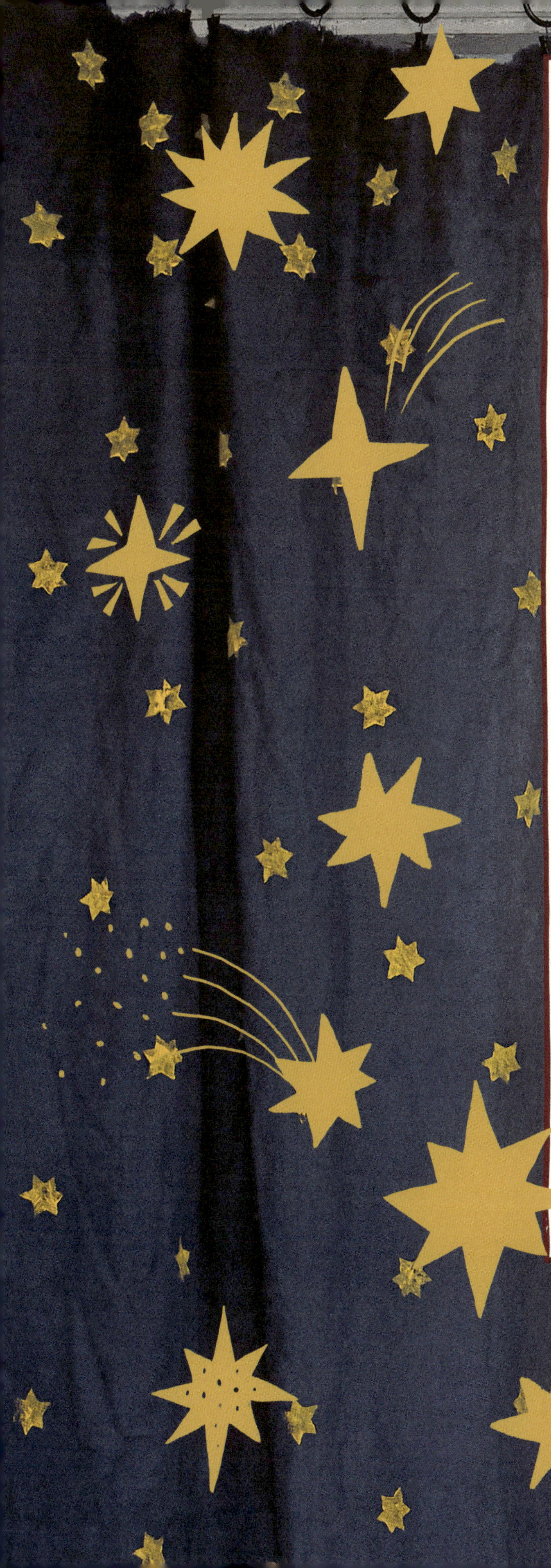

Kartoffeldruck

Es findet sich immer eine alte Kartoffel im Kühlschrank oder in der Speisekammer, die für Kartoffeldruck verwendet werden kann. Teile sie in zwei Hälften und schwups kannst du ganz einfach Stempel für Groß und Klein basteln. Drucke schöne Motive in einer Reihe, kreisförmig oder wild durcheinander. Es ist auch in Ordnung, ein wenig mit den Fingern zu klecksen. Ein Sternenmotiv auf einem größeren Stoff kann leicht zu einem schönen Raumteiler oder Vorhang werden.

Du brauchst:

- Kartoffel
- Skalpell (oder ein anderes scharfes Messer)
- eine etwas stumpfere Nadel
- Textilfarbe
- Stoff

So geht's:

1. Eine Kartoffel in zwei Hälften teilen.
2. Dein Motiv mit der stumpfen Nadel einritzen. Dann mit dem Messer das Motiv herausschnitzen.
3. Den Kartoffelstempel in Textilfarbe tauchen (nicht zu viel Farbe verwenden!). Für ein gutes Ergebnis möglichst einen Probedruck machen.
4. Die Kartoffel auf den Stoff drücken.

Arbeitet zusammen oder lass die Kinder selbstständig kreativ werden. Die Wahl der Motive spielt keine große Rolle. Sterne, Monde und Wolken lassen sich mithilfe eines scharfen Messers ziemlich einfach herausschnitzen. Passt auf eure Finger auf!

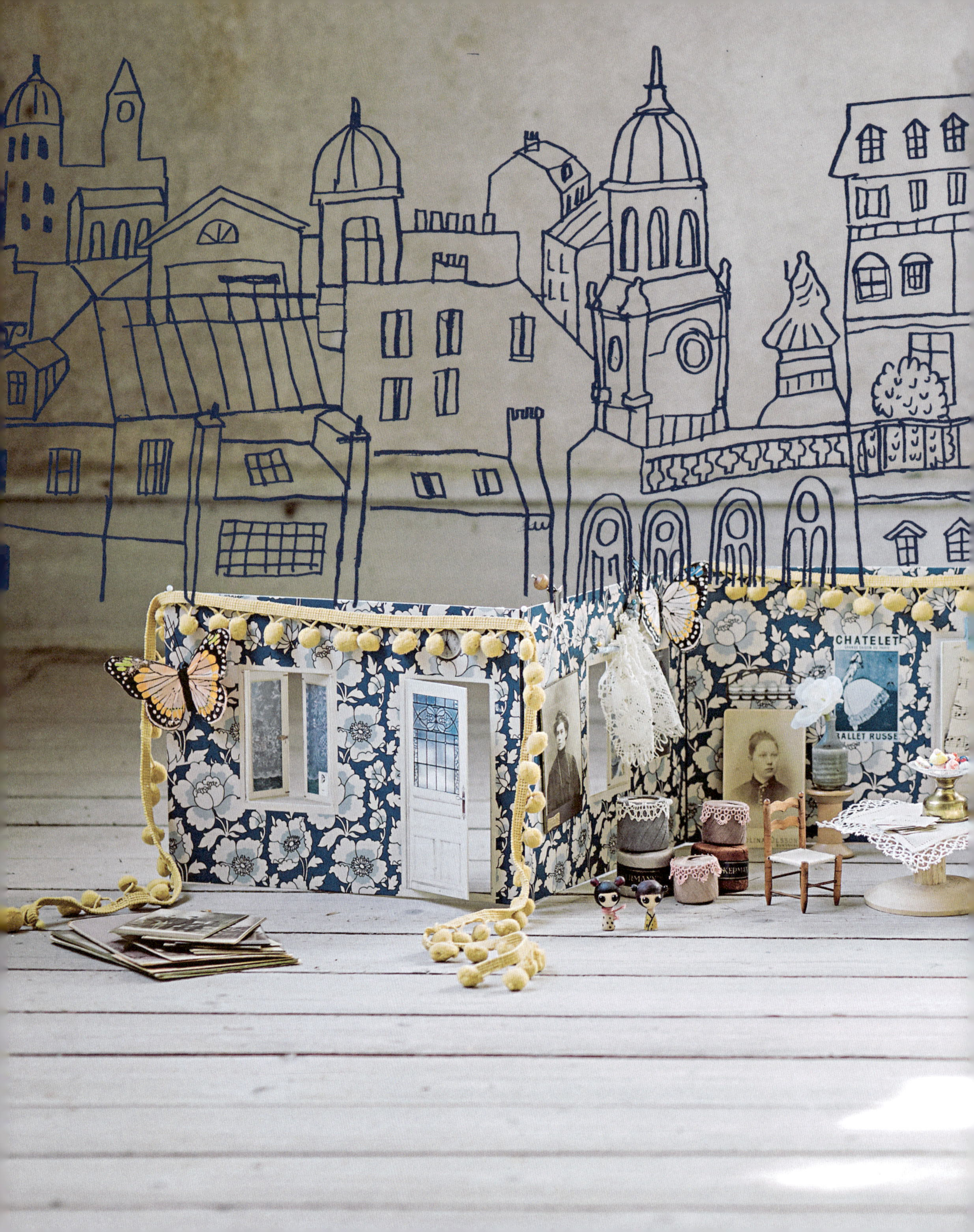
CHATELET
BALLET RUSSE

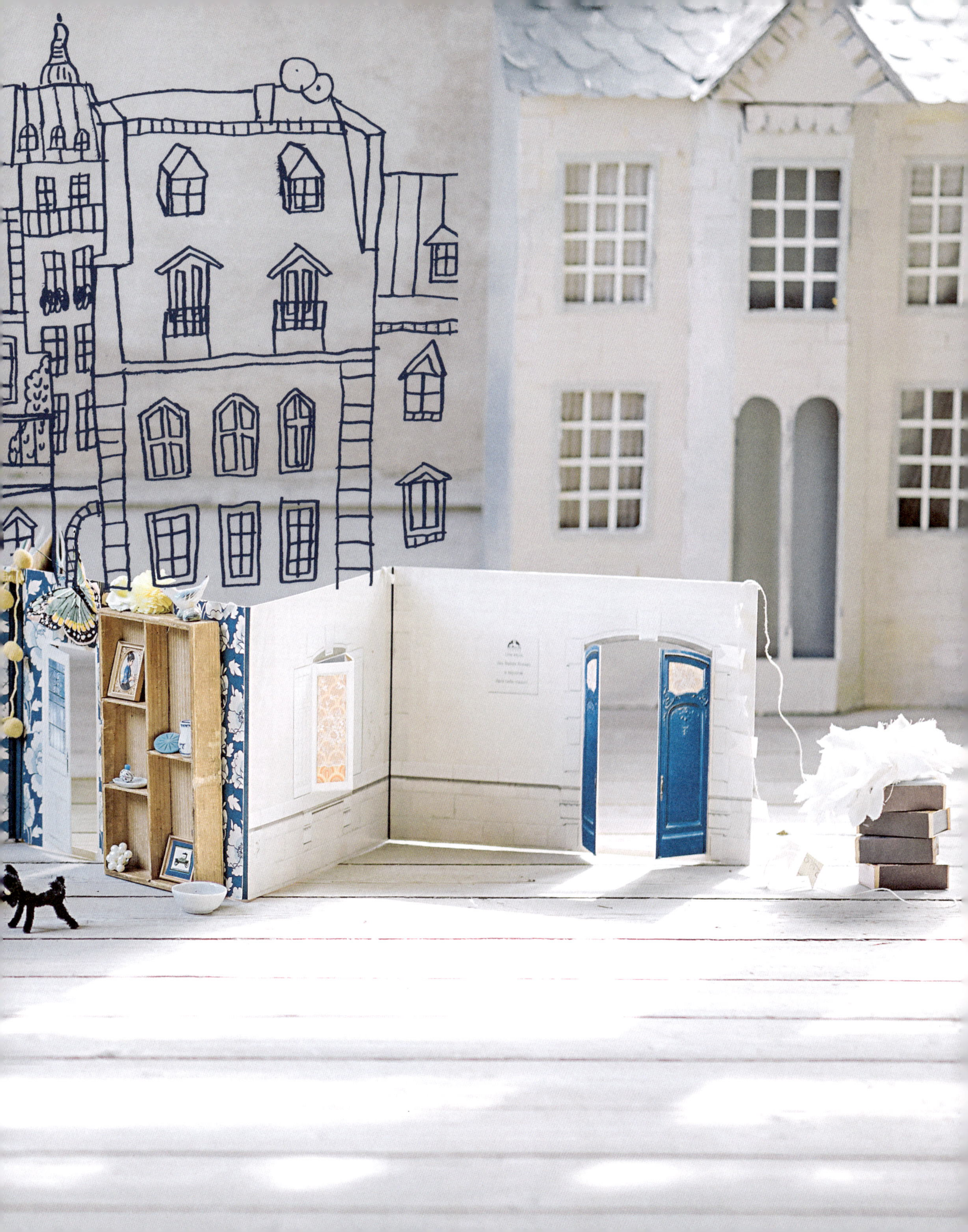

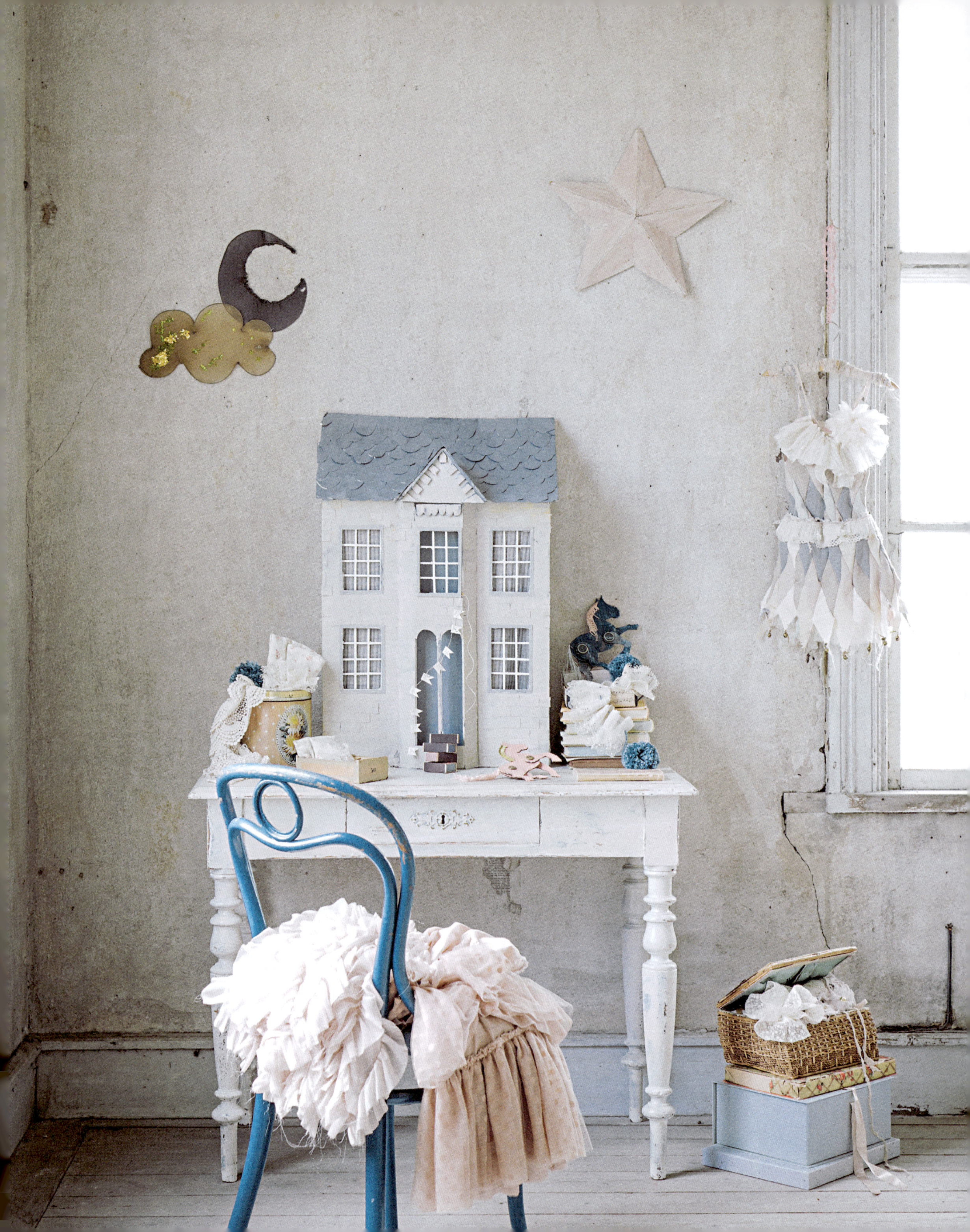

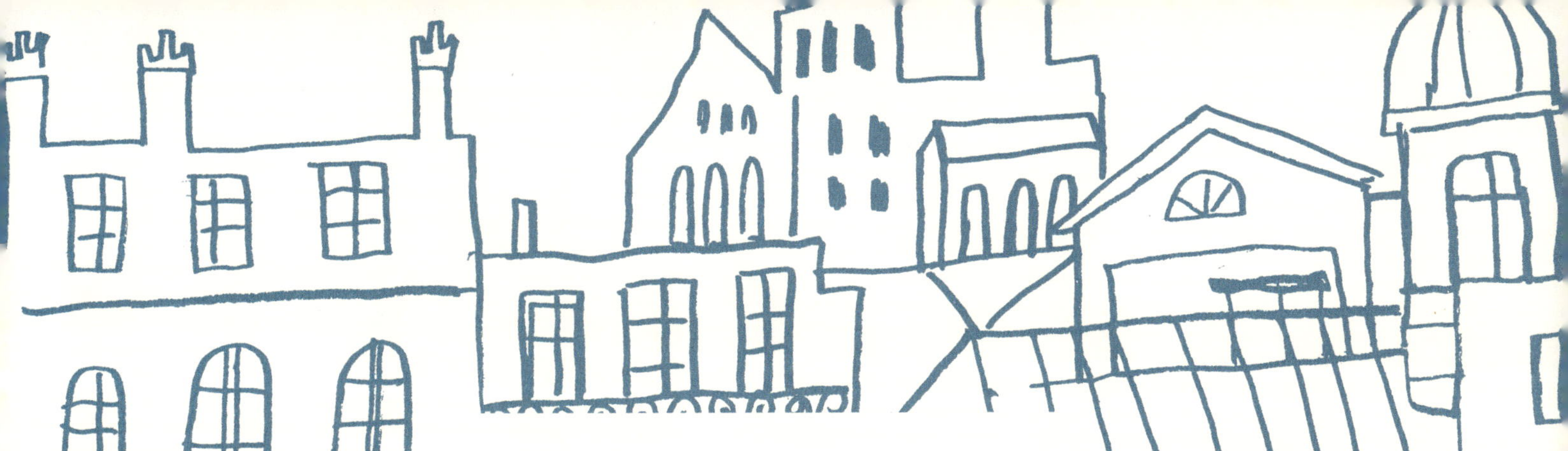

Puppenhaus

Eine Dachgeschosswohnung

Etwas Lustigeres als ein Haus aus Karton kannst du mit den Kindern kaum bauen. Am schönsten ist, dass du eine simple Hütte oder ein ganzes Schloss planen kannst. Weil es so unglaublich einfach geht. Und weil sich das ganze Baumaterial im Papiermüll findet.

Du brauchst:

- Schablonen
- Karton
- Schere und Messer
- Nadeln und Klebeband
- Heißklebepistole und mehr schnell trocknenden Kleber (Heißkleber für die größeren, den anderen für die kleineren Teile)
- Farbe
- Tapeten
- Stoff
- Washitape, Grillspieße oder Zahnstocher als Fenstersprossen

So geht's:

1. Schablonen mithilfe unserer Vorlage herstellen, dabei die angegebenen Maße beachten. Die Vorlage ist als Basis gedacht und kann beliebig vereinfacht oder ausgebaut werden.
2. Die einzelnen Teile ausschneiden.
3. Beim Aufbau des Puppenhauses die Teile zuerst mit Nadeln zusammenstecken, dann alles kleben. Wir empfehlen Heißkleber, weil er schneller trocknet und besser hält.
4. Dekoriere das Haus mit Farbe, Tapete und Stoff!

Fenstersprossen

Am einfachsten gelingen Fenster, indem man Washitape aufklebt (gibt es unter anderem im Bastelgeschäft). Will man sich an einer etwas schwierigeren Variante versuchen, kann man Zahnstocher oder Grillspieße verwenden. Diese legt man entsprechend der Form der Fenster und der Sprossen über Kreuz und verwendet Kleber zum Fixieren.

Kinder und Heißkleber

Es ist kein Problem, auch kleine Kinder Heißkleber verwenden zu lassen. Unser Tipp: Gib den Kindern Handschuhe, damit sie sich nicht verbrennen können. Wir verwenden außerdem eine Steinplatte zum Schutz von Tisch oder Boden. Natürlich eignen sich auch ein Schneidebrett aus Stein oder Fliesen.

Vorlage auf Seite 260

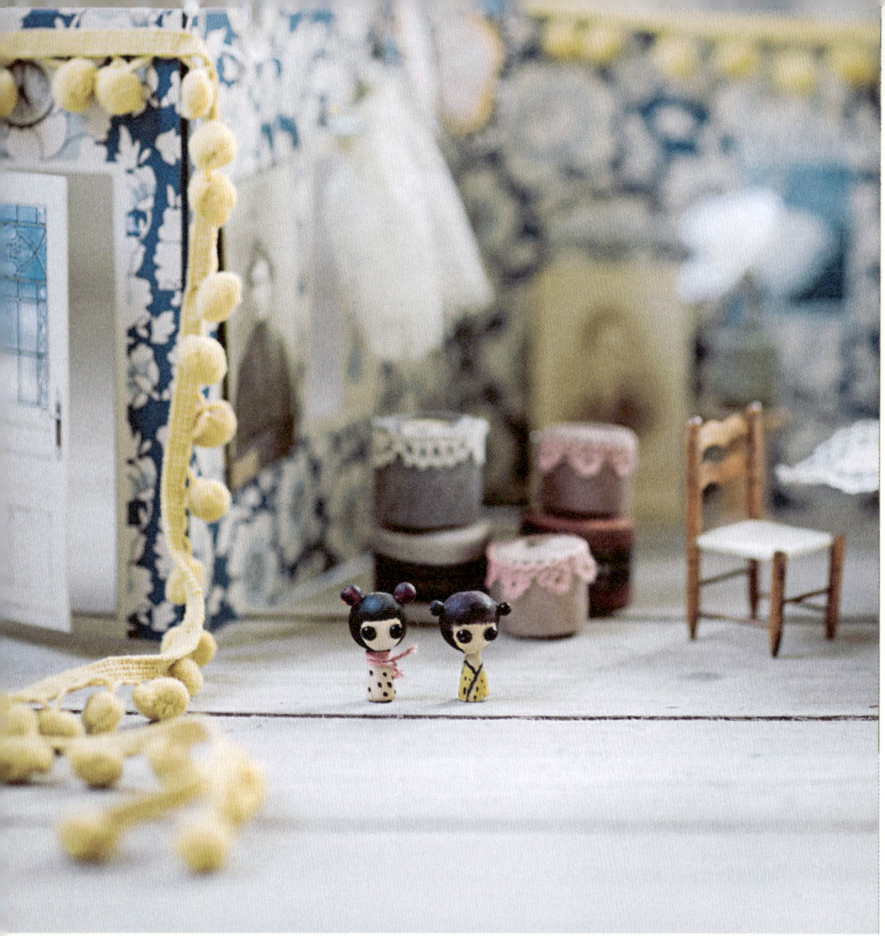

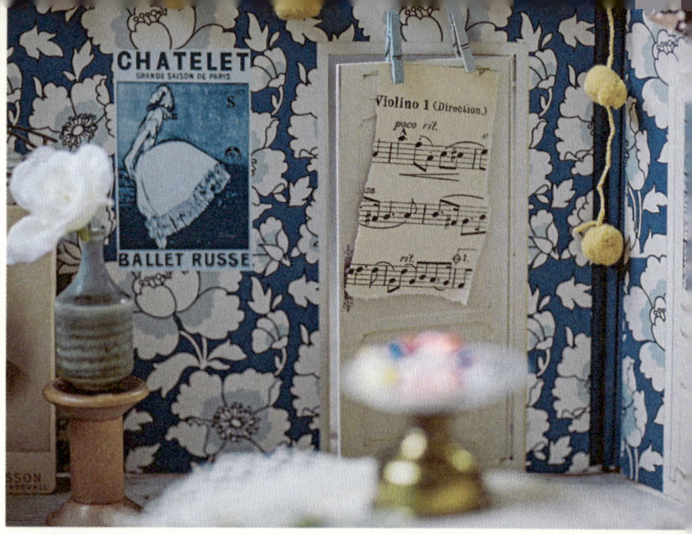
CHATELET
GRANDE SAISON DE PARIS
BALLET RUSSE
Violino 1 (Direction.)
poco rit.

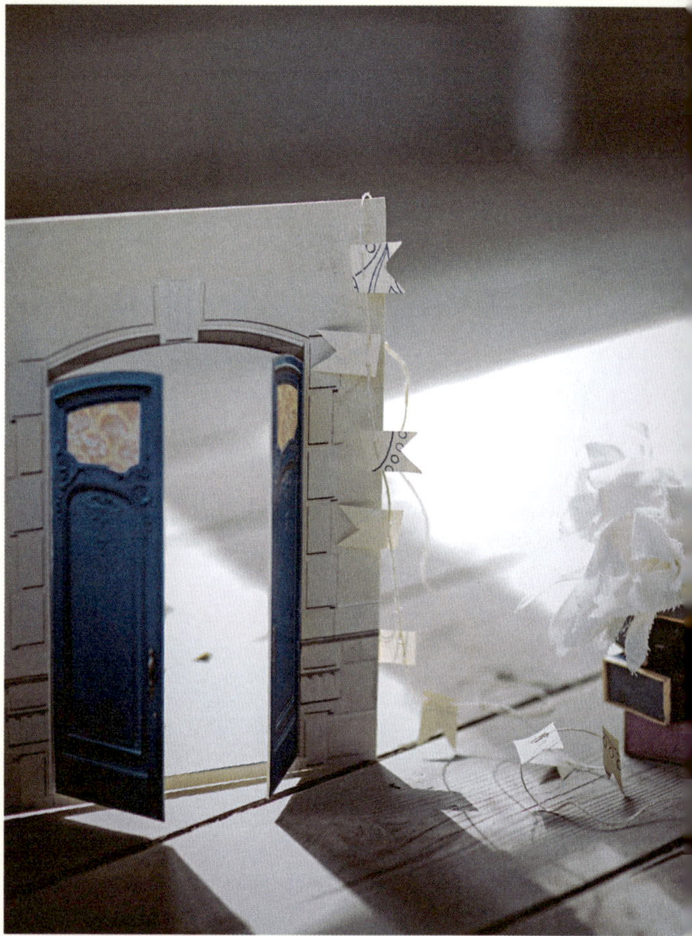

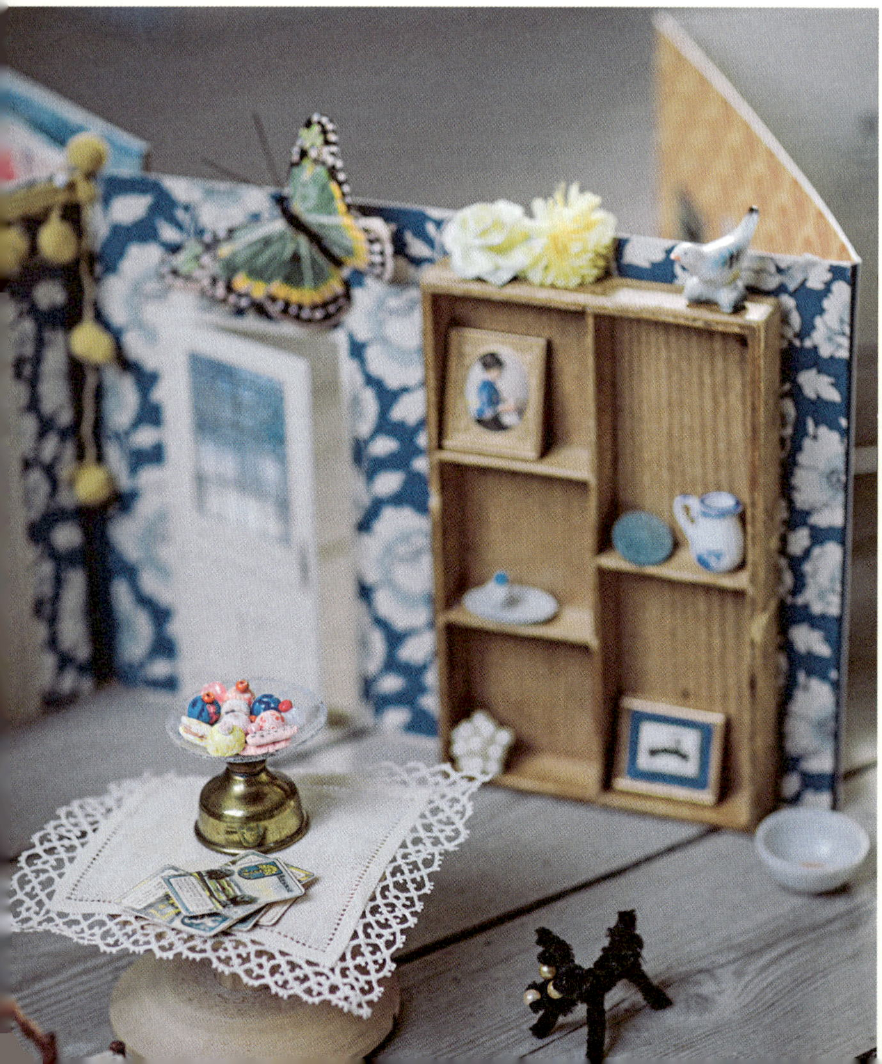

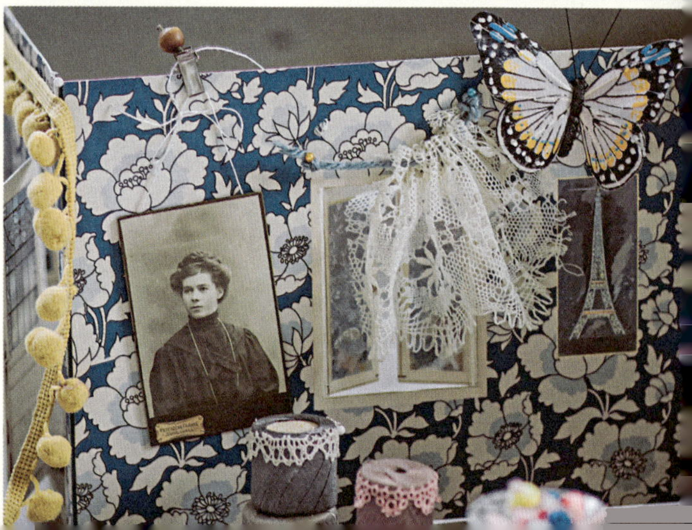

Das muss Paris sein. Dort, ganz oben auf dem Schreibtisch. Eine Pariser Dachgeschosswohnung mit Aussicht über die Hausdächer. Über Abermillionen von Hausdächern, die kein Ende nehmen wollen.

Eine Pariser Dachgeschosswohnung mit geblümten Tapeten. Von den Decken hängen Pomponborten. Sie hat knarzende Dielen, die unterschiedliche Geräusche machen, wenn man auf sie tritt. Eine klingt wie eine maunzende Katze, eine andere wie ein zwitscherndes Vogeljunges. Beinahe als würde »Zoo« gespielt. Auf Häkeldeckchen steht Gebäck bereit – und das zu jeder Zeit. Man kann sie jeden einzelnen Tag essen, bis man platzt. Auch Schmetterlinge sind eingezogen. Es begann wohl damit, dass die schwarze Hündin sich in den grünen Schmetterling verliebt hat, von da an nahm die Sache ihren Lauf.

Natürlich ist das Paris. Man muss sich nur einmal die kleinen französischen Pagenköpfe ansehen! Diese kleinen Fräuleins dort führen zusammen ein Café. Mit bunten Tischtüchern und knallgelben Wänden. Sie haben ihre Haare kohlrabenschwarz gefärbt. Das gibt so einen hübschen Kontrast. Wenn sie frei haben, sitzen sie am liebsten am Fenster in der Pariser Dachgeschosswohnung und blicken über das Häusermeer. Von dort lassen sie ihre Füße mutig in der Luft baumeln. Ja, im Leben muss man mutig sein. Denk nur an die schwarze Hündin. Stell dir vor, sie hätte nichts zum Schmetterling gesagt. Dann wäre er nie eingezogen. Das wäre zu schade gewesen.

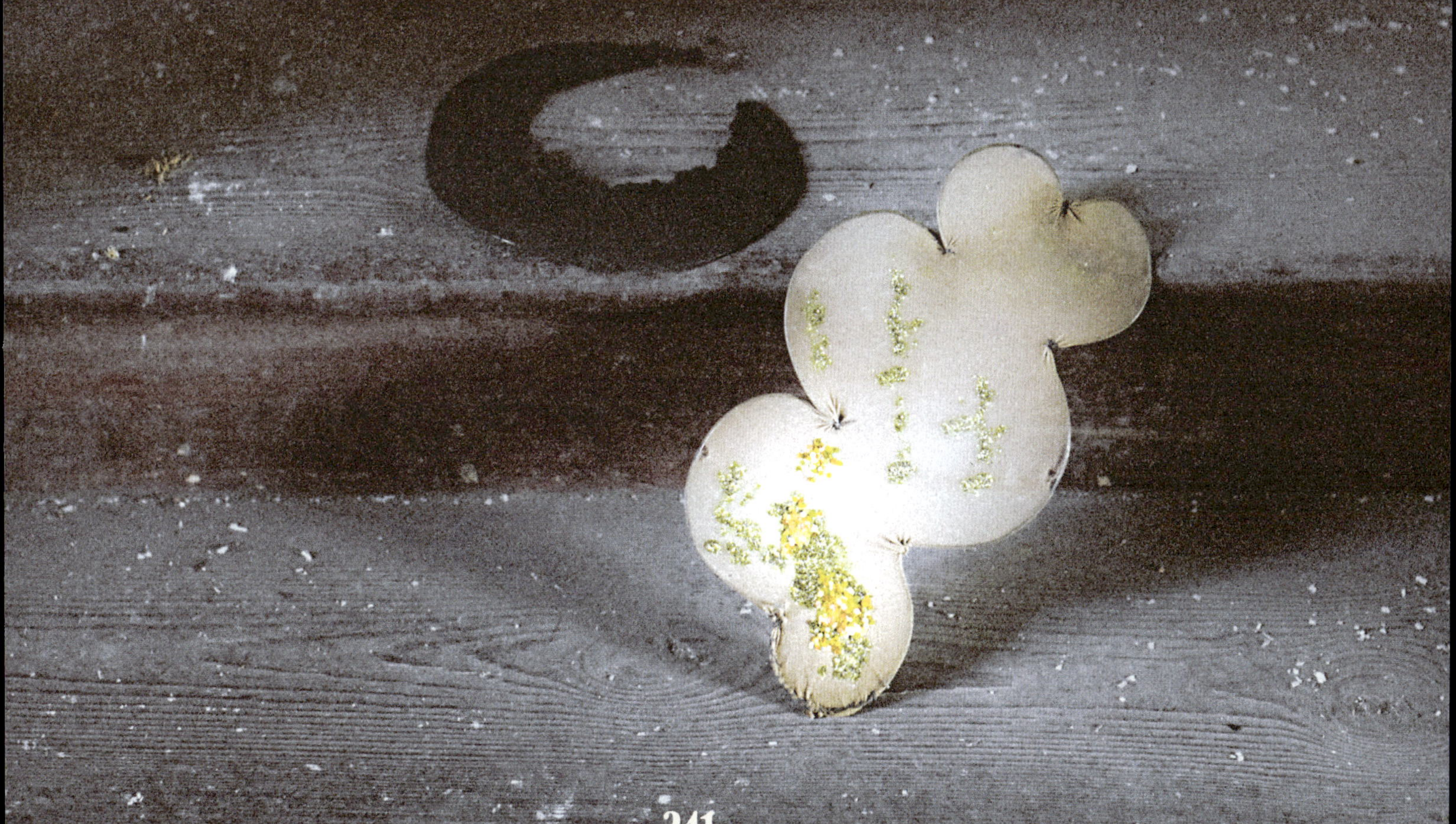

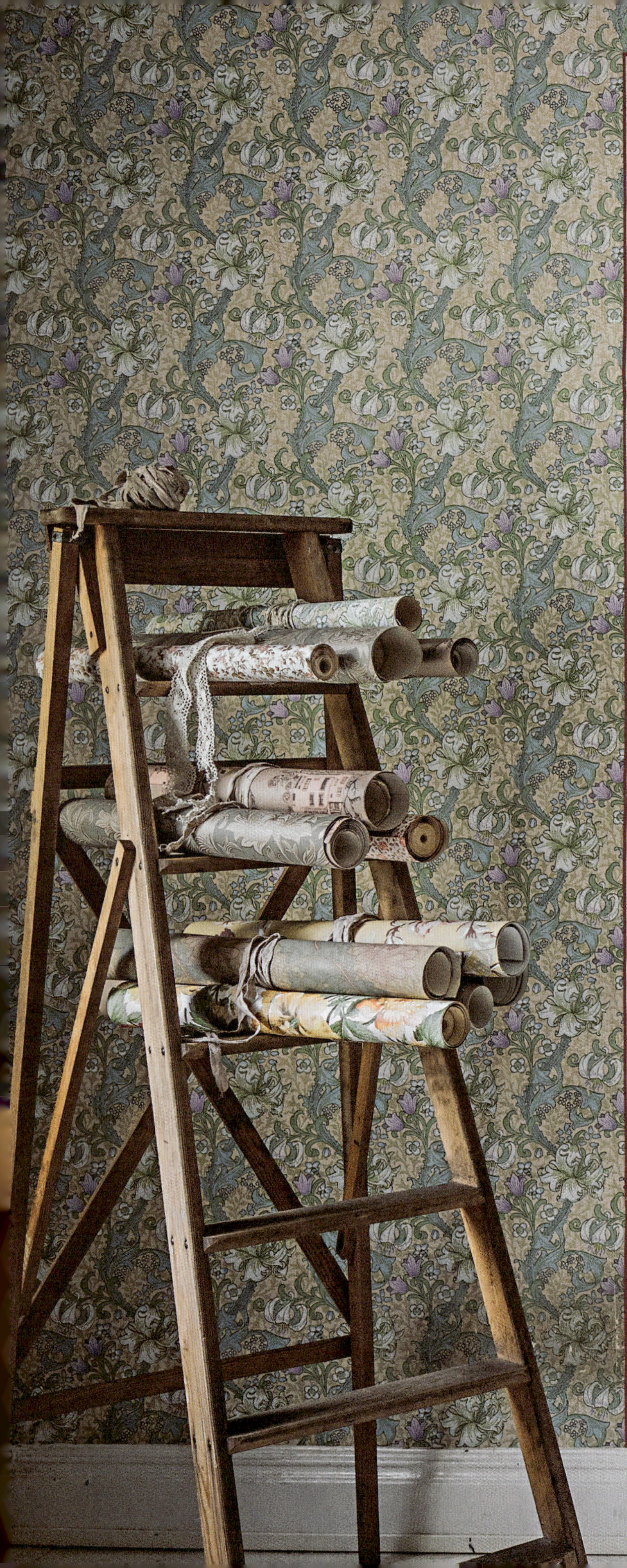

Tapeten

Eine Liebeserklärung

Wir alle haben wohl schon einmal erlebt, dass unser Blick an einem Bild haften bleibt. Dasselbe kann einem mit einer Tapete passieren. Denn eine Tapete bietet Raum für eine ganze Welt. Sie erzählt eine fantastische Geschichte, die nur du kennst.

Eine Tapete bereut man niemals. Zumindest nicht, wenn man sie sorgfältig ausgesucht hat. Wenn man in den Musterkatalogen unterschiedlicher Tapetenfirmen geblättert hat, um schließlich die eine Tapete zu finden, die einem am meisten Freude bereitet. Wenn es im Bauch kribbelt, weiß man, dass man die richtige gefunden hat.

Dann sollst du ihr Raum geben. Vergiss die Statement-Wand und lasse stattdessen das ganze Zimmer zu einer botanischen Oase werden!

Inspiration finden

Die Wände eines Heims in gemustertes Papier oder Stoff zu kleiden, hat eine lange Tradition. Da draußen gibt es unendlich viel Inspiration. Wenn man tapezieren möchte, aber nicht weiß, was zu einem passt, kann man einen Blick in die Vergangenheit werfen. Blättere in alten Büchern und Einrichtungsmagazinen oder besuche historische Orte. Tapeten aus vergangenen Zeiten in schönen Wohnungen, auf Höfen oder Schlössern können ein wunderbarer Augenschmaus sein – von den französisch inspirierten Medaillontapeten des 19. Jahrhunderts bis hin zum Jugendstil und William Morris-Tapeten mit den organisch geformten gewundenen Pflanzenmotiven.

Die richtige Wahl treffen

Wie soll man wissen, dass man die richtige Entscheidung getroffen hat? Natürlich kann hie und da etwas schiefgehen, aber die Tapete kann sich auch zu einer Liebe entwickeln. Wenn du dir Zeit genommen und deine Entscheidung sorgfältig getroffen hast, ist diese meist nicht verkehrt. Ganz im Gegenteil, am Ende steht fast immer eine Liebesgeschichte. Dann kann man manchmal gar nicht mehr aufhören. Aus einem tapezierten Zimmer werden rasch zwei, und schwups ist das Heim voller Schmuckstücke an den Wänden.

Kombinieren

Es ist sehr schön, eine gemusterte Tapete mit einer Farbe zu kombinieren. Hebe beispielsweise einen Ton hervor und bemale die Holzarbeiten, eine Tür, oder warum nicht ein Möbelstück im selben Raum mit der entsprechenden Farbe. Das kann einen ganzen Raum aufwerten.

Habe keine Angst davor, etwas an eine tapezierte Wand zu hängen. Wände sind wie geschaffen für Nägel und Bohrer. Bilder, Schränke und Spiegel machen sich vor einem lebendigen Hintergrund noch besser und bringen gleichzeitig Spaß. Willst du nichts an der Wand anbringen, ist das auch in Ordnung, vor allem, wenn du dich für eine recht groß gemusterte Tapete entschieden hast. Du wirst nie daran denken müssen, irgendeine leere Fläche zu füllen, denn ein Raum mit Tapeten möbliert sich beinahe von selbst. Mit einer Tapete kann also im Prinzip nie etwas schiefgehen. Das ist so herrlich an Tapeten.

Vergiss Kindertapeten

Es gibt unglaublich viele hübsche Kindertapeten, das wissen wir alle. Und es mag auch wunderbar sein, die Wände mit Märchenfiguren und magischen Schlössern zu schmücken. Aber oft dauert es nicht lange und die Kinder sind groß, oder Geschwister möchten ihre Zimmer tauschen, und schon fühlt sich die Kindertapete nicht mehr so langlebig an. Gleichzeitig gibt es unglaublich viele schöne Tapeten mit Pflanzen und Tieren darauf, die sich für ein Kinderzimmer ebenso sehr eignen wie für ein Erwachsenenzimmer. Da möchten wir uns doch lieber für sie stark machen. Solche Tapeten eröffnen sich ebenso der Fantasie und erzählen leise aus der Welt der Märchen. Eine gewundene Ranke führt hinauf zu einem heimlichen Luftschloss, und stell dir nur einmal vor, es würde duften, als hätte man eine ganze Blumenwiese in seinem Zimmer. So fühlt es sich zumindest an, wenn man die Augen schließt.

Tapetenreste eignen sich perfekt für Bastelarbeiten und kreatives Gestalten. Bewahre übrig gebliebene Rollen und Stoffreste als schönes Einrichtungsdetail in einem hohen Korb oder einer Kiste auf. Verwende die Tapete zum Verpacken von Geschenken, zum Basteln dekorativer Papiervögel oder zum Einschlagen von Schachteln (siehe Seite 23 und 208). Tapeten machen sich sogar gut an der Innenseite eines alten Schranks oder als hübsches Detail an einer Pinnwand.

Tapetentipps

* Lass dich inspirieren, sieh dich um und bestelle Tapetenmuster, ehe du dich für deine Tapete entscheidest. Beachte auch, dass Tapeten, ebenso wie Farbe, abhängig vom Licht in verschiedenen Räumen unterschiedlich wirken.
* Denke langfristig. Eine Tapete ist kein Wegwerfprodukt, das nach Belieben ausgetauscht werden kann. Sie wird mit der Zeit immer schöner.
* Erstelle Moodboards, damit du dir die Tapete zusammen den mit Möbelstücken besser vorstellen kannst.
* Man kann Tapetenschnäppchen auf Flohmärkten oder Auktionen machen. Zum Teil ist es schwierig, genügend Rollen für einen ganzen Raum zu bekommen, aber die Tapete kann ja auch für DIY-Projekte verwendet werden.

In die Holzkiste legten wir ein paar benutzte Zeichenblöcke und Stifte, ein Puzzle und Holzsterne. Und auf den Deckel eine kleine Schachtel mit Blumen, die nach Lavendel dufteten. Wir hatten auf dem Flohmarkt eine Menge alter Lesezeichen gefunden und legten auch sie in die Schachtel. Und ganz nach unten ein getrocknetes Veilchen, vor allem des Überraschungseffekts wegen. Geheimnisse üben einen ganz speziellen Reiz aus.

Sie sagte: »Wäre es nicht gut, auch einige Fotos von uns selbst hineinzulegen?« Gesagt, getan. Wir nahmen drei Fotos mit der Polaroidkamera auf, schüttelten sie trocken und legten sie obenauf. Dann schrieben wir einen Brief. Wir schrieben, dass diese Kiste vom heutigen Tag stammte. Von heute und keinem anderen Zeitpunkt. Und das Datum. Dann schoben wir sie ganz weit in die Wand hinein. Dort war ein Loch, seit wir eine Tür versetzt hatten. Fünf Sekunden später hatten wir alles zugenagelt. Ein paar Tage später wurde ganz genau an dieser Stelle tapeziert. Es war, als hätte es dort niemals ein Loch gegeben. »Das ist wirklich eine geheime Kiste«, sagte sie. »Sehr geheim«, stimmte ich ihr zu, »wie ein Tagebuch, dessen Schlüssel man verloren hat.«

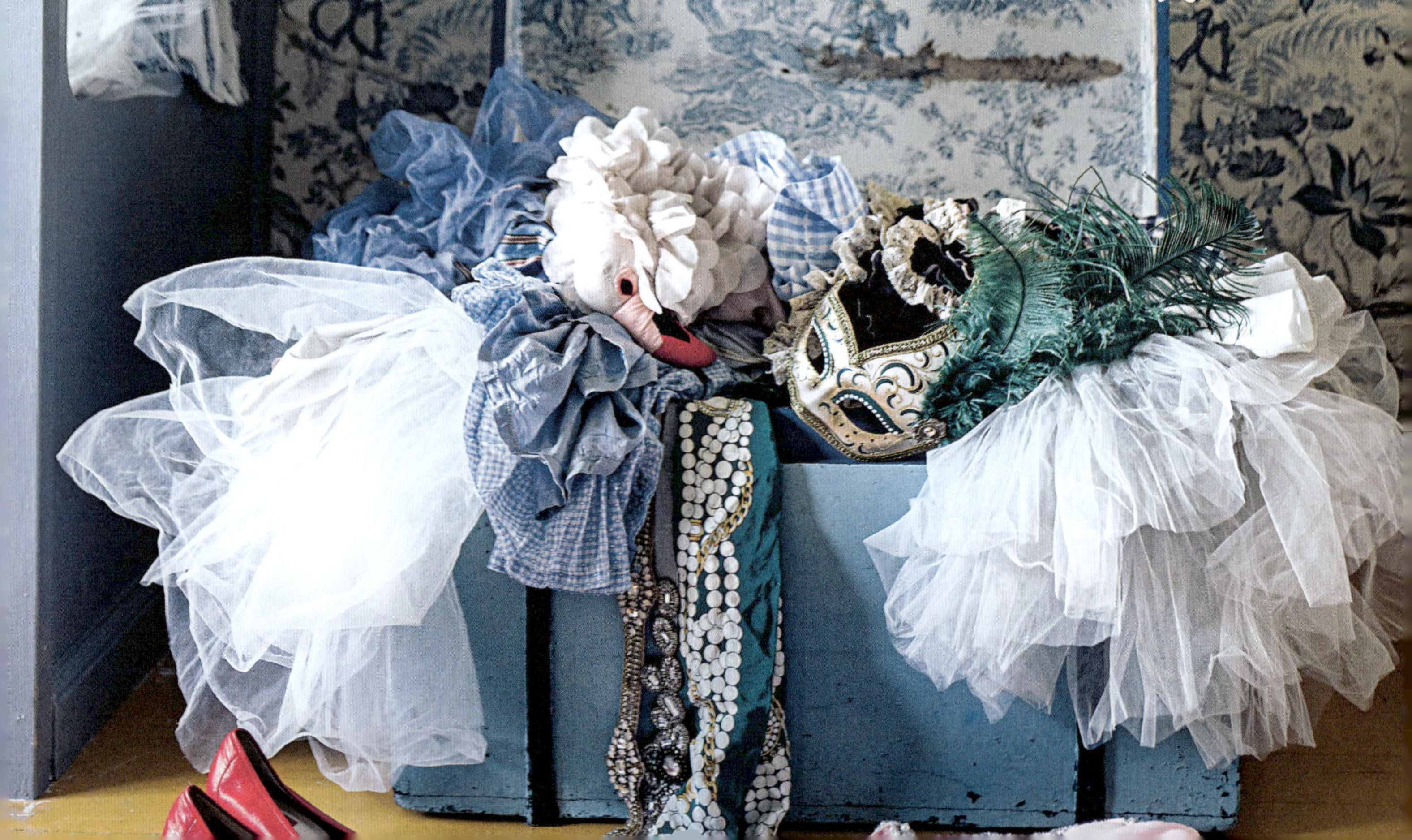

Kreative Aufbewahrung

So erstrebenswert und etwas, wovon wir nie genug bekommen, sind die unterschiedlichsten Aufbewahrungsmöglichkeiten. Ein umfangreiches Kapitel, innerhalb dessen man sich von unterschiedlichen Bedürfnissen, Voraussetzungen und Stilen erdrücken lassen kann. Denkt man nur ein bisschen über offensichtliche Lösungen hinaus, kann etwas Lustiges und äußerst Kreatives daraus werden.

*

Aufbewahrung kann etwas sein, das man gerne verstecken möchte, aber sie kann auch das pure Gegenteil sein. Es kommt darauf an, was man aufbewahren möchte und warum. Das eine schließt das andere nicht aus. Wir finden, manche Dinge gewinnen dadurch, dass sie sichtbar und sehr zugänglich sind. Wir glauben daran, dass man Dinge sehen soll und dass sie Neugier bei Kindern wecken.

Aufbewahrungslösungen vom Flohmarkt

Wir können den Secondhandmarkt nicht genug loben. Auf dem Flohmarkt gibt es alle erdenklichen Aufbewahrungslösungen. Natürlich so offensichtliche wie Schränke, Kommoden und solche, für die der Blick immer geschärft ist: alte Hutschachteln, Koffer, Körbe und Kisten. Manchmal sind aber Aufbewahrungsgegenstände und -orte ebenso unerwartet wie praktisch. Die Decke und die Luft sind beispielsweise gute Orte, um dort etwas aufzubewahren. Ampeln, die eigentlich für Pflanzen vorgesehen sind, funktionieren genauso gut als Zuhause für Kuscheltiere und Schlümpfe. Alte leere Fernglastaschen sind oft aus schönem Leder gefertigt und sehr hübsch. Sie eignen sich perfekt, um sie zu befüllen und an Haken aufzuhängen. Manchmal sind wir unsicher, was wir da eigentlich gefunden haben, aber wenn etwas darin aufbewahrt werden kann, hat die Sache ihre Aufgabe doch schon erfüllt.

Manchmal ist die Aufbewahrung auch tatsächlich geheim. Man denke nur an Möbel mit eingebauten Fächern und Schränke mit Geheimfach. Nähkästen enthalten oft eine Menge eingebaute Schubladen, und auch Bänke bieten beinahe grenzenlose Aufbewahrungsmöglichkeiten.

Haken und Aufhängungen

Haken gehören zu unseren besten Aufbewahrungstricks. Befreit man den Boden von dem Kram, der dort oft liegt, ist das unordentlichste Zimmer innerhalb einer Minute aufgeräumt. Das mag selbstverständlich klingen, aber aus unerfindlichen Gründen vergisst man dieses kleine Detail leicht.

Aufbewahrung in der Aufbewahrung

Es ist gut, immer daran zu denken, dass es Aufbewahrungslösungen in den unterschiedlichsten Größen gibt. Eine größere Kiste und ein riesiger Schrank sind ein Fall für Aufbewahrung in der Aufbewahrung. Wenn kleine und große Dinge in einem einzigen Durcheinander landen, ist es beinahe unmöglich, bestimmte Dinge wiederzufinden.

Remake

Einen Schrank mit geeigneten Maßen zu finden, kann knifflig sein. Im Großen und Ganzen kannst du alle alten Möbel recht einfach auf die richtigen Maße bringen. Ist ein Schrank zu tief, kann er halbiert werden. Ist er zu breit, kann er in der Mitte geteilt werden. Zwei Schränke Kommoden können zusammengebaut werden, und ein Küchenschrank kann eine Kleiderstange verpasst bekommen.

Kleider

Manche Kinder ziehen sich alle paar Minuten um. Haben sie ihren ganz persönlichen »Diener«, auf den sie ihre Kleidung hängen können, vermeidet man Kleiderberge auf dem Boden. Stumme Diener sind wahrhaftig nichts Neues, aber so praktisch! Manchmal meint man ja, ein Kleidungsstück ist zu getragen, um es in die saubere Schublade zu legen, aber noch zu frisch, um es schon zu waschen. Dann ist der stumme Diener der geeignete Ort zum Auslüften von Kleidungsstücken in der Warteschleife.

Körbe

Wir sind davon überzeugt, dass ein Zuhause ein Spiegel all jener sein soll, die dort leben. Darum finden wir nicht, dass die Sachen der Kinder ausschließlich in deren eigene Zimmer verbannt werden sollen. Allerdings muss das wohl kaum erwähnt werden, denn diese Form des Ordnunghaltens funktioniert doch bestimmt nicht?

Bastelutensilien

Bastelutensilien werden bei uns immer leicht zugänglich aufbewahrt. Farbe, Kleber, Perlen, Ton, Werkzeuge – wirklich alles. Sie sollen möglichst mitten im Zimmer stehen, exakt dann genommen werden können, wenn sie Lust darauf haben. Natürlich hängt das vom Alter der Kinder ab, aber auch kleine Kinder bewerkstelligen oft wesentlich mehr, als man denkt. Wir benutzen außerdem immer alte Konservengläser zur Aufbewahrung von Bastelmaterial. Und das Tüpfelchen auf dem i: Wir verwahren Letzteres in einem Schrank mit Glastüren. Ein Stückchen sichtbares Chaos, aber nichts wird so vergessen.

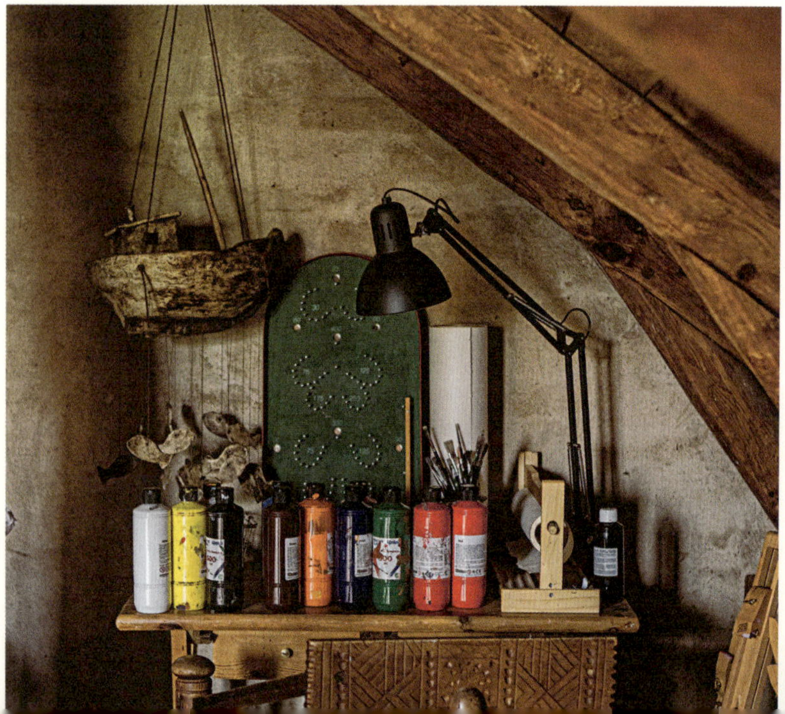

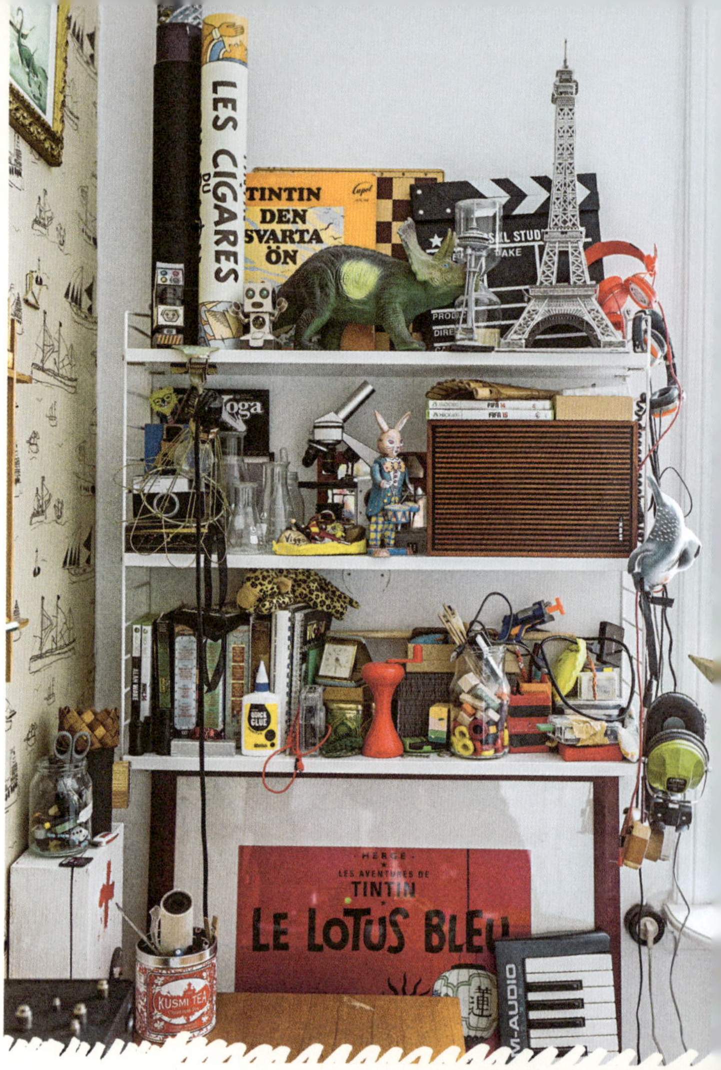

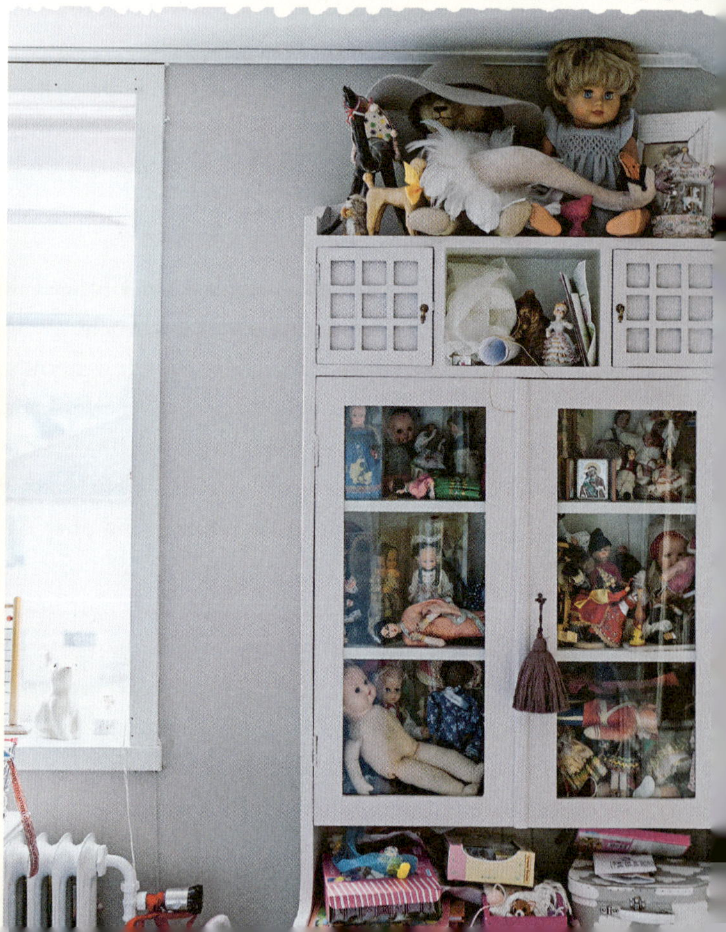

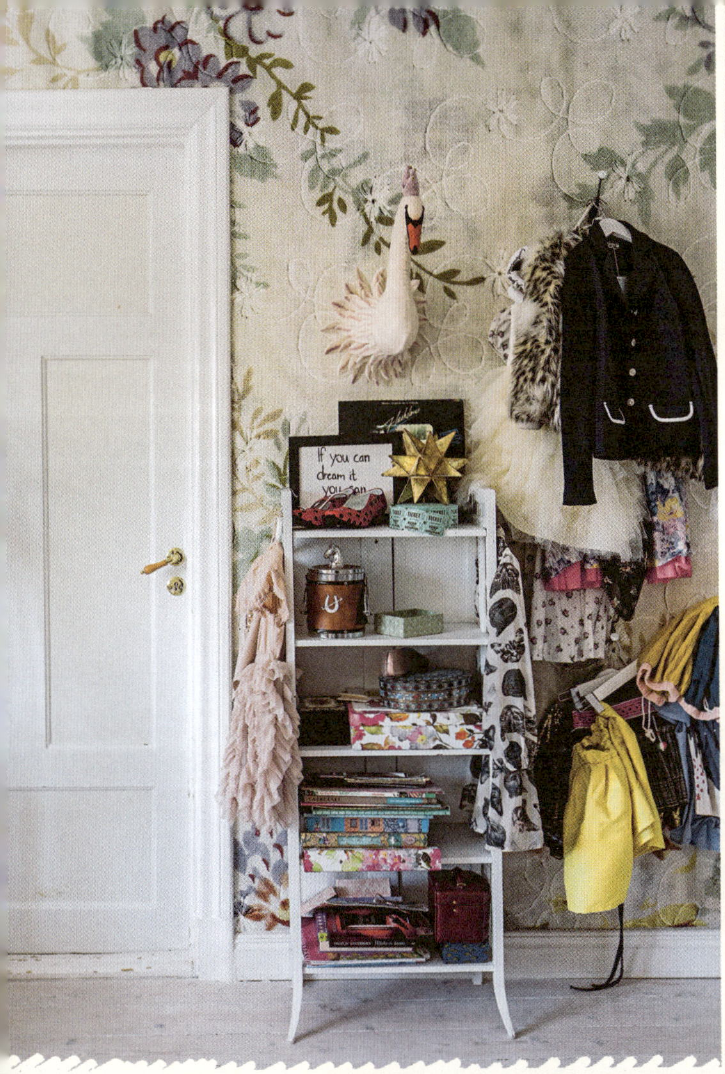

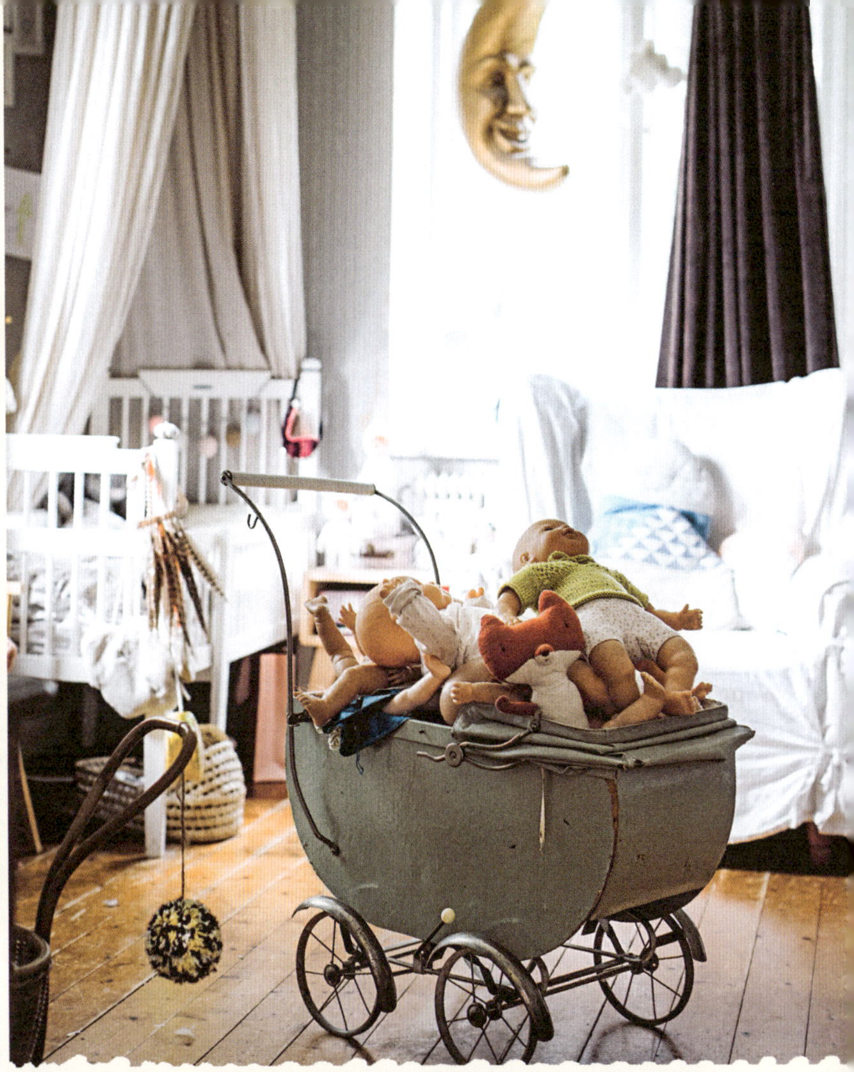

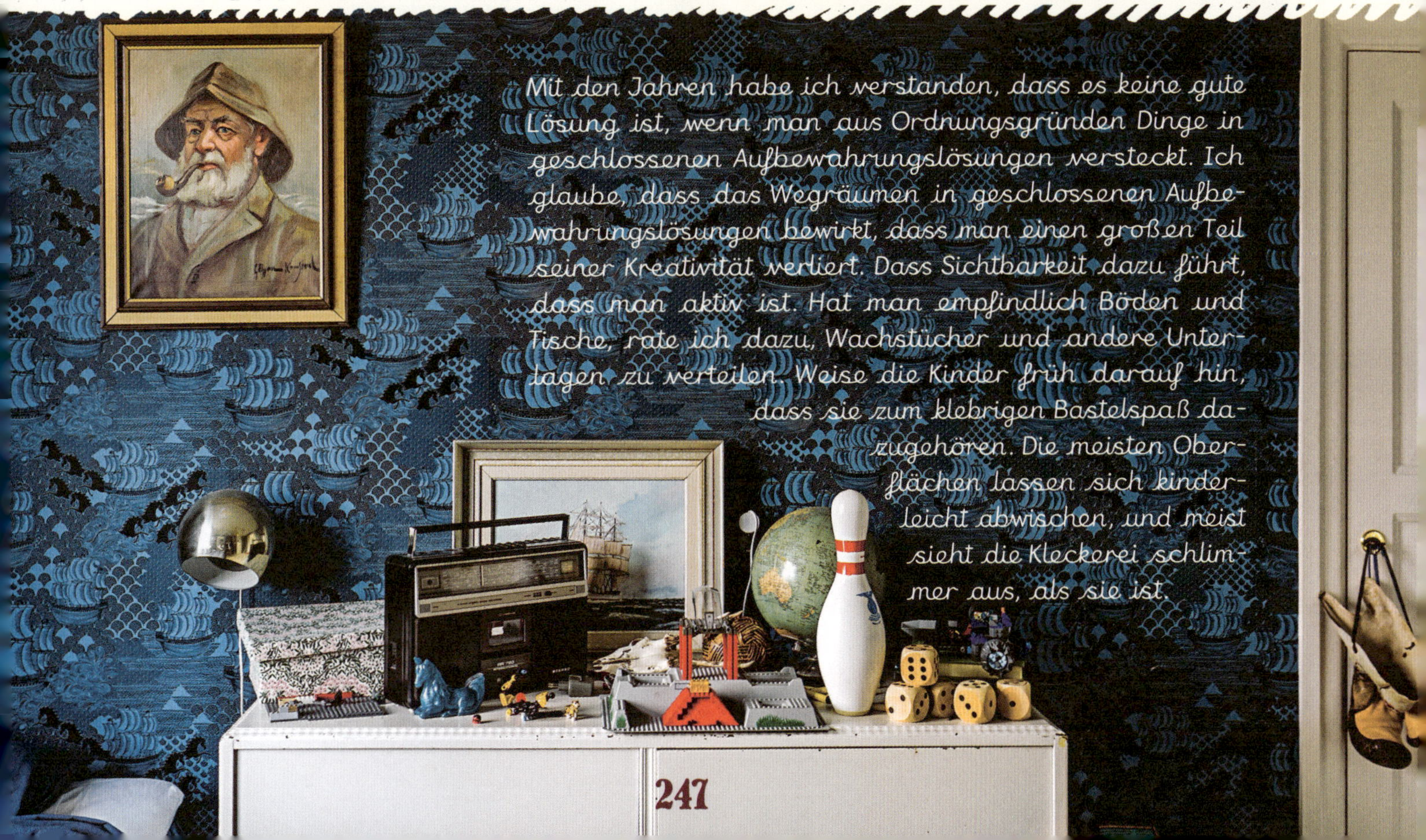

Mit den Jahren habe ich verstanden, dass es keine gute Lösung ist, wenn man aus Ordnungsgründen Dinge in geschlossenen Aufbewahrungslösungen versteckt. Ich glaube, dass das Wegräumen in geschlossenen Aufbewahrungslösungen bewirkt, dass man einen großen Teil seiner Kreativität verliert. Dass Sichtbarkeit dazu führt, dass man aktiv ist. Hat man empfindlich Böden und Tische, rate ich dazu, Wachstücher und andere Unterlagen zu verteilen. Weise die Kinder früh darauf hin, dass sie zum klebrigen Bastelspaß dazugehören. Die meisten Oberflächen lassen sich kinderleicht abwischen, und meist sieht die Kleckerei schlimmer aus, als sie ist.

ZU BESUCH BEI

Linda Johansson

Linda Johansson ist eine Künstlerseele mit Sinn fürs Storytelling. Sie lebt zusammen mit ihrem Mann und sieben Kindern auf einem alten Hof außerhalb von Helsingborg in Südschweden. In diesem unkonventionellen und lebhaften Heim haben die Kinder viel Platz, jeder Winkel ist verspielt und einladend. Groß angelegte Renovierungsarbeiten müssen sich dem wirklichen Leben unterordnen. Auf diese Weise spürt man nach wie vor viel vom ursprünglichen Charme des Hofs.

»Kinder, Firma, Ausflüge, Abendessen und dazwischen das Leben – es war die lehrreichste Reise, die wir je gemacht haben. Zu verstehen, was wirklich etwas bedeutet und was von Gewicht sein wird, wenn man eines Tages nicht mehr selbst die Möglichkeit hat zu bestimmen, wie das Leben aussehen soll«, erzählt Linda.

Für Linda war die Kindheit schon immer ein hohes Gut. Sie betont, dass sie etwas Besonderes sein muss und auch ist. »An allererster Stelle kommt die Sicherheit, aber darüber hinaus gibt es keine Grenzen für die magische Welt der Kinder.« Diese Philosophie zieht sich wie ein roter Faden durch die Einrichtung des Hauses.

In dem gemütlichen Kinderzimmer stehen fünf mit Betthimmeln in gedeckten Farben versehene Betten. Ein großer schöner Mond dreht sich sanft in einem der Fenster, der Raum strahlt gleichzeitig Ruhe und Märchenhaftigkeit aus. »Die sechs ältesten Kinder haben sich viele Jahre ein Zimmer geteilt. Ja, in den meisten Nächten sogar die Betten. Sie haben dieselben Geschichten gehört und mit denselben Sachen gespielt und mit denselben Teddybären gekuschelt, aber jedes Einzelne in seiner eigenen Welt«, sagt Linda.

»Wir haben uns für ein Kinderzimmer zumSchlafen und weniger zum Spielen und Abhängen entschieden«, erzählt sie weiter.

Der Rest des Hauses und des Hofs durfte ein Ort für freies Spiel, Fantasie und Aktivität werden. »Weil wir glücklicherweise bis zum Beginn der Vorschule keine Kinderbetreuung benötigten, konnten die Kinder hier zu Hause kreativ und aktiv sein«, erklärt sie. Sie haben sich auch durchwegs bemüht, alles Kindliche in Form von Puppenhäusern, Betthimmeln, Bauklötzen, Kuscheltieren und Verkleidungen so lange wie möglich zu bewahren. »Ich glaube ganz fest daran, dass es wichtig ist, das Spielen zu bejahen. Die kindliche Seite ist wichtiger als das Entsorgen von Lego und Puppen zugunsten farbloser und ernsthafter Zimmer für junge Erwachsene. Die Zeit dafür kommt ohnehin.«

Die Jungen und Mädchen sind in kurzen Abständen nacheinander geboren, ihre Welten sind zu einer verschmolzen. Beispielsweise wissen alle, es zu schätzen, dass die Briobahn noch da ist, allerdings auf unterschiedliche Art und Weise. Ein Kind hat sie geerbt, ein anderes hat das Bedürfnis, damit zu bauen, während ein drittes nostalgisch wird.

Mehr von Linda auf Instagram @lindashiromala

Linda über …

kreativ sein mit Kindern

Das Wichtigste, um kreativ sein zu können, ist Zeit. Gib ihnen ein kleines Werkzeug und beginne selbst mit etwas. Koche, zeichne eine Karte oder dekoriere dein Bett mit ein paar Kissen, und lass sie dabei sein. Plötzlich kann man sich zurückziehen und schon bald ein wunderschönes, wenn auch schiefes und krummes Resultat des eifrigen Schaffens der Kinder bewundern. Manchmal mag man versucht sein, sich einzumischen oder »Nein« zu rufen, aber für gewöhnlich wird es am Ende sowieso ganz und gar perfekt.

Fantasie

Fantasie schafft Träume, manche sind dazu da, verwirklicht zu werden, andere bleiben Träume. Es ist, als würde man die Erlaubnis bekommen, einen vertraulichen Blick in das Allerpersönlichste zu werfen. Um die Fantasie zu entfesseln, ist vielleicht ein Moment der Langeweile notwendig. Erst dann kann sie zu sprühen beginnen und zu einer verrückten Hütte oder einem neuen Kunstwerk werden. Mein Ansinnen ist es, als erwachsener Mensch anzuleiten, ohne im Weg zu stehen, und »Ja« zu sagen, sooft ich nur kann.

Aufbewahrung

Diese Sache mit allen Dingen an ihrem Platz leben wir durchaus, allerdings genau andersherum. Das ist manchmal sehr frustrierend, schafft aber gleichzeitig ein organisches Heim und das Gefühl, dass Ordnung eigentlich nicht so wichtig ist. Es muss ja nicht alles zu sehen sein, aber es ist faszinierend, was geschieht, wenn zum Beispiel etwas Farbe herumsteht. Wenn man möchte, dass sein Kind mithilft, Ordnung zu halten, muss es eine Struktur geben, eine Ordnung im Chaos. Wir haben Körbe für alles und nichts!

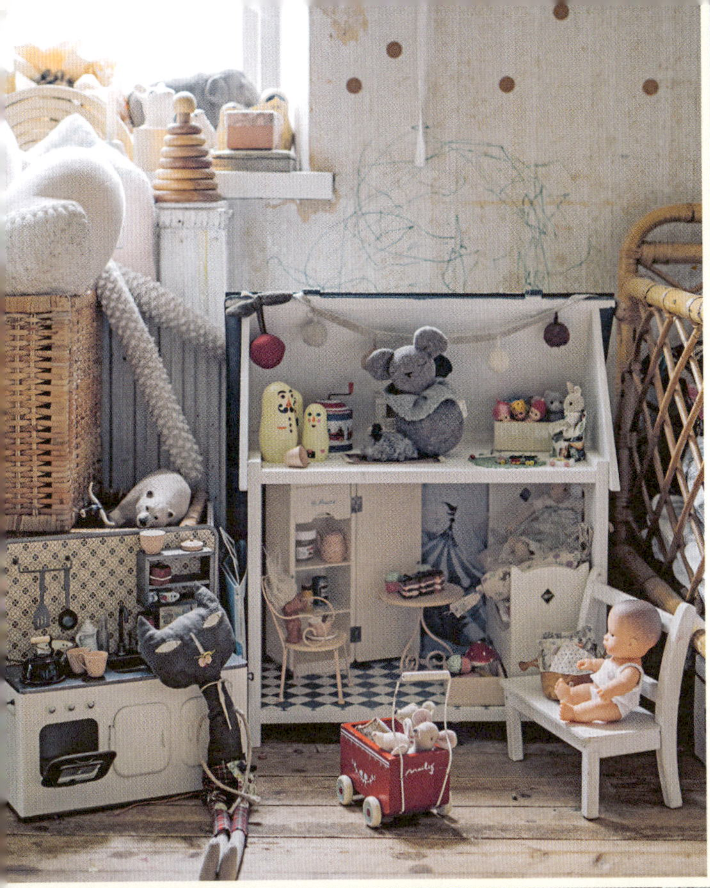

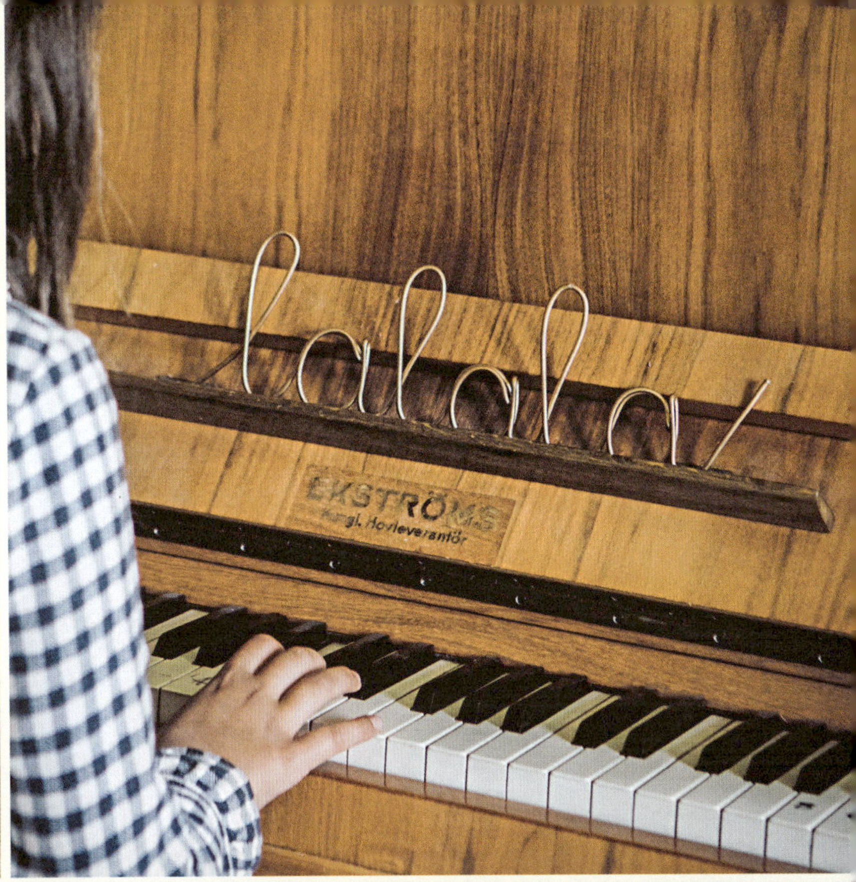
lalala
EKSTRÖMS
Kungl. Hovleverantör

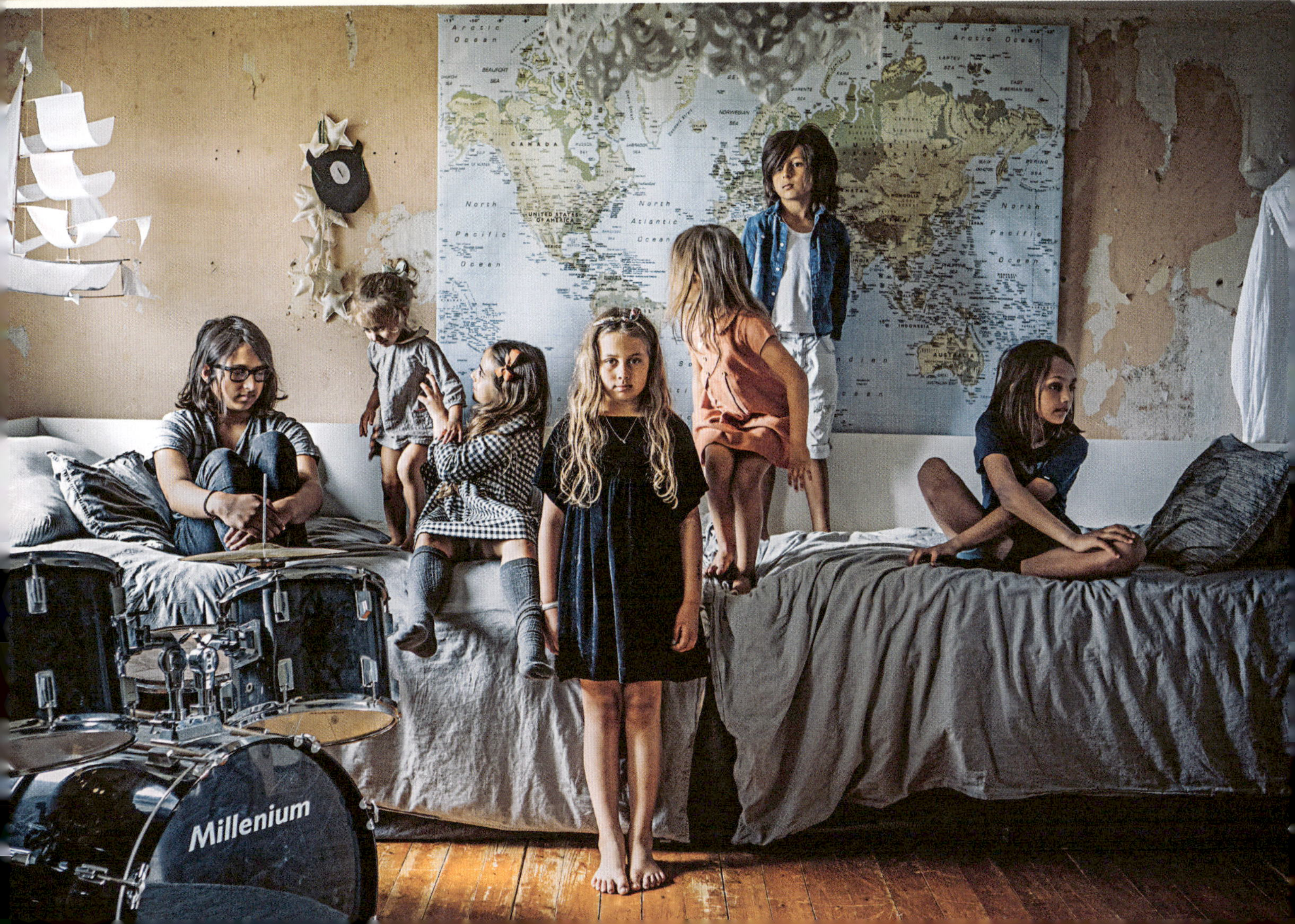
Millenium

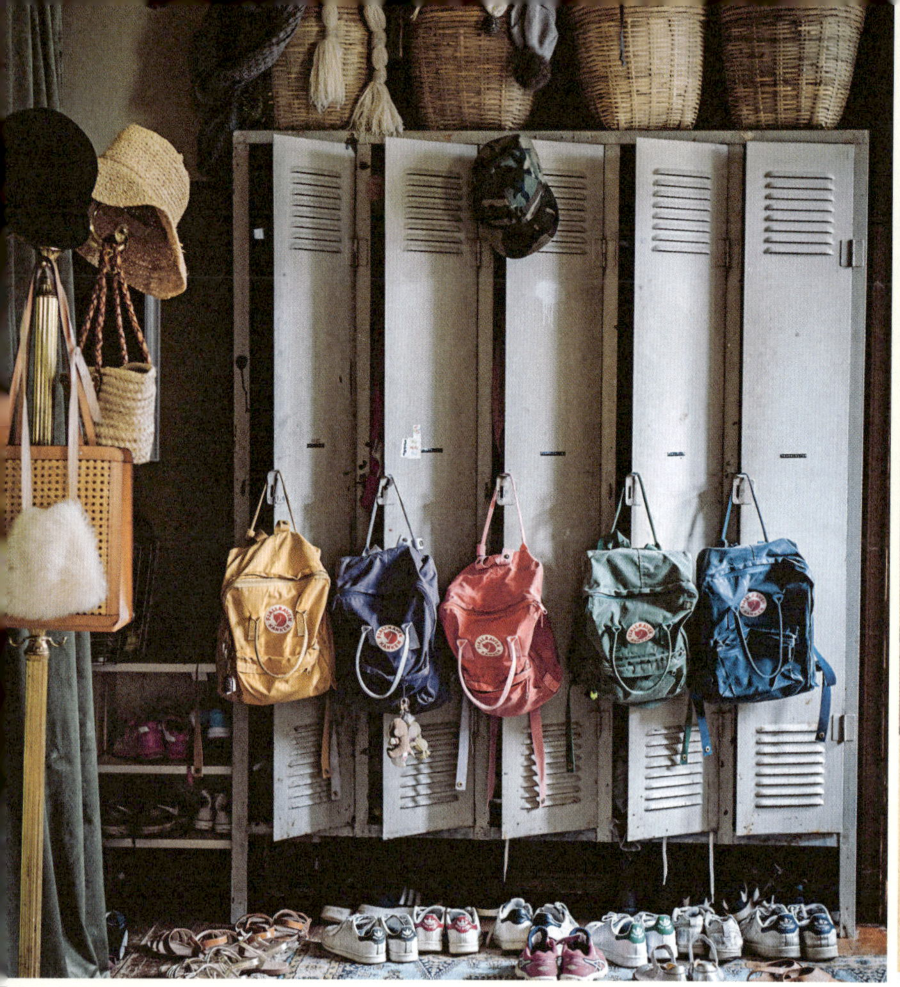

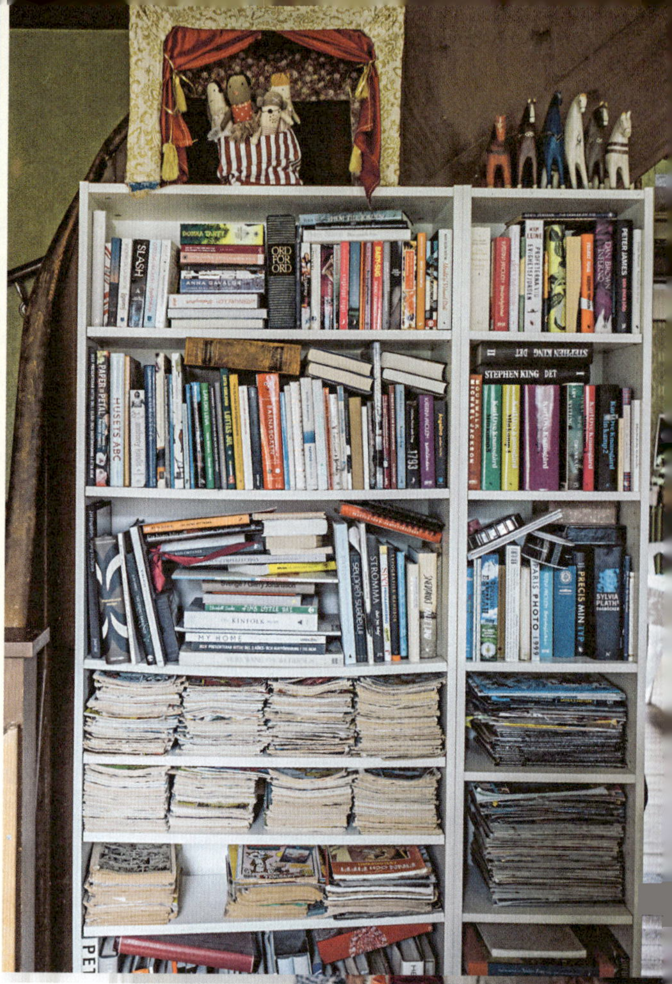

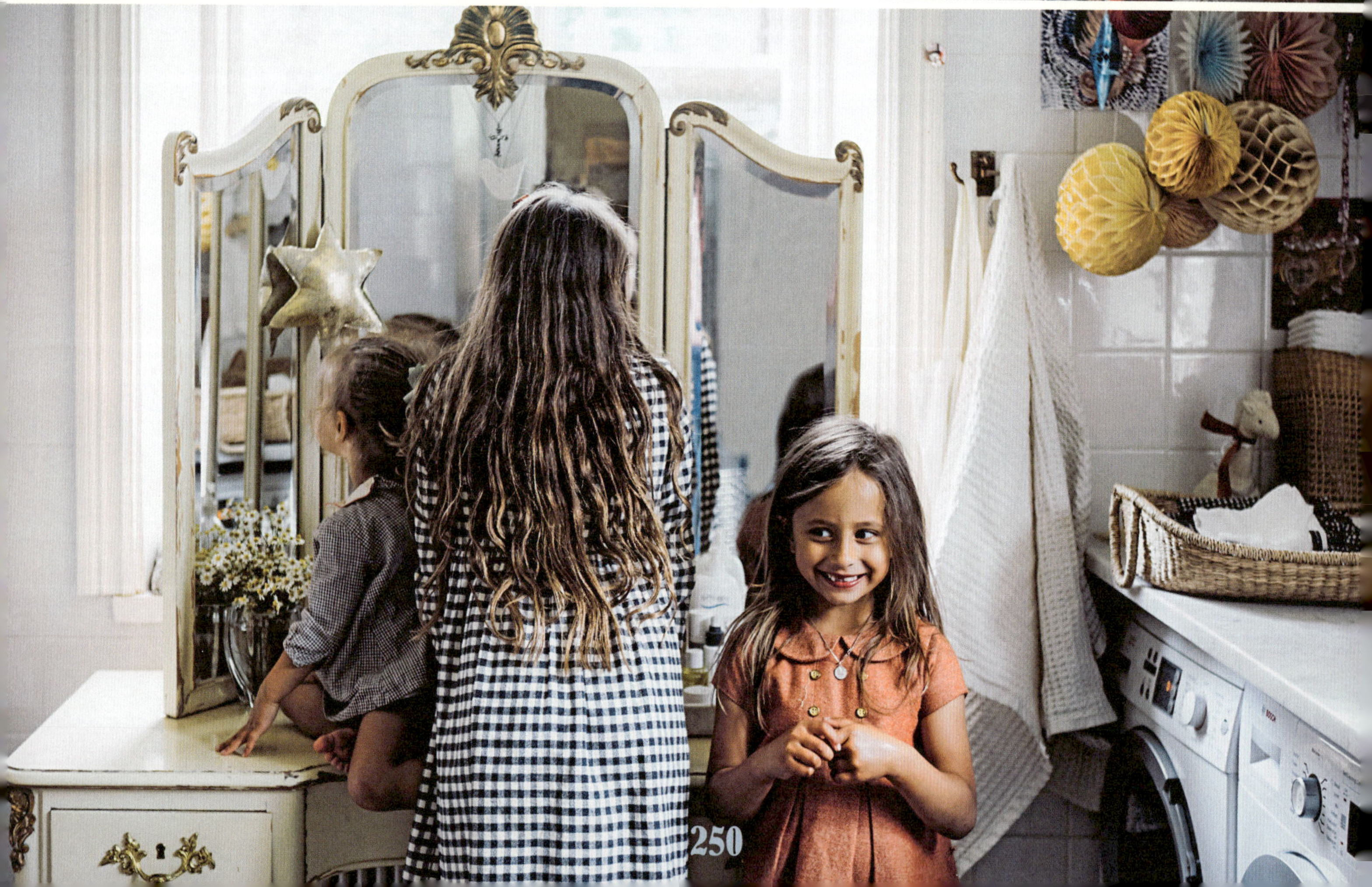

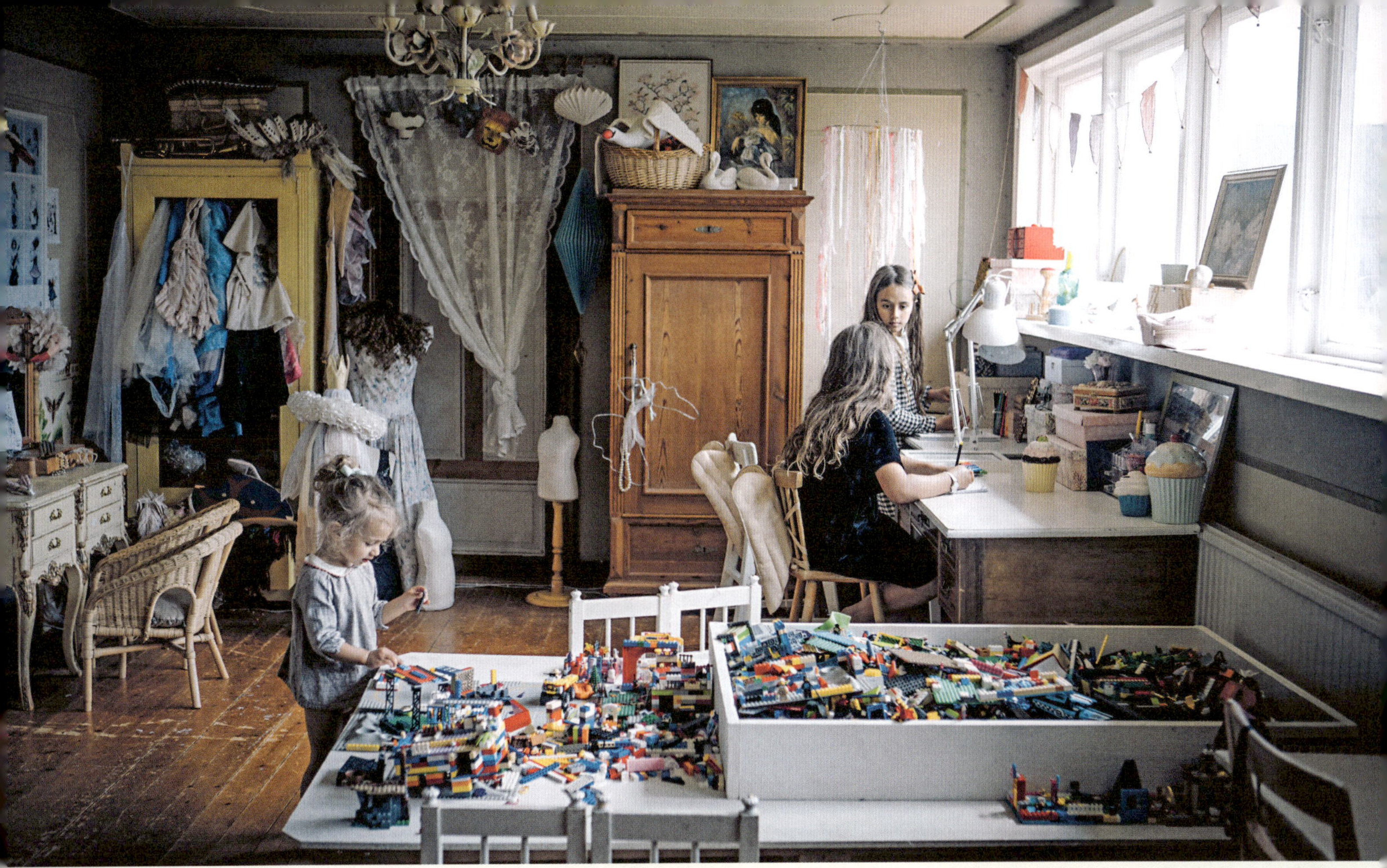

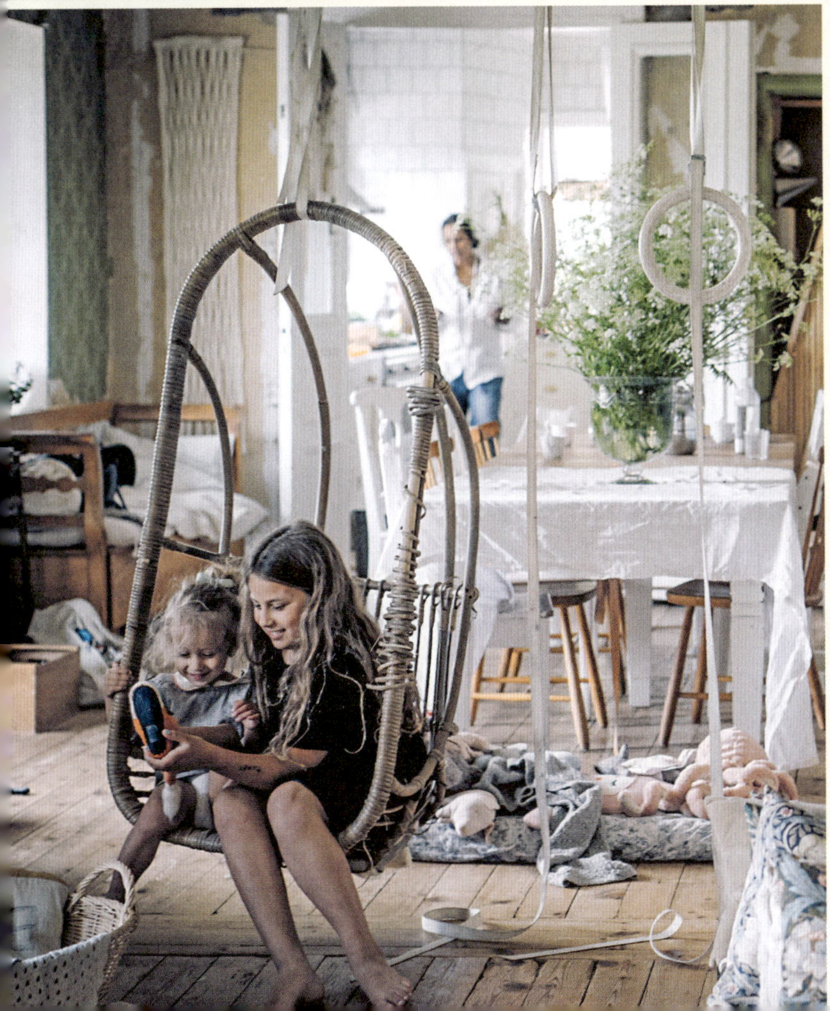

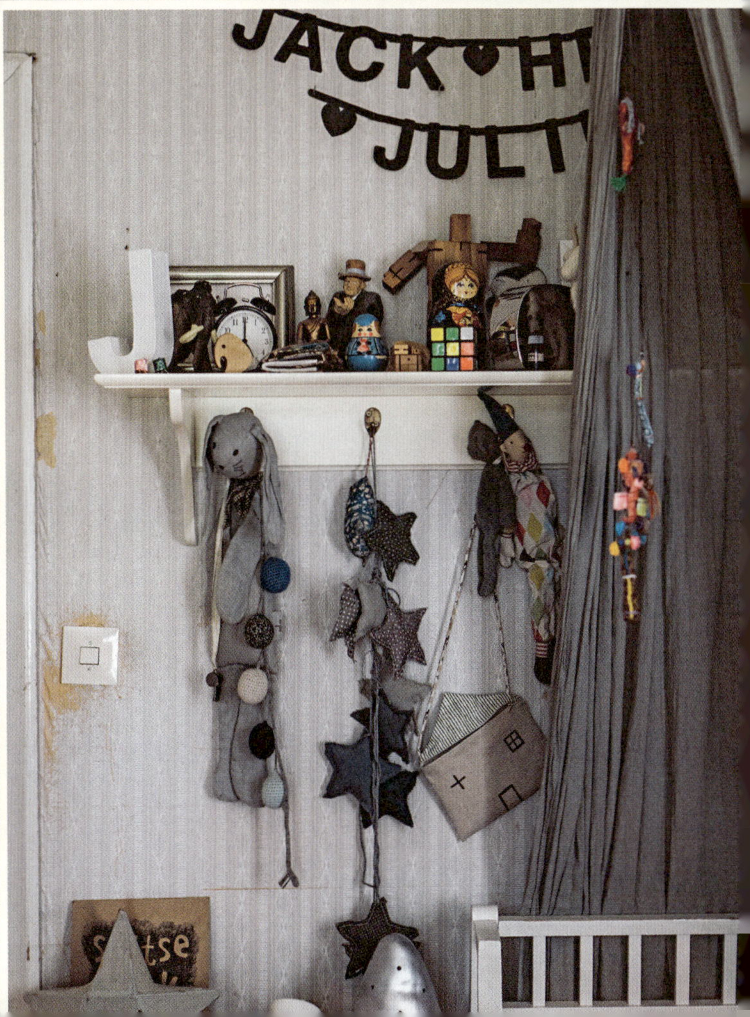
JACK

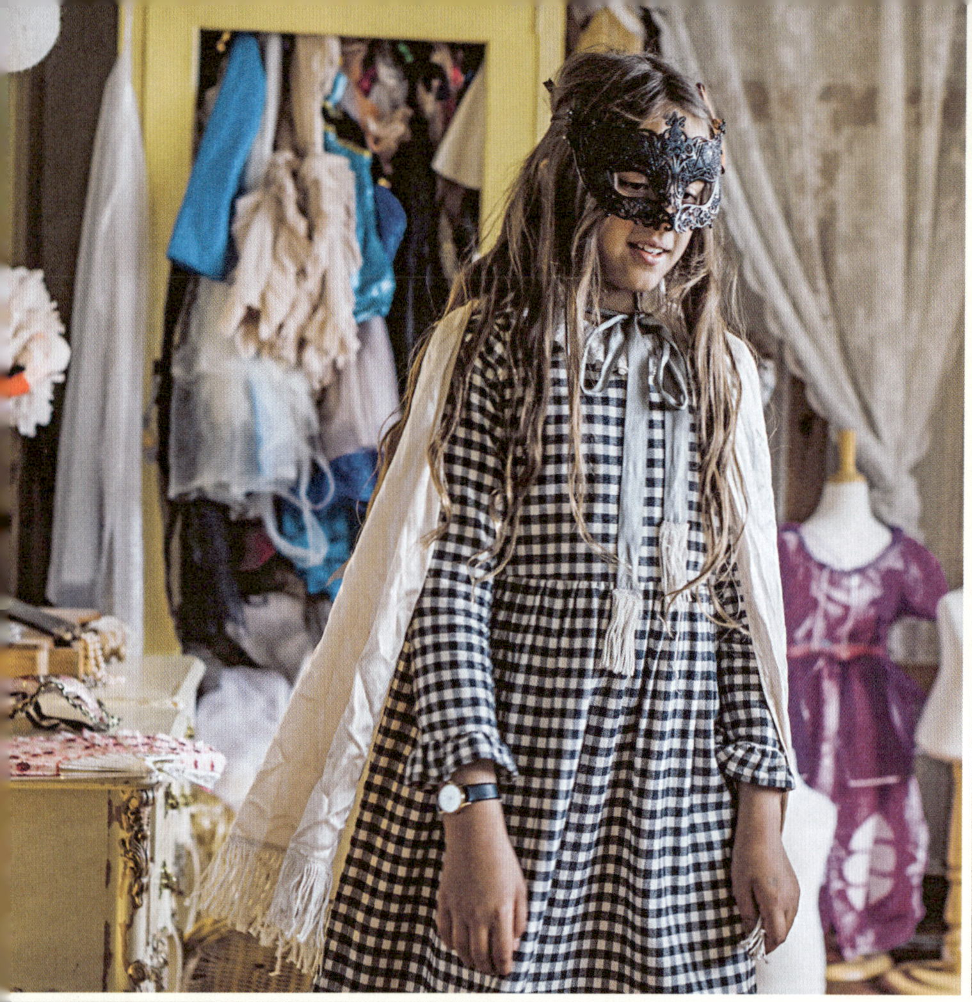

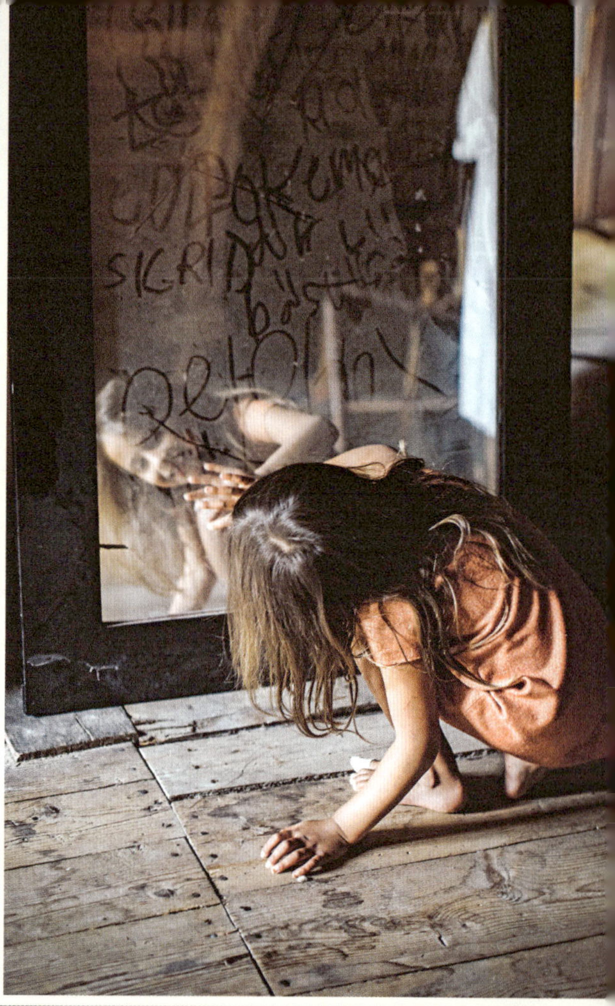
SIGRID

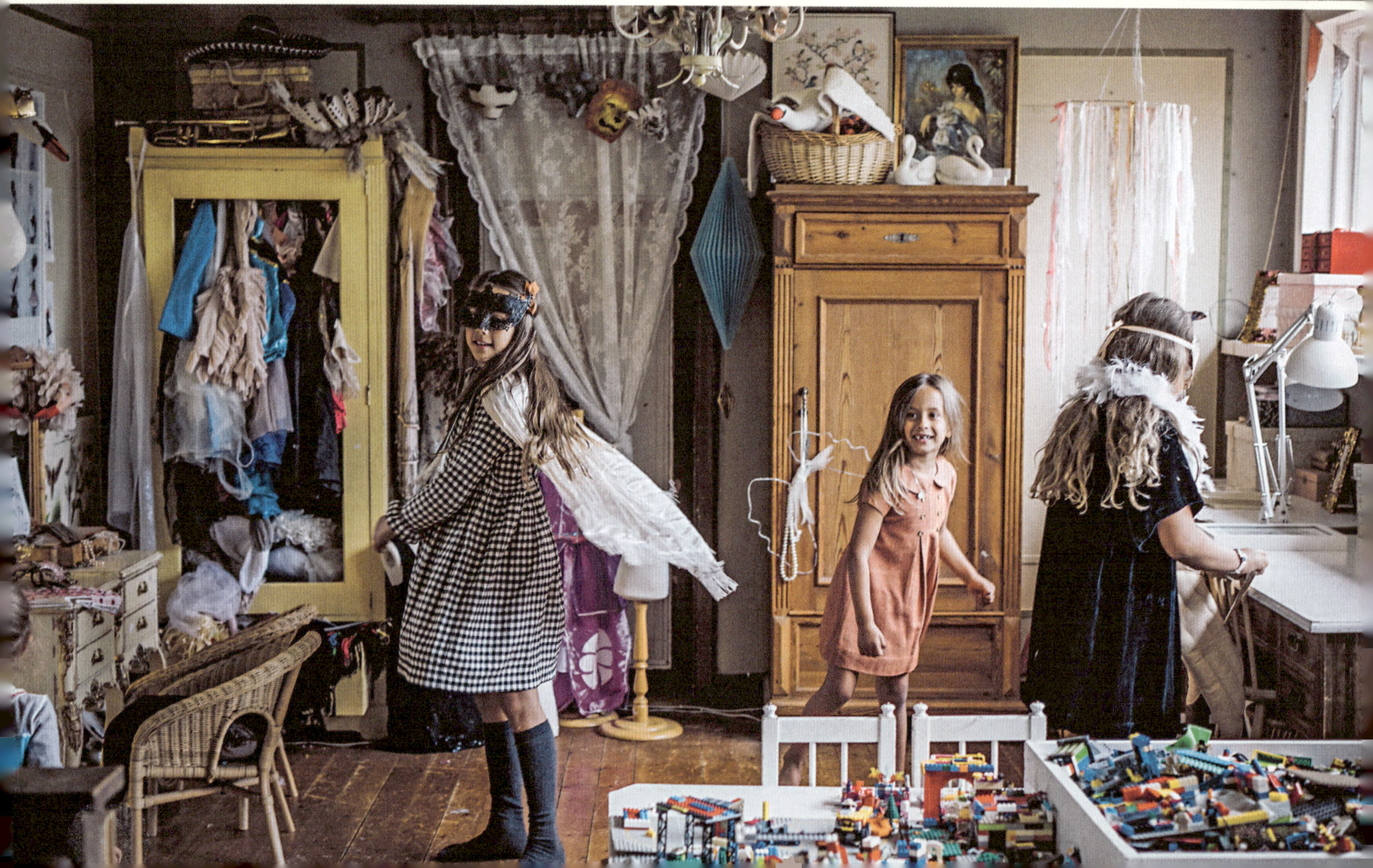

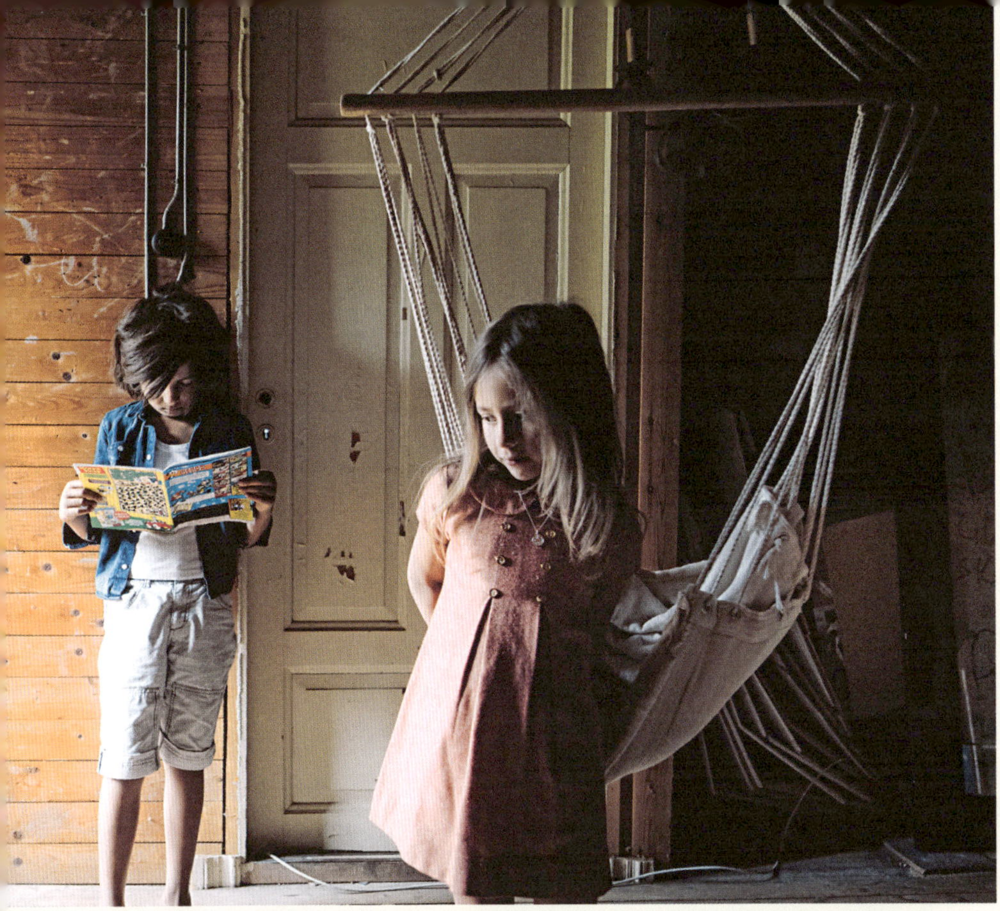

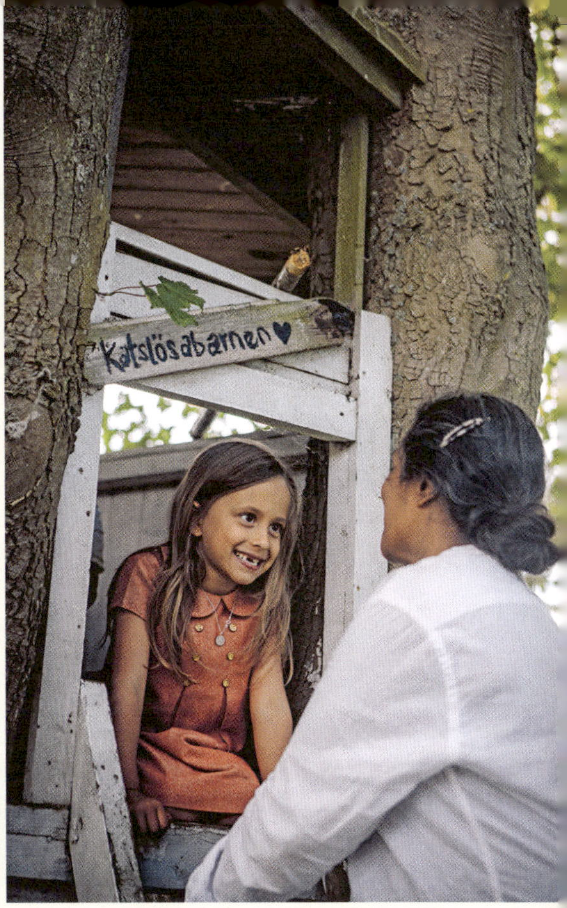
Katslösabarnen

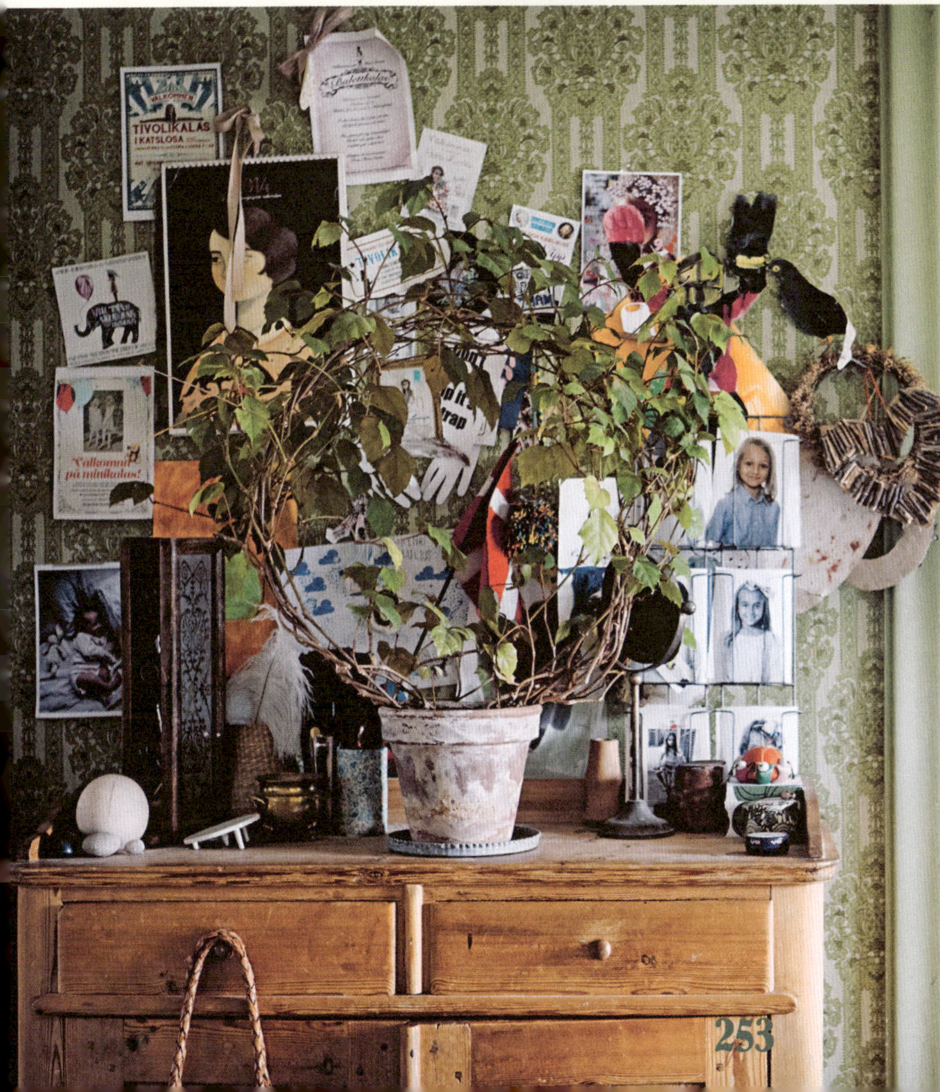
TIVOLIKALAS
I KATSLOSA
253

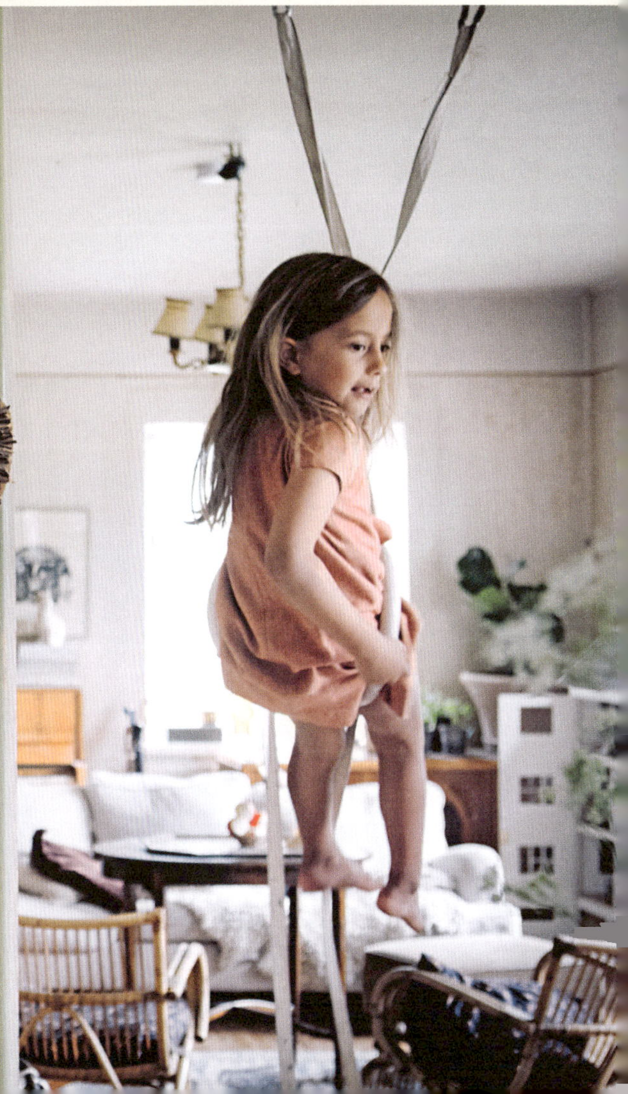

Skala 1:1

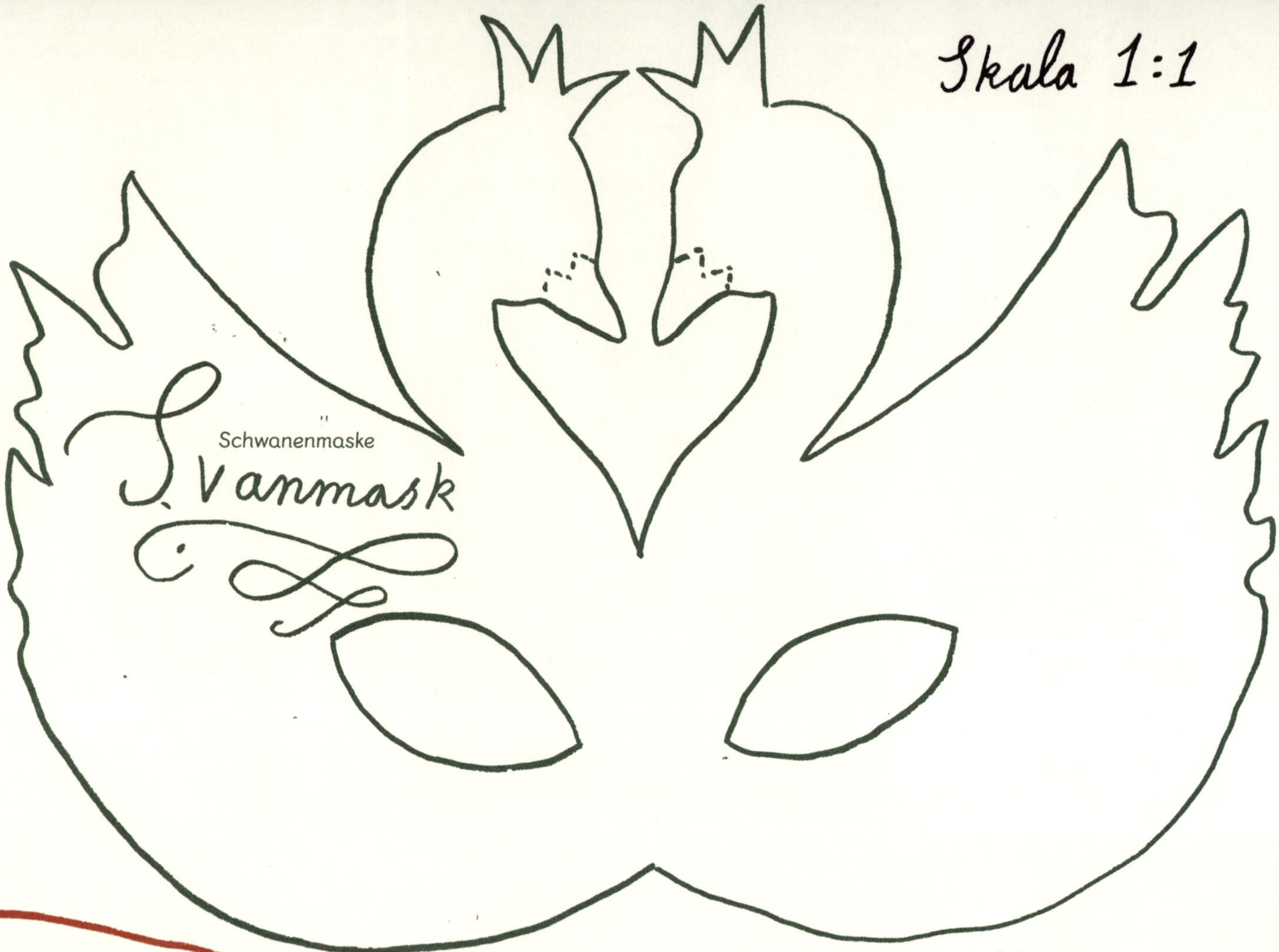

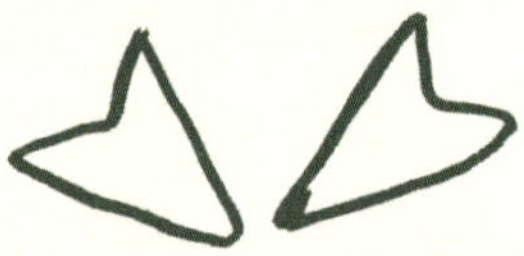

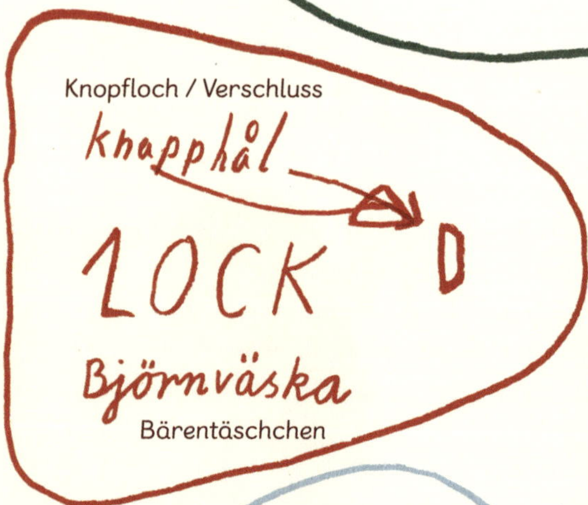

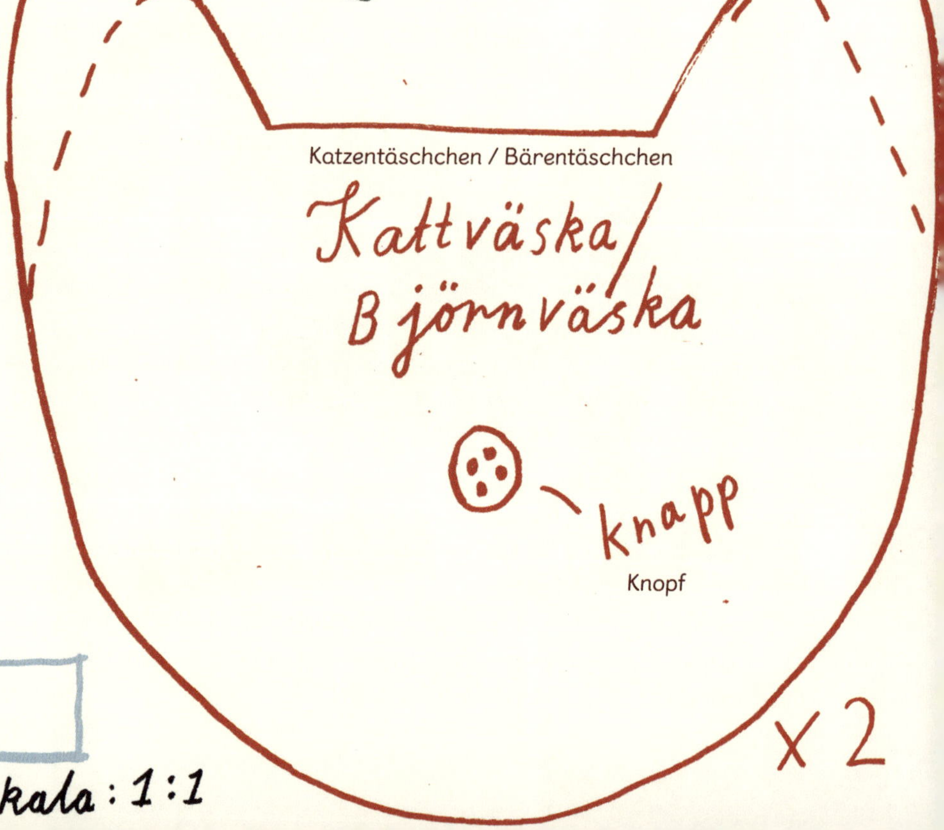

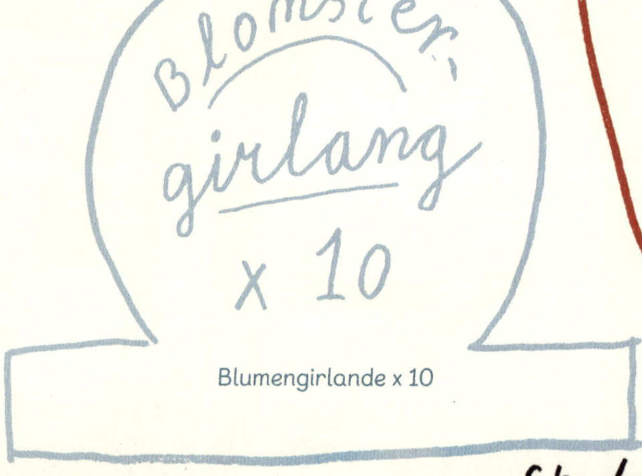

Skala: 1:1

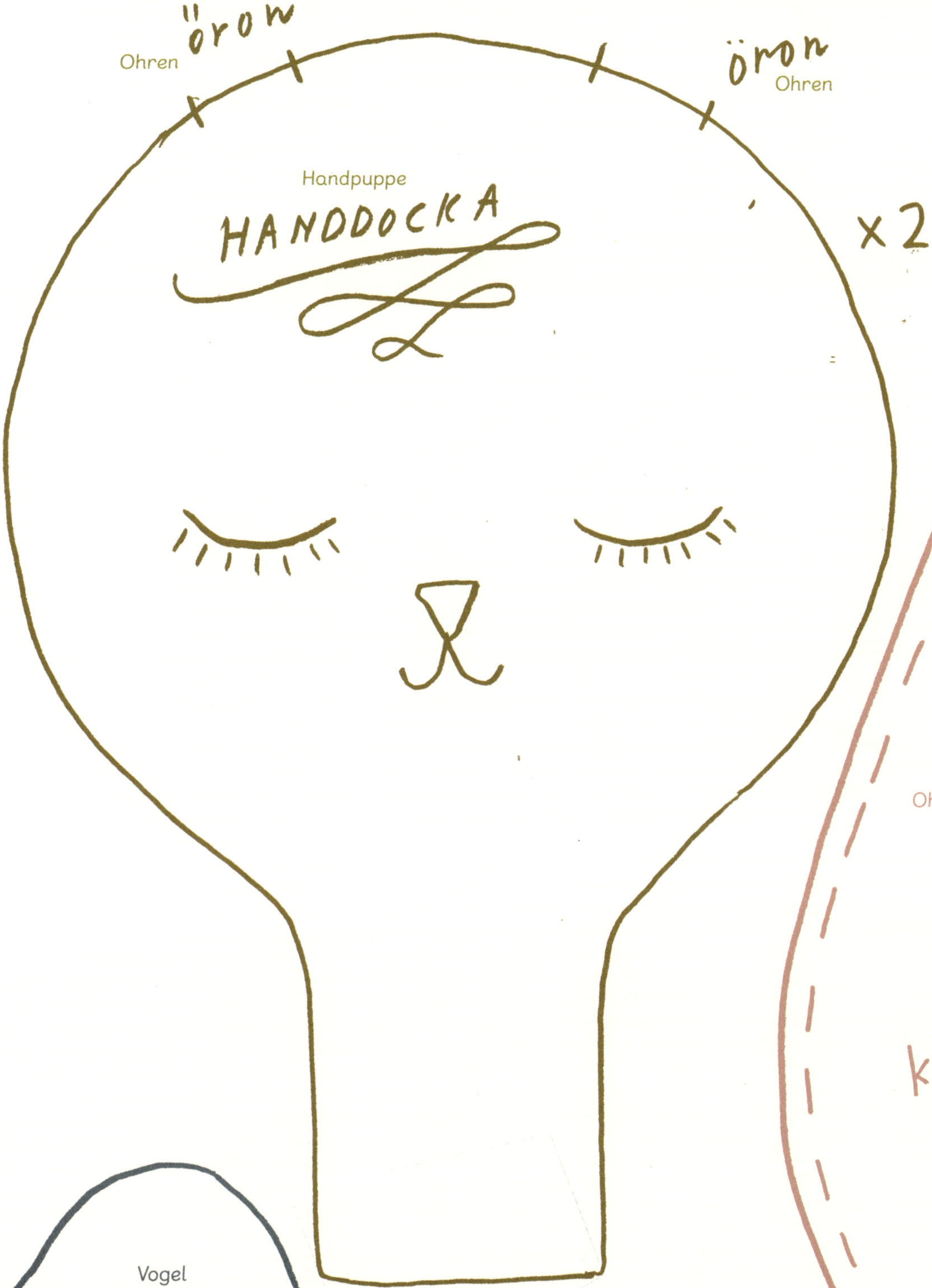
Ohren
öron
öron
Ohren
Handpuppe
HANDDOCKA
x2

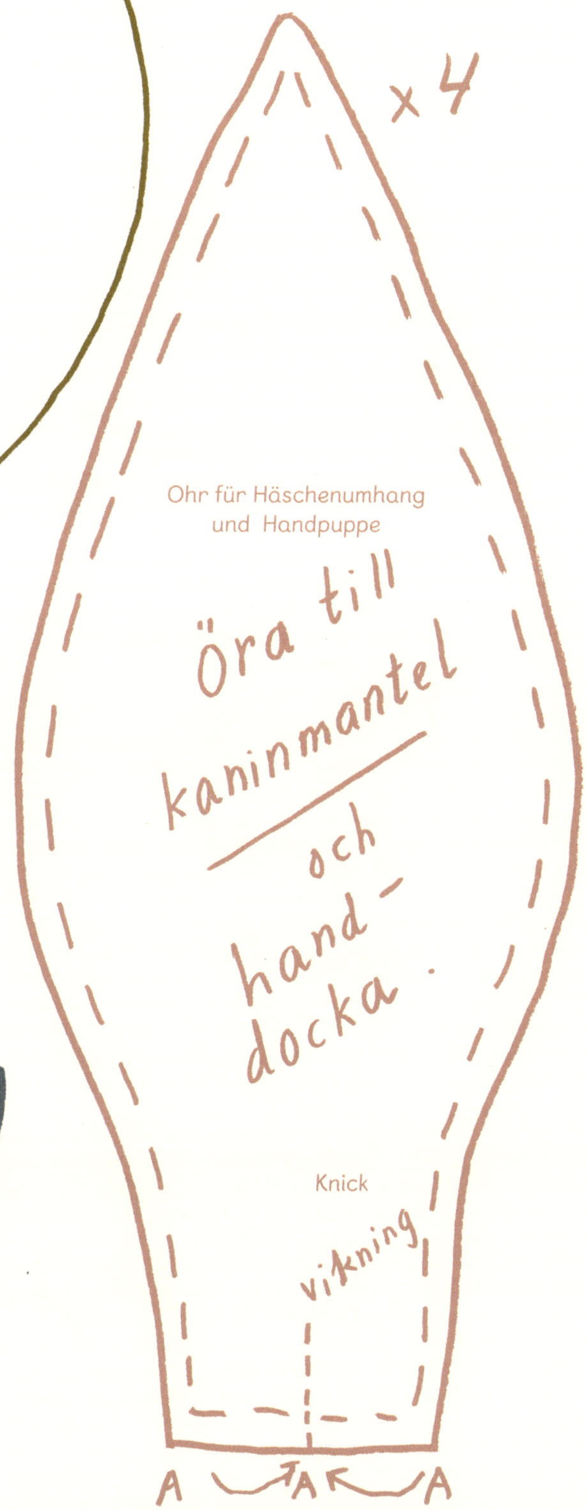
x4
Ohr für Häschenumhang
und Handpuppe
Öra till
kaninmantel
och
hand-
docka.
Knick
vikning
A
A
A

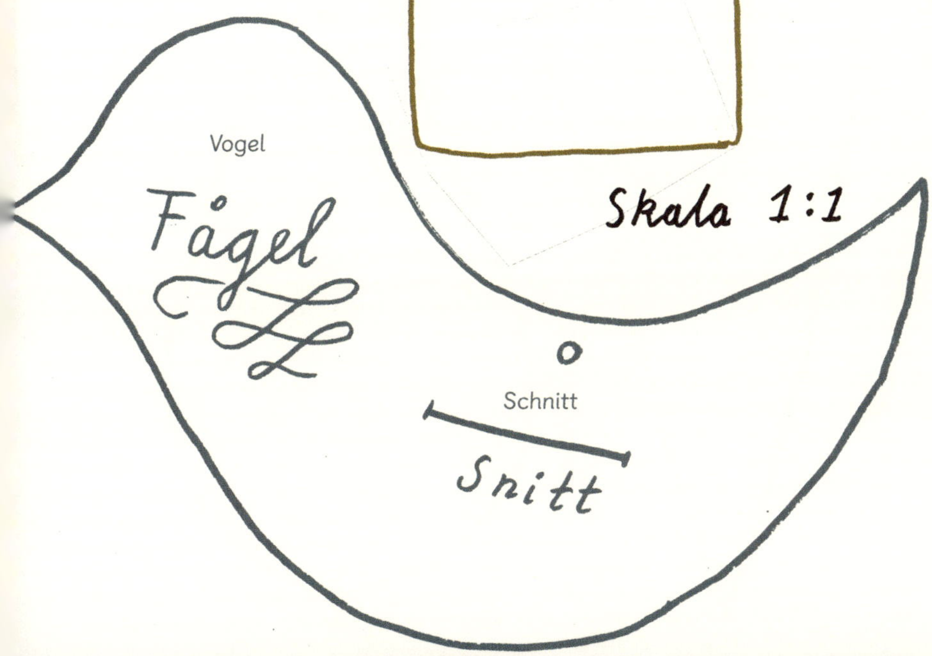
Vogel
Fågel
Skala 1:1
Schnitt
Snitt

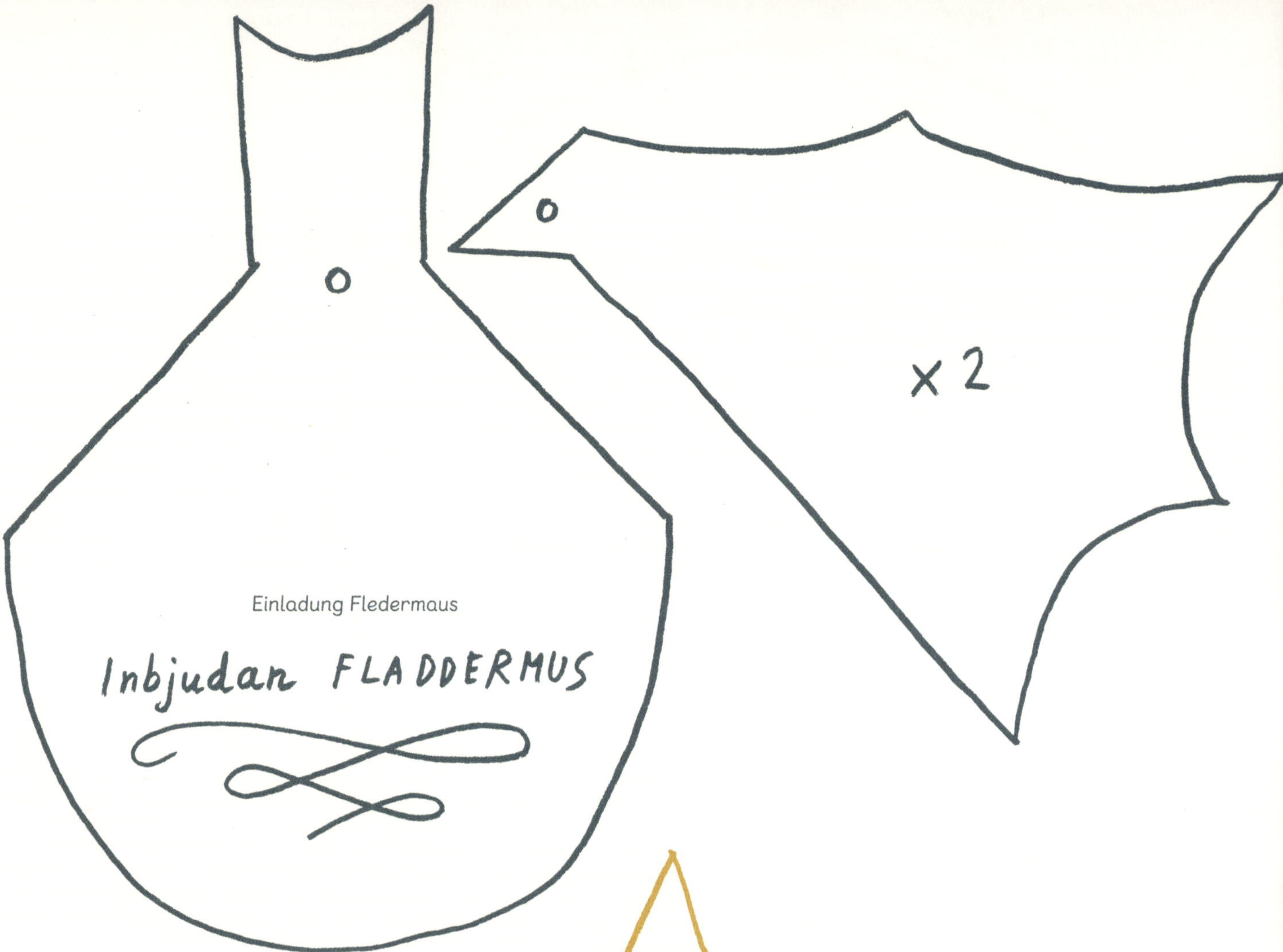

o = Loch

o = hål

Skala 1:1

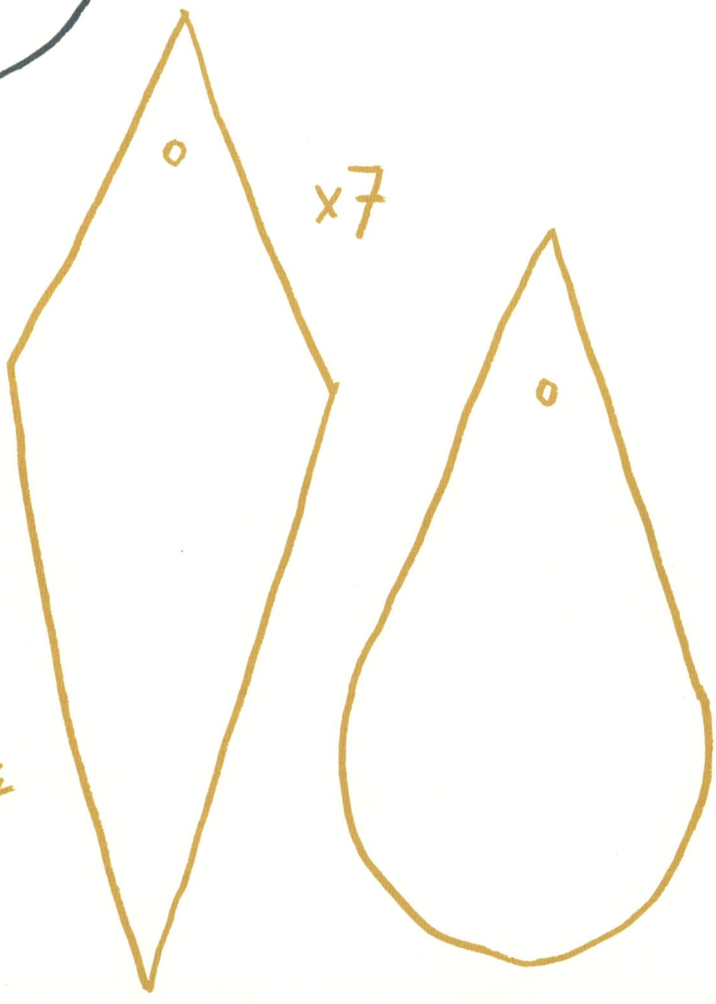

Einladung / Fächer

Inbjudan solfjäder

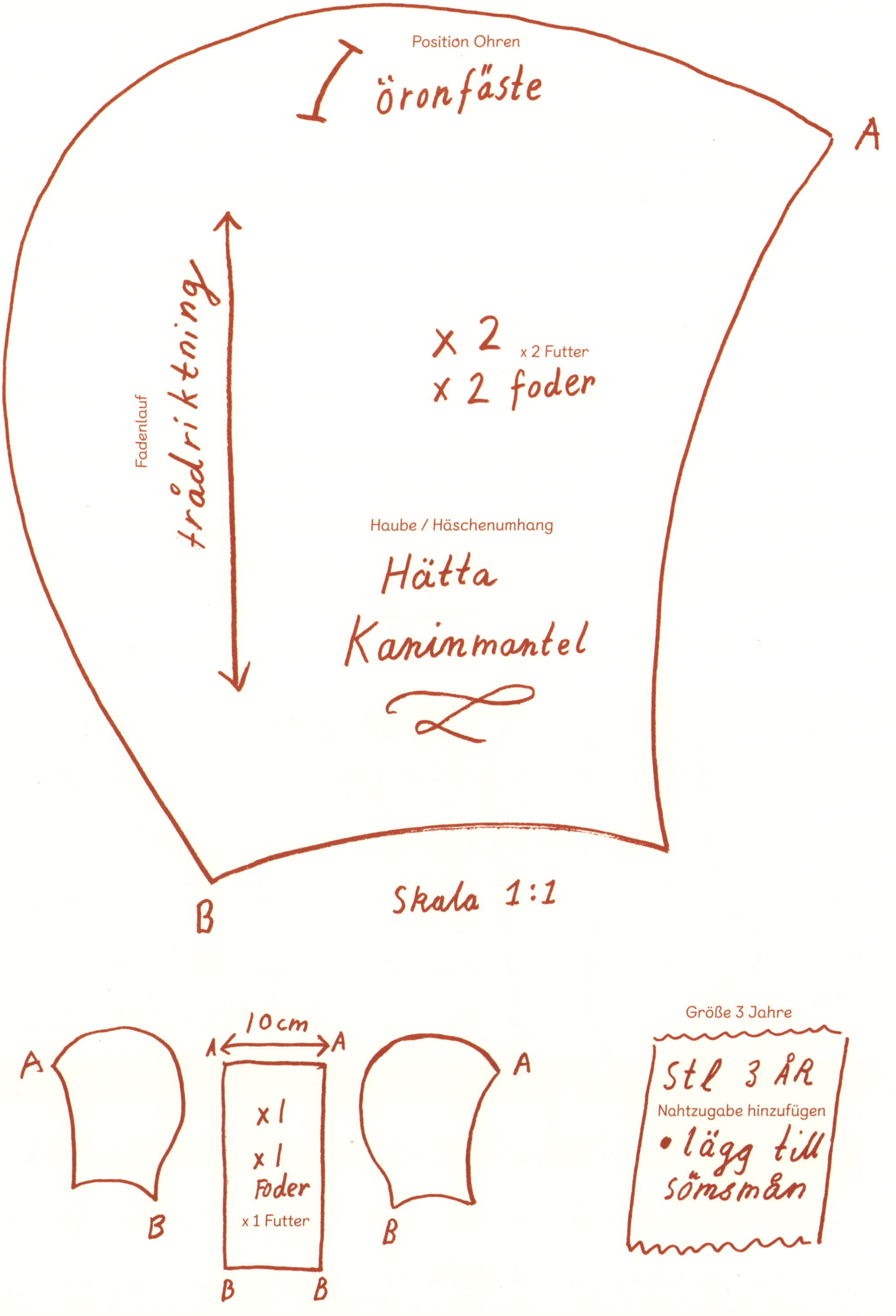
Position Ohren
öronfäste
A
Fadenlauf
trådriktning
x 2
x 2 Futter
x 2 foder
Haube / Häschenumhang
Hätta
Kaninmantel
B
Skala 1:1
A
B
10cm
A
A
x 1
x 1
Foder
x 1 Futter
B
B
A
B
Größe 3 Jahre
Stl 3 ÅR
Nahtzugabe hinzufügen
• lägg till sömsmån

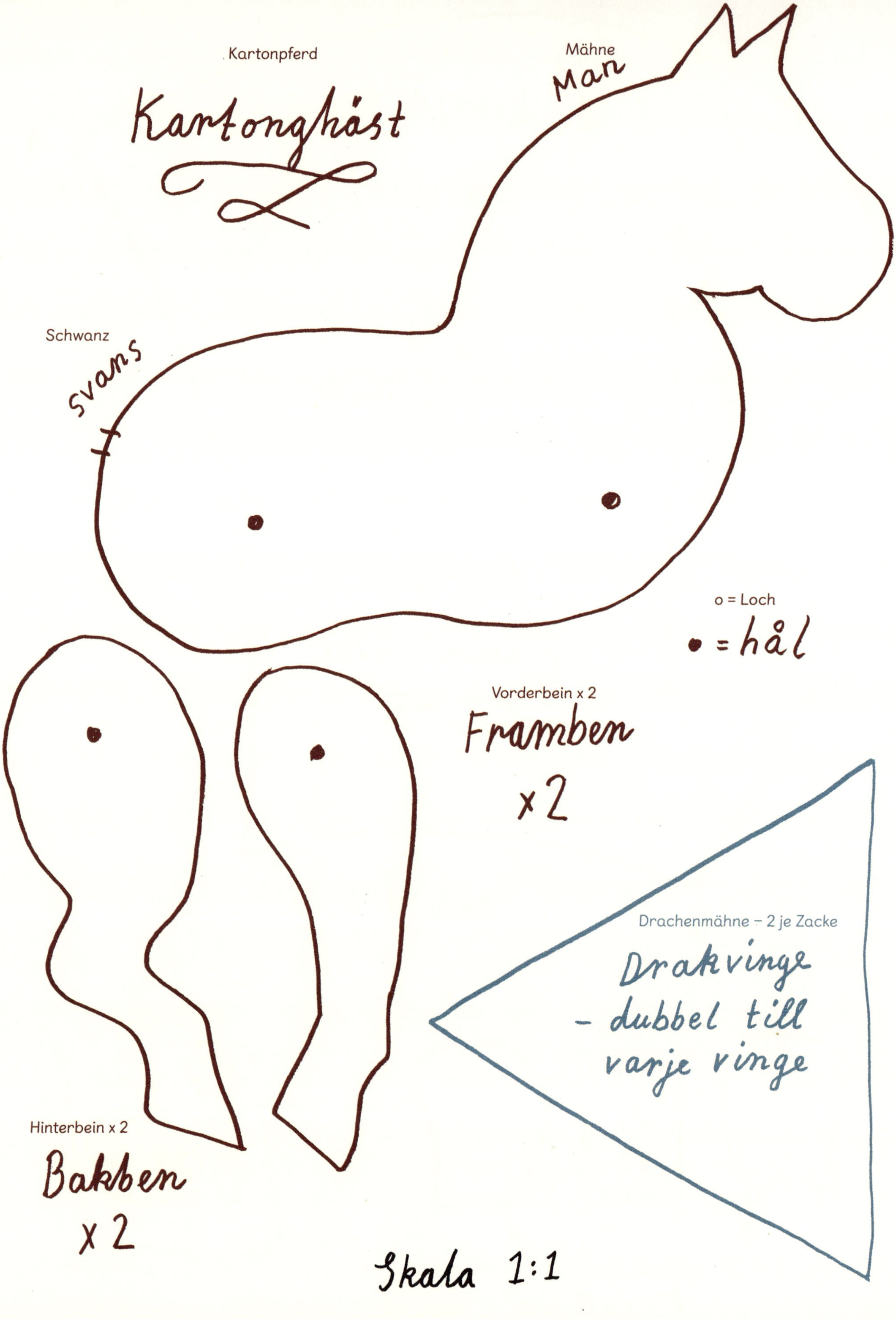

Kartonpferd
Kartonghäst
Mähne
Man
Schwanz
svans
o = Loch
• = hål
Vorderbein x 2
Framben
x 2
Drachenmähne – 2 je Zacke
Drakvinge
– dubbel till
varje vinge
Hinterbein x 2
Bakben
x 2
Skala 1:1

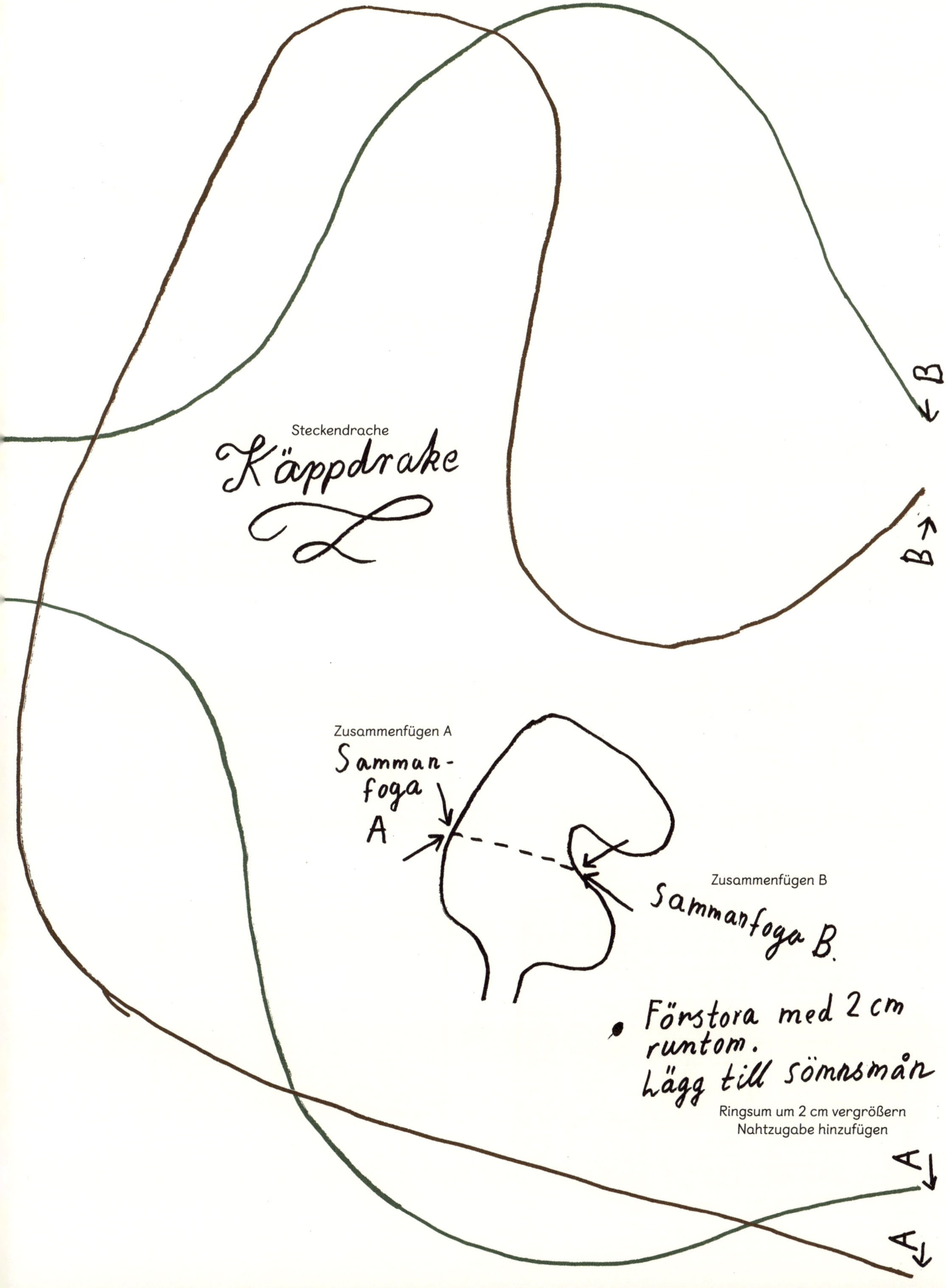
B
B
Steckendrache
Käppdrake
Zusammenfügen A
Samman-
foga
A
Zusammenfügen B
Sammanfoga B.
• Förstora med 2 cm
runtom.
Lägg till sömnsmån
Ringsum um 2 cm vergrößern
Nahtzugabe hinzufügen
A
A

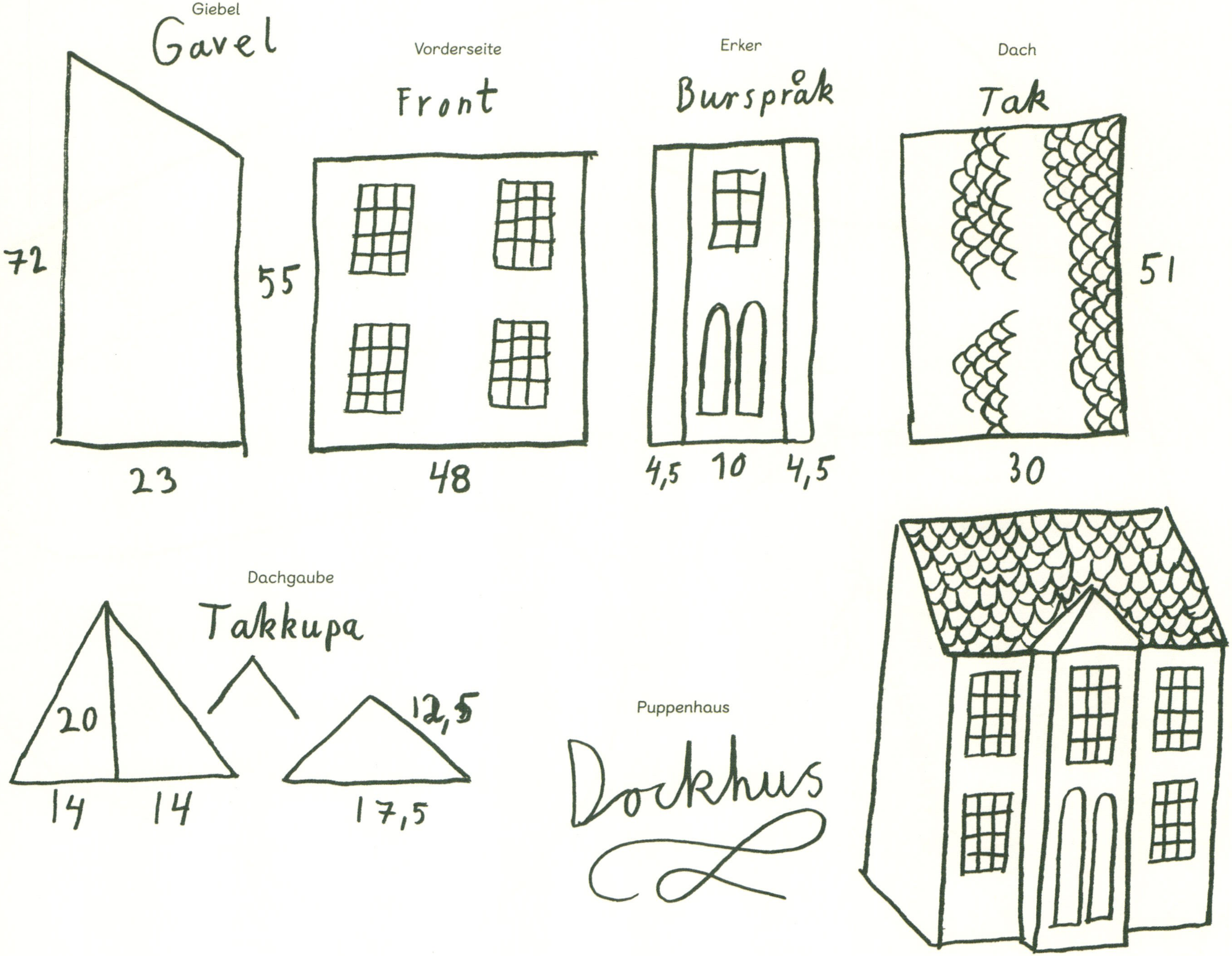
Giebel
Gavel
72
55
23
Vorderseite
Front
48
Erker
Burspråk
4,5
10
4,5
Dach
Tak
51
30
Dachgaube
Takkupa
20
14
14
12,5
17,5
Puppenhaus
Dockhus

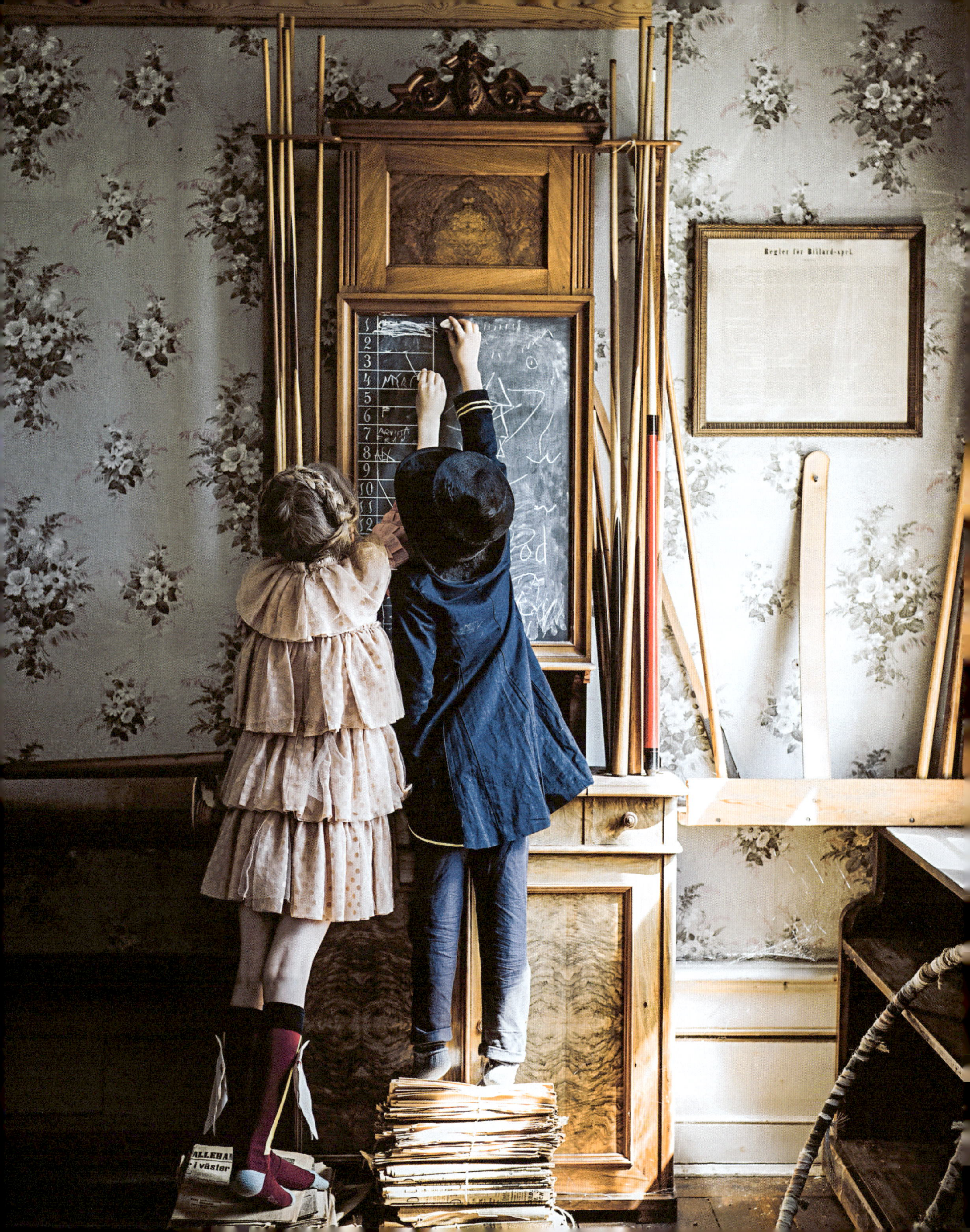
Regler för Billard-spel.

DIY

SPIELE

Impressum

Verantwortlich: Claudia Hohdorf
Übersetzung aus dem Schwedischen:
Britta Bettendorf
Lektorat: Anne Köhler
Korrektorat: Anke Höhne
Satz: Leeloo Molnar
Repro: LUDWIG:media
Herstellung: Stephanie Schlemmer
Printed in Italy by Printer Trento

Titel der schwedischen Originalausgabe „Hidden Places“ © 2019 Sofia Vusir Jansson & Nathalie Myrberg
Bookmark Förlag, Stockholm 2019
Fotos: Sofia Vusir Jansson
Gestaltung: William Andersson
Illustrationen: Maja Sten
Foto S. 171 © Matilda Hildingsson
Fotografierte Orte, weitere Häuser und Kleidung: Ökna Slott, Stora Djulö, Julita Gård, Linn Benediktson @linnbenediktson, Kristin Lagerqvist @krickelin, Mari Strenghielm @mari.strenghielm, Sanna Wahl @cirkusiskogen, How to Kiss a Frog @howtokissafrog, Wolf & Rita @wolfandrita

Die Deutsche Nationalbibliothek verzeichnet diese Publikation in der Deutschen Nationalbibliografie; detaillierte bibliografische Daten sind im Internet über http://dnb.d-nb.de abrufbar.

ISBN 978-3-8388-3775-8